Henrike Plegge

Räume der Kunstvermittlung

**Kunst Medien Bildung**
**Band 12**

Andreas Brenne / Christine Heil / Torsten Meyer / Ansgar Schnurr
(Herausgeber*innen im Auftrag der Wissenschaftlichen Sozietät Kunst Medien Bildung e.V.)

## Editorial

Die Schriftenreihe Kunst Medien Bildung ist ein Forum für den wissenschaftlichen Austausch über die Erforschung von existierenden und denkbaren Verknüpfungen von Kunst, Medien und Bildung in wechselnden diskursiven Feldern.

- Bildung wird dabei als ein vieldimensionaler und durchaus unscharfer Begriff verstanden und als Herausforderung begriffen. Bildung ist ein Handlungs- und Forschungsfeld, das Interaktion und Kommunikation anders bestimmt als eines, das sich nur auf quantitative Evaluation oder intentional zu erreichende Standards beschränken lässt.
- Kunst wird dabei als ein vieldimensionaler und durchaus unscharfer Begriff verstanden und als Herausforderung begriffen. Kunst ist ein Handlungs- und Forschungsfeld, insbesondere für die Untersuchung der Konstitution des Subjekts unter bestimmten historischen Bedingungen.
- Medium wird als konstitutives Dazwischen verstanden und nicht auf ein passives technisches Werkzeug, Gerät oder Instrument für die intentional ausgerichtete Übertragung oder Verbreitung von Information reduziert.
- Das Feld der Verknüpfung lässt sich unterschiedlich konzipieren: beispielsweise als Vermittlung, Information, Erziehung, Sozialisation, Unterricht, Experiment, Anlass zur Forschung oder zum Diskurs.

Die Schriftenreihe Kunst Medien Bildung wird – wie die gleichnamige Online-Zeitschrift zkmb – herausgegeben im Auftrag der Wissenschaftlichen Sozietät Kunst Medien Bildung e.V., die sich als Interessengemeinschaft von Wissenschaffenden versteht, mit dem Ziel, theoretisch ausgerichtete Ergebnisse aus Forschung und Lehre, die das Profil des Gegenstandsbereichs und seine bildungstheoretischen Besonderheiten im Schnittfeld transdisziplinärer Ansätze betreffen, zu befördern und zu dokumentieren. Die Schriftenreihe dient der Darstellung und Veröffentlichung dieser Arbeit und ihres Umfeldes.

kunst-medien-bildung.de
zkmb.de

Henrike Plegge

# Räume der Kunstvermittlung

## Ambivalenzen sichtbarer Vermittlungsräume im Museum für Gegenwartskunst und ihre Auswirkungen auf die pädagogische Praxis

kopaed

Bibliografische Information der Deutschen Nationalbibliothek
Die Deutsche Nationalbibliothek verzeichnet diese Publikation in der Deutschen Nationalbibliografie; detaillierte bibliografische Daten sind im Internet über http://dnb.de abrufbar.

Die vorliegende Publikation ist die überarbeitete Fassung der gleichnamigen Dissertation, dic 2021 an der Hochschule für Bildende Künste Braunschweig im Institut Performative Praxis, Kunst und Bildung vorgelegt und angenommen wurde.

**Impressum**

**Autorin**: Henrike Plegge
**Herausgeber*innen der Reihe „Kunst Medien Bildung"**: Andreas Brenne, Christine Heil, Torsten Meyer, Ansgar Schnurr (im Auftrag der Wissenschaftlichen Sozietät Kunst Medien Bildung e.V.)
**Lektorat**: Petra Renkel
**Layout und Satz**: Carmela Fernández de Castro y Sánchez
**Gestaltungskonzept**: Torsten Meyer, Konstanze Schütze, Gesa Krebber
**Umschlagbild**: raumlaborberlin, Lukas Hamilcaro (Illustration)
**Umschlaggestaltung**: Carmela Fernández de Castro y Sánchez
**Druckerei**: docupoint, Barleben



Arnulfstr. 205, 80634 München
Fon: 089.68890098 Fax: 089.6891912
E-Mail: info@kopaed.de
Internet: www.kopaed.de
ISBN 978-3-96848-112-8
eISBN 978-3-96848-712-0

Für Piet und Pollie

# Inhalt

# 1 Einleitung: Das räumliche Zu-sehen-Geben der Kunstvermittlung

Kunstvermittlung ereignet sich in einer Vielzahl unterschiedlicher Räume. Sie findet in Ausstellungsräumen, in Schulen, im Park oder im virtuellen Raum statt. Die Akteur_innen[1] der Kunstvermittlung entscheiden, in welchen Räumen sie auf welche Weise agieren, welche Wege sie gehen, wo sie verweilen oder wo sie stören möchten. Gebunden sind sie dabei an die vom Raum ausgehenden Regeln und je eigenen Routinen, die individuelle Verhaltensweisen und das Handeln im Raum prägen.

In der Vergangenheit wurden architektonische Räume für die Durchführung künstlerisch-praktischer Vermittlungsformate im Kunstmuseum überwiegend in den nicht öffentlich zugänglichen Bereichen des Gebäudes eingerichtet. Diese Räume sind als explizite Lernorte benannt und können nur gemeinsam mit einer Kunstvermittler_in und im Zusammenhang eines gebuchten Vermittlungsprogrammes betreten werden. Sie sind separat vom Ausstellungsgeschehen in Kellern, oberen Etagen oder gesonderten Häusern außerhalb des Museumsgebäudes platziert.

Die räumliche Verortung der Kunstvermittlung hat sich in den letzten 15 Jahren innerhalb der Institution Kunstmuseum[2] in Deutschland sukzessiv gewandelt. Zwar findet in den separaten Vermittlungsräumen weiterhin pädagogische Praxis statt, jedoch werden zusätzlich Räume für die Kunstvermittlung im öffentlichen und frei zugänglichen Bereich der Museen und in der unmittelbaren Nähe zur Kunst eingerichtet. Die Folge ist, dass der physisch-materielle Vermittlungsraum sowie die in ihm stattfindende interpersonelle Vermittlungspraxis vom Museumspublikum während ihres Ausstellungsrundgangs angeschaut und beobachtet werden können. Kunstvermittlung wird über ihre Räume im Museum zu sehen gegeben[3].

1 Ich verwende für die vorliegende Arbeit eine antidiskriminierende Sprache mit dem Gender_Gap, der auf eine Gendervielfalt verweist und sich gegen die Norm der Zweigeschlechtlichkeit positioniert. Dabei verwende ich die sich auf die Aussprache mit dem Gender_Gap beziehenden Artikel und Pronomen. Das bedeutet, dass ich „die Akteur_innen" oder „die Kunstvermittler_innen" schreibe.

2 Unter Kunstmuseum fasse ich in der gesamten vorliegenden Forschung Institutionen, die öffentlich Kunst präsentieren. Mit der Verwendung dieses Begriffs möchte ich auf die Ausgestaltung des Ausstellungsraumes als musealen Raum verweisen. Bewusst ist mir dabei, dass nicht alle hier beschriebenen Institutionen über eine Sammlung verfügen und im Sinne von ICOM Deutschland nicht als Museum eingestuft werden.

3 Der Begriff des Zu-sehen-Gebens stammt aus dem Feld der visuellen Kultur und fragt danach, was auf welche Weise für wen in welchen Kontexten zu sehen gegeben wird (vgl. Schade/Wenk 2011: 9f., siehe Kapitel 7 und Kapitel 10). Ich verwende in der vorliegenden Arbeit die Schreibweise des Zu-sehen-Gebens aus *Studien zur visuellen Kultur. Einführung in ein transdisziplinäres Forschungsfeld* (ebd.).

Die Beobachtung der Entwicklung dieses Phänomens – des räumlichen Zu-sehen-Gebens der Kunstvermittlung durch seine Platzierungsverschiebung im Museum –, das eine neue und veränderte Form der Verortung und räumlichen Ausgestaltung im Museum bedeutet, stellt den Grund für die theoretische Reflexion mit dem Thema Raum im Feld der Kunstvermittlung dar. Sie geht aus meinen pädagogischen Praxiserfahrungen im Museum hervor, die verdeutlicht haben, dass sich die Einrichtung von Vermittlungsräumen im sichtbaren und frei zugänglichen Bereich des Museums prägend auf die alltäglichen Handlungen der Kunstvermittler_innen auswirkt und gleichzeitig in Verbindung steht zu strukturellen institutionellen Veränderungen. An meiner Beobachtung hat sich gezeigt, dass diese Verschiebung hin in die Sichtbarkeit nicht einfach mit Transparenz übersetzt werden kann und auch nicht zwangsläufig eine positive Konnotation bedeutet, da die zuvor nicht öffentlich zugänglichen Vermittlungsräume im Museum nicht einfach für das Publikum sichtbar gemacht werden. Vielmehr spannen sich durch die Platzierung im sichtbaren Bereich des Museums ambivalente Effekte auf, die geknüpft sind an Anliegen und Ziele unterschiedlicher Akteur_innen sowie an institutionelle, symbolische Ordnungen.
Das Forschungsanliegen der vorliegenden Untersuchung ist es, herauszufinden, auf welche Weise die ambivalenten Auswirkungen sichtbarer Vermittlungsräume hervorgebracht werden, wer daran beteiligt ist und wie die Praxis, die Strukturen und Repräsentationen der Kunstvermittlung durch den Prozess des räumlichen Zu-sehen-Gebens geprägt werden. Dabei stehen zwei Forschungsfragen am Anfang, die im Verlauf des Forschungsprozesses weiter am Gegenstand ausgerichtet und in der Verbindung zu bestehender Theorie ausdifferenziert werden:

- Wie wirkt sich die Einrichtung sichtbarer Vermittlungsräume auf das pädagogische Handeln der Kunstvermittler_innen aus?

- Was wird mit den sichtbaren Vermittlungsräumen auf welche Weise über die Kunstvermittlung zu sehen gegeben?

Verortet ist die Forschung im Feld *kritischer Kunstvermittlung* (Mörsch 2006, 2009a, 2012; Sturm 1996; 2003a) und verfolgt das Anliegen, zur Entwicklung einer kritischen Praxis und Theoriebildung pädagogischer Arbeit im Museum beizutragen. Kritische Kunstvermittlung versteht sich als ein eigenständiges Feld, welches unter dem Einbezug heterogener Wissensfelder die Praktiken, Bedingungen und Bedeutungsproduktionen des Museums für die Kunstvermittlung und ihre Akteur_innen aus einer macht- und diskriminierungskritischen Perspektive analysiert und Möglichkeiten und Formen der Verschiebung und Veränderung sowie deren Potentiale entwickelt. Das Ziel der vorliegenden Forschung ist es, das Phänomen der Sichtbarmachung der Kunstvermittlung über ihre Räume, ausgehend von der alltäglichen

Praxiserfahrung der Kunstvermittler_innen, zu erforschen und in Form von handlungsrelevanten und theoretischen Erkenntnissen darzustellen.

## Forschungsdesign

Den Ausgangspunkt der vorliegenden Forschung bildet meine Erfahrung als Kunstvermittlerin in verschiedenen Museen für Gegenwartskunst und die Beobachtung des sich dort entwickelnden Phänomens der Einrichtung sichtbarer Vermittlungsräume. Mein dort entstandenes Erfahrungs- und Theoriewissen gilt es, in der vorliegenden Untersuchung um weitere Perspektiven des Feldes zu erweitern und mit bestehender Theorie zu konfrontieren. Dadurch kann gewährleistet werden, dass mein erfahrungsgeleiteter Blick auf den Forschungsgegenstand distanziert, neue Beobachtungszusammenhänge wirksam und differenzierte Betrachtungsperspektiven ermöglicht werden. Ein solches Forschungsvorgehen wird mir mit einer am Forschungsgegenstand ausgerichteten Methode innerhalb der Methodologie der Grounded Theory ermöglicht. Diese schafft den Rahmen, mein Praxis- und Erfahrungswissen zum Teil der Forschung werden zu lassen, sie in die Korrespondenz mit empirischen Daten aus dem Feld sowie bestehenden Theorien zu bringen und in neue Bedeutungszusammenhänge zu übersetzen.

Die vorliegende Arbeit ist in der qualitativen Sozialforschung verortet und richtet sich im Forschungsdesign an der konstruktivistischen Grounded Theory nach Kathy Charmaz aus. Diese Weiterentwicklung der gegenstandsbezogenen Theorie erkennt das Wissen und die Haltung der Forscher_innen als prägende Perspektive in der Forschung an, rekonstruiert die alltäglichen Prozesse über die Erzählungen ihrer Akteur_innen und zielt auf ihre theoretische Konzeptualisierung. Das spezifische Vorgehen innerhalb der konstruktivistischen Grounded Theory ist gekennzeichnet durch ein iterativ-zyklisches Verfahren. Dabei wird in den unterschiedlichen Forschungsphasen zwischen der Forschungsfrage, dem Forschungsfeld, dem Datenmaterial, vorläufigen Erkenntnissen und bestehender Theorie alternierend aufeinander Bezug genommen. Ein solches Vorgehen ermöglicht im Forschungsverlauf, Veränderungen, Anpassungen und Neuorientierungen sowohl in der Formulierung der Fragestellung, der Auswahl an Theorien, der Erstellung des Datenmaterials sowie der Hypothesenbildung vorzunehmen.

Kontextualisiert ist der Forschungsprozess zum einen von einer Forschungshaltung, die von der Konstitution des Forschungsgegenstandes durch das Erkenntnisinteresse der Forscherin sowie ihrem theoretischen und praktischen Vorwissen ausgeht. Und zum anderen von einer wertschätzenden Haltung gegenüber den Teilnehmenden der Forschung: Denn die konstruktivistische Grounded Theory erkennt die „Stimmen“ der befragten Akteur_innen „als

integralen Teil der Analyse" (Charmaz 2011: 196) an. Darüber verdeutlicht sich nicht nur eine wertschätzende Haltung gegenüber den Teilnehmenden innerhalb der Forschung, sondern auch gegenüber ihrer (re)konstruierten alltäglichen Praxis.
Die „Stimmen" werden in Form von Expert_innen-Interviews mit zwölf Kunstvermittler_innen[4] in die Forschung integriert. Sie gehen ihrer alltäglichen Praxis mit den sichtbaren Vermittlungsräumen in drei unterschiedlichen Museen für Gegenwartskunst nach: **der Städtischen Galerie in Nordhorn, der Galerie für Zeitgenössische Kunst in Leipzig sowie dem ZKM | Zentrum für Kunst und Medien in Karlsruhe.** In allen drei Institutionen stellen die sichtbaren Vermittlungsräume einen bedeutenden Teil der pädagogischen Konzeption dar und werden in einer jeweils unterschiedlichen Ausrichtung für die pädagogische Arbeit genutzt.
Mit der vorliegenden Untersuchung wird dezidiert eine Forschungsperspektive gewählt, die die Einflüsse und Bedeutungsproduktion für die Kunstvermittler_innen fokussiert.[5] Für die Kunstvermittler_innen stellt das räumliche Zu-sehen-Geben eine Umgestaltung dar, die sich sowohl auf ihre pädagogische Praxis, aber auch auf die Weiterentwicklung des Feldes auswirkt. Aus diesem Grund wird die vorliegende Untersuchung als eine anwendungsorientierte Forschung betrieben, die das Ziel verfolgt, im Besonderen für die Arbeit der Kunstvermittler_innen von Nutzen zu sein.

## Kunstvermittlung vom Raum aus denken

Die Platzierungsverschiebung der Vermittlungsräume in den sichtbaren und frei zugänglichen Bereich des Museums macht deutlich, dass Raum nicht einfach da ist, sondern hergestellt wird. Um den komplexen Forschungsgegenstand und den Prozess der Raumkonstitution theoretisch fassen zu können und weiter zu konkretisieren, wird das Phänomen sichtbarer Vermittlungsräume dieser Untersuchung zu Raumtheorien in Beziehung gesetzt. Diese Korrespondenz zielt auf ein anwendbares Raumverständnis für die Konstruktion des Forschungsgegenstandes und dessen Analyse und erfolgt in einer systematischen Auseinandersetzung mit verschiedenen Raumtheorien, die in Bezug auf die Forschungsfrage hin ausgewählt werden. Für die Untersuchung des sichtbaren Vermittlungsraumes wird daraus eine interdisziplinäre

4 An dieser Stelle möchte ich mich ganz herzlich bei den Kunstvermittler_innen bedanken, die mit dem Teilen ihrer Erfahrungen und Perspektiven zu Stimmen meiner Forschung wurden. Mein Dank gilt dabei Franziska Adler, Josephin Behrens, Sabine Faller, Karin Heidinger-Pena, Tanja Kolbe, Max Kosoric, Johanna Krümpelbeck, Kirstin Meyer, Sanne Pawelzyk, Andrea Selzer, Michael Vierling und Rene Völker.

5 Darin unterscheidet sich die vorliegende Forschung zum überwiegenden Teil bisheriger Forschungen zur pädagogischen Praxis in kulturellen Institutionen, der auf dem Nachweis der Wirkung aufseiten der Teilnehmenden abzielt.

Sicht auf Raum entwickelt, die Raum als eine machtvolle Praxis begreift, die sich durch die Handlungen ihrer Akteur_innen im Rahmen institutioneller Strukturen ausbildet. Raum konstituiert sich darin als Teil gesellschaftlicher Entwicklungen im Handeln seiner Akteur_innen und ist eingebunden in Herrschaftsverhältnisse, die den Raumherstellungsprozess prägen. Sie verdeutlicht, dass Raum nicht als Hintergrund pädagogischer Prozesse verstanden wird, sondern einen Bestandteil von Bildungsprozessen darstellt (vgl. Löw 1999: 56).

Durch das In-Beziehung-Setzen von verschiedenen Raumtheorien mit sichtbaren Vermittlungsräumen im Museum entsteht eine multiperspektivische Sicht auf Raum, die in einem auf den Forschungsgegenstand ausgerichteten Raummodell mündet. Dieses Raummodell entsteht ausgehend von realen Strukturen in der Verknüpfung mit Theorien und ermöglicht die Formulierung differenzierter Fragestellungen.

Das Raummodell besteht aus drei Raumebenen – der *räumlichen Struktur, räumlichen Praxis* und *räumlichen Repräsentation* –, die miteinander verbunden sind und sich gegenseitig bedingen. Die Gesamtheit aller Prozesse, die im Raummodell abstrakt beschreibbar gemacht werden, ermöglicht, die Herstellung sichtbarer Vermittlungsräume theoretisch fassen zu können. Ausgehend von dem hier entwickelten Raumverständnis, welches eingebunden ist in institutionelle und gesellschaftliche Strukturen, kann der Raumherstellungsprozess in die Praxis zurück übersetzt werden. Mit diesem Vorgehen wird die Möglichkeit dargestellt, Kunstvermittlung vom Raum aus zu denken. Die Forschung wird zeigen, dass mit der Analyse von Vermittlungsräumen aus einer multiperspektivischen Sicht Aussagen über die Verfasstheit der Kunstvermittlung innerhalb der Institution Kunstmuseum getroffen werden können.

## Strukturierung der Arbeit

Zur Einordnung des Gesamtzusammenhangs des Forschungsgegenstandes und seinen Bezügen werden in Kapitel 2, 3, und 4 der vorliegenden Forschung die Praxiserfahrung der Forscherin im Feld, ihre Haltung und Verortung in der kritischen Kunstvermittlung sowie die existierenden theoretischen Beiträge zu sichtbaren Vermittlungsräumen dargelegt.

Mit der „Hinführung: Entwicklung einer kritischen Perspektive aus den Praxiserfahrungen mit sichtbaren Vermittlungsräumen" werden im Kapitel 2 meine Beobachtungen und Erfahrungen mit sichtbaren Vermittlungsräumen in drei unterschiedlichen institutionellen Settings – dem in The Photographers' Gallery (London), den auf der documenta 12 (Kassel) sowie dem im ZKM | Zentrum für Kunst und Medien (Karlsruhe) – in Form von Feldnotizen beschrieben. Sie geben einen ersten Einblick in das Forschungsfeld und verdeutlichen meine beobachtende Haltung, als kritische Kunstvermittlerin ausgehend von den eigenen Praxiserfahrungen im Feld zu forschen. An meinen explorativen Beobachtungen zeigt sich, dass sich aus der räumlichen Ordnung ein Zusammenspiel mit der institutionellen Ordnung des jeweiligen Museums ergibt, welches weitreichende Konsequenzen für die pädagogische Praxis nach sich zieht. Das Kapitel erarbeitet eine beschreibende Ausgangslage, die den Anlass der vorliegenden Forschung veranschaulicht und offenlegt: sich mit dem Phänomen der Einrichtung sichtbarer Vermittlungsräume und ihren Auswirkungen auf das pädagogische Handeln der Kunstvermittler_innen auseinanderzusetzen.

Die „Theoretische Verortung: Die Erforschung des sichtbaren Vermittlungsraumes aus der Perspektive kritischer Kunstvermittlung“ in Kapitel 3 verdeutlicht meine Positionierung im Feld kritischer Kunstvermittlung (Mörsch 2009a, 2012). Sie zeigt die Entwicklungslinien und Einflüsse auf, unter denen sich das Feld der kritischen Kunstvermittlung als eigenständige Theorie und Praxis im deutschsprachigen Raum in den vergangenen 30 Jahren entwickelt hat. Neben der theoretischen Verortung der Forschungsarbeit dient das Kapital dazu, aufzuzeigen, aus welchen Prozessen und Bedingungen des Feldes heraus das Phänomen sichtbare Vermittlungsräume in den letzten Jahren entstanden ist.

Mit dem 4 Kapitel „Stand der Forschung: Diskurse des Vermittlungsraumes in Museumspädagogik und Kunstvermittlung“ wird dargelegt, welche theoretischen Überlegungen zu sichtbaren Vermittlungsräumen gegenwärtig bereits geführt werden und zu welchen Schlussfolgerungen die einzelnen Beiträge kommen. Dabei wird das Verhältnis zwischen Vermittlungsraum und pädagogischer Praxis weiter ausdifferenziert und verdeutlicht, dass durch die Einrichtung und Nutzung von Vermittlungsräumen eine sich zur Ausstellungsfläche differenzierende pädagogische Praxis entwickelt, in der durch vielfältigere Praktiken neue Bedeutungszusammenhänge relevant werden.

In Kapitel 5 erfolgt eine umfangreiche Erläuterung des Forschungsdesigns im Rahmen der konstruktivistischen Grounded Theory und der darin enthaltenen Beschreibung der Sondierungsphase des Feldes sowie der Forschungsumsetzung mit der computergestützten Software ATLAS.ti. Hieran schließt in Kapitel 6 eine systematische Darstellung bestehender Raumtheorien, die mit dem Forschungsgegenstand korrespondieren. Ziel dieses Kapitels ist es, über die verschiedenen Raumansätze jeweils spezifische Perspektiven vom Raum ausgehend auf den sichtbaren Vermittlungsraum im Museum einzunehmen. Dazu werden raumtheoretische Ansätze um den Begriff des *expliziten Lernortes* aus den Erziehungswissenschaften (Nugel 2014; Ludwig 2012; Nolda 2006), erweiterte Raumbezüge im Feld der Kunstpädagogik von Christine Heil (Heil 2007, 2009, 2012, 2014) sowie im Besonderen raumsoziologische Theorien von Martina Löw und Henri Lefebvre (Löw 2001, 2018 sowie Lefebvre [1974] 2006, [1974] 1991) ausgewählt.

Sie resultieren in einem relationalen, dynamischen und prozesshaften Raumverständnis, das auf einer Abstraktionsebene in Kapitel 7 in ein Raummodell für sichtbare Vermittlungsräume übersetzt wird.

Aufgrund der spezifischen Verortung des sichtbaren Vermittlungsraumes im sichtbaren Teil des Museums wird das Raummodell und das ihm zugrunde liegende Raumverständnis mit Theorien aus den Visual Cultural Studies (Schade/Wenk 1993, 1995, 2005, 2011) und einem Schwerpunkt auf der *Repräsentationskritik* (Stuart Hall 2004, 2010) ergänzt.

Durch das kontinuierliche In-Beziehung-Setzen von Theorie und Praxisperspektiven entwickeln sich drei Raumebenen, die mit der *räumlichen Struktur*, *räumlichen Praxis* und *räumlichen Repräsentationen* die Formulierung von zunehmend sich differenzierenden Fragestellungen ermöglichen.

In Kapitel 8, 9 und 10 erfolgt die Darstellung der Forschungsergebnisse aus der empirischen Untersuchung entlang der Fragestellungen, die aus dem Raummodell hervorgegangen sind. Darin werden die aus dem Datenmaterial generierten Kategorien zu bestehenden theoretischen Ansätzen konzeptualisiert. Das Kapitel 8 „Zwischen ANERKENNUNG und KONTROLLE: Die Auswirkungen *räumlicher Strukturen*" zeigt die theoretische Verdichtung des Forschungsgegenstandes mit Pierre Bourdieus Sozialraumtheorie (1985, 1991) und Michel Foucaults Disziplinarmacht (1978, [1977] 1994). Bourdieu bietet mit seinem Konstrukt des sozialen Raumes die Möglichkeit, eine Betrachtung der Verortung des sichtbaren Vermittlungsraumes im physisch-materiellen Zentrum der Institution zu analysieren und sie in den Zusammenhang mit dem Begriff der Anerkennung theoretisch zu fassen. Mit Foucaults Erläuterungen zum Panoptismus wird eine konkrete Verbindung herausgearbeitet zwischen der Herstellung von Sichtbarkeit und dem Gefühl der Vermittler_innen, potenziell durch Mitarbeiter_innen der Institution beobachtet zu werden. Beide theoretischen Konzepte führen dazu, dass Evidenzbildung der Kunstvermittlung stattfindet und sich die Klassifizierung zwischen Kunstvermittlung und Ausstellungsproduktion festigt.

„Die *räumliche Praxis* sichtbarer Vermittlungsräume" wird in Kapitel 9 mit den alltäglichen raumbezogenen Handlungen und der Wahrnehmung des Raumes der Kunstvermittler_innen dargestellt. Dieses Handeln wird in Bezug gesetzt zur Gestaltung des Raumes als ehemaliger Ausstellungsraum in Form des *White Cube*. Daran zeigt sich, dass die Platzierungsverschiebung mit der daraus hervorgehenden Umgestaltung des Raumes für die Kunstvermittler_innen zum einen die Produktion von eigenen Ausstellungen bedeutet, die das Anliegen verfolgen, Kunstvermittlung zu präsentieren. Und zum anderen die Möglichkeit nach sich zieht, mit der Kunst und dem Ausstellungspublikum zu interagieren, welches zur Vermittlung von Kunstvermittlung, aber auch zu Störungen sowie Unterbrechungen der pädagogischen Praxis führt.

In Kapitel 10 „Räumliche Repräsentation der sichtbaren Vermittlungsräume" werden aufgrund der spezifischen Platzierung der Vermittlungsräume im sichtbaren Bereich des Museums die evozierten Blickregime aus Sicht der feministischen Kunstwissenschaft (Schade/Wenk 1995, 2005; Hentschel 2002; Brandes 2010) dargestellt und der sichtbare Vermittlungsraum

als Teil des Ausstellungsdisplays untersucht (Haupt-Stummer 2013; John/Richter/Schade 2008). Ebenso wird in diesem Kapitel dargestellt, wie die Atmosphäre (Böhme 2001) und visuelle Repräsentationen (Hall 2004, 2010) des sichtbaren Vermittlungsraumes in Form von *weißen*[6] Räumen die Adressierung und ihre Akteur_innen bestimmen. In Kapitel 11 wird mit der Entwicklung einer querliegenden Ebene in das Raummodell der Frage nachgegangen, in wie weit es sich bei dem sichtbaren Vermittlungsraum um eine widerständige Raumpraxis handelt.
Auf jeder Raumebene werden theoretische Konzepte erarbeitet, die sich gegenseitig bedingen und aufeinander Einfluss nehmen. In ihrer Wechselwirkung werden die Herstellung des sichtbaren Vermittlungsraumes sowie seine ambivalenten Effekte auf das Feld der Kunstvermittlung durch das Raummodell beschreibbar gemacht, die im Ausblick mit einer Empfehlung für das Feld der Kunstvermittlung abschließend formuliert werden.

Die gesamte Arbeit ist innerhalb der einzelnen Kapitel von farblich markierten Abschnitten durchzogen. Es handelt sich dabei zum einen um Raumbeispiele aus unterschiedlichen Institutionen, die einen Einblick in die diversen Formate, Ausgestaltungen und Nutzungen von sichtbaren Vermittlungsräumen in Kunstmuseen geben. Zum anderen wird in Kapitel 6 unter „Exkurs: Räume der Vermittlung im Museum für Gegenwartskunst" eine definitorische Einteilung von Vermittlungsräumen im Museum vorgenommen. Diese dient dazu, ihre möglichen vielfältigen Formen zu benennen und die Unterscheidung zum Forschungsgegenstand aufzuzeigen. Mit den Raumbeispielen und der definitorischen Einteilung der Vermittlungsräume im Museum wird das Anliegen einer Verzahnung von Praxis und Theorie auf einer weiteren Ebene innerhalb dieser Studie realisiert.

Das Anliegen der vorliegenden Forschung ist es, mit der Analyse des räumlichen Zu-sehen-Gebens von Kunstvermittlungsräumen differenzierte Aussagen über die Verfasstheit der pädagogischen Arbeit innerhalb der Institution Kunstmuseum zu treffen. Dafür wird ein methodisches Vorgehen im Sinne der konstruktivistischen Grounded Theory entwickelt, welches sich am Forschungsgegenstand ausrichtet und meine Position als kritische Kunstvermittlerin einbezieht. Spezifisch an dem hier entwickelten Forschungsansatz ist ein differenziertes In-Beziehung-Setzen der sichtbaren Vermittlungsräume zu Raumtheorien aus der

6 Mit der Schreibweise *weiß* sowie *schwarz* in Form von Kursivsetzung, verweise ich darauf, dass es sich hierbei um eine politische Kategorie handelt, die mit rassenkonstruktivistischer Bedeutung aufgeladen ist. „‚Schwarz' bezeichnet hier eine politische Kategorie im Sinne einer ‚Identität der Unterdrückungserfahrungen, die alle Gruppen von *people of colour* einschließt' (Piesche 1999: 204) und verweist auf das Widerstandspotential, das in der selbst-bewussten Bezeichnung Schwarzer Menschen seinen Ausdruck findet. ‚Weiß' bezeichnet ebenfalls eine politische Kategorie, allerdings im Sinne von Machterfahrungen solcher Menschen, die als Weiß konstruiert sind und denen meist diese Macht gar nicht bewusst ist." (Wollrad 2005: 20)

Soziologie. Dieses Vorgehen bringt ein am Gegenstand ausgerichtetes Raumverständnis hervor, welches ermöglicht, aus verschiedenen Perspektiven spezifische Aspekte des Forschungsgegenstandes in den Blick zu nehmen und darüber ein anwendbares Raumverständnis für die Konstruktion des Forschungsgegenstandes und dessen Analyse zu identifizieren. In Form eines Drei-Ebenen-Raummodells bietet dieser Forschungsansatz eine Orientierung in der kritischen Analyse von Räumen der Vermittlung, die auf andere Forschungsfelder und Praxiskontexte angewendet werden kann. Innerhalb der differenzierten Betrachtung des Forschungsgegenstandes entlang des Raummodells werden ambivalente Effekte der Einrichtung sichtbarer Vermittlungsräume für das Feld der Kunstvermittlung innerhalb institutioneller und gesellschaftlicher Rahmungen herausgestellt. Die vorliegende Forschungsarbeit hat zum Ziel, die herausgearbeiteten Erkenntnisse ins Feld zurückzuführen, um einen sensiblen und kritischen Umgang mit der Herstellung sichtbarer Vermittlungsräume zu initiieren.

# 2 Hinführung: Entwicklung einer kritischen Perspektive aus den Praxiserfahrungen mit sichtbaren Vermittlungsräumen

Das Forschungsvorhaben der vorliegenden Arbeit hat sich aus meiner Praxiserfahrung als Kunstvermittlerin mit sichtbaren Vermittlungsräumen im Kontext des Ausstellens von Gegenwartskunst entwickelt – vor allem in The Photographers' Gallery in London, auf der documenta 12 in Kassel und im Zentrum für Kunst und Medien | ZKM in Karlsruhe. Die Erfahrungen in der Konzeption und Nutzung von diesen sichtbaren Vermittlungsräumen haben mein Interesse an der Theoretisierung des Forschungsgegenstandes geweckt und meine Perspektive auf die Betrachtung der Kunstvermittlung vom Raum her zu denken stark geprägt.

Die Einrichtung sichtbarer Vermittlungsräume in musealen Institutionen geht mit der Umnutzung von Räumen einher, da auf der Ausstellungsfläche nicht mehr allein die Kunst, sondern auch die pädagogische Arbeit platziert wird. Die Praxis der Kunstvermittlung erfährt darüber auf den ersten Blick eine attraktivere Verortung innerhalb des Museums, eine höhere Aufmerksamkeit und mehr Sichtbarkeit. Dieses spiegelt sich in einer veränderten institutionellen Ordnung. Auf den zweiten Blick hat sich mir während meiner Praxiserfahrungen gezeigt, dass mit der Umnutzung von Räumen und des räumlichen Zu-sehen-Gebens der Vermittlungspraxis eine veränderte pädagogische Praxis einhergeht.

Anhand meiner Erfahrungen in drei unterschiedlichen Institutionen stelle ich in diesem Kapitel meine explorativen Beobachtungen zum jeweiligen Zusammenspiel der räumlichen und institutionellen Ordnungen sowie zu den Auswirkungen auf die Kunstvermittlungspraxis dar. Die Beschreibungen und Einsichten in die Kunstvermittlungspraxis mit sichtbaren Vermittlungsräumen in diesem Kapitel funktionieren wie Feldnotizen und geben Einblicke in meine Perspektive als Kunstvermittlerin aus dem Feld heraus. Sie haben zu meinem Problembewusstsein und erkenntnisleitenden Interesse an dem Thema sichtbarer Vermittlungsräume geführt. Die Erfahrungen mit sichtbaren Vermittlungsräumen waren der Ausgang der vorliegenden Forschung. Die Beschreibungen der eigenen Praxiserfahrung mit sichtbaren Vermittlungsräumen im Museum dienen als Hinführung in die Thematik und verdeutlichen mein Erkenntnisinteresse.

Das vorliegende Kapitel eröffnet einen Zugang zum Forschungsgegenstand und verdeutlicht zugleich mein Interesse als forschende Kunstvermittlerin an der Thematik, sodass sich am Ende des Kapitels die Forschungsfrage der Studie in einer ersten Fassung formulieren lässt.

## 2.1 Die Entstehung des *Eranda Studios* in The Photographers' Gallery in London

Im Jahr 2004 absolvierte ich über die Dauer von drei Monaten ein Praktikum in The Photographers' Gallery[7] (TPG) in London, einer Kunst- und Kultureinrichtung, die temporäre Ausstellungen im Medium der Fotografie realisiert. Meine direkte Ansprechpartnerin war Janice McLaren, die mit der Bezeichnung *Head of Education and Programming* im [8] für ein umfassendes Angebot[9] der *Education* verantwortlich war.

Die Mitarbeiter_innen des waren gemeinsam mit der Herstellung, Vermittlung und Dokumentation der Ausstellungen befasst. Innerhalb des Teams existierten zwar verschiedene Zuständigkeiten und Tätigkeitsbeschreibungen wie *Senior Curator* oder *Archivist*, jedoch wurde das Ausstellungmachen als eine gemeinsame Aufgabe beschrieben, bei der das Team mit seinen unterschiedlichen Expertisen, institutionellen Perspektiven und eigenen Anliegen zusammenarbeitete. Die Mitarbeiter_innen des *Programming Teams* stellten ganz selbstverständlich einen Teil davon dar. Die sogenannte *Gallery Education* wurde nicht als eine separate Abteilung definiert, sondern als integraler Bestandteil eines Teams, das gemeinsam für die Produktion und den Umgang mit den Inhalten und Exponaten einer Ausstellung zuständig war. Dieses Verständnis von Kunstvermittlung unterschied sich grundlegend von meinen bisherigen Erfahrungen, die ich als Kunstvermittlerin im Edith-Russ-Haus für Medienkunst in Oldenburg gesammelt hatte und entspricht den Beobachtungen von Carmen Mörsch in ihrem Vergleich der *Gallery Education* zur deutschen Vermittlungspraxis:

7 The Photographers' Gallery befand sich zu der Zeit in der Great Newportstreet Nummer 5 und 8 und besaß in den zwei Häusern zwei Ausstellungsflächen sowie ein Café, einen Bookshop und eine Print Sales Gallery. Insgesamt waren zu dem damaligen Zeitpunkt circa 25 Mitarbeiter_innen in den verschiedenen Abteilungen tätig.

8 Neben dem Programming Team gibt es in der TPG die Abteilungen Finance and Operations, Communications, Development.

9 Diese bestanden neben regulären Angeboten wie Führungen, Vorträgen und Workshops aus Führungen von Jugendlichen den sogenannten Teen-Talks, Outreach Projects sowie Austauschprogrammen für Lehrer_innen, Weiterbildungen und Künstler_innen-Gesprächen. Outreach Projects sind Projekte in denen eine Künstler_in außerhalb des Ausstellungsraumes mit einer Gruppe oder einer einzelnen Person über einen längeren Zeitraum zusammenarbeitet. „An artist migth be commissoned to make work within a school or communitiy context" (McLaren 2006: 197).

*„Es ist erstaunlich, wie anders sich in England im Gegensatz zu Deutschland die institutionell angebundene Vermittlung zeitgenössischer Kunst, die Gallery Education, gestaltet und wie unterschiedlich sie hier und dort bewertet wird." (Mörsch 2002: 19)*

Mörsch macht in ihrem Beitrag deutlich, dass sich die Arbeitsbedingungen der *Gallery Education* in England gegenüber denen der Kunstvermittlung in Deutschland in den 1990er Jahren neben den sehr viel besseren ökonomischen Ressourcen vor allem in strukturell anderen Arbeitsbedingungen zeigt: Das betrifft die Zusammenarbeit mit Künstler_innen und Kurator_innen, die Möglichkeiten des Arbeitens im Ausstellungsraum sowie eine höhere Wertschätzung dem gesamten Arbeitsfeld der *Education* gegenüber.

Diese höhere Wertschätzung des Pädagogischen zeigte sich in der TPG zum einen durch die Repräsentation der pädagogischen Arbeit im *GREAT Magazin*[10], einer Ausstellungsbroschüre, die Texte zu den Ausstellungen, Vermittlungsformaten und Veranstaltungen umfasste, aber auch in der Darstellung und Dokumentation der Programme der Vermittlungsabteilung, die unter und auf der damaligen Webseite des Ausstellungshauses zu finden waren. Darüber hinaus wurde sie im *Mission Statement* der Institution verdeutlicht, in welchem kommuniziert wurde, dass alle Einnahmen der Institution in die Finanzierung der öffentlichen Programme und Bildungsprojekte fließen[11] (vgl. The Photographers' Gallery 2005b: o. S.). Die Bedeutung der pädagogischen Arbeit wird hier mit dem öffentlichen Zuspruch finanzieller Mittel hergestellt. Meine Erfahrungen sowie die hier beschriebenen Tätigkeiten und Beschreibungen der *Gallery Education* in der TPG zeigen, dass die Kunst- und Kultureinrichtung nicht nur über ein vielfältiges Angebot verfügte und gemeinsam mit den anderen Mitarbeiter_innen an der Herstellung der Ausstellungen beteiligt war, sondern auch öffentlich (re)präsentiert und wertgeschätzt wurde.

10 Auf einer Seite des Heftes, welches Texte und Abbildungen zu den Ausstellungen sowie Vermittlungsprogrammen enthält, wurden die sogenannten *Off-site Projects*, die von Künstler_innen außerhalb der Ausstellungsräume realisiert wurden, mit Bildern und einem kurzen beschreibenden Text dargestellt. Im GREAT Magazin Nr. 59 (2005) erschien beispielsweise die Abbildung eines von einem Schüler gefundenen Objektes, welches er im Rahmen des *Off-Site Projects Digging up a Story* gefunden, fotografiert und archiviert hatte. Neben der Abbildung des gefundenen Objektes – zwei Scherben eines blau gemusterten Tellers – wurde folgender Text veröffentlicht: „A piece of pottery from an archeological dig in Hackney, found and photografically archived by Harry, a Year 6 pupil at Lauriston Primay School, where the dig is taking place. Harry used a scanner to make this photo, supported by artist Helen Marshall. He is also working with an archeologist (Chris), a storyteller (Roberto) and his teachers Aidan and Peter as part of this Spring term Creative Partnerships project entitled *Digging up a Story*" (Great 2005/59: o. S.).

11 Bei einem solchen Vorgehen steht die Vermittlung in Abhängigkeit zum Verkauf von Bildern bzw. dem Erfolg einer Ausstellung, jedoch stellen diese Einnahmen ein Plus zu dem existierenden Budget der *Gallery Education* dar. *Gallery Education* war zu dieser Zeit, als die Labour-Partei unter Tony Blair regierte, finanziell sehr gut ausgestattet: „Kunstinstitutionen beziehen dort nur dann öffentliche Gelder, wenn sie ein umfassendes Education-Programm anbieten. [...] Vor allem in den letzten fünf Jahren investierte die Regierung so viel in Education-orientierte Kulturprojekte wie nie zuvor" (Mörsch 2002: 24).

Die aus meiner Sicht unterschiedliche Wahrnehmung und innerinstitutionelle Positionierung der pädagogischen Arbeit manifestierte sich in räumlicher und institutioneller Ordnung auf zweifache Weise. Zum einen zeigte sich dies in der Zusammenarbeit in einem gemeinsamen Büro. Die Mitarbeiter_innen der *Gallery Education* hatten ihren Arbeitsplatz in einem Großraumbüro zusammen mit den Kurator_innen und Projektleiter_innen. Diese räumliche Nähe ermöglichte es, dass alle Mitarbeiter_innen des *Programming Team*, neben dem wöchentlichen Jour fixe, aufgrund der alltäglichen Gespräche im Büro über den jeweiligen Arbeitsstand der anderen informiert waren und in den jeweiligen Entwicklungsständen interagieren konnten. Für mich waren sowohl diese räumliche als auch inhaltliche Zusammenarbeit zwischen Vermittlungs- und Kurator_innen-Team neu. Ich hatte das Museum in Deutschland als Praktikantin und freie Mitarbeiterin als einen Ort kennengelernt, der eine klare Trennung zwischen Ausstellungsproduktion und Kunstvermittlung praktizierte, bei der Kunstvermittlung als eine nachgeordnete Tätigkeit[12] verstanden wurde und sich dies auch im räumlichen Sinne spiegelte, indem die Kuratorin und die Kunstvermittlerin in getrennten Büros arbeiteten.

Einen zweiten Unterschied in Bezug auf räumliche Ordnungen zeigte sich mir in Gesprächen über die Konzeption eines neuen Gebäudes der TPG. In den Verhandlungen ging es unter anderem um die Bedürfnisse jeder Abteilung und die Zuteilung der Flächen, die in dem neuen Gebäude zur Verfügung stehen würden. Dass die pädagogische Arbeit in dem neuen und größeren Gebäude mehr Fläche zur Verfügung haben und einen eigenen und für das Publikum zugänglichen Raum im Gebäude bekommen sollte, stellte bei allen an der Planung Beteiligten einen unhinterfragten Konsens dar. Der Raum realisierte sich mit der Eröffnung des neuen Gebäudes 2012 auf einer gesamten Etage unter dem Namen *Eranda Studio*. Dort finden seitdem, neben Schulklassenworkshops und Fortbildungen, Künstler_innen-Gespräche, Treffen und Aktionen von Künstler_innen sowie temporäre Ausstellungen der Abteilung statt. Für das Publikum ist das *Eranda Studio* sichtbar, da es beim Rundgang durch das Gebäude betreten werden kann und die bei geschlossener Tür stattfindenden Veranstaltungen durch ein Fenster betrachtet werden können. Darüber hinaus ist der Vermittlungsraum auf dem Gebäudeplan des Ausstellungshauses, der als Teil des Leitsystems an verschiedenen Orten im Haus zu finden ist, verzeichnet. Die Vermittlung wird damit selbst auf den allgemeinen Museumsplänen sichtbar verortet.

Das Einrichten von sichtbaren Vermittlungsräumen war zu dieser Zeit in Großbritannien bereits in Museen unterschiedlicher Ausrichtungen eine Praxis, die verbreitet und unter den Vermittler_innen bekannt war (siehe dazu die beiden Publikationen (2004; 2015) der

12 Vgl. zur Darstellung der „Vermittlung als nachgeordneten Tätigkeit" Rahel Puffert (2013): *Die Kunst und ihre Folgen. Zur Genealogie der Kunstvermittlung*, S. 36.

Clore Duffield Foundation: Sie sind Praxisanleitungsbücher für die Einrichtung von Vermittlungsräumen in Museen). So richtete die Tate Modern beispielsweise im Jahr 2000 mit dem *Clore Learning Center* über einen teilweise einsehbaren und frei zugänglichen Bereich im Erdgeschoss des Museums zugängliche Vermittlungsräume ein (vgl. Plegge 2018).

## Resümee: Die Konzeption eines sichtbaren Vermittlungsraumes in der TPG, London

Die Erfahrungen aus meinen Tätigkeiten in der TPG lassen vermuten, dass ein Zusammenhang zwischen einer räumlichen Ordnung und der pädagogischen Arbeit wie folgt besteht:

- Eine inhaltliche und strukturelle Zusammenarbeit zwischen Kurator_innen, Projektleiter_innen und Kunstvermittler_innen zeigt sich in einer räumlichen Nähe der Akteur_innen, sowohl in der gemeinsamen Arbeit in einem Büroraum als auch in der Verteilung von dem zur Verfügung stehenden Museumsraum.

- Die Einrichtung eines sichtbaren Vermittlungsraumes steht im Zusammenhang mit der Wertigkeit, die der pädagogischen Arbeit innerhalb der Institution zugesprochen wird.

## Raumbeispiel *Eranda Studio* in The Photographers' Gallery in London (2012 bis heute)

Das *Eranda Studio* ist der sichtbare und frei zugängliche Vermittlungsraum in The Photographers' Gallery in London, der mit dem Umzug des Ausstellungshauses in ein neues Gebäude architektonisch von Anfang an eingeplant war. Das *Studio* befindet sich in der Mitte des Gebäudes und ist auf der gesamten dritten Etage eingerichtet. Mit insgesamt drei Ausstellungsflächen ist das Größenverhältnis zwischen Ausstellungsraum und Vermittlungsraum in der Kunstinstitution ungefähr 3:1.

Das *Eranda Studio* ist als multifunktionaler Raum angelegt, in welchem Workshops und Weiterbildungen für unterschiedliche Personengruppen durchgeführt, Ausstellungen präsentiert, Screenings vorgeführt sowie Künstler_innen-Projekte realisiert werden können. Die Verantwortung für Nutzung und Ausgestaltung des Raumes liegt in der Abteilung *Education*. Der Raum verfügt über einen direkt anschließenden Raum zum Verstauen von Materialien. Integriert in die Außenwand des Raumes ist eine eingelassene Camera obscura, die die Bilder des Außenraumes der TPG in den Vermittlungsraum spiegelt. Die Camera kann von den Ausstellungesbesucher_innen eigentätig genutzt werden.

Außerdem verfügt der Raum über den sogenannten *Touchstone Space*. Dieser ist ausgestattet mit einer Präsentationsfläche sowie einer dazugehörigen Bank, in welche Fächer für Papiere und Stifte eingelassen sind. Die Präsentationsfläche dient der wechselnden Präsentation von je einer Fotografie. Mit der Frage „What do you see?“ sind die Besucher_innen in der Auseinandersetzung mit dem Gezeigten aufgefordert, die wechselnden Präsentationen zu kommentieren. Gesammelt und öffentlich gezeigt werden diese auf einer eigenen Webseite[13]. Durch eine mobile Wand kann eine Trennung in Vermittlungsraum und *Touchstone Space* hergestellt werden. In der Möglichkeit dieser räumlichen Trennung zeigt sich eine hohe Sensibilität in Bezug auf die räumlichen Qualitäten, die Räume der Vermittlung bedürfen.

13 [online] https://whatdoyousee-tpg.tumblr.com [11.08.2020].

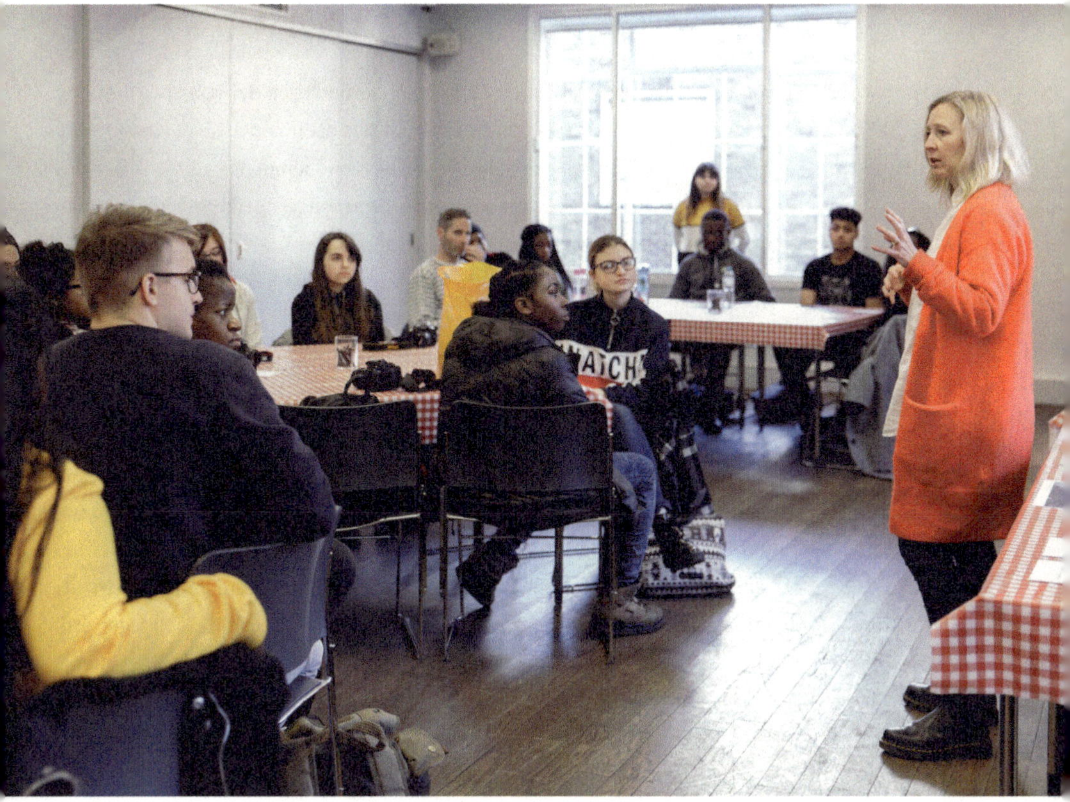

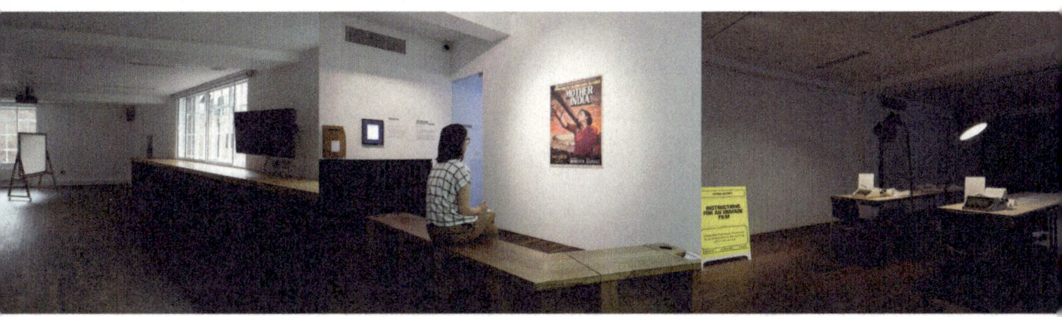


Abb. 1 - 4

## 2.2 *Palmenhaine* auf der documenta 12

Meine zweite Begegnung mit einer veränderten räumlichen Ordnung in der Kunstvermittlung fand 2007 während meiner Arbeit als Kunstvermittlerin auf der documenta 12 in Kassel statt. Das Besondere im Hinblick auf die pädagogische Arbeit an der documenta 12 war, dass das Kurator_innen-Team das Thema Bildung als eines ihrer drei Leitmotive[14] in ihrem kuratorischen Konzept[15] verhandelte. Mit der übergeordneten Frage „Bildung: Was tun?[16]" wurden nicht nur bildungsrelevante Themen in der Ausstellung verhandelt, sondern auch die Kunstvermittlung als etwas definiert, das „nicht einfach nur eine Zusatzdienstleistung, sondern ein integraler Bestandteil der kuratorischen Komposition ist" (documenta 12 2006: o. S.).

Die Aufnahme der Bildungsarbeit in das kuratorische Konzept hatte zur Folge, dass der Arbeit der Kunstvermittlung in der Kommunikation nach außen ein hoher Stellenwert[17] eingeräumt wurde und dass sie bereits vor der Ausstellungseröffnung mit ihrer Arbeit begann. Mit der Initiative *documenta 12 Beirat*[18] und dem Projekt *Die Welt bewohnen*[19] startete zwei beziehungsweise ein Jahr vor der Ausstellungseröffnung eine Zusammenarbeit mit der Bevölkerung von Kassel, bei der verschiedenartige Aktivitäten in der Stadt realisiert wurden. Damit wurde dem Anliegen, die Bevölkerung frühzeitig in die Ausstellung einzubinden, nachgegangen. Darüber hinaus wurden während der Ausstellungsdauer eine Reihe von Alleinstellungsmerk-

14 Die anderen beiden Leitmotive lauten: „Moderne? Ist die Moderne unsere Antike?" sowie „Leben! Was ist das bloße Leben?" (documenta 12 2006: o. S.).

15 Das kuratorische Konzept der documenta 12 kann als Teil des „educational turn in curating" betrachtet werden, bei dem sich seit den 1990er Jahren Kurator_innen, Künstler_innen und Theoretiker_innen Fragestellungen und Praxen des pädagogischen Feldes aneigneten. Für eine kritische Reflexion dieser Wende siehe die Beiträge in schnittpunkt/Sternfeld/Jaschke (2012). Carmen Mörsch kritisiert am *Educational Turn in Curating*, dass mit ihm eine Ökonomisierung von Bildung und künstlerischer Ausbildung vorangetrieben werde und es „zu Einverleibungen der marginalisierten Position der Vermittlung durch die dominante Position des Kuratierens" komme (Mörsch 2012: 70). Strukturelle Verbesserungen oder Verschiebungen in den Machtverhältnissen zugunsten der Kunstvermittlung würden durch den *Educational Turn in Curating* nicht vorangetrieben.

16 Mit dieser Frage wollte die künstlerische Leitung der documenta 12 verdeutlichen, dass ein Publikum zu bilden nicht nur bedeute, Lernprozesse anzustoßen, sondern eine Öffentlichkeit herzustellen, da ästhetische Bildung „als die einzige tragfähige Alternative zu Didaktik und Akademismus auf der einen und Warenfetischismus auf der anderen Seite" erscheine (Leporello zur documenta 12 2006: o. S.).

17 So fand zum Beispiel das erste Mal in der Geschichte der documenta eine Pressekonferenz zur Vermittlungsarbeit auf der documenta 12 statt, und die Vorbereitung der Kunstvermittler_innen wurde finanziell entlohnt. Eine Aufwertung der Kunstvermittlung auf struktureller Ebene wurde insgesamt jedoch nur minimal erreicht (siehe dazu Mörsch 2009a).

18 Der *documenta 12 Beirat* war eine zweijährige Zusammenarbeit zwischen lokalen Akteur_innen in Kassel und der documenta 12 und wurde geleitet von der Frage, „was die documenta mit dem sozialen Geflecht der Stadt zu tun hat und was sie diesem geben kann" (Güleç/Wieczorek 2009:17). Ayşe Güleç und Wanda Wieczorek schreiben zu der besonderen Rolle des Beirats im historischen Kontext der documenta: „Der documenta 12 Beirat war ein Experiment: Bislang hatte keine documenta den Versuch unternommen, sich ihrem Umfeld Kassel zu öffnen" (ebd.).

19 *Die Welt bewohnen* war ein Vermittlungsprojekt, geleitet von Sonja Parzefall, bei dem Schüler_innen aus Kasseler Schulen für die Dauer eines Jahres persönliche Zugangsweisen zu der Ausstellung erarbeiteten, die sie während der Laufzeit der Ausstellung in Form von Führungen an ein erwachsenes Publikum vermittelten; siehe dazu Parzefall (2009), Röhling (2009) und Georgianna (2009).

malen für die pädagogische Arbeit auf einer documenta initiiert: ein Begleitforschungsprojekt zur Kunstvermittlung (geleitet von Carmen Mörsch), ein eigenes Vermittlungsprogramm für Kinder und Jugendliche mit dem Namen *aushecken* (geleitet von Claudia Hummel), die Initiierung und Durchführung von 20 unterschiedlichen Vermittlungsprojekten unter dem Namen *Wissenstransfer und Vernetzung* (geleitet von Carmen Mörsch und Ulrich Schötker) sowie das Programm der *Lunch Lectures*[20]. Nicht zuletzt wurde die besondere Arbeit der Kunstvermittlung in der Herausgabe zweier Publikationen[21] – die Darstellung, Reflexion und Dokumentation der Kunstvermittlungsprogramme (Band 1) sowie die kritische Auseinandersetzung der Kunstvermittler_innen mit ihrer eigenen pädagogischen Praxis im Kontext der Institution (Band 2) – im Diskurs der Kunstvermittlung veröffentlicht.

Eine veränderte räumliche Ordnung in Bezug auf die pädagogische Arbeit im Vergleich zu den vorherigen documenta-Ausstellungen[22] zeigte sich in der Einrichtung von zwölf sichtbaren Vermittlungsräumen auf der Ausstellungsfläche, den sogenannten *Palmenhainen*, sowie in einem frei zugänglichen Gelände des Kinder- und Jugend-Vermittlungsprogrammes *aushecken*. Bei den *Palmenhainen* handelte es sich um optisch hervorgehobene Bereiche im Aue-Pavillon: Farbige Linien auf dem Fußboden markierten diese ausgewiesenen Flächen, die sich zu besonderen Räumen zwischen den Exponaten formierten. Möbliert waren sie mit antiken chinesischen Stühlen[23] der künstlerischen Arbeit (2007) des Künstlers Ai Weiwei. Die Räume von *aushecken* waren außerhalb der Ausstellungsflächen direkt neben dem Aue-Pavillon in einem historischen Heckenkabinett der Orangerie im Außengelände verortet und verfügten mit zwei Containern über einen Aufbewahrungsort für Materialien, Hocker und mobile Tische. Das Gelände von *aushecken* wurde überwiegend in der Verbindung mit der Teilnahme an einem Vermittlungsprogramm genutzt. Dieses Programm für Kinder und Jugendliche stellt in der Geschichte der documenta das erste umfangreiche Vermittlungsangebot für Kinder und Jugendliche dar, das als Teil der Ausstellung konzipiert wurde. In den vorherigen

20 Die *Lunch Lectures* waren täglich stattfindende Veranstaltungen, die vom *documenta 12 Beirat*, der Kunstvermittlung sowie den documenta 12 magazines initiiert wurden. Dabei sollte in Gesprächen und Vorträgen die Ausstellung in unterschiedliche Kontexte eingebunden und in einen Austausch mit dem lokalen Wissen gebracht werden.

21 *Kunstvermittlung 1. Arbeit* sowie *mit dem Publikum, Öffnung der Institution. Formate und Methoden der Kunstvermittlung auf der documenta 12* (2009) sowie *Kunstvermittlung 2. Zwischen kritischer Praxis und Dienstleistung auf der documenta 12. Ergebnisse eines Forschungsprojektes* (2009).

22 Bazon Brock richtete seit der documenta 4 bis zur documenta 9 *Besucherschulen* ein, die sich auch in Form eines architektonischen Raumes manifestierten. Anlass für die Einrichtung der *Besucherschule* war, dass in den vorherigen Jahrzehnten für die Weiterentwicklung der „Rezeption, das Verstehen, Erfahren, Begreifen und Erwerben der produzierten ästhetischen Gegenstände kaum etwas geschehen ist" (o. A. 1968: XX). Aus diesem Grund wurde für die Dauer der documenta-Ausstellungen von Bazon Brock die *Besucherschule* eingerichtet, an der man gegen geringe Bezahlung „Aneignungstechniken und Rezeptionspraktiken nahegebracht" bekam (ebd.). Im Unterschied zu einem breit aufgestellten Vermittlungsprogramm wurde die *Besucherschule* durch die Aktivitäten Brocks definiert, der die Rolle als Vermittler in einer künstlerischen Selbstdarstellung performte (vgl. Limberg 2008: 9).

23 Die Anzahl der Stühle variierte über den Tag, da die Besucher_innen Stühle hinzu-, oder aber aus dem *Palmenhain* herausstellten. Vorgesehen waren 14 bis 20 Stühle pro *Palmenhain*.

documenta-Ausstellungen war die pädagogische Arbeit mit Kindern und Jugendlichen „den lokalen museumspädagogischen Initiativen überlassen" (Hummel 2009: 159).

## Resümee: Zur veränderten räumlichen Ordnung auf der documenta 12

In den Beobachtungen zur Vermittlungsarbeit auf der documenta 12 in Relation zu den unterschiedlichen Vermittlungsräumen zeigt sich:

- Sichtbare Vermittlungsräume werden als Teil des kuratorischen Konzeptes eingerichtet.
- Umfangreiche Vermittlungsangebote für Kinder und Jugendliche bedürfen eigener Räume, die auf die Bedürfnisse und Qualitäten der Vermittlungsarbeit ausgerichtet sind.
- Eine veränderte räumliche Ordnung durch die Einrichtung mehrerer sichtbarer Vermittlungsräume steht im Zusammenhang mit einer Aufwertung und einem Interesse an der pädagogischen Arbeit vonseiten der Kurator_innen.
- Sichtbare Vermittlungsräume, auch wenn sie keinen Schutz in Form einer Mauer bieten, ermöglichen das Arbeiten mit Materialien auf der Ausstellungsfläche, die aus konservatorischer Sicht sonst nicht erlaubt sind.

## Raumbeispiel *Palmenhaine* auf der documenta 12 in Kassel (16.06.2007–23.09.2007)

Die *Palmenhaine* auf der documenta 12 waren über die Dauer der Ausstellungslaufzeit in einem extra für diese documenta eingerichteten neuem Gebäude, dem Aue-Pavillon, verortet. Die Idee, Ruhe- und Lernorte in der Ausstellung zu integrieren, war Teil des kuratorischen Konzeptes und wurde mit der Fotografie eines Palmenhains, unter dem eine Schulklasse im Sitzkreis abgebildet war, sowie einem begleitenden Text frühzeitig an das Team der Kunstvermittlung und die Öffentlichkeit kommuniziert. „Die Kunstvermittlung auf der documenta 12 bekommt daher eine eigene Architektur zum Träumen und Reden: *Palmenhaine.* Diese Zwischenräume sind gleichermaßen Teil der Ausstellung wie eigenständige Ruhe-Inseln inmitten der documenta 12" (documenta 12 2006: o. S.).

Die zwölf *Palmenhaine* bestanden aus unterschiedlichen Flächen, die durch farbige Linien auf dem Boden markiert waren. Sie waren im Aue-Pavillon verortet und mal näher und mal ferner zu den künstlerischen Arbeiten positioniert. Ausgestattet waren die Räume mit jeweils 14 bis 20 antiken Stühlen der künstlerischen Arbeit *Fairytales* (2007) des Künstlers Ai Weiweis. Innerhalb der Markierungen war es erlaubt, Materialien zu verwenden, die außerhalb der *Palmenhaine* nicht benutzt werden durften. So konnte während der Vermittlungsaktivitäten in den *Palmenhainen* gezeichnet, geknetet, geklebt und geschnitten werden.

Genutzt wurden die *Palmenhaine* neben der pädagogischen Arbeit von den Ausstellungsbesucher_innen. Diese ruhten sich auf den Stühlen aus, lasen im Ausstellungskatalog oder unterhielten sich. Sichtbar waren die *Palmenhaine* über die beschreibenden Texte des kuratorischen Konzeptes, ihre Verortung im öffentlich zugänglichen Bereich der Ausstellung sowie durch ihre Verzeichnung auf dem Lageplan des Aue-Pavillons.

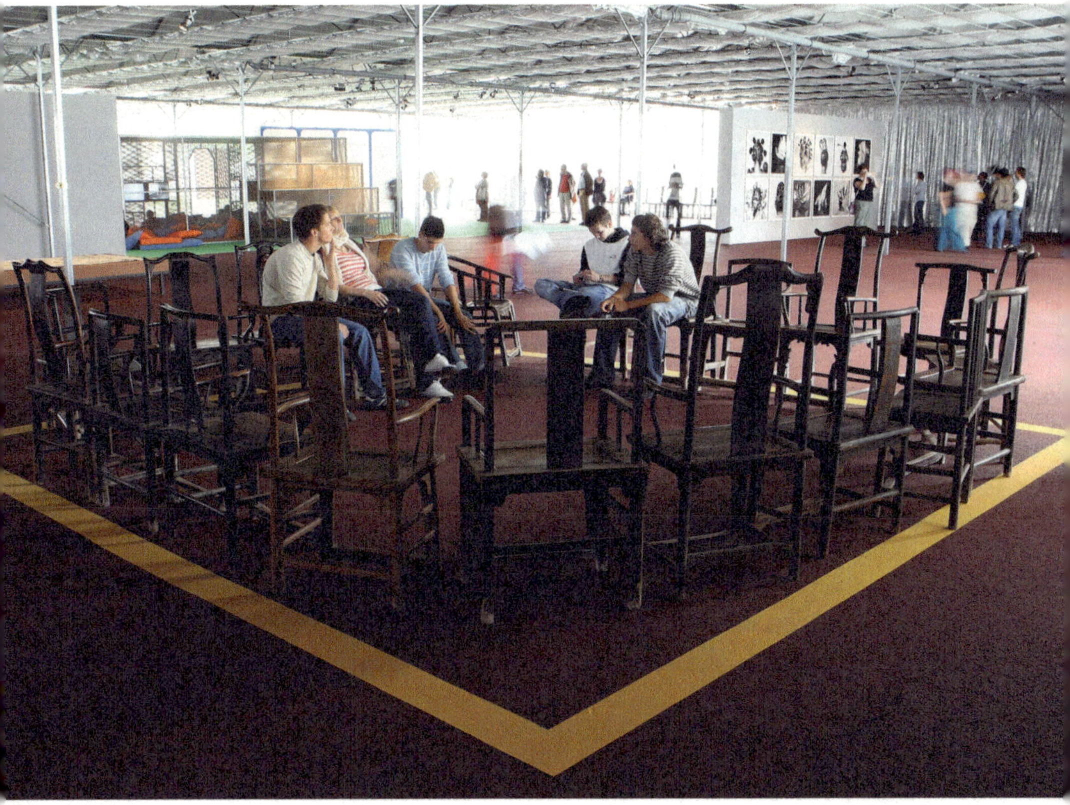

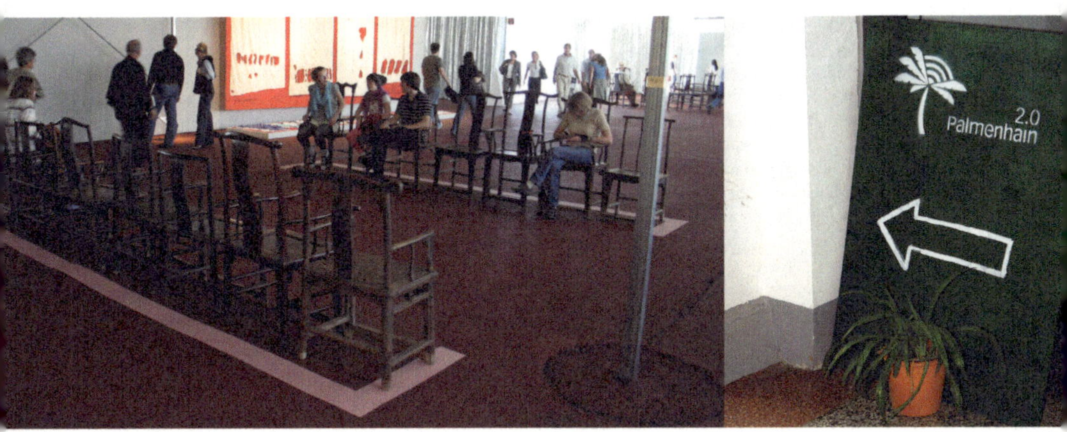


Abb. 5 - 7

## 2.3 Das *studio* in der Ausstellung *The Global Contemporary. Kunstwelten nach 1989* am ZKM | Zentrum für Kunst und Medien

Meine dritte Praxiserfahrung mit sichtbaren Vermittlungsräumen und einer veränderten räumlichen Ordnung innerhalb eines Ausstellungshauses für Gegenwartskunst machte ich als Kuratorin für Kunstvermittlung in der Ausstellung *The Global Contemporary. Kunstwelten nach 1989* vom 17.09.2011 bis zum 5.02.2012 im ZKM | Zentrum für Kunst und Medien in Karlsruhe. Hervorgegangen war die Ausstellung aus dem mehrjährigen Forschungsprojekt *Global Art and the Museum* (GAM)[24], welches von Hans Belting und Peter Weibel im Jahr 2006 initiiert wurde. Inhaltlich thematisierte die Ausstellung die Einflussnahme der Globalisierung auf die zeitgenössische Kunst und ihre Systeme wie Museen, Galerien und Biennalen.[25] Diesem Thema wurde anhand von über 100 künstlerischen Positionen und dokumentarischen Materialien sowie in Begleitprogrammen wie Vorträgen, Filmscreenings, Symposien und Performances nachgegangen.[26]

In dem Bewusstsein, sich mit einem solchen Ausstellungsthema überwiegend an ein kunstinteressiertes Publikum zu wenden, sollte die Kunstvermittlung einen besonderen Stellenwert zur Ausstellung einnehmen und die lokale Bevölkerung mit pädagogischen Programmen direkt adressieren. Aus diesem Grund wurde auf struktureller Ebene durch die direkte Einbindung der Kunstvermittlung in das Kurator_Innen-Team die Position der Kuratorin für Kunstvermittlung eingerichtet. Hauptaufgabe der Kuratorin für Kunstvermittlung sollte sein, Vermittlungsprogramme für die lokale Bevölkerung zu konzipieren, um die Ausstellung an diese zu vermitteln.[27]

24 *GAM – Global Art and the Museum* wurde gegründet, „um erstmals einen Prozess zu untersuchen, welcher den Wandel der global erweiterten Kunstproduktion wie auch den Wandel der Kunstmuseen herbeigeführt hat. Es ging darum, ein Bewusstsein für die Transformation zu wecken, welche die Globalisierung für die Entstehung neuer Kunstwelten bedeutet." [online] https://zkm.de/de/projekt/gam-global-art-and-the-museum [18.02.2018].

25 Auf der Ausstellungswebseite wird das Anliegen wie folgt zusammengefasst: „Die Ausstellung *The Global Contemporary. Kunstwelten nach 1989* untersucht mittels künstlerischer Positionen und dokumentarischer Materialien, wie die Globalisierung mit ihren dominanten Marktmechanismen einerseits und ihren Utopien der Vernetzung und Freizügigkeit andererseits auf die unterschiedlichen Sphären der Kunstproduktion und -rezeption einwirkt. Diese Auseinandersetzung mit den maßgeblichen Institutionen und Dispositiven der Kunstwelt soll abbilden, auf welche Weise Globalisierung Kunst prägt und zugleich zum Thema künstlerischer Produktion wird, die keineswegs ohne Bewusstsein ihrer eigenen Bedingungen und Parameter erzeugt und rezipiert wird." [online] http://www.global-contemporary.de/de/ausstellung [19.02.2019].

26 In der Ausstellung wurden die Kunst sowie dokumentarisches Material in acht thematischen Bereichen präsentiert. Diese acht Themenfelder vertieften unterschiedliche Aspekte des Ausstellungsthemas und wurden in der Ausstellung in farbig markierten Bereichen zusammengefügt. Die Bereiche hießen: *Room of Histories*; *Weltzeit. Die Welt als Transitzone*; *Lebenswelten und Bilderwelten*; *„Weltkunst". Die Wunderkammer aus postkolonialer Sicht*; *Grenzfragen. Der Kunstbegriff der Moderne*; *Netzwerke und Systeme. Globalisierung als Thema*; *Kunst als Ware. Die New Economy und die Kunstmärkte*; *Lost in Translation. Neue Künstlerbiografien*.

27 Ein Hauptanliegen der Projektleitung war, Kinder und Jugendliche mit Migrationsbiografien an den Vermittlungsprogrammen teilhaben zu lassen. Eine Begründung für dieses Ziel wurde nicht formuliert. Ich gehe davon aus, dass mit der intendierten Beteiligung von Kindern und Jugendlichen im Vermittlungsprogramm das Bild eines diversen Publikums hergestellt werden sollte. Dieser Wunsch zeigt sich auch bei der Auswahl der Bilder, die für den Ausstellungskatalog gewählt wurden. Hier wird über die Abbildungen der Kunstvermittlung und der sich daran beteiligenden Kinder und Jugendlichen die pädagogische Arbeit durch eine diverse Teilnehmer_innenschaft repräsentiert (Plegge 2013: 466ff.).

Die Arbeit der Kunstvermittlung war bis zu diesem Zeitpunkt im ZKM ausschließlich in der Abteilung der Museumskommunikation verortet. Dass eine Kunstvermittlerin als Teil eines Ausstellungsteams als gleichwertiges Mitglied an der Realisierung einer Ausstellung mitarbeitet und diesem und nicht der Abteilung der Museumskommunikation zugehörig war, war bis dahin einmalig. Durch die Einrichtung einer solchen Position[28] war es möglich, an zwei unterschiedlichen Stellen innerhalb einer Institution Fragen und Schwerpunkte in der Vermittlung zu setzen, die verschiedene Perspektiven in der Vermittlungsarbeit sichtbar werden ließen.

Ich bekam die Stelle aufgrund einer persönlichen Einladung der Projektleiterin Andrea Buddensieg, mich mit meiner Perspektive zur Kunstvermittlung im Ausstellungsteam[29] zu beteiligen. Die frühzeitige Mitarbeit – ein Jahr und neun Monate vor Ausstellungseröffnung – ermöglichte mir, meine bisherige Erfahrung und Professionalisierung im Feld kritischer Kunstvermittlung bei der Entwicklung der Ausstellung einzubringen und die Anliegen der pädagogischen Arbeit im Museum permanent einzubinden. Somit flossen Kunstvermittlungsdiskurse, die Kunst und Bildung genuin zusammen denken und die Institution Museum aus macht- und herrschaftskritischer Perspektive betrachten, in die Konzeption der Ausstellung mit ein. Mein Anliegen war es, ein Vermittlungsprogramm zu entwickeln, das Einblicke in die Entstehung einer Ausstellung gibt, kritisch die institutionellen Gegebenheiten in Bezug zum Ausstellungsthema beleuchtet[30] und Akteur_innen mit ihren je eigenen Interessen partizipativ

28 Wie unterschiedlich die Einschätzung zur Auswirkung der Vermittlungsarbeit der Ausstellung *The Global Contemporary. Kunstwelten nach 1989* auf die nachfolgende Arbeit der Kunstvermittlung ist, zeigt sich in der Dissertation von Susanne Karow *Kunst unter Aufsicht. Transformative Perspektiven in der partizipativen Museumsarbeit*. Diese Publikation nimmt das Kunstvermittlungsprojekt *Local Art*, was im Rahmen der Ausstellung von Philipp Sack und Ruth Lühr-Tanck entwickelt wurde, sowie den eingerichteten sichtbaren Vermittlungsraum das *studio* (hierzu die beiden nachfolgenden Unterkapitel) mit seinen Auswirkungen in Bezug auf Transformationsprozesse in der Kunstvermittlung in den Blick.

29 Das Ausstellungsteam setzt sich zusammen aus der Projektleiterin Andrea Buddensieg, den Co-Kurator_innen Antonia Marten und Jakob Birken sowie dem wissenschaftlichen Beirat, vertreten durch Hans Belting. Des Weiteren gab es zu der Ausstellung einen Beirat aus externen Kurator_innen mit N'Gone Fall, Patrick C. Flores, Carol Yinghua Lu sowie Jim Supangat, die eine beratende Funktion innehatten. Peter Weibel war als Direktor des ZKM | Zentrum für Kunst und Medien offizieller Kurator der Ausstellung.

30 Das ZKM | Zentrum für Kunst und Medien ist eine westeuropäisch geprägte Institution, die überwiegend mehrheitsdeutsche Mitarbeiter_innen beschäftigt. Auch das Team zu der Ausstellung *The Global Contemporary. Kunstwelten nach 1989* war *Weiß* und westeuropäisch sozialisiert. Dass ein solches Team Aussagen über die Entwicklungen im globalen Kunstsystem macht, die sich überwiegend auch auf außereuropäische Kontexte bezieht, und als weltweit anerkannte Kunstinstitution die Erzählungen zu „Globaler Kunst" mitschreibt, ist demnach kritisch zu betrachten. Nicht nur, weil durch die einheitlich westeuropäisch geprägte Perspektive eine Vielzahl von Stimmen auf eine solche Entwicklung nicht gehört wird, sondern auch, weil die vorherrschend westliche Definitionsmacht im Kunstsystem fortgesetzt wird.

an der Ausstellungsgestaltung und im besten Fall kollaborativ[31] beteiligt. Die Vermittlung der Ausstellungsinhalte über die klassische Führung an ein vermeintlich unwissendes Publikum spielte im Vermittlungskonzept zur Ausstellung eine untergeordnete Rolle. Neben meiner regulären Mitarbeit bei der Entstehung der Ausstellung – die Ausstellungskonzeption, Auswahl der künstlerischen Positionen, Entwicklung und Durchführung des *Artist-in-Residence-Programms*[32], Textproduktionen für die Ausstellung und anderes mehr – wurden diese Ziele und Anliegen der Vermittlungsarbeit vor allem in zwei Vermittlungsformaten der Ausstellung realisiert: in der Zusammenarbeit und Durchführung von Workshops mit Künstler_innen der Ausstellung sowie in künstlerisch-edukativen Projekten[33], die von den Kunstvermittler_innen konzipiert und durchgeführt wurden.

Durch meine frühzeitige Mitarbeit im Ausstellungsteam und die Beteiligung an verschiedenen Schritten der regulären Ausstellungsplanung war es möglich, Künstler_innen für die Ausstellung vorzuschlagen und einzubringen, die ein Interesse an kritischer Wissensproduktion und Erfahrungen im Konzipieren und Durchführen von Workshops hatten.[34] Diese Künstler_innen wurden durch die Präsentation ihrer künstlerischen Arbeiten zum einen Teil der Ausstellung und realisierten zum anderen Projekteinheiten vor Ort mit lokalen Gruppen, die im Kontext der Ausstellung *KünstlerInnen-Workshops* genannt wurden. Damit wurden Themen, die mit den künstlerischen Arbeiten verhandelt wurden, Teil der Ausstellung: wie beispielsweise die Auseinandersetzung mit dem aus den Massenmedien und Schulen verbannten unterre-

31 Mit den Begriffen der „partizipativen“ und „kollaborativen“ Beteiligung beziehe ich mich auf die Definitionen der Publikation *Zeit für Vermittlung* (2013) von Carmen Mörsch. Darin heißt es: „Ein partizipativer Beteiligungsgrad in der Kulturvermittlung ist gegeben, wenn ein Angebot und sein Handlungsrahmen von Seiten der Vermittelnden vorgegeben werden, die Teilnehmenden jedoch innerhalb dieses Rahmens Möglichkeiten zur eigenständigen Gestaltung haben, zum Umarbeiten von Inhalten und Formen oder auch der Handlungsregeln selbst“ (Mörsch 2013b: 88). Sowie: „Ein kollaborativer Beteiligungsgrad liegt vor, wenn der Rahmen, die Thematik und die Methoden eines Vermittlungsprojekts gemeinsam mit den Beteiligten entwickelt werden. [...] Auch wenn die erste Einladung zur Zusammenarbeit von der Vermittlerin ausging, werden Vorgehensweise, Arbeitsbedingungen und Inhalte gemeinsam beschlossen und permanent diskutiert und weiterentwickelt“ (ebd.: 89).

32 Das *Residency Programm* zur Ausstellung führte auch zu einer veränderten räumlichen Ordnung, da zur Ausstellungseröffnung mehrere Freiflächen in der Ausstellung zwar mit der Aufschrift „Artist in Residence“ beschriftet waren, jedoch noch keine künstlerische Arbeit präsentierten. Im Verlauf der Ausstellung wurden die Flächen sukzessive mit künstlerischen Arbeiten gefüllt, die in dem eigens zur Ausstellung konzipierten *Residency Programm* von Künstler_innen produziert wurden. Vor Ort entwickelten die vom Ausstellungsteam eingeladenen Künstler_innen neue Arbeiten, die die Konzepte und Anliegen des Ausstellungsprojektes kritisch reflektierten und um neue Sichtweisen erweiterten. Sie wurden nach und nach in das Display eingefügt und verdeutlichten so das Anliegen des Kurtaor_innen-Teams, die Ausstellung als kein abgeschlossenes Statement zu verstehen, sondern als eine Ausstellung im Prozess. Die eingeladenen Künstler_innen waren: Anetta Mona Chisa & Lucia Tkácocá, Minerva Cuevas, Ala Ebtekar, Yara El-Sherbini, Brendan Fernandes, Will Kwan, Pooneh Maghazehe, Mirza/Butler, Eko Nugroho, Ruth Sacks, Tintin Wulia.

33 Künstlerisch-edukative Projekte denken das Handeln von und mit Kunst und Bildung genuin zusammen (vgl. Mörsch/Pinkert 2009: o. S.).

34 Die Künstler_innen waren das Kollektiv Pinky Show, Stefanie Syjuco, Ashley Hunt und Nezaket Ekici.

präsentierten Wissen oder die bis heute andauernden Auswirkungen des Kolonialismus.[35] Darüber hinaus wurden Personen aus Karlsruhe über die Zusammenarbeit, die anschließende Präsentation des Projektverlaufs beziehungsweise ihre kollaborativ entstandenen künstlerischen Arbeiten zu Mit-Produzent_innen der Ausstellung: wie beispielsweise die Mitglieder einer lokalen Strickgruppe, Vertreter_innen des globalisierungskritischen Netzwerks Attac sowie Flugbegleiter_innen der Lufthansa. Das Format *KünstlerInnen-Workshops* schaffte somit durch die direkte Beteiligung an der Produktion künstlerischer Arbeiten eine Verbindung zwischen der Ausstellung und einigen lokalen Akteur_innen.

Mit der Initiierung von Kunstvermittlungsprojekten zu der Ausstellung, die von den freiberuflichen Kunstvermittler_innen der Ausstellung als auch von mir konzipiert und durchgeführt wurden[36], konnte bereits ein Jahr vor Ausstellungseröffnung begonnen werden. Ähnlich wie die Projekte der Kunstvermittler_innen auf der documenta 12, bei denen mit Personen zusammengearbeitet wurde, von denen die „einzelnen Vermittler_innen und/oder die Institution als Ganzes etwas lernen" (Mörsch 2009b: 104) konnten, waren die Projekte für die Ausstellung *The Global Contemporary. Kunstwelten nach 1989* mit der Idee entwickelt worden, die Ausstellung um andere Sichtweisen auf die Ausstellungsthematik von verschiedenen Gruppen und Einzelpersonen zu erweitern. Die Teilnehmenden der Projekte sollten nicht an die Ausstellung herangeführt werden, um einem möglichen Inklusionsbegehren der Institution nachzukommen, vielmehr war intendiert, dass die Teilnehmenden einen Beitrag zur Ausstellung entwickeln, der ihre Meinung und Perspektive verdeutlichen sollte. Ziel war es, weitere Sprecher_innenpositionen innerhalb der Ausstellung sichtbar werden zu lassen. Grundlage der Projektvorhaben war folglich der Anspruch, gemeinsam mit Gruppen zu arbeiten, die ihre persönlichen Erfahrungen und ihr sozio-kulturelles Wissen in die Ausstellung einbringen können sollten, um so zu *kritischen Teilnehmenden*[37] zu werden. Die Herausforderung in der Kooperation lag dabei in dem konzeptuellen Anliegen, aus diesem Wissen einen eigenständigen gestalterisch-ästhetischen Beitrag zu entwickeln, der innerhalb

35 Die beschriebenen Themen wurden in den Videoarbeiten *Banked Into Submisson (The Globalizationist's Guide to Developing Poverty)*, 2007, *Defending Globalization ... a mission for the educated and enlightended*, 2007, und *Globalization (and the metaphysics of control in a free market world)*, 2007, des Kollektivs Pinky Show thematisiert.

36 Eine Beschreibung der sieben Projekte zu der Ausstellung ist auf der Ausstellungswebseite nachzulesen: [online] http://www.global-contemporary.de/de/kunstvermittlung/149-projekte [21.02.2019]. Eine detaillierte und reflektierende Projektbeschreibung zu dem Projekt local art von Philipp Sack und Ruth Lühr-Tanck ist in dem Text *Bitte genießen. Eine Untersuchung der Paradoxien des Museums durch jene, die sie zu verkörpern haben* (2013) von Philipp Sack zu lesen. Finanziert wurden die Projekte zum großen Teil aus dem Vermittlungsbudget der Ausstellung. Den Vermittler_innen wurde dafür ein Budget (insgesamt ein Drittel des gesamten Vermittlungsbudgets) zur eigenen Verwaltung zur Verfügung gestellt. Zwei der Projekte waren über Drittmittel finanziert.

37 Vgl. die Ausführungen von Charles R. Garoian (2001: 235): Performing the Museum.

der Ausstellung gezeigt und in den Dialog mit der restlichen Ausstellung treten sollte.[38] Auch wenn die einzelnen Projekte unterschiedliche Schwerpunkte, Zusammenstellungen und Verläufe hatten, so verbindet sich damit der Anspruch, die Handlungsräume der pädagogischen Arbeit voranzutreiben, um an einer Vorstellung von einem Museum zu arbeiten, das offen, beweglich sowie selbstreflexiv ist und das unterschiedliche Stimmen zulässt.[39] Die frühzeitige Planung der Projekte der Kunstvermittler_innen, die Auswahl von Künstler_innen-Positionen vonseiten der Kunstvermittlung als auch die Mitarbeit im gesamten Ausstellungsprozess sowie ein vorhandenes Interesse der Kurator_innen an der Entwicklung eines Konzeptes für die Kunstvermittlung zeigen die Eingebundenheit der pädagogischen Arbeit bei der Ausstellungsproduktion und verdeutlichen den hohen Stellenwert, der dieser vom gesamten Ausstellungsteam zugesprochen wurde.

Dass das Anliegen, die Vermittlung als integralen Bestandteil der Ausstellung zu begreifen, durch institutionelle Routinen an seine Grenzen stieß, war letztendlich an der Pressemitteilung abzulesen. Anders als in allen Konzeptpapieren und Beschreibungen zum Ausstellungsprojekt mit ihren prominenten Benennungen der Kunstvermittlung wurden in der zwei Seiten langen Pressemitteilung, die die Ausstellung öffentlich kommunizierte und repräsentierte, die pädagogische Arbeit und ihr Stellenwert innerhalb des Ausstellungsvorhabens nicht erwähnt und somit nicht an die öffentlichen Medien kommuniziert.[40]

38 In der Rückschau zeigt sich, dass dieses Begehren vonseiten der Kunstvermittlung, verschiedene Stimmen zu der Ausstellung zu hören, sich nicht mit den Anliegen und Interessen der beteiligten Gruppen deckte. Denn obwohl bereits ein Jahr vor Ausstellungseröffnung mit der Ansprache und Einladung an Gruppen für die Projektarbeit begonnen wurde und die Teilnahme an den Projekten kostenfrei war, konnten kaum Gruppen für die Zusammenarbeit gewonnen werden. Nicht nur, dass ein erheblicher Zeitaufwand für die Kooperation gefordert wurde (die Projekte fanden entweder en bloc oder aber wöchentlich statt, wobei insgesamt circa 16 Stunden aufgewendet werden sollten), auch die Idee, die Projekte offen zu gestalten und zu Beginn noch nicht genau zu wissen, wie sich das Projekt entwickeln würde, stellte Hindernisse bei der Suche nach Kooperationspartnern dar. Der essenzielle Grund für die Nichtteilnahme war aus meiner Sicht im Nachhinein betrachtet, das von der Institution vorgegebene Thema und das Interesse der Institution/Kunstvermittlung, andere Stimmen hören zu wollen. Beide Aspekte hatten für viele der angesprochenen Gruppen selbst keine Relevanz.

39 Inwieweit beziehungsweise zu welchen Teilen dieses Anliegen realisiert wurde, hat ein Teil der Vermittler_innen, die die Projekte realisiert haben, im Anschluss an die Ausstellung kritisch reflektiert. Da keine Gelder für eine solche anschließende Reflexion eingeplant waren, wurde das engagierte Vorhaben jedoch nach anfänglichen Treffen abgesagt und die geplante Publikation dazu nicht realisiert. Aus der kritischen Reflexion mit den Erfahrungen der Kunstvermittlung im Zusammenhang der Ausstellung *The Global Contemporary* hat sich das Kollektiv ~~fort~~da gegründet. ~~fort~~da realisiert seit 2012 künstlerisch-edukative Projekte in Kooperation mit Gruppen und Initiativen ohne direkte Anbindung an eine museale Institution. Die Mitglieder von ~~fort~~da sind: Fanny Kranz, Max Kosoric, Antonia Marten, Sanne Pawelzyk, Henrike Plegge, Carolin Rothmund, Philipp Sack, Christina Zingraff.

40 Diese Nicht-Erwähnung verdeutlicht die hierarchischen Strukturen innerhalb des ZKM | Zentrum für Kunst und Medien, die hier von der Presseabteilung reproduziert wurden. Jedoch wäre auch fraglich, ob bei einer Nennung der besonderen Arbeit der Kunstvermittlung diese von den öffentlichen Medien aufgenommen worden wäre. Selbst bei der documenta 12, die das erste Mal in ihrer Geschichte eine eigene Pressekonferenz ausschließlich für die Kunstvermittlung durchführte, war die öffentliche Resonanz sehr gering (vgl. Mörsch 2009a: 24f.).

## Das *studio* ein sichtbarer Ort für die Kunstvermittlung

Um die Anliegen der Vermittlungsarbeit von *The Global Contemporary. Kunstwelten nach 1989* an das reguläre Ausstellungspublikum als integralen Bestandteil der Ausstellung in Erscheinung treten zu lassen, wurde ein Vermittlungsraum – das sogenannte *studio* – mitten in der Ausstellung eingerichtet.
Mit dieser Einrichtung des *studios* habe ich den Versuch unternommen, die pädagogische Arbeit entgegen der im ZKM 2011 noch gängigen räumlichen Museumspraxen zu bewegen und einen eigenes für die Praxis der Kunstvermittlung eingerichteten Arbeitsraum ins Sichtfeld der Besucher_innen zu rücken. Ich wollte, dass die Arbeit der Kunstvermittlung in ihren unterschiedlichen Facetten dem Museumspublikum zu sehen gegeben wird. Dafür wurde das *studio* so in der Ausstellung platziert, dass es vom regulären Museumspublikum beim Rundgang durch die Ausstellung betreten und betrachtet werden konnte.[41]

Als Vertreterin für die Kunstvermittlung der Ausstellung war mein Anliegen, mit dem *studio* Kunstvermittlung als zugehörigen Teil der Ausstellung sichtbar werden zu lassen und der Kunstvermittlung im Display der Ausstellung einen Platz zu geben. Dieses Anliegen habe ich in der Ausstellungsbroschüre wie folgt dargelegt:

> *„Die reflexive Auseinandersetzung mit der Ausstellung ist nicht nur wichtig für die Kunstvermittlung, sondern auch ein zentraler Teil der Ausstellung selbst. Sichtbar und konkret wird dies durch die Einrichtung des sogenannten „studios" in der Ausstellung, in dem Besucherinnen und Besucher gemeinsam mit Kunstvermittlerinnen und Kunstvermittlern sowie Künstlerinnen und Künstlern künstlerisch-edukative Projekte und Workshops verwirklichen und so The Global Contemporary mitgestalten und weiterschreiben. Durch die Möglichkeit, direkt im Ausstellungsraum arbeiten zu können, werden Arbeitsprozesse nicht nur durch das Agieren vor Ort sichtbar, sondern die Vermittlungsarbeit wird in der Ausstellung selbst auf unterschiedliche Weise dokumentiert und gemeinsam mit den daraus entstandenen Produkten präsentiert." (Plegge 2011: 84)*[42]

41 Aber auch an anderen Stellen der Ausstellung wurde die pädagogische Arbeit zu der Ausstellung sichtbar gemacht – und zwar als Teil einer künstlerischen Arbeit, als eigenständiges künstlerisch-ästhetisches Produkt, als Dokumentation sowie als ungewolltes Überbleibsel oder beabsichtigter Rest von Vermittlungsaktivitäten.

42 Andrea Buddensieg und Hans Belting beschreiben das *studio* in ihrem Einleitungstext wie folgt: „Darüber hinaus ist in der Ausstellung ein ‚studio' eingerichtet worden, um an diesem Ort Diskussionen mit den KünstlerInnen zu veranstalten und dem Publikum die Möglichkeit einzuräumen, aktiv auf die Ausstellung und ihr Thema zu reagieren" (Belting/Buddensieg 2011: 8). Interessant daran ist, dass hier nicht von der pädagogischen Arbeit gesprochen wird, obwohl diese dort dezidiert verortet wurde.

Das ursprüngliche Ziel, über die Sichtbar-Werdung als integraler Teil innerhalb der Ausstellung gesehen zu werden, wurde im Verlauf der Ausstellung von mir und den an der Ausstellung beteiligten Vermittler_innen kritisch befragt. Denn es wurde deutlich, dass durch das räumliche Zu-sehen-Geben innerhalb des Ausstellungszusammenhangs das pädagogische Arbeiten beeinflusst wird und sich auf das Praxisfeld der Kunstvermittlung unmittelbar auswirkt. Dies war vor allem der Tatsache geschuldet, die Möglichkeit zu haben, Produkte der Kunstvermittlung, die durch die Orientierung an den Grammatiken der Ausstellung beeinflusst waren, innerhalb und an den Außenwänden des *studios* zu präsentieren.

## Resümee: Zur veränderten räumlichen Ordnung im *studio* im ZKM

Meine Erfahrungen, als Teil eines Kurator_innen-Teams einen sichtbaren Vermittlungsraum zu realisieren, konzipieren und zu reflektieren haben gezeigt, dass sich die räumliche Ordnung in Bezug zur Kunstvermittlung wie folgt darstellt:

- Aus dem Zusammendenken von Kunstvermittlung und kuratorischer Praxis – personalisiert und repräsentiert in einer gemeinsamen Abteilung – wird die Einrichtung sichtbarer Vermittlungsräume möglich.

- Sichtbare Vermittlungsräume verändern die pädagogische Praxis.

## Raumbeispiel *studio* in der Ausstellung The Global Contemporary im ZKM, Karlsruhe (19.09.2011–05.02.2012)

Das *studio* war der erste Vermittlungsraum im ZKM, der als zugehöriger und sichtbarer Teil der Ausstellung The Globale Contemporary. Kunstwelten nach 1989 für die pädagogische Arbeit eingerichtet wurde.[43] Über die Laufzeit der Ausstellung konnte das *studio* vom Museumspublikum betreten und im Rahmen der Vermittlungsangebote genutzt werden. Als Teil der Ausstellungsplanung wurde der Vermittlungsraum architektonisch von Anfang an mitgeplant und war aufgrund der gleichen baulichen Formsprache als zugehöriger Teil der Ausstellung zu erkennen. Ausgestattet und eingerichtet war der Raum auf der Grundlage unterschiedlicher Nutzungsweisen in den verschiedenen Vermittlungsformaten. Es gab Sitzmöglichkeiten wie zusammenklappbare Bänke und Tische, die vom Künstler Max Kosoric aus Festzeltgarnituren gefertigt wurden, sowie 24 unterschiedliche Stühle, die als Teil eines Vermittlungsprojekts von Schüler_innen (um-)gestaltet wurden. Diese Tische, Bänke und Stühle konnten je nach Bedarf verwendet oder auch im vorhandenen Wandschrank komplett verstaut werden. So konnte der Raum beispielsweise für einen eher auf Kommunikation ausgelegten Künstler_innen-Workshop, für großformatiges gestalterisches Arbeiten von Schüler_innen, das Proben und Durchführen einer Performance von Kunststudierenden sowie für die Präsentation von Vermittlungsprodukten aus den Projekten genutzt werden. Im Wandschrank waren darüber hinaus die gesamten Materialien für die pädagogische Arbeit untergebracht. Als räumliches Medium zum Präsentieren und Anbringen von Produkten[44], Zwischenergebnissen oder dem Skizzieren von Texten oder Zeichnungen verfügte der Vermittlungsraum sowohl über eine magnetische wie eine mit Tafelfarbe gestrichene Wand als auch über abwaschbare Oberflächen auf den Bänken und Tischen. Die Außenwand des *studios*, die sich direkt neben den künstlerischen Arbeiten der Ausstellung befand, wurde ebenfalls als Präsentationsfläche für Produkte und Dokumentationen aus der Vermittlungsarbeit genutzt. Sie konnte von den Akteur_innen der Kunstvermittlung über den gesamten Ausstellungszeitraum neu gestaltet werden. Die präsentierten Produkte hingen somit direkt neben der Kunst und wurden auf ähnliche Weise mit Titelschildern beschriftet.

43 Dem *studio* folgten weitere sichtbare Vermittlungsräume im ZKM | Zentrum für Kunst und Medien, die als Teil einer Ausstellung frei zugänglich konzipiert wurden. Einige wurden dabei mit und zu den Ausstellungen geplant, andere wie beispielsweise der *BÄM-Vermittlungsraum* existieren unabhängig und über die Laufzeit der Ausstellungen hinweg. Eine genaue Genealogie der Vermittlungsräume im ZKM kann in der Dissertation von Susanne Karow *Kunst unter Aufsicht. Transformative Perspektiven der partizipativen Museumsarbeit* (2019) nachgelesen werden.

44 Mit „Produkten aus der Kunstvermittlung" meine ich die künstlerisch gestalteten Objekte, die von den Teilnehmenden der Kunstvermittlung, teilweise auch in der Zusammenarbeit mit Vermittler_innen oder Künstler_innen, entstanden sind. Häufig werden diese Produkte als „Ergebnisse" bezeichnet, was nach meinem Verständnis von Kunstvermittlung jedoch nicht zutreffend ist. Denn das Resultat, die Auswirkung oder der Effekt einer Kunstvermittlungssituation, ist weitaus mehr als das, was sich in den Produkten, die hergestellt werden, zeigt.

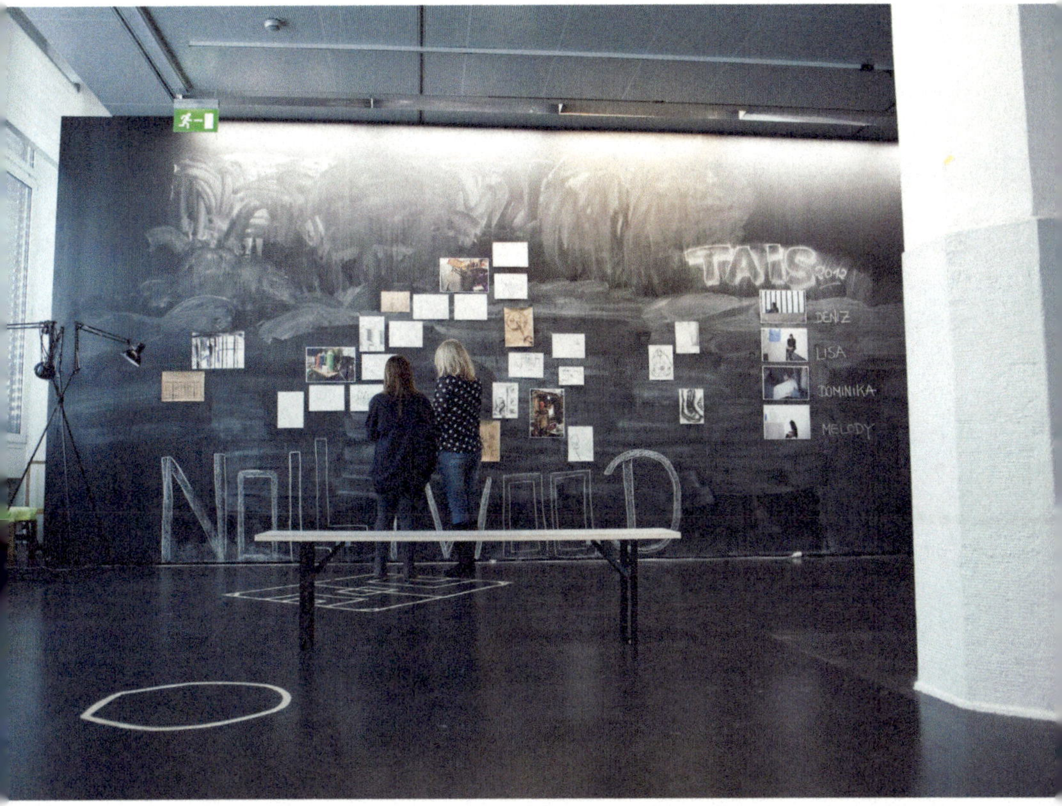

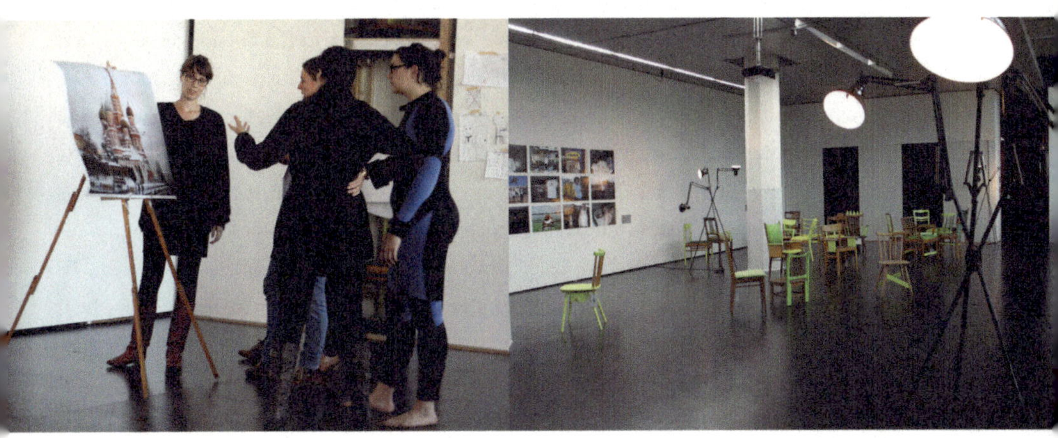

Abb. 8 - 10

## Resümee: Die eigene Praxiserfahrung im Feld der Kunstvermittlung und Formulierung der vorläufigen Forschungsfrage

Alle drei Praxiserfahrungen einer veränderten Sichtbarkeit von Vermittlungsräumen – die Prozessbegleitung der Entstehung des *Eranda Studios*, das kunstvermittelnde Arbeiten in den *Palmenhainen* auf der documenta 12 sowie die Konzeption, Durchführung und reflexive Begleitung des *studios* – haben gezeigt, dass räumliche Ordnungen der Kunstvermittlung im Zusammenhang stehen zu institutionellen Ordnungen. Die veränderte räumliche Ordnung spiegelt sich in einer institutionellen Ordnung in der Weise, dass Kunstvermittlung als wichtiger Teil der Ausstellungsgestaltung (documenta 12 und ZKM) beziehungsweise der gesamten Institution (TPG) kommuniziert wird. Sie geht einher mit einer wertschätzenden Haltung dem Pädagogischen gegenüber. Alle Kurator_innen der Ausstellungen waren in den hier skizzierten Beispielen an der Einrichtung sichtbarer Vermittlungsräume innerhalb der Ausstellungszusammenhänge beteiligt und haben sich für eine veränderte räumliche Ordnung ausgesprochen. Diese neue räumliche Ordnung ist gekennzeichnet durch eine Aufteilung der Sichtbarkeiten im Museum sowie eine räumliche Ausweitung der pädagogischen Arbeit. Eine solche räumliche Ausweitung für die Kunstvermittlung, im sichtbaren und frei zugänglichen Bereich der Institutionen, geht mit einem öffentlichen Bekenntnis des *Raum-Gebens* einher, welches sich in den veröffentlichten Begleittexten und der darin enthaltenen Beschreibungen zu den Räumen spiegelt.

Aufgrund meiner hier dargelegten Erfahrungen war ich eine Fürsprecherin der Einrichtung sichtbarer Vermittlungsräume in Museen, da ich darin überwiegend die oben beschriebene öffentliche wertschätzende Haltung im Sichtbar-Sein auf der Ausstellungsfläche, in der Mitsprache an der Ausstellungsgestaltung sowie in der Nähe zur Kunst gesehen habe. Die pädagogische Arbeit im *studio* hat verdeutlicht, dass sichtbare Vermittlungsräume eine veränderte pädagogische Praxis hervorbringen, was zu einem Erkenntnisinteresse geführt hat, sich genauer mit dem Phänomen sichtbarer Vermittlungsräume auseinanderzusetzen. Die Reflexionen über die pädagogische Praxis im *studio* haben gezeigt, dass zwar zunächst eine Aufwertung des pädagogischen Feldes durch die Einrichtung sichtbarer Vermittlungsräume evoziert wird, diese aber gleichzeitig weiterreichende Konsequenzen für die pädagogische Praxis darstellen. Die Beantwortung der Fragen, welche Auswirkungen dies konkret für die alltägliche Arbeit der Kunstvermittler_innen sind und auf welche Weise sich genau die pädagogische Praxis verändert, ist demnach das Forschungsanliegen der vorliegenden Arbeit. Aus meiner Praxiserfahrung und der Reflexion über das Phänomen der Verschiebung der Vermittlungsräume auf die Ausstellungsfläche hat sich ein produktiver Zweifel gegenüber der räumlichen Sichtbarmachung eingestellt, welcher zu der vorläufigen Forschungsfrage dieser Untersuchung geführt hat. Sie lautet:

**Wie wirken sich sichtbare Vermittlungsräume auf die Praxis der Kunstvermittler_innen aus?**

Zum weiteren Vorgehen: Um meine Perspektive aus der Praxiserfahrung im Feld weiter theoretisch zu kontextualisieren und den sichtbaren Vermittlungsraum zum Gegenstand der vorliegenden Studie machen zu können, werde ich im folgenden Kapitel meine theoretische Verortung im Feld kritischer Kunstvermittlung darstellen. Die Diskurse und Theorien der kritischen Kunstvermittlung halten meines Erachtens zentrale Fragen und Perspektiven auf das Feld der Kunstvermittlung bereit, vor deren Hintergründe eine differenzierte und kritische Betrachtung von sichtbaren Vermittlungsräumen im Kontext von Gegenwartskunst stattfinden soll (Kapitel 3).

Für den Forschungszusammenhang der vorliegenden Studie ist es relevant, zu untersuchen, welche Aussagen und Annahmen über die Einrichtung von sichtbaren, aber auch separaten Vermittlungsräumen bisher in den Diskursen der Kunstvermittlung und Museumspädagogik formuliert wurden. Aus diesem Grund wird im vierten Kapitel eine Analyse des bisherigen Diskurses zu Vermittlungsräumen in Museumspädagogik und Kunstvermittlung dargestellt.

Die Frage, wie die Veränderungen räumlicher Ordnungen mit institutionellen Ordnungen vernetzt oder relational verknüpft sind, macht es wissenschaftlich notwendig, einen entsprechenden Raumbegriff zu finden, der diese relationalen Zusammenhänge fassen kann und zugleich die Veränderungen für die Praxis mit verhandelt. Daher ist die Suche nach einem geeigneten Raumbegriff für die vorliegende Forschung notwendig, der nach Kapitel 5 mit der Darstellung des „Forschungsdesigns“ in Kapitel 6 „Vom Raum aus Kunstvermittlung denken“ herausgearbeitet wird.

# 3 Theoretische Verortung: Die Erforschung des sichtbaren Vermittlungsraumes aus der Perspektive kritischer Kunstvermittlung

Dieses Kapitel dient dazu, die Forschungsperspektive der Autorin auf den Forschungsgegenstand: *Sichtbare Kunstvermittlungsräume* darzustellen. Es basiert auf einem Verständnis von Kunstvermittlung, welches in den letzten Jahren unter der Bezeichnung „Kunstvermittlung als kritische Praxis“ (Mörsch 2009a: 14f.) oder „kritische Kunstvermittlung“ im deutschsprachigen Raum verhandelt wird. Dieser Ansatz wird im Folgenden herausgearbeitet und in Zusammenhang gestellt mit einem Verständnis von Lernen, das von einer konstruktivistischen Verfasstheit der Lernprozesse ausgeht, Lernen als Umlernen versteht als auch das Lernen in der Gemeinschaft und in gegenseitiger Anerkennung der Lernenden und Lehrenden fokussiert.

Zum anderen wird mit der Beschreibung dieses Kunstvermittlungsverständnisses eine sich verändernde Praxis und Theoriebildung im Feld der pädagogischen Arbeit im Museum verdeutlicht, auf deren Grundlage die sichtbaren Vermittlungsräume im Museum entstanden sind. Geschichtliche Bezüge zur Museumspädagogik der 1980er Jahre in Deutschland sowie Bedingungen und Einflüsse der *Gallery Education* aus Großbritannien und der *Museum Education* aus den USA auf die Kunstvermittlung erweitern und differenzieren den Blick auf diese Entwicklung.

Die inhaltliche und geschichtliche Darlegung der Arbeitsdefinition von Kunstvermittlung schließt mit einer vorläufigen Auswirkung der dargestellten Ansätze auf die Entwicklung des Forschungsgegenstandes ab. Diese bereiten darauf vor, zu untersuchen, auf welche Weise ein Verständnis von kritischer Kunstvermittlung im Verhältnis steht zu der Entstehung sichtbarer Vermittlungsräume. Da der physisch materielle Raum in diesen Diskursen nur selten beziehungsweise gar nicht genannt wird, erfolgt im Anschluss an jedes Kapitel ein Resümee, wie die unterschiedlichen Ebenen kritischer Kunstvermittlung in Bezug stehen zum physisch-materiellen Raum und welche Folgen sich für die Räume im Museum daraus ableiten lassen.

## 3.1 Kritische Kunstvermittlung als eigenständige Theorie und Praxis

Die Kunstvermittlungsräume, die in der vorliegenden Arbeit analysiert werden, sind in Kunstmuseen und Ausstellungszusammenhängen verortet, in denen Gegenwartskunst aus- und zur Verhandlung gestellt wird. Dieser Fokus auf die Gegenwartskunst im Zusammenhang mit meinem forschenden Interesse resultiert aus den individuellen Erfahrungen, die ich als Kunstvermittlerin in den verschiedenen Institutionen für zeitgenössische Kunst in ihren je eigenen Vermittlungsräumen gesammelt habe. Zudem wurden sichtbare Kunstvermittlungsräume in der Art, wie sie hier untersucht werden, vorwiegend in Kontexten der Gegenwartskunst eingerichtet.[45] Anders als an einigen wenigen Kunstmuseen, in denen sich bereits in den 1970er Jahren sichtbare Räume der pädagogischen Abteilungen etabliert haben[46], zeigt sich die Entwicklung der sichtbaren Vermittlungsräume in Ausstellungszusammenhängen in Deutschland zunehmend seit der Jahrtausendwende (siehe Anhang I, S. 2–6, Tabelle zu sichtbaren Vermittlungsräumen in Deutschland).

Ein Grund für die Entstehung dieser Räume im Kunstmuseum ist, eine sich verändernde Praxis und Theoriebildung im Feld der pädagogischen Arbeit im Museum und eine sich ändernde Bedeutung der Kunstvermittlung innerhalb der Institution Museum. Sie ist beeinflusst von gesellschaftlichen Veränderungsprozessen, in denen der außerschulischen kulturellen Bildung ein zunehmend höherer Stellenwert zugesprochen wird (vgl. Mandel 2014), aber auch von

45 Anzumerken ist jedoch, dass sich das Phänomen der vom Museumspublikum frei einsehbaren Vermittlungsräume nicht ausschließlich in Ausstellungshäusern für Gegenwartskunst ausgebildet hat, sondern die Entstehung von einsehbaren Vermittlungsräumen in unterschiedlichen Museumsarten in den letzten Jahren vermehrt anzutreffen ist. Beispiele dafür sind:
Das Naturkundemuseum in Karlsruhe. Hier wurden im Jahr 2015 unter dem Namen *Rotary-NaturRäume* zwei ovale, ausschließlich aus Glas hergestellte Vermittlungsräume in die Ausstellungsflächen des ersten Obergeschosses installiert. Die beiden Räume sind vollständig einsehbar. Sie sind ausgestattet mit Tischen und Stühlen sowie mit Regalen, die sich an den verglasten Wänden befinden. In diesen Regalen sind Hands-on-Objekte wie beispielsweise ausgestopfte Tiere präsentiert, die sowohl von innen als auch von außen betrachtet werden können. Die Räume wurden mit einem Betrag von 100.000 Euro vom Rotary Club Karlsruhe finanziert.
Das Museum für Gestaltung in der ZHDK, der Züricher Hochschule der Künste. Diese ist im Jahr 2014 in ein neues Gebäude, das sogenannte Tony Areal, eingezogen. Im Rahmen des Umzugs wurde ein sichtbarer Vermittlungsraum eingerichtet, der sich zum Foyer der ZHDK öffnet und von dort aus einsehbar ist. Der Raum ist ein Werkraum mit Holzstühlen und Bänken sowie Materialschränken. Der Blick aus dem Vermittlungsraum führt in das Foyer der Tony Areals, mit Café, großer Treppe und Sitzgelegenheiten.
Das Bode Museum in Berlin. Mit dem Projekt *labBode – Initiative zur Stärkung der Vermittlungsarbeit in Museen* wurden im kunsthistorischen Bode Museum in Berlin vom 01.10.2017 bis 2021 drei temporär sichtbare und frei zugängliche Vermittlungsräume, der sogenannte *Denk- und Dialograum*, der *Freiraum* und die *Plattform* in ehemaligen Ausstellungsräumen eingerichtet ([online] https://www.lab-bode.de [1.10.2017]). Gestaltet wurden diese Vermittlungsräume von der Architekturgruppe raumlabor berlin, die mobiles Mobiliar und Präsentationsmöglichkeiten geschaffen hat, um in den Räumen künstlerisch zu arbeiten, zu recherchieren, zu präsentieren und um Besucher_innen die Möglichkeit zu eröffnen, Fragen und Kommentare zu den Ausstellungen hinterlassen zu können.

46 Hier wären die Kunsthalle in Karlsruhe zu nennen oder in den 1990er Jahren die Kunstsammlung Nordrhein-Westfalen in Düsseldorf. Die dort eingerichteten Räume stehen und standen unter der Prämisse, die Ausstellung durch didaktische Materialien zu vermitteln (siehe dazu Kapitel 9.1).

der Orientierung an Museums- und Vermittlungskonzepten aus Ländern wie England oder den USA. Diese sich verändernde Theorie und Praxis der pädagogischen Arbeit im Museum ist mit einer Umbenennung des Feldes von der Museumspädagogik zur Kunstvermittlung[47] einhergegangen, die sich in Deutschland seit den 1990er Jahren vollzieht (vgl. Mörsch 2011a; Sturm 2003a; Maset 2005). In diesem Rahmen wurden und werden Formen der pädagogischen Arbeit im Museum entwickelt und beschrieben, die unter den Bezeichnungen „künstlerische Kunstvermittlung" (vgl. Mörsch 2006; Maset 2006: 55 f.), „kritische[48] Kunstvermittlung" (vgl. Castro Varela/Dhawan 2009; Sternfeld 2010, 2016; Mörsch 2012), „Kunstvermittlung als Dekonstruktion" (vgl. Sturm 2003a; Mörsch 2009a) oder „transformative Vermittlung" (Mörsch 2009a: 10) verhandelt werden.[49] Verbindend ist all diesen Beschreibungen der Kunstvermittlung, dass sie sich als eigenständige Praxis und Theoriebildung verstehen und nicht als ausführende Instanz zur Vermittlung von Ausstellungs- und Sammlungsinhalten oder Akquirierung von zukünftigen Besucher_innen der Museen. In ihrem Selbstverständnis hinterfragt Kunstvermittlung vielmehr kritisch die Machtverhältnisse im System Museum und trägt zur Unterbrechung ihrer dominanten Erzählungen durch Gegenerzählungen bei. Dabei greift sie unter anderem auf Verfahren der Gegenwartskunst zurück.

Als vorläufige Arbeitsdefinition dieser Studie verwende ich in der vorliegenden Arbeit den Begriff der *kritischen Kunstvermittlung*. Diesen Begriff erläutere ich im Folgenden auf drei Ebenen. *Kritische Kunstvermittlung* steht für

- eine kritische Perspektive auf das gesamte Arbeitsfeld[50], die durch eine machtkritische Hinterfragung von Verhältnissen, Strukturen und Praktiken gekennzeichnet ist und mit ihrer Analyse darauf abzielt Möglichkeiten und Formen der Verschiebung und Veränderung sowie deren Potentiale zu entwickeln[51]

- die Übernahme künstlerischer Verfahren aus der Gegenwartskunst und für ein

47 Im theoretischen Diskurs hat sich der Begriff der Kunstvermittlung weitgehend durchgesetzt, wohingegen in pädagogischen Abteilungen der Museen neben der Kunstvermittlung unterschiedliche Bezeichnungen existieren wie beispielsweise: Bildung und Vermittlung, Museumskommunikation oder weiterhin Museumspädagogik.

48 Der Begriff *kritisch* wurde im Zusammenhang der pädagogischen Arbeit im Museum in Deutschland vermehrt durch die Initiierung und Reflexion der (eigenen) Praxis des Kollektivs Kunstcoop © (2006) in den deutschsprachigen Diskurs eingeführt.

49 Carmen Mörsch hat 2009 in ihrem Text *Am Kreuzpunkt von vier Diskursen: Die documenta 12 Vermittlung zwischen Affirmation, Reproduktion, Dekonstruktion und Transformation* eine weitere Unterteilung der verschiedenen Formen der Vermittlung vorgestellt; auf diese Einteilung wird bei dem Bezug zur Museumspädagogik in Kapitel 3.2 eingegangen.

50 Dabei wird Kunstvermittlung unter anderem aus Sicht diskriminierungskritischer Theorien, postkolonialer Theorie, poststrukturalistischer Theorie, Visual Cultural Studies, Institutionskritik sowie queer-feministischer Theorie betrachtet. Siehe dazu den Beitrag von Carmen Mörsch *Am Kreuzpunkt von vier Diskursen* (2009a), in welchem die Entstehungsgeschichte und Kriterien einer Kunstvermittlung als kritische Praxis darstellt werden.

51 Die hier entwickelte Definition geht auf das Verständnis von Kritik aus dem gleichnamigen Artikel von Paul Mecheril und Oscar Thomas-Olalde (2016) zurück.

- Verständnis von Lernprozessen, das von konstruktivistischer Verfasstheit ausgeht, Lernen als Umlernen sowie Lernen in der Gemeinschaft versteht.

Ziel einer kritisch verstandenen Kunstvermittlung ist, zu eigenständigem kritischen Denken und künstlerischem Handeln zu befähigen und dabei Vermittlung, Kunst und ihre Systeme kritisch zu reflektieren.[52] Sie fragt danach, *was* in Kunst und Museum auf welche Art und Weise verhandelt, gelehrt und gelernt wird, *wer* an Vermittlungsprozessen beteiligt wird und *auf welche Weise* sich dabei Lernen ereignet. Eine so verstandene Kunstvermittlungspraxis und Theoriebildung[53] ist kritisch, künstlerisch, antidiskriminatorisch, emanzipatorisch, dekonstruktiv, konstruktivistisch sowie queer-feministisch.
Mit meiner Arbeitsdefinition kritischer Kunstvermittlung möchte ich mich, wie Alexander Henschel es vorschlägt (Henschel 2015: 8f.), an der suchenden Auseinandersetzung um die Begriffe der Kunstvermittlung beteiligen, die sich in permanenter Bewegung befinden. Dabei darf es,

> *„keine Antworten [zu; H. P.] geben, weil jede Antwort den Begriff der Vermittlung in seiner Beweglichkeit eingrenzen und seiner Möglichkeiten berauben würde, ja, überhaupt seines Begriffseins. Die Frage muss dennoch gestellt werden, weil trotz der Uneinlösbarkeit permanent am Begriff gearbeitet werden muss. Denn Begriffe sind Reflexionsmittel, und durch Reflexion lässt sich Praxis denken, beobachten und verändern. Am Begriff arbeiten heißt, an der Praxis zu arbeiten." (ebd.)*

Der Begriff kritische Kunstvermittlung ist hier demnach nicht als etwas Festgeschriebenes zu verstehen, sondern fungiert als Orientierung des Kunstvermittlungsverständnisses der Autorin.[54]
In dem folgenden Kapitel gehe ich ein auf die drei Ebenen, denen das hier verfasste Verständnis einer kritischen Kunstvermittlung zugrunde liegt, und führe sie detailliert aus. Nach jeder Ausführung wird eine Folgerung für die Entstehung sichtbarer Vermittlungsräume im Museum für Gegenwartskunst gezogen.

52 So schreibt Mörsch, es geht um „die Förderung von Kritik- und Handlungsfähigkeit sowie [um; H. P.] Selbstermächtigung" (vgl. Mörsch 2009a: 13).

53 Auch wenn ich Theorie und Praxis als zwei Begriffe benenne, sind es für mich zwei einander bedingende und zusammengehörende Ebenen, da die Theorie aus der Praxis hervorgeht und umgekehrt (vgl. bell hooks 1991, 1994).

54 Genauso wie Nora Sternfeld schreibt, geht es dabei nicht darum: „[…] letztgültig festzuschreiben, was Kunstvermittlung ist, als darum, mitten in ihrem gängigen Verständnis, eine Vision davon zu entwickeln, was sie sein kann" (Sternfeld 2014: 8).

## Kritische Theorien als konstitutiver Teil kritischer Kunstvermittlung

In den aktuellen Diskursen kritischer Kunstvermittlung werden Theorien in die Auseinandersetzung pädagogischer Arbeit im Museum einbezogen, die sich intensiv mit der Institution Museum und ihren vergangenen wie gegenwärtigen Praxen auseinandersetzen. Sie beziehen sich beispielsweise auf queer-feministische Theorien (Ortmann 2009, 2012; Schötker 2009; Mörsch 2019), Repräsentationskritk (Fürstenberg/Lüth/microsillons 2013; Mörsch/Schade/Vögele 2018; Plegge 2018) sowie auf diskriminierungskritische Ansätze (Mörsch 2018; Lüth 2018b, 2018c). Dabei werden unter anderem die Herstellung und Veränderung von Zugehörigkeitsordnungen, das Erlernen von verschiedenen Wahrnehmungsperspektiven (vgl. Mecheril 2013) sowie die Bildung eines Diversitätsbewusstseins und eine diskriminierungskritische Haltung (vgl. Trunk 2011, 2012; Mörsch: 2017; Lüth 2018b, 2018c) angestrebt. Gemein ist diesen Theorien, Machtstrukturen aufzudecken mit dem Ziel Ausschlussmechanismen und Diskriminierung im Feld von Kunst, Museum und Vermittlung entgegenzuwirken, indem Möglichkeiten und Formen der Verschiebung und Veränderung sowie deren Potentiale entwickelt werden.

Als ein Beispiel für den Einbezug kritischer Theorien in das Feld der Kunstvermittlung soll hier die postkoloniale Perspektive angeführt werden. In dieser stellen Museen Ein- und Aufteilungen her, die machtvolle Unterscheidungskategorien hervorbringen. Denn „Museen gehören zu den Institutionen, in denen die Kategorisierung, die Aufteilung und Klassifikation der Welt stattfand und weiterhin von ihr geprägt wird“ (Landkammer 2017: 238). Dies gilt nicht nur für Ethnologische Museen, in denen über die Präsentation einer vermeintlichen Verschiedenheit ‚anderer Kulturen‘ Differenz hergestellt wird, sondern genauso für Kunstmuseen. Mit der Entscheidung ‚Etwas‘ auszustellen beziehungswiese nicht auszustellen, werden zugleich Entscheidungen getroffen, die zu Ein- und Ausschlüssen führen, welche über die Grenzen des Museums hinweg Bestand haben.[55] Eine kritische Auseinandersetzung mit dieser gewaltvollen Praxis ist für die Kunstvermittlung unabdingbar, da nicht nur kritisch über das Gemacht-worden-Sein der Institution Museum und ihre Positionen gesprochen und geschrieben wird, sondern auch aktuelle Erzählungen von Ausstellungen über die Herstellung und die Produktion von Bedeutung hinterfragt werden. Als Strategie gegen diese machtvollen Erzählungen wird unter Bezugnahme auf postkoloniale Kritik der Begriff des *Verlernens* im Feld der Kunstvermittlung erörtert (Castro Varela /Dhawan 2009; Sternfeld 2010, 2014; Marchart 2005). Verlernen bedeutet dabei, Gegenerzählungen zu produzieren, die andere

55 Muttenthaler und Wonisch stellen in *Gesten des Zeigens* (2006) dar, dass gerade Kunstmuseen an der Konstruktion dieser Differenzproduktion beteiligt sind, und zeigen dies auf an der Konstruktion von Frauenbildern, die durch einen *Weißen* männlichen Blick geprägt sind.

und zuvor ausgeschlossene Positionen einbeziehen, um zu einer veränderten Erzählung zu gelangen. Dabei werden bestehende Wissensordnungen befragt mit der Möglichkeit, diese verändern zu können[56] (vgl. Sternfeld 2010: 30).

Die dekonstruktivistische Perspektive stellt einen weiteren Umgang mit dieser machtvollen musealen Praxis dar. Auf der Grundlage von poststrukturalistischen Theorieansätzen[57] werden hier die Auswirkung und Bedeutungsproduktion von Sprache[58] und ihr Einfluss auf die Herstellung sozialer Wirklichkeit kritisch verhandelt (vgl. Sturm1996; Mörsch 2009a; Sternfeld 2009). Eva Sturm, die maßgeblich zu dieser Sicht auf die Praxis und Theoriebildung der Kunstvermittlung beigetragen hat, schreibt, dass es in der Kunstvermittlung um eine Form der Re-Definition und die Verschiebung von Begriffen gehen muss, um den Versuch zu unternehmen, „die Dinge anders miteinander in Beziehung zu setzen als bisher" (Sturm 2011: 15). Für die Praxis der Kunstvermittlung und die Auseinandersetzung mit der Institution Museum bedeutet dies:

> *„fragen, aufbrechen, immer wieder neu sortieren, umschichten, neukombinieren, verwerfen, antworten, ausprobieren, experimentieren. Und dabei gleichzeitig: sich zeigen, Kontur entwickeln, lachhaft oder auch gar nicht. Hier, auf der Bühne, mich repräsentierend und behauptend, etwas anderes zu repräsentieren. Eine Kette von Treffern und Verfehlungen und Schichtungen." (Sturm 2002b: 4)*

Bei einer so verstandenen Kunstvermittlung wird nicht nur die Vorstellung von der restlosen Kommunikation einer humanistisch-aufklärerischen Denktradition infrage gestellt (Sturm 2003a: 27), sondern es wird von einer Welt und Weltsicht ausgegangen, die sich in einer permanent verändernden, sich ständig (neu) konstituierenden und nicht für immer festgeschriebenen Sicht manifestiert. Kunstvermittlung, die sich auf diese Weise differenziell beziehungsweise differenziell-theoretisch versteht, geht davon aus, dass in ästhetischen Erfahrungen oder ästhetischen Ereignissen „Differenzierungsprozesse statthaben können, die sich durch

56 Verlernen kann aber auch auf anderen Ebenen im Feld der Kunstvermittlung stattfinden, dann, wenn Verlernen: „als Übung verstanden [wird; H. P.], um langsam und Schritt für Schritt, mit den angelegten Praxen und Gewohnheiten der machtvollen Unterscheidung, die sich in Habitus, Körper und Handlungen eingeschrieben haben, zu brechen" (Sternfeld 2014: 19). Verlernen bedeutet folglich hier ein Arbeiten an sich selbst, denn es macht deutlich, dass die an der Vermittlung beteiligten Personen Teil der Institution Museum sind. Daher bezieht sich Verlernen nicht nur auf eine vermeintlich außenstehende Institution mit ihrem Kanon, ihren Sammlungen und Archiven, sondern Verlernen wird auch in Bezug zu „Habitus, Körper und Handlungen" der Kunstvermittler_innen und ihre Praxis gesetzt. Denn diese sind genauso wenig „von der spezifischen, imperialen Gewalt unberührt geblieben" (Castro Varela/Dawan 2009: 342).

57 Einige Vertreter_innen poststrukuralisitischer Ansätze sind Michel Foucault, Jaques Derrida, Francois Lyotard, Chantal Mouffe und Judith Butler, Gilles Deleuze, Roland Barthes.

58 Mit Bezug auf Gilles Deleuze hat Eva Sturm unter dem Begriff der „Kunstvermittlung als Dekonstruktion" sowie der „Differenziellen Kunstvermittlung" die Konstruktion von Sprache analysiert und in den Zusammenhang zur pädagogischen Arbeit im Museum gestellt.

Begriffe nicht repräsentieren lassen“ (Sturm 2011: 172). Es geht folglich darum, eine Kunstvermittlung zu entwickeln, die sich außerhalb festgeschriebener Begriffe bewegt, um „das Nicht-Identische und das Heterogene zu denken“ (ebd.: 171). In der dekonstruktivistischen Auseinandersetzung in der Kunstvermittlung wird auch die Position der Kunstvermittlung innerhalb der Institution Museum analysiert und herausgearbeitet, wie die Abwertungsmechanismen gegenüber der Kunstvermittlung auf struktureller, materieller und symbolischer Ebene entstehen. Auch die Verhandlung und Offenlegung der eigenen Position der Kunstvermittler_in ist Teil eines differenziell-theoretischen Verständnisses von Kunstvermittlung.
Die Anwendung kritischer Theorien im Feld der Kunstvermittlung hat vor allem dazu beigetragen, dass sich Kunstvermittlung als eigenständiges Feld versteht, welches sich kritisch zur Institution Museum, zu Ausstellungen und Kunst sowie den Arbeitsbedingungen positioniert und darauf abzielt Möglichkeiten und Formen der Verschiebung und Veränderung sowie deren Potentiale zu entwickeln. Sie ist Teil einer Entwicklung, die zu einer veränderten Praxis und Theoriebildung geführt hat, welche sich nicht mehr in nachgeordneter und dienender Funktion in der Produktion von Ausstellungen versteht.
Werden die hier beschriebenen Ansätze kritischer Kunstvermittlung auf eine räumliche Dimension übertragen, bedeutet dies, dass

- die bisherige räumliche Ordnung im Museum als bestehende Wissensordnung infrage zu stellen ist,
- Re-Definition räumlicher Nutzung und räumlicher Aufteilung anzustreben ist,
- Entscheidungsmacht über den Ausstellungsraum und somit die Frage, was auf der Ausstellungsfläche gezeigt wird, zur Verhandlung stehen,
- bisherige räumliche Beziehungen zwischen Ausstellungs- und Vermittlungsraum als Zentrum und Peripherie kritisch zu hinterfragen sind.

## Übernahme künstlerischer Verfahren

Das zweite aus meiner Sicht zentrale Entwicklungsmerkmal im Feld gegenwärtiger Kunstvermittlung wird vermehrt bei der Auseinandersetzung um den Begriff der *künstlerischen Kunstvermittlung* genannt. Diese beinhaltet die Übernahme künstlerischer Verfahren aus der Gegenwartskunst in den Bereich der pädagogischen Arbeit im Museum.

Häufig handelt es sich dabei um Herangehensweisen in der Kunstvermittlung, die im praktisch künstlerischen Tun so offen gestaltet sind, dass sich Unvorhersehbares ereignen kann, wie der Kunstpädagoge und Philosoph Pierangelo Maset 1998 formulierte (vgl. Maset 1998: 204). Maset, der sich seit Mitte der 1990er Jahre mit dem Begriff der „künstlerischen Kunstvermittlung" auseinandergesetzt hat, schrieb: „Kunstvermittlung ist in diesem Verständnis nicht mehr als eine reine Service-Anwendung für künstlerische Arbeiten zuständig und diesen untergeordnet, sondern sie kann selbst kunsthafte Züge zeigen" (Maset 2005: 22).
Produkte zum Nachproduzieren sowie vorgefertigte Ideen und didaktisch aufgearbeitete Materialien rücken in einem solchen Verständnis der Kunstvermittlung in den Hintergrund und werden von der Idee eines prozessualen (auch gemeinsamen) Tuns, welches sich an der künstlerischen Praxis von Gegenwartskünstler_innen anlehnt, abgelöst. Die Kunstvermittlung ist demnach durch künstlerisches Handeln und Produzieren gekennzeichnet, wobei die „pädagogische Dimension im Sinne eines Anstoßens und Moderierens von Debatten oder eines Anleitens und Begleitens künstlerisch-gestalterischer Prozesse an Relevanz" (Mörsch 2013c: 36) gewinnt. Umgesetzt wird dieser Ansatz häufig in über längere Zeiträume angelegten Projekten und Kooperationen, in denen auch das Präsentieren der hergestellten Produkte erfolgt.[59] Diese Übernahme künstlerischen Denkens und Handelns wurde nach Maset in den 1990er Jahren vor allem durch eine kontextuell arbeitende Künstler_innengeneration vorangetrieben, die Kunstvermittlung neu positionierte und versuchte, „sie als konstitutiven zur Kunst gehörende Dimension zu legitimieren" (Maset 2005: 22).
Exemplarisch zu nennen ist dabei neben dem Stördienst[60] (1991) im Museum für Moderne Kunst Wien vor allem die Gruppe Kunstcoop©[61], deren Mitglieder in den Jahren 2000 bis 2002 in der neuen Gesellschaft für bildende Kunst e. V. (nGbK) in Berlin eine der ersten waren, die Kunstvermittlung unter dem Begriff der *künstlerischen Kunstvermittlung*[62] in Deutschland

59 Dabei zeigen sich Parallelen zu dem in der Kunstpädagogik entwickelten Konzept der *ästhetischen Forschung* von Helga Kämpf-Jansen. Auch hier wird über einen längeren Zeitraum, ausgehend von den Fragestellungen und Anliegen der Schülerinnen und Schüler, eigenständig und ohne vorgegebene Arbeitsweisen oder Materialien künstlerisch gearbeitet und geforscht. Die dabei entstehenden Produkte sowie Prozessdokumentationen werden zum Abschluss des Projekts präsentiert (vgl. Kämpf-Jansen 2000).

60 Stördienst ist ein Verein, der von der Kunstvermittlerin Heiderose Hildebrand gegründet wurde. Er wurde in diesen Titel umbenannt, nachdem der interimistische Leiter des Museums dem Publikum via ausgelegten Zetteln empfahl, sich von der Vermittlungsarbeit nicht stören zu lassen (vgl. Sturm 2002a). Weitere Mitglieder vom Stördienst waren neben anderen Claudia Ehgartner und Eva Sturm.

61 Die Mitglider der Gruppe Kunstcoop© waren Susanne Bosch, Beate Joreck, Maria Linares, Nanna Lüth, Bill Mausch, Carmen Mörsch und Ulrike Stutz.

62 In diesem Zusammenhang kann auch der von Eva Sturm eingeführte Begriff der „Künstlerisch-edukativen Projekte" genannt werden, der sich zur gleichen Zeit entwickelte. Dieser beschreibt Projekte, die seit Beginn des 21. Jahrhunderts existieren und nicht nur die Übernahme oder Übertragungen des Künstlerischen ins Pädagogische beschreiben, sondern das Handeln von und mit Kunst und Bildung genuin zusammendenken und zusammenbringen (vgl. Mörsch/Pinkert 2009; [online] https://www.zhdk.ch/forschung/ehemalige-forschungsinstitute-7626/iae/glossar-972/kuenstlerisch-edukative-projekte-3832 [20.12.2018]).

umsetzen. Als Teil der Gruppe schrieb Carmen Mörsch, dass es neben einer kritischen Lesart der Ausstellung und dem Einbezug heterogener Wissensfelder „den Künstlerinnen/Kunstvermittlerinnen von Kunstcoop© darum [ging; H. P.], die in ihrer künstlerischen Praxis entwickelten Strategien zum konstitutiven Bestandteil der Kunstvermittlung zu machen" (Mörsch 2006: 192).

## Einflüsse auf die künstlerische Kunstvermittlung durch Erfahrungen und Berichte aus der Gallery Education (GB) und Museum Education (USA)

> *„I argue that gallery education, as it has developed since the mid-1970s, has been both a distinct and overlapping artistic strategy which is integrally connected to radical art practices linked to values aired and explored in the liberation movements of the 1960s and 70s, and particularly the women's movement. It is an individual strategy among many (including, for instance, small-scale exhibitions, small press and small magazine publishing, alternative libraries and archives), to shift art from a monolithic and narcissistic position into a dialogic, open, and pluralist set of tendencies that renegotiate issues of representation, institutional critique and inter-disciplinarity." (Allen 2008: 2)*

Die Entwicklung eines veränderten theoretischen und praktischen Denkens und Handelns in der deutschsprachigen museumspädagogischen Arbeit, die sich von Beginn an durch eine kritische Perspektive und die Anlehnung an künstlerische Verfahren ausgezeichnet hat, wurde vor allem von Künstler_innen, die ebenfalls als Kunstvermittler_innen tätig waren, vorangetrieben. Wichtige Impulsgeberinnen für diese Theorie und Praxis der Kunstvermittlung waren Carmen Mörsch und Eva Sturm, welche durch Beobachtungen und die Arbeit im Feld der pädagogischen Arbeit im Museum in anderen Ländern – Großbritannien und den USA – eine neue Sichtweise in den deutschsprachigen Raum einbrachten.

Carmen Mörsch hat die verschiedenen Bereiche[63] der sogenannten *Gallery Education*, der institutionell angebundenen Vermittlung von Gegenwartskunst in Großbritannien, analysiert und schon in den 1990er Jahren im Rahmen ihrer Forschungen eine Orientierung der pädagogischen Arbeit im Museum in Deutschland an dieser vorgeschlagen (Mörsch 2002: 19). Sie sah zu Beginn 2000er Jahre vor allem aufgrund des starken Einbezugs von Künstler_innen als Kunstvermittler_innen als auch durch die guten öffentlich wie privat geförderten

63 Mit ihrer Dissertation *Die Bildung der Anderen mit Kunst. Ein Beitrag zu einer postkolonialen Geschichte der Kulturellen Bildung* (2019) zeigt Mörsch eine historische Rekonstruktion der pädagogischen Arbeit im Museum in England auf, die von Feminisierung und Paternalismusprozessen geprägt ist.

Programme der *Gallery Education* in England die wesentliche Unterscheidung zu der pädagogischen Arbeit im Museum in Deutschland.[64] Nicht außer Acht lässt Mörsch dabei die Vereinnahmung des künstlerischen und pädagogischen Bereiches, den die damalige Regierung „für die Belebung der nationalen Ökonomien und vor allem für die soziale Kontrolle" erkannt hatte (Mörsch 2002: 24). Ein Grund, weswegen es innerhalb des Feldes kritische Stimmen und Standpunkte gegen diese Förderpraxis in England gibt. Die Sichtbarmachung der Kunstvermittlung beispielsweise in Publikationen oder das Präsentieren von Produkten aus der Vermittlungsarbeit ist seit dieser Zeit ein wichtiges Element der *Gallery Education*, nicht nur, um sie als Teil der Institution in Erscheinung treten zu lassen, sondern auch, um ihre Sponsoren und das Einlösen der sozialen Verpflichtungen der Institution sichtbar zu machen.

Auf räumlicher Ebene zeigt sich diese Förderpraxis auch in der Finanzierung der Gestaltung und Einrichtung von Vermittlungsräumen. Eines der prominentesten Beispiele in Großbritannien ist in diesem Kontext die *Clore Duffield Foundation*. Diese hat sich vor allem zum Ziel gesetzt, kulturelle Bildungsarbeit in Großbritannien zu fördern, und realisiert dies durch die Einrichtung von Vermittlungsräumen, den sogenannten *Clore Learning Center* in Museen aller Sparten (Clore Duffield Foundation 2004: 2015). Mit ihrer finanziellen Unterstützung von Vermittlungsräumen konnten seit dem Jahr 2000 mehr als 65 Vermittlungsräume in Museen neu eingerichtet, ausgestattet oder renoviert werden. In der Regel sind alle diese Räume für das Museumspublikum sichtbar, da sie entweder während des Museumsrundgangs frei zugänglich und diesem zugehörig eingerichtet worden sind, oder aber, weil ihre Position und Beschreibungen des Raumes auf Flyern oder Leitsystemen innerhalb des Museums kenntlich gemacht werden. Über die konkrete Einrichtung der Vermittlungsräume gibt die Stiftung ergänzend kostenfreie Handreichungen heraus: *Spaces for Learning. A Handbook für Education Spaces* (2004); *Space for Learning. A new handbook for creating inspirational learning spaces* (2015). In ihnen werden sowohl ihre bisher geförderten Vermittlungsräume präsentiert als auch Anleitungen und Hinweise zur Einrichtung neu einzurichtender Vermittlungsräume gegeben.[65]

Einige Parallelen zeigen sich in den hier beschriebenen Entwicklungen der *Gallery Education* zu der pädagogischen Arbeit im Kunstmuseum in den USA, an denen sich die Vermittlungs-

64 Seit Beginn der 1990er wurden in England durch das Aufkommen der National Lottery als auch durch private Sponsoren Millionenprofite in Kunst und Kultur, vor allem mit Bezug zu Bildung und Inklusion, investiert (Mörsch 2002: 24).

65 So wird beispielsweise eine minimale Fläche von 98 m² vorgeschlagen, welche Materialien und neuen Medien bei der Einrichtung von Nutzen sind und es gibt eine Anleitung, was bei der Zusammenarbeit mit Architekt_innen zu beachten ist. Im zweiten Handbuch *Space for Learning. A new Handbook for creating inspirational learning spaces* (2015) gibt die Stiftung praktische Handreichungen vor allem für die Mitarbeiter_innen der Institutionen, die beim Bau, der Entwicklung, der Verbesserung, der Gestaltung sowie der Verwaltung von Vermittlungsräumen helfen sollen, „a successful space for learning within your organisation" zu erreichen (Clore Duffield Foundation 2015: 5). Darüber hinaus geben sie über die Darstellung von einzelnen Beispielen auf ihrer Website ([online] www.spaceforlearning.org.uk [10.08.2020]) Hilfestellungen: beispielsweise wie sich Akustik, Licht und Atmosphäre auf das Lernen auswirken. Eine kritische Perspektive über den Nutzen und die Auswirkungen von sichtbaren Vermittlungsräumen ist in den beiden Handbüchern nicht vorhanden.

arbeit in England zu der Zeit maßgeblich orientierte und in denen es ähnliche Förderstrukturen, vor allem durch private Sponsor_innen, gab und noch immer gibt. Eva Sturm, die 1998 die pädagogische Arbeit im New Museum in New York kritisch reflektierte, beobachtete, dass zu dieser Zeit Künstler_innen über mehrere Monate mit Schulen kooperiert und gemeinsam mit den Schüler_innen sogenannte *student Art works* entwickelt haben. Diese wurden nach ihrer Fertigstellung in den Räumen des Museums in einer eigenen Ausstellung präsentiert und dem regulären Museumspublikum gezeigt (vgl. Sturm 2003b: 55f.), wodurch Fragen danach aufgeworfen wurden, wer im Museum etwas zeigen darf, und auf welche Weise ein Museum genutzt wird.

Diese langandauernden Kooperationen mit Schulen oder anderen Gruppen wie lokalen Communities spiegeln das Anliegen, nicht nur für die pädagogische Abteilung, sondern für die gesamte Institution Museum Artikulationsvielfalt herzustellen, indem den Teilnehmenden über die Sichtbarmachung ihrer Arbeiten eine Stimme verliehen wird und sie zu Mitgestalter_innen des Museums gemacht werden. Das Besondere im Vergleich zu der Vermittlungspraxis in deutschen Museen zu der Zeit ist, dass das Agieren von Künstler_innen als Vermittler_innen, das gemeinsame Arbeiten über einen längeren Zeitraum und das Präsentieren von Produkten aus der Vermittlungsarbeit in den Ausstellungsräumen des Museums stattfinden. Das Ausstellen der angefertigten künstlerischen Produkte aus den Vermittlungsaktivitäten taucht als zentrale Beschreibung über die Erfahrungen der Teilnehmenden auch bei Carmen Mörsch in England auf: Bei ihrem untersuchten Beispiel aus der Tate Gallery in London handelt es sich um eine digitale Fotografie, die in Kooperation mit den Schüler_innen der George Green's Secondary School und *Tate Gallery Education* in der Tate Gallery entstanden und neben den künstlerischen Arbeiten präsentiert worden ist (Mörsch 2002: 20). Auch hier zeigt sich eine enge Verknüpfung zwischen dem künstlerisch-praktischen Tun der Künstler_innen als Vermittler_innen und der Möglichkeit, die Produkte der Vermittlung im Museum präsentieren zu können und sie dadurch sichtbar werden zu lassen.

Zusammenfassend zeigt sich bei beiden Beispielen aus England und den USA, die Mörsch und Sturm in das deutschsprachige Feld der Kunstvermittlung eingeführt haben, dass Künstler_innen als Vermittler_innen agieren und über einen längeren Zeitraum gemeinsam mit den Teilnehmenden künstlerisch-gestalterische Produkte entwickeln. Des Weiteren wird bei beiden Beispielen die Präsentation der Produkte als zentrales Merkmal der Vermittlungspraxis herausgestellt, indem die entstandenen Produkte innerhalb von Ausstellungszusammenhängen dem Museumspublikum präsentiert und für dieses sichtbar gemacht werden.

Die hier beschriebene Darstellung *künstlerischer Kunstvermittlung* und ihre Einflüsse aus der *Gallery Education* und der *Museum Education* haben dazu beigetragen, dass sich die Vermittlungspraxis verändert hat und in eine andere Relation zur Ausstellungsinstitution getreten ist. Ohne dass Raum in den Beschreibungen der *künstlerischen Kunstvermittlung* explizit als Kategorie genannt wird, zeigen sich in einer veränderten räumlichen Ordnung ihre Auswirkungen, die in den folgenden Punkten zusammengefasst werden:

- Die Praxis der künstlerischen Kunstvermittlung bedarf einer räumlichen Gestaltung, die künstlerische Praxen sowie längerfristiges Arbeiten ermöglicht.
- Die Praxis der künstlerischen Kunstvermittlung findet auch außerhalb des Ausstellungsraumes in einer Vielzahl unterschiedlicher Räume statt.[66]
- Einen Teil künstlerischer Kunstvermittlung macht die Präsentation ihrer künstlerisch-gestalterischen Produkte aus. Für diese Präsentation wird Raum – sei es auf der Ausstellungsfläche oder an anderen Orten des Museums – zur Verfügung gestellt.
- Sichtbare Vermittlungsräume eigenen sich, um die Förderpraxis im Feld der kulturellen Bildung zu repräsentieren.

## Konstruktivistische Verfasstheit von Lernprozessen

Das Zusammenspiel kritischer Theorien und künstlerischer Verfahren aus der Gegenwartskunst im Feld der Kunstvermittlung hat zur Konsequenz, dass es bei einem solchen Verständnis von Kunstvermittlung keine Erklärung von Kunst und Museum im Sinne eines „So ist es" oder ein praktisches Tun im Sinne eines „So machen wir es" gibt, sondern Bildungsprozesse angestoßen werden sollen, die eigenständiges, kritisches und künstlerisches Denken und Handeln befördern.[67]

Diese Beschreibungen gehen mit einem Verständnis von Lehren und Lernen aus dem Konstruktivismus einher, die auch im Diskurs der kritischen und künstlerischen Kunstvermittlung verhandelt werden (vgl. Mörsch 2009a: 20f., Mörsch 2013d: 103). Ein konstruktivistisches Verständnis von Lernprozessen geht davon aus, dass jede_ Lernende ein intelligentes, selbstständig denkendes Wesen ist, das Wissen selbstgesteuert aufbauen kann, indem externe Reize oder Angebote (wie beispielsweise Kunst oder die Gestaltung eines Raumes) mit

66 Als Kategorie taucht der Vermittlungsraum in der Beschreibung künstlerischer Kunstvermittlung nicht auf. Im Online-Archiv von Kunstcoop© ist zu erkennen, dass sich die Praxis der künstlerischen Kunstvermittlung überwiegend außerhalb des Ausstellungsraumes manifestiert. So haben Kunstvermittler_innen vorwiegend im öffentlichen Raum Kunstvermittlung betrieben (beispielsweise *Bioporträts*, *Spiel ohne Grenzen*, *Neue Sohlen für die Kunst*, *Familienstudio Kotti*).

67 Alexander Henschel, der in seinem Text *Vermittlung – Reflexion – Veränderung. Als ob – zur wechselseitigen Verkleidung dreier Begriffe* den Vermittlungsbegriff im derzeitigen Diskurs herausarbeitet, zeigt auf, dass für ihn nicht die Frage „Was will die Künstlerin mir damit sagen?" von Interesse ist, sondern „Was können wir damit machen?" (vgl. Henschel 2015: 4).

internen Strukturen verknüpft werden (vgl. Petrson 2011: 45; von Glasersfeld 1998: 401, von Glasersfeld 1999: o. S.). Diese Vorgänge können individuell als auch in der Interaktion mit anderen entstehen (Ko-konstruktives Lernen) und führen zur Herstellung von Bedeutungen (vgl. Mörsch 2013d: 102).
Der irisch-US-amerikanische Philosoph und Kommunikationswissenschaftler Ernst von Glaserfeld, der konstruktivistische Theorien auf das Lernen in der Schule übertragen hat, schreibt dazu:

> *„Vom konstruktivistischen Gesichtspunkt aus ist Wissen immer nur in Köpfen und muß dort von jedem einzelnen Lerner aufgebaut werden. Es läßt sich weder mündlich noch schriftlich vom Kopf des Lehrers in den Kopf des Schülers übertragen. Was man hört, liest, oder überhaupt wahrnimmt, muß unter allen Umständen interpretiert werden." (von Glasersfeld 1998: o. S.)*

Dem Lehrenden kommt dabei nicht die Rolle zu, Wissen sprachlich zu vermitteln, sondern es werden Settings hergestellt, in denen eigenständiges Denken und selbsttätiges Handeln möglich werden. Der Umgang mit dem Einbringen von Wissen und Erfahrungen von Lernenden und Lehrenden in die Lernsituation ist ein Verständnis von Lernen, bei dem der Lernende wie der Lehrende das Lernsetting mitbestimmen können. Teil dieses Verständnisses ist, dass es bei den Aussagen der Lehrenden keine Kommentierung von ‚richtig' oder ‚falsch' gibt und den Lernenden keine Erklärungen aufgedrängt werden. „Das Denken der Schüler/innen wird lediglich hier und dort durch ganz neutrale Fragen orientiert" (von Glasersfeld 2005: 221; siehe dazu auch Mörsch 2013d: 102f.).
Konstruktivistische Ansätze gehen von einer Vorstellung von Lernen aus, das eigenständiges Denken und Begreifen in den Mittelpunkt rückt. Dieses eigenständige Denken wird nach Ernst von Glasersfeld im Unterschied zum Auswendiglernen und Einverleiben von Begriffen als „zweite Sorte von Wissen" (von Glasersfeld 2005: 214) beschrieben. Dieser Theorie folgt eine anerkennende Haltung den Lernenden gegenüber, denn: „Sie nimmt die an der Vermittlungssituation Beteiligten mit deren spezifischem Wissen ernst" (Mörsch 2009a: 20f.). Und sie hat eine Umgestaltung von Lernräumen zur Folge, da der Lernerfolg im konstruktivistischen Denken zum einen von einer anregungsreichen Lernumgebung abhängt (vgl. Rustenmeyer 1999: 476) und zum anderen lebensnaher und ganzheitlicher Problemstellungen bedarf, die im Idealfall in einer Vielzahl von räumlichen Bezügen hergestellt werden. Vor dem Hintergrund eines konstruktivistischen Lernverständnisses stellt auch Carmen Mörsch fest: „Aus dieser Perspektive gewinnt das Schaffen von Umgebungen, die vielschichtige Erfahrungen und Verknüpfungen ermöglichen, gegenüber der Frage, welche Inhalte vermittelt werden sollen, an Gewicht" (Mörsch 2013d: 102).

Das Verständnis einer konstruktivistischen Verfasstheit von Lernprozessen hat demnach zur Folge, dass die Fragen nach der Gestaltung und der Beschaffenheit des Raumes von zentraler Bedeutung sind.

## Lernen als Umlernen

In Verbindung mit den bisherigen Darstellungen der hier beschriebenen kritischen Kunstvermittlung und ihren Lernprozessen lässt sich der pädagogische Ansatz des *Lernen als Umlernen* der Erziehungswissenschaftlerin Käte Meyer-Drawe sehen.
Meyer-Drawe, die Lehren und Lernen aus phänomenologischer Sicht betrachtet, hat den Begriff des Umlernens zu Beginn der 1980er geprägt (vgl. Meyer-Drawe 1984, 2010, 2015). Mit Umlernen bezeichnet sie einen Transformationsprozess, bei dem vorhandenes Wissen erschüttert wird und sämtliche vertraute Ordnungen ins Wanken geraten. Dabei spricht sie von Erfahrungen, die in der Konfrontation mit Neuem und Unbekanntem entstehen und die bisherigen Wahrnehmungen, Einstellungen und Sichtweisen verändern (vgl. Meyer-Drawe 2010: 6, Meyer-Drawe 2015: 124). Dieses Verständnis von Lernen geht ebenso wenig wie konstruktivistische Ansätze von einer Anhäufung von Wissen durch Instruktion aus, sondern versteht sich in Anlehnung an Foucault als Vollzug subjektiver Erfahrungen.

> *„Insbesondere wird dabei deutlich, dass Lernen nicht nur aus Erfahrungen geschieht, sondern sich als Erfahrung vollzieht. […] Sämtliche Ordnungen geraten ins Wanken. Das alte, zuverlässige Wissen und Können versagt, und eine neue Möglichkeit ist noch nicht vorhanden. Unbestimmtheit, Irritation, Ausweglosigkeit, Staunen, Wundern, Stutzen, Ratlosigkeit, Verwirrung und Benommenheit unterbrechen den Fluss des Selbstverständlichen und drängen auf Verständnis. Verzögerung, Innehalten, Nach-Denken schaffen Raum für etwas Neues, das sich dem Gewohnten widersetzt und sich nicht in das Gängige einfügen lässt." (Meyer-Drawe 2015: 123f.)*

Metaphorisch beschreibt Meyer-Drawe den Vorgang des Lernens als Umlernen, als etwas, bei dem wir von etwas getroffen werden, auf das wir dann als etwas antworten (vgl. Meyer-Drawe 2010: 15). Diese Beschreibung vom Lernen kann in Verbindung gesetzt werden zu dem Ansatz Eva Sturms *Von Kunst aus.* In Anknüpfung an Roland Barth beschreibt Sturm *Von Kunst aus* als eine Initiierung von Bildungsprozessen, die sich im Zusammenspiel mit einem Getroffen- und Verwundert-Werden durch die Kunst, dem *punctum*, sowie dem Kontextualisieren durch das *studium* ereignen. So schreibt Sturm:

> *„Das punctum ‚besticht, verwundert, trifft'. Es wird in einem Moment entdeckt, der aus dem Fluß der Zeit heraustritt, unwillkürlich, unvorbereitet. Und indem es entdeckt wird, zeigt es auf die jeweils Ge- oder Betroffenen" (Sturm 2005: 16).*

Auf die Übertragung der Prozesse in der Kunstvermittlung und den Umgang damit legt sie dar:

> *„Also: zuerst das Finden, das Angesprochen-Werden, vielleicht ein punctum. Und dann eine Re-Aktion, in der dieses Gefunden-, dieses Angesprochen-Worden sein [sic!], dieses punctum untersuchend umkreist und kontextualisiert werden sollte. Ein Selbst-Forschungs-Prozeß eines Rezeptionsvorganges und die Frage, was davon überhaupt vermittelt werden kann." (ebd.: 25)*

Lernen als Umlernen und ein Verständnis von der Erschütterung und Umstrukturierung bisherigen Wissens gehen so mit den Ansätzen der kritischen Kunstvermittlung einher, die ebenso bekannte Wissensordnungen befragt und eine Verschiebung von scheinbar Festgeschriebenem vornimmt.

## Die Produktion einer Lerngemeinschaft

Ein weiterer Bezug zwischen kritischer Kunstvermittlung und einem Verständnis von Lehren und Lernen lässt sich meines Erachtens zur *engaged pedagogy* von bell hooks herstellen. Diese Verbindung besteht vor allem in hooks Ansatz ein „Wir" zu produzieren und eine anerkennende Haltung allen an der Lernsituation Beteiligten entgegenzubringen.
Die US-amerikanische Literaturwissenschaftlerin bell hooks[68] versteht Lehren und Lernen ebenfalls nicht als eine Wissensvermittlung durch Induktion[69], sondern als einen interaktiven Prozess, der die Teilnahme von Lehrenden und Lernenden gleichermaßen verlangt

68 bell hooks (Gloria Watkins), auf die im deutschsprachigen Raum vor allem im Zusammenhang mit *schwarzem* Feminismus, kritischer Weißseinsforschung und Rassismuskritik Bezug genommen wird, hat eine antirassistische, antisexistische und antiklassistische Pädagogik entwickelt, die sie als *engaged pedagogy* beschreibt. Die im Feld der *Critical Pedagogy* verortete *engaged pedagogy* geht davon aus, dass Bildung nicht nur innerhalb politischer Kontexte stattfindet, sondern selbst immer politisch und mit politischen Zielen verbunden ist. Sie hat zum Ziel, Ermächtigung von Lernenden zu schaffen, um einen Veränderungsprozess der Welt mit ihren Rassismen und Ausschlussmechanismen anzustoßen. Dabei sollen Lehrende und Lernende zum kritischen Denken befähigt werden. „Engaged pedagogy is a teaching strategy that aims to restore students' will to think, and their will to fully self-actualized. The central focus of engaged pedagogy is to enable students to think critically" (bell hooks 2010: 8).

69 hooks bezieht sich dabei auch auf Paulo Freire (1998), der mit seinem Begriff der Bankiersmethode die Lehrenden in Analogie zu einem Bankkonto beschreibt, indem sie „Wissen" durch Induktion wie Geld auf einem Konto ansammeln. hooks erweitert seine Schriften durch eine antirassistische und antiheteronormative Leseart und kritisiert seinen „inhärenten Sexismus in dessen Sprache" (Kazeem-Kamiński 2016: 96).

(vgl. bell hooks 2010: 9). Sie beschreibt Lehren als eine Aktion, die von dem permanenten Willen getragen wird, Fragen zu stellen und Antworten zu finden, um zu verstehen, wie das Leben funktioniert (vgl. bell hooks 2010: 7). Die Künstlerin und Wissenschaftlerin Belinda Kazeem-Kamiński, die sich in ihrem Buch *Engaged Pedagogy: Antidiskriminatorisches Lehren und Lernen bei bell hooks* mit den pädagogischen Ansätzen von bell hooks auseinandergesetzt hat, schreibt:

> *„bell hooks folgend sollen Lehrende ihre Aufgabe nicht darin sehen, Lernende – Automaten gleich – mit Wissen anzufüllen, sondern diese zu kritischem Denken zu erziehen. Kritisches Denken wiederum soll dazu führen, dass sich die Lernenden mit der sie umgebenden Welt auseinandersetzen bzw. diese, und ihre eigene Positionierung in dieser, kritisch hinterfragen und analysieren können." (Kazeem-Kamiński 2016: 111)*

Das Anliegen einer *engaged pedagogy* ist demnach, Ermächtigung zu schaffen, um durch eine kritische Auseinandersetzung mit den Gegebenheiten der Welt aktiv Veränderungen hervorzurufen, die Ausschlussmechanismen entgegenwirken.

Im Verständnis der *engaged pedagogy* und dem darin enthaltenen Aufzeigen von Lehrenden und Lernenden als gleichermaßen Lernende wird des Weiteren ein Verständnis der Beziehung zwischen Lehrenden und Lernenden deutlich, die sich für die pädagogische Arbeit im Kontext kritischer Kunstvermittlung als relevant erweist (vgl. bell hooks 2010: 31).

hooks verfolgt mit diesem Anliegen in ihrer Lehre, Vorurteile abzubauen. „Classroom can not change if professors are unwilling to admit that to teach without biases requires that most of us learn anew, that we become students again" (bell hooks 2010:31).

hooks geht als Folge davon aus, dass Lehrende und Lernende Partner_innen sind, die sich gegenseitig wertschätzen und anerkennen. Das zentrale Anliegen von hooks ist dabei die Schaffung eines „Wir" beziehungsweise einer „Teaching communitiy", in der jede_r die Möglichkeit hat, zu Wort zu kommen und Inhalte und Erfahrungen einzubringen. Um einen solchen „shared act of learning" zu ermöglichen, ist es wesentlich, dass „teachers are willing to engage students beyond a surface level" (hooks 2010: 19). Erreicht werden kann dies aus Sicht von hooks mit Zeit, die investiert wird, um sich gegenseitig kennenzulernen. Dabei können Informationen darüber ausgetauscht werden, woher jemand kommt und welche Interessen, Hoffnungen, Vorstellungen und Wünsche jemand hat.

> *„Hearing each other's voices, individual thoughts, and sometimes associating theses voices with personal experience makes us more acutely aware of each other. That moment of collective participation and dialogue means that students and professor respect – and here I invoke the root meaning of the word, ‚to look at' – each other,*

*engage in acts of recognition with one another, and do not just talk to the professor. Sharing experiences and confessional narratives in the classroom helps establish communal commitment to learning.“ (hooks 1994: 186)*

hooks *engagend pedagogy* ist ein Versuch, hierarchische Lehr-Lernsituationen aufzubrechen und bestehende Gegebenheiten kritisch zu hinterfragen, um zu einer veränderten Ordnung zu gelangen.
Werden die dargelegten Positionen von der Art und Weise des Lehrens und Lernens auf Räume der Kunstvermittlung bezogen, bedeutet dies:

- Der Vermittlungsraum im Museum ist so zu gestalten, dass eigenständiges Denken und selbsttätiges Handeln ermöglicht werden.
- Die räumliche Gestaltung und Aufteilung des Vermittlungsraumes nimmt keine hierarchischen Rollenzuweisungen vor.
- Der Vermittlungsraum drückt über die Art der Gestaltung den Lehrenden und Lernenden gegenüber Wertschätzung aus.
- Die Lern-/Lehrräume definieren kein „Wie“ des Lehrens und Lernens und auch kein „Was“ des Lerngegenstandes.

## 3.2 Abgrenzungen und Berührungspunkte der kritischen Kunstvermittlung zur Museumspädagogik

Die aufgeführten Merkmale der hier verwendeten Arbeitsdefinition einer kritischen Kunstvermittlung zeigen Parallelen, aber auch Unterschiede zu einem Verständnis der Museumspädagogik der 1980er und 1990er Jahre in Deutschland. Dieses Kapitel zeigt aus den zwei Forschungsperspektiven von Ursula Heiligenmann und Elisabeth Köster auf, unter welcher Definition Museumspädagogik verhandelt wurde und in welchem Verhältnis sie zur kritisch und künstlerisch ausgerichteten Kunstvermittlung steht. Deutlich wird daran, dass diese Darstellungen der Museumspädagogik weitaus weniger Folgerungen auf den Raum zulassen, als in der kritischen Kunstvermittlung formulierbar werden.

## Museumspädagogik nach Ursula Heiligenmann

Nach Ursula Heiligenmann, die 1986 ihre Dissertation mit dem Titel *Das Verhältnis der Pädagogik zu ihren Bereichen. Eine systematische Untersuchung am Beispiel der Museumspädagogik* vorlegte, basiert die Museumspädagogik auf der Vermittlung der Inhalte der Museen und von kunsthandwerklichen Fähigkeiten, um „die angesprochenen Personen [zu; H. P.] fördern" (Heiligenmann 1990: 13). Diese Definition spiegelt ein Sender-Empfänger-Modell[70], bei welchem das Museum – sprich die Ausstellungen, die Kuratror_innen oder die Vermittler_innen – die Inhalte, die Fertigkeiten und das Wissen an verschiedene, dieses Wissen und diese Fähigkeiten vermeintlich noch nicht besitzende Personengruppen zu übermitteln. Sie versteht Lernen als einen induktiven Prozess. Als Definition fügt Heiligenmann an:

> *„Als Museumspädagogik wird die Praxis und Theorie jenes Bereiches der Pädagogik bezeichnet, in dem das pädagogische Handeln in einem Museum (ggf. einer museumsähnlichen Einrichtung) oder in organischer Bindung an die Institution Museum stattfindet, auf potentielle und tatsächliche Museumsbesucher, Kinder und Erwachsene, bezogen ist, um zwischen ihnen und dem Museum, insbesondere seinen Ausstellungsobjekten so zu vermitteln, daß ihnen dies in kognitiver, affektiver oder physischer Hinsicht förderlich ist, wobei diese Vermittlung darauf angelegt ist, daß die einzelnen Besucher ihrer immer weniger bedürfen." (ebd.: 14)*

Die Museumspädagogik hat folglich das Ziel, das Museumspublikum zu bilden und zu selbstständigen Museumsbesucher_innen heranzuziehen, die in Zukunft die pädagogische Arbeit nicht mehr benötigen und eigenständig das Museum besuchen können. Museumspäd-

70 Ursula Heiligenmann, die 1986 eine umfassende Studie mit dem Titel: *DAS VERHÄLTNIS DER PÄDAGOGIK ZU IHREN BEREICHEN. Eine systematische Untersuchung am Beispiel der Museumspädagogik* vorgelegt hat, fasst die Adressaten der Museumspädagogik in drei Gruppen zusammen, wobei der Begriff der Adressaten bereits anklingen lässt, dass es sich dabei um ein Sender-Empfänger-Modell handelt, bei welchem von der Seite des Museums auf die Seite der Adressaten vermittelt wird. Die Adressaten sind Schulkassen, Kinder und Jugendliche sowie Erwachsene. Bei der ersten Gruppen „bezieht sich die museumspädagogische Tätigkeit im Wesentlichen auf die Durchführung von Unterricht und auf begleitende Maßnahmen (zum Beispiel Erarbeiten von Unterrichtseinheiten, Bereitstellung von Lehr- und Lernmaterialien), die sowohl den vom Museumspädagogen selbst durchgeführten Unterricht unterstützen als auch denjenigen, den Lehrerinnen und Lehrer selbst im Museum ab[ge]halten" (Heiligenmann 1990:12). Im Unterschied dazu definiert sie die Arbeit mit Kindern und Jugendlichen außerhalb des schulischen Zusammenhangs, bei welchem Spiel und Spaß im Vordergrund stehen und „Ziele wie Wissenserwerb, vertiefte Auseinandersetzung mit den Museumsobjekten oder Aneignung von bestimmten handwerklichen Fähigkeiten" (ebd.) nebenbei vermittelt werden. Für die Kinder und Jugendlichen, die eigenständig ins Museum kommen, sollen Führungs- und Informationsblätter zur Verfügung gestellt werden. Für die Gruppe der Erwachsenen beziehen sich die museumspädagogischen Angebote vor allem auf Führungen beziehungsweise auf Museumsgespräche, „die Wissen vermitteln und Hilfen bieten sollen beim Erfassen von komplexen Sachverhalten und beim Erkennen von Zusammenhängen sowie auf Kurse und Seminare, die vorwiegend zum Erwerb von Kenntnissen und kunsthandwerklichen Fähigkeiten führen sollen" (ebd.).

agogik wird hier folglich als eine Instanz verstanden, welche die unerfahrenen zu erfahrenen Museumsbesucher_innen heranbildet. Dem liegt ein Verständnis von Museum zugrunde, das über nutzbare Ressourcen für die Besucher_innen verfügt. Diese Beschreibungen der Museumspädagogik, welche sich nicht nur auf das Kunstmuseum, sondern alle Museumstypen beziehen, lassen sich vor allem dem von Carmen Mörsch dargelegten reproduktiven Diskurs der Vermittlung zuordnen[71], den sie wie folgt beschreibt: „Hier übernimmt Kunstvermittlung die Funktion, das Publikum von morgen heranzubilden und Personen, die nicht von alleine kommen, an die Kunst heranzuführen“ (Mörsch 2009a: 9). Ausstellungshäuser und Museen gelten unter dieser Prämisse als Orte, die über wertvolle Güter verfügen, die für die Gesellschaft und den Kulturerhalt von Bedeutung sind. Daher werden Vermittlungsformate angeboten, die ein möglichst breites Publikum ansprechen, wie Workshops für Schulklassen, Lehrer_innen-Fortbildungen, Kinder-, Jugendlichen- und Familienprogramme sowie Angebote für Menschen mit besonderen Bedürfnissen. Auch Großveranstaltungen wie der *Tag der offenen Tür*, *Familientage* oder die *Lange Nacht der Museen* gehören dabei zur Programmgestaltung der pädagogischen Arbeit, wobei über ein Event der Zugang zum Museum hergestellt und die angenommene Schwellenangst abgebaut werden sollen. Der reproduktive Diskurs stabilisiert die vorherrschenden Formen des Museums und trägt zu ihrem Fortbestand bei. Dies basiert auf der Generierung eines noch zu bildenden Publikums und wird durch die Inhalte und Fertigkeiten der Institution als Ziel der Museumspädagogik beschrieben.[72]

Eine so verstandene Museumspädagogik bedeutet in Bezug auf physisch-materielle Räume, dass diese unverändert bestehen bleiben. Museen werden so, wie sie sind, als wertvoll und gut angenommen, sodass eine räumliche Veränderung nicht nötig erscheint.

71 Neben dem reproduktiven Diskurs benennt Mörsch noch den affirmativen, dekonstruktiven und transformativen Diskurs. Den affirmativen Diskurs umreißt Mörsch wie folgt: „Dieser schreibt Kunstvermittlung die Funktion zu, das Museum in seinen durch ICOM festgelegten Aufgaben – Sammeln, Erforschen, Bewahren, Ausstellen und Vermitteln von Kulturgut – effektiv nach außen zu kommunizieren“ (Mörsch 2009a: 9). Dem Kunstmuseum, welches überwiegend von einer Fachöffentlichkeit besucht werde, wird in diesem Diskurs eine gesonderte Rolle zugesprochen. Daher zeigen sich die Formate der Kunstvermittlung für eben diese Fachöffentlichkeit in beispielsweise Vorträgen, speziellen Filmprogrammen, Expert_innenführungen und Ausstellungskatalogen. Dabei wird das Publikum als ein wissendes und interessiertes adressiert und die Kunstvermittler_innen treten als autorisierte Sprecher_innen der Institution auf. Der dekonstruktive Diskurs stimmt mit meinen Darstellungen der dekonstruktivistischen Perspektive überein (siehe 3.1). Der zentrale Aspekt des transformativen Diskurses der Kunstvermittlung ist, dass Ausstellungsorte und Museen als veränderbare Organisationen begriffen werden, die an ihre umgebende Welt herangeführt werden müssen. „Grundlegend ist, dass sie die Funktionen der Institution in Zusammenarbeit mit dem Publikum nicht nur offenlegen oder kritisieren, sondern ergänzen und erweitern. Hierzu gehören Projekte, die mit unterschiedlichen Interessensgruppen autonom vom Ausstellungsprogramm durchgeführt werden oder Ausstellungen, die durch das Publikum bzw. spezifische gesellschaftliche AkteurInnen gestaltet werden.“ (Mörsch 2009a: 11)

72 Ähnliche Beschreibungen sind auch innerhalb der *traditionellen Kunstvermittlung* vorhanden. Nach dem Kunstdidaktiker Pierangelo Maset, der sich von dieser abwendet, handelt es sich dabei im Wesentlichen um die Gegenüberstellung zwischen Werk und Betrachter_innen, bei welcher die Kompetenzbildung der Betrachter_innen über die Vermittlung von Werkinhalten angestrebt werde (vgl. Maset 2001:76).

## Museumspädagogik nach Elisabeth Köster

Ein geändertes Verständnis von Museumspädagogik wurde in den 1980er Jahren auf Weisen beschrieben, die einen stärkeren Bezug zu den hier beschriebenen Ansätzen einer kritischen Kunstvermittlung erkennen lassen. So schreibt Elisabeth Köster 1983 in ihrer Dissertation mit dem Titel *Museumspädagogik. Versuch einer Standortbestimmung*:

> *„Bei der hier vorliegenden Arbeit habe ich mich von dem Gedanken leiten lassen, daß Museumspädagogik mehr sein muß als das, was heutzutage von den meisten Museen bzw. deren Repräsentanten hierunter verstanden wird und was sich demzufolge auch in der relevanten Literatur manifestiert, nämlich der Umgang mit der fertigen Ausstellung." (Köster 1983: 270)*

Museumspädagogik sollte nach ihrem Verständnis über die Rezeption einer Ausstellung und „die Erschließung des vorhandenen Ausstellungsbestandes" (Köster 1983: 50), welche sich überwiegend auf Kinder und Jugendliche als Zielgruppe beschränkt, hinausgehen. Dies sei, so stellt sie in ihrer Arbeit fest, zum Zeitpunkt ihrer Forschung der Anspruch und das Hauptaugenmerk der wenigen theoretischen Texte zur Museumspädagogik als auch der Aktivitäten der 40 bekanntesten bundesrepublikanischen Museen, die sie in ihrer Arbeit betrachtet (vgl. Köstner 1983: 50). In ihrer Forschungsarbeit stellt sie innerhalb des damaligen mehrheitlichen Verständnisses von Museumspädagogik vor allem zwei zentrale Merkmale heraus, die einer Veränderung bedürften. Zum einen plädiert sie für eine Mitgestaltung der Museumspädagogik bei der Ausstellungskonzeption und -gestaltung, da „durch das rechtzeitige Eingreifen auf der Basis prinzipieller pädagogischer Überlegungen bereits bei der Konzipierung einer Ausstellung die Wurzel eines sich erst später erweisenden Übels angegangen werden könnte" (Köster 1983: 270). Zwar unterscheidet sich ihr Anliegen an die Mitgestaltung einer Ausstellung vom Diskurs der kritischen Kunstvermittlung, da sie in der Mitgestaltung die Möglichkeit sieht, Ausstellungen didaktisch besser aufzubereiten und zugänglicher zu machen, was lediglich eine Optimierung der Vermittlung in der Ausstellung selbst zur Folge hätte (vgl. Köster 1983: 271). Allerdings verweist sie mit diesen Gedanken bereits auf einen veränderten Stellenwert der Museumspädagogik innerhalb der Institution. Dieser schreibt sie im Rahmen einer Museumsdidaktik die zukünftige Aufgabe zu, maßgeblicher Teil der Ausstellungsgestaltung zu sein (vgl. Köster 1983: 127), der gleichwertig neben den anderen Bereichen des Museums steht. „Ihr [der Museumsdidaktik; H. P.][73] obliegt letztlich die Produktion der Ausstellung unter Berücksichtigung aller durch die MUSEUMSKUNDE und die MUSEUMSPÄDAGOGISCHE FORSCHUNG bereitgestellter Alternativen" (Köster 1983: 127). Zum Zeitpunkt ihrer Forschung ist die Gestaltung einer Ausstellung ausschließlich den „Fachwissenschaftlern" vorbehalten, die nur bei Bedarf auf das Wissen aus anderen Bereichen zurückgreifen. „Der Fachwissenschaftler des Museums nimmt bei der Neugestaltung einer Ausstellung zwar gerne Anregungen und Hinweise etwa des Beleuchtungstechnikers, des Klimaspezialisten, des Konservators oder des Statikers auf, der Rat des Pädagogen dagegen wird in den meisten Fällen gar nicht erst eingeholt" (Köster 1983: 271). Mit diesen Beschreibungen und ihren vorhergehenden Ausführungen der Mitgestaltung fordert sie somit eine Umstrukturierung der Institution, die maßgebliche Einflüsse auf die Machtstrukturen bedeuteten würde. Diese veränderten Machtverhältnisse und Umverteilung von Ressourcen spricht sie auch anderen Stellen ihrer Arbeit an, im Besonderen, wenn es um die Frage nach der Funktion des Museums im Allgemeinen geht.

> *„Wenn das Museum selbstverständlicher Bestandteil des alltäglichen Lebens eines Jeden werden soll, wird es in erster Linie nötig sein, den Bereich, der sich vorrangig an die Öffentlichkeit wendet, also die Bildungsfunktion wahrnimmt, daraufhin zu untersuchen, ob diese Aufgabe überhaupt mit den derzeit hierfür eingesetzten Mitteln zu erfüllen ist. Zunächst wäre der Stellenwert des Bildungsbereichs innerhalb der übrigen musealen Bereiche auszuloten. Dazu ist es erforderlich, zuerst das zu entschlüsseln, was heute allgemein unter ‚Museumspädagogik' verstanden wird." (Köster 1984: 49)*

Zum Zweiten fordert sie eine Theoretisierung der Museumspädagogik als eigenständige wissenschaftliche Disziplin. Denn: „wenn die Museumspädagogik ein eigenständiger Bereich werden soll, ist eine museumsspezifische Forschung im Hinblick auf pädagogische Erfordernisse unerläßlich" (Köster 1983: 125). Eine solche Entwicklung der Professionalisierung hätte Auswirkungen auf die Ausbildung von Museumspädagog_innen in dafür

73 Zum Begriff der Museumsdidaktik schreibt Köster: „Ein Entscheidungsbereich, in dem Dispositionen hinsichtlich der Lernziele, Themen, Exponate und Präsentationsformen – in denen auch die endogene Motivierung enthalten sein müßte –, zu treffen sind, könnte mit MUSEUMSDIDAKTIK bezeichnet werden. Insbesondere die Museumsdidaktik muß ein implizites Interaktionsinteresse haben und ist daher geeignet, die oben angesprochene integrative Funktion im System Museumspädagogik zu vertreten, die als konsumatorisch-resultierend auf der internen Achse angesiedelt ist" (Köster 1983: 122). Weiter schreibt sie: „Wenn auch die Museumsdidaktik als integratives Element in einer scheinbar führenden Position auftritt, soll damit nur eine qualitative Aussage hinsichtlich einer Hierarchie der Systemelemente gemacht werden. Grundsätzlich darf davon ausgegangen werden, daß jedem Element ein gleiches Maß an Bedeutung im Gesamtsystem beigemessen werden muß" (ebd.: 127). Die Museumsdidaktik ist einer der vier Grundfunktionen der Museumspädagogik. Diese besteht neben der Museumsdidaktik aus dem Basisbereich Museumskunde, dem Praxisbereich museumspädagogische Praxis, dem Forschungsbereich museumspädagogische Forschung und dem Entscheidungsbereich Museumsdidaktik (vgl. ebd.: 124).

neu etablierten Studiengängen. Mit der Eigenständigkeit als Fachdisziplin würde somit die Möglichkeit einer fachwissenschaftlichen Ausbildung der Museumspädagog_innen einhergehen. Für das zukünftige Berufsbild der Museumspädagog_innen schlägt Köster eine Ausbildung vor, die sich nicht nur mit museumspädagogischer Theorie und Praxis, sondern auch mit weiteren, angrenzenden theoretischen Feldern beschäftigt. „Hier müßte ohnehin ein Kollektiv unterschiedlichster Spezialausbildungen zusammenarbeiten unter dem gemeinsamen Ziel museumspädagogischer Relevanz" (Köster 1983: 281).

Köster beschreibt somit zu Beginn der 1980er Jahre mit den Fragen nach den Aufgaben und der Stellung der Museumspädagogik innerhalb der Institution Museum sowie der Forcierung einer eigenständigen Professionalisierung – sowohl in Bezug auf eine eigenständige Theoriebildung als auch auf die Ausbildung zukünftiger Museumspädagog_innen – Ansätze kritischer Kunstvermittlung, in der sie eine Umstrukturierung der Institution und Umverteilung von Ressourcen fordert. Die Umstrukturierung bezieht sich vor allem auf die Mitgestaltung der Museumspädagogik an der Realisation von Ausstellungskonzeptionen und ihrer Gestaltung. Werden Kösters Forderungen nach einer Umstrukturierung der Institution und Umverteilung der Ressourcen auf physisch-materielle Räume bezogen, bedeutet dies, dass Räume als Teil der Institution ebenfalls umstrukturiert und im Hinblick auf die Ressourcen besser ausgestattet werden sollten.

## Resümee: Theoretische Verortung

Im Kapitel „Theoretische Verortung" wurde herausgearbeitet, welche Arbeitsdefinition von *kritischer Kunstvermittlung* der vorliegenden Arbeit zugrunde liegt. Diese setzt sich aus kritischen Theorien, der Übernahme künstlerischer Verfahren sowie einem Verständnis von Lernen zusammen, welches eigenständiges kritisches Denken und Handeln befördert. Das Kapitel verdeutlicht in dieser Beschreibung den Standpunkt, vor welchem die Forscherin den Forschungsgegenstand analysiert.

Mit der Darstellung der kritischen Kunstvermittlung wurde herausgearbeitet, dass sich das Feld der pädagogischen Arbeit im Museum in den letzten Jahren dahingehend gewandelt hat, dass daraus eine eigenständige Praxis und Theoriebildung hervorgegangen ist. Diese veränderte Praxis und Theoriebildung der Kunstvermittlung hat Folgen für den Raum, die aus den bearbeiteten Ansätzen herausgearbeitet worden sind. Diese Folgerungen beziehen sich sowohl auf die gesamte Institution Museum, in welcher eine Re-Definition räumlicher Ressourcen sowie die Befragung der Nutzung des Museumsraumes erforderlich werden. Auch bedürfen die Vermittlungsräume einer räumlichen (Um)Gestaltung, um dem hier formulierten pädagogischen Ansatz – die Übernahme künstlerischer Verfahren sowie ein Verständnis von

Lehren und Lernen als Konstruktion, Umlernen und Lernen in der Gemeinschaft – gerecht werden zu können.

Insgesamt wird aus der hier dargestellten Arbeitsdefinition von Kunstvermittlung meine Forschungsperspektive offengelegt, aus der heraus ich diese Untersuchung gestalte. Die Perspektive ist für die vorliegende Analyse vor allem durch den Einbezug und das In-Beziehung-Setzten des Forschungsgegenstandes zu kritischen Theorien gekennzeichnet. Für die Untersuchung gilt es, auf Grundlage des dargestellten Verständnisses von Kunstvermittlung eine passende Forschungsmethode zu entwickeln, die sowohl die Stimmen des Feldes, meine eigenen Erfahrungen als auch eine Verknüpfung zu kritischen Theorien ermöglicht (siehe dazu das Forschungsdesign in Kapitel 5). Das Anliegen der vorliegenden Untersuchung ist, kritisch und mehrdimensional mit dem Phänomen sichtbarer Vermittlungsräume in Verhandlung treten zu können und darin die Macht- und Ungleichverhältnisse innerhalb der Institution in den Blick zu nehmen. Insgesamt wird die Analyse dabei aus der Perspektive der Kunstvermittler_innen betrachtet und die Folgen für ihr Handeln und das Feld der Kunstvermittlung fokussiert. Aus machtkritischer Sicht wird in der Untersuchung der Frage nachgegangen, wer auf welche Weise von den sichtbaren Vermittlungsräumen profitiert und im Sinne eines dekonstruktivistischen Anliegens danach gefragt, wie sichtbare Vermittlungsräume entstehen.

# 4 Stand der Forschung: Diskurse des Vermittlungsraumes in Museumspädagogik und Kunstvermittlung

Das Ziel des vorliegenden Kapitels ist, herauszuarbeiten, auf welche Weise der Vermittlungsraum im Diskurs[74] der Museumspädagogik und der Kunstvermittlung konkret benannt wird und welche Aussagen und Annahmen in Verbindung zum Vermittlungsraum formuliert werden. Dabei werden sowohl die Funktionen dargestellt, die der Vermittlungsraum innerhalb der Institution Museum einnimmt, als auch die Auswirkungen und Bedeutungen aufgezeigt, die bei der Betrachtung des sichtbaren Vermittlungsraumes erzeugt werden. In der Analyse wird exemplarisch auf bisher veröffentlichte, überwiegend deutschsprachige Texte zu Vermittlungsräumen zurückgegriffen und in ihrem Nebeneinander herausgearbeitet, aus welcher Perspektive der Gegenstand Vermittlungsraum betrachtet wird. Innerhalb dieser Analyse liegt der Schwerpunkt explizit auf einzelnen Aussagen der Texte, ohne den Anspruch zu verfolgen, diese in ihrer Gänze und Umfänglichkeit darzustellen.

Insgesamt wird bei der Bearbeitung des schriftlichen Diskurses der Vermittlungsräume deutlich, dass die theoretische Auseinandersetzung mit Vermittlungsräumen bis heute eine marginale Stellung innerhalb des Feldes einnimmt. Als zentrale Kategorie pädagogischen Arbeitens im Museum tritt dieser in Museumspädagogik und Kunstvermittlung, entgegen der anwachsenden Bedeutung, die dem Raum aus erziehungswissenschaftlicher Perspektive zugeschrieben wird, nicht in Erscheinung.[75]

Aus diesem Grund wird im Anschluss an die Untersuchung des Diskurses zu Vermittlungsräumen im Museum überprüft, welche bisherigen Ansätze zum Raum in der Forschung der Kunstpädagogik, den Erziehungswissenschaften sowie der Soziologie existieren, um daraus ein Betrachtungsschema für den Forschungsgegenstand zu entwickeln.

74 Mit Diskurs meine ich an dieser Stelle geschriebene Texte.

75 Im Feld der Kunstvermittlung wird der Begriff Raum überwiegend bei der Betrachtung des Ausstellungsraumes als „Lern- und Erfahrungsraum“ (Preuß/Hoffmann: 2016, 2019; Staupe: 2012; Zacharias 2003) oder als „integrierter Handlungsraum“ – eine Verzahnung von Ausstellungs- und Vermittlungspraxis – verwendet (vgl. Mörsch/Sachs/Sieber: 2017).

## 4.1 Museumspädagogische Perspektive auf separate Vermittlungsräume im Museum

### Vermittlungsraum als Voraussetzung museumspädagogischen Arbeitens mit Kindern und Jugendlichen

Die Auseinandersetzung mit dem separaten Vermittlungsraum[76] ereignet sich im deutschsprachigen Diskurs überwiegend im Feld der Museumspädagogik, wo dieser als physisch-materieller Behälterraum beschrieben wird. Hierbei werden neben der Darstellung einer möglichen Ausgestaltung des Vermittlungsraumes die Auswirkungen sowie die Gründe benannt, die die Einrichtung und Nutzung separater Vermittlungsräume bergen.
Pädagogisches Arbeiten kann sich dort im Vergleich zu der einschränkenden Arbeit im Ausstellungsraum auf andere Art und Weise entfalten und schützt gleichzeitig die Ausstellungsobjekte. So schreiben die Museums- und Kunstpädagogen Klaus Weschenfelder und Wolfgang Zacharias im *Handbuch Museumspädagogik. Orientierungen und Methoden für die Praxis* (1981):

> *„Ohne spezielle Räumlichkeiten lassen sich keine kontinuierlichen Aktivitäten entfalten, kinderspezifisches Verhalten wird aus konservatorischen Rücksichten (aber nicht nur aus solchen) in den Ausstellungsräumen nicht geduldet. [...] Will Museumspädagogik mehr sein als nur die Konfrontation des Besuchers mit dem Ausstellungsobjekt, müssen ‚Spielräume' – im Wortsinn und symbolisch – organisiert werden. Dabei kommt es gar nicht unbedingt darauf an, daß diese Räume im Museum selbst liegen. Freiflächen, Museumshöfe und angrenzende Grünanlagen sind (bei entsprechender Witterung) ebenso geeignet." (Weschenfelder/Zacharias 1981: 192)*

Hier wird „kinderspezifisches Verhalten" in Zusammenhang mit der museumspädagogischen Arbeit gedacht, welche nur außerhalb des Sicherheitsbereichs des Museums zugelassen ist. Die Autoren schreiben, dass es zwar kleine Räume für den „Mal- und Bastelbetrieb" in einigen Museen gäbe, jedoch nur wenige Museen über eigene didaktische Räume in ausreichender Größe verfügen. Um flexibel mit dem an Museen vorherrschenden Raummangel umzugehen, wird vorgeschlagen, Räume einzurichten, die nicht ausschließlich für die museumspädagogische Arbeit gestaltet werden, sondern eine multifunktionale Nutzung ermöglichen, oder aber auf bestehende Räume im Außenraum, wie Höfe oder Grünanlagen, zurückzugreifen.

76 Mit separatem Vermittlungsraum meine ich Vermittlungsräume, die außerhalb zum Ausstellungsgeschehen im nicht öffentlich zugänglichen Bereich des Museums verortet sind.

Die multifunktionale Nutzung bezieht sich nicht nur auf andere Bereiche, wie Filmvorführungen oder Lesungen im Museum, sondern auch auf das pädagogische Arbeiten an sich, indem unterschiedliche Tätigkeiten gleichzeitig stattfinden können. In Bezug auf die Ausgestaltung der *Spielräume* schlagen Weschenfelder und Zacharias dabei eine flexible Raumgliederung vor:

> *„Offene Lernsituationen müssen sich, um wirksam werden zu können, in der räumlichen Struktur abbilden, d. h., die Raumgliederung und die Ausstattung muß Orientierungen bieten, um die Gleichzeitigkeit unterschiedlicher Tätigkeiten reibungslos zu ermöglichen. [...] Durch die Verfügbarkeit von Arbeitsmaterialien wie Holzplatten, Tafeln, Packpapier, bunte Folien, Schnur, Farben usw. können offene Lernmilieus und Raumstrukturen spezifisch auch noch im Verlauf der Aktionen aus- und umgestaltet werden." (ebd.: 194)*

Die Autoren machen mit ihrer Beschreibung der *Spielräume* deutlich, dass die Nutzung separater Räume für die pädagogische Arbeit die Möglichkeit bietet, gleichzeitig unterschiedlichen Tätigkeiten nachzugehen sowie mit einer Vielzahl an Materialien zu arbeiten, die im Unterschied zum Arbeiten in der Ausstellung ein anderes pädagogisches Arbeiten ermöglichen. Anders als in der Konfrontation mit den Ausstellungsobjekten können Kinder und Jugendliche im separaten Vermittlungsraum künstlerisch-gestalterisch und individuell tätig werden. Die Begründungen für das Aufsuchen und Einrichten separater Vermittlungsräume werden von Weschenfelder und Zacharias vom pädagogischen Handeln, welches sich auf kinderspezifisches Verhalten stützt, aus gedacht.

Auch die Clore Duffield Foundation geht in ihrer Förderpraxis von Vermittlungsräumen im Museum davon aus, dass ein separater Raum für die pädagogische Arbeit sinnvoll ist, um den Bedürfnissen eines breiten Publikums nachzukommen:

> *„Dedicated spaces for learning in our museums, galleries and built and natural historic sites – separate from gallery or other provision – are essential. Having a dedicated, safe space where different types of learning can take place allows organisations to cater for the widest possible audiences, including visitors with additional needs." (Clore Duffield Foundation 2015: 5)*

Vermittlungsräume werden auch hier als Orte beschrieben, in denen sich unterschiedliche Arten des Lernens ereignen können, und die so gestaltet sind, dass sie auf die verschiedenen Bedürfnisse der Besucher_innen eingehen können. Sie werden als *Schutz-Räume* beschrieben, wobei nicht der Schutz der Kunst, sondern der Schutz der Besucher_innen gemeint ist. Genau wie bei Weschenfelder und Zacharias wird davon ausgegangen, dass ein auf die Bedürfnisse der Teilnehmenden abgestimmter Raum eine gute Voraussetzung bildet, um im Museum pädagogisch arbeiten zu können.

## Vermittlungsraum als Schutz für die Ausstellungsgegenstände

An Kinder und Jugendliche gerichtete museumspädagogische Arbeit kann sich aufgrund der Einschränkungen des Museumsraumes, so schreiben Weschenfelder und Zacharias, auf der Ausstellungsfläche nicht angemessen vollziehen. Diese Begründung wird in dem Beitrag von Astrid Brosch *Raumprogramm, Ausstattung und Pflege einer Museumswerkstatt* (2014) in *Museumspädagogik: ein Handbuch* gewendet und der Schutz für die Ausstellungsgegenstände als Grund für die Einrichtung und Nutzung separater Vermittlungsräume genannt. Unter „Platzbedarf und Raumanforderungen" gibt die Autorin Anregungen zur Ausgestaltung von museumspädagogischen Räumen, wie den Einbau unempfindlicher Böden und Wände, mindestens 35 Arbeitsplätze, Möglichkeiten der Lagerung und Bereitstellung von Materialien sowie die Installation von Waschbecken.
Die Autorin beschreibt in ihrem Beitrag die Gefährdung, die von Materialien im Vermittlungsraum für den Ausstellungsraum ausgehen kann, weswegen es sinnvoll sei, diese in Entfernung zum somit gesicherten Ausstellungsbetrieb zu platzieren.

> *„Je nach Museum ist zu klären, inwieweit die in den Werkstatträumen gelagerten Materialien eine Gefahr für die Exponate bedeuten: Stellen beispielsweise Scheren, die ungehindert in die Sammlungsräume mitgenommen werden könnten, für ein Museum, das Exponate ausschließlich in Vitrinen ausstellt, kaum ein Problem dar, wird dies etwa in einem Gemälde- oder Modemuseum ganz anders beurteilt. Ebenso können von brennbaren Materialien Gefahren ausgehen. Aus diesen Gründen werden Praxisräume oft außerhalb des eigentlichen Sicherheitsbereiches eines Museums angesiedelt." (Brosch 2014: 324)*

Allgemein schreibt die Autorin, dass die Räume für die praktische Arbeit im Museum die Attraktivität eines Museumsbesuches erhöhen. Neben der Schutzfunktion für die Kunst wird dem separaten Vermittlungsraum hier die Funktion der Akquise des Publikums zugesprochen. Brosch stellt mit ihrer Beschreibung der Verortung des Vermittlungsraumes außerhalb des Sicherheitsbereichs eine Sichtweise auf diesen dar, die von der Sicherheit der Ausstellungsobjekte aus gedacht wird. Immanent ist ihren Überlegungen wie bei Zacharias und Weschenfelder, dass innerhalb eines Vermittlungsraumes Materialien verwendet werden können, die aus konservatorischen Gründen nicht direkt im Ausstellungsraum zur Anwendung kommen dürfen.

### Differenzierende pädagogische Praxis durch die Einrichtung und Nutzung von Vermittlungsräumen

Beide Beispiele der Auseinandersetzung mit separaten Vermittlungsräumen in museumspädagogischen Handbüchern[77] verdeutlichen aus jeweils unterschiedlicher Perspektive – aus pädagogischen Gründen und aus konservatorischen Gründen argumentiert – den Grund für die Entstehung und Platzierung von Vermittlungsräumen außerhalb des Ausstellungsgeschehens. Die Autor_innen legen in ihren Darstellungen zugrunde, dass in der pädagogischen Praxis im Vermittlungsraum mit Materialien[78] gearbeitet werden kann beziehungsweise sollte, die nicht im Ausstellungsraum verwendet werden dürfen. Weschenfelder und Zarachias stellen darüber hinaus dar, dass das Konzept der *Spielräume* kontinuierliche Aktivitäten sowie kinderspezifisches Verhalten ermöglicht. Daraus ergibt sich, dass davon ausgegangen wird, dass sich pädagogisches Arbeiten im separaten Vermittlungsraum zum pädagogischen Arbeiten auf der Ausstellungsfläche durch die Verwendung unterschiedlicher Medien und Materialien sowie der Möglichkeit, anders zu agieren – wie gleichzeitig unterschiedliche Tätigkeiten durchzuführen –, unterscheidet. Daher kann hier von einer sich auf der Ausstellungsfläche differenzierenden pädagogischen Praxis gesprochen werden. Separaten Räume der Vermittlung bringen demnach im Vergleich zum Arbeiten in der Ausstellung eine veränderte Art und Weise des pädagogischen Arbeitens im Museum hervor.

## 4.2 Die Perspektive der Kunstvermittlung auf sichtbare Vermittlungsräume im Museum

Die Einrichtung von sichtbaren Vermittlungsräumen, die frei zugänglich und vom Publikum einsehbar sind, ist seit dem Jahr 2007 in Deutschland stetig angestiegen. Parallel zu diesem Zuwachs an Vermittlungsräumen im öffentlich einsehbaren Bereich des Museums findet im Feld kritischer Kunstvermittlung ein Zuwachs der theoretischen Auseinandersetzung mit dieser Entwicklung statt. Dabei werden überwiegend einzelne Raumbeispiele reflektiert und zu unterschiedlichen theoretischen Ansätzen in Verbindung gebracht. Deutlich wird, dass der

77 In den folgenden Handbüchern zur Museumspädagogik und Kunstvermittlung findet überhaupt keine Auseinandersetzung mit dem Vermittlungsraum, sei es im verborgenen oder im sichtbaren Teil des Museums, statt. Dies macht erneut seinen marginalen Stellenwert deutlich: Hoffmann/ Rauber/Schöwel (2014): Führungen, Workshops, Bildgespräche. Ein Hand- und Lesebuch für Bildung und Vermittlung im Kunstmuseum. Fast, Kirsten (1995): Handbuch der museumspädagogischen Ansätze. Deutscher Museumsbund e. V./Bundesverband Museumspädagogik e. V. (Hg.) (2008): Qualitätskriterien für Museen: Bildung und Vermittlungsarbeit.

78 Auch wenn in beiden Texten nicht explizit darauf eingegangen wird, wird in den Darstellungen der Nutzung von einer interpersonellen Vermittlung ausgegangen.

Vermittlungsraum in Relation zu unterschiedlichen Akteur_innen und der Art und Weise, wie diese im Raum agieren, gesetzt wird. Daher wird im Folgenden dargestellt, welche Akteur_innen im Zusammenhang des sichtbaren Vermittlungsraumes benannt werden und welche Handlungen sie darin vollziehen. Benannt werden im Rahmen der Analyse auch die Funktionen des Vermittlungsraumes innerhalb des Museums sowie die Herstellung von Bedeutungen, die durch eine Betrachtungsweise im Feld kritischer Kunstvermittlung hervorgerufen werden.

## Akteur_innen und ihre Handlungen im sichtbaren Vermittlungsraum

Eine der ersten deutschsprachigen Auseinandersetzungen mit sichtbaren Kunstvermittlungsräumen im Feld kritischer Kunstvermittlung leistete der Kunstvermittler und Kunstpädagoge Alexander Henschel mit seinem Text *Palmenhaine. Vermittlung als Konstitution von Öffentlichkeit* (2009). Darin schreibt Henschel über die im Aue-Pavillon eingerichteten Vermittlungsräume auf der documenta 12 und ihre unterschiedlichen Nutzungen durch die Vermittler_innen und Besucher_innen (Beschreibung der *Palmenhaine* siehe Kapitel 2). Mit seinem Beitrag geht Henschel der Frage nach, ob und auf welche Weise die *Palmenhaine* auf der documenta 12 Öffentlichkeit herstellen. Mit Bezug auf Jorge Ribalta beschreibt er Öffentlichkeit als die Möglichkeit, ein heterogenes Publikum an den Diskursen der Ausstellung teilhaben zu lassen und in den Ausstellungsraum eingreifen zu können (vgl. Henschel 2009: 48). Auf Grundlage theoretischer Ansätze von unter anderem Michel Foucault, Michel de Certeau und Charles R. Garoian kommt Henschel mit seinen teilnehmenden und stillen Beobachtungen zu der Erkenntnis, dass die *Palmenhaine* Öffentlichkeit sowohl ermöglicht als auch verhindert haben.

> *„Ermöglicht haben sie Öffentlichkeit insofern, als die heterotope und widersprüchliche Struktur der Orte Unklarheit und damit vielfache Praktiken – seitens der BesucherInnen wie der VermittlerInnen – hervorbrachte, anhand derer sich verschiedene Öffentlichkeiten abbilden konnten. [...] Der institutionelle Apparat wiederum verhinderte, Äußerungen und Veränderungen der BesucherInnen als sichtbare Spuren zu akzeptieren – sei es durch kommunikative Undurchlässigkeit innerhalb des Apparats, sei es durch die Kollision von Interessen. Die Öffentlichkeit der Palmenhaine fand statt, war aber von flüchtiger Natur.“ (ebd.: 58)*

Die Praxis der Einrichtung sichtbarer Vermittlungsräume auf der documenta 12 hat nach der theoretischen Bezugnahme und Reflexion der Vermittlungsarbeit nach Henschel dazu geführt, dass dem Ausstellungspublikum und den Kunstvermittler_innen neue Handlungs-

spielräume eröffnet wurden, die sich in vielfachen Praktiken entfaltet haben. Genau wie in den erfolgten Beschreibungen zu den separaten Vermittlungsräumen wird deutlich, dass ein Unterschied zwischen dem Handeln im Vermittlungsraum und dem Handeln im Ausstellungsraum beschrieben wird. Bei den *Palmenhainen* wird nicht nur auf die Teilnehmenden von Vermittlungsformaten und die Kunstvermittler_innen verwiesen, sondern auch auf das reguläre Ausstellungspublikum, das die Vermittlungsräume eigenständig und autonom von Vermittlungsprogrammen nutzte. Deutlich wird dies vor allem an Henschels Beschreibungen der Handlungen der Ausstellungsbesucher_innen, welche von „Pause machen", „Füße hochlegen" über „Babys wickeln" bis hin zum „Schlafen" reichte (ebd.: 48). Anders als bei den separaten Vermittlungsräumen wird hier, neben den Akteur_innen der Kunstvermittlung, eine sich verändernde Praxis des regulären Ausstellungspublikums beschrieben.
Die unterschiedlichen Praktiken aller Raumhandelnden werden von Henschel jedoch nur als etwas von kurzer Dauer – als flüchtig – beschrieben. Sie konnten sich nicht in den institutionellen Apparat documenta 12 einschreiben und zu seiner Veränderung beitragen.

In dem Beitrag *Unlearning Education? Neue Bildungsräume der Tate Modern* (2018) gehe ich als Autorin bei der Betrachtung der Nutzung und der Funktion eines sichtbaren Vermittlungsraumes der Frage nach, wer an dem neuen und sichtbaren Vermittlungsraum *Tate Exchange* der Tate Modern in London teilhat und wer von der Einrichtung profitiert. *Tate Exchange* wurde nach der Selbstbeschreibung der Tate Modern als Ort des Austausches geschaffen, um verschiedene Stimmen und Sichtweisen zu kulturellen und gesellschaftlichen Themen innerhalb des Museums zu hören. Das Ziel der Einrichtung und Nutzung der sichtbaren Vermittlungsebene ist es, ein breites und vor allem junges, zukünftiges Publikum zu generieren und dieses an der Programmgestaltung teilhaben zu lassen. Dieses Ziel wird vor allem über ein vom Ausstellungsgeschehen unabhängiges Programm mit externen Akteur_innen, den sogenannten *Associates*, realisiert, die Tagungen veranstalten, partizipative Kunst zeigen sowie edukative Tanz-, Kunst- und Musikprojekte für Kinder, Jugendliche und Erwachsene anbieten. Im Unterschied zu den anderen Vermittlungsräumen der Tate Modern sind es hier nicht die Tate-Vermittler_innen, die Angebote im sichtbaren Vermittlungsraum realisieren, sondern Akteur_innen[79] aus angrenzenden Institutionen und Interessensfeldern, wie gemeinnützigen Initiativen, Vereinen, Universitäten, Kunsthochschulen und weiteren Museen. Sie adressieren dabei neben dem anwesenden Publikum der Tate Modern während ihrer über einige Tage dauernden Veranstaltungen Personen aus ihrem eigenen Feld – wie

79 Die Bereitschaft der externen Akteur_innen, sich an der Programmgestaltung von *Tate Exchange* zu beteiligen, ist vor allem aufgrund des symbolischen Kapitals sehr hoch: Diese freie Mitarbeit in einem der wichtigsten Museen der Gegenwartskunst wird durch die Sichtbarkeit von *Tate Exchange* sowohl direkt vor Ort innerhalb des Museums als auch über die sozialen Medien sicher kommuniziert. Eine monetäre Bezahlung bekam die Mehrzahl der *Associates* nicht.

beispielsweise Studierende, Vereinsmitglieder oder Mitarbeiter_innen. Somit realisiert sich das Anliegen der Tate, ein neues Publikum zu generieren, zumindest für die Dauer der jeweiligen Veranstaltungen. Dem sichtbaren Vermittlungsraum wird hier die Funktion zugeschrieben, andere Akteur_innen an der Programmgestaltung zu beteiligen, und über diese ein neues Publikum für die gesamte Institution herzustellen. Da *Tate Exchange* jedoch ein in sich abgeschlossenes System darstellt, welches sich unabhängig von den Ausstellungen und übrigen Veranstaltungen der Tate entfaltet, erfolgen durch diese Form der Programmgestaltung keine inhaltlichen wie strukturellen Berührungen mit den übrigen Bereichen der Institution: Anknüpfen, Rückkoppeln, Einwirken oder sogar eine Transformation des laufenden Ausstellungsbetriebs finden nicht statt. Somit kann auch für diese Analyse eines sichtbaren Vermittlungsraumes gefolgert werden, dass mit der Einrichtung eines solchen zwar weitere Akteur_innen im sichtbaren Vermittlungsraum agieren – hier die externen *Associates* und ein von diesen gewonnenes neues Publikum –, sich allerdings ein gravierender Einfluss auf den regulären Ausstellungsbetrieb, ein über die reine Nutzung des sichtbaren Vermittlungsraumes hinausgehender Effekt nicht ereignet. Wie schon bei Henschel beschrieben, sind auch hier die Einflüsse der Vermittlungsaktivitäten von flüchtiger Dauer, wenn diese nicht an das übrige Ausstellungsgeschehen angeknüpft sind.

Die Reflexion beider hier dargestellten Beispiele *Palmenhaine* und *Tate Exchange* unter der Perspektive der kritischen Kunstvermittlung verdeutlicht, welchen Einfluss die Einrichtung sichtbarer Vermittlungsräume auf die Akteur_innen des Museums und die Möglichkeit der Umgestaltung der Institution hat. Zum einen in Bezug auf die Frage, wer am Raumhandeln der sichtbaren Vermittlungsräume beteiligt ist und zum anderen, auf welche Weise die Räume auf die Handlungen einwirken. Beide Texte legen dar, dass sichtbare Vermittlungsräume zur Ausweitung der Akteur_innen beitragen, da nicht nur die Pädagog_innen und Teilnehmenden der Vermittlungsangebote im Vermittlungsraum tätig werden, sondern auch das reguläre Ausstellungspublikum sowie externe Programmanbieter und ihre zugehörigen Gruppen. Zum anderen initiiert der sichtbare Vermittlungsraum weitere Handlungen, die jedoch von kurzlebiger Dauer sind und keine weitreichenden Auswirkungen und Folgen auf den Ausstellungsbetrieb haben, sofern keine konzeptionelle Anbindung an diesen erfolgt. Aus der Perspektive der kritischen Kunstvermittlung und unter der Voraussetzung der Verortung im öffentlich zugänglichen Bereich des Museums wird Vermittlungsraum nicht mehr als vom Ausstellungsgeschehen separierter Bereich begriffen, was eine Analyse seiner Auswirkungen und Einflüsse auf andere Bereiche des Museums nahelegt: Der sichtbare Vermittlungsraum wird daraufhin untersucht, ob dieser zur Veränderung der Institution beitragen kann.

## Bühnenhandlung im sichtbaren Vermittlungsraum

> *„Was auch immer diese [das Ausstellungspublikum und Vermittler_innen; H. P.] darin taten, der indexikalische Charakter der Markierungen machte es zur Bühnenhandlung. Egal ob Menschen auf den Stühlen schliefen oder Teenager sich in Pose warfen, um sich gegenseitig mit dem Handy abzulichten, die Szenen wurden Teil des Ausstellungsganzen. […] So ermöglichten die Haine mit ihrem System aus Beobachten und Beobachtetwerden mindestens dies: den Fokus auf die Besucherinnen zu lenken." (Henschel 2009: 55)*

Alexander Henschel beschreibt in diesem Zitat, was sich durch die Einrichtung sichtbarer Vermittlungsräume im Museum vollzieht: Die Handlungen der im Raum anwesenden Personen werden beobachtet. Der sichtbare Vermittlungsraum wird zur Bühne. Der Effekt dieser Bühnenhandlungen ist Henschel zufolge, dass der Fokus auf die Ausstellungsbesucher_innen gelenkt wird. Erneut wird hier eine Relation zwischen Vermittlungsraum und den Besucher_innen und ihren Handlungen beschrieben.

In anderen Texten zu sichtbaren Vermittlungsräumen wird die Schaffung einer Bühne in Relation zu den Vermittler_innen und ihrer pädagogischen Praxis gesetzt. Zum einen wird dabei das Beobachtetwerden als produktiv bewertet, indem die Möglichkeit genutzt wird, das eigene Bild von Kunstvermittlung herstellen zu können. Die Entscheidungen über Vermittlungsformate und die Art und Weise der pädagogischen Arbeit basieren dabei auf dem Anliegen, ein bestimmtes Bild der Kunstvermittlung zu erzeugen (vgl. Kudorfer 2012: 76f.). Auf der anderen Seite werden die Einflüsse auf die pädagogische Arbeit in Form der Produktorientierung dargestellt, die eine veränderte pädagogische Praxis hervorbringt (vgl. Plegge 2014b: 248).

## Raumbeispiel *Tate Exchange*[80] in der Tate Modern, London (Juni 2016 bis heute)

*Tate Exchange* ist eine sichtbare Raum-Ebene, die im Zuge des Neubaus der Tate Modern im Juni 2016 eröffnet wurde. Diese Ebene ist als eine Plattform gedacht, auf der sich Menschen nicht nur begegnen, sondern sich auch an künstlerisch-gestalterischen Projekten und der Programmgestaltung beteiligen können. Sie befindet sich in der fünften Etage und somit in der Mitte des Gebäudes. *Tate Exchange* soll ein Ort für einen lokalen, nationalen und internationalen Austausch sein, bei welchem verschiedene Stimmen gehört und neue Sichtweisen auf Kunst und Kultur generiert werden sollen.[81] Dabei wird *Tate Exchange* nicht nur als eine räumlich zu verortende Etage im neuen Gebäude betitelt, sondern versteht sich als ein vollkommen neues Programm, welches sich zugleich an der Tate Liverpool, der Tate Britain sowie auf einer Onlineplattform realisiert. Die leitende Frage in dem Programm ist, was Kunst in der Gesellschaft bewirken kann. Hervorzuheben an dem Programm ist, dass sich Organisationen sogenannte *Associates* für die Entwicklung und Durchführung von Projekten auf der *Tate-Exchange-Ebene* bewerben können. Die Abteilung *Learning* ist dabei für die Auswahl der circa 50 geplanten Veranstaltungen pro Jahr verantwortlich. Physisch-materiell zeichnet sich *Tate Exchange* wie die anderen Räume im neuen Gebäude der Tate Modern durch warmen Holzfußboden, Rohbeton und Sitzmöglichkeiten in den großen Fensternischen aus. Anders als in den Ausstellungsräumen gelangt durch die gesamte Verglasung der Ebene viel Tageslicht auf die Vermittlungsebene und es wird der Blick auf die umgebende Stadt ermöglicht. Aufgrund von angegliederten Lagerungsmöglichkeiten können Materialien und Möbel komplett verstaut werden.

80 Die Beschreibung von *Tate Exchange* habe ich überwiegend aus dem Text *Unlearning Eductation? Neue Bildungsräume der Tate Modern* (Plegge 2018) übernommen. Dort finden sich weitere Überlegungen und eine genauere Programmbeschreibung zu *Tate Exchange*.

81 Die von der Tate veröffentlichten Ziele von *Tate Exchange* finden sich hier: *Tate Exchange. Aims and Objectives* von 2016 [online] http://www.tate.org.uk/download/file/ fid/103938 [04.01.2016].

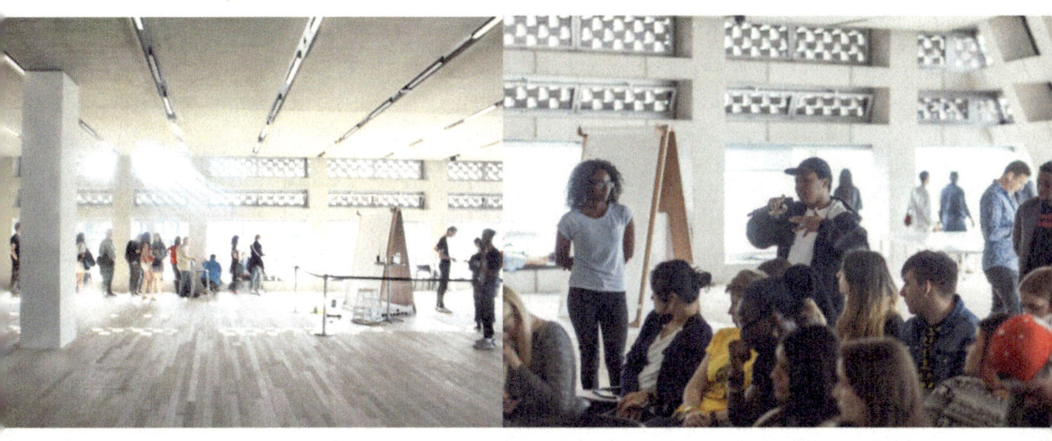

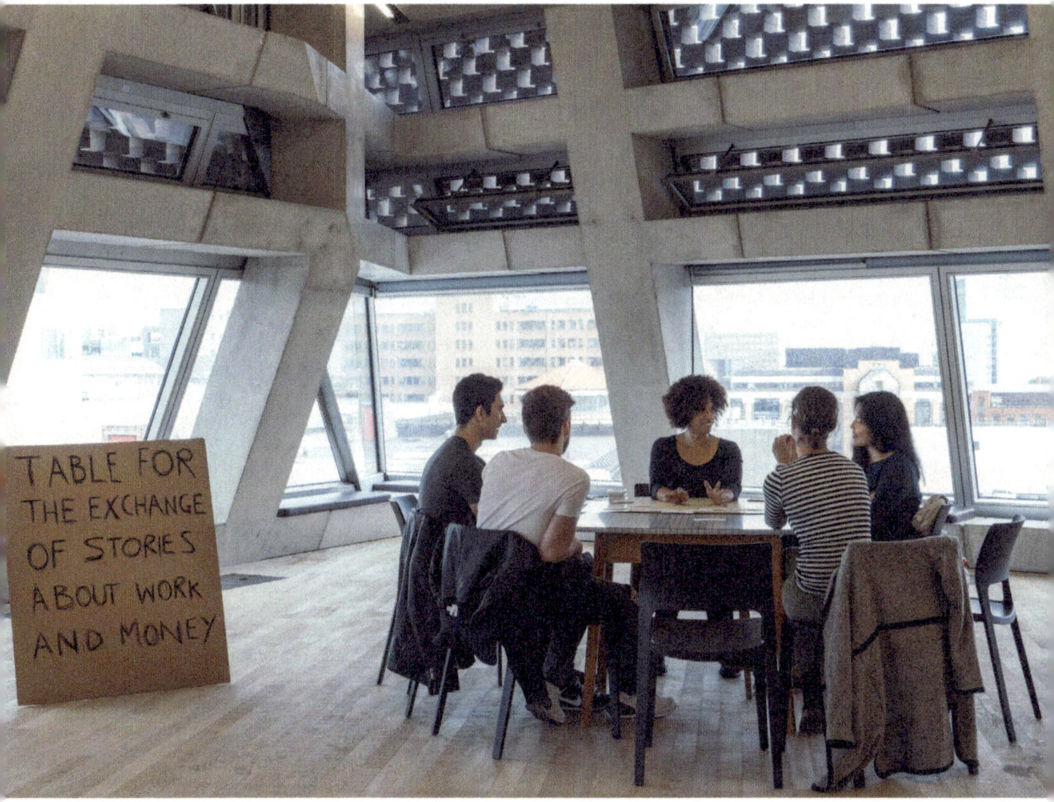

Abb. 11 - 13

Die Kunstvermittlerin Susanne Kudorfer beschreibt in ihrem Text *Die Räume der Kunstvermittlung* (2012), wie sie das Beobachtetwerden im sichtbaren Vermittlungsraum für ihre Arbeit in der Kunstvermittlung nutzt, ein selbstbestimmtes Bild von Kunstvermittlung herzustellen. In ihrer Begleitforschung[82] zum *Projektraum Kunstvermittlung*[83] im Kunstmuseum Luzern, das im Rahmen des Teamforschungsprojektes *Kunstvermittlung in Transformation*[84] stattgefunden hat, beschreibt die Kunstvermittlerin ihre Erfahrungen[85] mit dem sichtbaren *Projektraum Kunstvermittlung*, der vom 26. Februar bis 27. Juni 2010 im Kunstmuseum Luzern eingerichtet war. „Der Projektraum war gleichzeitig praktische, tatsächliche Kunstvermittlung, die sich an diesem Ort ereignete, ein Bild von Kunstvermittlung, das dort erzeugt wurde, und Forschung, die dort betrieben wurde" (Kudorfer 2012: 53). Zentral war für Kudorfer in Bezug auf das Sichtbar-Sein, nicht Produkte der Vermittlung zu präsentieren, sondern sichtbar Kunst zu vermitteln (vgl. Kudorfer 2012: 76). Kudorfer verdeutlicht dabei den Zusammenhang zwischen der Einrichtung eines sichtbaren Vermittlungsraumes im Ausstellungszusammenhang und dem Anliegen, über das Zeigen kunstvermittelnder Praxis ein bestimmtes Verständnis von Kunstvermittlung zu repräsentieren.

> *„Es sollte nicht das Klischee der ‚Hauptsache lustigen' Mal- und Bastel-Werkstatt sein und dennoch sollten der Raum und die darin vorhandenen Gegenstände die Möglichkeit geben, sich gestaltend, kommunizierend und reflektierend zu betätigen." (ebd.: 76)*

82 Methodisch wendet Kudorfer die teilnehmende Beobachtung aus der ethnografischen Feldforschung sowie eine Fotoanalyse nach Verfahrensprinzipien der objektiven Hermeneutik an. Sie geht in ihrem Text neben der Möglichkeit des Zeigens weiteren Auswirkungen und Entwicklungslinien des sichtbaren Vermittlungsraumes nach, wie der institutionellen Entstehungsgeschichte, der Abgrenzung zum *White Cube* und auch wie Henschel und Plegge einer möglichen Transformation der Institution.

83 Der *Projektraum Kunstvermittlung* war auf einer Fläche von 200 m² im Ausstellungsraum eingerichtet, der während der Öffnungszeiten des Museums für die Besucher_innen zugänglich war. Der Gestaltung des Raumes lag die Idee zugrunde, eine bewusst „unmuseale Raumsituation" zu schaffen, indem der zuvor installierte *White Cube* weitestgehend wieder zurückgebaut wurde. Dazu wurden Fenster freigelegt und Zwischenwände entfernt. Die Einrichtungsgegenstände sollten sich auf das Nötigste beschränken.

84 Das Forschungsprojekt *Kunstvermittlung in Transformation* war ein Zusammenschluss des *Institutes Lehrberufe für Gestaltung und Kunst* an der Hochschule für Gestaltung und Kunst Basel (HGK/FHNW) in Zusammenarbeit mit dem Schaulager Basel, dem Studiengang *Bachelor und Master Art Education* der Hochschule der Künste Bern (HKB) und dem Centre d'Art Contemporain Genève, dem Bereich *Forschung und Master* sowie dem Studiengang *Master of Fine Arts* (MAT/MAPS) der Hochschule Luzern in der Zusammenarbeit mit dem Kunstmuseum Luzern sowie dem *Institute for Art Education* (IAE), dem Studiengang *Bachelor Vermittlung von Kunst und Design*, dem Studiengang *Master Art Education, Vertiefung ausstellen & vermitteln* der Zürcher Hochschule der Künste (ZHdK) in der Zusammenarbeit mit dem Museum für Gestaltung Zürich und dem Museum Bellerive.

85 Im Vorlauf des Projektes entwickelte Susanne Kudorfer eine Vielzahl an Fragen, die in Zusammenhang mit der Einrichtung eines sichtbaren Vermittlungsraumes stehen: „Wie würde die Tatsache, dass die Kunstvermittlung einen Ausstellungsraum inmitten des Museums bespielt, sich auf die Situation und das Selbstverständnis der Vermittlung in der Institution auswirken? Was würde sich in der Kommunikation mit den BesucherInnen und in der Beziehung zu anderen Institutionen ereignen? Wie würde der Projektraum genutzt werden: von unserem Team, von unseren KooperationspartnerInnen, von KünstlerInnen, von VermittlerInnen, von TheoretikerInnen, von PraktikerInnen, von eingeladenen Gruppen und von beiläufig eintretenden BesucherInnen? Was wird uns dort einfallen? Was werden wir uns trauen? Wie werden wir den Raum einnehmen und gestalten?" (Kudorfer 2012: 54)

Das Anliegen von Kudorfer war, ein Bild von Kunstvermittlung über den Vermittlungsraum zu zeigen, das sich kunstnah[86] präsentierte. Dieses Bestreben bildete die Basis, auf deren Grundlage die Entscheidungen über die Vermittlungsformte und deren Durchführung im sichtbaren Vermittlungsraum getroffen wurden.

In ihrem Beitrag beschreibt die Autorin beispielsweise „ein aktionistisches Material-Happening für die Eröffnung des Projektraums“ (Kudorfer 2012: 61) der Künstler_innen Rika Colpaert und Herman Labro, die Einrichtung ihres eigenen Arbeitsplatzes im Vermittlungsraum als performativen Eingriff ins Ausstellungsgeschehen sowie die Verwendung und Ausgestaltung von grauen Pappschachteln, die jeweils in Bezug zu einer künstlerischen Arbeit in der Ausstellung stand. Sie spiegelt ihr Anliegen, im Vermittlungsraum eine kunstnahe Kunstvermittlung zu betreiben.[87]

Über dieses Anliegen, ein bestimmtes Bild von Kunstvermittlung im Tun zu vermitteln, wird eine pädagogische Praxis deutlich, die sich durch die Ausweitung der Beteiligung weiterer Akteur_innen, wie die Künstler_innen Rika Colpaert und Herman Labro und die Leiterin der Kunstvermittlung[88], sowie die Nutzung und Verwendung unterschiedlicher Materialien zeigt:

> *„Aus starken Papierbahnen wurden abstrakte Skulpturen. Schwärme von Punkten verdichteten sich zu Worten und Formen. Linien aus schwarzem Draht wanderten vom Tisch an die Wand und wieder zurück. Ein Haufen verschiedenfarbiger Gummibänder veränderte täglich seine Form, wurde zum Ornament, zum abstrakten oder gegenständlichen Bild, zum Schmuckstück, zum Wurfgeschoss.“ (ebd.)*

## Anlehnung an Grammatiken der Kunstausstellung und produktorientiertes Arbeiten

Eine andere Auswirkung des Beobachtetwerdens als Teil des sichtbaren Vermittlungsraumes wird mit der Möglichkeit eröffnet, Produkte aus der pädagogischen Arbeit zu zeigen. In

86 „In der Vermittlung kunstnah zu arbeiten bedeutet für mich: zu versuchen, der Offenheit von Kunst und der Offenheit ihrer Interpretation gerecht zu werden. Es heisst, mit Widerständen und Widersprüchen zu arbeiten, mit verschiedenen künstlerischen Strategien und mit verschiedenen Menschen. Es heisst, unterschiedliche Sichtweisen zu Wort, Bild und Tat kommen zu lassen. Und es heisst, sich mit den Strukturen und den Arbeitsweisen in Museen auseinanderzusetzen und daran zu arbeiten“ (Kudorfer 2012: 77).

87 Bemerkenswert ist diesem Zusammenhang, dass ungefähr zur Halbzeit des Projektes Kolleg_innen des Kunstmuseums angemerkten, „dass die gestalterischen Materialien im Projektraum nichts mit den Arbeiten in der Ausstellung *Referenz und Neigung* zu tun hätten“ (Kudorfer 2012: 61). Die Kunstvermittlung war demnach nicht mehr kunstnah im Sinne der Nähe zur Kunst in der Ausstellung, sondern kunstnah im eigenständigen und unabhängigen Sinne.

88 Aus meiner langjährigen Praxiserfahrung in unterschiedlichen musealen Kontexten ist mir bekannt, dass die Arbeit mit dem Publikum kaum in den Aufgabenbeschreibungen der Leiter_innen von Kunstvermittlungsabteilungen verankert ist.

meinem Beitrag *studio – Raum für Kunst, Vermittlung, Bildung* (2014) im Sammelband *Räume kultureller Bildung. Nationale und transnationale Perspektiven* beschreibe ich meine Erfahrungen als Initiatorin des sichtbaren Vermittlungsraumes studio, der als integraler Bestandteil der Ausstellung *The Global Contemporary. Kunstwelten nach 1989* im ZKM konzipiert und beschrieben wurde (genaue Beschreibung des Vermittlungsraumes in Kapitel 2). Dabei stelle ich dar, dass der architektonische Raum so gestaltet wurde, dass Produkte aus der pädagogischen Arbeit nicht nur innerhalb des Raumes, sondern auch an der Außenwand des Vermittlungsraumes – direkt neben der Kunst – präsentiert wurden. Die Auswirkung dieser Möglichkeit, etwas im Rahmen der Institution Kunstmuseum ausstellen zu können, erzeugt den Anspruch, etwas ‚Zeigbares' herzustellen (vgl. Plegge 2014b: 248). Mit diesem Anspruch an die Präsentation von zeigbaren Vermittlungsprodukten bekommt die Produktion von Ergebnissen und deren präsentierbare Erscheinung im Sinne der Grammatiken einer Ausstellung und der Sprachen der Kunst einen hohen Stellenwert. Die Folge ist Kunstvermittlung, die sich in ihren Mitteln und Weisen der Herstellung von künstlerisch-gestalterischen Produkten an die Grammatiken der Kunstausstellungen und Verfahrensweisen der Gegenwartskunst anlehnt. Der sichtbare Vermittlungsraum prägt hier das Handeln der Vermittler_innen.

Beide hier vorgestellten Texte machen deutlich, dass die Einrichtung von sichtbaren Kunstvermittlungsräumen Einfluss darauf hat, auf welche Weise Kunstvermittlung betrieben wird und welche Formate für den sichtbaren Vermittlungsraum ausgewählt werden. Dabei liegt die Auswahl im Anspruch begründet, ein bestimmtes Bild von Kunstvermittlung zu generieren – sei es über das direkte Agieren oder das Präsentieren von Produkten. Die Möglichkeit, Kunstvermittlung zu zeigen, ist an den Wunsch beziehungsweise an die Herausforderung geknüpft, ein Bild von Kunstvermittlung zu erzeugen, dass sich kunstnah, das heißt in Anlehnung an Gegenwartskunst, präsentiert. Die Art und Weise, wie dieses Bild vermittelt wird, ist dabei unterschiedlich. Sie wird zum einen über das praktische Agieren und zum anderen über die Präsentation von Produkten erzeugt.

## Sichtbare Vermittlungsräume als Zeugnisse des institutionellen Selbstverständnisses

Eine weitere Sichtweise auf die Auseinandersetzung mit sichtbaren Vermittlungsräumen zeigt sich in der Relation zwischen dem Vermittlungsraum und dem institutionellen Selbstverständnis der pädagogischen Arbeit. Die Kunstvermittlerin Daniela Bystron, die zwischen

2012 und 2016 in ihrer pädagogischen Praxis verschiedene sichtbare Vermittlungsräume[89] im Hamburger Bahnhof in Berlin eingerichtet hat, stellt diese Relation in ihrem Beitrag *Vermittlungs-Räume: Raum-Experimente als Vermittlungsformen in Ausstellungen* dar, der mit vielen Beispielen aus der internationalen Museumspraxis auf anschauliche Weise Einblicke in die gegenwärtige Umsetzung der Ausgestaltung von Vermittlungsräumen im Museum gibt. Anliegen ihres im *Handbuch Museumspädagogik. Kulturelle Bildung in Museen* (Commandeur/Kunz-Ott/Schad 2016) erschienenen Textes ist, die verschiedenen Formen und Nutzungen von Vermittlungsräumen in Ausstellungszusammenhängen aufzuführen und beschreibbar zu machen. Dabei findet die Einteilung der Vermittlungsräume überwiegend über die Beschreibungen der Besucher_innen-Tätigkeiten statt, die gleichzeitig ihre Funktion im Kontext des Museums verdeutlichen. Diese sind beispielsweise „Lesen und informieren", „Recherchieren, informieren, kontextualisieren" (Bystron 2016: 207), „Kommunizieren, arbeiten, gestalten", „Dokumentieren und rückkoppeln" (ebd.: 208), „Mitgestalten" oder „(Inter)Agieren und spielen" (ebd.: 209). Im Allgemeinen stellen Vermittlungsräume für Bystron

> *„[...] einen Zwischenraum zwischen öffentlichen-zugänglichen, kuratierten Ausstellungsräumen und meist nicht öffentlichen-zugänglichen Bildungsräumen dar [...] – wie etwa Seminar-, Kino-, Veranstaltungsräume, Bibliotheken, Archive, Werkstätten, Ateliers. Es sind gestaltete, der jeweiligen Ausstellung angepasste Räume, die ein Reflektieren, Vertiefen, zur Ruhe-Kommen, einen aktiven Austausch, ein Kommentieren oder eine assoziative oder künstlerisch-gestaltende Auseinandersetzung ermöglichen. Dabei handelt es sich um autonome Räume in Museen, die ein Thema vertiefen, diskutieren oder (kritisch) befragen wollen." (ebd.: 206)*

Im Unterschied zu den bisher dargestellten Räumen sind die Vermittlungsräume hier ausschließlich für Handlungen des Ausstellungspublikums konzipiert. Das Agieren im Raum konzentriert sich auf das autonome Publikumshandeln, welches ohne die Anwesenheit einer Kunstvermittler_in auskommt.
Für die vorliegende Forschung ist an Bystrons Darstellung entscheidend, dass sie eine Verbindung zwischen der Lage der Vermittlungsräume innerhalb des Museums und ihrer thematischen und strukturellen Integration aufzeigt:

> *„Vermittlungsräume können in Museen einen kontinuierlichen Raum einnehmen oder aber temporär für Sonderausstellungen entwickelt werden. Wichtig ist ihre Lage*

89 *MIXART* (15.09.2012–21.10.2012), *Copy & Paste* (25.10.2012–25.11.2012), *Büro A–Z* (24.01.2014–29.05.2016).

*im Museum oder innerhalb der Ausstellung. Daran wird deutlich, wie integriert sie thematisch, strukturell sind und wie die Nutzung für das Publikum erfolgt.“ (ebd.: 207)*

Die Autorin stellt folglich ein Verhältnis der räumlichen Verortung des Vermittlungsraumes zum einen in Bezug zu ihrer thematischen und strukturellen Verankerung innerhalb der Institution und zum anderen zur Nutzung durch die Besucher_innen her. Die Herstellung unterschiedlicher Nutzungsformen wurde bereits an den vorherigen Beispielen verdeutlicht. Neu ist an ihrer Beobachtung die Relation der Verortung des Vermittlungsraumes zur thematischen und strukturellen Verankerung des Raumes innerhalb der Institution.
Diese Verbindung ist in ähnlicher Weise in den Beschreibungen der Vermittlungsräume der Clore Duffield Foundation zu finden. Auch hier wird ein Zusammenhang zwischen der Lage des Vermittlungsraumes und der institutionellen Stellung der pädagogischen Arbeit hergestellt.

*„You can learn a lot about an organisation from its learning space. For a start, does it have one? Is it in the basement hidden from view, or proudly visible and prominent on the ground floor or above? Is it large or small – can it accommodate a class of 30 pupils and their teachers or will it only take a small group? Is it fit-for-purpose? Does it serve departments other than learning? Who programmes it, and how is it resourced and maintained? Answering these questions can reveal much about the values – and leadership – of an organisation, about whether it places learning at the heart of its mission, and about how it positions itself within its community.“ (Clore Duffield Foundation 2015: 2)*

Die Vertreter_innen der Clore Duffield Foundation formulieren auf ähnliche Weise den Zusammenhang zwischen der Lage des Vermittlungsraumes und der Bedeutung, die der pädagogischen Arbeit über den Raum zugeschrieben wird. Diese Relation zeigt sich auch bei der Tate Modern, die ihre pädagogische Arbeit als Hauptanliegen des Museums kommuniziert und die sichtbaren Vermittlungsräume in der räumlichen Mitte des neuen Gebäudes verortet.[90] Sichtbare Vermittlungsräume sind nach diesen Benennungen folglich nicht mehr nur allein dem Nutzen der pädagogischen Arbeit gewidmet, sondern sie werden als Zeugnisse des institutionellen Selbstverständnisses der pädagogischen Arbeit gegenüber entworfen.
Auch Susanne Kudorfers Forschung macht auf den Zusammenhang zwischen Kunstvermittlungsraum und dem Selbstverständnis der pädagogischen Arbeit aufmerksam. Bei

90 So sagt die Mitarbeiterin der Tate Modern Camille Gajewski während ihres Vortrags *Film: The Art Museum as Civic Space* (2017): „Tate Exchange is placing that model and embracing that risk, and putting it at the heart of an enormous institution“, [online] https://www.museumnext.com/article/art-museum-civic-space [09.03.2020].

ihr zeigt sich diese Relation als Aufwertungsmechanismus gegenüber der pädagogischen Arbeit. Sie beschreibt den anwachsenden Stellenwert der Kunstvermittlung nicht allein als Folge der prominenten Verortung innerhalb des Museums und des Status' „als Ausstellung" (vgl. Kudorfer 2012: 74), sondern legt dar, wie auf materieller und struktureller Ebene die Einrichtung des sichtbaren Vermittlungsraumes eine höhere Wertschätzung und somit Aufwertung der Vermittlungsarbeit insgesamt in diesem Museum bewirkt hat. Diese spiegelt sich nach Kudorfer in einer Erhöhung der Stellenanteile in der pädagogischen Abteilung, in der Etablierung kleinerer Informations- und Kommunikationsorte der Kunstvermittlung im Ausstellungsbereich sowie über das Einfließen der Erfahrungen mit dem *Projektraum* in das Konzept der geplanten Raumerweiterung des Museums (vgl. ebd.: 75).

Die Einrichtung des sichtbaren Projektraumes führte folglich zu einer Verbesserung der Kunstvermittlung, die sich durch mehr Stellenanteile sowie Wertschätzung, „die das Kunstmuseum Luzern der Vermittlungsarbeit" (ebd.: 73) entgegenbrachte, zeigte. Des Weiteren benennt Kudorfer als Folge auch hier, dass Grenzen zwischen künstlerischer, kuratorischer und vermittlerischer Praxis verschwimmen.

Zusammenfassend kann gesagt werden, dass der sichtbare Vermittlungsraum als Zeugnis des institutionellen Selbstverständnisses der pädagogischen Arbeit beschrieben wird und eine Aufwertung des Feldes nach sich gezogen hat.

## Erweitertes Raumverständnis in der Auseinandersetzung mit sichtbaren Vermittlungsräumen in der Kunstvermittlung

Eine Vielzahl der hier analysierten Texte betrachtet den Vermittlungsraum in Relation zum Ausstellungsraum.[91] Sie zeigen auf, in welcher räumlichen Lage-Beziehung der sichtbare Vermittlungsraum zum Ausstellungsraum steht (Bystron 2016: 207), welche inhaltlichen Bezüge hergestellt werden zwischen Vermittlungsraum und Ausstellungsraum (Plegge 2018: 48f.), wie der Vermittlungsraum zur Transformation des Ausstellungsbetriebs beitragen könnte (Henschel 2009: 53), oder wie der Vermittlungsraum als Schutz der Ausstellungsgegenstände fungiert (Brosch 2014: 324). An den zwei folgenden Betrachtungen über Beispiele sichtbarer Vermittlungsräume wird diese Relation Vermittlungsraum – Ausstellungsraum durch einen Vergleich hergestellt, bei dem beide Autor_innen zu dem Ergebnis kommen, dass weniger der physisch-materielle Raum im Kontext von Kunstvermittlung eine Rolle spielt als das Raumhandeln an sich. Raum wird folglich über das Handeln der Personen hergestellt, mit

91 Texte zur räumlichen Relation zwischen Vermittlungsräumen und Wohnorten, Schulen, Einkaufszentren oder Kitas, an denen die möglichen Teilnehmenden der Vermittlungsaktivitäten verortet sind, gibt es bis jetzt nicht.

der Folge, dass eine Unterscheidung zwischen Ausstellungsraum und Vermittlungsraum bei der Realisierung pädagogischer Ziele nicht zwingend erforderlich ist.

Antje Neumann stellt in ihrem Beitrag *Raumübernahme* (2009) einen Vergleich her zwischen der Raumübernahme von Kindern und Jugendlichen im Ausstellungsraum mit „existierenden Regeln“ und einem „freien, undefinierten Raum“ (Neumann 2009: 163), dem historischen Heckenkabinett in der Karlsaue, welches vom Kinder- und Jugendvermittlungsprogramms *aushecken* auf der documenta 12 als Vermittlungsraum genutzt wurde. Unter Raumübernahme beziehungsweise Raumaneignung versteht Neumann nicht, „sich Raum und Kunstwerke durch vorgefertigtes Wissen zu erschließen, sondern mit dessen ‚Charakter‘, Inhalten und Konventionen aktiv und produktiv umzugehen“ (ebd.: 169). Dabei sieht sie vor allem den bewussten Einsatz des eigenen Körpers sowie des „Geistigen“ als Medium in der Raumaneignung an. Nach Neumann ist es möglich, durch die Initiierung von Vermittlungsformaten Anstöße zu geben, sich Räume in diesem Sinne anzueignen. Dabei macht es keinen Unterschied, ob es sich um einen Vermittlungs- oder Ausstellungsraum handelt.

## Raumbeispiel *aushecken* auf der documenta 12, Kassel (16.06.2007–23.09.2007)

*aushecken* bezeichnet das Vermittlungsprogramm für Kinder und Jugendliche[92] auf der documenta 12. In der Zusammenarbeit von Kunstvermittler_innen, eingeladenen Künstler_innen sowie lokalen Akteur_innen wurden für *aushecken* Vermittlungsformate für junge Ausstellungsbesucher_innen entwickelt, die das System Ausstellung kritisch reflektieren und auf Grundlage von erfahrungsbasierten Ansätzen „das eigene Entdecken, das Denken, die Erfindungskraft, die Erfahrung und die Lust an der Intervention“ (Hummel 2009: 159) in den Mittelpunkt stellen.

Räumlich verortet war *aushecken* in der Karlsaue neben dem sogenannten Aue-Pavillon – dem für die documenta 12 eingerichteten Ausstellungsort – und bestand aus einem vorhandenen Heckenkabinett sowie aus zwei eigens für diese Zwecke mit Hockern, Tischplatten, Böcken sowie Materialien ausgestatteten Containern auf der daran anschließenden großen Wiese. Der Vermittlungsraum *Heckenkabinett* besaß dabei eine Größe von 100 mal 10 Metern und war durch vier Meter hohe Hainbuchenhecken eingefasst.

Die Leiterin des Programms Claudia Hummel beschreibt die Räumlichkeiten von *aushecken* wie folgt:

> *„Das Gelände glich räumlich einer unüberdachten Verlängerung des Schlosses, 100 Meter lang, 10 Meter breit und nahezu leer, bis auf eine antike Skulptur – einen Lyra-Spieler – in der Mitte. Die größte Attraktion war die Hecke selbst. Es handelte sich um eine Hainbuchenhecke, die zur großen Freude der kleineren Personen zweireihig angelegt war. Man konnte hineinschlüpfen, in ihr herumgehen und, selbst ungesehen, die Vorgänge draußen beobachten“ (ebd.: 150).*

Bei der Verwendung von Materialien im Kontext der Vermittlungsformate von *aushecken* wurden einige wenige Materialien wie Papier, Stifte, Aquarellfarben und dokumentarische Medien, wie Fotoapparate und eine Videokamera, festgelegt. Im Mittelpunkt der pädagogischen Arbeit von *aushecken* in den Ausstellungsräumen und im Heckenkabinett stand der eigene Körper.

92 In der Geschichte der documenta stellt *aushecken* das erste umfangreiche offizielle Vermittlungsangebot für Kinder und Jugendliche dar. „Kunstvermittlung für Kinder und Jugendliche hat in der Geschichte der documenta keine Tradition. Zur documenta 5 gab es ein Malatelier für Kinder, ansonsten war dieser Teil der Vermittlungsarbeit den lokalen museumspädagogischen Initiativen überlassen“ (Hummel 2009: 159).

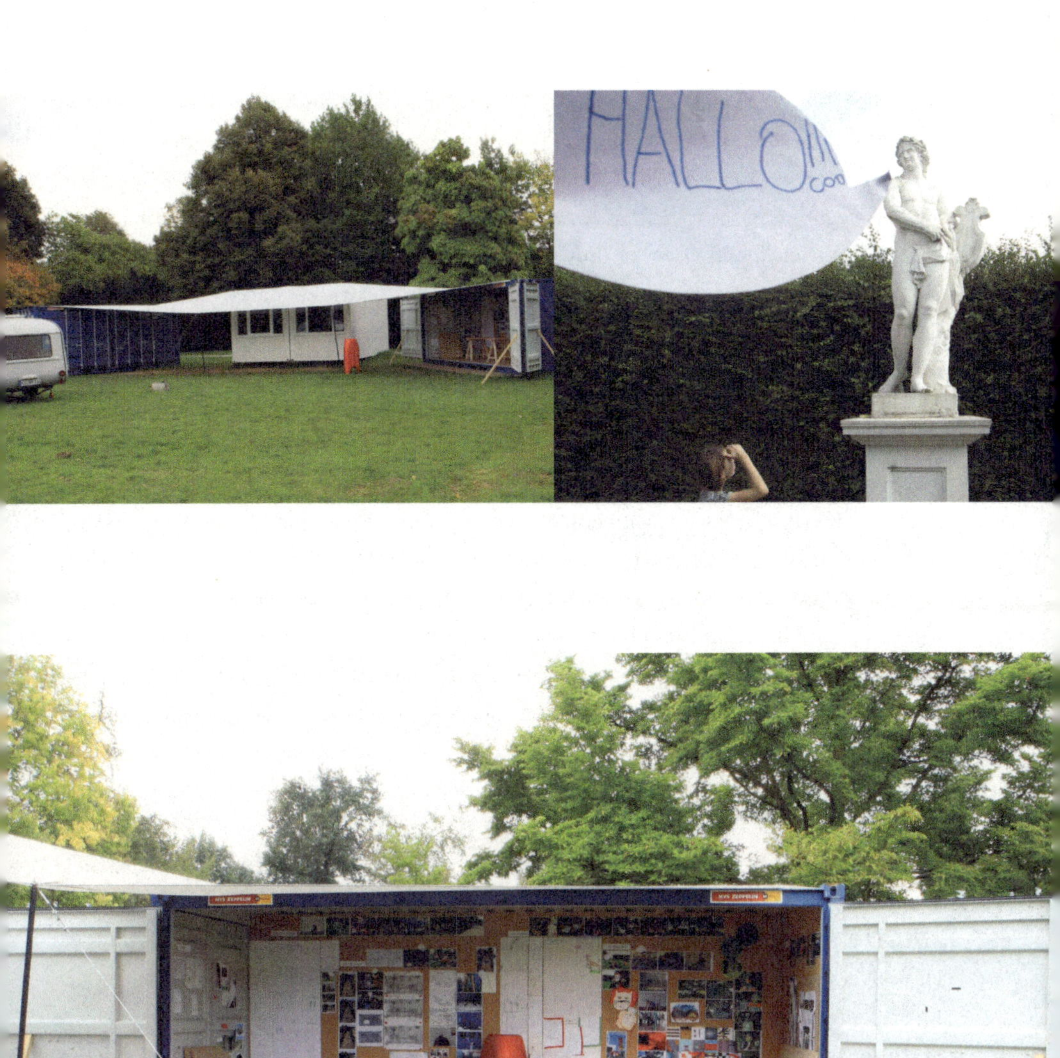


Abb. 14 - 16

Auch die Historikerin und Kunstwissenschaftlerin Gioia Dal Molin kommt in ihrer Reflexion über den *Projektraum Kunstvermittlung* im Rahmen des Forschungsprojektes *Kunstvermittlung in Transformation* zu einer ähnlichen Erkenntnis. Unter dem Titel *Projektraum und Ausstellungsraum als Dialogräume: Verbindungen und Austausch* (2012) untersucht sie die „Möglichkeiten und Grenzen" sowie die „Unterschiede und Gemeinsamkeiten" (ebd.: 79) zwischen *Projektraum* und Ausstellungsraum und fokussiert dabei das „dialogische Prinzip" innerhalb der Kunstvermittlung in Abgrenzung zur „befugt-autorisierten Sprecher/in". Anhand von zwei Fallbeispielen, die im *Projektraum* stattgefunden haben, zeigt die Autorin auf, dass *Projektraum* und Ausstellungsraum keine statisch definierten Räume darstellen, sondern „im Sinne einer soziologischen Raumdefinition durch unser Sprechen, durch unsere Handlung stetig neu" (Dal Molin 2012: 84) entstehen. Sie beschreibt Raum dabei als ein soziales Phänomen und definiert den *Projektraum Kunstvermittlung* und den Ausstellungsraum „als Orte der Kommunikation, des Dialogs, der Handlung, der Bildung und der kollektiven Wissensproduktion" (ebd.: 79). Die Autorin geht davon aus, dass in beiden Räumen die durch die Institution besetzte Deutungshoheit aufgebrochen werden kann und Sprecher_innen-Positionen sowie Deutungen von unterschiedlichen Urheber_innen eingenommen und formuliert werden können. Die Folge ist, dass ein Dialograum – sowohl im Ausstellungsraum als auch im Vermittlungsraum – in der Interaktion im kollektiven Handeln und im Unterlaufen einer autorisierten Sprecher_innen-Position hergestellt werden kann, der losgelöst vom physisch-materiellen Raum entsteht.

Die Beispiele *aushecken* und *Projektraum Kunstvermittlung* verdeutlichen, dass Raum nicht allein als physisch-materieller Raum beschrieben werden kann, sondern sich im weitesten Sinne über die Handlungen der Akteur_innen herstellt.

Dieses Verständnis hat sich bei den beiden hier angeführten Beispielen sehr deutlich über den Bezug zum physisch-materiellen Ausstellungs- und Vermittlungsraum gezeigt. Auch wurde in der theoretischen Analyse von Henschel, Kudorfer und Plegge ein erweitertes Raumverständnis angewandt, wodurch, wie oben dargestellt, neue Bedeutungszusammenhänge relevant werden. Insgesamt zeigt sich, dass nicht nur die örtliche, die materielle Verschiebung in den öffentlichen Bereich des Museums, sondern auch die Anwendung eines erweiterten Raumbegriffs zu einer Pluralisierung der Betrachtungszusammenhänge beigetragen hat.

## Resümee: Übertragung und Folgen des Diskurses auf die vorliegende Forschung

Die Thematisierung von Vermittlungsräumen in Museen in den hier ausgewählten Texten hat gezeigt, dass Vermittlungsräume differenzierende Praxen hervorbringen. Im museumspädagogischen Diskurs unterscheidet sich diese Praxis im separaten Vermittlungsraum vom pädagogischen Arbeiten auf der Ausstellungsfläche und richtet sich an den Bedürfnissen der Teilnehmenden aus (Weschenfelder/Zacharias 1981: 192). Das zielgruppenadäquate pädagogische Arbeiten wird mit dem Einsatz von vielfältigen Materialien sowie der Möglichkeit, gleichzeitig unterschiedliche Formate durchführen zu können, beschrieben. Hauptgrund für die örtliche Trennung von Vermittlungsraum und Ausstellungsraum ist die Beurteilung einer Inkompatibilität pädagogischer Praxis mit den konservatorischen Anforderungen – der Sicherheit – der ausgestellten Objekte. Raum und Praxis bedingen sich hier gegenseitig. Pädagogische Praxis bedarf eigener Räume und bringt durch diese Räume eine eigenständige Praxis hervor. Die Akteur_innen der separaten Vermittlungsräume sind die Pädagog_innen sowie die Teilnehmenden museumspädagogischer Angebote.

Findet eine räumliche Verschiebung des Vermittlungsraumes in den sichtbaren und frei zugänglichen Teil des Museums statt, zeigt sich in den Beiträgen, dass sich das Akteur_innen-Feld innerhalb des Raumes ausweitet. Der sichtbare Vermittlungsraum wird nicht mehr ausschließlich von den Vermittler_innen der Abteilungen und den Teilnehmenden der pädagogischen Angebote genutzt, sondern auch vom Ausstellungspublikum (vgl. Henschel 2009: 48; Bystron 2016) sowie von der Leitung der Kunstvermittlungsabteilung (Kudorfer 2012: 68), von Künstler_innen und weiteren externen Akteur_innen (Plegge 2018:111). Diese Ausweitung der Personengruppen bringt eine weitere sich differenzierende Praxis hervor. Neben den autonomen Tätigkeiten des Publikums – wie beispielsweise Kommentieren, Mitgestalten, Spielen, Schlafen und Babys wickeln – entfaltet sich diese Praxis vor allem in dem formulierten Anliegen, künstlerische und kunstnahe Kunstvermittlung zu betreiben. Realisiert wird dies zum einen durch das Agieren von Künstler_innen in den sichtbaren Vermittlungsräumen (Plegge 2018:111), eine Orientierung an künstlerischen Praktiken (Kudorfer 2012: 77) sowie über die Präsentation von Produkten aus der Kunstvermittlung, die sich an die Grammatiken der Kunstausstellung für zeitgenössische Kunst anlehnt (Plegge 2014b: 248). Die Auseinandersetzung mit dem sichtbaren Vermittlungsraum verdeutlicht, dass sich nicht nur das Agieren im Vermittlungsraum im Verhältnis zu dem Agieren im Ausstellungsraum unterscheidet – wie im Diskurs der Museumspädagogik dargelegt –, sondern sich auch eine Differenz zwischen dem Agieren im sichtbaren Vermittlungsraum und dem im separaten Vermittlungsraum zeigt. Die Bedingtheit zwischen Raum und Handlungen wird darin ersichtlich.

Mit der Verortung des Vermittlungsraumes im öffentlichen Teil des Museums werden neben der Ausweitung der Akteur_innen und den vielfältigeren Praktiken auch neue Bedeutungszusammenhänge relevant. Es wird formuliert, dass die Lage des Vermittlungsraumes im Zusammenhang steht mit dem institutionellen Selbstverständnis und der Aufwertung der pädagogischen Arbeit. Durch die räumliche Verschiebung wird der pädagogischen Arbeit innerhalb des Museums eine veränderte Bedeutung zugeschrieben. Diese zeigt zum einen, auf welche Weise der Vermittlungsraum strukturell und inhaltlich mit den Ausstellungen verknüpft ist (Bystron 2016: 207), und zum anderen wird die materielle und strukturelle Aufwertung verdeutlicht (Kudorfer 2012: 75). Auch wird durch die räumliche Veränderung das Verschwimmen der Grenzen zwischen Kunstvermittlung, Kuratieren und Kunst benannt. Das, was in den separaten Vermittlungsräumen Anlass zur Einrichtung eigenständiger Räume ist – eine Trennung zwischen Ausstellung und pädagogischer Praxis herstellen – wird in der Auseinandersetzung mit den sichtbaren Vermittlungsräumen in Teilen umgekehrt.
Dies verdeutlicht einmal mehr, dass veränderte räumliche Strukturen mit einer Veränderung im Feld einhergehen sowie Veränderungen im Feld zu veränderten räumlichen Strukturen führen können. Die Auswertung macht die gegenseitige Bedingtheit von Praxis und Theoriebildung deutlich.
Die Herstellung neuer Bedeutungszusammenhänge zeigt sich in der theoretischen Auseinandersetzung mit den sichtbaren Vermittlungsräumen auch über die Anwendung erweiterter Raumverständnisse. Raum wird nicht mehr nur als physisch-materieller Raum verstanden, sondern als soziales Phänomen (vgl. Dal Molin 2012), als Handlungsraum (vgl. Henschel 2009) oder relationaler Raum (vgl. Kudorfer 2012; Plegge 2018.).
Dabei werden Fragen nach dem Einfluss des Raumes auf eine mögliche Veränderbarkeit der Institution, dem Einfluss bei der Herstellung eines diversen Publikums (Henschel; Plegge), dem Mehrwert (Plegge, Kudorfer) sowie der Verbindung zu pädagogischen Konzepten wie „Raumaneignung“ (Neumann 2009) und dem „dialogischen Prinzip“ (Dal Molin 2012) deutlich. Kenntlich gemacht wird darüber zum einen, dass sich mit einem erweiterten Raumverständnis Sichtweisen eröffnen, die über die Lage und Ausstattung des Vermittlungsraumes hinausgehen und neue Relationen und Bedeutungszusammenhänge ermöglichen. Und zum anderen, dass ein erweitertes Raumverständnis für eine Theoretisierung im Feld kritischer Kunstvermittlung produktiv gemacht werden kann, da die eigene Sprecher_innen-Position, die Werteverteilungen innerhalb der Institution und die Beteiligung am regulären Ausstellungsbetrieb zur Verhandlung stehen.
Die hier analysierten Diskurse haben gezeigt, dass der sichtbare Vermittlungsraum Einfluss hat auf die Herstellung verschiedener Akteur_innen, ihre unterschiedlichen Praktiken sowie den Stellenwert, den der Vermittlung innerhalb der Institution zugesprochen wird. Differenziert erforscht wurden diese Auseinandersetzungen mit explizitem Bezug auf die Auswirkungen

des sichtbaren Vermittlungsraumes auf die pädagogische Praxis der Kunstvermittler_innen sowie auf die Bedeutungsproduktion über ihre Sichtbarkeit bislang jedoch nicht.
Diese Forschungslücke soll die vorliegende Arbeit schließen, indem den folgenden Fragen nachgegangen wird:

- **Auf welche Weise wirkt der sichtbare Vermittlungsraum auf die pädagogische Praxis der Kunstvermittler_innen ein und verändert diese?**

- **Wer oder was wird auf welche Weise mit dem sichtbaren Vermittlungsraum repräsentiert?**

Immanent ist dieser Betrachtung die Erforschung der hier beschriebenen vermeintlichen Aufwertung des Feldes der Kunstvermittlung beziehungsweise der Frage, ob damit eine tatsächliche Aufwertung der pädagogischen Praxis einhergeht. Auch die Frage danach, wie es überhaupt zu der Entstehung sichtbarer Vermittlungsräume kommt (siehe Kapitel 2) ist Teil der Analyse.
Zum Ausblick des weiteren Vorgehens soll festgehalten werden, dass die Anwendung erweiterter Raumansätze in der bisherigen Auseinandersetzung mit Vermittlungsräumen eine differenzierte Sicht auf den Forschungsgegenstand ermöglicht hat. Diese Zwischenerkenntnis soll für die vorliegende Arbeit produktiv gemacht werden, indem herausgearbeitet wird, welches Raumverständnis für den Forschungsgegenstand sichtbare Vermittlungsräume relevant sein kann. Daher erfolgt in Kapitel 6 eine Reflexion der Raumtheorien aus den Erziehungswissenschaften, der Kunstpädagogik sowie der Soziologie mit Martina Löw und Henri Lefebvre, die der Erforschung eines raumtheoretischen Zugangs sowie in Kapitel 7 der Erstellung eines Raummodells für sichtbare Vermittlungsräume dienen. Um die oberen beiden Fragen differenziert erforschen zu können, gehe ich in Kapitel 6 und 7 folgender Frage nach:

- **Welche raumtheoretischen Ansätze können produktiv in Beziehung zum Forschungsgegenstand sichtbare Vermittlungsräume gesetzt werden?**

Da die Untersuchung in Form der Grounded Theory stattfindet, wird zunächst in Kapitel 5 das Forschungsdesign der vorliegenden Untersuchung dargelegt.

# 5 Forschungsdesign

Auf Grundlage der perspektivischen Ausrichtung der Forschungsfrage möchte die vorliegende Forschungsarbeit einen Beitrag leisten für die Theoretisierung der Kunstvermittlung und im Besonderen für die Entwicklung der Praxis der Kunstvermittlung. Der Ausgangspunkt, das Phänomen sichtbarer Vermittlungsräume aus der Sicht der Kunstvermittler_innen zu betrachten[93] und in der Folge zu analysieren, welche Auswirkungen die Einrichtung sichtbarer Vermittlungsräume auf die pädagogische Praxis darstellt sowie welche Bedeutungen über das räumliche Zu-sehen-Geben hergestellt werden, verdeutlicht, wofür beziehungsweise für wen die Forschungsarbeit von Nutzen sein soll: die alltägliche pädagogische Arbeit der Kunstvermittler_innen.[94] Das Ziel dieser Forschung ist, das Feld der Kunstvermittlung weiter zu entwickeln, zu unterstützen und Impulse für ein Weiterdenken über Räume in der Kunstvermittlung zu geben.

Mein Verständnis von Forschung und Wissensproduktion basiert darauf, dass die Forscher_in immer Teil des Generierungsprozesses von Erkenntnissen ist, da sie die Forschung aufgrund ihrer theoretischen und praktischen Vorkenntnisse, ihrer Positionierung sowie ihrer Erfahrungen während des Forschungsprozesses prägt. Die sich gegenseitig bedingenden Faktoren der Positionierung der Forscher_in sind konstitutiv für die Forschung. Diese gilt es, sichtbar und (selbst)reflektierbar zu machen. Eine solche Grundlegung von Forschung unterstreicht ihren konstruktivistischen Charakter und die prägende Perspektive auf den Forschungsgegenstand.

Meine Position in der vorliegenden Forschung ist eine besondere. Ich bin Teil des Feldes, in dem das zu beforschende Phänomen verortet ist. Nach der Soziologin Kathy Charmaz ist eine solche Position im Feld von Vorteil, da sie detaillierte Kenntnisse in die Forschung einbringt, das Feld versteht und Zugang zu diesem hat (vgl. Charmaz 2011: 200).

Aufgrund meiner Erfahrung im Begleitforschungsprojekt zur Kunstvermittlung auf der documenta 12[95] habe ich eine pädagogische Praxis im Museum entwickelt, der die kritische Reflexion immanent ist. Durch die Erfahrung mit der Praxisforschung habe ich gelernt,

93 Darin unterscheidet sich die Forschung von der in der kulturellen Bildung vorherrschenden Publikums- und Wirkungsforschung (vgl. Mörsch 2009a: 33).

94 Diese Perspektive korrespondiert mit dem Anliegen des Begleitforschungsprojektes der Kunstvermittlung auf der documenta 12, „Praxis zu analysieren und zu theoretisieren – mit Blick auf den Transfer des dadurch generierten Wissens in zukünftige Praxis“ (Mörsch 2009a: 31).

95 Zur Beschreibung und Ausrichtung des Begleitforschungsprojektes siehe Mörsch 2009a.

mein eigenes pädagogisches Handeln eingebettet in institutionellen und gesellschaftlichen Zusammenhängen selbstkritisch aus meiner Position als *weiße*, heterosexuelle, der Körpernorm entsprechenden Frau zu betrachten und mit kritischer Theorie zu reflektieren. Die Konfrontation mit bestehenden Theorien und empirischen Daten während des Forschungsprozesses ermöglicht es, die eigenen Vorannahmen in Bezug auf die gemachten Erfahrungen zu kontextualisieren, zu relativieren oder möglicherweise zu ändern. Der Einbezug von vorhandenem theoretisiertem Wissen schafft dabei eine (selbst)kritische Betrachtung der eigenen Praxiserfahrungen. Dadurch kann gewährleistet werden, dass der erfahrungsgeleitete Blick der Forscherin auf den Forschungsgegenstand distanziert, neue Beobachtungszusammenhänge wirksam und differenzierte Betrachtungsperspektiven ermöglicht werden. Ein solches Vorgehen weist Entsprechungen zur Befremdung des Blicks in der Ethnografie[96] auf.

Mit der Erforschung des Phänomens sichtbarer Vermittlungsräume im Museum geht es mir nicht darum, Ergebnisse „auf eine bestimmte Wahrheit hinauslaufend" (Sturm 2003a: 29) darzustellen. Vielmehr gehe ich davon aus, dass meine Forschung mehrere verschiedenartige Erkenntnisse hervorbringen wird, die gleichberechtigt nebeneinanderstehen.
Zusammenfassend ergeben sich fünf Aspekte, die für meine Forschungshaltung konstitutiv sind:

(1) Forschung ist geprägt durch die Haltung, Positionierung und das Feldwissen der Forscherin.

(2) Forschung wird im Sinne der kritischen Kunstvermittlung aus einer machtkritischen Perspektive heraus verstanden, die darauf abzielt Möglichkeiten und Formen der Verschiebung und Veränderung sowie deren Potentiale zu entwickeln.

(3) Forschung kann aus der eigenen Praxiserfahrung heraus betrieben werden. Mit der Konfrontation zu bestehender Theorie und empirischen Daten wird nicht nur die eigene Praxiserfahrung (selbst)kritisch reflektiert, sondern es wird möglich, diese zu kontextualisieren und zu relativeren sowie in neue Bedeutungszusammenhänge zu übersetzen.

(4) Forschung sollte für die Praxis einen Zugang und eine Bedeutung haben und versteht sich hier als anwendungsorientierte Forschung, die handlungsrelevante und theoretische Erkenntnisse generiert.

96 Siehe zur Befremdung des Blicks den Beitrag *Beobachten, verschieben, provozieren. Feldzugänge in Ethnografie, Kunst und Schule* im Feld der Kunstpädagogik von Christine Heil (2012b).

(5) Die Forschungsergebnisse stellen eine Sichtweise auf den Forschungsgegenstand dar, die über die Positionierung der Forscherin und ihr gewähltes Forschungsvorgehen erzeugt werden. Sie können in mehreren verschiedenartigen Erkenntnissen, die gleichwertig nebeneinanderstehen, münden.

Meine Forschungshaltung sowie die Entwicklung einer Forschungsfrage hat eine Entsprechung in der Forschungsmethodologie[97] der Grounded Theory (GTM) und im Besonderen der konstruktivistischen Grounded Theory (KGT) nach Kathy Charmaz. Mit dieser Methodologie ist es mir möglich, meine Position als kritische Kunstvermittlerin in die Rolle der Forscherin zu übersetzen[98], indem mein Erfahrungswissen mit empirischen Daten und bestehender Theorie in einem sich immer wieder aufeinander beziehenden Prozess konfrontiert wird.
Die besondere Aufmerksamkeit der kritischen Kunstvermittlung für institutionelle Strukturen und die jeweilige Position der Akteur_innen der Kunstvermittlung entspricht dem erklärten Ziel der klassischen Grounded Theory mittels gegenstandsbezogener Theorien Prozesse, Abläufe und Veränderungen in Bezug auf Organisationen, Positionen und soziale Interaktionen beschreibbar zu machen.
Der Rückgriff auf bestehende Theorien und konstruiertes empirisches Material ermöglicht, den Blick auf das eigene Feld zu differenzieren und neue Bedeutungszusammenhänge zu erkennen. Die Generierung von neuer Theorie durch die vorliegende Forschung führt zur Theoretisierung und Professionalisierung des Praxisfeldes. Diese beiden Ansätze finden ihre Entsprechungen insbesondere in der Methodologie von Kathy Charmaz. Die Korrespondenz zwischen meinem Forschungsverständnis und der konstruktivistischen Grounded Theory setzt sich in der Bewusstwerdung und Sichtbarmachung des eigenen Standortes sowie dem Zulassen von mehrdeutigen Forschungsergebnissen fort. Darüber hinaus wird der Ansatz von Kathy Charmaz in der vorliegenden Forschungsarbeit als ein machtkritischer Forschungsansatz entwickelt.
Ich werde mich im folgenden Verlauf dieses Kapitels auf vier Aspekte der Grounded Theory und den spezifisch weiterentwickelten Ansatz von Charmaz fokussieren, die für mein Forschungsvorgehen und mein Verständnis von Forschung von Bedeutung sind:

97 Mit Methodologie benenne ich eine Teildisziplin der Wissenschaftstheorie. Sie dient der methodischen Reflexion und fragt nach „Kriterien und Bedingungen dafür, ob eine bestimmte Methode oder eine Kombination aus mehreren Methoden zum Erkenntnisgewinn in einem bestimmten Feld und unter Anwendung einer bestimmten Forschungsfrage geeignet ist" (Heil 2012b: 9). Den Begriff der Methode verwende ich, wenn ich vom Forschungsverfahren spreche, wie beispielsweise die Datenerhebung oder das Kodierverfahren.

98 Ein Forschungsvorgehen mit der GTM bietet sich darüber hinaus auch an, wenn, wie im vorliegenden Fall, eine geringe Anzahl an Forschungen zum Forschungsgegenstand vorliegen (siehe Kapitel 4).

(1) Die Darlegungen des gesamten Forschungsprozesses mit ihren Ergebnissen als Konstruktion, die die fachliche Position der Forscher_in im Feld (mit)reflektiert.

(2) Das Ziel, nicht eine große Theorie mit einem Ergebnis, sondern verschiedenartige Erkenntnisse, ausgehend von einem spezifischen Forschungsgegenstand, zu generieren, die gleichberechtigt nebeneinanderstehen.

(3) Forschung an und für die Praxis ausgerichtet betreiben.

(4) Theoretisches Fachwissen in Form des theoretischen Sampling in die Forschung einbeziehen.

Zur Darstellung meiner methodologischen Entscheidungen erfolgt in diesem Kapitel zunächst eine Einführung zur Grounded Theory nach dem Grundlagenwerk *The discovery of Grounded Theory* (Glaser/Strauss [1976] 2006) der beiden Begründer Anselm Strauss und Barney Glaser. Der spezifische Ansatz und das Anliegen der GTM wird überwiegend an den Originaltexten der beiden Begründer dieser Methodologie dargestellt und durch wissenschaftstheoretische Auseinandersetzungen in der Sekundärliteratur ergänzt: Equip/Hohage (2016); Brüsemeister (2008); Strübing (2013, 2014) sowie Alheit (1999); Przyborsky/Wohlraab-Sahr (2016). Anschließend erfolgt eine detaillierte Darstellung der Forschungsmethode der konstruktivistischen Grounded Theory und der Form der Anwendung in der vorliegenden Untersuchung.

## 5.1 Die Entstehung der Methodologie der Grounded Theory in ihren Grundzügen

Die Grounded Theory ist eine Methodologie (GTM), die in ihren Grundzügen Mitte der 1960er Jahre von den beiden Soziologen Anselm Strauss und Barney Glaser in Chicago entwickelt und erstmals in ihrer Publikation *The Discovery of Grounded Theory* im Jahr 1976 veröffentlicht wurde. Zu dieser Zeit war die empirische Sozialforschung in den USA davon geprägt, sogenannte *große Theorien* (*Grand Theories*) zu entwickeln, welche durch Empirie abgesichert wurden. Dabei wurden Hypothesen überprüft, „die aus den ‚grand theories‘ deduktiv gewonnen waren, das heißt, sie untersuchten künstlich isolierte Variablen, die mit wirklichen Vorgängen unter Umständen gar nichts mehr zu tun hatten“, wie der qualitative Bildungsforscher Peter Alheit (1999: 1f.) beschreibt. Der Vorwurf, der diesem Forschungsvorgehen gegenüber geäußert wurde, basierte dabei auf zwei Argumentationslinien. Zum einen wurde der Herangehensweise eine sich immer weiter von der Realität entfernende

Forschungspraxis unterstellt. Und zum anderen wurde sie als eine Art ‚Handlangerdienst' der *großen Theorien* beschrieben.

Der Ansatz der Grounded Theory stellte eine Art Gegenprogramm zu diesem Vorgehen dar. Der Begriff der Grounded Theory verdeutlicht, dass es sich bei dieser Methodologie um eine „gegenstandsbezogene[n] Theorie" (Glaser/Strauss 1993: 91) handelt, die auch mit „‚gegenstandsverankerte' oder ‚in den Daten begründete' Theorie" beschrieben wird (Equip/Hohage 2016: 11). Im Unterschied zu dem Ansatz, Empirie zur Überprüfung beziehungsweise zur leichten Modifikation von Theorie anzuwenden, folgt die Grounded Theory dem Ansatz, neues theoretisches Wissen aus den Daten induktiv[99] (Glaser/Strauss 1993: 114) zu gewinnen. Grundgedanke dabei ist, dass sich die Theorie bereits in den Daten befindet und auch aus den Daten heraus generiert werden kann.[100]

Für Glaser und Strauss sollte die Entwicklung neuer Erkenntnisse vor allem für die Praxis und das alltägliche Leben von Nutzen sein. Ziel war auch hier, sich abzusetzen von der bis zu der Zeit vorherrschenden quantitativen Forschung[101], die sie selbst als *formal theory* benennen, da ihnen diese zu abstrakt und zu weit entfernt von den Menschen und deren Alltag erschien (vgl. Glaser/Strauss [1967] 2006: 93). Mit ihrem Ansatz der GTM wollten sie der Trennung zwischen Theorie und Alltag entgegenwirken. Auf Grundlage dieses Anliegens sei es für die Foscher_in erforderlich, dass sich die Forschung an den Phänomenen, die im Alltag anzutreffen sind, orientieren (ebd.: 97). Wenn Theorien für das alltägliche Leben entwickelt werden sollen, sollte die Formulierung der Forschungsfrage sowie die Erhebung der Daten aus dem alltäglichen Leben der Menschen und ihren spezifischen sozialen Strukturen generiert

99 Der Begriff der Induktion zielt „grundsätzlich auf das Problem, wie man von verstreuten Einzeldaten zu Verallgemeinerungen kommt" (Przyborsky/Wohlraab-Sahr 2016: 191). Im Unterschied dazu wird Deduktion als eine logische Form bezeichnet, bei welcher ein Einzelfall in bereits bekannte Regeln eingeordnet wird. Auch wenn Glaser und Strauss sich selbst gegen die Deduktion und für die Induktion im Forschungsprozess aussprechen (Glaser/Strauss [1976] 2006: 3), wird in der gegenwärtigen Auseinandersetzung mit ihrer Methodologie davon ausgegangen, dass beide Verfahren Teil der Grounded Theorie seien: „Wenn man die Arbeiten von Glaser und Strauss genauer ansieht, wird man darin genau dieses Zusammenspiel erkennen. Es geht dort nicht allein um die ‚Induktion' von Konzepten (Verallgemeinerungen) aus Daten, sondern vielmehr um eine kontinuierliche Abfolge induktiver und deduktiver Schritte" (Przyborsky/Wohlraab-Sahr 2016: 191).

100 Diese Vorstellung, dass sich theoretische Konzepte aus den Daten heraus gewinnen lassen, beschreiben Glaser und Strauss mit den Begriffen „emergment" oder „emergence" (Glaser/Strauss [1967] 2006: 37), die in der deutschsprachigen Sekundärliteratur mit „emergieren" und „Emergenz" übersetzt werden (Equit/Hohage 2016: 16f.; Strübing 2014: 52f.). Mit Emergenz wird innerhalb einiger Grounded-Theory-Ansätze die Vorstellung beschrieben, dass „zentrale Kategorien und Konzepte quasi von selber aus dem Datenmaterial (auftauchen, C. E.), wenn der Forscher oder die Forscherin möglichst voraussetzungslos an ihr empirisches Untersuchungsfeld herangehen" (Kelle/Kluge 2010:13, zitiert nach Equit/Hohage 2016: 17). In der gegenwärtigen Auseinandersetzung der Grounded Theory stößt dieses Verständnis auf eine weitverbreitete Kritik (Strübing ebd.), da bezweifelt wird, dass „Daten eine grundlegende Struktur oder ein Muster inne wohnt, welches die Forschenden dann lediglich möglichst unvoreingenommen aufdecken" (Equit/Hohage 2016: 17) sollen.

101 Zur Unterscheidung von qualitativer und quantitativer Forschung siehe den Beitrag *Qualitative Sozialforschung – Versuch einer Standortbestimmung* (1995) von Ernst von Kardorff in *Handbuch Qualitative Sozialforschung. Grundlagen, Konzepte, Methoden und Anwendungen*, herausgegeben von Flick/Kardoff von/Keupp/Rosenstiel von/Wolff.

werden. Denn nur auf diese Weise können Theorien entstehen, die eng an Fragen des Alltags geknüpft sind:

> *„Only in this way will the theory be closely related to the daily realities (what is actually going on) of substantive areas, and so be highly applicable to dealing with them." (ebd.: 239)*

Durch dieses Vorgehen, so schreiben die beiden Autoren, werden die Forschungsergebnisse für die Menschen in diesen (Arbeits-)Feldern nicht nur verständlich sein, sondern auch praktischen Sinn ergeben. Die Entwicklung der Grounded Theory basiert demnach auf einem Verständnis von Forschung, das Probleme und Fragen des alltäglichen Lebens aufgreifen möchte, um deren Erkenntnisse den Menschen, die in diesen Feldern agieren, zugänglich zu machen.

Dazu kann jegliche Form von Daten in den Forschungsprozess einbezogen werden, die eine Forschungsrelevanz besitzen: „We believe that each form of data is useful" (Glaser/ Strauss 2006 [1967]: 18). Ein solches Forschungsprinzip eröffnet nicht nur die Möglichkeit, verschiedene Materialien als Daten in die Forschung einzubeziehen, sondern auch, dass jede_r Forschende über die Relevanz der Auswahl ihrer Datenarten selbst entscheidet, wie Glaser in seinen späteren Ausführungen zum Umgang mit Materialien in der Grounded Theory in dem Artikel *All is data* (2007) verdeutlich: „GT is a general methodology usable on any data, and it is up to the researcher to figure out exactly what the data is" (Glaser 2007: o. S.)[102].

Ein zentrales Kennzeichen für den Forschungsprozess der Grounded Theory ist der Wechselprozess, der zwischen Datenerhebung und Datenauswertung vollzogen wird. Es handelt sich dabei um ein kontinuierliches Vergleichen und benennen der Daten. Erhoben werden die Daten dabei in einem sich immer wieder auf die Daten und das Feld beziehenden Forschungsprozess, indem die Daten segmentiert, kodiert, kategorisiert und zu Theorien entwickelt werden. Dabei findet ein ständiges Vergleichen bereits gewonnener Daten und Auswertungen statt, die Teil von weiteren Erhebungen und Auswertungen werden. Die Anwendung dieses Wechselprozesses zwischen Datenerhebung und Datenauswertung sowie der Prozess des ständigen Vergleichens eignen sich nach Strauss und Glaser im Besonderen für die Entwicklung von Theorien, die versuchen, Prozesse, Abläufe und Veränderungen in Bezug auf Organisationen, Positionen und soziale Interaktionen beschreibbar zu machen.

102 Strauss und Glaser treffen in ihren Ausführungen dabei keine explizite Aussage über den Umgang mit der Verwendung von Bildern oder Videomaterial.

*„The constant comparison of incidents in this manner tends to result in the creation of a ‚developmental' theory. Although this method can also be used to generate static theories, it especially facilitates the generation of theories of process, sequence, and change pertaining to organizations, positions, and social interaction." (Glaser/Strauss 2006 [1967]: 114)*

Mit der Entwicklung eines Gegenprogramms zur Verifizierung sogenannter *großer Theorien*, dem Ausgang der Forschung an Phänomenen des Alltags, der Möglichkeit, jede Form von Daten für den Forschungsprozess zu nutzen sowie ein Forschungsvorgehen zu wählen, das durch einen Wechselprozess zwischen Datenerhebung und Datenauswertung und ein ständiges Vergleichen gekennzeichnet ist, haben Glaser und Strauss mit der *Discovery of Grounded Theory* zu einem Umdenken in der sozialwissenschaftlichen Forschung beigetragen, welches richtungsweisend für die Entwicklung qualitativer Sozialforschung geworden ist (Przyborski/Wohlraab-Sahr 2014: 184).
Die Grounded Theory von Glaser und Strauss hat nicht nur unterschiedliche Weiterentwicklungen dieses methodologischen Ansatzes angestoßen, sondern auch die Grundlage dafür geschaffen, den Forschungsansatz in verschiedene Richtungen weiter zu denken und zu verändern, sodass heute nicht mehr von einem einheitlichen methodologischen Ansatz gesprochen werden kann (vgl. Muckel 2007: 211f.; Equit/Hohage 2016: 10). Kathy Charmaz formuliert in diesem Zusammenhang, dass die Grounded-Theory-Methodologie als ein Dach beschrieben werden kann, „unter dem verschiedene Varianten, Schwerpunkte und Richtungen – und Möglichkeiten, über Daten nachzudenken – Platz haben" (Charmaz 2011: 182). Zu nennen sind dabei neben der Weiterbearbeitung der ‚klassischen GTM' durch Strauss und Corbin (1990) sowie Glaser (1992, 1998) vor allem Adele Clarke mit der *Situationsanalyse* (2005), Franz Breuer und Petra Muckel mit ihren Ansätzen zur *Reflexiven Grounded Theory* (Breuer 2010; Breuer/Muckel 2016) als auch Kathy Charmaz mit der *konstruktivistischen Grounded Theory* (2006, 2011, 2012).
All diesen Ansätzen gemein ist, dass sie eine strenge Analyse der Daten nach den Grundzügen der klassischen Grounded Theory befolgen, mit dem Ziel, eine theoretische Analyse zu erzielen, die für die Praxis nützlich ist.

Für die vorliegende Forschung wurde eine zeitgemäße Weiterentwicklung des Forschungsansatzes nach Strauss und Glaser gewählt: die konstruktivistische Grounded Theory von Kathy Charmaz. Im Unterschied zu den Gründern der Grounded Theory legt Charmaz den Schwerpunkt ihrer konstruktivistisch gewendeten Grounded Theory darauf, dass Bedeutungen und Wissen im Forschungsprozess hergestellt werden und von der Positionierung der Forscher_in bestimmt sind. Dabei stellt sie im Unterschied zu Glaser und Strauss heraus,

dass innerhalb des durch die Forscher_in perspektivierten Forschungsprozesses mehrdeutige Forschungsergebnisse generiert werden können.
Die konstruktivistische Grounded Theory geht des Weiteren davon aus, dass forschungsrelevante Theorien in den Forschungsprozess einbezogen werden, um über ein In-Beziehung-Setzen von erarbeiteten Kategorien zu bestehender Theorie zu verdichteten Konzepten zu gelangen.
Charmaz' Verständnis einer konstruktivistisch gewendeten Grounded-Theory-Methodologie und die Anwendung ihrer Methode wird im Folgenden detailliert dargestellt und auf den Forschungsgegenstand und die vorliegende Untersuchung bezogen. Dabei wird herausgestellt, dass Charmaz mit ihrem Ansatz eine machtkritische Forschungsmethode entwickelt hat.

## 5.2 Kathy Charmaz' konstruktivistische Grounded Theory

Ausgehend von der ersten grundlegenden Darstellung der GTM durch Strauss und Glaser von 1976 spezifiziere ich das Forschungsvorgehen der vorliegenden Arbeit durch die Ansätze der konstruktivistischen Grounded Theory (KGT) nach Kathy Charmaz mit Primärliteratur der Soziologin aus der Zeit von 2000 bis 2012 sowie wissenschaftstheoretischen Beiträgen zu diesem Ansatz in der Sekundärliteratur von Hohage (2016); Strübing (2013; 2014); Przyborski/Wohlrab-Sahr (2014). In diesem später von Charmaz weiter entwickelten speziellen Ansatz wird die Forschung stärker als Konstruktion positioniert – insbesondere die Datenerhebung sowie die Forschungsergebnisse. Zudem wird die fachliche Position der Forscher_in im Feld reflektiert und theoretisches Fachwissen in die Forschung einbezogen.
Die Soziologin Kathy Charmaz wurde während ihres Studiums der Soziologie an der University of California von dem qualitativen Forschungsansatz (1976) von Barney Glaser und Anselm Strauss, die sie jeweils als Mentor und Doktorvater betreuten und unterrichteten, stark beeinflusst (vgl. Charmaz/Puddephatt 2011: 91f.). Diese Prägung ist in vielen Teilen ihres konstruktivistisch gewendeten Ansatzes – dem Alltagsbezug, dem Umgang mit den Daten im Kodierverfahren sowie dem Anliegen, Prozesse, Abläufe und Veränderungen beschreibbar zu machen – zu erkennen. Charmaz baut ihre Forschungsmethodologie auf dieser Rahmung der klassischen GTM auf, grenzt sich in anderen Teilen, die im Folgenden dargestellt werden, bewusst von dem Ansatz von Glaser und Strauss ab. Sie bezeichnet die konstruktivistische Grounded Theory als eine „zeitgenössische Revision der klassischen GTM" (Charmaz 2011: 184). Grundlegend und differenziert dargestellt ist ihre Variante des Grounded-Theory-Ansatzes in ihrer Publikation *Constructing Grounded Theory. A Pracitcal Guide Through Qualitative Analysis* (2006), welche in der Form eines Arbeitsbuches Forscher_innen der KGT anleiten und unterstützen soll. Vorbereitet hat sie dieses umfangreiche Arbeitsbuch in Artikeln

wie *Grounded Theory in Ethnography* (2001 gemeinsam mit Richard G. Mitchell) sowie *Grounded theory: Objectivist and contructivist methods* (2006) und anschließend in einzelnen Beiträgen wie *Den Standpunkt verändern: Methoden der konstruktivistischen Grounded Theory* (2007) oder *The Power and Potential of Grounded Theory* (2012) spezifiziert.

## Die Konstruktion des Forschungsprozesses und seine Ergebnisse

Charmaz will sich mit ihrem Ansatz von den positivistischen Elementen der klassischen GTM, „die Vorstellung also, etwas in einer äußeren Wirklichkeit ‚zu entdecken', von Wahrheit, von neutraler, unvoreingenommener Beobachtung" (Charmaz/Puddepath 2011: 94), abgrenzen. Sie hebt hervor, dass Glaser und Strauss mit ihrem Ansatz auf „Generalisierung, Simplifizierung, sparsame Aussagen und Verallgemeinerung in abstrakten, bereichsübergreifenden Begriffen" (ebd.) abzielen. Demgegenüber stellt sie ihre Perspektive, die betont, dass „Analysen eher interpretative Darstellungen als objektive Berichte oder die einzige Sichtweise auf eine Thematik" (Charmaz 2011: 186) seien. Die Bewusstmachung des eigenen Standpunktes innerhalb des Forschungsprozesses sollte nach Charmaz innerhalb der Forschung immer mitverhandelt werden.
Charmaz verdeutlicht ihre Abgrenzung zum Ansatz von Glaser und Strauss, indem sie betont, dass der gesamte Forschungsprozess eine Konstruktion ist und die Forschungsergebnisse eine mögliche Interpretation der Forschenden darstellten.
In diesem Sinne schreibt sie:

> *„A constructivist approach means more than looking at how individuals view their situation. It not only theorizes the interpretive work that research participants do; but also acknowledges that the resulting theory is an interpretation." (Charmaz 2006: 130)*

Diesen Aspekt der Konstruktion des gesamten Forschungsprozesses sowie die Bedeutung der Perspektive in der Wissensproduktion wurden von Strauss und Glaser in ihren Darlegungen zur GT nur marginal formuliert (vgl. Hohage 2016: 108). Kathy Charmaz hat dieses Defizit zum Ausgang genommen und darauf argumentativ ihre Weiterentwicklung der Grounded Theory begründet.
Der Common Sense gegenwärtiger Sozialwissenschaft ist, dass qualitative Forschung eine Konstruktion (zweiten Grades) „von implizit im alltäglichen Handeln immer schon vollzogenen Konstruktionen" (Przyborski/Wohlrab-Sahr 2014: 12) (ersten Grades) darstellt. „Entsprechend ist auch das Verhältnis qualitativer Methoden der Sozialwissenschaft zu ihrem Gegenstand zu charakterisieren: Es ist per se rekonstruktiv" (ebd.). Da Glaser und Strauss dies

jedoch in *The discovery of Grounded Theory* nicht explizit formuliert haben, und sie mit ihrer Darstellung von Emergenz aus den Daten ein Verfahren vorstellen, welches den Anschein einer Objektivität vermittelt, stellt Charmaz diese beiden Aspekte der Konstruktion und des Forschungsergebnisses als eine mögliche Interpretation in ihrem Ansatz heraus.
Charmaz macht sich folglich das Defizit von Glaser und Strauss – nicht explizit von einer Konstruktion zu sprechen – zunutze und fokussiert die Entwicklung ihrer Grounded Theory auf diese Perspektive in ihrer Methodologie.

## Interaktiver Herstellungsprozess der Daten

Die Herstellung und das Sammeln von Daten stellt für Charmaz eine zentrale Komponente im Forschungsprozess der Grounded Theory dar. Nach ihrem Verständnis werden die Daten der Forschung durch einen interaktiven Prozess mit den Akteur_innen des Felds hergestellt, der den Verlauf des Forschungsprozesses prägt.

> *„How you collect data affects which phenomena you will see, how, where, and when you will view them, and what sense you will make of them." (Charmaz 2006: 15)*

Die Daten und die Art und Weise, wie diese erhoben werden, sind für Charmaz somit von großer Bedeutung. Dabei stellt sie heraus, dass die Datenerhebung auf zweierlei Arten realisiert wird: zum einen, wie oben dargestellt, über einen interaktiven Datenherstellungsprozess mit den Akteur_innen und zum anderen durch eine intensive Beobachtung des Feldes. Die Herstellung von Wissen bedeutet nach Charmaz: „the mutual creation of knowledge by researchers and research participants" (Charmaz/Mitchell 2007: 160). Damit stellt sie heraus, dass die Wissensproduktion auf der Co-Konstruktion von Daten basiert. Sie legt dar, dass die Erhebung von Daten in einem interaktiven Prozess gemeinsam mit den Akteur_innen des Feldes erfolgt und benennt die GTM als eine „interaktive Methode" (Charmaz 2011: 191). „Daten sind weder unabhängig von denen, die beobachten, noch von denen, die beobachtet werden, sondern sie werden durch Interaktion gemeinsam konstruiert" (ebd.: 192). Charmaz legt dar, dass die Daten in der Grounded Theory aus der Perspektive der Forschenden ausgewählt und in der Interaktion mit den Vertreter_innen des Feldes hergestellt werden.
Daraus ergibt sich, dass die Forscherin durch den interaktiven Prozess der Datenerhebung sowie über die zeitlichen, sozialen und kulturellen Kontexte Teil der Datenerhebung ist und nicht von diesem getrennt betrachtet werden kann (vgl. Charmaz 2000: 523).

## Beobachtung und Position im Feld

Einen weiteren zentralen Teil der Datenerhebung sieht Charmaz in der Beobachtung im Feld, die sie in Differenz zur klassischen GTM beschreibt:

> *„Konstruktivist/innen betreten die Grenzgebiete von Handeln und Bedeutung im Feld auf eine Weise, wie es klassische Vertreter/innen der GTM nicht tun. Wir versuchen, so nah wie möglich an die empirische Wirklichkeit heranzukommen." (Charmaz 2011: 185)*

Für Charmaz ist es zentral, sich intensiv auseinanderzusetzen mit dem Feld, in dem sich das zu beforschende Phänomen ereignet. Was von der Forscher_in im Feld gesehen werden kann, und was von den Akteur_innen des Felds der Forscher_in kommuniziert wird, hängt dabei zentral von der Position der Forscher_in ab. „What you will see and hear depends, of course, on your position in the organization and how you negotiate it" (Charmaz 2006: 100). Damit macht Charmaz deutlich, dass bestimmte Phänomene nur aus einer bestimmten Position heraus wahrgenommen und beforscht werden können.
Dieses Verständnis beschreibt sie in der Darstellung der Auseinandersetzung mit der eigenen Hautfarbe der *people of color*: „Ein Beispiel dafür ist, dass Menschen mit weißer Hautfarbe häufig nicht verstehen, warum *people of color* sich so sehr mit Identität beschäftigen, da sie dies nicht in gleicher Weise tun. Für sie stellt die Hautfarbe kein Problem dar" (Charmaz/Puddepath 2011: 96). *People of color* besitzen nicht das Privileg, sich nicht mit ihrer Hautfarbe beschäftigen zu müssen, da ihre Hautfarbe nicht als Norm gesetzt wird (vgl. Wollrad 2005: 15). Daraus ergibt sich für Charmaz, dass die eigene Position bestimmt, welche Probleme und Irritationen überhaupt erst wahrnehmbar und folglich für ein Forschungsvorhaben verhandelbar werden können.
Charmaz Verständnis von Beobachtung und der Bedeutung der eigenen Position im Feld basiert auf ihrer Erfahrung als ethnografische Feldforscherin, die sie vor der Entwicklung ihrer Grounded Theory gesammelt hat. Sie vertritt die Ansicht, dass die Grounded Theory in der Tradition der Feldforschung steht und sich deren Methoden zunutze machen sollte. „Grounded theory research fits into the broader traditions of fieldwork and qualitative analysis" (Charmaz 2000: 522). Ein zentrales Vorgehen in der Datenerhebung und der Verständnisgenerierung des Feldes ist die teilnehmende Beobachtung. Dabei gilt es, die eigene Position im Feld zu reflektieren und vor allem, sich der eigenen Annahmen gegenüber der Forschung gewahr zu sein.
Charmaz spricht sich daher zum einen dafür aus, sich die eigene Position im Feld und den Beobachtungsstandpunkt bewusst zu machen sowie umgekehrt den Standort der Forscher_in für die Rezipienten kenntlich zu machen.
Sie geht davon aus, dass der Standpunkt der Forscher_in – ihre Perspektive genauso wie ihr Vorwissen – einen wichtigen Teil der Forschung darstellt und diese prägend beeinflusst,

weswegen der Standpunkt nicht aus dem Forschungsprozess ausgeklammert werden kann (vgl. Charmaz/Puddephatt 2011: 94).

> *„Ich hingegen gehe davon aus, dass der Standpunkt der Beobachterin oder des Beobachters kein Zusatz ist. Es ist eine Art zu sehen, und ich denke, man muss stets selbstreflexiv sein in Bezug darauf, wo man herkommt, um eine Vorstellung von den eigenen Wertehaltungen zu haben, da die Dinge, die uns am wichtigsten sind, jene sind, die wir als selbstverständliche vorauszusetzen neigen. […] Jede Untersuchung ist im Kontext und der Position verankert, in der Zeit und in all diesen Dingen." (Charmaz/Puddephatt 2011: 96)*

Je nachdem, welche Position die Foscherin im Feld einnimmt, ist nicht nur das Thema beziehungsweise das Aufspüren von Problemen und Irritationen relevant, sondern auch das Ergebnis wird beeinflusst (vgl. Charmaz 2011: 186).

## Forschungsergebnisse in der konstruktivistischen Grounded Theory

Die Erkenntnisse, die mit der konstruktivistischen Grounded Theory generiert werden, basieren auf den erhobenen Daten und beziehen sich auch auf diese. Das bedeutet, dass zwar Generalisierungen möglich, jedoch nicht als notwendiges Ergebnis der Forschung anzustreben sind. Vielmehr stehen die Erkenntnisse der Forschung in enger Verbindung zum Forschungsmaterial des Feldes (vgl. Equit/Hohage 2016: 33), und sie stehen in direktem Bezug zum untersuchten Gegenstand. Charmaz formuliert, dass es mit der KGTM möglich sei, das Partikulare zu analysieren und darüber Partikuläres herauszustellen (vgl. Charmaz 2006: 155). Das bedeutet folglich, dass über die Beforschung einzelner Phänomene spezifische Forschungsaussagen gemacht werden können. Die Soziologin verdeutlicht, dass dabei mehrere nebeneinanderstehende Erkenntnisse in der Forschung gewonnen werden können, die mehrdeutige Aussagen[103] hervorbringen dürfen (vgl. ebd.: 155). Das Ergebnis der KGT konkretisiert sich in mehreren gleichberechtigten Konzepten. Darin stellt sich Charmaz gegen die Vorstellung, dass die Ergebnisse einer Forschung generalisierende Antworten liefern und auf eine Schlüsselkategorie[104] hinauslaufen sollen.

103 Dass eine Forschungsarbeit in mehreren auch vieldeutigen Erkenntnissen mündet, hat nicht allein Charmaz für die konstruktivistische Grounded Theory postuliert. Auch Strauss ging davon aus, dass auf die forschungsleitende Frage mehrere gleichberechtigte Kategorien beziehungsweise Konzepte herausgearbeitet werden können (vgl. Strauss 1994: 65).

104 Der weiterentwickelte GTM-Ansatz von Glaser stellt im Unterschied dazu heraus, dass das Ergebnis der GTM in eine Schlüsselkategorie mündet (vgl. Equit/Hohage 2016: 20).

> *„Published writers often act as if they proceeded on a single path with a clear destination from choosing their topics to writing their conclusions. More likely, the path is not single, or the destination clear." (Charmaz 2006: 155)*

Das Zulassen von mehreren nebeneinanderstehenden Ergebnissen beruht auf einem Verständnis von Realität, welches durch Vielfältigkeit kennzeichnet ist, Wahrheit als vorläufig betrachtet und soziales Leben prozessual versteht (Charmaz 2006: 126). Das, was in der Forschung erarbeitet wird, dient dazu, Phänomene aus der Praxis erklärbar zu machen, die dann wiederum den Ausgang weiterer Forschungen bedeuten können:

> *„Nonetheless, these conditional statements do not approach some level of generalizable truth. Rather, they constitute a set of hypotheses and concepts that other researchers can transport to similar research problems and to other substantive fields." (Charmaz 2000: 524)*

Übertragen auf die vorliegende Arbeit bedeutet dies, dass sich die Erkenntnisse der Forschung auf das spezifische Feld und ihre Gegenstände beziehen: Die Ergebnisse der durchgeführten KGT sind nicht notwendig repräsentativ für die Gesamtheit aller sichtbaren Vermittlungsräume. Dennoch bildet das Ergebnis der vorliegenden Studie eine neue Orientierung und damit den Vorschlag einer neuen Ausgangslage für die Theoretisierung sichtbarer Vermittlungsräume. Des Weiteren wird davon ausgegangen, dass die Forschungsarbeit weder eine zentrale Aussage über die Auswirkungen sichtbarer Vermittlungsräume auf die pädagogische Praxis noch eine abschließende Definition der Repräsentation des Raumes hervorbringen wird. Vielmehr wird im Sinne einer kritischen Theoriebildung angenommen, dass sowohl in der pädagogischen Praxis als auch in der räumlichen Repräsentation mehrere, nebeneinanderstehende Ergebnisse gewonnen werden.

## Charmaz' KGTM als machtkritischer Forschungsansatz

Die von Charmaz entwickelte Methodologie kann meines Erachtens als ein machtkritischer Forschungsansatz beschrieben werden. Charmaz macht deutlich, dass das Vorwissen und der Standpunkt der Forscher_in – Vorerfahrungen mit dem Forschungsgegenstand, theoretisches Vorwissen, Positionierung im Feld sowie die eigene Haltung – den Forschungsprozess prägen, Einfluss auf die Ergebnisse haben und daher kenntlich gemacht werden sollen. Diesem Forschungsverständnis immanent ist, dass die Haltungen und Werteverständnisse der Forschenden in die Forschung einfließen (vgl. Charmaz/Puddephatt 2011: 95).

Ähnlich wie in dekonstruktivistischen Ansätzen fragt Charmaz danach, aus welcher Perspektive die Forscher_in spricht, welche Werte sie darüber vermittelt, und aus welchem Interesse die Daten erhoben und analysiert werden. Der Forschungsprozess ist nach ihrem Verständnis beeinflusst von „Perspektive, Privilegien, Positionen, Interaktionen und geografischen Standorten der Forscher/innen" (Charmaz 2011: 184) und kann als intersektionale Perspektive verstanden werden. Charmaz' Verständnis von Forschung ist, dass diese nie neutral sei, da der Forschung bestimmte Ziele und Absichten eingeschrieben sind.
Für Charmaz bedeutet dies, dass die Forscher_in sich zum einen ihrer eigenen Perspektive und dem damit verbundenen Ziel sowie die Absichten der Forschung bewusst machen sollte. Und zum anderen sollte die Forscher_in ihre Position zum sichtbaren Teil der Forschung werden lassen, um diese für die Rezipient_innen erkennbar zu machen. Dies trägt dazu bei, offenzulegen, wie die Forschung zustande gekommen ist, sowie nachvollziehbar zu machen, wessen Sichtweisen innerhalb des Diskurses dominieren (vgl. Charmaz/Puddepath 2011: 98). Nach dieser Einordnung ist es nachvollziehbar, dass Charmaz den Ansatz von Glaser und Strauss um weitere Fragen ausweitet. Für sie gilt es, in der Forschung danach zu fragen, aus wessen Sicht das zu untersuchende Phänomen von zentraler und aus wessen Sicht eher von marginaler Bedeutung ist, sowie wer Kontrolle über die beforschenden Prozesse ausübt und unter welchen Bedingungen sie sich ereignen (vgl. Charmaz 2006: 20).
Die Perspektivierung der konstruktivistischen Grounded Theory von Kathy Charmaz als machtkritischer Forschungsansatz verbindet sich mit meiner Position und meinem Verständnis von kritischer Kunstvermittlung.

## Formulierung der Forschungsfragen

Meine Positionierung als Kunstvermittlerin im Feld kritischer Kunstvermittlung ist der zentrale Ausgangspunkt für die vorliegende Erforschung sichtbarer Vermittlungsräume. Mit dem Forschungsvorgehen der qualitativen konstruktivistischen Grounded Theory möchte ich meine Erfahrungen und mein Praxiswissen weiterentwickeln in dem Bewusstsein, dass daraus eine Standortverschiebung hervorgehen kann. Aus diesem Grund sind die bisherigen Darstellungen meiner eigenen Praxiserfahrung und meines Vorwissens relevanter Teil dieser Studie, wie sie in Kapitel 2 und 3 dargestellt worden sind. Es ist mein Verständnis von Forschung, mit der konstruktivistischen Grounded Theory die Praxiserfahrungen und das Vorwissen der Forscher_in zu reflektieren, um sowohl die Perspektive auf den Forschungsgegenstand als auch die eigene Position und die damit verbundene Haltung der Forscher_in sichtbar zu machen.
An diesen hier skizzierten Anliegen und Grundzügen der Grounded Theory verdeutlicht sich die Anwendung dieser Forschungsmethodologie für die vorliegende Forschung.

Meine vorläufige Forschungsfrage richtet sich an der veränderten räumlichen Ordnung der Institution Museum aus und fragt nach den Auswirkungen auf die praktische Arbeit der Kunstvermittler_innen und den Auswirkungen ihres räumlichen Zu-sehen-Gebens. Die veränderten räumlichen Ordnungen basieren dabei auf einem Entwicklungsprozess innerhalb der Institution Museum und haben Auswirkungen auf das Agieren der Kunstvermittler_innen. Auf welche Weise sich dieser Prozess auf die Vermittlungsarbeit auswirkt, gilt es, in der vorliegenden Forschung zu untersuchen. Ausgerichtet ist das Interesse darauf, ein Phänomen aus dem Praxisfeld der Kunstvermittlung zu theoretisieren und die Erkenntnisse den Akteur_innen im Feld zugänglich zu machen. Daher wird mit der vorliegenden Arbeit eine anwendungsorientierte Forschung betrieben, die sowohl handlungsrelevante als auch theoretische Erkenntnisse generiert. Eine Forschungsarbeit zu schreiben, die sich vor allem an die Praxis richtet und aus dem Wissen und der Praxis des Feldes heraus geschrieben wird, justiert sich in diesem Verständnis von Forschung. Das Phänomen der vorliegenden Forschung stellt die Einrichtung sichtbarer Vermittlungsräume in Museen für Gegenwartskunst dar. Von diesem Phänomen ausgehend werden aufgrund der bis hierher reflektierten Alltagserfahrungen im Feld, der Analyse bestehender Diskurse des sichtbaren Vermittlungsraumes sowie der Verortung im Diskurs in der kritischen Kunstvermittlung die Forschungsfragen (re)formuliert:

- Wie kommt es zu der Entstehung sichtbarer Vermittlungsräume?
- Auf welche Weise wirkt der sichtbare Vermittlungsraum auf die pädagogische Praxis der Kunstvermittler_innen ein und verändert diese?
- Was wird mit den sichtbaren Vermittlungsräumen auf welche Weise über die Kunstvermittlung zu sehen gegeben?

## Meine Position im Feld als spezifische teilnehmende Beobachterin

Aufgrund meiner Praxiserfahrung im Feld – als Kunstvermittlerin in der pädagogischen Nutzung und Konzeptionierung sichtbarer Vermittlungsräume – nehme ich in der vorliegenden Forschung eine spezifische Rolle ein (siehe hierzu Kapitel 2). Ich bin Teil des Feldes und habe über mehrere Jahre das Phänomen sichtbarer Vermittlungsräume in meiner eigenen Praxis erfahren und aus einer forschenden Haltung heraus beobachtet. Mein Praxiswissen, welches ich vor Beginn dieser Forschung angesammelt habe, prägt daher die vorliegende Untersuchung. In Anlehnung an Charmaz wird dieses Wissen als eine Sichtweise von vielen in den Forschungsprozess einbezogen: „What you see in your data relies in part upon your prior

perspektives. Rather than seeing your perspectives as truth, try to see them as representing one view among many“ (Charmaz 2006: 54).
Mit meiner Praxiserfahrung ist mir des Weiteren ein spezifischer Zugang zum Feld möglich. Während des Forschungsprozesses und der teilnehmenden Beobachtung vor Ort sowie der Durchführung von Expert_innen-Interviews werde ich nicht nur als Forschende wahrgenommen, sondern auch als Kollegin, die sich mit dem System Museum und ihren Wirkungsweisen gerade in Bezug auf die Kunstvermittlung ‚auskennt' und über hierarchische Strukturen und Verteilung von Ressourcen informiert ist. Daraus ergibt sich ein gegenseitiger vertrauensvoller Umgang im Austausch und während des Datenherstellungsprozesses der Expert_innen-Interviews.

## Anlass der Forschung: Irritation im Feld

Der Anlass der Forschung in der GT sowie in der KGT sollte sich aus einem direkten Bezug zu der Praxis herstellen. Dabei geht es um sich zeigende Phänomene, Probleme sowie Irritationen oder herausfordernde Situationen, die sich in und an diesem Phänomen verdeutlichen.

> *„The first corollary is that the researcher can get – and cultivate – crucial insights not only during his research (and from his research) but from his own personal experiences prior to or outside it." (Glaser/Strauss [1967] 2006: 252)*[105]

Glaser und Strauss beschreiben diese Praxiserfahrung als ein Sprungbrett, von dem aus eine systematische Theoriebildung beginnen kann (vgl. ebd.). Charmaz und Puddephatt heben im Zusammenhang des Anlasses der Forschung die Differenz von Sichtweisen auf Interaktionen hervor und benennen, dass der Forschungsprozess mit dem Erkennen von Problemen im Forschungsumfeld der Forschenden verknüpft ist.

> *„Es sind diese Dinge, die für Menschen ein Problem darstellen oder Fragen aufwerfen, entlang derer sie Nuancen von Interaktionen auf andere Art und Weise sehen als die Mehrheit." (Charmaz/Puddephatt 2011: 96)*

105 Glaser und Strauss beschreiben dies anhand eines Beispiels eines Kollegen, der mit seinem Artikel *The Cabdriver and His Fare: Facets of a Fleeting Relationship* mit seiner Forschung an seinen Erfahrungen als Taxifahrer während des Studiums ansetzt. Sie gehen davon aus, dass der Autor den Artikel in dieser Weise nur aufgrund seiner Erfahrungen als Taxifahrer schreiben konnte. „*Our* point is that his principal insights were based on his personal experience as a cabbie. Some insights that formed the basis of his later systematic theorizing undoubtedly occurred while he was still a cabdriver, and others-perhaps the major ones-occurred later when he reviewed his earlier experiences“ (Glaser/Strauss [1967] 2006: 252).

Ein solches Erkennen von Problemen wird nach der Erziehungswissenschaftlerin Claudia Eqiut und dem Soziologen Christoph Hohage im *Handbuch Grounded Theory. Von der Methodologie zur Forschungspraxis* (Eqiut/Hohage 2016) wie folgt beschrieben:

> *„Das Erkennen eines Problems bezieht sich auf die Ebene der Handlungspraxis. Ein Problem wird im Rahmen menschlichen Denkens und Handelns erst dann zu einem solchen, wenn damit zugleich eine Unterbrechung von Handlungs- und Denkgewohnheiten (habits) verbunden ist, eine Irritation, die es nicht erlaubt, wie gewohnt mit den bekannten Routinen fortzufahren." (Eqiut/Hohage 2016: 15)*

Die Unterbrechung von Handlungs- und Denkgewohnheiten setzt in Bezug auf den hier untersuchten Forschungsgegenstand bei den Erfahrungen mit dem *studio* im ZKM | Zentrum für Kunst und Medien ein. Bis zu der eigenen Einrichtung eines sichtbaren Vermittlungsraumes, des *studios,* war ich davon überzeugt, dass sichtbare Vermittlungsräume ausschließlich produktive und vorteilhafte Auswirkungen auf das Feld der Kunstvermittlung haben würden. Ich hatte die Entstehung und Nutzung sichtbarer Vermittlungsräume im Feld der Kunstvermittlung mit einer Aufwertung und Wertschätzung der pädagogischen Arbeit in Verbindung gebracht. Meine Ansicht war, dass mit dem sichtbaren Vermittlungsraum dem Publikum und den Mitarbeiter_innen der Institution ein aktualisiertes Bild von Kunstvermittlung gezeigt werde und dies zu einer besseren Positionierung der pädagogischen Arbeit innerhalb des Museums führen könnte. Mit der Beobachtung, dass sich die pädagogische Praxis im sichtbaren Vermittlungsraum verändert, entwickelte sich bei mir jedoch ein Unbehagen. Den Produkten der pädagogischen Praxis wurde aufgrund der Möglichkeit, diese präsentieren zu können, ein hoher Stellenwert zugesprochen. Es entwickelte sich eine kunstpädagogische Praxis, die sich in ihrer Herstellung künstlerisch-ästhetischer Produkte an den Grammatiken der Kunstausstellungen orientierte und diese forciert produzierte. Diese Unterbrechung und der Zweifel in Bezug auf den Nutzen für die kunstpädagogische Praxis im Museum stellt den Anlass der vorliegenden Forschung dar. Um eine mögliche veränderte pädagogische Praxis analysieren zu können, habe ich teilnehmende Beobachtungen sowie Expert_innen-Interviews mit Kunstvermittler_innen durchgeführt. Dabei habe ich mich speziell auf die Interaktionen fokussiert, die sich nur aufgrund des sichtbaren Vermittlungsraumes ereignet haben.

## Kodierverfahren bei Charmaz

In der weiteren theoretischen Klärung des Kodierens werde ich mich auf das Verfahren nach Charmaz beziehen, das sie detailliert in ihrer Publikation *Constructing Grounded Theory. A Practical Guide Through Qualitative Analysis* (2006) dargestellt hat. Das Kodierverfahren ist charakteristisch für die Grounded-Theory-Methodologie und wird auch als das „Herzstück der GTM" bezeichnet (vgl. Breuer 2010: 69). Es ermöglicht eine sukzessive Erschließung theoretischer Zusammenhänge (vgl. Przyborski/Wohlrab-Sahr 2014: 190), die es wiederum erlaubt, eine gegenstandsbezogene Theorie zu entwickeln.
Strauss und Corbin haben das Kodieren mit dem „Vergeben von Namen" (Strauss/Corbin 1996: 44) umschrieben, wobei die Forschende ihre Beobachtungen und Phänomene, die sich ihr in Teilen des Materials zeigen, mit Namen versieht. Zentral dabei ist, dass die Namen nicht zusammenfassen, sondern konzeptualisieren, was bedeutet, dass die Namen so abstrakt sein sollten, dass darunter weitere Tätigkeiten und Gegebenheiten gefasst werden können als allein in den Daten beschrieben (vgl. Strauss/Corbin 1996: 46).
Charmaz sieht das Benennen von Kodes als einen fortlaufenden Suchprozess entlang der Forschung, der durch die unterschiedlichen Kodierphasen andauert. Da in der Grounded Theory vor allem die Beziehung zwischen den Kodes von hoher Relevanz ist, legt Charmaz nahe, sich beim Kodieren auf Handlungen, Prozesse und Bedeutungen zu konzentrieren, im Gegensatz zu beispielsweise Gegenständen und Themen.

> *„First, grounded theory coding involves a close coding of statements, actions, events, and documents. This coding does more than sift, sort, and summarise data. It breaks the data up into their components or properties and defines the actions that shape or support these data. We code for processes, actions, and meanings. Most qualitative researchers, and some grounded theorists, code for topics and themes. Coding for actions and processes helps researchers to define connections between data." (Charmaz 2012: 5)*

Um die Suche und Entwicklung der Kodes im Sinne der KGTM durchzuführen, schlägt Charmaz für den Prozess des Kodierens drei verschiedene Kodierstadien vor. Den ersten Kodiervorgang der KGTM bezeichnet sie mit *initial coding*, was mit Erst-Kodierung übersetzt werden kann. Dieser Vorgang ist in hohem Maße identisch mit dem offenen Kodieren nach Strauss/Corbin und Glaser. Das *initial coding* bleibt sehr nahe an den Daten, wobei die Forscher_in diese in Segmente aufteilt und mit Begriffen zusammenfasst. Die Begriffe oder kurzen Sätze werden Kodes genannt und werden bei Charmaz während dieses Kodierstadiums erstmals als provisorisch und vergleichend angesehen (vgl. Charmaz 2006: 48), da sie den Beginn eines andauernden Suchprozesses nach den richtigen Begriffen darstellen (vgl. Aghamiri/Steck 2016: 204).

*„When grounded theorists conduct initial coding, we remain open to exploring whatever theoretical possibilities we can discern in the data. This initial step in coding moves us toward later decisions about defining our core conceptual categories.“ (Charmaz 2006: 47)*

Gekennzeichnet ist das Kodierverfahren des *initial codings* durch Schnelligkeit und Spontanität, da es sich um einen ersten Blick und die direkten Reaktionen auf die Materialien handelt. Charmaz schlägt vor, bei dem Vorgang des *initial codings* folgenden Fragen nachzugehen:

- Worum geht es in diesen Daten?[106]
- Was schlagen die Daten vor? Welche Begriffe werden verwendet?
- Aus welcher Perspektive wird gesprochen?
- Welche theoretischen Kategorien deuten die Daten an? (vgl. Charmaz 2006: 47)

Für den Umgang mit den Daten während des *initial coding* benennt Charmaz dabei unter anderem die Herangehensweise des *line-by-line coding*[107] (ebd.: 50), welches verdeutlicht, dass es sich bei dem ersten Schritt des Kodierens um eine sehr dichte Arbeit am Material handelt. Das *line-by-line coding* bedeutet, dass jede Zeile des Materials kodiert, sprich mit eigenen Worten benannt und gekennzeichnet wird. In manchen Fällen bietet es sich an, Wörter oder Satzteile aus dem Material als Kode zu verwenden. Ein solcher Kode wird *in vivo code* genannt (ebd.: 55f.). Die Phase des *initial coding* hat vor allem das Ziel, Kodes zu generieren, mit denen in einem nächsten Abstraktions- und Verdichtungsschritt weitergearbeitet werden kann.

Das sogenannte *focused coding* stellt den nächsten Schritt im Kodierprozess der konstruktivistischen Grounded Theory dar und hat zum Ziel, aus den bereits entwickelten Kodes Kategorien zu bilden. Dabei kann sowohl ein einzelner Kode als auch eine Vielzahl von Kodes zusammengefasst zu einer Kategorie werden. Die beiden Psycholog_innen und Grounded-Theory-Forscher_innen Petra Muckel und Franz Breuer schreiben, dass jeder Kode „ein potentieller Kandidat für eine Kategorie“ sei (Muckel/Breuer 2016: 164). Grundsätzlich können aus allen Kodes, die für die Beantwortung der Forschungsfrage von Bedeutung sind und einen Bezug zum Forschungsfokus erkennen lassen, zugleich Kategorien entstehen.

Beim *focused coding* findet eine erste Auswahl derjenigen Kodes statt, die aus dem vorangegangen Kodierprozess als bedeutsam betrachtet werden.

106 Diese Frage schlugen auch Glaser und Strauss 1967 bei der ersten Durchsicht des Materials vor.

107 Weitere Möglichkeiten, sich mit dem Material während des *initial coding* auseinanderzusetzen, ist das incident-to-incident coding oder die Verwendung der *constant comparative methods* nach Glaser/Strauss 1967 (vgl. Charmaz 2006: 53ff.).

> *„Focused coding means using the most significant and/or frequent earlier codes to sift through large amounts of data. Focused Coding requires decisions about which initial codes make the most analytic sense to categorize your data incisively and completely.“ (Charmaz 2006: 57)*

Charakteristisch für das *focused coding* ist ein sehr offener Rahmen, welcher sich durch ein Vergleichen und Gruppieren von Kodes, dem Vergleichen von Ereignissen, Personen oder Phänomenen sowie dem Vergleichen von bereits ausgewählten Kategorien auszeichnet (vgl. Charmaz; Thronberg 2014: 159f.). Bereits ausgewählte *initial codes* werden an den Daten entlang überprüft und als mögliche Kategorien gehandelt. Anders als bei einigen anderen GTM-Ansätzen gelten das *initial coding* und das *focused coding* im Kontext der konstruktivistischen Grounded Theroy nach Charmaz als eigenständige Phasen, zwischen denen hin und her gewechselt werden kann und sollte. Sie werden von Charmaz auch als die zwei Hauptphasen des Kodierprozesses beschrieben:

> *„Grounded theory coding consists of at least two main phases: 1) an initial phase involving naming each word, line, or segment of data followed by 2) a focused, selective phase that uses the most significant or frequent initial codes to sort, synthesize, integrate, and organize large amounts of data.“ (Charmaz 2006: 46)*

Neben dem eigenen Wissen und den Erfahrungen der Forschenden erkennt Charmaz auch den Einbezug bestehender wissenschaftlicher Diskurse in der Grounded-Theory-Forschung an. Dies zeigt sich im Besonderen in der Kodierphase des *theoretischen Sampling.*

Strittig ist, ob dieses Vorgehen ebenfalls als eigenständige Phase im Forschungsprozess bei Charmaz angesehen wird. Das *theoretische Sampling* geht auf die *theoretical sesivity* von Glaser (1978) zurück. Sie besteht aus „Ideen und Perspektiven, die Forschende in den Prozess der Untersuchung als analytische Werkzeuge und Linsen von außen, und aus einem [weiten] Spektrum von Theorien, hereinholen“ (Thronberg/Charmaz 2014: 159f.). Das Ziel dieses Vorgangs ist, eine Fundierung der während des *focused coding* erarbeiteten möglichen Kategorien zu schaffen, um eine weitere Auswahl der Kategorien vornehmen zu können. Der Sozialforscher Christoph Hohage beschreibt diesen Vorgang daher auch nicht als einen separaten Vorgang, sondern als eine Vertiefungsmöglichkeit des *focused coding*, da es dazu dient, „die Ergebnisse aus dem *focused coding* auf ein höheres Niveau zu führen“ (Hohage 2016: 210). Das theoretische Sampling unterstützt die Forscher_in darin, „mit Hilfe dieser Theorien und Theoriebausteine mögliche Beziehungen zwischen den zuvor bereits mit Hilfe des *initial* und *focused coding* entwickelten Kategorien zu untersuchen“ (ebd.: 119) und diese

Kategorien zu verdichten. An dieser Stelle verschiebt sich der forschende Blick von dem Material hin zu den Kategorien:

> *„Theoretical sampling encourages you to ask increasingly focused questions and seek answers as you progress through inquiry. It builds systematic checks into your analysis. You put your ideas to empirical test." (Charmaz 2012: 11)*

Findet eine Sättigung der Kategorien statt, bestehen die entwickelten Ideen den „empirischen Test". Das heißt: weitere Abgleiche mit Daten-Stellen der gleichen Kategorie bestätigen die entwickelten Ideen. Solche gesättigten Kategorien haben den Status von Konzepten erreicht und werden entsprechend im vorliegenden Kodierverfahren benannt.

## Theoretisches Sampling im Forschungsfeld sichtbarer Vermittlungsräume

Für die vorliegende Untersuchung wird das theoretische Sampling als zentrales Forschungsvorgehen verstanden, welches das In-Beziehung-Setzen der Kategorien mittels Theorien bedeutet und in Konzepten mündet.

Das theoretische Sampling ist eng mit dem Forschungsprozess des *focused coding* verbunden, da letzteres zu einer Verdichtung der Kategorien führt. Erst in der Verknüpfung der erarbeiteten Kategorien mit Theorie kann gewährleistet werden, dass Wissen und Begriffe aus angrenzenden Theoriekontexten und weitere Perspektiven in die Erkenntnisgewinnung einbezogen werden können.

In der vorliegenden Forschung findet das theoretische Sampling auf drei Stufen statt. Auf der ersten Stufe wird der Forschungsgegenstand sichtbare Vermittlungsräume mit einer inhaltlichen Sondierung und Auseinandersetzung mit Raumtheorien konfrontiert. Die verhandelten Raumtheorien werden dabei auf ein für den Forschungsgegenstand ausgerichtetes Raummodell zusammengeführt. Auf einer zweiten Ebene erfolgt das theoretische Sampling im Vergleichen und Gegenlesen der erarbeiteten Kategorien zu bestehenden Theorien. Dabei vollzieht sich eine Auswahl sowie Verdichtung der Kategorien, die durch ihre Benennung als Konzepte Anwendung finden. Auf einer dritten Stufe findet eine visuelle Konfrontation zwischen den Kategorien und bestehendem Datenmaterial aus den beforschten Fallbeispielen statt. Dabei werden die Bilder wie Texte gelesen und in die Kodierprozesse eingebunden. Diese drei Vorgehensweisen im theoretischen Sampling werden in Kapitel 5.4 detailliert erläutert.

## Abduktive Forschungslogik

Anders als bei dem Kodierverfahren des *inital coding* und des *focused coding* folgt das *theoretical sampling* in der konstruktivistischen Grounded Theory nach Charmaz einer abduktiven Forschungslogik (Charmaz 2006: 103; Charmaz/Puddephatt 2011: 101; siehe dazu auch Hohage 2016: 120). Sie unterstreicht die Offenheit, dem Forschungsgegenstand auch mit vorhandenem Wissen und Erfahrungen begegnen zu können. Die Logik der Abduktion wird insgesamt in der Theoretisierung der GTM verhandelt und ergänzt die Schlussverfahren der Deduktion und der Induktion. Da Charmaz in ihren Texten wenig auf das Verfahren der Abduktion eingeht, wird in diesem Teilkapitel überwiegend auf die Sekundärliteratur zum Ansatz dieser Forschungslogik zurückgegriffen.
Die Logik der Abduktion geht zurück auf Charles Sander S. Peirce (1839–1914), der die Abduktion als ein erweitertes Schlussverfahren für die empirische Forschung beansprucht, welche sich kategorial gegenläufig zu den Schlussverfahren der Deduktion und Induktion beschreiben lässt (vgl. Reichertz 2011: 281). Induktion und Deduktion sind jene Forschungslogiken, die in den ersten beiden Kodierphasen bei Charmaz[108] die grundlegende Forschungslogik im Forschungsprozess bilden. Aglaja Przyborski und Monika Wohlrab-Sahr schreiben, dass Induktion und Deduktion in gleicher Weise zum Forschungsprozess der GTM gehören.

> *„Es geht dort nicht allein um die ‚Induktion' von Konzepten (Verallgemeinerungen) aus Daten, sondern vielmehr um eine kontinuierliche Abfolge induktiver und deduktiver Schritte, insofern sich Datenerhebung und Hypothesengenerierung (induktiv), neue, theoriegeleitete Datenerhebung aufgrund dieser Hypothese (deduktiv) und entsprechende Prüfung sowie Elaborierung der theoretischen Konzepte usw. abwechseln. Induktion und Deduktion gehören also gleichermaßen zum Forschungsprozess." (Przyborski/Wohlrab-Sahr 2014: 197f.)*

Nach Charmaz wird die Grounded Theory durch die Eingebundenheit der Forscher_in in den Forschungsprozess zu einer abduktiven Methode.

> *„The particular form of reasoning invoked in grounded theory makes it an abductive method, because grounded theory includes reasoning about experience for making*

108 Auch wenn Glaser und Strauss sich in ihrer klassischen GTM gegen die Deduktion aussprechen, „um an den Phänomenen selbst ‚passende' und ‚adäquate' Konzepte zu generieren" (Przyborski/ Wohlrab-Sahr 2014: 196), so erfolgt die Deduktion wechselseitig mit der Induktion: „Wenn man die Arbeiten von Glaser und Strauss genauer ansieht, wird man darin genau dieses Zusammenspiel erkennen" (ebd.: 197).

> *theoretical conjectures and then checking them through further experience." (Charmaz 2006: 103)*

Das Denken unter Einbezug von Theorie findet bei Charmaz im *theoretical sampling* statt. Das abduktive Vorgehen ermöglicht es, theoretische Vermutungen anzustellen und diese im Kodierprozess mit weiteren Daten in Beziehung zu setzen.

In diesem Stadium löst sich das Forschungsvorgehen von der Idee der Induktion – Hypothesenbildung anhand der Daten – und wendet sich einer abduktiven Forschungslogik zu. Dabei müssen die Forschenden die Bereitschaft mitbringen, ihre bisher gemachten Vorannahmen ihrer Forschung zu modifizieren beziehungsweise sich von ihnen zu trennen (vgl. Reichertz 2011: 280). Denn „(d)ie Abduktion ist ein mentaler Prozess, ein geistiger Akt, ein gedanklicher Sprung, der das zusammenbringt, von dem man nie dachte, dass es zusammengehört" (ebd.: 286). Häufig hat die Abduktion ihren Ursprung in überraschenden Momenten, die durch bisheriges Wissen und Erfahrungen nicht erklärt werden konnten. Peirce beschreibt diesen Prozess in Analogie zu einem Gedankenblitz:

> *„Der abduktive Schluss kommt wie ein Blitz. Es ist ein Akt der Einsicht, obwohl extrem fehlbarer Einsicht. Zwar waren die verschiedenen Elemente der Hypothese schon vorher in unserem Verstande vorhanden; aber erst die Idee, das zusammenzubringen, welches zusammenzubringen wir uns vorher nicht hätten träumen lassen, lässt die neu eingegebene Vermutung vor unserem Auge aufblitzen." (Peirce 1970: 366, zitiert nach Aßmann 2012: 86f.)*

Es handelt sich dabei nicht um ein logisches Schlussverfahren, weswegen es auch häufig kritisiert wird (vgl. Strübing 2014; Reichertz 1993).

Die Abduktion wird von einigen Forscher_innen auch mit kreativen Prinzipien und Prozessen oder als „kreativer Schluss" beschrieben (Reichertz 1993: 271), da sie sich nicht durch systematisches Vorgehen erzeugen lässt (vgl. Breuer/Muckel 2016: 76). Nach diesem Verständnis muss die Forschende Möglichkeiten schaffen, die eine Abduktion, und somit die Wahrscheinlichkeit, dass neue gedankliche Verbindungen hergestellt werden, begünstigen. Einen solchen Begünstigungsfaktor stellt nach Reichertz in Bezug auf Peirce zum Beispiel *echter Zweifel* und der *Wille zum Lernen* dar (vgl. Reichertz 2011: 287). „Alle Maßnahmen, günstige Bedingungen für die Abduktion zu schaffen, zielen also stets auf eins: auf die Erlangung der inneren Bereitschaft, alte Überzeugungen aufzugeben und neue zu suchen" (ebd.: 288). Charmaz selbst schreibt, dass die Forschenden eine abduktive Logik übernehmen, wenn sie über unvorhergesehene Befunde nachdenken, und dann ins Feld zurückkehren, um ihre Vermutungen zu überprüfen (vgl. Charmaz 2011: 192). Eine abduktive Forschungsfolgerung bedeutet für sie, dass alle möglichen theoretischen Erklärungen für die Daten berücksichtigt werden sollten und daraus Hypothesen für jede mögliche Erklärung gebildet werden. Diese Erklärungen werden im Feld auf ihre Plausibilität hin überprüft (vgl. Charmaz 2006: 104). Abduktion führt dazu, nicht nur die Kategorien zu verdichten, sondern sich auch im theoretischen Feld zu verorten. „The abductive logic of theoretical sampling not only strengthens your categories but affords them more theoretical reach" (Charmaz 2012: 11).

## Metaebenen der Forschungsreflexion

Alle drei Kodierphasen – das *initial coding, focused coding* und *theoretical sampling* – werden begleitet durch das Schreiben von Memos, die die unterschiedlichen Forschungsstadien festhalten. Diese unterstützen die Forschenden bei der reflexiven Praxis des Forschungsprozesses und dienen zur Überprüfung bisher entwickelter Kodes und Kategorien. „Memo writing is the intermediate step between coding and the first draft of the complete analyses. This step helps to spark our thinking and encourages us to look at our data and codes in new ways" (Charmaz 2000: 517). Die Memos fließen ebenfalls in das Kodierverfahren mit ein.

Zentral für die Entscheidung, in der vorliegenden Studie mit der konstruktivistischen Grounded-Theory-Methodologie nach Charmaz zu arbeiten, sind zusammenfassend die folgenden fünf Aspekte:

- Die Forschung ist durch das Wissen, die Haltung und die Praxiserfahrung der Forscher_in geprägt.

- Der Einbezug vorhandener Theorien im Forschungsprozess des theoretischen Sampling ist ein zentrales Element der Forschungspraxis und erkennt bestehende Wissensbestände als Diskursfeld an.

- Die Forschung hält mit der abduktiven Forschungslogik ein Forschungsdesign bereit, welches ermöglicht, Vorannahmen und Überzeugungen der Forscher_in während des Forschungsprozesses zu modifizieren oder umzukehren.

- Innerhalb des Forschungsprozesses sowie für das Forschungsergebnis werden eine Vielfalt der Daten anerkannt sowie mehrere mögliche Ergebnisse der Forschung nebeneinander zugelassen.

- Der Forschungsansatz von Kathy Charmaz kann als machtkritischer Forschungsansatz ausgelegt werden.

## 5.3 Allgemeines Forschungsvorgehen

Die Erhebung, Auswertung und Interpretation der empirischen Daten im Forschungsprozess erfolgt laut der Methodologie der konstruktivistischen Grounded Theory nach einem iterativ-zyklischen Prozess. Dieser ist ein nichtlinearer, spiralförmiger Prozess, in welchem zwischen den unterschiedlichen Forschungsphasen hin und her gewechselt und aufeinander Bezug genommen wird.[109] Das iterativ-zyklische Vorgehen bedingt, dass Veränderungen, Anpassungen und Neu- oder Umorientierungen vorgenommen werden können. In der vorliegenden Forschungsarbeit vollzieht sich der wiederkehrende zyklische Prozess ebenfalls zwischen den hier unterschiedlich beschriebenen Forschungsphasen.

Um die Bewegungen der spiral- und kreisförmigen Vorgehensweise des Forschungsprozesses zu visualisieren, habe ich mein Forschungsvorgehen in eine Grafik übersetzt (siehe Abb. 17, Seite 126), die die unterschiedlichen Ebenen im Forschungsprozess benennt und ihre Verbindungen zueinander verdeutlicht. Die einzelnen Ringe stehen dabei sowohl für die unterschiedlichen Kodierphasen im Forschungsprozess als auch für die Materialien, die während des gesamten Forschungsprozesses erhoben und gesammelt wurden. Alle Ringe bilden ein sich in Veränderung befindliches Konstrukt, welches das Zusammenspiel von verschiedenen Materialien und Prozessen symbolisiert. Die Linie verdeutlicht die Hin- und Her-Bewegungen zwischen den unterschiedlichen Forschungsschritten, -phasen und den Materialien, die wiederholt stattgefunden hat. Der rote Punkt bildet dabei den Anfangspunkt.

109 Der linear strukturierte Text sollte nicht vortäuschen, dass der Forschungsprozess ebenso erfolgt wäre. Vielmehr handelt es sich beim Forschungsprozess um eine nichtlineare Suchbewegung, die durch ein Hin und Her zwischen den Daten, Theorien und Hypothesen gekennzeichnet ist. Die Erziehungswissenschaftlerin Sanda Aßmann schreibt, dass die ideale Darstellungsform eines solchen Verfahrens ein Hypertext wäre, „der Verweise und somit die Abbildung zirkulären und iterativen Denkens ermöglicht“ (Aßmann 2012: 20).

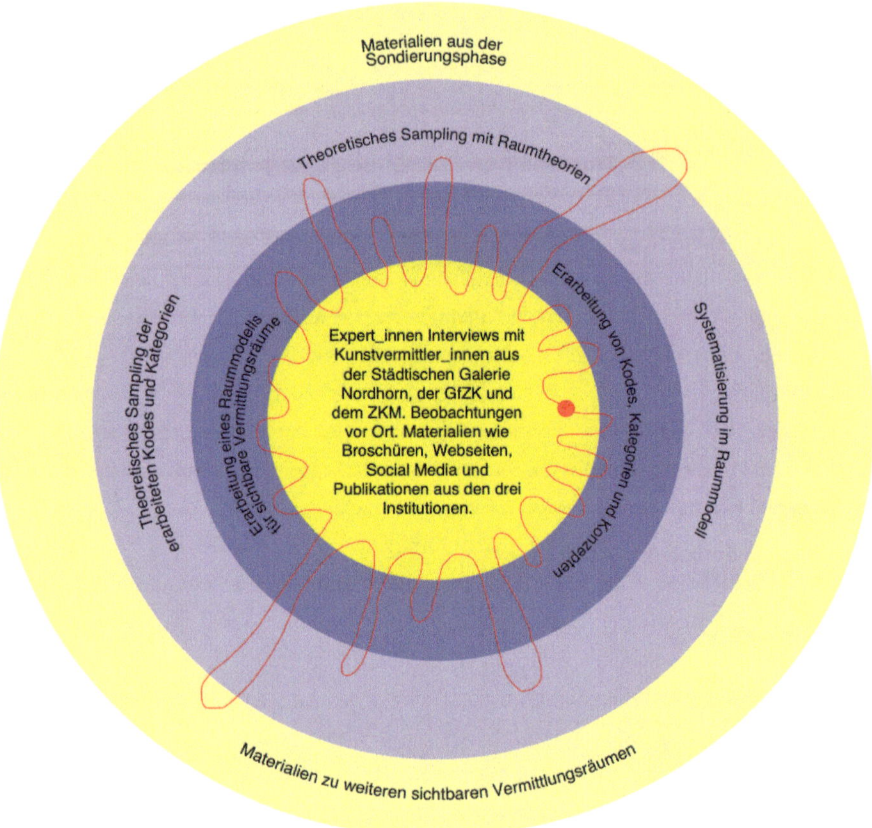


Abb. 17

Die gelben Bereiche der Darstellung benennen die Materialien, die im Forschungsprozess verwendet worden sind. Die violetten Bereiche zeigen die verschiedenen Forschungsschritte auf. Der gesamte Forschungsprozess ist gekennzeichnet durch ein zirkuläres und iteratives Vorgehen zwischen diesen Ebenen.

## Sondierung des Feldes

Das Forschungsvorgehen der vorliegenden Arbeit erfolgte in einem mehrphasigen Verfahren. Dieses basierte zu Beginn der Forschung auf einer Sondierung des Feldes über Besuche von elf Häusern, die Gegenwartskunst ausstellen und dauerhaft oder temporär über die Nutzung von sichtbaren Vermittlungsräumen verfügen. Die erste Forschungsphase diente dazu, einen Überblick über das Phänomen sichtbarer Vermittlungsräume im Museum für Gegenwartskunst zu generieren und Stimmen zu den Erfahrungen mit der Entstehung und dem Umgang dieser Räume zu hören. Dazu wurden in der Zeit vom 06.02.2014 bis zum 18.05.2014 folgende Institutionen besucht:

- UZWEI (U2) im Dortmunder U
- Edith-Russ-Haus für Medienkunst, Oldenburg
- Galerie für Zeitgenössische Kunst, Leipzig
- Horst-Janssen-Museum, Oldenburg
- Junge Kunsthalle Karlsruhe
- K20/K21, Kunstsammlung Nordrhein-Westfalen, Düsseldorf
- Städtische Galerie Nordhorn
- Tate Modern, London
- Tate Britain, London
- The Photographers' Gallery, London
- ZKM | Zentrum für Kunst und Medien, Karlsruhe

Vor Ort habe ich mir die Vermittlungsräume angeschaut, Fotografien erstellt, pädagogische Praxis beobachtet, Notizen gemacht und Gespräche mit den Leiter_innen der pädagogischen Abteilungen[110] geführt.
Die Gespräche basierten auf vorbereiteten Fragen, deren Antworten aufgezeichnet und im Anschluss transkribiert wurden. Das erstelle Datenmaterial umfasst eine Menge von elf Interviews mit einer Dauer von jeweils 20 bis 90 Minuten.

Im Zentrum der Interviews standen drei übergeordnete Fragen:

(1) Wie kam es zu der Entstehung sichtbarer Vermittlungsräume? (im geschichtlichen Kontext der Institution)

(2) Wie und wozu werden die Räume genutzt?

(3) Wie sind die Räume gestaltet?

110 Lena Seik, Leiterin Kunstvermittlung Galerie für Zeitgenössische Kunst Leipzig (06.02.2014), Mechthild Eickhoff, Leiterin U2, Dortmunder U (26.03.2014), Sandrine Teuber, Leiterin Museumspädagogischer Dienst Oldenburg (27.03.2014), Dörte Dennemann, Leiterin ortsgespräch Städtische Galerie Nordhorn (28.03.2014), Dr. Sibylle Brosi, Leiterin Kunstvermittlung Kunsthalle Karlsruhe (29.04.2014), Emily Pringle, Head of Research, Tate Learning (07.05.2014); Janice Mc Laren, Head of Education & Projects, The Photographers' Gallery London (07.05.2014 ), Janine Burger, Leiterin Museumskommunikation ZKM | Zentrum für Kunst und Medien, Karlsruhe (17.05.2014); Julia Hagenberg, Leiterin der Bildungsabteilung K20/K21 Düsseldorf, (18.05.2014).

Die ersten Gespräche während der Sondierungsphase verdeutlichen meine Fokussierung auf die Entstehungsgeschichte der sichtbaren Vermittlungsräume, die Entscheidungsbefugnisse der verschiedenen Akteur_innen, die Formen der Nutzung der Räume sowie ihre Gestaltung im Vergleich zu den nicht sichtbaren Vermittlungsräumen. Die vorbereiteten Fragen und Beobachtungen des Feldes basierten auf einem Verständnis von Raum als Container. Dabei wurde Raum von mir und im Gespräch mit den Befragten als ein dreidimensionaler Behälter vorausgesetzt, der gestaltet, verortet und für die Vermittlungsarbeit verwendet wird. In den Gesprächen und den Beobachtungen vor Ort verstärkten sich darin folgende erste Eindrücke:

- Sichtbare Vermittlungsräume unterscheiden sich in ihrer Gestaltung von separaten Vermittlungsräumen.

- Eine veränderte Raumgestaltung des physisch-materiellen Raumes ermöglicht andere Handlungsmöglichkeiten der Pädagog_innen und der Teilnehmenden.

- Frei zugängliche und sichtbare Vermittlungsräume werden eingerichtet, um pädagogische Arbeit sichtbar zu machen.

Nach den Gesprächen mit den Leiter_innen der Vermittlungsabteilungen wurde des Weiteren deutlich, dass ein Großteil von ihnen aufgrund ihrer Aufgabenfelder nicht selbst in den sichtbaren Vermittlungsräumen tätig ist. Ihr Tätigkeitsbereich besteht überwiegend in der Organisation und Konzeption der Kunstvermittlung und weniger in der interpersonellen Vermittlungsarbeit. Konkrete Einblicke in die pädagogische Praxis und Beschreibungen persönlicher Erfahrungen mit den sichtbaren Vermittlungsräumen konnte von den meisten Befragten nicht gegeben werden. Sie hielten sich in ihren Beschreibungen an die Konzeptionen, die der Arbeit in den Räumen zugrunde liegen.

Im Anschluss an die Sondierung des Feldes begann – ausgehend von dem bestehenden Diskurs zu Räumen in der Kunstvermittlung und Kunstpädagogik (siehe Kapitel 4) – meine vertiefende Auseinandersetzung mit raumtheoretischen Ansätzen aus den Erziehungswissenschaften, der Kunstpädagogik, Soziologie und Philosophie. Diese vertiefende Beschäftigung mit Raumtheorien führte zu einer veränderten Perspektive auf das Feld und den Forschungsgegenstand – nämlich zu der Entwicklung einer mehrdimensionalen Sichtweise auf den Raum, bei der die handelnden Akteur_innen in den Fokus rückten. Zusammen mit der sich in der ersten Sondierung zeigenden Tendenz, dass die Vermittlungsräume eine veränderte pädagogische Praxis hervorrufen, rückte das Handeln der Vermittler_innen immer stärker in den Forschungsmittelpunkt. Dies zielte auf das Anliegen, nicht mehr nach dem Nutzen und den Folgen des sichtbaren Vermittlungsraumes in Bezug auf die gesamte Institution zu schauen, sondern dezidiert die Auswirkungen für die Kunstvermittler_innen in das Zentrum des Interesses zu stellen. Aus diesem Grund wurden für die Erhebung der Daten Expert_innen-Interviews mit Kunstvermittler_innen geführt, die überwiegend als freiberufliche Mitarbeiter_innen in den sichtbaren Vermittlungsräumen pädagogisch tätig sind.

## Erhebung der Daten

Ausgewählt wurden für diese zentrale Interviewphase Kunstvermittler_innen, die in drei unterschiedlichen Institutionen tätig sind. Die Institutionen sowie ihre sichtbaren Vermittlungsräume wurden aus der ersten Sondierungsphase ausgewählt und stellen kontrastierende Fälle dar. Es handelt sich folglich um eine absichtsvolle Fallauswahl, die möglichst weit auseinander liegende Varianten in der Vermittlungsarbeit sowie eine Vielfalt in der Größe – bezogen auf die Zahl der Mitarbeiter_innen, Zahl der Ausstellungen pro Jahr sowie Quadratmeterzahl – der Institutionen darstellt. Innerhalb der drei Institutionen werden jeweils vier Interviews mit Kunstvermittler_innen geführt. Einen großen Teil der Interviews habe ich aus zeitlichen und ökonomischen Gründen in einem Block durchführt. Der ständige Rückbezug und Abgleich während des theoretischen Sampling wurde im Rückgriff auf bereits bestehende Daten vorgenommen. Dieses Vorgehen ist nach dem Soziologen Jan Kruse ein legitimes Vorgehen:

> *„Diese Grundidee [der iterativ-zyklischen Forschungslogik der GTM; H. P.] kann meines Erachtens aber auch dann verfolgt werden, wenn zuvor eine große Anzahl an Interviews generiert worden ist. Der iterativ-zyklische Prozess der ‚Daten-Erhebung-Auswertung' im Sinne des theoretical sampling bezieht sich folglich rein auf den bereits vollständigen Datenkorpus." (Kruse 2016: 192)*

Ein kleinerer Teil der Interviews wurde nach der Generierung der ersten Kategorien erstellt und konnte somit in die Erhebung der neuen Daten im Feld einbezogen werden. Aufgrund der Sondierung des Feldes kann darüber hinaus während des Kodierprozesses auf die vorhandenen Interviews mit den jeweiligen Leitungen der Vermittlungsarbeit zurückgegriffen werden.

Bei den ausgewählten Institutionen handelt es sich um die Städtische Galerie Nordhorn, die Galerie für zeitgenössische Kunst Leipzig sowie das ZKM | Zentrum für Kunst und Medien in Karlsruhe. Sie werden im Folgenden in ihrer geschichtlichen Entwicklung kurz dargestellt. Für alle drei Institutionen ist zutreffend, dass sie Gegenwartskunst ausstellen, der pädagogischen Arbeit einen hohen Stellenwert zuschreiben und vor der Einrichtung und Nutzung sichtbarer Vermittlungsräume über separate Vermittlungsräume verfügten. Darüber hinaus ist allen drei Institutionen gemein, dass ihre Ausstellungsräume in Gebäuden präsentiert werden, die nicht als Museumsgebäude, sondern ursprünglich für andere Zwecke gebaut wurden. Die Institutionen verfügen folglich über Kenntnisse in der Umnutzung von Räumen.[111]

## Fallbeispiel 1: *Projektpavillon* in der Städtischen Galerie Nordhorn[112]

Die Städtische Galerie Nordhorn ist eine öffentliche Einrichtung der Stadt Nordhorn[113], die im Jahr 1961 als ausstellende Institution für Gegenwartskunst mit dem Anliegen gegründet wurde, ein „Ort der Kommunikation und des Kennenlernens unterschiedlicher Kunstrichtungen" (Stadt Nordhorn 1994: 42) zu sein. In Form von Ausstellungen, Vorträgen und Diskussionsrunden fokussiert sich die Galerie auf die Auseinandersetzung mit Gegenwartskunst. Als Ausstellungsraum nutzt die Galerie seit ihrer Gründung das Foyer des städtischen Konzert- und Theatersaals sowie den öffentlichen Raum. Im Innenraum werden Wechselausstellungen gezeigt und im öffentlichen Raum der Region wird festinstallierte Kunst in Form eines Skulpturenwegs präsentiert.

1999 bezog die Städtische Galerie eigene Ausstellungsräume, die Teil des Skulpturenwegs waren. Der Künstler Stephen Craig hatte zwei Glaspavillons innerhalb des Industriedenkmals Alte Weberei konzipiert, die seither als Ausstellungsräume der Städtischen Galerie fungieren. Die Pavillons sind in der Mitte der ehemaligen Weberei verortet und durch ihre Verglasung von allen Seiten einsehbar. Zusammen verfügen die beiden Pavillons über eine Fläche von 460 m$^2$. Darüber hinaus kann die Städtische Galerie ab diesem Zeitpunkt über in der Alten Weberei befindliche angrenzende Büroräume für die Mitarbeiter_innen sowie über eine Werkstatt im ersten Obergeschoss für die pädagogische Arbeit räumlich verfügen.

Mit der Eröffnung der eigenen Ausstellungsräume für die Städtische Galerie[114] ging die Gründung einer *Kunstschule* durch die pädagogische Leitung Karin Heidinger-Pena sowie den damaligen Galerieleiter Martin Köttering einher. Als Einrichtung einer Kunstschule

111 Zum Begriff des *Umräumens* siehe die Publikation Plegge/Scheffler (Hg.) (2018): *Umräumen. Das Moment der Veränderung bildungsinstitutioneller Räume*. Darin wird „[a]us verschiedenen Perspektiven [...] das Thema des *Umräumens* in Schule, Museum und Theater verhandelt und seine möglichen Bedingungen sowie Auswirkungen auf Kinder und Jugendliche, Pädagog_innen und Institutionen beleuchtet. Die [...] Publikation zeigt, wie sowohl in den Feldern der Kunst- und Theaterpädagogik als auch der Kunstvermittlung und Kunst, [sic!] Raum neu angeordnet und der Raumbegriff vielfältig gedacht werden kann" (ebd.: 7).

112 Die Städtische Galerie verfügt über eine Leitungsstelle, die inhaltlich und organisatorisch für die Realisierung der Ausstellungen verantwortlich ist. Eine Volontär_innenstelle, eine Büroleitung, eine Leitungsstelle der Kunstschule sowie eine Mitarbeiter_in im Rahmen des Bundesfreiwilligendienstes.

113 Die Stadt Nordhorn hat eine Bevölkerung von ca. 50.000 Einwohnern.

114 Die Galerie wurde seit der Nutzung eigener Räumlichkeiten von Martin Köttering (1995–2002), Roland Nachtigäller (2003–2008), Veronika Olbrich (2008-2013), Thomas Niemeyer (2013 bis heute) geleitet. In der Galerie werden jährlich vier Ausstellungen zeitgenössischer Kunst gezeigt und ein Veranstaltungsprogramm angeboten.

im Landesverband der Kunstschulen Niedersachsen e. V. werden Vermittlungsangebote realisiert, die sich überwiegend an Kinder und Jugendliche aus Nordhorn und der ländlichen Region richten. Zu jeder Ausstellung werden wöchentlich stattfindende Kurse, sogenannte Labore, sowie Wochenend- und Ferienangebot in das Programm genommen, die sowohl vor Ort als auch an Schulen, Kitas oder in Stadtteilen durchgeführt werden. Beschrieben und benannt wird die pädagogische Arbeit als integraler Bestandteil der Städtischen Galerie (vgl. Olbrich 2012: 5). Programmatisch ist die Kunstschule darauf fokussiert, sowohl von der Kunst ausgehend Vermittlungsprogramme zu entwickeln als auch künstlerische Fertigkeiten wie Malen, Zeichnen oder Weben an ihre Teilnehmenden zu vermitteln. Im Mission Statement der Galerie heißt es:

> *„Die faszinierenden, doch nicht immer ganz leicht zu erschließenden Bildwelten der Gegenwartskunst sollen aktiv für alle Publikumsgruppen zugänglich gemacht werden. Zugleich soll die Entwicklung eigener ästhetischer Praxis gefördert werden." (Städtische Galerie Nordhorn 2013: o.S.)*

Die Kunstschule verfügt über eine eigene Werkstatt, in der mit unterschiedlichen künstlerischen Techniken und Verfahren gearbeitet werden kann. Diese Werkstatt ist für das reguläre Ausstellungspublikum nicht sichtbar und kann nur in der Begleitung einer pädagogischen Mitarbeiter_in betreten werden. Es handelt sich hier um einen separaten Vermittlungsraum.
Im Jahr 2010 weitete die Städtische Galerie ihre Vermittlungsangebote um ein Vermittlungsprogramm für Erwachsene aus. Unter dem Namen ortsgespräch entwarfen die Kunstvermittler_innen, Künstler_innen und Kunstarbeiter_innen Ana Zosik und Constanze Eckert ein Kunstvermittlungsformat, bei dem die Themen der Ausstellung an das Lebensumfeld der erwachsenen Nordhorner Bevölkerung angebunden werden sollten.
Die beiden Vermittlerinnen beschreiben ihr Anliegen damit, dass es zentral sei, einerseits in den Ort zu gehen und zu schauen, welche Themen dort aktuell sind. Und umgekehrt die in der Galerie gezeigte Kunst zum Ortsgespräch zu machen (vgl. Eckert, Zosik 2012: 11).
Vor diesem Hintergrund wurde zu jeder Ausstellung ein umfangreiches Vermittlungsprojekt mit verschiedenen Erwachsenengruppen[115] über mehrere Wochen realisiert sowie die entstandenen Produkte am Ende in den Räumen der Galerie – an den Außenwänden des großen Ausstel-

115 So wurde beispielsweise unter dem Titel *Wurzeln haben – Wurzeln schlagen* zu der Ausstellung *Der offene Garten* (2010) mit dem VHS-Senior_innen-Kreis, der Integrationsberatung des Diakonischen Werkes, dem Verein Lingua Portuguesa und dem Seniorenheim Vechtestift zusammengearbeitet.

lungspavillons oder im kleinen Pavillon – ausgestellt.[116] Außerdem nutzten die Vermittler_innen den kleineren Pavillon als Raum, in dem sie über mehrere Tage mit Gruppen arbeiteten. Diese Entwicklung, den kleinen Pavillon gleichzeitig als Ausstellungs- wie Arbeitsraum für die pädagogische Arbeit zu nutzen, steht im Zusammenhang mit der Umbenennung des Raumes in *Projektpavillon* durch die damalige Leiterin Veronica Olbrich. Sie begründete diese Umbenennung damit, dass Kunstvermittlung ein zentraler Teil der Galeriearbeit sei. Seitdem wird der *Projektpavillon* sowohl regelmäßig durch Programme der Kunstschule und ortsgespräch sowie als Veranstaltungsraum oder Arbeitsraum von Kooperationspartner_innen genutzt.
Auf der Webseite der Galerie steht unter der Beschreibung der Galerie:

> *„Soweit der kleinere Pavillon nicht direkt in die jeweilige Ausstellung eingebunden ist, steht er als Raum für Veranstaltungen, Arbeitsgruppen und Präsentationen der Städtischen Galerie zur Verfügung, wie beispielsweise Projekte der Kunstschule, Erwachsenenbildung, Filmvorführungen, Vorträge und vieles mehr." (Städtische Galerie Nordhorn 2013: o.S.)*

Der sichtbare Vermittlungsraum in der Städtischen Galerie in Nordhorn ist demnach ein Multifunktionsraum, der sowohl temporär für die pädagogische Arbeit – Durchführung von Laborangeboten und pädagogischen Projekten von ortsgespräch, regelmäßig stattfindende Ausstellungen der Vermittlungsarbeit –, für Kunstausstellungen sowie für Veranstaltungen genutzt wird. Der Raum ist durch die Verglasung und Gestaltung als Pavillon einsehbar und während der Öffnungszeiten der Galerie frei zugänglich.
Die Akteur_innen der Vermittlung nutzen den Raum sowohl für die pädagogisch-praktische Arbeit in Projekten oder Laboren als auch als Ausstellungsraum für die Präsentation von ästhetischen Produkten und Dokumentationen aus der pädagogischen Praxis. Unter dem Titel *Schluss jetzt!* werden vier Mal im Jahr die erstellten ästhetischen Produkte von Kindern und Jugendlichen aus den Vermittlungsangeboten im *Projektpavillon* in Form einer Ausstellung präsentiert. Auch finden die Finissage sowie die letzte Führung in der Ausstellung an diesem Termin statt. Über eine bewusste Verzahnung von kuratorischen und kunstvermittlerischen Routinen wird Öffentlichkeit für die Vermittlungsarbeit und die Ausstellungen hergestellt.

116 *ortgespräch* wurde nach diesem Verständnis in den Jahren 2012 bis 2017 von der Kunstvermittlerin Dörte Isabell Denemann fortgeführt und wird heute von der Leiterin der Kunstschule Karin Heidinger-Pena sowie der Kunsthistorikerin und -vermittlerin Myriam Bönicke-Feld realisiert.

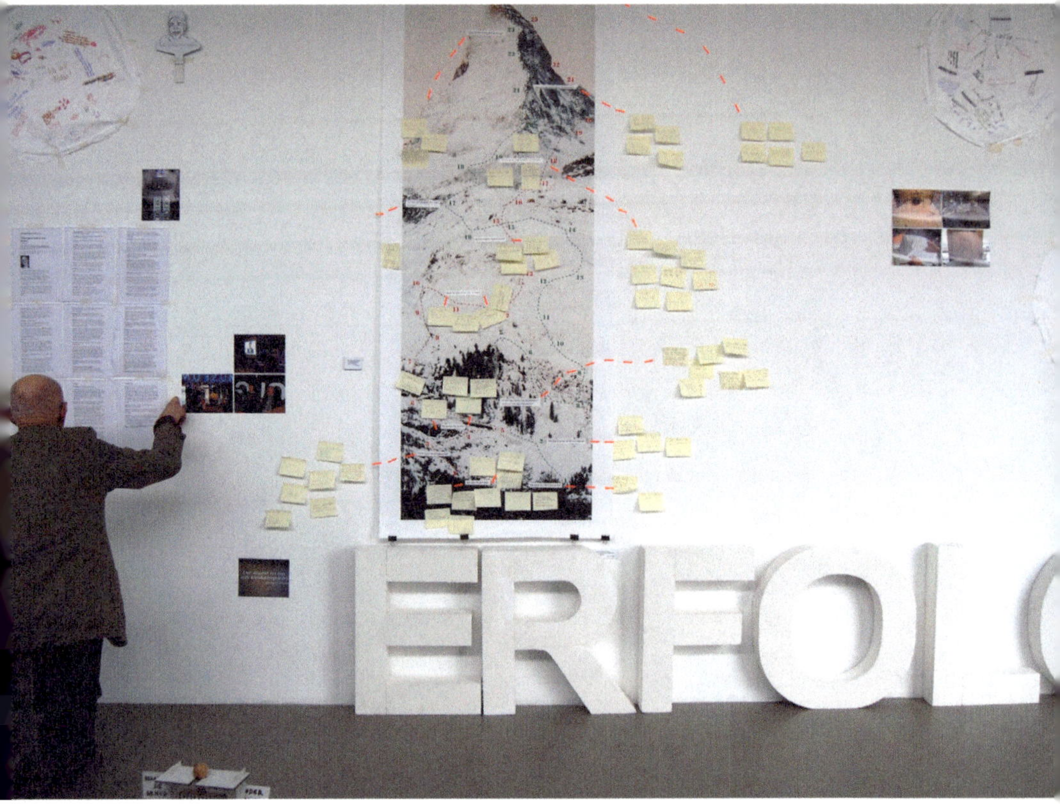

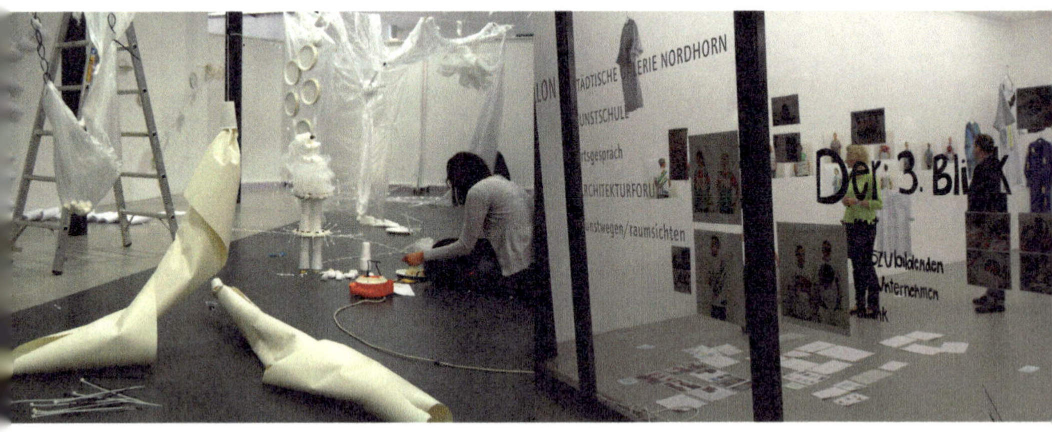


Abb. 18 - 20

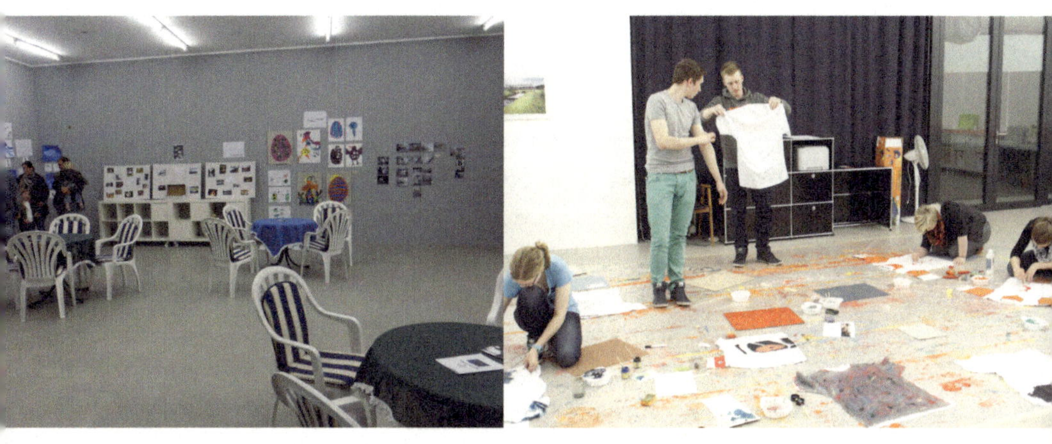

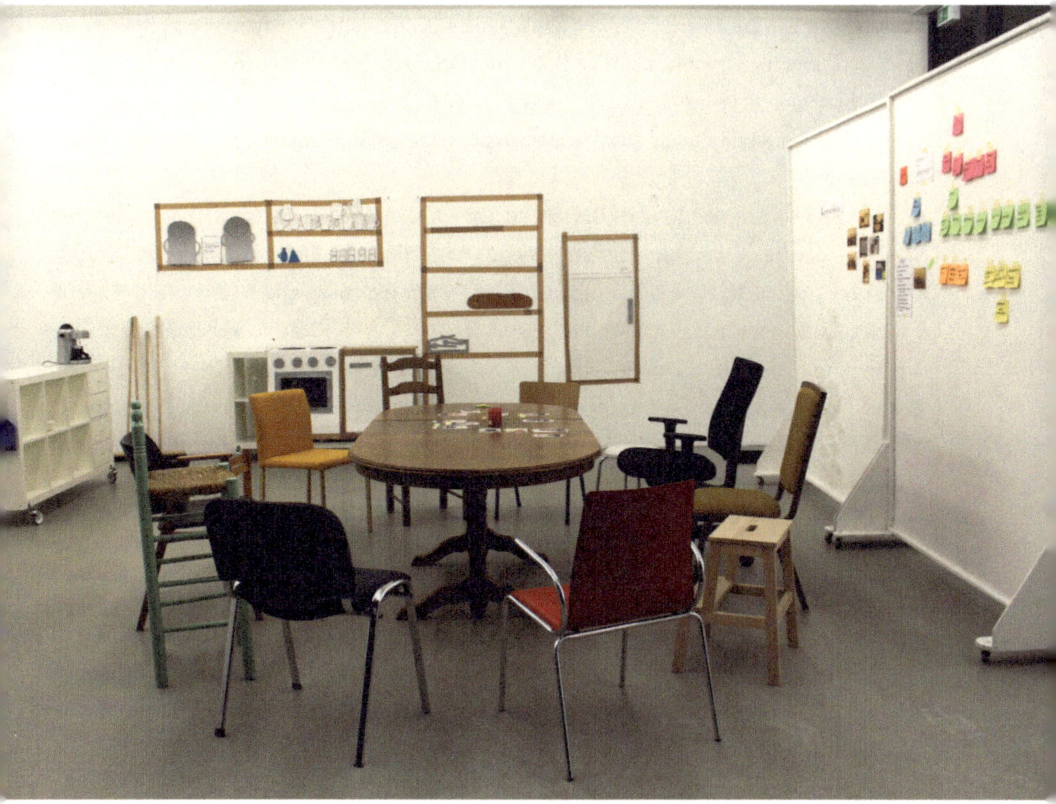

Abb. 21 - 23

## Fallbeispiel 2: *GALERIE FÜR DICH* in der Galerie für Zeitgenössische Kunst Leipzig

Die Galerie für Zeitgenössische Kunst (GfZK) in Leipzig ist eine Stiftung, die 1989 ohne eigenes Ausstellungsgebäude gegründet wurde und seitdem nationale und internationale Gegenwartskunst sammelt und an unterschiedlichen Orten der Stadt ausstellt. Die Gründung der GfZK steht zeitlich in engem Zusammenhang mit den politischen Entwicklungen im wiedervereinten Deutschland und war an die Idee geknüpft, ein Museum für internationale Gegenwartskunst in Ostdeutschland zu etablieren. 1998 bezog das Museum die sogenannte Herfurthsche Villa (GfZK-1, erbaut 1894), die vom Architekten Peter Kulka für die Anforderungen eines Museums für Gegenwartskunst umgestaltet wurde. Zu diesem Zeitpunkt realisierte die GfZK Vermittlungsprogramme wie Führungen, Vorträge und Vermittlungsaktivitäten, ohne eine eigenständig ausgewiesene Kunstvermittlungsabteilung zu haben. 2004 erhielt das Museum ein nach dem Architekturbüro as-if berlinwien entwickeltes neues Ausstellungsgebäude auf dem Gelände der Herfurthschen Villa. Es zeichnet sich durch die Möglichkeit aus, Wände zu teilen und variabel zusammenzuführen sowie über eine vielfältige Nutzung von Falttüren und Vorhängen, über die verschiedenartige Raumsituationen für Ausstellungen hergestellt werden können. Untergebracht im Neubau der GfZK (GfZK-2) ist neben den Ausstellungsräumen und dem Museumsshop auch das Museumscafé, welches sich zuvor in der Herfurthschen Villa befand.

Mit dem Freiwerden der Räume des ehemaligen Museumscafés in der GfZK-1 ging die Gründung einer Kunstvermittlungsabteilung einher. Die damalige Direktorin der Galerie Barbara Steiner nutzte die frei gewordenen Räume, um die pädagogische Arbeit der Galerie zu stärken, indem sie eine eigenständige Abteilung mit eigenen Räumlichkeiten gründete. Sie beauftragte die beiden Kunstvermittlerinnen Lena Seik und Alexandra Friedrich mit der Leitung der Abteilung und der Realisierung eines Vermittlungsprogrammes für Kinder und Jugendliche. Unter dem programmatischen Namen *GFZK FÜR DICH* entwickeln Seik und Friedrich seitdem ein umfangreiches Vermittlungsprogramm, das sich überwiegend an den Lebenswelten dieser Zielgruppe orientiert. Im Mission Statement der Kunstvermittlung heißt es:

> *„Die Kunstvermittlung hängt mit dem jeweiligen Ausstellungsprogramm der GfZK zusammen, sie fokussiert jedoch weniger auf die Betrachtung von einzelnen Kunstwerken, als vielmehr darauf, Bezüge zum unmittelbaren Lebensumfeld der Kinder, Jugendlichen und Erwachsenen aufzuzeigen und zu diskutieren." (Galerie für Zeitgenössische Kunst 2016: o.S.)*

Die Räume wurden in einen für das Ausstellungspublikum frei zugänglichen Ausstellungsraum für die Produkte und Dokumentationen aus der Vermittlungsarbeit, einen nicht zugänglichen Vermittlungsraum zum praktisch-pädagogischen Arbeiten sowie ein Büro für die Leiterinnen der Kunstvermittlung umgestaltet.[117] Die GfZK war mit der Gestaltung und Nutzung dieser Räume seit 2004 eine der ersten Kunsteinrichtungen in Deutschland, die sichtbare und frei zugängliche Räume der Vermittlung initiiert hat. Einen permanent sichtbaren und frei zugänglichen Raum für die Präsentation von Produkten und Dokumentationen aus der pädagogischen Arbeit innerhalb eines Museums einzurichten, war in dieser Zeit in Deutschland außergewöhnlich.

In den Jahren 2013 bis 2016 erfuhren die Vermittlungsräume der GfZK eine Veränderung. Ziel der neuen Direktorin Franciska Zólyom war es, die pädagogische Arbeit der Galerie stärker sichtbar zu machen. Dieses Anliegen wurde über die Verschiebung und Ausweitung der Räume der Kunstvermittlung hergestellt. An die Stelle der Ausstellungsräume des Altbaus wurden dort nun drei sichtbare und frei zugängliche Vermittlungsräume auf dieser ehemaligen Ausstellungsfläche eingerichtet: ein Ausstellungsraum, in dem Produkte aus der pädagogischen Arbeit präsentiert werden, ein Arbeitsraum für die pädagogische Arbeit mit Gruppen sowie einen Arbeits- und Recherche-Raum zur eigenständigen Erarbeitung von Inhalten für die Besucher_innen sowie als Vorbereitungs- und Besprechungsraum für die freien Kunstvermittler_innen.

Die neue räumliche Verteilung innerhalb der GfZK hatte zur Folge, dass im Erdgeschoss der GfZK im Altbau die Räume ausschließlich von der Kunstvermittlung bespielt und von den Veranstaltungsprogrammen genutzt wurden. Einen Ausstellungsraum für Kunst gab es während der Zeit im Erdgeschoss des Altbaus nicht mehr.

Eingerichtet und genutzt wurden diese drei neu eingeführten physisch-materiellen Räume in der Zeit von 2013 bis Ende 2016. Alle Vermittlungsaktivitäten der GfZK, die nicht in den Ausstellungen oder in anderen Einrichtungen wie Kindergärten oder Schulen stattfanden, wurden in diesem Zeitraum in den Räumen realisiert.

117 Produkte von Kindern und Jugendlichen auszustellen kann in Verbindung gebracht werden mit dem Institut für Kunstpädagogik der Universität Leipzig. 1995 wurde dort die Galerie Treppenwerk innerhalb der Universität mit der Absicht gegründet, neben den künstlerischen Studierendenarbeiten Ausstellungen mit den künstlerisch-ästhetischen Produkten von Schüler_innen zu realisieren. Die Kunstpädagogikstudierenden wurden während ihres Studiums mit dem Konzept, Ausstellungen mit den Produkten von Kindern und Jugendlichen zu machen, konfrontiert (vgl. Spengler 2000).

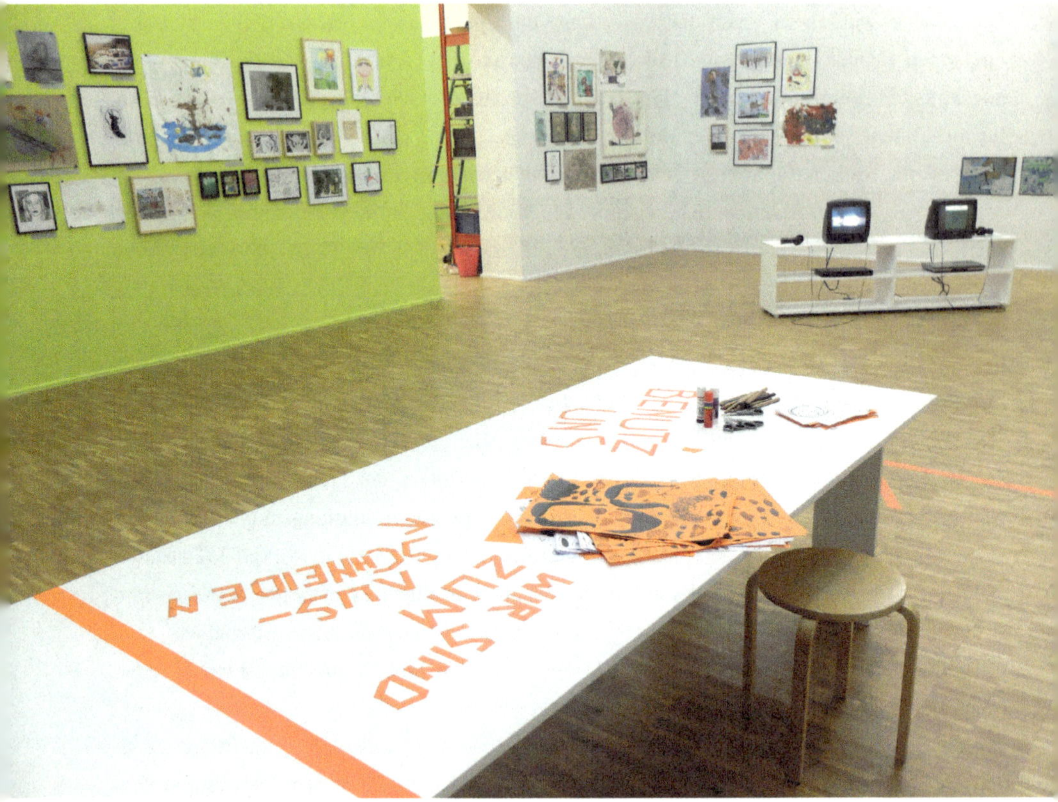

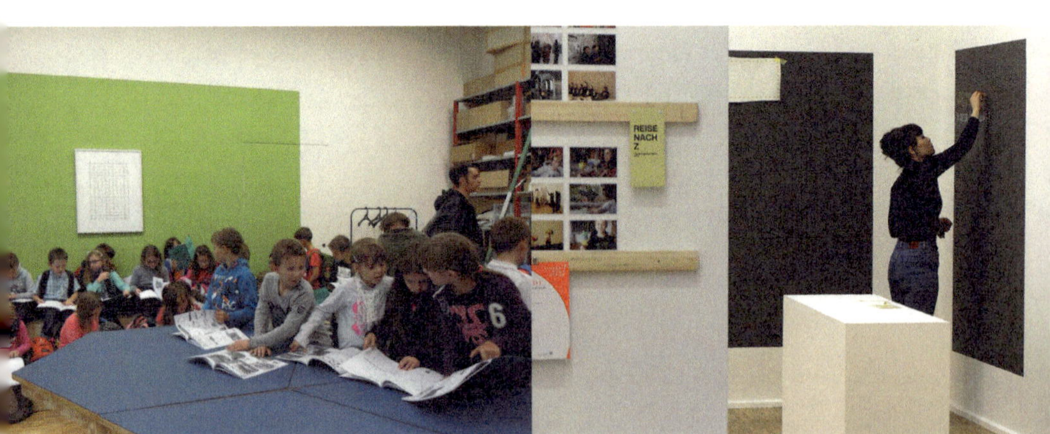


Abb. 24 - 26

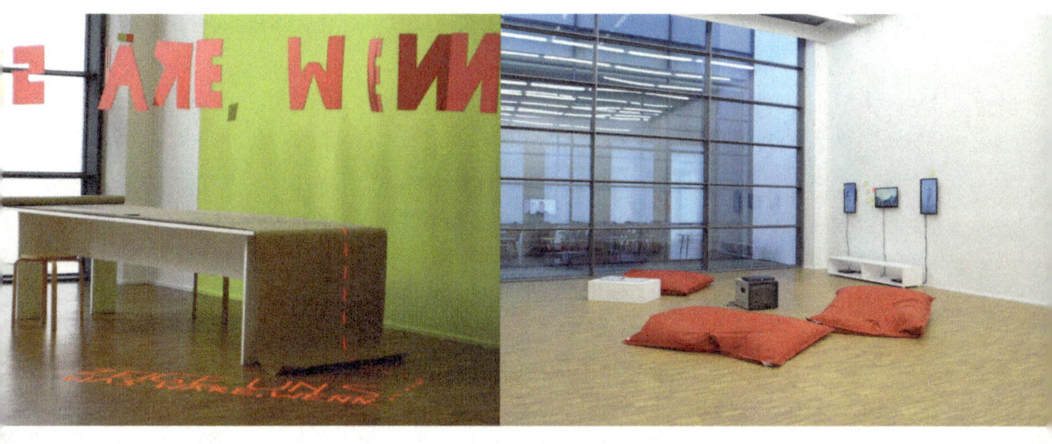

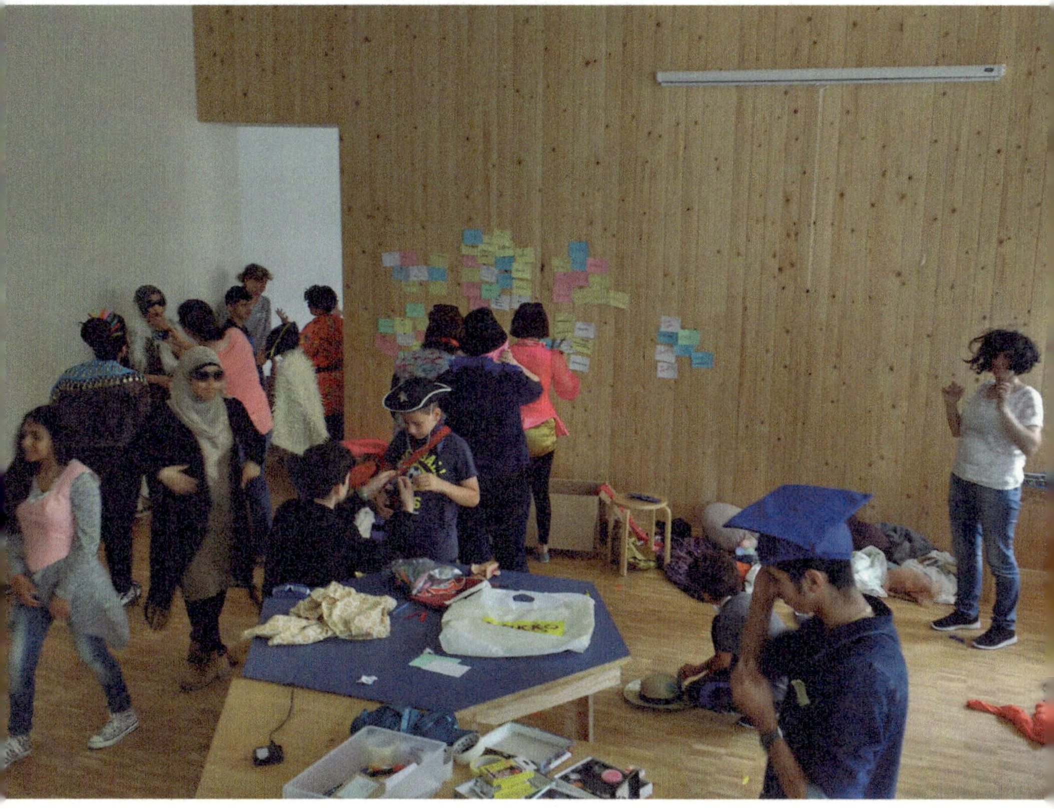

Abb. 27 - 29

## Fallbeispiel 3: *BÄM* im ZKM | Zentrum für Kunst und Medien Karlsruhe

Das ZKM | Zentrum für Kunst und Medien[118] Karlsruhe (ZKM) ist eine Stiftung des öffentlichen Rechts der Stadt Karlsruhe und des Landes Baden-Württemberg, die 1989 gegründet wurde. Das Anliegen der Gründungsmitglieder[119] war, eine Kunst- und Kultureinrichtung zu schaffen, die im Bereich Kunst und Neue Medien „forscht und entwickelt", „veranstaltet und verbreitet" sowie „lehrt und fördert".[120]
Dieser Ansatz besteht bis heute fort und verdeutlicht, dass das ZKM nicht nur die klassischen museologischen Funktionen übernimmt, sondern sich auch als Produktions- und Forschungsinstitution versteht. Aus diesem Grund wurden vom ersten Direktor des ZKM Heinrich Klotz das Institut für Musik und Akustik[121] sowie das Institut für Bildmedien gegründet, an denen die neuen Medien in visueller und auditiver Form erforscht werden und neue Produktionen entstehen.[122] Die Etablierung der Staatlichen Hochschule für Gestaltung (HfG), in welcher gelehrt, geforscht und studiert wird, vollzieht das Anliegen Klotz' als Teil des ZKM auf einer weiteren institutionellen Ebene.
Bevor das ZKM 1991 in ihr derzeitiges Gebäude einzog, arbeiteten die Mitarbeiter_innen an verschiedenen Standorten und entwickelten Veranstaltungen, Neuproduktionen von künstlerischen Arbeiten und Ausstellungen[123], die an unterschiedlichen Orten in der Stadt Karlsruhe realisiert wurden. Mit dem Umbau des historischen Hallenbaus, einem ehemaligen als Munitionsfabrik erbauten und während des Zweiten Weltkriegs[124] als solche genutzten Industriebau der Industriewerke Karlsruhe-Augsburg, erhielt das ZKM seine eigenen Räume innerhalb

118 Bis 2016 hieß das ZKM | Zentrum für Kunst und Medientechnologie.

119 Die Gründung geht auf das Jahr 1985 zurück, in welchem die ZKM-Arbeitsgruppe sowie eine Fachkommission gegründet wurden. Sie bestanden aus Kommunalpolitiker_innen, Vertreter_innen der Universität, der Akademie der Bildenden Künste Karlsruhe, des Kernforschungszentrums sowie weiteren Karlsruher Institutionen (vgl. Peine 1998: 8). Das richtungsweisende *Konzept '88* für die Planung und Realisierung des ZKM wurde vom Kulturreferenten der Stadt Karlsruhe Michael Heck sowie Helmut Bohner, Harald Ringler, Thomas A. Troge und Peter Zec verfasst.

120 Siehe hier das *Konzept '88* der ZKM-Arbeitsgruppe (1988: 14), ZKM | Zentrum für Kunst und Medientechnologie Karlsruhe: *Konzept '88*. [online] https://zkm.de/media/file/de/konzept_88.pdf [01.08.2020].

121 Im Jahr 2001 wurde das Institut für Medien, Bildung und Wirtschaft sowie 2004 das Labor für antiquierte Videosysteme gegründet.

122 Die Institute in ihrer damaligen Form existieren so heute nicht mehr.

123 Eines der wichtigsten Veranstaltungs- und Ausstellungsprogramme des ZKM in dieser Zeit war das jährlich stattfindende Medienkunstfestival *MultiMediale* (1989–1997).

124 Während der Zeit des Dritten Reiches mussten mehrere Tausend Zwangsarbeiter_innen in der Munitionsfabrik unter menschenunwürdigen Bedingungen arbeiten. Um den Zwangsarbeiter_innen zu gedenken, existiert seit 2017 neben dem Haupteingang des ZKM eine *Gedenktafel für die Zwangsarbeiter der Deutschen Waffen- und Munitionsfabrik AG Karlsruhe*. Die Schrifttafel hat folgende Inschrift: „In der ehemaligen Waffen- und Munitionsfabrik auf diesem Gelände und an vielen anderen Stellen in der Stadt waren im Zweiten Weltkrieg mehr als 17.000 Zwangsarbeiterinnen und Zwangsarbeiter eingesetzt. Ein Drittel waren Frauen. 12.000 stammten aus Osteuropa. Aus ihrer Heimat verschleppt, wurde ihre Arbeitskraft von der Kriegswirtschaft ausgebeutet. Mehr als 600 von ihnen fanden in Karlsruhe den Tod. Den Opfern zum Gedenken. Den Lebenden als Mahnung, zur Bewahrung des Friedens, der Menschenwürde und der freien Selbstbestimmung aller Menschen."

dieses Gebäudes. Die Umbauarbeiten wurden von dem Architekturbüro Schweger + Partner durchgeführt, die in ihrem Konzept die stilbildenden Elemente der ehemaligen Munitionsfabrik beibehielten und damit zur Erinnerungskultur des belasteten Erbes des Geländes beitragen.

Untergebracht war das ZKM zu Beginn in vier der zehn Lichthöfe des 314 Meter langen Gebäudes zusammen mit zwei Museen (das Medienmuseum und das Museum für Gegenwartskunst), den Forschungsinstituten, einer Mediathek, einem Medientheater, Werkstätten, Ateliers und Büros sowie mit einem separaten Anbau, dem ZKM-Kubus für die Produktion und das Aufführen elektroakustischer Musik. Gleichzeitig mit dem ZKM zog die Städtische Galerie Karlsruhe in den Hallenbau in Lichthof 10, gefolgt von der Hochschule für Gestaltung in den Lichthöfen 3, 4 und 5.

Im Gründungskonzept von 1988 verankert war bereits das Anliegen, Kunst und Wissenschaft nicht nur an ein Fachpublikum, sondern auch an die Bürger_innen zu vermitteln.

> *„Zweck der zukünftigen Einrichtung wird es danach sein, die Nutzungsmöglichkeiten neuer Technologien für Kunst und Wissenschaft in Forschung, künstlerischen Experimenten, Bildung und Lehre zu entwickeln und zu fördern. Und zwar nicht nur für die Fachleute, sondern ebenso für die Bürger." (Seiler 1988: o. S.)*

Aus diesem Verständnis heraus wurde unter dem Namen Museumskommunikation[125] die erste Vermittlungsabteilung des ZKM gegründet. Die Museumskommunikation organisierte Führungen und Workshops für Kinder, Jugendliche und Erwachsene sowie Fortbildungen für Lehrer_innen in der Zusammenarbeit mit dem Regierungspräsidium. In inhaltlicher und räumlicher Nähe zum Medienmuseum wurde zu pädagogischen Zwecken der erste Vermittlungsraum des ZKM, eine Medienwerkstatt[126], eingerichtet, in der an acht Computerplätzen in Form von Workshops gearbeitet werden konnte.

Im Jahr 1999[127] wurde das ZKM räumlich ausgeweitet und bezog die Lichthöfe 1 und 2, in denen das Museum für Neue Kunst[128] (MNK) eröffnet wurde. Einher mit dieser Eröffnung ging die Gründung einer weiteren museumspädagogischen Abteilung, die überwiegend die Kunst im MNK an Kindergarten- und Schulkinder vermittelte (vgl. Jürgens 2002: 19f.). Sie wurde von der Museumspädagogin Christiane Jürgens geleitet. Die pädagogische Abteilung

125 Gegründet wurde die Museumskommunikation von der damaligen Kuratorin Ursula Frohne und dem Mitarbeiter des Medienmuseums Bernhard Serexhe.

126 Die Medienwerkstatt ist im Jahr 2010 in andere Räumlichkeiten umgezogen, um mit einer größeren Gruppe arbeiten zu können.

127 Im selben Jahr zog die Hochschule für Gestaltung in die umgebaute Munitionsfabrik.

128 Seit der Ausstellungs- und Veranstaltungsreihe *GLOBALE* im Jahr 2015 unterscheidet das ZKM nicht mehr dezidiert zwischen Medienmuseum und Museum für Neue Kunst.

konnte in dem neuen Gebäudeteil über zwei weitere Vermittlungsräume, das kleine Atelier und den Multifunktionsraum, verfügen. Beide Räume befinden sich im Dachgeschoss des ZKM und können nur in der Begleitung einer Kunstvermittler_in betreten werden. Sie bestehen, wenn auch in teilweise verkleinerter Form, bis heute fort und werden für die pädagogische Arbeit genutzt. Im Jahr 2006 wurden beide pädagogische Abteilungen zu einer Abteilung zusammengeführt, die seitdem unter dem Namen Museumskommunikation von der Kunstwissenschaftlerin Janine Burger geleitet wird.
Der erste sichtbare Vermittlungsraume im ZKM entstand 2011 im Rahmen der Ausstellung *The Global Contemporary. Kunstwelten nach 1989* (siehe Kapitel 2). Anschließend folgten weitere Räume, die sowohl eingebunden in Ausstellungen – wie der sogenannte *Zwischenraum* (2013–2014), konzipiert und realisiert von Fanny Kranz in der Ausstellung *Sascha Waltz. Installationen Objekte Performances*, – oder als ausstellungsunabhängiger Raum entstanden sind – wie das *max-Atelier* (2014 bis heute).

Ende 2015 wurde innerhalb der Ausstellungsfläche ein weiterer sichtbarer Vermittlungsraum eröffnet: *BÄM*. Der im Lichthof 9 im ersten Obergeschoss eingerichtete Vermittlungsraum ist während der Ausstellungszeiten vom Publikum frei einsehbar und kann, wenn nicht von den Vermittler_innen symbolisch durch ein Absperrband verschlossen, frei vom Ausstellungspublikum betreten werden. *BÄM* wird auf der Webseite des ZKM[129] als ein *Maker-Space*, als eine Art „offene Werkstatt" beschrieben, womit die beiden Hauptcharakteristika von *BÄM* verdeutlicht werden. Inhaltlich richten sich die pädagogischen Programme von *BÄM* an der Maker-Szene aus, welche „als ein neues soziales Phänomen des Produzierens verstanden werden [kann; H. P.], das darauf basiert, dass moderne digitale Fertigungstechnologien [...] niederschwellig für Menschen zugänglich werden und es ihnen ermöglichen, selbst neue Produkte zu kreieren" (Hartmann 2016: 76f.). Das heißt, in den Workshops und offenen Angeboten werden Produkte unter der Verwendung aktueller Techniken hergestellt oder bereits existierende Dinge umgebaut. Formal werden die Angebote sowohl als Workshop mit festen Anmeldungen durchgeführt oder als offenes Workshop-Format im sogenannten *BÄMlab* angeboten. Daran können jeden Freitag Kinder und Jugendliche in der Zeit von 14 bis 18 Uhr ohne Anmeldung und kostenfrei teilnehmen. Die Vermittlungsformate, die im sichtbaren Vermittlungsraum *BÄM* angeboten werden, gehen von den Ansätzen einer subkulturellen Bewegung und den Interessen der Teilnehmenden aus.

129 [online] https://zkm.de/de/bildung-vermittlung/baem-mit-mach-werkstatt [12.09.2020].

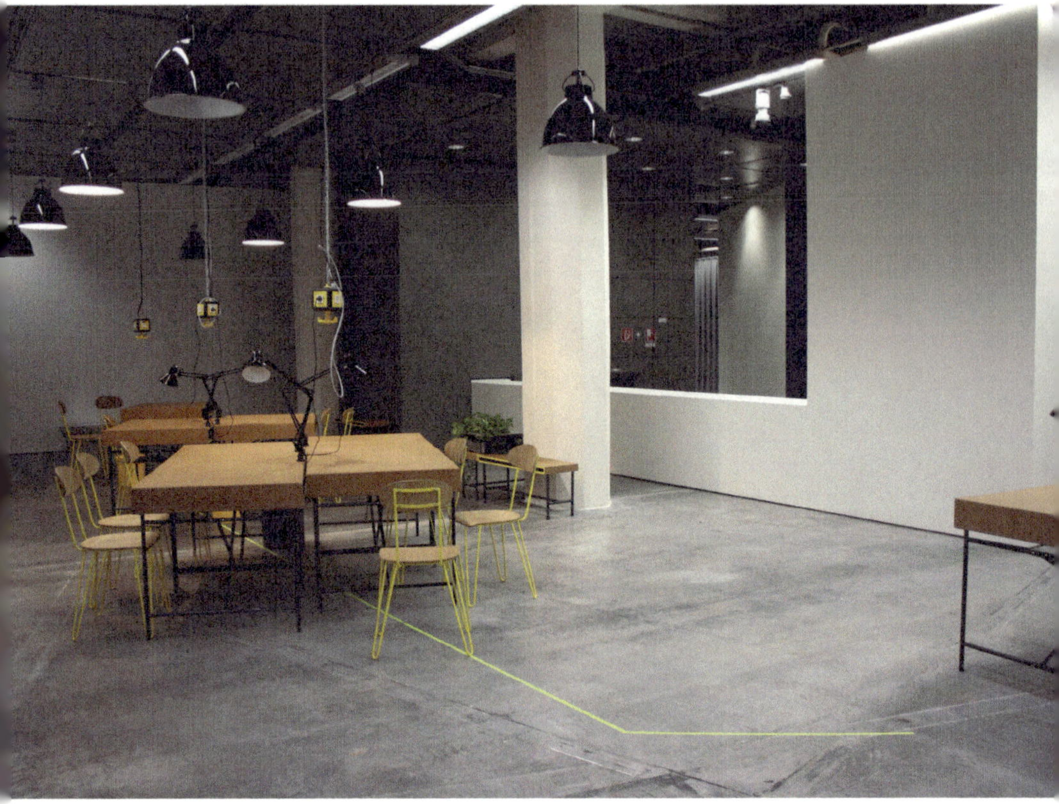

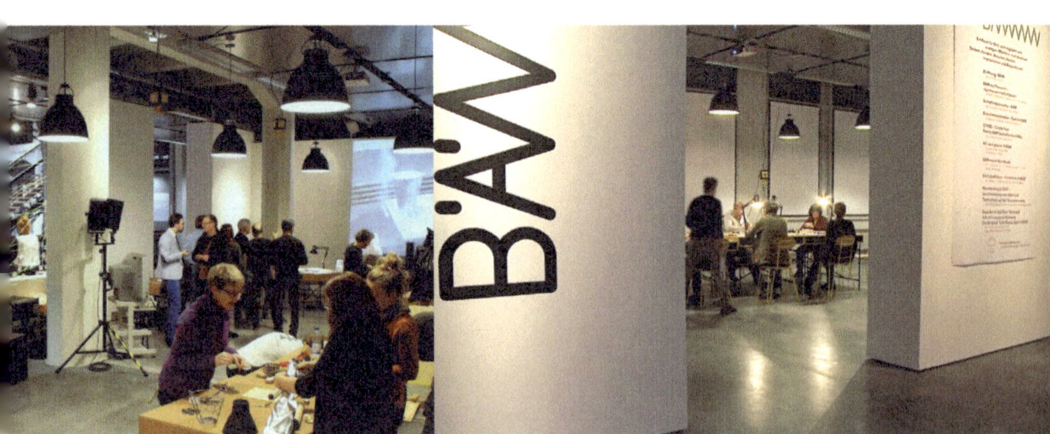

Abb. 30 - 32

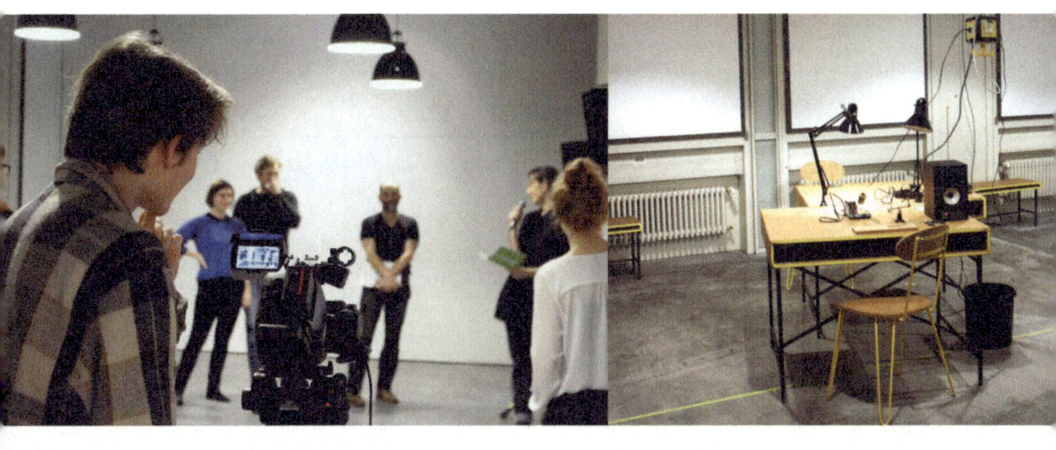

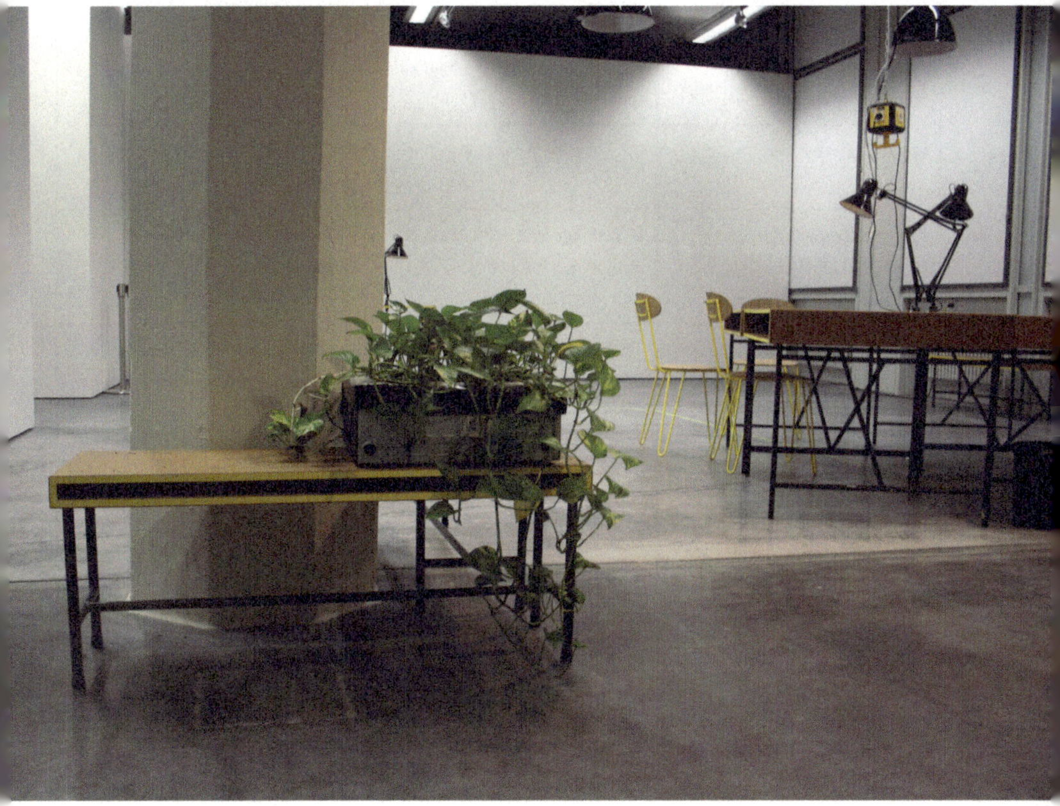

Abb. 33 - 35

| Beforschte Vermittlungsräume und ihre Institutionen | | |
|---|---|---|
| **Projektpavillon in der Städtischen Galerie Nordhorn**<br>(seit 2010 bis heute) | **GALERIE FÜR DICH in der Galerie für Zeitgenössische Kunst Leipzig**<br>(06.2013 bis 10.2016) | **BÄM im ZKM I Zentrum für Kunst und Medien Karlsruhe**<br>(seit 2015 bis heute) |
| Sichtbarer Ausstellungsraum, der temporär für die pädagogische Arbeit umgenutzt wird. | Drei sichtbare Vermittlungsräume, die explizit zum Präsentieren, Vorbereiten und Durchführen von pädagogischer Arbeit eingerichtet wurden. | Sichtbarer Vermittlungsraum, der innerhalb der Ausstellungsfläche für ein bestimmtes pädagogisches Konzept eingerichtet wurde. |
| Kunstvermittlungsangebote im *Projektpavillon* orientieren sich überwiegend an der ausgestellten Kunst sowie an künstlerischen Techniken. | Kunstvermittlungsgebote in der *GALERIE FÜR DICH* orientieren sich überwiegend an den Lebenswelten der Kinder und Jugendlichen. | Kunstvermittlungsangebote im *BÄM* orientieren sich überwiegend an Ansätzen aus der Maker-Szene. |
| Ca. 460 $m^2$ Ausstellungsfläche | Ca. 1.600 $m^2$ Ausstellungsfläche | Ca. 15.000 $m^2$ Ausstellungsfläche |
| 3,5 festangestellte Mitarbeiter_innen (inkl. eine Volontär_in)<br>1 FSJler_in | 19 festangestellte Mitarbeiter_innen (inkl. einer Volontärin) | 80 festangestellte Mitarbeiter_innen |
| 0,5 festangestellte Mitarbeiterin in der Kunstvermittlung | 3 festangestellte Mitarbeiterinnen in der Kunstvermittlung (inkl. einer Volontärin) | 6 festangestellte Mitarbeiter_innen in der Kunstvermittlung (inkl. einer Volontärin) +<br>1 Bundesfreiwilligendienst |
| 4 Ausstellungen pro Jahr | Ca. 10 Ausstellungen pro Jahr | Ca. 30 Ausstellungen pro Jahr |
| Ca. 2.900 Besucher_innen im Jahres-Ausstellungszyklus 2017/2018 | Ca. 60.000 Besucher_innen im Jahr 2017 (inkl. Museumscafé) | Ca. 220.000 Besucher_innen im Jahr 2017 |

## Datenmaterial

Das Ausgangsdatenmaterial für die vorliegende Forschung sind die Expert_innen-Interviews, die ich mit den Kunstvermittler_innen in den drei unterschiedlichen Institutionen geführt habe. Die Gespräche wurden von mir in transkribierte Interviews ‚übersetzt'. Sie stellen das Ausgangsmaterial der erhobenen Daten der vorliegenden Forschung dar, welche im Verlauf um einige Interviews sowie weitere Materialien erweitert wurden.

Zentral für das Verständnis des gesamten Datenmaterials ist, dass dieses nach dem Verständnis von Kathy Charmaz hergestellt wird. Zum einen in einem wechselseitigen Prozess zwischen mir und den Akteur_innen des Feldes – beispielsweise in Form der Rekonstruktion der eigenen Erfahrungen der Kunstvermittler_innen in den Beschreibungen während der Interviews sowie dem Festhalten meiner Beobachtungen vor Ort, die auf der Interaktion mit dem Setting basieren. Als auch in dem Bewusstsein, dass Materialien aus der Vermittlungsarbeit – wie Buch-Publikationen und Veröffentlichungen im Internet über Webseiten oder Social Media – aus einer bestimmten Sicht heraus und mit einem bestimmten Interesse produziert werden. Der Einbezug und die Auswahl verschiedener Daten in den Kodierprozess der Forschungsarbeit basieren auf der Frage, welche Materialien zur Beantwortung der Forschungsfrage dienlich sind und geht auf das Verständnis des „all is data" der Grounded Theory zurück. Dabei werden zu der Frage der räumlichen Repräsentation der sichtbaren Vermittlungsräume von den einzelnen Institutionen veröffentlichte Materialien zum Vermittlungsraum in den Forschungsprozess einbezogen.

Zusätzlich zu den Expert_innen-Interviews habe ich Beobachtungen vor Ort durchgeführt und diese in Protokollen und Fotografien festgehalten. Ich habe die Vermittlungsräume an zufälligen Tagen aufgesucht, also nicht aufgrund von spezifischen Programmen, die im Raum durchgeführt wurden. Dabei habe ich Kontakt zu den Vermittler_innen und den Teilnehmenden aufgenommen und mich mit ihnen über das Arbeiten in dem sichtbaren Vermittlungsraum unterhalten. Die daraus gewonnenen Informationen hielt ich ebenfalls in den Beobachtungsprotokollen (BP) fest, die in den Kodierprozess einbezogen wurden.

Formal handelte es sich bei meinen Besuchen in den Vermittlungsräumen um offene Beobachtungen, bei der alle Anwesenden über meine Forschungstätigkeit informiert sind. Die hergestellte Veränderung der Situation durch meine Anwesenheit vor Ort ist mir bewusst. Zu Beginn waren meine Beobachtungen vor Ort sehr offen, später habe ich bereits erstellte Konzepte im Feld abgeglichen. Zusätzlich zu den Beobachtungsprotokollen habe ich Fotografien erstellt von Settings, die mir in den physisch-materiellen Vermittlungsräumen und dem institutionellen Umfeld aufgefallen sind. Sie dienen in der vorliegenden Arbeit zum einen der Visualisierung der Räume und zum anderen als Erweiterung der Beobachtungsprotokolle.

Neben den Expert_innen-Interviews, den Beobachtungsprotokollen und Fotografien wurden von den Institutionen veröffentlichte Materialien in den Forschungsprozess einbezogen. Dabei handelt es sich um gedruckte Broschüren oder Publikationen, Werbematerialien sowie Internet- und Social-Media-Auftritte, die überwiegend bei der Frage nach der räumlichen Repräsentation in den Kodierprozess einbezogen wurden. Außerdem wurden Raumpläne der Institutionen, über die die Verortung der sichtbaren Vermittlungsräume und ihre Größenrelation sichtbar werden, Teil des Datenmaterials.

| Erhobenes und zusammengestelltes Datenmaterial | | |
|---|---|---|
| **Städtische Galerie Nordhorn** | **GfZK Leipzig** | **ZKM Karlsr£uhe** |
| 4 Interviews mit Kunstvermittler_innen | 4 Interviews mit Kunstvermittler_innen | 4 Interviews mit Kunstvermittler_innen |
| 1 Interview mit der Leiterin der pädagogischen Abteilung | 1 Interview mit der Leiterin der pädagogischen Abteilung | 1 Interview mit der Leiterin der pädagogischen Abteilung |
| Fotografien vor Ort | Fotografien vor Ort | Fotografien vor Ort |
| Beobachtungsprotokolle | -[130] | Beobachtungsprotokolle |
| Webseite und Facebook-Seite der Galerie | Archiv-Webseite der *GALERIE FÜR DICH* | Webseite und Instagram-Accounts des ZKM |
| Publikationen von ortsgespräch, herausgeben zwischen 2012 und 2015 sowie *Schön. Das Kulturmagazin für die ganze Familie*, Nr. 17 bis Nr. 23 | Publikationen der Kunstvermittlung der GfZK, herausgegeben zwischen 2015 und 2020 | Flyer und Broschüren zu *BÄM* Flyer und Broschüren zu allgemeinen Angeboten der Museumskommunikation zwischen 2016 und 2019 |

Zur Erforschung des Feldes werden für das Feld und die Forschungsfrage relevante Daten erhoben und gesammelt. Die Analyse der Daten in einem Kodierprozess stellt wiederum den Ausgangspunkt für neue Datenerhebung und Auswertung dar. Zur Realisierung dieses Kodierprozesses, der in der vorliegenden Arbeit ebenso den Einbezug von Bildern beinhaltet, lag die Entscheidung nahe, für alle Vorgehensweisen im Forschungsprozess die computergestützte Software ATLAS.ti zu nutzen, die speziell für Studien im Forschungsdesign der Grounded Theory entwickelt wurde. Insbesondere die mediale Vielfalt der Daten und die Reflexion des Forschungsprozesses können hier abgebildet werden. Die Forschungspraxis mit der computergestützten Software ATLAS.ti wird im nächsten Abschnitt genauer dargestellt.

130 Da die *GALERIE FÜR DICH* zum Zeitpunkt der Forschung nicht mehr in der Form von drei Räumen existierte, konnten keine Beobachtungen vor Ort durchgeführt werden.

## 5.4 Konkrete Forschungspraxis

### Produktion eines Textlabors durch Kodieren, Segmentieren, Kommentieren und Verknüpfen mit ATLAS.ti

Die praktische Umsetzung der einzelnen Kodierverfahren der konstruktivistischen Grounded Theory wurde mit der computergestützten Software ATLAS.ti durchgeführt. In Anlehnung an den tschechischen Soziologen und Musiker Zdeněk Konopasék wird das analytische Arbeiten mit ATLAS.ti als die Herstellung eines Textlabors verstanden, bei welchem alle Forschungsschritte – das Kodieren, Verknüpfen von Kodes und das Schreiben von Memos – auf dem Bildschirm sichtbar gemacht werden (vgl. Konopasék 2011: 384).
ATLAS.ti wurde auf Grundlage der Grounded-Theory-Methodologie-Verfahren vom ATLAS.ti-Gründer Thomas Muhr entwickelt. Es fungiert als eine Schnittstelle, „in der und durch die wir denkend *handeln*" (ebd.: 398). Das Denken der Forscher_in kann mit ATLAS.ti sichtbar gemacht werden, indem das Programm unterschiedliche Visualisierungsformen der jeweiligen Forschungsstände zur Verfügung stellt. Forscher_innen können *„auf eine sichtbare Art und Weise denken*" (ebd.: 400).
Alle verwendeten und für die Forschung erhobenen und zusammengestellten Materialien werden in ATLAS.ti hochgeladen und nach dem Vorgehen der Grounded Theory bearbeitet. Das Programm ermöglicht, neben den Textdokumenten auch PDFs und Bilder in die Datenanalyse einzubeziehen. Diese können wie die Textdokumente bearbeitet, kommentiert und zueinander in Beziehung gesetzt werden. In der vorliegenden Forschung werden die Bilddokumente nicht als Ausgangsmaterialien wie die Interviews verwendet, sondern dienen während des theoretischen Sampling als Abgleich und Bezugsfeld zu den bereits entwickelten Kategorien.
Der erste Schritt beim Arbeiten mit ATLAS.ti stellt grundsätzlich das Markieren von einzelnen Datensegmenten dar, die entweder kodiert, also benannt, oder als offene Zitate belassen werden können. Susanne Friese (2016), die an der Entwicklung von ATLAS.ti beteiligt ist, beschreibt dieses erste Sichten und Benennen von Datensegmenten mit dem Begriff des *taggen*, was sich mit etikettieren und identifizieren übersetzen lässt. Dieses Vorgehen ist gleichzusetzen mit dem *initial coding* der konstruktivistischen Grouded Theory, da Datensegmente ausgewählt und mit einem Namen versehen werden (vgl. Friese 2016: 490). Ich habe das *inital coding* – wie Charmaz es vorschlägt – in ATLAS.ti mit einem *line-by-line coding* mit dem Interview B3 begonnen. Die Reihenfolge bei der Auswahl des

Interviews hat aufgrund des zirkulären Forschungsprozesses letztendlich keinen Einfluss auf beziehungsweise ist für die Theoriebildung insgesamt unerheblich.[131]
Erstellt wurden im ersten Interview 352 Kodes, die entweder mit eigenen Namen versehen oder als *in vivo code* getaggt wurden. Das *line-by-line coding* habe ich mit weiteren Interviews fortgeführt, worüber sich bereits einige inhaltliche Schwerpunkte und Wiederholungen zeigten. Nach den ersten sechs Interviews enthielt meine Kodeliste 759 Nennungen, was eine sehr große und unüberschaubare Menge an Daten darstellt. Die erstellten Kodierungen des *initial coding* habe ich im Anschluss auf ihre Relevanz der Forschungsfrage hin angeschaut und alle diejenigen, die keine thematische Relation[132] zum Forschungsgegenstand und zur Forschungsfrage aufwiesen, aussortiert. Nach dem Kodieren des *initial coding* erfolgte der nächste Kodiervorgang im *focused coding.*

## *Focused Coding* mit ATLAS.ti

In ATLAS.ti können die markierten Textteile von dem Primärdokument gelöst werden, wodurch ein neues Analyseobjekt entsteht, welches unabhängig von seinem ursprünglichen Kontext existiert. Der Vorteil des Herausnehmens von Textteilen aus dem ursprünglichen Kontext mit ATLAS.ti ist, dass nun gleichzeitig mit mehreren Textteilen[133] gearbeitet und diese zueinander in Beziehung gesetzt werden können. Konopásek sieht in diesem Schritt einen zweifachen Vorteil:

> *„Erstens sind sie [die Textteile; H. P.] in ihrer Anzahl reduziert, sodass wir uns auf das konzentrieren können, was wir bisher als relevant befunden haben. Zweitens sind sie in ihrer Größe vermindert, sodass sie zu greifbaren Datenelementen werden. Erst jetzt können wir auf dem Bildschirm noch nie dagewesene Rendezvous anordnen, die unter unserer unmittelbaren visuellen Kontrolle stattfinden" (Konopásek 2011: 391)*

Darüber werden durch den Vergleich sowohl Kontrastierungen als auch Analogien aus unterschiedlichen Datenelementen sichtbar.

131 So schreibt der Soziologe und Erziehungswissenschaftler Jan Kruse, der sich mit der Frage auseinandergesetzt hat, mit welchem Interview der Kodiervorgang begonnen werden soll: „Es ist im Grunde genommen völlig egal, mit welchem Fall bzw. mit welchen Abschnitten in einem Fall begonnen wird" (Kruse 2016: 192).

132 Es wurden in den Interviews Aussagen gemacht, die keine direkte Verbindung zum sichtbaren Vermittlungsraum enthielten. So wurde beispielsweise von einer veränderten Einstellung der Lehrer_innen gegenüber ihrer Schüler_innen gesprochen, es wurden die allgemeinen Anforderungen der Arbeitsbedingungen der Vermittler_innen genannt, die unabhängig vom sichtbaren Vermittlungsraum existieren, sowie der Umgang mit altersheterogenen Gruppen oder eine allgemeine Arbeitsüberlastung durch viele alltägliche Aufgaben.

133 Es ist ein Verfahren, das in Korrespondenz steht zu analogen Verfahren, wie Textteile ausschneiden und nebeneinanderlegen bzw. kleben (Konopásek 2008: o. S.).

Die in diesem Schritt erstellten Einheiten können in ATLAS.ti mit Kommentaren in Form von Memos versehen werden. Bei meinem Vorgehen habe ich überwiegend Kommentare zu den Kodes geschrieben, um diese genauer beschreiben beziehungsweise gegenüber anderen Kodes abgrenzen zu können. Die Funktion des Kommentierens macht es zum einen möglich, die Genealogie der Einteilungen und Bezeichnungen nicht zu vergessen, und stellt folglich eine Art Erinnerungsfunktion dar. Zum anderen schreibt sich die Forschende durch das Kommentieren in das untersuchte Material ein (vgl. ebd.: 394). Die Aussagen und Materialien, die von anderen erzeugt wurden, erfahren durch die Forscher_in textuelle Neustrukturierungen und Erweiterungen.

Auch können die Datenelemente zueinander in Beziehung gesetzt und Kodegruppen erstellt werden. Dabei kann auf die Reihe der von der Software vorgeschlagenen inhaltlichen Verknüpfung zurückgegriffen werden. Das Programm stellt aber auch die Möglichkeit bereit, eigene Bezeichnungen für die Beziehung zu erzeugen. Eine solche Verknüpfung wird bei ATALAS.ti *Link*[134] genannt. Da jedes einzelne Datenelement mit einem anderen in Beziehung gesetzt werden kann, stellt sich die Frage, welche Verknüpfungen sinnvoll sind. Konopásek (2008) schlägt dabei vor, nur die Text- und Datenelemente miteinander zu verlinken, bei denen die Forschende davon ausgeht, dass die Verknüpfung für den weiteren Prozess eine Relevanz besitzt. ATLAS.ti ermöglicht, diese Verknüpfungen mithilfe der Netzwerke-Funktion grafisch darzustellen.

Aus denjenigen Kodes, die aus dem vorangegangenen Kodierprozess als bedeutsam betrachtet worden sind, wurden im weiteren Verlauf mit ATALAS.ti Kodegruppen erstellt. Das Herstellen von Kodegruppen ermöglicht, die relevanten Kodes nach Themen zu systematisieren, um einen Überblick über die große Datenmenge zu erhalten (siehe dazu den unten aufgeführten ATLAS.ti-Report vom 11.06.2017). Folgende Gruppen wurden im Juni 2017 nach der ersten Phase des *initial* und *focused coding* zusammengestellt:

- Aushandlungsräume/Konflikte
- Einfluss Sichtbarkeit: Störungen
- Einfluss/Auswirkung Sichtbarkeit: Akquise von Teilnehmenden
- Einfluss/Auswirkung Sichtbarkeit: Gestaltung
- Einfluss/Auswirkung Sichtbarkeit: Kontrolle
- Einfluss/Auswirkung Sichtbarkeit: Vermittlung von Vermittlung/Vermittlung von Museum
- Einfluss/Auswirkung Sichtbarkeit: Wertschätzung
- Einfluss/Beurteilung Sichtbarkeit/Repräsentation/Präsentation

134 Linkverbindungen, die ATALS.ti vorschlägt, wenn zwei Elemente miteinander verknüpft worden sind: *continued by* (weitergeführt von), *contradics* (widerspricht), *criticizes* (kritisiert), *discusses* (problematisiert), *expands* (erweiteret), *explains* (erklärt), *justifies* (rechtfertigt), *supports* (unterstützt), *is cause of* (ist Ursache von).

- Lage/Zugehörigkeit/Platz
- Raumhandeln/Raumnutzungen
- Raummöglichkeit/Anforderungen/Einflüsse/Aussage: sichtbarer/offener Raum
- Raummöglichkeit/Anforderungen/Einflüsse: Ausstellung/Kunst
- Raummöglichkeit/Anforderungen/Einflüsse/Aussage: Geschlossener Raum
- Raummöglichkeit/Anforderungen/Einflüsse/Aussage: Museum
- Vermittlungskonzepte

Als Beispiel für eine Kodegruppe und die dazugehörigen Kodes, nenne ich hier die Kodegruppe „Einfluss/Auswirkung Sichtbarkeit: Wertschätzung“[135]. Zu dieser wurden folgende Elemente gruppiert.

**Einfluss/Auswirkung Sichtbarkeit: Wertschätzung**

• Ausstellung = positive Bewertung der Produkte • Ausstellung = positive Bewertung der Vermittlungsarbeit • Bestärkung/Verstärkung der Teilnehmenden • Bestätigung dessen, was vielleicht im Heimlichen schon klar war. • bringt halt sozusagen die Arbeit aus dem Dunkeln raus • dass das nicht so untergeht • der Vermittlung wird viel Platz zugestanden • eigene Wertschätzung/Stolz auf die eigene Arbeit/Präsentation • Generelle Wertschätzung des Museums der Vermittlung gegenüber • Kunstvermittlungsprodukte präsentieren positives Werten • Möglichkeiten, neben der Kunst zu arbeiten = Wertschätzung • offener Vermittlungsraum = Wertschätzung • positive Bewertung des eigenen Ausstellens der Teilnehmenden • positive Bewertung des offenen Raumes • Produkte zu präsentieren = Wertschätzung • Sichtbarer Vermittlungsraum produziert Aufwertung der päd. Arbeit • Sichtbarkeit = positives Gefühl • Sichtbarkeit als Bestätigung • Sichtbarkeit als Form der Wertschätzung • Sichtbarkeit führt zur Stärkung der Teilnehmenden • Sichtbarkeit produziert Aufwertung der Kunstvermittlung • Sichtbarkeit produziert Aufwertung der päd. Arbeit • Sichtbarkeit würdigt die Arbeit der Kunstvermittler*innen • Steigerung des Selbstwertgefühls der Schüler*innen • Vermittlungsarbeit wird gesehen • Wunsch nach der Sichtbarkeit/Anerkennung der päd. Arbeit
(ATLAS.ti-Report vom 11.06.2017)

Die Kodegruppen wurden im Verlauf der Forschung immer weniger benötigt. Sie dienten zu Beginn des Forschungsprozesses als erste grobe Orientierung, Kommentierung und Sortierung des Datenmaterials.

135 Die einzelnen Kodes in der Kodegruppe „Einfluss Sichtbarkeit: Wertschätzung“ wurden im Programm mit grün markiert. Die hier aufgelisteten farbigen Punkte spiegeln die Zugehörigkeit zu dieser Gruppe. Die blauen und roten Punkte verdeutlichen, dass diese Kodes noch in andere Kodegruppen einsortiert wurden.

Nachdem die Zitate, Kodes, Kommentare, Gruppen und Links erstellt worden sind, beginnt ein weiterer analytischer Schritt, der mit Fokussierung und Reduktion beschrieben werden kann. Dabei geht es um die Frage nach der Relevanz der Kodes und der Verknüpfungen „als ein *emergierendes und erkennbares Merkmal*“ (Konopásek 2011: 396) der bisher erarbeiteten Schritte. Mit Relevanz sind dabei sowohl die Häufigkeit, mit der ein Kode zu Zitaten assoziiert wurde, als auch die zugehörigen Kommentare und Verlinkungen gemeint. Es geht folglich um die Dichte, die einigen Kodes und Segmenten angehängt wird. Parallel dazu wird eine weitere Kommentarebene in ATLAS.ti genutzt, bei der das Einschreiben der Perspektive der Forscherin in das Forschungsmaterial in besonderem Maße stattfindet: Das Schreiben von Memos. Diese können als „ausführliche Kommentare“ bezeichnet werden, da sie in der Regel nicht nur zu einem Kode oder Zitat erstellt werden, sondern mehreren Kodes, Zitaten oder weiteren Memos zugeordnet werden können. Dabei bekommt die Stimme der Forscher_in, neben der Auswahl der Interviewpartner_innen und der interaktiven Erstellung der Interviews sowie der Beobachtungsprotokolle aus dem Feld, einen weiteren Platz in der Vielzahl der Stimmen des untersuchten Materials. Sie beinhalten bereits Teilbeobachtungen auf einer Metaebene, die in die abschließende Analyse einfließen können. Dieses Vorgehen entspricht ebenfalls dem *focused coding* der konstruktivistischen Grounded Theory.

Die nach diesen Kriterien ausgewählten Elemente stellen die ersten Kategorien der Forschungsarbeit dar. Um eine Unterscheidung in dem Forschungsprozess zwischen Kategorien und Kodes herzustellen, wurden die sich zeigenden Kategorien in Versalien geschrieben. Dies ermöglicht zum einen eine einfachere Orientierung im Forschungsverfahren und zum anderen sind durch die Übernahme der Schreibweise in den Analyseteil der Arbeit die erarbeiteten Kategorien als solche erkennbar.

Diese Kategorien aus der ersten Phase des *focused coding* waren beispielsweise:

- „AUSHANDELN_zwischen Kunstvermittlungspraxis und Ausstellungsnorm“,
- „EINWIRKEN_Ästhetiken des Ausstellungmachen werden vermittelt“,
- „INTERAGIEREN_institutioneller Einfluss auf die KV“ oder
- „RAUM_HANDELN_Aktivität/Dynamik/Motivation“.

Dabei wurde der erstgenannte Teil des Kodes teilweise mit weiteren beschreibenden Wörtern dargestellt. Beim „RAUM_HANDELN“ waren diese:

- „RAUM_HANDELN_kreativer Umgang mit dem Raum/Mobilar“,
- „RAUM_HANDELN_Multiple Raumnutzung“,
- „RAUM_HANDELN_Raum_nehmen/ausweiten“ oder
- „RAUM_HANDELN_Qualitätsmerkmal_Platz“.

## Theoretisches Sampling: Verdichtung der Kategorien, Herstellung eines Raummodells und die Verwendung von Bildmaterialien

Das theoretische Sampling der vorliegenden Forschung orientiert sich an der Grounded-Theory-Methodologie nach Kathy Charmaz, bei der aus den erarbeiteten Kategorien nach potenziell relevanten Diskursen gesucht wird, um diese zu verdichten und in Bezug zu bestehendem Wissen zu stellen. Der Sozialforscher Christoph Hohage benennt diesen Teil der GTM-Forschung eine Art investigativen Dialog, der zwischen den Daten und der existierenden Theorielandschaft provoziert wird (Hohage 2016: 210). Ein solcher investigativer Dialog vollzieht sich in der vorliegenden Forschung auf drei unterschiedlichen Stufen.
Einerseits erfolgt das theoretische Sampling in der oben beschriebenen GTM-Logik, bei der die Kategorien durch bestehende Theorie vertieft und differenziert werden. Somit vollzieht sich das theoretische Sampling mit den aus dem Datenmaterial erarbeiteten Kategorien im klassischen Sinne der GTM. Ausgehend von den Kategorien wird im Forschungsfeld der vorliegenden Untersuchung nach geeigneter Korrespondenz in bestehender Theorie gesucht. Das Resultat dieses Sampling, das Zusammenbringen und Vergleichen zwischen Kategorien und Theorien, stellt die Verdichtung von Kategorien zu Konzepten dar. Dieser Schritt wird begleitet durch das Schreiben von Memos und resultiert in der Aussortierung und Umbenennung von Kodes und Kategorien. Das angestrebte Forschungsergebnis ist die Verdichtung zu Konzepten, die sich mit bestehenden Diskursen verknüpfen. Ausgewählt werden dabei vor allem jene Erklärungsansätze, die im Hinblick auf die Forschungsfrage besonders aussagekräftig und relevant sind (vgl. Stoetzer 2014: 153). Das theoretische Sampling in der vorliegenden Forschung findet überwiegend mit Theorien der visuellen Kultur, der kritischen Kunstvermittlung, Kunstpädagogik und Raumtheorien aus der Soziologie statt. Der zentrale Schritt im theoretischen Sampling ist, dass dieses einen Verfeinerungsprozess darstellt, bei dem die Analyse von der reinen Beschreibung zur Konzeptualisierung übergeht. Für die vorliegende Studie ergeben sich daraus mehrere zueinander in Beziehung stehende Konzepte. Diese werden im Folgenden durch die Verwendung der versalen Schreibweise kenntlich gemacht.
Auf einer zweiten Stufe wird das theoretische Sampling als Ansatz für die Konkretisierung des Forschungsgegenstandes und der daran ausgerichteten Forschungsfragen verwendet. Kathy Charmaz geht davon aus, dass sich die Methode der Datenerhebung sowie der Kodierprozess aus der Forschungsfrage heraus ergeben. „Entsprechend kann *eine einzige* Datenerhebungs- und Analysestrategie nicht ausreichen" (Charmaz 2011: 188). Die vorliegende Forschungsfrage verlangt nach einer Ausweitung des Vorgehens im theoretischen Sampling. Zum einen, um der in Kapitel 4 formulierten Frage nach den raumtheoretischen Ansätzen für den Forschungsgegenstand nachzukommen. Und zum anderen, um in der Auseinan-

dersetzung mit Repräsentation der Vermittlungsräume bestehendes visuelles Material über die sichtbaren Vermittlungsräume in die Arbeit einzubeziehen. Im Sinne der GTM wird der Forschungsgegenstand sichtbarer Vermittlungsraum in der Form des theoretischen Sampling in den Dialog zu philosophischen, soziologischen und pädagogischen Raumtheorien gesetzt. Dieser ermöglicht, die Ausgangsfrage der vorliegenden Forschung, die Entstehung sichtbarer Vermittlungsräume, in der Relation zu bestehenden Raumtheorien näher fassen zu können. Der Prozess des Suchvorgangs und Forschungsschritts konkretisiert zum einen den Forschungsgegenstand und stellt den Nutzen der Auseinandersetzung mit Raum für das Feld der Kunstvermittlung dar. Die hier angewandte Form des theoretischen Sampling resultiert in der Genese eines Raummodells für sichtbare Vermittlungsräume, welches die Entstehung sichtbarer Vermittlungsräume beziehungsweise deren Bedingungen innerhalb der Institutionen beschreibbar macht und zur Ausdifferenzierung der am Forschungsgegenstand ausgerichteten Fragestellungen führt.

Auf einer dritten Ebene wird ein Dialog zwischen den herausgearbeiteten Kategorien und den von den Institutionen hervorgebrachten visuellen Abbildungen über den sichtbaren Vermittlungsraum evoziert. Über die visuelle Darstellung auf veröffentlichten Fotografien sowie Karten und Raumplänen wird überprüft, auf welche Weise die Kategorien im Feld noch wirksam sind und wie sie sich dort zeigen. Dieses Vorgehen ist vor allem für die Frage Wer oder was wird auf welche Weise mit dem sichtbaren Vermittlungsraum repräsentiert? von Bedeutung. Dabei wird untersucht, ob und auf welche Weise die bereits herausgearbeiteten Kategorien in den visuellen Repräsentationen der sichtbaren Vermittlungsräume in Erscheinung treten. Die Bilder werden dabei im Prozess des permanenten Vergleichens der Kategorien in die Analyse einbezogen und dienen wie die theoretischen Texte als visuelle Texte dazu, die Kategorien zu Konzepten zu verdichten.

In der vorliegenden Forschung wird das Bildmaterial auf eine Art in den Kodierprozess einbezogen, die keine Gesamtinterpretation der visuellen Daten erforderlich macht. Durch die technische Möglichkeit von ATLAS.ti können die Bilder in gleicher Weise wie geschriebene Texte mit Kodes und Memos versehen und zueinander in Beziehung gesetzt werden.

## Resümee: Forschungsdesign

Mit diesem Kapitel habe ich die Verortung des Forschungsdesigns der vorliegenden Arbeit in der qualitativen Sozialforschung dargestellt, die auf Grundlage meines Forschungsverständnisses und meiner Forschungsfragen nach dem Ansatz der konstruktivistischen Grounded Theory von Kathy Charmaz ausgerichtet ist. Das methodische Vorgehen im Sinne dieser Theorie eröffnet einen sowohl systematisch kontrollierten wie zugleich kreativen Arbeitsprozess, der durch ein spiralförmiges Verfahren gekennzeichnet ist. Dieses ermöglicht, dass sowohl das Forschungsvorgehen als auch die Forschungsfragen während des Forschungsprozesses fortwährend verändert und nachjustiert werden können.

Das Kapitel hat das praktische Vorgehen der Forschungsarbeit, die Sondierung des Feldes, die Auswahl dreier kontrastierender Fallbeispiele, die Erhebung der Daten und die Kodierverfahren mit ATLAS.ti aufgezeigt. Mit der Darstellung der spezifischen Anpassung im theoretischen Sampling wurde das mehrphasige Vorgehen in diesem Forschungsschritt erklärt und seine Relevanz für die Strukturlegung der gesamten Arbeit erläutert. Dabei wurde betont, dass das theoretische Sampling in der vorliegenden Forschung einen besonderen Stellenwert einnimmt und auf drei Stufen verläuft: einer Konfrontation zwischen dem Forschungsgegenstand und raumtheoretischen Ansätzen, einem investigativen Dialog zwischen den Kategorien und einer existierenden Theorielandschaft sowie dem Abgleich und Zusammenbringen von Kategorien und Bildmaterialien.

Das folgende Kapitel leitet auf die vertiefende Auseinandersetzung mit dem Forschungsgegenstand über, welches in der Darstellung des Raummodells für sichtbare Vermittlungsräume mündet. Innerhalb dieses Modells werden die Forschungsfragen der vorliegenden Arbeit auf den Forschungsgegenstand konkretisiert sowie die Kategorien und Konzepte relational den Raumebenen zugeordnet. Dabei wird die Entstehung des Raummodells durch das theoretische Sampling systematisch nachvollziehbar gemacht sowie die Anwendung des Raummodells auf den Forschungsgegenstand abschließend dargestellt. Das Raummodell fungiert dabei als Gliederungsstruktur für den weiteren Verlauf dieser Forschungsarbeit.

# 6 Vom Raum aus Kunstvermittlung denken

Mit der Bezugnahme auf unterschiedliche raumtheoretische Ansätze verdeutlicht dieses Kapitel, dass Raum in der vorliegenden Arbeit mehrdimensional betrachtet und als ein dynamisch-komplexes Gebilde aufgefasst wird. Die Erforschung des sichtbaren Vermittlungsraumes im Museum richtet sich nicht an einem entweder absoluten oder relationalen Verständnis aus. Vielmehr wird von einem Sowohl-als-auch ausgegangen, welches gerade im Zusammendenken dieser Ansätze eine produktive Sicht auf Raum und den Bezugsgegenstand Kunstvermittlung eröffnet. Anliegen des Kapitels „Vom Raum aus Kunstvermittlung denken" ist es, aufzuzeigen, mit welchen perspektivischen Hinsichten die Anwendung von Raumtheorien auf das Feld der Kunstvermittlung möglich werden und welche Aspekte von Raumtheorien für das weitere Forschungsvorgehen nutzbar gemacht werden können. Aus den bisherigen Erkenntnissen, dass die Anwendung von erweiterten Raumansätzen eine differenzierte Sicht auf den Forschungsgegenstand ermöglichen (siehe Kapitel 4) und einen je eigenen Raum hervorbringen, werden in diesem Kapitel Raumtheorien vorgestellt, die spezifisch auf den Forschungsgegenstand hin ausgewählt und als forschungsrelevant eingestuft wurden.

Für die Perspektive auf den physisch-materiellen Raum werden exemplarisch Positionen erziehungswissenschaftlicher Forschung aufgegriffen, die die Theoretisierung von Raum mit pädagogischen Selbstverständnissen verknüpfen. Dabei wird der explizite Lernraum sowie die Doppeleigenschaft des Raumes als pädagogisch gestaltetes Medium fokussiert. Mit der Darstellung der kunstpädagogischen Auseinandersetzung von Raum werden die Ansätze von Christine Heil dargestellt, die die Notwendigkeit untermauern, sich in die Auseinandersetzung mit erweiterten Raumdefinitionen in das Feld des Pädagogischen zu begeben. Die relationale Betrachtung von Raum wird mit zwei Raumtheorien exemplifiziert, die sich auf verschiedene Weise mit den Relationen des Raumes – in ihrer Herstellung und Produktion – beschäftigen und die für eine Anwendung in der vorliegenden Forschung von Bedeutung sind: schwerpunktmäßig die Raumtheorien von Martina Löw, entwickelt Anfang des 21. Jahrhunderts, sowie von Henri Lefebvre aus den 1970er Jahren. Beide Ansätze ermöglichen, die Herstellung und Produktion des sichtbaren Vermittlungsraumes zu analysieren, und verdeutlichten darüber hinaus die Eingebundenheit in und Abhängigkeit von gesellschaftlichen und institutionellen Strukturen.

Um die beiden bis hierhin dargestellten Forschungsfragen differenziert erforschen zu können, gehe ich in Kapitel 6 und 7 folgender Frage nach:

- Welche raumtheoretischen Ansätze sind für die Untersuchung des Forschungsgegenstandes sichtbare Vermittlungsräume geeignet?

Dabei gilt es nicht, die eine *richtige* Raumtheorie herauszustellen, sondern es gilt, mit der Auswahl unterschiedlicher Ansätze von Raumtheorien ein Raummodell für Kunstvermittlung zu konzipieren, um darüber neue Zusammenhänge für das Feld der Kunstvermittlung beschreibbar zu machen.

## 6.1 Einrichten: Das Containerraumverständnis in erziehungswissenschaftlicher Raumforschung

Dass die Auseinandersetzung mit Raum in pädagogischen Kontexten von Bedeutung ist, zeigt sich in einer anwachsenden Theoretisierung im Feld der Erziehungswissenschaften. In diesem Kapitel werden Ansätze erziehungswissenschaftlicher Raumforschung vorgestellt, die den Nutzen der Auseinandersetzung mit Raum in der pädagogischen Arbeit im Museum verdeutlichen und eine Anwendung auf das Feld der Kunstvermittlung herstellen. Auch wenn Raum zunehmend relational konzipiert wird (siehe dazu Kessel 2016)[136], werden hier raumtheoretische Ansätze fokussiert, die Raum als einen Behälter auffassen, der gestaltet wird und darin Einfluss auf Lehren und Lernen nimmt.

### Raum als Medium pädagogischen Handelns

Raum wird in pädagogischen Prozessen eine einflussnehmende Rolle zugesprochen, die in den letzten Jahren zunehmend auf Tagungen und in Forschungen verhandelt wurde.[137] Nach

136 Beispiele dafür sind Lehn, Antje/Stuefer, Renate (Hg.) (2011): *räume bilden. Wie Schule und Architektur kommunizieren* sowie Böhme, Jeanette/Hermann, Ina (2011): *Schule als pädagogischer Machtraum: Typologie schulischer Raumentwürfe*.

137 Beispiele dafür sind: Kongress der Deutschen Gesellschaft für Erziehungswissenschaften (DGfE) *Räume für Bildung. Räume der Bildung* im Jahr 2016; *Räume kultureller Bildung – Nationale und transnationale Forschungsperspektiven*, Netzwerktagung Kulturelle Bildung an der Uni Koblenz im Jahr 2013; *Orte des Lernens. Beiträge zu einer Pädagogik des Raumes*: Publikation herausgegeben von Kristin Westphal (2007b); die Publikation *Raum für Bildung. Ästhetik und Architektur von Lern-und Lebensorten*, herausgegeben von Schröteler-von Brandt, Coelen, Zeising, Ziesche (2012) zur Wahrnehmung, Aneignung und Gestaltung von Räumen oder *Bildung im Raum*, herausgegeben von Ekkehard Nuissl (2015) mit dem Schwerpunkt auf der Erwachsenenbildung.

der Diskursanalyse von Martin Nugel[138] (2013: 17) stellen Raum und Architektur in den Erziehungswissenschaften keine Grundbegriffe dar, trotz des anwachsenden Interesses am Thema Raum, wie der des *Spatial Turn* in den Kultur- und Sozialwissenschaften verdeutlicht. Die Grundannahme erziehungswissenschaftlicher Raumforschung ist vielmehr, dass Raum ein indirektes Erziehungsmittel darstellt, mit dem „pädagogische Ziele erreicht werden (sollen)" (Nugel 2013: 14). Es kann demnach als Medium pädagogischen Handelns beschrieben werden. Dabei wird untersucht, „wie und von wem Räume so gestaltet werden können, dass sie pädagogische Prozesse befördern" (Rieger-Ladisch/Ricken 2009: 187) und sich positiv auf das Lernverhalten auswirken (vgl. Ludwig 2012: 27). Die räumliche Gestaltung wird daraufhin betrachtet, wie sie zur Verbesserung der körperlichen Befindlichkeit der Schüler_innen, ihrer Grundeinstellung gegenüber Schule als auch ihrer Leistungen beitragen kann. Umgekehrt sind pädagogische Begriffe wie „Lernort" oder „Dritter Lehrmeister" überlieferte Konzepte, die häufig als unhinterfragte Grundannahmen in pädagogischen Kontexten verwendet werden. Dem Aufgreifen dieser Denkfiguren ist das sogenannte Behälterraumverständnis[139] eingeschrieben und wird in der Regel nicht hinterfragt.

## Explizite Lernorte im Behälterraumverständnis

Räume, die für Bildungsanlässe gestaltet werden, verfolgen pädagogische Anliegen und Ziele. Sie werden explizite Lernorte genannt (vgl. Ahrens 2009: 75) und stehen impliziten Lernorten gegenüber, in denen sich Lernen ereignet, ohne dass räumliche Vorüberlegungen und Planungen in Bezug auf Lehren und Lernen stattgefunden haben. Sie können als eine „Art geheime Miterzieher" und als „pädagogisch-bedeutsame Art der ‚Beeinflussung'" (Nugel 2013: 15) des Lernenden und der Lehrenden gelesen werden und betonen darin ihre Funktion als Medium der pädagogischen Arbeit. Expliziten Lernorten liegen hingegen die genannten Vorüberlegungen und Planungen in Bezug auf das pädagogische Konzept zugrunde und werden nach einem bestimmten Verständnis von Lernen der jeweiligen Institution hin entworfen. Die räumliche Gestaltung eines Kindergartens unterscheidet sich demnach von der einer Gesamtschule sowie der eines Seminarraumes an der Kunsthochschule.

138 Martin Nugel arbeitet in seiner Dissertation *Erziehungswissenschaftliche Diskurse über Räume der Pädagogik* (2014) systematisch die Bedeutung der unterschiedlichen Raumtheorien für das Feld der Pädagogik heraus. Dabei unterstreicht er, dass Raum und Pädagogik immer auf unterschiedliche Weise miteinander verwoben sind (vgl. Nugel 2014: 12) und Architektur auf vielfältige Weise auf pädagogisches Arbeiten einwirkt.

139 Das Behälterraumverständnis wird in der vorliegenden Forschungsarbeit sowie in der bezugnehmenden Literatur synonym mit dem Begriff Containerraumverständnis verwendet (vgl. Doering/Thielmann 2008; Löw/Steets/Stoertzer 2008).

Raum wird in diesem Verständnis des expliziten Lernortes als Behälterraum verstanden, der als eine Art Hülle für Bildungsprozesse fungiert, die direkt auf das pädagogische Geschehen einwirkt. Diesem Raumverständnis, das auch Behälterraumkonzept (vgl. Schroer 2008: 135) oder absoluter Raum genannt wird (vgl. Doering 2010: 78; Unger 2013: 201), liegt ein dreidimensionaler Raum zugrunde, der gefüllt wird und eine einseitige Auswirkung auf die in ihm befindlichen Personen ausübt. Raum und Körper werden in diesem Verständnis, welches sich auf die Denktraditionen von Kopernikus, Newton und Galilei bezieht, getrennt voneinander betrachtet (vgl. Löw 2001: 17). Dabei wirkt der Raum auf die Körper, der Körper jedoch nicht auf den Raum ein. Im Behälterraumkonzept können Räume durch Quadratmeterzahlen und die Art der Ausgestaltung, ohne die Bezug- und Einflussnahme der in ihm befindlichen Personen, definiert und analysiert werden. Wenn die Körper den Raum verlassen, bleibt der eingerichtete Raum unverändert. Dieses Raumverständnis stimmt mit der alltäglichen Wortbedeutung von Raum überein und wird häufig mit architektonischem Raum gleichgesetzt.[140]

## Doppeleigenschaft des Raumes in pädagogischen Kontexten

Im Behälterraumverständnis wird Raum in einigen Ansätzen aus den Erziehungswissenschaften zum einen als pädagogisches Gestaltungsmedium betrachtet, welches zum anderen eine Wirkung auf die in ihm befindlichen Personen ausübt. Diese Betrachtungsweise von Raum wird als Doppeleigenschaft des Raumes bezeichnet (vgl. Ludwig 2012: 26). Sie meint, dass physisch-materieller Raum nach pädagogischen Gesichtspunkten geplant und ausgestaltet wird und darin direkt auf die in ihm agierenden Menschen wirkt und Lehr- und Lernprozesse beeinflusst.

Die erstgenannte Eigenschaft des Raumes wird überwiegend in Bezug auf die Architektur (Größe, Materialien, Farben, Licht) sowie die mobiliare Einrichtung von Räumen hin betrachtet. Diese wird im Folgenden räumliche Gestaltung benannt. Die Auseinandersetzung mit der räumlichen Gestaltung als Medium in der pädagogischen Arbeit wird verstärkt seit den pädagogischen Anliegen der Reggio-Pädagogik in den 1960er Jahren verfolgt, bei dem der Raum die Funktion der sogenannten dritten Erzieher_in[141] übernimmt (vgl. Schäfer/

140 Der architektonische Raum wird in der vorliegenden Arbeit mit „physisch-materieller Raum" bezeichnet.

141 Der Begriff des dritten Erziehers ist Teil der Reggio-Pädagogik, die sich in den 1960er Jahren im Kontext von frühkindlicher Pädagogik entwickelt hat. In der Reggio-Pädagogik wird davon ausgegangen, dass Kinder sich ihre Welt selbst erschließen wollen und ihre Umwelt ihnen die Möglichkeiten dazu bereithält beziehungsweise bereithalten sollte. Dem „Raum als dritter Erzieher [kommt; H. P.] eine Bedeutung für pädagogische Handlungszusammenhänge" zu (Schäfer/Schäfer 2009: 237), der die Neugier der Kinder anstößt und die Möglichkeit bietet, „selbst tätig zu werden und zwar handelnd, vorstellend, gestaltend und denkend" (ebd.).

Schäfer 2009: 240f.). Derzeit unterliegt die Konzeption von Lehr- und Lernräumen vor allem dem Einfluss einer sich ändernden Schulstruktur, die sich unter anderem im Ganztag, in der Digitalisierung sowie der angestrebten Inklusion zeigt (vgl. Binder 2015: 7)[142].

Die zweite Seite der Doppeleigenschaft des Raumes bezieht sich auf die Wirkung von Räumen auf Lehrende und Lernende. Dabei wird untersucht, inwieweit die geplante und vorgedachte Nutzung pädagogischer räumlicher Gestaltung mit der tatsächlichen Wirkung auf ihre Nutzer_innen korreliert. Betrachtet werden dabei unter anderem die Interaktion, Kommunikation und Wahrnehmung (vgl. Schroer 2008: 141) der im Raum befindlichen Personen. Diese auf der Ausgestaltung des physisch-materiellen Raumes bezogenen Verhaltensweisen werden in der vorliegenden Arbeit mit raumbezogenen Verhaltensweisen bezeichnet. Diese Sichtweise setzt voraus, dass eine Raumgestaltung ein auf alle im Raum Agierenden gleichen oder vergleichbaren Einfluss ausübt. Raum wird eine Wirkmächtigkeit zugesprochen, die sich auf die physisch-materiellen Eigenschaften des Raumes zurückführen lässt. Dieses Verständnis wird im erziehungswissenschaftlichen Diskurs als deterministische Position bezeichnet, da sie von einer direkten Beeinflussung des Raumes auf das menschliche Verhalten ausgeht (vgl. Nugel 2013: 18). Sie kann genutzt werden, indem über die Gestaltung des Raumes pädagogische Ziele formuliert werden.

Die Erziehungswissenschaftlerin Sigrid Nolda, die sich in ihrem Text *Pädagogische Raumaneignung: zur Pädagogik von Räumen und ihrer Aneignung* (2006) mit Raumaneignungsprozessen in der Erwachsenenbildung auseinandersetzt, schreibt dazu, dass sich diese zielgerichtete Gestaltung des Raumes durch die Strukturen und Anordnungen im Raum auf drei Ebenen des pädagogischen Konzepts widerspiegeln: der Interaktion der handelnden Personen, den Wahrnehmungsmöglichkeiten sowie den Rollenzuschreibungen.[143] Sie macht ebenfalls deutlich, dass die Gestaltung des Raumes – hier bezogen auf die drei Ebenen – sich direkt auf das pädagogische Setting auswirkt.

## Anwendung: Containerraumverständnis im Feld der Kunstvermittlung

Eine wichtige Erkenntnis der hier ausgewählten erziehungswissenschaftlichen Raumforschung im Behälterraumverständnis ist, dass dem Raum als explizitem Lernort ein bestimmtes Verständnis von Pädagogik zugrunde liegt, welches sich in der Ausgestaltung von Architektur

142 Auf der Webseite [online] https://schulen-planen-und-bauen.de [10.08.2020] gibt die Montag Stiftung Jugend und Gesellschaft Handlungsempfehlungen, Dokumentationen und wissenschaftliche Erkenntnisse zu den Themen Schulbau und Schulraumgestaltung heraus.

143 Nolda nutzt für ihre Forschung die Videoanalyse, bei der sie den vorgegeben Raum visuell erfasst (vgl. Nolda 2006: 318).

zeigt, die sich auf die agierenden Personen auswirkt. Ein Beispiel, das dies verständlich verdeutlicht, ist das *Kleine Studio* im K21 in Düsseldorf im folgenden Raumbeispiel. Übertragen auf die Kunstvermittlung verdeutlichen diese erziehungswissenschaftlichen Ausführungen, dass Vermittlungsräume als explizite Lernorte nach pädagogischen Vorüberlegungen hin gestaltet werden, die spezifische raumbezogene Verhaltensweisen hervorrufen. Die Art der Raumgestaltung wirkt auf die räumlichen Verhaltensweisen in Form von Interaktion, Wahrnehmungen und Kommunikationen der sich im Raum befindenden Personen. Das Verständnis von Lehren und Lernen, das dem expliziten Lernort zugrunde liegt, kann in Teilen über die Gestaltung des Raumes abgelesen werden. Für die vorliegende Arbeit ist dabei vor allem von Bedeutung, dass der Raum nach pädagogischen Vorüberlegungen hin umgesetzt wurde und sich diese räumliche Gestaltung auch auf die Verhaltensweisen der Lehrenden – sprich die Kunstvermittler_innen – auswirkt.

## Raumbeispiel: *Das Kleine Studio* im K21, Düsseldorf (2010 bis heute)

*Das Kleine Studio* der Werkstatt für Frühpädagogik ist ein nicht frei zugänglicher Vermittlungsraum im K21 in Düsseldorf. Er wurde im November 2012 dezidiert für die kunstvermittlerische Arbeit für Kinder im Alter zwischen drei und sechs Jahren eingerichtet. Abzulesen ist dies an dem eigens für das *Kleine Studio* angefertigte Mobiliar, welches auf die Größe und motorischen Fähigkeiten der Kinder im frühkindlichen Alter ausgerichtet ist. Sowohl die Höhe der Tische und Hocker als auch die Regale und Materialschränke sind entsprechend der Körpergröße dieser Altersgruppe entworfen und gestaltet worden. Die Materialien sind in Boxen mit Sichtfenstern verstaut, die von den Kindern ohne erwachsene Unterstützung herausgezogen werden können. Dies verdeutlicht, dass eine eigenständige Arbeit der Kinder, die sich selbstständig und selbst gewählt an den Materialien bedienen können, gewünscht und Teil des pädagogischen Konzeptes ist. Des Weiteren bietet der Raum viel Freifläche. Diese spiegelt, dass der körperlichen Dimension der Vermittlungsarbeit Raum gegeben wird, indem den Kindergartenkindern Bewegungsfläche zur Verfügung gestellt wird.[144] Neben dem fest installierten Mobiliar, wie den Materialschränken, Waschbecken und der Garderobe, verfügt der Raum über mobile Stellwände, an denen temporär etwas präsentiert oder befestigt werden kann beziehungsweise die als eine Art Staffelei zum Arbeiten genutzt werden können. Außerdem gibt es mobile Rollschränke, die von den Teilnehmenden mit den je ausgewählten Materialien für das eigene Arbeiten befüllt werden können.

Das Beispiel des *Kleinen Studios* zeigt, dass die Raumgestaltung sowohl auf eine bestimmte Zielgruppe hin ausgerichtet ist, als auch bestimmte Handlungen vorstrukturiert sind. Die Kinder können die erreichbaren und zur freien Verfügung gestellten Materialien eigentätig gebrauchen. Sie können sich in den Rollschränken ihre Materialien zusammenstellen und sind aufgrund der Stellwände nicht darauf angewiesen, auf den Tischen zu arbeiten. Gleichzeitig prägt die Raumstruktur bestimmte Handlungen der Kunstvermittler_innen. So gibt es in dem Raum beispielsweise nur Hocker, die auf die Körpergröße der Kleinkinder ausgerichtet sind. Einen vordefinierten Ort, an dem sich die Kunstvermittler_innen platzieren sollen, gibt es nicht. Der Raum und das zur Verfügung gestellte Mobiliar fordern die Vermittler_innen dazu auf, sich gemeinsam mit den Kindern an einen Tisch zu setzen.

144 [online] https://www.kunstsammlung.de/de/education/workshop#studio [18.10.2020].

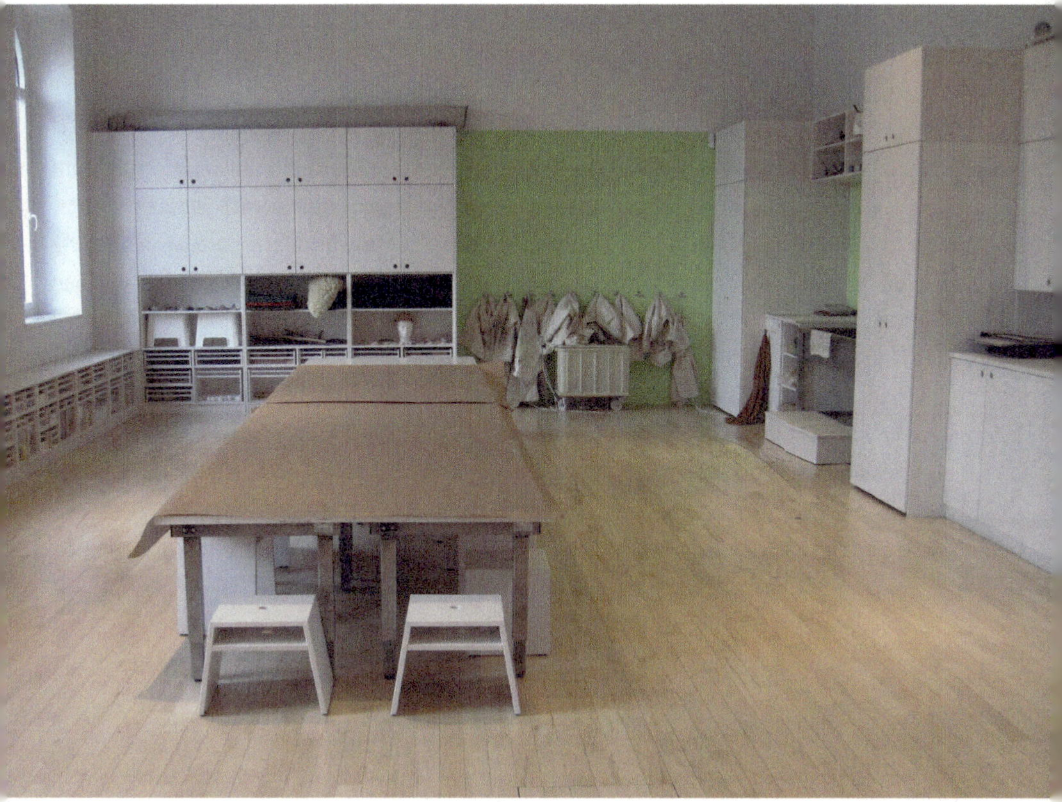

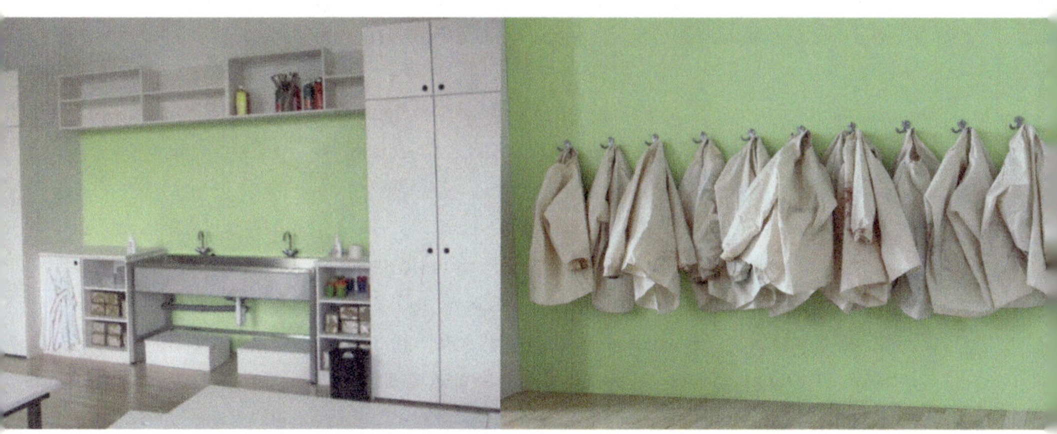

Abb. 36 - 38

## 6.2 Ausweiten: Relationale Raumansätze in Kunstpädagogik und Kunstvermittlung bei Christine Heil

Theoretische Auseinandersetzungen mit dem Thema Raum werden im Feld der Kunstpädagogik wegweisend in der Forschung von Christine Heil hergestellt. Die Kunstpädagogin fokussiert dabei das Hervorbringen von Räumen in Vermittlungssituationen (Heil 2007, 2008, 2014, 2015), die Gleichzeitigkeit von Räumen (Heil 2012a) sowie die Auseinandersetzung mit der Relation von Raum und Bildung (Heil 2017, 2018). Dabei ist Raum für sie zum einen ein abstrakter Begriff: „Er kann architektonisch oder stadtplanerisch verstanden, aber auch als Denkraum, Sozialraum oder Spielraum gedacht werden" (Heil 2012a: o. S). Und zum anderen entwickelt sie ein prozessorientiertes und relationales Raumverständnis, welches sie in Anlehnung an Martina Löw als das beschreibt, „[w]as die Menschen mit den Dingen und miteinander tun, wie sie sich darin orientieren und welche Werte und Vorstellungen sie dem beimessen" (Heil 2017: 308).

Angefangen hat die Auseinandersetzung mit Raum bei Christine Heil in ihrer Dissertation *Kartierende Auseinandersetzungen mit aktueller Kunst. Erfinden und Erforschen von Vermittlungssituationen* (2007). Dabei wird Raum in Form der kartierenden Vorgehensweise in der Kunstvermittlung hervorgebracht:

> *„Jede Methode der Raumanalyse bringt eine Vorstellung von Raum mit sich. Auch im Kartierungsprozess selbst entsteht ein Raum der Erkundung und Dokumentation, der den jeweiligen Vorgehensweisen entsprechend besondere Eigenschaften aufweist […]. Mit jeder Kartierung entsteht ein spezifischer Raum der Reflexion. Dieser Wechselwirkung zwischen Aufzeichnungsweisen und Vorstellungsformen von Raum sowie entstehendem Reflexionsraum möchte ich in diesem Abschnitt anhand kunst- und kulturwissenschaftlicher Überlegungen nachgehen." (Heil 2007: 107)*

Dabei bezieht sich die Kunstpädagogin in ihrer Forschung auf ein relationales Raumverständnis nach Martina Löw mit dem Ziel: „neue Orientierungen im Raum der Kunstvermittlung aufzuzeigen und damit gleichzeitig neue Praxen anzuregen und zu einer Erweiterung von Vermittlungs- und Reflexionsräumen beizutragen" (ebd.: 21). Mit der ethnografischen Feldforschung erarbeitet sie anhand von zwei Seminarbeispielen aus dem Lehramtsstudium, wie Kartierungsprozesse aus der aktuellen Kunst und Wissenschaft in die Vermittlungspraxis in Schule und Museum übertragen werden können. Im Zentrum steht dabei der Begriff des Kartierens, „der einerseits produktiver Anlass für kunstpädagogische Praxis mit Lehramts-Studierenden und Schülerinnen und Schülern war und andererseits als eine Form der konzeptionierenden Haltung bezogen auf Vermittlungs- wie auch Forschungsprozesse angesehen werden kann“ (Heil 2009: 113). Mit kartierender Auseinandersetzung aktueller Kunst meint Heil die Erkundung und Erforschung unterschiedlicher Räume, „die sich mit der Annäherung an künstlerische Arbeiten eröffnen“ (Heil 2007: 17). In ihrer Forschung verwendet sie dabei auch den Begriff des *Vermittlungsraumes,* der sowohl metaphorisch für die Entstehung von Vermittlungs- und Reflexionsprozessen zur Anwendung kommt als auch für ein relationales Verständnis von Raum, bei dem der physisch-materielle Raum und das Handeln als Seminargruppe den Vermittlungsraum entstehen lassen: „Die Studierenden befinden sich in einem Vermittlungsraum der Kunst, der sowohl durch den Rahmen des Museums als auch durch den Rahmen des Seminars bestimmt wird“ (Heil 2007: 203). Raum in Bezug zum Seminarraum und zu kunstpädagogischer Forschung beschreibt sie später in ihrem Beitrag *Kollektive Räume in Veränderung* (2014) als „kollektive[n] Bedeutungsräume“ und fragt, „wie eine Aufmerksamkeit für solche kollektiven Bedeutungsräume entstehen kann, um vorgängige Modelle von Kunstvermittlungspraxis, wie beispielsweise das Modell der didaktischen Reduktion, dekonstruierbar zu machen und dabei vielleicht neue kunstpädagogische Handlungsformen zu erfinden“ (ebd.: o. S.).

Die Auseinandersetzung mit relationalen Raumbegriffen[145] bei Heil ist in ihrem Verständnis des Bildungsraumes begründet, der „Auswirkungen auf die Auffassung von Subjektkonstitutionen in Lern- und Bildungsprozessen“ hat (Heil 2017: 309). Daher ist es für die Wissenschaftlerin von Interesse, das Verhältnis von Raumentwürfen und Bildungsinstitutionen zu beleuchten (Heil 2017: 304). Bildungsräume beschreibt sie „als offene Räume, die aus individuellen Bezugnahmen und Bewegungen ausgehend von vorhandenen Inhalten, Dingen, Gegebenheiten und im kollektiven Miteinander erst entstehen“ (Heil 2015: 158). Vor dem Verständnis eines solchen Bildungsraumes untersucht sie in ihrem Beitrag *Display(s) der Selbstkonstruktionen. Vermittlungsräume zwischen Jugendästhetiken und Kunstinstitutionen aus Perspektive der Kunstpädagogik* (2017) die Möglichkeiten der Beteiligung von Jugendlichen bei der Ausstellungsproduktion im Museum. Dabei geht es um das Zusammendenken von Formen der Repräsentationsarbeit im Museum mit Jugendästhetiken am Beispiel des Vermittlungsraumes *Source Display* der Tate Britain.

> *„Bildungs- und Vermittlungsprozesse würden vielleicht gerade dann als geglückt gelten, wenn neue Vorstellungen von Subjektivität oder neue Raumqualitäten sichtbar werden würden, und nicht bereits bekannte Qualitäten oder Formen von Raumpraxen sich lediglich wiederholten.“ (ebd.: 309)*

145 So spricht sie beispielsweise davon, dass Vermittlungsräume nicht immer innerhalb der Institution Museum zu finden sind, „sondern auch außerhalb im Sozialraum der Jugendlichen oder am Rand der Institution“ (Heil 2017: 312) und diese erst im Handeln entstehen.

In dem Beitrag *Bildungsräume öffnen. Momente des Umräumens in der Kunstpädagogik* (2018) weitet Heil ihre raumtheoretische Herangehensweise um die Raumtheorien von Henri Lefebvre aus und wendet diese auf Kunst und auf Kunstunterricht an der Schule an. Im Mittelpunkt stehen Verhaltens-, Denk- und Raumverschiebungen, die sich zugleich als Erfahrungsprozesse beschreiben lassen. An Beispielen künstlerischer Arbeiten sowie Praktiken von Kunstunterricht, in denen es um Verknüpfungen unterschiedlicher Raumordnungen beziehungsweise Raumpraktiken im Modus des „Sowohl-als-auch" geht, zeigt Heil auf, wie ein Umräumen als Öffnung von Bildungsräumen denkbar wird.

## Zwischenfazit: Raum in der Kunstpädagogik bei Christine Heil

Raum ist in Heils Forschung in Relationen zum kunstpädagogischen Handeln zu denken. Das verdeutlicht sie an ihren Überlegungen, Raum anderes zu denken, um zu neuen kunstpädagogischen Handlungsformen zu gelangen. Sie knüpft hierin das Gelingen von Bildungs- und Vermittlungsprozessen an Raumqualitäten und neue Vorstellungen von Raum.
Auch ist Raum im kunstpädagogischen Setting an der Subjektkonstitution in Lern- und Bildungsprozessen beteiligt, da sie von einer poststrukturalistischen Perspektive des Subjektverständnisses ausgeht, welches wandelbar und in Relation zu den jeweiligen Handlungen und Verortungen hergestellt wird.
Auf einer dritten Ebene stellt Heil dar, dass ein relationales und prozessorientiertes Verständnis von Raum sich auf die theoretische Produktion auswirkt und als Forschungswerkzeug fungieren kann. In ihrer Dissertation verdeutlicht die Forscherin dies, indem ein eigener räumlicher Forschungsansatz der Kartierung entwickelt wird, um Vorgehensweisen und Zusammenhänge in der Kunstpädagogik zu analysieren.
Insgesamt wird in Heils Auseinandersetzung mit Raum deutlich, dass dieser nicht den Hintergrund kunstpädagogischen Handelns darstellt, sondern wesentlicher Bestandteil kunstpädagogischen Handelns und Forschens ist. Raum wird in einer solchen Betrachtungsweise zum einflussnehmenden Faktor und fungiert als produktive Kategorie kunstpädagogischer Forschung.
Heil geht in ihren Überlegungen von einem relationalen und dynamischem Raumverständnis aus, wobei sie sich überwiegend auf die Raumtheorien von Martina Löw und in ihren zuletzt erschienenen Beiträgen auch auf die Theorien von Henri Lefebvre bezieht. Durch die Anwendung dieser relationalen Raumansätze werden bei Heil neue Bedeutungszusammenhänge im Feld der Kunstpädagogik erst hergestellt. Diese Erkenntnis, dass über ein erweitertes Raumverständnis neue Bedeutungszusammenhänge eröffnet werden, wird auch für die vorliegende Forschung genutzt.

## 6.3 Herstellen: Das relationale Raumverständnis nach Martina Löw

Mit dem relationalen Raumverständnis von Martina Löw[146] wird eine Theorie in diese Arbeit einbezogen, die im Unterschied zum Containerraumverständnis davon ausgeht, dass die agierenden Personen maßgeblich an der Herstellung von Räumen beteiligt sind. Herstellung und Wirkung von Raum werden als rekursiver Prozess verstanden und Handlung und Raum nicht getrennt voneinander betrachtet. Das Verständnis von Raum geht hinaus über eine Materialität, wie sie das Containerraumverständnis prägt, und entfaltet sich als ein handlungsbasierter Prozess, der die Herstellung von Räumen in den Mittelpunkt rückt.

### Raum durch Vermittlung. Das relationale Raumverständnis nach Martina Löw

Im Kontext des *Spatial Turn* der Sozial- und Kulturwissenschaften wurde Raum in den vergangenen 30 Jahren verstärkt als ein sich in Relationen befindliches Konstrukt diskutiert (vgl. Schroer 2008: 125; Döring/Thielmann 2008: 7). Relationale Ansätze gehen von der Annahme aus, dass Raum im Prozess hergestellt und auf individuell unterschiedliche Weise wahrgenommen wird. Vor einem solchen Verständnis kann keine für alle Personen gleichbedeutende Aussage über Räumen getroffen werden. In der relationalen Betrachtung steht nicht die materielle Beschaffenheit und Wirkung von Raum im Fokus, wie sie im vorherigen Kapitel aus einigen Beispielen der Erziehungswissenschaften dargelegt wurde, sondern die an der Raumkonstitution beteiligten Personen und ihre Einbindung in gesellschaftliche und institutionelle Strukturen. Demnach wird nicht mehr nur das materielle Produkt in die Analyse von Raum einbezogen, sondern die Umstände, Institutionen und gesellschaftlichen Verhältnisse, die zu der Herstellung von Räumen führen.[147]

Martina Löw gilt als eine der wichtigsten Vertreter_innen der Raumsoziologie im deutschsprachigen Raum, die mit ihrer Habilitation *Raumsoziologie* (2001) richtungsweisend den Diskurs um relationale Raumtheorien mitbestimmt hat. Die Beispiele in Löws Theorien beziehen sich überwiegend auf Raumpraktiken im öffentlichen Raum. Nach ihrem relationalen Raumver-

146 Martina Löw bezieht sich mit ihrer Raumsoziologie auf raumtheoretische Ansätze von Michel Foucault und Norbert Elias (vgl. Löw 1999: 53f., Löw 2001: 165f.).

147 In einem solchen Verständnis rückt der Raum als Container zunehmend in den Hintergrund und wird teilweise als überholt dargestellt (vgl. Löw 1999: 51f.). Wichtig ist jedoch, dass das relationale Raumverständnis in Beziehung zum materiellen Raum steht. So schreibt der Raumsoziologe Markus Schroer: „Dennoch ist unübersehbar, dass sich bisher noch jeder soziologische Versuch zum physisch-materiellen Raum irgendwie verhält. Statt ihn im Laufe der Geschichte hinter sich lassen zu können, wie sie es durchaus erhofft hatte, muss auch die Soziologie seine Persistenz zur Kenntnis nehmen" (Schroer 2008: 133).

ständnis wird Raum als eine „relationale (An)ordnung von Lebewesen und sozialen Gütern an Orten" (ebd.: 271) bezeichnet.
Die Praxis des Anordnens ist ein handlungsbasierter Prozess, in welchem etwas beziehungsweise jemand angeordnet wird und jemand anordnet. Dieses Anordnen beziehungsweise Angeordnet-Werden ist Akteur_innen-zentriert und stellt eine Verflechtung zwischen Menschen, Objekten beziehungsweise physisch-materiellen Räumen und gesellschaftlichen Werten her. Innerhalb dieses Anordnungsprozesses nimmt Löw eine analytische Unterscheidung von zwei verschiedenen Aktivitäten vor: dem *Spacing* und der *Syntheseleistung* (Löw 1999: 57; Löw 2001: 158f.). Das Spacing bezeichnet das sichtbare Verorten beziehungsweise Verortet-Werden an konkreten Orten und ist ein Handlungsprozess, welcher die Lebewesen und Güter zueinander anordnet. Es „verweist, indem die Aktivität des Raumschaffens betont und Raum nicht einfach vorausgesetzt wird, auf die Wechselwirkung zwischen Plazierenden und Plazierungen" (Löw 1999: 57). Diese Platzierungsprozesse sind immer als soziale Aushandlungsprozesse der Beteiligten an Raumentstehungsprozessen zu verstehen (vgl. Ruhne 2011: 73). In ihrer *Einführung in die Stadt- und Raumsoziologie* von 2008 beschreiben Martina Löw, Silke Steets[148] und Sergej Stoetzer[149] das Spacing mit folgendem Beispiel:

> *„Spacing bezeichnet also das Errichten, Bauen oder Positionieren. Als Beispiele können hier das Aufstellen von Waren im Supermarkt, das Sich-Positionieren von Menschen gegenüber anderen Menschen, das Bauen von Häusern, das Vermessen von Landesgrenzen, das Vernetzen von Computern zu Räumen genannt werden." (Löw/Steets/Stoetzer 2008: 64)*

Die Syntheseleistung, welche Löw auf den Soziologen Norbert Elias und den Stadtforscher Dieter Läpple zurückführt (vgl. Löw 2001: 159), stellt die mentale Leistung innerhalb der Raumkonstitution dar, die von jedem einzelnen individuell vollzogen wird und die Raum erst als Raum wahrnehmbar macht. Dies kann sowohl in dem Moment der Raumherstellung als auch in der Erinnerung zu einem späteren Zeitpunkt erfolgen. Die Syntheseleistung „ermöglicht es, daß Ensembles sozialer Güter oder Menschen wie ein Element wahrgenommen, erinnert oder abstrahiert werden" (ebd.).

148 Silke Steets promovierte 2007 bei Martina Löw zu den räumlichen Alltagspraktiken von Akteur_innen der Leipziger Kultur- und Kreativwirtschaft. 2015 veröffentlichte sie ihre Habilitation mit dem Titel *Der sinnhafte Aufbau der gebauten Welt*.

149 Sergej Stoetzer promovierte 2013 bei Martina Löw mit der Dissertation *Aneignung von Orten. Raumbezogene Identifikationsstrategien*.

Soziale Güter beschreibt Löw als „Produkte gegenwärtigen und vor allem vergangenen materiellen und symbolischen Handelns" (ebd.: 153), die sie in Verbindung setzt zu materiellen und symbolischen Gütern. Mit materiellen Gütern meint sie primär Dinge, die eine Materialität aufweisen und angefasst und benutzt werden können. Im Museum wären dies Schließfächer, Sitzbänke, Audioguides, Broschüren oder die Kunst. Sie sind Produkte materiellen Handelns, da sie von Menschen hergestellt wurden. Die symbolischen Güter dagegen sind primär immateriell, wie Werte und Normen, und zeigen sich im Museum beispielsweise in der unterschiedlichen Bedeutungszuschreibung der Arbeit von Künstler_innen und Kurator_innen im Vergleich zu den Mitarbeiter_innen der Marketingabteilung oder Restaurator_innen. Auch die symbolischen Güter sind das Produkt eines durch Menschen hergestellten Prozesses, jedoch manifestieren sie sich nicht vordergründig in Form von Dingen. Im Museum sind dies beispielsweise die Regeln während des Ausstellungsbesuches – nichts anfassen, nicht rennen, nicht laut schreien, nicht essen, nicht trinken et cetera – oder die Notwendigkeit, eine Eintrittskarte zu erwerben, um die Ausstellung betreten zu dürfen. Das Verhältnis zwischen materiellen und symbolischen Gütern beschreibt Löw als eine Art Wechselbeziehung:

> *„Die Tätigkeit des Anordnens im Sinne des Plazierens bringt es mit sich, daß hier primär materielle Güter und nicht primär symbolische Güter gemeint sind. Angeordnet werden also Güter in ihrer materiellen Eigenschaft, verstanden können diese Anordnungen jedoch nur werden, wenn die symbolischen Eigenschaften der sozialen Güter entziffert werden." (Löw 2001: 153)*

Materielle und symbolische Güter stehen miteinander in einem Zusammenhang, weswegen sie von Löw im Zusammenschluss als soziale Güter bezeichnet werden. Der symbolische Aspekt ist dabei immanenter Teil materieller Güter. Auch können materielle Güter die symbolischen Güter prägen. Besonders deutlich wird dies im Museum, in welchem die Ausgestaltung materieller Güter – wie die Präsentation der Kunst durch Lichtführung, Deckenhöhe, Wandgestaltung, Beschriftungen sowie die Anwesenheit von Aufsichten in den Ausstellungsräumen – die symbolische Bedeutung mit herstellt.[150]

Wird das relationale Raumverständnis von Löw auf die Räume der Vermittlung angewendet, zeigt sich, dass Räume der Vermittlung auch außerhalb von physisch-materiellen Räumen im kunstvermittlerischen Tun entstehen können. Kunstvermittlungsraum konstituiert sich nach diesem Verständnis beispielsweise auf der Ausstellungsfläche, auf einem Parkplatz, im Keller

150 Siehe die Analogie dieses Ansatzes zur Herstellung von Bedeutung in Ausstellungen bei Muttenthaler/Wonisch (2003, 2006).

oder städtischen Raum. Dabei entsteht ein Vermittlungsraum in Situationen, in denen Kunstvermittler_innen und Teilnehmende sich sowie die Kunst und weitere Objekte als Vermittlungsraum anordnen und diese Anordnungen als Raumkonstitution wahrnehmen. Kunstvermittlungsräume konstituieren sich also folglich, wenn sich kunstvermittlerische Handlungen vollziehen und diese Handlungen von den beteiligten Personen als Vermittlungsraum wahrgenommen werden. Im relationalen Raumverständnis nach Löw gehen die Vermittlungsräume über die im oberen Kapitel beschriebenen Räume als Container im Behälterraummodell hinaus. Sie zeigen sich nicht allein in Wänden und Quadratmeterzahlen, sondern in Handlungsprozessen. Nach dieser Vorstellung von Raum existieren Vermittlungsräume innerhalb von Ausstellungen, seitdem es pädagogisches Arbeiten in Ausstellungsräumen gibt.[151]
Ein solches Verständnis von Raum ermöglicht, eine Differenzierung unterschiedlicher Räume der Vermittlung vorzunehmen, die im anschließenden Exkurs dargelegt werden. Dabei wird erneut deutlich, dass sich relationale Vermittlungsräume nicht allein auf Architekturen beschränken und ebenso nicht unbedingt der Anwesenheit einer Kunstvermittler_in bedürfen.

## Gegenseitige Bedingtheit von Handeln und Struktur

Die Herstellung von Raum im relationalen Verständnis verdeutlicht den Handlungsprozess bei der Herstellung von Räumen und kann als handlungstheoretischer Zugang bezeichnet werden. Löw spricht bei diesem Herstellungsprozess von der *Dualität von Raum*, da der Raum zum einen hergestellt wird und zum anderen durch diese Herstellung gleichzeitig eine Ordnung vorgibt. Um dies zu verdeutlichen, verwendet sie in ihrer Definition von Raum die besondere Schreibweise der *(An)Ordnung* von Lebewesen und sozialen Gütern an Orten. Die Schreibweise verweist darauf, dass relationale Räume zum einen auf der Praxis des Anordnens basieren und zugleich eine gesellschaftliche Ordnung hervorbringen (vgl. Löw/Steets/Stoetzer 2008: 63). „Diese Ordnung im Sinne von gesellschaftlichen Strukturen ist sowohl dem Handeln vorgängig als auch Folge des Handelns“ (ebd.). Damit verdeutlichen die Raumsoziolg_innen Löw, Steets und Stoertzer, dass Räume nicht einfach existieren, sondern einen Doppelcharakter aufweisen, der sich herstellt, indem Räume im Handeln geschaffen werden, und indem die Räume das Handeln wiederum steuern (vgl. ebd. 172).

151 Als Gründer der deutschen Museumspädagogik gilt Alfred Lichtwark, Direktor der Hamburger Kunsthalle, der Ende des 19. Jahrhunderts nicht nur erste Führungen für Schulklassen und Erwachsene realisierte, sondern auch Schriften (1900) zur Betrachtung von Kunstwerken mit Schüler_innen herausgegeben hat (vgl. Mörsch 2013c: 34; dazu auch Heiligenmann 1990: 19; Köstering 2016: 54). Angeregt wurde er durch die reformpädagogischen Ansätze der Jahrhundertwende (vgl. Mandel 2014: 20), bei der er Verbindungen zwischen Erwachsenenbildung, Museums- und Schulpädagogik herstellte (vgl. Scheuerl 1997: 211). Seine Arbeit wird auch als „ästhetische Laienbildung“ bezeichnet (vgl. ebd.: 213).

Löw bezieht sich mit der Dualität des Raumes auf den Soziologen Anthony Giddens, der die gegenseitige Bedingtheit von Handeln und Struktur als „Dualität von Struktur und Handeln" benennt (Löw 2018: 36). Diese Giddens'sche Erkenntnis weitet Löw auf die *Dualität von Raum* aus, wobei der Begriff der Dualität keinen Gegensatz beschreibt, sondern als eine Zweiheit aufgefasst wird.

> *„Räumliche Strukturen müssen, wie jede Form von Strukturen, im Handeln verwirklicht werden, strukturieren aber auch das Handeln. Die Dualität von Handeln und Struktur stellt sich damit auch als die Dualität von Raum heraus. Das bedeutet, daß räumliche Strukturen eine Form von Handeln hervorbringen, welches in der Konstitution von Räumen eben jene räumlichen Strukturen reproduziert." (Löw 2001: 172)*

Löw schreibt, dass von räumlichen Strukturen „dann gesprochen werden [kann; H. P.], wenn die Konstitution von Räumen, also entweder die Synthese oder das Spacing, in Regeln formulierbar oder/und in Ressourcen abgesichert ist, welche unabhängig von Ort und Zeitpunkt in Institutionen eingelagert sind.

Löw bezieht sich in ihrer These der Reproduktion von raumkonstituierenden Handlungen und Strukturen erneut auf Giddens, hier jedoch auf seine Ausführungen zur Konstitution von Gesellschaft. Darin werden Institutionen als „die dauerhaften Merkmale des gesellschaftlichen Lebens" (Giddens 1988: 76) beschrieben. In Institutionen eingelagert sind Strukturen in Form von Regeln und Ressourcen[152] (vgl. ebd.: 75), die das Spacing und die Syntheseleistung maßgeblich bestimmen. Von institutionalisierten Räumen sprich Löw, wenn die „(An) Ordnungen über individuelles Handeln hinaus wirksam bleiben und genormte Syntheseleistungen und Spacings nach sich ziehen" (Löw 2001: 226). Eine zentrale Rolle spielen dabei die Routinen, in denen „gesellschaftliche Institutionen reproduziert als auch das eigene Handeln habitualisiert" werden (siehe ebd.: 163 in Bezug auf Giddens). Mit Routinen beschreibt Löw ein Handeln, das repetitiv in gewohnten Bahnen verläuft. Demzufolge müssen Menschen nicht lange darüber nachdenken, welche Wege sie gehen, „wo sie sich platzieren, wie sie Waren lagern und wie sie Dinge und Menschen miteinander verknüpfen" (Löw 2018: 43), weil sie sich die Routinen angewöhnt beziehungsweise diese erlernt haben. Es ist ein Set an gewohnheitsbedingten Handlungen, welches hilft, den Alltag zu gestalten. Diese gesellschaftlich vorgeprägte Raumherstellung, die im Alltag in Routinen organisiert ist, führt wiederum zur Reproduktion vorhandener Räume sowie zur Reproduktion gesellschaftlicher Strukturen, die Handeln ermöglichen und Handlungsmöglichkeiten gleichzeitig einschränken:

152 Ressourcen werden bei Löw als auch bei Giddens unterteilt in materielle Ressourcen und symbolische Ressourcen, die sich auf Personen beziehen (Löw 2001: 167; Giddens 1988: 86).

*„Wenn man also der Annahme folgt, daß Räume im Handeln konstituiert werden, dann kann nun weiter gefolgert werden, daß dieses im Alltag in Routinen organisierte Handeln gesellschaftliche Strukturen reproduziert und zwar in einem rekursiven Prozeß. Das heißt, gesellschaftliche Strukturen ermöglichen raumkonstituierendes Handeln, welches dann diese Strukturen, die es ermöglichen (und anderes verhindern), wieder reproduziert. Gesellschaftlich organisiert wird diese Reproduktion über Institutionen. In Institutionen sind gesellschaftliche Strukturen verankert." (Löw 2001: 170)*

Zusammengefasst bedeutet dies, dass Institutionen und die in ihr eingelagerten gesellschaftlichen Strukturen den Raumherstellungsprozess und somit das im Alltag in Routinen organisierte Handeln nicht nur bedingen, sondern maßgeblich steuern. „Sie bieten Handlungssicherheiten, schränken jedoch auch Handlungsmöglichkeiten ein. Beides zusammen, die Routinen des alltäglichen Handelns und die Institutionalisierung von sozialen Prozessen, gewährleistet die Reproduktion gesellschaftlicher (also auch räumlicher) Strukturen" (ebd.: 172). Somit lässt sich festhalten, dass für Löw das Räumliche nicht von Gesellschaftlichem abzugrenzen ist, sondern eine Form gesellschaftlicher Strukturen darstellt (vgl. ebd.: 167).

## Anwendung: Ungleichverteilung von Konstitutionsmöglichkeiten im Vermittlungsraum

Die Übertragung des relationalen Raumansatzes von Martina Löw auf die sichtbaren Vermittlungsräume zeigt, dass die Konstitution von Vermittlungsräumen maßgeblich durch Routinen und institutionelle Strukturen vorgeben ist. Die Ausstellungsinstitution kann als Träger von gesellschaftlichen Strukturen verstanden werden, welche die Konstitution von Vermittlungsraum ermöglicht oder umgekehrt verhindert und ist maßgeblich an der Raumkonstitution beteiligt. Diese trägt wiederum zur Reproduktion der Strukturen und somit zur Reproduktion der Institution und der ihr inhärenten räumlichen Strukturen bei (vgl. Löw 2001: 167). Gesellschaftliche Strukturen prägen die raumkonstituierenden Prozesse auf eine solche Art, dass sie die jeweiligen räumlichen Strukturen reproduzieren.

Relevant für die Räume der Vermittlung ist dabei, dass sich das Handeln innerhalb der Institution Museum durch die Abfolge von Routinen reproduziert. Die Institution Museum bestimmt die Raumkonstitution sowohl für die Besucher_innen als auch für die Vermittler_innen mit. Sie werden selten hinterfragt, da sie nach Giddens im praktischen Bewusstsein, dem alltäglichen, nicht reflexiven Handeln, enthalten sind. So ist beispielsweise vor dem Betreten der Ausstellung der Weg zur Garderobe, um Jacken und Taschen abzugeben, genauso habitualisiert wie die Abstandseinhaltung vor der Kunst und das Nicht-Toben und Nicht-Schreien in den Ausstellungsräumen.

Löws rekursiver Prozess der alltäglichen Routinen und Institutionen bietet ein Betrachtungsschema, welches ermöglicht, das im Alltag in Routinen organisierte Handeln der Vermittler_innen in Relation zu den institutionellen Strukturen zu betrachten. Zentral ist dabei, dass diese beiden Ebenen – das Handeln und die räumlichen Strukturen – sich rekursiv aufeinander beziehen und zur Reproduktion der Institution Museum beitragen.

Die materiellen und symbolischen Güter sowie die institutionellen Strukturen werden bei Löw noch um weitere Dimensionen ergänzt, die wie die ersteren die dem Raum immanenten Macht- und Herrschaftsverhältnisse verdeutlichen: Löw geht davon aus, dass die Konstitution von Raum von finanziellen Verfügungsmöglichkeiten, von Wissen sowie über soziale Positionen und (Nicht-)Zugehörigkeit zu bestimmten Feldern eingeschränkt oder begünstigt wird (Löw 2001: 214). Dadurch macht sie deutlich, dass es eine Ungleichverteilung von Konstitutionsmöglichkeiten bei der Herstellung von Räumen gibt, die im Zusammenhang mit Machtverhältnissen steht. Denn, so schreibt Löw weiter, in der Regel vollziehe sich die Konstitution von Räumen nicht im Handeln einzelner Personen, sondern geschehe in einem Aushandlungsprozess mit anderen. Innerhalb dieses Prozesses stellt das Aushandeln von Machtverhältnissen ein immanentes Moment dar (vgl. ebd.: 228).

Für die Analyse von Vermittlungsräumen und die Frage danach, wer an der Herstellung dieser Räume beteiligt wird, sind die von Löw entwickelten einflussnehmenden Faktoren, die sie als Dimensionen bezeichnet, hilfreich, weil sie maßgeblich die Raumbildung bestimmen. Sie benennt diese Faktoren, die die Raumkonstitution begünstigen oder benachteiligen, mit „Reichtums-Dimension“ [153], „Wissens-Dimension“, „Rang-Dimension“ und „Assoziations-Dimension“ (ebd.: 214).

> *„Die Chancen, Raum zu konstituieren, können aufgrund geringerer oder größerer Verfügungsmöglichen über soziale Güter, aufgrund von geringerem oder breiterem Wissen, aufgrund geringerer oder höherer Verfügungsmöglichkeiten über soziale Positionen oder/und aufgrund von Zugehörigkeit bzw. Nicht-Zugehörigkeit dauerhaft begünstigt oder benachteiligt sein. Verfügungsmöglichkeiten über Geld, Zeugnis, Rang oder Assoziation sind demnach dafür ausschlaggebend, ob räumliche (An)Ordnungen durchgesetzt werden können, so wie umgekehrt die Verfügung über Räume im Sinne*

153 Mit der Reichtums- und Wissens-Dimension bezieht sich Löw auf die Ausführungen zur sozialen Ungleichheit von Reinhard Kreckel (1992). Reichtums-Dimension bezeichnen dabei die Zugangschancen zu primär materiellen Produkten, mit der Wissensdimension ist der Zugang zu primär symbolischer Kultur gemeint (vgl. Löw 2001: 211).

*von zu Privateigentum erklärten (An)Ordnungen oder im Sinne der Durchsetzung von Spacings einer Ressource ist." (Löw 2001: 228)*

Diese Kategorisierung der verschiedenen Dimensionen ermöglicht es, zentrale Fragen für die Analyse von Vermittlungsräumen in Anlehnung an Löws Raumtheorie zu stellen, denn mit ihnen wird deutlich, dass Räumen das Prinzip der Verteilung und das Aushandeln von Machtverhältnissen immanent ist (vgl. ebd.: 214, 228). Sie verdeutlichen, dass mit der Konstitution von Räumen immer auch Ausschluss produziert wird. Mit der Entstehung von Räumen verbunden ist die Herstellung von Differenz von je Eingeschlossenen oder Ausgegrenzten (ebd.: 214). Über die unterschiedlichen Verfügungsmöglichkeiten der Raumkonstitution und Syntheseleistung werden Aspekte sozialer Ungleichheit[154] deutlich. Dabei durchziehen Klasse und Geschlecht[155] als Strukturprinzipien alle Ebenen der Raumherstellung.

## Gegenkulturelle Räume und widerständiges Raumhandeln

Löw beobachtet, dass Räume aufgrund genormter Spacings und Syntheseleistungen reproduziert werden und beschreibt diesen Vorgang als rekursiven Prozess der Herstellung institutionalisierter Räume. Das bedeutet, dass Räume nicht nur auf die immer gleiche Weise hergestellt werden, sondern in ihrer Herstellung gleichzeitig zu ihrem Fortbestand beitragen. Um (neue) Räume entstehen lassen zu können, die sich nicht aufgrund von alltäglichen Routinen reproduzieren, muss sich eine Platzierungspraxis vollziehen, die sich gegen die im institutionellen Raum angelegte Platzierungsnorm richtet. Diese *gegenkulturelle Platzierungspraxis* enthält das Potenzial, eine Veränderung in der institutionalisierten Raumkonstitution zu ermöglichen. Solche veränderten Raumkonstitutionen, seien sie von flüchtigem oder dauerhaftem Charakter, nennt Löw *gegenkulturelle Räume* (Löw 2001: 184f.). Im Unterschied zu Foucaults Heterotopien[156] fällt den gegenkulturellen Räumen keine Illusions- oder Kompensationsaufgabe zu, sondern sie führen zu Strukturveränderungen (ebd.: 186). Das widerständige Raumhandeln zeigt sich in eigenen Handlungs- und Wahrnehmungs-

154 Sie benennt soziale Ungleichheit in Anschluss an den Soziologen Reinhard Kreckel, der damit eine dauerhafte Benachteiligung oder Begünstigung einzelner Personen oder von Gruppen meint (vgl. Löw 2001: 210f.).

155 Theorien zu Geschlecht und Raum in der Kunstwissenschaft sind im deutschsprachigen Kontext vor allem von Irene Nierhaus geprägt. Mit dem Fokus auf Geschlechterstrukturen hat sich die Autorin in zahlreichen Publikationen mit dem Verhältnis von Bild, Raum und Subjekt auseinandergesetzt. Zu nennen sind dabei ihre Publikationen: *RÄUMEN: Baupläne zwischen Raum, Geschlecht, Visualität und Architektur* (2001) sowie *Arch6: Raum, Geschlecht, Architektur* (1999).

156 Foucault hat den Begriff der Heterotopie in seinen Schriften *Andere Räume* ([1967] 1992) und *Die Heterotopien* in den Jahren 1966 und 1967 entfaltet. Darin verdeutlicht er, dass Heterotopien mit einer verwirklichten Utopie an einem Ort vergleichbar sind und bezeichnet sie als *Gegenräume* (vgl. Foucault [1966] 2005: 10f.).

praxen, die den institutionalisierten Räumen entgegengesetzt sind. Die durch vorstrukturierte Handlungen entstehenden institutionalisierten Räume werden so von der gegenkulturellen Praxis überlagert, was nicht nur zu Distanz zu den institutionalisierten Räumen führen kann, sondern auch Konfliktpotenzial birgt, da eigene Räume geschaffen werden (vgl. Stoetzer 2014: 228). Löw beschreibt das Schaffen eigener institutionalisierter (An)Ordnungen als ein zur Dominanzkultur gegenläufiges Geschehen.

> *„Es eröffnet individuelle Handlungsoptionen, kann – wie Widerstand allgemein – zu Veränderungen gesellschaftlicher Strukturen führen, kann aber auch diese in der Übertretung bestätigen." (Löw 2001: 227)*

Hervorgerufen werden gegenkulturelle Räume[157] durch Abweichungen von institutionalisierten räumlichen Handlungen. Diese Abweichungen können bewusst durch die Reflexion der eigenen Handlungspraxis erzeugt werden oder entstehen durch inkompatiblen Habitus oder körperliche Grenzen. Finden Abweichungen intentional statt und richten sich ganz bewusst gegen die institutionalisierte (An)Ordnung, so kann ein gegenkultureller Raum einmalig und flüchtig entstehen. Findet die Veränderung der (An)Ordnung dauerhaft statt und ereignet sich nicht nur auf individueller Ebene, bringt die Veränderung der institutionalisierten Räume Strukturveränderungen hervor, die wiederum eigene institutionalisierte Räume produzieren (vgl. Stoetzer 2008: 13f.; Löw 2001: 184f.).
Löw bezieht sich mit dem Begriff der Gegenkultur auf die Soziologin Ilse Dröge-Modelmog, die Gegenkultur als „eine Metapher für gegenläufiges Geschehen zur Dominanzkultur" auffasst, welche aus „Neugier, Leidenschaft, Anfechtung oder Imaginationen erwachsen" kann (Modelmog 1994: 35). Löw verwendet Modelmogs Begriff der Gegenkultur, da sie wie diese die Abweichungen und Veränderungen nicht ausschließlich als Ergebnis von Reflexion, sondern auch von körperlich-emotionalem Begehren betrachtet (vgl. Löw 2001: 185f.).

Mit dem Konzept des gegenkulturellen Raumes schafft Löw eine Betrachtungsweise, die die Entstehung neuer Räume beschreibbar macht. Dabei stehen die Handlungen der raumkonstituierenden Personen, die sich gegenüber den vorarrangierten Räumen widerständig zeigen, im Mittelpunkt der Betrachtung.

157 Die Beschreibung von gegenkulturellen Räumen zeigt Analogien zum Verständnis der Raumaneignung, wie es vom Sozialwissenschaftler Ulrich Deinet mit Bezug auf Löws Raumtheorie definiert wird. Er beschreibt die Aneignung des städtischen Raumes als eine durch Kinder und Jugendliche individuell tätige Auseinandersetzung mit ihren Umwelten (vgl. Deinet 2012: 47). Dabei handelt es sich nicht nur um die Aneignung schon vorhandener und vorstrukturierter Räume, sondern auch um die Schaffung eigener Räume. Gemeint ist dabei auch das Produzieren von temporären Räumen im relationalen Raumverständnis, die erst durch Handlungen von Menschen und die Wahrnehmung eines jeden Einzelnen produziert werden.

## Zwischenfazit: Anwendung der relationalen Raumtheorie nach Löw auf den Vermittlungsraum

Wird Vermittlungsraum im Museum aus der Perspektive des relationalen Raumverständnisses nach Martina Löw betrachtet, zeigt sich, dass dieser in einem rekursiven Prozess aus raumhandelnden Personen und räumlichen Strukturen entsteht. Das bedeutet, dass Vermittlungsraum von den an der Kunstvermittlung beteiligten Personen durch eine relationale (An)Ordnung von sozialen Gütern im institutionalisierten Raum Museum hergestellt wird. Die Darlegungen zum relationalen Raum nach Löw geben entscheidende Hinweise darauf, eine Betrachtung des Vermittlungsraumes von den raumkonstituierenden Handlungen der an der Vermittlung beteiligten Personen zu fokussieren.

Dieser Ansatz dient in der vorliegenden Arbeit zum einen dazu, eine definitorische Einteilung von Vermittlungsräumen im Museum für Gegenwartskunst vorzunehmen (siehe dazu den folgenden Exkurs „Räume der Vermittlung im Museum für Gegenwartskunst"). Zum anderen sind Löws Ausführungen zentrale Grundlage für die Beforschung der pädagogischen Handlungen der Kunstvermittler_innen. Dieses im Alltag in Routinen organisierte Handeln wird analysiert in Relation zu den institutionellen räumlichen Strukturen des Museums, welche eingebunden sind in gesellschaftliche Strukturen und den ihnen immanenten Machtverhältnisse.

## Exkurs: Räume der Vermittlung im Museum für Gegenwartskunst

Vermittlungsräume in Museen existieren in vielfältigen Formen, denen ein je anderes Verständnis von Vermittlung zugrunde liegt. Um die verschiedenen Formen von Vermittlungsräumen zu benennen und ihre Unterscheidung zum Forschungsgegenstand aufzuzeigen, wird in diesem Exkurs eine Aufteilung sichtbarer Vermittlungsräume im Kunstmuseum vorgenommen. Ihre Unterteilung basiert auf Grundlage des relationalen Raumverständnisses nach Martina Löw und fungiert als eine Orientierung in der zukünftigen Auseinandersetzung um Vermittlungsräume im Museum. Da es in der deutschsprachigen Forschung zur Museumskunde als auch der Kunst- sowie Museumspädagogik keine einheitliche Einteilung[158] der unterschiedlichen Vermittlungsräume im Kunstmuseum gibt, möchte ich diese Leerstelle mit einer definitorischen Beschreibung füllen. Die Abgrenzung ist als eine Annäherung zu verstehen, die Vorschläge für die Benennung und Beschreibung von Vermittlungsräumen im Kunstmuseum unternimmt.

Sie zeigen die unterschiedlichen Funktionen als auch Herstellungsprozesse auf, die mit der Definition verbunden sind, wobei sich diese nicht immer eindeutig und klar voneinander trennen lassen. Dies wird vor allem daran deutlich, dass eine Durchmischung in der Generierung verschiedener Raumtypen an einem Ort zur gleichen Zeit möglich ist.

Bei der Einteilung wurde zum einen die Funktion, die in die Räume eingeschrieben ist, untersucht, als auch die Rolle, die die Besucher_innen sowie die Kunstvermittler_innen mit der ihnen zugestandenen Verfügungsmöglichkeit im Raumherstellungsprozess einnehmen. Sie werden im Kontext der relationalen Raumtheorie betrachtet, die die Möglichkeiten der Platzierungspraxis in den vorarrangierten Räumen in den Blick nimmt. Das Kapitel verwendet bereits existierende Begriffe von Vermittlungsräumen, es werden aber auch neue Begriffe vorgeschlagen. Diese stehen insbesondere im Kontext der Museologie sowie Kunst- und Kulturtheorie, der Erziehungswissenschaften und in Verbindung zur kritischen Kunstvermittlung. Die zentralen Fragen, die diesem Exkurs zugrunde liegen lauten:

- Welche Vermittlungsräume existieren im Museum für Gegenwartskunst?

- Welche Funktionen nehmen sie innerhalb der Institution Museum ein?

- Welche Platzierungspraxis geben die vorarrangierten Räume vor?

158 Eine Unterteilung in Vermittlungsräume im Museum erfolgte im deutschsprachigen Diskurs bereits von Daniela Bystron mit ihrem Beitrag: *Vermittlungs-Räume: Raum-Experimente als Vermittlungsformen in Ausstellungen* (2016). Auch sie geht in ihrer Einteilung von einem erweiterten Raumverständnis aus und definiert die Räume über die Handlungen der Ausstellungsbesucher_innen.

## Raumvielfalt

Museen richten verschiedene Arten von Vermittlungsräumen ein. Diese Räume sind nach dem relationalen Raumverständnis von Martina Löw institutionalisierte Räume, die genormte Platzierungspraxen und Syntheseoperationen sowohl bei Besucher_innen als auch bei den Kunstvermittler_innen hervorrufen. Martina Löw geht davon aus, dass institutionalisierte Räume individuelles Handeln einschränken, da sie Routinen[159] hervorbringen, die Räume immer wieder auf die gleiche Art und Weise reproduzieren. Institutionalisierte Räume sind Räume, bei welchen die (An)Ordnungen in hohem Maße vorarrangiert sind, was sich sowohl auf die Synthese als auch das Spacing (Platzierungspraxis) auswirkt und so zu einem genormten und vorhersehbaren Raumentstehungsprozess beiträgt.

> *„In Fußgängerzonen, auf Bahnhöfen etc. sind die Verknüpfungen und die Plazierungen institutionalisiert. Von institutionalisierten Räumen ist dann die Rede, wenn die (An)Ordnungen über individuelles Handeln hinaus wirksam bleiben und genormte Syntheseleistungen und Spacings nach sich ziehen." (Löw 2001: 226)*

Eine Übertragung auf die unterschiedlichen Vermittlungsräume fordert dazu auf, auszuloten, in welchem Maße die (An)Ordnungen von beispielsweise Materialien, Kunst und Verhaltensregeln (soziale Güter) als auch die Besucher_innen (Lebewesen) die Platzierungspraktiken und Syntheseoperationen als genormte Raumkonstitution entstehen lassen. Oder aber zu analysieren, ob Ansätze einer individuellen, von der Norm gelösten Platzierungspraktik ermöglicht werden können, die unter Umständen einen Raumaneignungsprozess begünstigen. In der erziehungswissenschaftlichen Forschung werden in Bezug auf die Raumaneignung von Kindern, Jugendlichen und Erwachsenen Faktoren ausgemacht, die sich auf Raumaneignungsprozesse auswirken. Ulrich Deinet hat mit Blick auf Kinder und Jugendliche und Sigrid Nolda auf die Erwachsenenbildung (vgl. Nolda 2006; Deinet 2012) herausgearbeitet, dass individuelle Platzierungspraxen, sei es in Form des Umräumens eines Lernraumes oder in der Schaffung eigener Räume im öffentlichen Stadtraum, zentrale Faktoren in Raumaneignungsprozessen darstellen. Auf die Vermittlungsräume bezogen lohnt somit die Betrachtung, zu welchen (genormten) Verhaltensweisen die (An)Ordnungen der vorrangierten Räume

159 Martina Löw geht davon aus, dass Routinen in der Kindheit eingeübt werden und sich auf die Raumkonstitution auswirken. So wird zum Beispiel gelernt, welches Mobiliar – Sofa, Sessel, Couchtisch – in einem Wohnzimmer platziert wird (vgl. Löw 2001: 169f.). Diese Routinen wirken sich folglich nicht nur auf die Raumentstehungsprozesse aus, sondern finden sich auch in regelmäßigen sozialen Praktiken wieder, welche institutionalisierte (An)Ordnungen reproduzieren (vgl. ebd.: 226).

auffordern[160] und welche Möglichkeiten einer individuellen Platzierungspraxis diese zur Verfügung stellen, um Raumaneignungsprozesse zu begünstigen.

## Ausstellungsräume

Der wohl weitverbreitetste Vermittlungsraum im Kunstmuseum ist der Ausstellungsraum. In einer Kunstausstellung wird ein Thema, eine bestimmte Sichtweise auf künstlerische Arbeiten oder auf einen bestimmten Zeitabschnitt über die Präsentation von Kunst und weitere aufbereitete Materialien an das Museumspublikum vermittelt. Die Kunst wird hierzu in einer bewussten Art und Weise zueinander in Beziehung gesetzt und inszeniert. Dem Museumspublikum werden so bestimmte Anliegen, die von den Ausstellungsmacher_innen konstruiert werden, kommuniziert und Ausstellungen als ein Statement formuliert. Über Lichtführung, Positionierung oder Beschriftungen werden von den Kurator_innen Beziehungen zwischen den verschiedenen Elementen einer Ausstellung konstruiert und Akzentuierungen des Besucher_innen-Blicks hergestellt, die im Zusammenspiel einzelne Aspekte verstärken oder abschwächen. Hinter dem Herstellen von Bezügen, Kontexten und Inszenierungsweisen steht in der Regel eine Absicht, die wie der Auswahlprozess nur selten dem Publikum offengelegt wird.
Ebenso kann die Präsentation von Produkten aus der Kunstvermittlung im Kunstmuseum als Ausstellung hergestellt werden. Dabei werden – anstelle der Kunst – Produkte aus der Vermittlungsarbeit in einer bestimmten Reihenfolge und auf eine bestimmte Weise gehangen und öffentlich gezeigt.
Um eine Leserichtung und ein mögliches Anliegen der Ausstellung vermitteln zu können, wird vonseiten der Ausstellungsmacher_innen das mögliche Publikum bereits mitgedacht. Mit dem je angenommenem Vorwissen, Verhalten und Kompetenzen des Publikums verändert sich die Präsentationsweise einer Ausstellung. Dies kann gut, als einfaches Beispiel, an der Höhe der Hängung von Bildern sowie der Höhe von Sockeln und Vitrinen in Ausstellungen verdeutlicht werden. In den meisten Ausstellungen richtet sich diese Höhe nach der durchschnittlichen Sichthöhe einer erwachsenen Person (1,50 m). Im Unterschied dazu richtet sich in Kindermuseen die Höhe der Hängung und Präsentationsfläche nach der Körpergröße von Kindern. Die Ausgestaltung einer Ausstellung bezieht die Annahme über die körperliche

160 Die Erziehungswissenschaftlerin Sigrid Nolda beforscht mit Ansätzen der qualitativen Videoanalyse unter anderem die Aneignung von pädagogischen Räumen in der Erwachsenenbildung. In ihrem Text *Pädagogische Raumaneignung. Zur Pädagogik von Räumen und ihrer Aneignung – Beispiele aus der Erwachsenenbildung* beschreibt sie den pädagogischen Raum als einen Raum, der eine Rollenverteilung zwischen Lehrenden und Lernenden über seine Einrichtung vorgibt.

Konstitution der Besucher_innen sowie Vorannahmen in Bezug auf Vorkenntnisse und Wahrnehmungskonventionen mit ein.

Im relationalen Verständnis sind die Handlungen der Besucher_innen sowie der Kunstvermittler_innen mit ihren Spacings und Syntheseleistungen maßgeblich an der Konstitution des Ausstellungsraumes beteiligt. Ausstellungsräume werden in diesem Verständnis durch die Relationen zwischen den Besucher_innen und den gezeigten materiellen Gütern, ihren Handlungen und Wahrnehmungen als Ausstellungsraum hergestellt. Ein Ausstellungsraum ist demnach nicht einfach schon vorhanden, wenn eine Besucher_in das Museum betritt, sondern wird erst durch die Besucher_in hergestellt. Vorbedingung für diese Herstellung des Ausstellungsraumes ist, dass die Herstellenden über das Verständnis von Ausstellungen und dem dazugehörigen Verhalten verfügen, um Ausstellungen als Ausstellungsräume konstituieren zu können.

Fallen Annahmen über die Besucher_innen vonseiten der Ausstellungsmacher_innen mit dem Publikum zusammen, werden bei einem Rundgang durch die Ausstellung in der Syntheseleitung so die ausgestellte Kunst und visuellen Materialien von den Betrachter_innen in gewünschter Weise zueinander in Beziehung gesetzt, Bedeutungen produziert und der Ausstellungsraum in genormter Weise reproduziert. Dies geschieht neben der Nachbarschaft von künstlerischen Arbeiten und visuellen Materialien auch über die räumliche Abfolge und über das Zusammenspiel von Texten und weiteren zusätzlichen Informationsmaterialien (vgl. Muttenthaler/Wonisch 2006: 81). Dieses Zusammenwirken von fest platzierter Kunst und einer bestimmten vorarrangierten Raumabfolge ruft mit den Regeln und Routinen des Museums eine genormte Platzierungspraxis bei den Besucher_innen hervor. Sie setzen sich in den vorarrangierten Ausstellungsräumen mit den (meist vorhandenen) anderen Ausstellungsbesucher_innen in Relation und stellen den Ausstellungsraum in genormter Weise her. Diese Dimension der genormten Platzierungspraxis und Syntheseleistung wird häufig über absichtsvolle Parcours oder geplante Leserichtungen verstärkt. Für Ausstellungen, die in dieser Weise produziert werden, kann der Begriff der tradierten Ausstellung eingeführt werden.

Auch außerhalb von Museumswänden und Ausstellungsarchitektur sind analog diesem Verständnis Ausstellungsräume möglich. Sowohl Kunst als auch Produkte aus der pädagogischen Arbeit können im Freien, oder aber in anderen architektonischen Räumen präsentiert werden. Der Ausstellungsraum konstituiert sich dann beispielsweise während eines

Strandspaziergangs[161], bei dem an Kreidefelsen befestigte Fotografien angeschaut werden. Über die Betrachtung werden sie in Beziehung zueinander gesetzt, worüber Verknüpfungen zu Erinnerungen und Vorstellungen über Ausstellungsräume hergestellt werden (vgl. Löw 2001: 214). Die Platzierungspraxen des Publikums beim Betrachten der Fotografien am Strand sind identisch mit denen im musealen Kontext. Sie sind genormt und zeigen sich in typischen Verhaltensweisen – „im gehen" und beim „stehen bleiben" – über die ein Ausstellungsraum hergestellt wird (vgl. Reitstätter 2015: 128)[162].

161 Ein Beispiel einer Ausstellung ohne Museum ist die Präsentation des Vermittlungsprojektes von Wendy Ewald *Towards a promised Land*. Es ist ein Projekt von artangel, einer museumsähnlichen Organisation, die Ausstellungen und Vermittlung ohne feste Gebäude realisiert. artangel fördert insgesamt die Produktion, Sammlung und Präsentation von Kunst an außergewöhnlichen Orten. Auf ihrer Webseite heißt es dazu: „We produce art that challenges perceptions, surprises, inspires and wouldn't be possible within the confines of a gallery", [online] www.artangel.org.uk [03.11.2017]. Wendy Ewald arbeitete im Rahmen des Projektes zwischen 2003 und 2006 mit 20 geflüchteten Kindern und Jugendlichen zusammen, wobei verschiedene Fotografien entstanden. Für die Präsentation in Margate, England, zum Ende des Projektes wurde von jedem Kind/Jugendlichen eine drei mal vier Meter große Fotografie an den Kreidefelsen am Strand gezeigt, [online] http://wendyewald.com/portfolio/margate-towards-a-promised-land/ [03.11.2017].

162 Luise Reitstätter hat mit ihrer Dissertation *Die Ausstellung verhandeln. Von Interaktionen im musealen Raum* den Ausstellungsraum als Sozialraum analysiert und das Verhältnis zwischen Ausstellungsbesucher_innen und Dingen im Raum fokussiert. Eignen sich Besucher_innen eine Ausstellung an, unterscheidet Luise Reitstätter zwei unterschiedliche Herangehensweisen. Zum einen arbeitet sie die Wahrnehmung des gesamten Raumes und zum anderen die eigene körperliche Verortung innerhalb der Ausstellung heraus. Diese „sichtbaren räumlichen Kernelemente entsprechen dabei auch Martina Löws zweiteiligem Raumkonzept des Anordnens – Syntheseleistung und Spacing (Löw 2001: 224f.)" (Reitstätter 2015: 163). Werden Ausstellungsräume „im gehen" oder beim „stehen bleiben" vor der Kunst von den Besucher_innen als solche hergestellt, zeigt sich nach Reitstätter, dass dies jedoch auf sehr individuelle Weise geschieht. Allerdings gehören die Handlungen des Publikums wie Gehen, Stehen, Sitzen, Schauen, Lesen und Sprechen zum Standardrepertoire eines Ausstellungsbesuches und sind daher maßgebliche Verhaltensweisen, die vonseiten der Ausstellungsmacher_innen erwartet werden.

Zusammenfassend kann gesagt werden, dass Raum durch das (An)Ordnen und In-Beziehung-Setzen von ausgestellten Objekten, Texten, durch die Ausstellungsarchitektur und die Platzierung an einem bestimmten Ort sowie über die Relation zu anderen Besucher_innen mittels der jeweiligen Syntheseleistung des Menschen als Ausstellungsraum hergestellt wird. Dabei ist es nicht erforderlich, dass es sich bei den ausgestellten Objekten um Kunst handelt. Denn auch die Produkte aus einem künstlerisch-edukativen Projekt können beispielsweise als Ausstellungsraum im Museum für Gegenwartskunst in der Interaktion mit dem Ausstellungspublikum hergestellt werden. Die Routinen und Handlungsaufforderungen sind dieselben, sodass die Besucher_innen über die Syntheseleistung, über Wahrnehmungs-, Vorstellungs- oder Erinnerungsprozesse (vgl. Löw 2001: 159) den Raum als Ausstellungsraum identifizieren und herstellen. Dabei spielen sowohl die Reflexivität als auch die Wahrnehmungsprozesse jede_r Einzelnen eine Rolle.

## Möglichkeitsräume

Im Unterschied zu den tradierten Ausstellungen gibt es Ausstellungen, die als Möglichkeitsräume[163] bezeichnet werden. Diese Räume basieren auf der Konstitution von Räumen durch individuelle Handlungen des Publikums. Der Begriff des Möglichkeitsraumes beschreibt daher Ausstellungen, die so konzipiert sind, dass mit ihnen die Möglichkeit geschaffen wird, den Raum so zu nutzen, dass er nicht ein genormtes Verhalten durch vorarrangierte physisch-materielle Räume auslöst. Dabei wird versucht, gerade keine eindeutige Leserichtung und Interpretation durch die Ausstellungsgestaltung vorzugeben und bewusst Leerstellen zu produzieren, um zu eigenen Fragen und Erkenntnissen zu gelangen. Dem Publikum soll die Möglichkeit zur Ausgestaltung von Handlungsräumen zur Verfügung gestellt werden. Nora Sternfeld beschreibt diese Form des Ausstellungmachens als post-repräsentatives Kuratieren:

> *„Ausstellungen werden hier nicht mehr als Orte der Ausstellung von wertvollen Objekten und Darstellung von objektiven Werten verstanden. Der Fokus liegt vielmehr auf der Herstellung von Möglichkeitsräumen, auf sozialen sowie körperlichen Erfahrungen, unerwarteten Begegnungen und verändernden Auseinandersetzungen, in denen das Unplanbare wichtiger erscheint als genaue Hängepläne. Ausstellungen werden also zu Handlungsräumen." (Sternfeld 2016: 189)*

163 Der Begriff des Möglichkeitsraumes wird in dem Diskurs Kunstvermittlung und Museum von Theoretiker_innen wie Irit Rogoff (2012: 33), Claudia Hummel (Hummel 2012: 79), Nora Sternfeld (Sternfeld 2016: 189) oder Jan Verwoert (Verwoert 2005: 91) verhandelt.

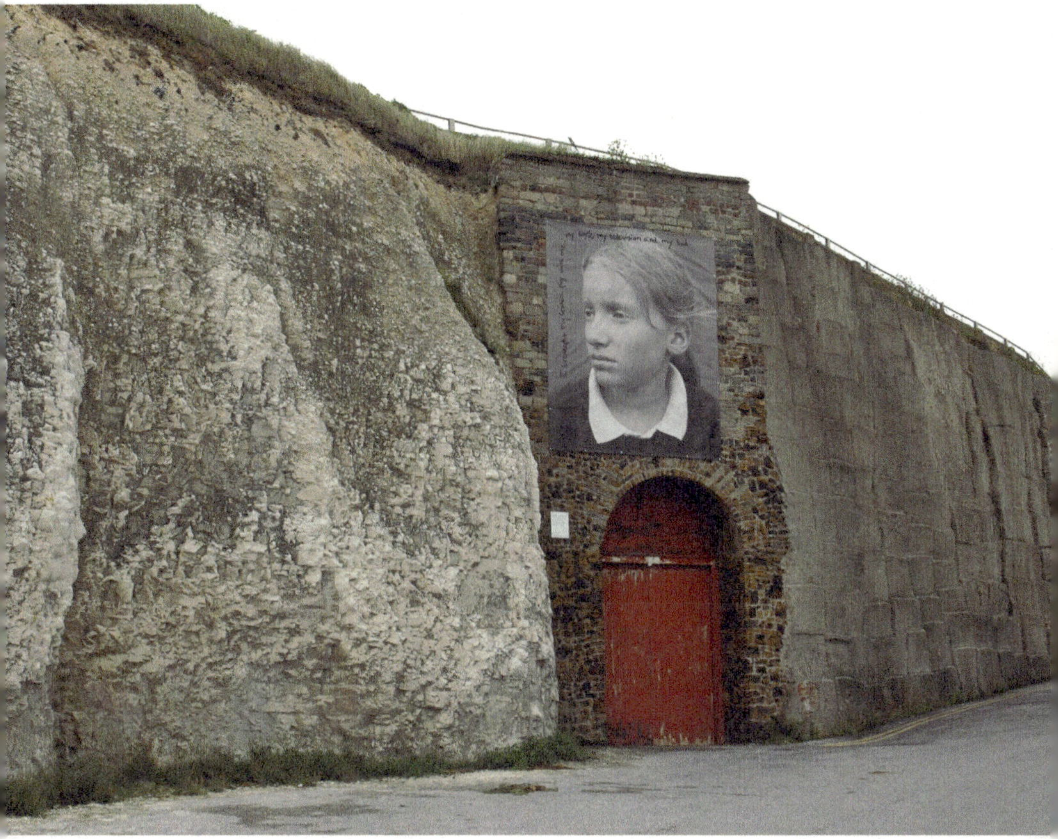

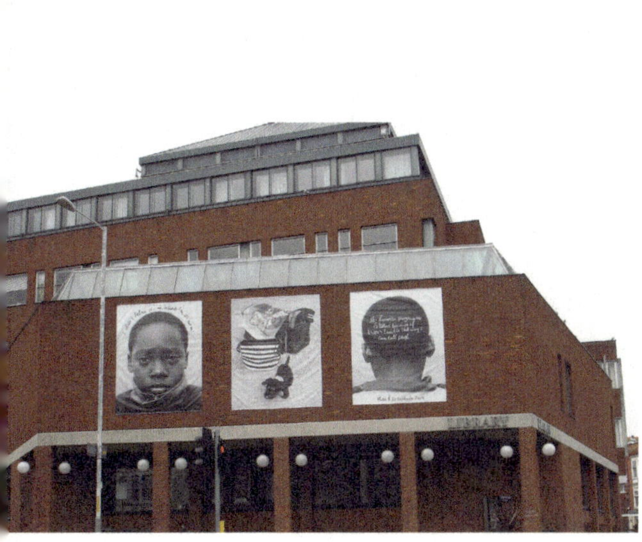

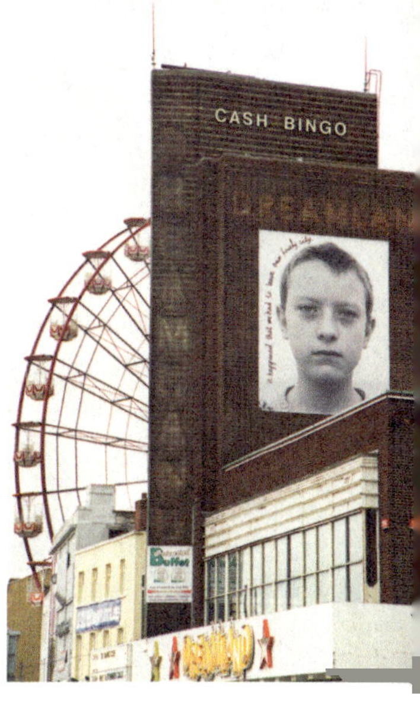


Abb. 39 - 41

In diesem Verständnis von Ausstellungen verschränken sich, wie Sternfeld weiter schreibt, Kuratieren und Vermitteln unweigerlich miteinander.

Der Kunst- und Kulturtheoretiker Jan Verwoert hat sich mit dem Begriff des Möglichkeitsraumes vor allem in Bezug auf Machtkonstellationen auseinandergesetzt. Er sieht den Möglichkeitsraum in Abgrenzung zum Konzept der *Option*, welches zur Aufrechterhaltung vorherrschender Machtverhältnisse beiträgt und sich sowohl in Kunst als auch in Ausstellungskonzepten realisieren lässt (vgl. Verwoert 2005: 91). Der Möglichkeitsraum geht nach Verwoert über die Option hinaus, indem die eigene Handlungsfreiheit nicht durch Wahl von verschiedenen vorgegebenen Optionen vorherbestimmt ist.

Die Kunsthistorikerin Irit Rogoff setzt in ihren Ausführungen zu Ausstellungen, die individuelles Handeln zulassen, auf die Möglichkeit, eigene Fragen im Museum zu stellen, die wiederum in den Alltag der Besucher_innen integriert werden können. Sie fragt: „Was können wir von dem Museum lernen, jenseits von dem, was es intendiert uns zu lehren?" (Rogoff 2012: 33). Rogoff verweist ebenso wie Sternfeld darauf, dass in Ausstellungen Handlungsräume eröffnet werden sollten, die sich jenseits des Vorgedachten befinden. Ermöglicht werden soll dies, indem individuelle Anliegen eingebracht, Fragen formuliert und individuelles Wissen zum Teil der Ausstellung und des Museums gemacht werden können. Voraussetzung dafür ist, dass ein erleichterter Zugang zum Museum ermöglicht wird.

Die Künstlerin und Kunstvermittlerin Claudia Hummel fragt sich in diesem Zusammenhang, auf welche Weise der Raum gestaltet werden sollte, um die Herstellung eines Möglichkeitsraumes zu eröffnen: „Welche Impulse im Raum wirken unbewusst auf unseren Körper und beeinflussen somit unser Rezeptionsverhalten? Wie kann dieses unbewusste körperliche *Tun* bewusst machen? Und können durch gezielte körperliche Praxis die Dinge anders erfahren werden?" (Hummel 2012: 85). Diese Fragen verdeutlichen, dass Möglichkeitsräume nicht nur in Räumen, die bereits als Möglichkeitsräume geplant und angedacht wurden, realisiert werden können, sondern auch kunstvermittlerisches Agieren in und außerhalb von Ausstellungsräumen zur Herstellung von Möglichkeitsräumen führen kann. Beispielsweise können Kunstvermittler_innen die Ausstellung durch ihre eigene Vermittlungspraxis ausweiten und für die Teilnehmenden der Vermittlung die Möglichkeit schaffen, individuelle Platzierungspraxen zu vollziehen. Dabei können die Routinen, die innerhalb des Ausstellungskontextes greifen, gestört werden und Teile von individueller Platzierungspraxis und Syntheseleistung erfolgen.

Möglichkeitsräume können demnach auch aus Fragen oder dem Zur-Verfügung-Stellen von Materialien in tradierten Ausstellungen hervorgehen. Dabei stehen die Herstellung von unvorhersehbaren Handlungen und die Schaffung von Leerstellen im Mittelpunkt.

Erst indem das Museumspublikum oder die Teilnehmenden in der Vermittlung diese Leerstelle und die damit einhergehenden Gelegenheiten aktiv und aus eigener Motivation[164] (vgl. Rogoff 2012: 34) heraus nutzen, entstehen Möglichkeitsräume.

## Informationsräume

Informationsräume werden im Kunstmuseum in der Regel als Teil einer Ausstellung konzipiert. Sie bestehen aus einer auch unter gestalterischen Gesichtspunkten geplanten, absichtsvollen Zusammenstellung von Informationen, die für die Erschließung und Erweiterung des Ausstellungsthemas relevant sind. Dem Publikum werden die Kontextinformationen zu der Ausstellung in unterschiedlichen Formen wie Publikationen, Zeitschriften, Audioaufnahmen oder Musik sowie Bildmaterialien und Videos zur Verfügung gestellt. Wie das lateinische Wort *in-formare* mit bilden, ausbilden und unterrichten übersetzt werden kann, ist der Informationsraum als ein Ort der Aus- und Weiterbildung von Inhalten zu verstehen, der einer vertiefenden Auseinandersetzung mit der Ausstellung dient. Informationsräume können auch über das Gemacht-worden-Sein einer Ausstellung informieren, wie die Kunstvermittlerin Daniela Bystron schreibt:

> *„Häufig dienen sie dazu, vorausgegangene, für das Publikum nicht sichtbare Prozesse transparent zu machen oder zur kritischen Auseinandersetzung über das Ausstellungsthema anzuregen." (Bystron 2016:207)*

Über die (An)Ordnungen der Visualisierungen oder anderweitig zur Verfügung gestellten Informationen konstituiert sich der relationale Informationsraum über die Auseinandersetzung und Aneignung der zur Verfügung gestellten Informationen.
Die Platzierungspraxis im Informationsraum ist stark genormt. Das Herausnehmen und Zurücklegen von Büchern in ein Regal, das Aufsetzen von Kopfhörern beim Betrachten eines Videos, das Weiterklicken von digitalen Informationszusammenstellungen auf einem Tablet oder auch nur das Lesen von Wandtexten sind in die Routinen der Museumsbesucher_innen eingeschrieben und durch die Art und Weise der Präsentation über Lesetische oder Bedienungsanleitungen für die Handlung vorgeschrieben. Der Informationsraum stellt sich durch das Publikumshandeln und ohne die Anwesenheit einer Kunstvermittler_in her.

164 Irit Rogoff geht davon aus, dass die Möglichkeit zu handeln maßgeblich von der eigenen Motivation, dem eigenen Willen und Antrieb abhängig ist. „Handeln kann daher niemals einfach als etwas verstanden werden, das durch ein Set an Fertigkeiten oder Gelegenheiten ermöglicht wird" (Rogoff 2012: 34).

## Anwendungsräume

Eine Form des Vermittlungsraumes, die in Museen für Gegenwartskunst eine immer größere Verbreitung findet, ist der Anwendungsraum. In einem vorarrangierten Setting kann sich das Publikum in Anwendungsräumen mit einem bestimmten Thema oder mit einer künstlerischen Arbeit in interaktiven Handlungen auseinandersetzen. Dabei dürfen im Unterschied zu den konventionellen Kunstausstellungen die zur Verfügung gestellten Materialien angefasst, kommentiert oder neu zusammengestellt werden. Zentrale Merkmale der Anwendungsräume sind folglich das Benutzen der zur Verfügung gestellten Materialien und das In-Beziehung-Setzen zu Aspekten der Institution. Wie in Ausstellungen wird der Anwendungsraum durch ein System vorstrukturierter Handlungsoptionen hergestellt.

In der Regel werden Anwendungsräume durch Künstler_innen oder Architekt_innen gestaltet und vermehrt von den Kunstvermittlungsabteilungen der Museen und Ausstellungshäuser kuratiert.[165] Anwendungsräume haben zum Ziel, dem Publikum bestimmte Aspekte einer künstlerischen Arbeit, der Sammlung oder eines Anliegens der Institution vertiefend näherzubringen. Anwendungsräume haben demnach die Funktion, eine Auseinandersetzung mit den in den Ausstellungen vorhandenen Themen und künstlerischen Arbeiten auf interaktive Weise zu ermöglichen. Dabei steht das Gebrauchen von vorgefertigten Materialien und das In-Beziehung-Setzen und Verknüpfen zur Kunst beziehungsweise zu Themen der Ausstellungen und Sammlungen im Mittelpunkt.

Manche Anwendungsräume werden in ihren begleitenden Texten mit dem Begriff der Partizipation umschrieben, wobei Partizipation dabei als „Mitwirkung", „Mitmachen" und „Interaktion" verstanden wird. Eine Partizipation im Sinne einer Teilhabe im politischen beziehungsweise gesellschaftlichen Sinne (vgl. Milevska 2006[166]) wird darin nicht eingelöst. Die Räume stellen eher Optionen zu Verfügung, aus denen gewählt werden kann, und unterscheiden sich daher zum Möglichkeitsraum. Der Anwendungsraum hält zwar eine Auswahl an Handlungsoptionen bereit, die jedoch in einer vorgegeben und vorgedachten Praxis vollzogen werden (müssen).

Werden Räume als Anwendungsräume im relationalen Raumverständnis hergestellt, bedarf es einer raumkonstituierenden Person, die die zur Verfügung gestellten sozialen Güter platziert, benutzt und in Beziehung setzt zur Kunst oder anderen Aspekten der Institution. Für den Anwendungsraum ist es demnach erforderlich, dass die symbolischen Eigenschaften der zur

165 Das architektonische und künstlerische Gestalten und das Kuratieren fließen dabei ineinander. Eine klare Abgrenzung der beiden Felder ist nicht möglich, da sie sich gegenseitig bedingen und Einfluss aufeinander ausüben.

166 Die Kulturwissenschaftlerin Suzana Milevska setzt sich in ihrem Text *Partizipatorische Kunst. Überlegungen zum Paradigmenwechsel vom Objekt zum Subjekt* (2006) mit der Entwicklung partizipatorischer Kunst und der Bedeutung des Begriffs Partizipation auseinander, [online] https://www.springerin.at/2006/2/partizipatorische-kunst/ [13.08.2020].

Verfügung gestellten Materialien vom Publikum entziffert werden (vgl. Löw 2001: 153). Es sind also vornehmlich die Verknüpfungen und das Benutzen als auch das In-Beziehung-Setzen (auch zur ausgestellten Kunst oder Sammlungsthemen), die den Anwendungsraum entstehen lassen. Die relationale Beziehung, die hier zum Tragen kommt, zeigt sich folglich nicht nur in der Platzierung der raumkonstituierenden Person und den zur Verfügung gestellten sozialen Gütern an einem konkreten Ort im Museum, sondern vor allem in der Syntheseleistung, der Aufforderungen des Raumes zu folgen und sie ins Verhältnis zu setzen. Voraussetzung für die Entstehung der Anwendungsräume, die mit dem Bezug zur Kunst gestaltet sind, ist die Kenntnis über die in Beziehung zu setzende Kunst, die in diesem Fall nach Löw als Wissensdimension der Raumkonstitution betrachtet werden kann (vgl. Löw 2001: 214).

Auch bei Anwendungsräumen wird wirksam, dass sie ohne architektonische Rahmungen, wie Wände des Museums, hergestellt werden können. Ein Beispiel dafür sind die von der Künstlerin Abigail Hunt produzierten Materialien zu der Ausstellung *Mechac Gaba: Museum of Contemporary African Art* des in Benin und den Niederlanden lebenden Künstlers Meschac Gaba, die Hunt im Jahr 2013 im *open studio*[167] der Tate Modern in London für das Publikum zur Verfügung stellte. Die Künstlerin inszenierte verschiedene Materialien wie Stoffe, Steine oder Schwarz-Weiß-Fotografien auf weißen Bänken, Sockeln und Stellwänden. Mit deren freien Verwendung konnten Besucher_innen eine eigene Ausstellung produzieren. Hierüber ermöglichte Abigail Hunt eine vertiefende Auseinandersetzung mit der künstlerischen Arbeit von Meschac Gaba.

167 Das *open studio* befindet sich räumlich im sogenannten *Clore Studio*, einem der Vermittlungsräume der Tate Modern, die teilweise von der *Turbinehall* einsehbar sind und von den Besucher_innen des Museums frei zugänglich betreten werden können (siehe zu der Geschichte und Entwicklung der Vermittlungsräume in der Tate Modern meinen Beitrag *Unlearning Education? Neue Bildungsräume der Tate Modern* (2018).

Eine weitere Form des Anwendungsraumes wird erzeugt, indem Meinungen und persönliche Sichtweisen der Besucher_innen im Museum für weitere Besucher_innen auf Aufklebern oder beschriebenen Klebezetteln sichtbar gemacht werden. Die persönliche Meinung und Sichtweise ist so innerhalb des Museums erkennbar und wird in Relation zur Kunst gesetzt.[168] In englischsprachigen Ländern wie Großbritannien oder den USA wird diese Form des Anwendungsraumes mit *Comment Boards* und *Story-Sharing Kiosks* benannt, die der Kommentierung der Ausstellungen oder einzelner künstlerischer Arbeiten dienen. Hinweise dazu, was das Museum mit den Meinungen, Abstimmungen oder Hinweisen des Publikums macht, sind dabei eher selten zu finden.
Auch die Verbreitung von eigenen Gedanken und Fotos über soziale Netzwerke lassen Anwendungsräume entstehen. Über Plattformen wie Instagram und Facebook kann die eigene Perspektive, sei es in Form von Fotografien oder Kommentaren, mit der Institution und den dort gemachten Erfahrungen in Verbindung gebracht werden. Anwendungsräume haben zwar die Beteiligung der Besucher_innen zur Folge, nehmen jedoch keinen Einfluss auf institutionelle Strukturen und tragen zur genormten Platzierungspraxis und darin zum Fortbestand der Institution bei. Im Unterschied zu den Besucher_innen, die die Anwendungsräume vor Ort herstellen, sind die Kunstvermittler_innen an der Herstellung des Anwendungsraumes in einer nicht sichtbaren Weise über die Produktion der Anwendungsräume beteiligt. Sie konzipieren und entwerfen den Anwendungsraum im Vorfeld und stellen die für die Platzierungspraxis benötigten Objekte zur Verfügung. Vor Ort findet die Herstellung des Anwendungsraumes allein durch die Besucher_innen der Ausstellung ohne die direkte Beteiligung von Kunstvermittler_innen statt.

## Lernparcours

Der Lernparcours ist eine Form des Vermittlungsraumes, die vor allem in Kindermuseen anzutreffen ist. Über einen permanent eingerichteten und fest installierten Parcours, der sich in der Regel über mehrere architektonische Räume erstreckt, werden hier Themen und Inhalte vermittelt. Die Parcours richten sich überwiegend an Kinder und sollen ein Lernen über Spaß und körperliches Erleben auf spielerischer Ebene fördern. Ein Lernparcours in diesem

168 Die derzeitige Leiterin des Santa Cruz Museum of Art & History Nina Simon beschreibt solche Formen der Publikumsbeteiligung mit dem Begriff der *Contribution* (Beteiligung). In ihrem Buch *The Participatory Museum* von 2010 macht sie vier verschiedene Formen von Projekten mit Publikumsbeteiligung im Museum aus. Diese definiert sie mit vier Begriffen: *contribution*, *collaboration*, *co-creation* und *hosted*. Die Begriffsbestimmung der *Contributory Projects* kann für die Beschreibung dieser Anwendungsräume nutzbar gemacht werden: „In contributory projects, visitors are solicited to provide limited and specified objects, actions, or ideas to an institutionally controlled process. Comment boards and story-sharing kiosks are both common platforms for contributory activities" (Simon 2010: 187).

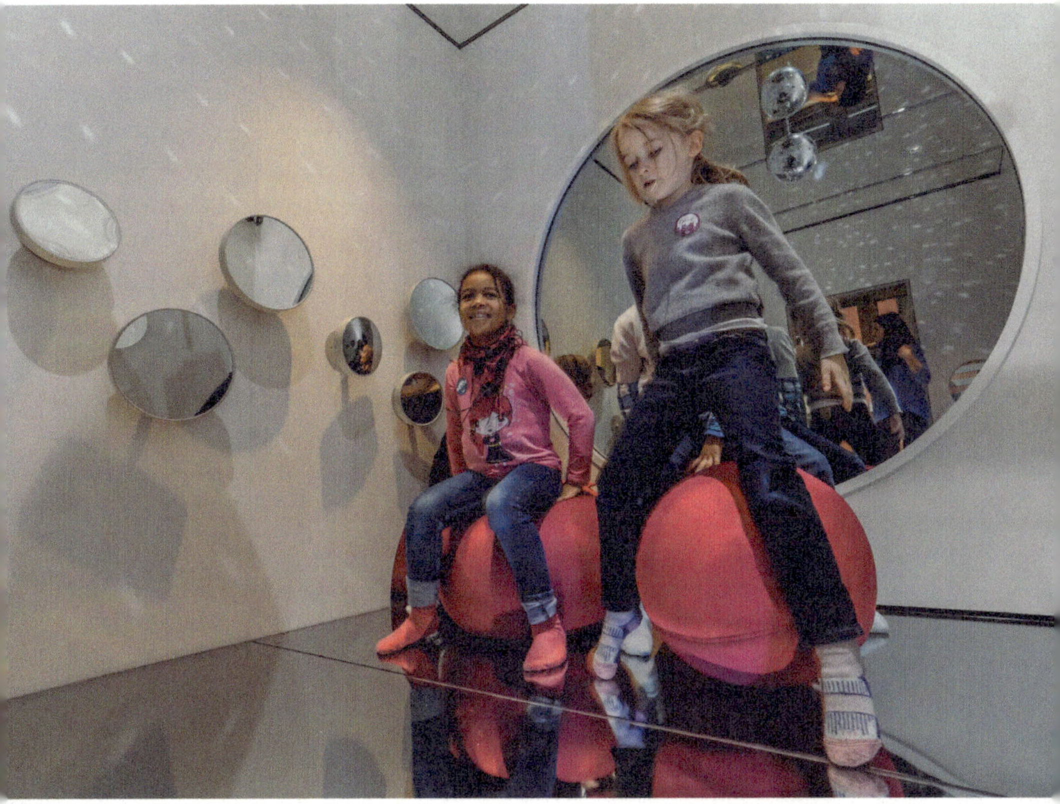

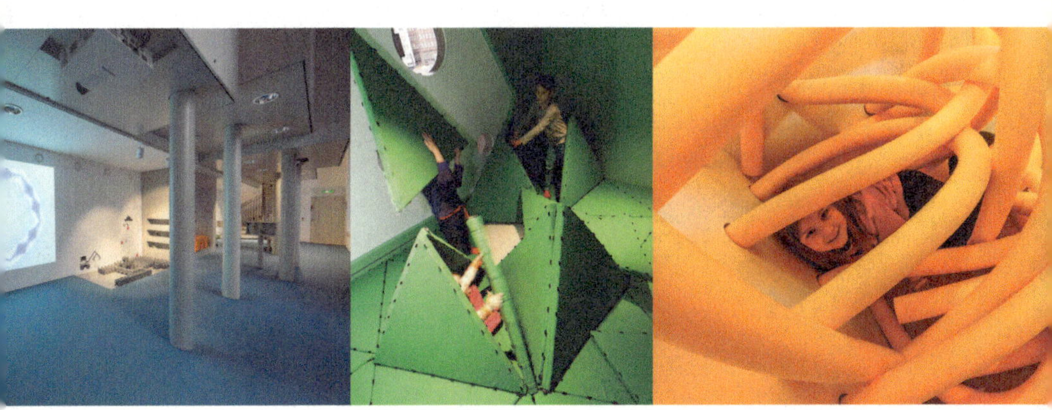

Abb. 42 - 45

Sinne ist in deutschen Museen für Gegenwartskunst bis jetzt eher vereinzelt anzutreffen. Ein Beispiel ist die MINISCHIRN[169] in der Frankfurter Kunsthalle Schirn. Hier werden Farben, Formen und Strukturen, die darauf abzielen, die Sinne und die Wahrnehmung von Kindern zu schulen, über mehrere Räume und unabhängig von den Ausstellungen vermittelt. Die Einrichtung des Lernparcours ist an den für Kinder bekannten Ordnungen orientiert. Im Beispiel der MINISCHIRN ist es das Benutzen einer Rutsche, das Verhalten auf Turnmatten sowie das Verwenden von festmontierten Kipp- und Drehspielen.
Hierdurch werden Verhaltensweisen angesprochen, die die Kinder vom Spielplatz, aus ihrem Kinderzimmer oder aus Kitas kennen. Die Funktion dieser Räume ist, dass die Kinder sich ein Thema oder ein Phänomen auf spielerische Art und Weise alleine erschließen können. Dieses Thema oder Phänomen wird dabei unabhängig von den einzelnen Ausstellungen gewählt, da diese Räume in der Regel über die Dauer einer Ausstellung hinausreichen. Am Beispiel der MINISCHIRN in Frankfurt geht es um das selbstständige Entdecken ästhetischer Phänomene:

> *„Farbphänomene, Kompositionsprinzipien, physikalische Gesetzmäßigkeiten und andere ästhetische Grundsätze – was kompliziert oder abstrakt klingt, ist in der MINISCHIRN ganz einfach zu begreifen. Anfassen, Zusammenbauen und Auseinandernehmen ist genauso erlaubt wie Gucken, Nachdenken und Lesen. So lernen die Kinder in sicherer Umgebung ganz eigenständig das kleine Einmaleins von Kreativität und Kunst." (Schirn Kunsthalle 2017: o.S.)*

Eine weitere Funktion des Lernparcours ist hier die Beschäftigung der Kinder ohne die Aufsicht der betreuenden Person: Während die Kinder im Lernparcours beschäftigt sind, können sich die Erwachsenen die Ausstellung anschauen oder Zeit im Museumscafé und Shop verbringen. Der Lernparcours erfüllt somit die Funktion, interessierten Erwachsenen den ‚konzentrierten' Besuch der Ausstellung zu ermöglichen sowie den Kindern auf spielerische Weise museumsspezifisches Wissen näherzubringen.
Die Kunstvermittler_innen fungieren im Lernparcours lediglich als eine Art Aufsichtspersonal, das Hilfestellung beim Durchqueren und Überwinden der Hindernisse in den Räumen leistet, und aufpasst, dass sich die Kinder nicht verletzen. Auf die Raumkonstitution der Kinder im relationalen Raumverständnis haben sie in dieser Funktion keinen Einfluss.

169 Die MINISCHIRN wurde in der Zusammenarbeit zwischen der kunstpädagogischen Abteilung der Schirn Kunsthalle und der Frankfurter Agentur für Kommunikation im Raum Atelier Markgraph entwickelt.

## Kunstvermittlungsraum

Das verbindende Element der bisherigen Einteilung von Vermittlungsräumen ist, dass alle diese Räume auch ohne das gleichzeitige Handeln und Involviert-Sein einer Kunstvermittler_in entstehen können. Wird das Handeln der Kunstvermittler_innen zum konstitutiven Teil des Raumentstehungsprozesses im relationalen Verständnis, entsteht Raum, den ich als Kunstvermittlungsraum bezeichne. Dieser Raum wird erst durch die Handlungen der Kunstvermittler_innen mit den Teilnehmenden und den zur Verfügung gestellten Gütern im Museum hergestellt. Die Anwesenheit der Kunstvermittler_innen vor Ort und ihre Handlungen sind somit zentral für die Konstitution des Kunstvermittlungsraumes. Kunstvermittlungsräume im Museum zeichnen sich dadurch aus, dass eine Bandbreite an Handlungen zu ihrer Herstellung führen. Das heißt, Kunstvermittlungsraum kann durch unterschiedliche Vermittlungsformate, die unterschiedliche Handlungen nach sich ziehen sowie auf unterschiedliche Teilnehmende ausgerichtet sind, hervorgebracht werden. Dabei findet die Herstellung von Kunstvermittlungsräumen nicht nur in Ausstellungen oder außerhalb des Museums wie im Park, in der Stadt oder in der Schule statt, sondern ereignet sich auch in speziell für die pädagogisch eingerichteten physisch-materiellen Vermittlungsräume. Diese zeichnen sich dadurch aus, dass sie über eine bestimmte Anzahl an Arbeitsplätzen verfügen, an denen mit größeren Gruppen gearbeitet werden kann. Sowie darüber, dass sie mit Materialien ausgestattet sind, die ein künstlerisch-gestalterisches Arbeiten ermöglichen. Diese physisch-materiellen Kunstvermittlungsräume waren bis zu dem in dieser Arbeit beschriebenen Phänomen der sichtbaren Vermittlungsräume überwiegend in Kellern, Dachgeschossen oder weit zur Ausstellung entfernten Orten des Museums platziert und nur in Begleitung einer Kunstvermittler_in zu betreten.

Kunstvermittlungsraum stellt sich über das Spacing und die Syntheseleistung der Akteur_innen der Kunstvermittlung her. Je nachdem, auf welche Weise die pädagogische Praxis verstanden wird, steht die Konstitution des Kunstvermittlungsraumes im Zusammenhang mit der Ausstellung. Diese kann sich vermittelnd, anknüpfend oder weiterdenkend, aber auch dekonstruierend oder transformierend verstehen. Daran wird deutlich, dass – anderes als beim tradierten Ausstellungsraum, im Informationsraum oder Anwendungsraum – die Handlungen der Kunstvermittler_innen den Kunstvermittlungsraum mit herstellen.

## Resümee: Räume der Vermittlung im Kunstmuseum

Räume der Vermittlung werden durch die Museumsbesucher_innen, die Anwendung der ihnen zur Verfügung gestellten Güter – wie beispielsweise die Kunst, Vermittlungsmaterialien oder Wandbeschriftungen – und ihr darauf bezogenes Handeln und Wahrnehmen innerhalb des Museums hergestellt. In der Übertragung von Martina Löws Raumtheorie konstituieren sich Vermittlungsräume folglich durch die (An)Ordnungen von den zur Verfügung gestellten Gütern innerhalb des Regelsystems Museum. Sie werden im Handeln geschaffen, indem die Objekte und Menschen im Museum synthetisiert und relational angeordnet und zueinander in Beziehung gesetzt werden. Die Handlung findet überwiegend in vorarrangierten Räumen statt und vollzieht sich in der Inanspruchnahme institutionalisierter (An)Ordnungen und räumlicher Strukturen (Löw 2001: 204).

Der Möglichkeitsraum sowie der Kunstvermittlungsraum bieten darüber hinaus die Möglichkeit, Räume gegen die Platzierungsnorm entstehen zu lassen. Durch die Schaffung von Leerstellen oder die individuellen Handlungen der Kunstvermittler_innen in der Zusammenarbeit mit den Teilnehmenden können Vermittlungsräume konstituiert werden, die von den institutionalisierten (An)Ordnungen und räumlichen Strukturen des Museums abweichen. Ein solches Verständnis von Kunstvermittlungsraum kann dem Verständnis kritischer Kunstvermittlung zugeordnet werden.

## 6.4 Produzieren: Die mehrdimensionale Betrachtung des Raumes nach Henri Lefebvre

Die sichtbaren Vermittlungsräume, die in der vorliegenden Forschung betrachtet werden, sind an einem besonderen Ort platziert – in der Kunstausstellung. Dieser Besonderheit des Ortes, mit seinen „Gesten des Zeigens“ und der Aufforderung, betrachtet zu werden, wird ein hoher Stellenwert bei der Analyse des Vermittlungsraumes zugesprochen. Eine zentrale Rolle in diesem Zusammenhang spielen der Begriff der *Repräsentation* in Bezug auf Raum und die Frage danach, welche Bedeutung ein räumliches Zu-sehen-Geben für das Feld der Kunstvermittlung hat.

Um diesen Fragen nachzugehen werden Henri Lefebvres Ausführungen als zentraler Ansatz in die Forschungsarbeit einbezogen, da er in seiner Theorie für die Analyse von Raum ein Drei-Dimensionen-Modell vorschlägt, bei dem der Begriff der *Repräsentation* in zweifacher Weise Verwendung findet. Seine Theorie wird für die vorliegende Arbeit darüber hinaus als richtungsweisend ausgewählt, da Lefebvre einer der ersten war, der die politische Dimension von Raum und die Ungleichverhältnisse, die damit einhergehen, thematisiert hat. Lefebvre hat seine Raumtheorie auf der Grundlage von Stadtentwicklungsprozessen geschrieben, die die Zusammenhänge zwischen Raum[170], Gesellschaft und Machtverhältnissen verdeutlichen sollen. Das folgende Kapitel stellt die raumtheoretischen Auseinandersetzungen Lefebvres im geschichtlichen Kontext vor, um daran anschließend Lefebvres Ansätze für die Betrachtung der sichtbaren Vermittlungsräume im Kontext von Kunstausstellungen herauszuarbeiten. Lefebvres Ansätze beziehen sich nicht explizit auf das Museum, sondern auf den urbanen, den städtischen Raum. Daher wird in der vorliegenden Arbeit eine Übertragung von Lefebvres Ansatz auf den musealen Raum geleistet. Lefebvres Raumtheorie nimmt vor dem Hintergrund seiner Auseinandersetzung mit der Repräsentation des Raumes und der Dreigliedrigkeit seines Raummodells einen besonderen Stellenwert ein.

170 Lefebvre entwickelt in seinen Schriften diverse Raumbegriffe, die er auf unterschiedliche, historisch dominante Vorstellungen von Raum bezieht, wie beispielsweise absoluter (*absolute space*) und abstrakter Raum (*abstract space*) (Lefebvre [1974] 1991: 229ff.), historischer (*historical space*) (ebd.: 48ff.) oder sakraler Raum (*religious space*) (ebd.: 251ff.) als auch analoger, kosmologischer, symbolischer, perspektivischer sowie kapitalistischer Raum (Lefebvre [1977] 2002: 8ff.). In der vorliegenden Arbeit gehe ich ausschließlich auf Lefebvres dreigliedriges Raummodell der Raumproduktion sowie sein Konzept des differenziellen Raumes ein, da diese Überlegungen für die vorliegende Fragestellung Relevanz haben. Diese Arbeit unternimmt demnach nicht den Versuch, Lefebvres Raumtheorie in seiner Gesamtheit zu fassen, sondern vielmehr den Ansatz der Produktion des Raumes für die Entwicklung eines eigenen Raummodells der sichtbaren Vermittlungsräume nutzbar zu machen.

## Raum ist politisch

Der französische Soziologe, Philosoph und politische Aktivist Henri Lefebvre war, neben den Philosophen Louis Althusser und Michel Foucault, einer der ersten, der „für eine Wiederaneignung der Kategorie Raum[171] in der kritischen Theorie appellierte“ (Strüver 2005: 88). Seine Raumkonzepte werden in der gegenwärtigen Rezeption überwiegend in den Bereichen der Stadtforschung und Geografie verhandelt, „die sich selbst als kritische Wissenschaft etabliert haben und heute als ‚Kritische Geographie' beziehungsweise ‚Kritische Stadtforschung‘ firmieren“ (Schuster 2010: 41)[172]. Aber auch in anderen Feldern wie der Museologie oder den Erziehungswissenschaften werden Lefebvres Raumtheorien diskutiert und auf die jeweiligen Bezugswissenschaften angewandt (vgl. Reitstätter 2015; Middleton 2012, 2014). Lefebvre hat die Theorie der Produktion des Raumes[173] maßgeblich in *La production de l'espace* (1974) beschrieben, die sich wiederum aus seinen Überlegungen der gesellschaftlichen Ordnung[174] seiner Schrift *La révolution urbaine* (1970) entwickelt hat. Die Motivation Lefebvres, sich mit Raum und Raumproduktion auseinanderzusetzen, waren urbane Transformationsprozesse, die sich in den 1960er Jahren in Frankreich vollzogen. Dabei wurden Räume des öffentlichen Lebens an private Investoren verkauft, denen damit die Entscheidungs-

171 In der Auseinandersetzung mit Lefebvres Theorien bin ich auf die deutschen und englischen Übersetzungen seiner Bücher *La révolution urbaine* (1970), *La Droit à la ville* (1973), *La production de l'espace* (1974) angewiesen, weswegen ich in der Auseinandersetzung mit seinen Theorien darüber hinaus Sekundärliteratur zu seinen Ansätzen verwende: Schmid (2010, 2011), Holm (2013), Middleton (2014), Sommer (2010), Elden (2002), Hamedinger (1998), Kajetzke/Schroer (2010). Meine Darstellungen haben demnach zum Teil bereits eine Übermittlung erfahren. Obwohl Lefebvre als einer der zentralen Theoretiker der Raumtheorie gilt, ist seine zentrale Schrift zum Raum *La production de l'espace* bis heute nur stellenweise ins Deutsche übersetzt worden.

172 Die Soziologin Nina Schuster setzt sich in ihrer Dissertation *Andere Räume. Soziale Praktiken der Raumproduktion von Drag Kings und Transgender* (2010) anhand von Lefebvre, Löw und weiteren Theoretiker_innen mit der Schwierigkeit auseinander, queere Räume zu produzieren. Dabei geht sie unter anderem der Frage nach, „welcher Art die Räume sind, die die Akteurinnen im Kontext ihrer Normabweichungen produzieren, welche Normen sie neu etablieren und welcher im Materiellen verankerten Zeichen-, Symbol- und Repräsentationssysteme sie sich dabei bedienen“ (ebd.: 52).

173 Lefebvres Raumtheorien basieren auf seiner Auseinandersetzung mit den Schriften von Karl Marx, Friedrich Engels und Georg Wilhelm Friedrich Hegel (vgl. Elden 2002: 27). Genau wie in deren Texten ist Lefebvres Raumtheorie eine Kapitalismuskritik immanent. Zur Kapitalismuskritik von Lefebvre schreibt Martina Löw: „Produktion und Kontrolle über Raum versteht er als das Bemächtigungsmittel des Kapitalismus. Eine seiner zentralen Thesen ist es, dass das Kapital und – daran geknüpft – der Staat seine Machtpositionen über den Zugriff auf den Raum sichert, indem Raum eingeteilt und verplant wird“ (Löw 2018: 27).

174 Die gesellschaftliche Ordnung definiert Lefebvre in drei Ebenen: der globalen, der privaten und der Mittlerebene. Mit der globalen Ebene definiert er die Ebene der „Macht“, die er auch als „Wille und Repräsentation“ benennt. Sie zeichnet sich durch Strategie und Ideologie sowie durch einen dominierenden Zugriff auf den Raum aus. Die private Ebene ist die Ebene der unmittelbaren, persönlichen und zwischenmenschlichen Beziehung, die Lefebvre auch als „praktisch-sinnliche“ Wirklichkeit beschreibt. Sie wird auch als nahe Ordnung beschrieben, da sie die Beziehungen zu Familie, Freund_innen und Nachbar_innen fokussiert. Und diese Ebene ist der Ausgangspunkt von veränderten Handlungen. Die Mittlerebene ist der „Ort“ an dem eine „Form“ ausgehandelt wird und auf dem die Gegensätze zusammenkommen. Zum Beispiel im Zusammenkommen beziehungsweise in Verhandlungs- und Aneignungsprozessen von Lokal und Global. Hier kommt es „zum Aus- und Abgrenzen von Gruppen, zur Segregation, zur Verdrängung oder Vereinnahmung; hier geschieht die Ausbildung eines spezifischen, historischen Raumes“ (Lefebvre nach Sommer 2010: 48). Schon hier zeigt sich, dass Lefebvre sich in verschiedenen Modellen mit dem Thema Raum befasst hat.

macht über Gestaltung und Nutzung des ehemals öffentlichen Raumes übertragen wurde. Die kommerziellen Interessen der privaten Investoren führte dazu, dass Menschen aufgrund ihres sozialen Status oder ihrer sexuellen Orientierung in die Wohngettos hinein und somit aus dem Stadtbild heraus vertrieben wurden (vgl. Kilian 1998: 117).[175] Diese Entwicklung einer segregierten Stadt verurteilte Lefebvre, da ein solches Vorgehen Diskriminierung sowie „Tendenz zur Homogenisierung der Lebensbedingungen" und „Konditionierung und Kolonialisierung des Alltagslebens" hervorrief (Lefebvre 1968: 111, zitiert nach Schmid 2011: 26). Daher forderte er 1968 in einer gleichlautenden Publikation das *Recht auf Stadt* (2016), mit dem er sich dafür einsetzte, „nicht in einen Raum abgedrängt zu werden, der bloß zum Zweck der Diskriminierung produziert wurde" (Schmid 2011: 27)[176]. Er postulierte hierin die Teilhabe aller Menschen am urbanen Leben.

Mit *Recht auf Stadt* vertritt er das grundlegende Recht auf soziale und politische Teilhabe in den Bereichen wie Arbeit, Wohnen und Bildung. Die Schrift *Recht auf Stadt* steht somit für eine Vision einer gerechteren Stadtentwicklung, die alle Bereiche des städtischen Lebens betrifft und die sich für andere und emanzipatorische Formen der Entstehung der Städte einsetzt. Lefebvre wendet sich mit seinen Ausführungen gegen eine sich entwickelnde Homogenisierung der Stadtentwicklung und fordert, sich kollektiv für die Neugestaltung von Gesellschaft zusammenzuschließen. Neben einem „Recht auf Zentralität", das sich für den Zugang zu Orten des gesellschaftlichen Reichtums, wie Infrastrukturen und Wissen, ausspricht, fordert Lefebvre darin „das Recht auf Differenz", welches „die Stadt als Ort des Zusammenkommens, des sich Erkennens und Anerkennens und der Auseinandersetzung" deutet (Holm 2013: 53). Lefebvre postuliert eine Wiederaneignung der Stadt durch ihre Veränderung – mit dem Ziel, „Verschiedenartigkeit zu verdichten" (ebd.). An seinen Überlegungen und Forderungen zum städtischen Raum wird deutlich, dass Raum politisch ist und ebenfalls als Aushandlungsfeld von Machtkämpfen sowie als Herrschaftsinstrument verstanden wird.[177] Aus diesem Grund sind Lefebvres raumtheoretische Ansätze für eine Untersuchung im Feld der kritischen Kunstvermittlung unerlässlich.

175 Der Geograf Ted Kilian hat sich in seinem Beitrag *Public and Private, Power and Space* (1998) mit dem Verhältnis von privatem und öffentlichem Raum und den sich darin zeigenden Machtverhältnissen auseinandergesetzt. Dabei bezieht er sich neben Foucault auch auf Lefebvre und stellt heraus: „What is stake them, and what must be examined is not only the spaces, nor even the representation constructed within those spaces, but the power relationships that exist within those spaces defining them as public or private and defining users as part of ‚the public' or as part of the ‚undesirables'" (Kilian 1998: 117).

176 Christian Schmids Publikation *Stadt, Raum und Gesellschaft. Henri Lefebvre und die Theorie der Produktion des Raumes* (2010) ist eine der wenigen umfassenden theoretischen Reflexionen zu Lefebvres Raumtheorie in deutscher Sprache.

177 Stuart Elden, Professor für Politische Theorie und Geografie an der University of Warwick, schreibt zu Lefebvre in Bezug auf die politische Ökonomie: „Gesellschaftlicher Raum wird je nach Klasse zugeteilt und die gesellschaftliche Planung reproduziert die Klassenstruktur. Dies spielt sich entweder auf der Basis von zu viel Raum für die Reichen und zu wenig Raum für die Armen ab, oder aufgrund der ungleichen Entwicklung der Qualität von Orten, oder tatsächlich in beider Hinsicht" (Elden 2002: 28).

Um Raum theoretisch fassen und Aussagen über die Verfasstheit einer Gesellschaft machen zu können, entwickelte Lefebvre sechs Jahre nach dem *Recht auf Stadt* die Raumtheorie *Die Produktion des Raumes* (im Original *La production l'espace* (1974), hier zitiert nach der englischen Ausgabe *The production of space* (1991)). Darin legt er seine dreidimensionale Raumtheorie innerhalb der Produktion des Raumes dar und verhandelt Möglichkeiten der Aneignung von Raum genauso wie die Fragen nach einer veränderten räumlichen Gestaltung.

## Raum ist ein gesellschaftliches Produkt

Lefebvres Hauptthese *in La production de l'espace* lautet: „(sozialer) Raum ist ein (soziales) Produkt" (Lefebvre [1974] 1991: 30, Übersetzung H. P.). Damit verdeutlicht er, dass Raum produziert wird und nicht ‚an und für sich' existiert. Raum ist vielmehr eine Praxis, die durch gesellschaftliche Produktionsverhältnisse und durch die in ihr eingebundenen Nutzer_innen produziert wird. Das bedeutet, dass Raum sich im permanenten Wandel befindet. Die Folge dieses Ansatzes ist, dass jede Gesellschaft[178] einen ihr eigenen Raum produziert und jeder Zeit entsprechend verschiedene Räume hergestellt werden. Unter dieser Perspektive ist Raum ein gesellschaftliches und historisches Produkt. Lefebvre versteht die Produktion des Raumes immer als einen kollektiven Prozess.

Mit diesem Verständnis legt Lefebvre eine Theorie des Raumes vor, die den Prozess der Verräumlichung im Kollektiv in den Blick nimmt. Denn nach seinem Ansatz sind Raum und Räumlichkeit immer als das Ergebnis wie auch die Voraussetzung sozialer (Re)produktionsverhältnisse und somit als Ergebnis gesellschaftlicher Prozesse zu verstehen. Die Folge ist, dass für die Analyse der Gesellschaft die Untersuchung von Räumen möglich ist, die diese Rückschlüsse auf die Verfasstheit der Gesellschaft zulässt. Lefebvres Raumtheorie ist demnach eine Gesellschaftstheorie, die vom Raum aus und mit Blick auf den Raum entwickelt wurde.

Übertragen auf die Räume der Vermittlung bedeutet dies, dass es für die Analyse der Teilgesellschaft Museum und der ihr zugehörigen Kunstvermittlung möglich ist, über die Analyse ihrer Räume die dazugehörige Praxis zu entziffern. Lefebvres Theorie ermöglicht, ausgehend von den sichtbaren Vermittlungsräumen als ein sich gegenwärtig zeigendes Phänomen, die Strukturen der Kunstvermittlung innerhalb des Systems Museum in den Blick zu nehmen.

178 Mit Bezug auf den Soziologen Christian Schmidt führt die Kunsthistorikern Katrin Sommer in ihrer Dissertation *Raumpraktiken im frühen 20. Jahrhundert. Zwei architekturtheoretische Diskurs-Positionen im Lichte der Raumtheorie Henri Lefebvres* die Bedeutung von Gesellschaft in Lefebvres Theorien wie folgt aus: „Gesellschaft bedeutet nicht allein die Gesamtheit von Körpern und Materie und/oder die Summe von Handlungen. Zentral für Lefebvre ist […] die Auffassung von Gesellschaft als einer Gemeinschaft mitsamt all ihren körperlichen und sinnlichen Wahrnehmungen, ihrem Denken (Wissen), ihren Vorstellungen, Ideologien und Symbolen, ihren zwischenmenschlichen und umweltlichen (Ver)Bindungen" (Sommer 2010: 32).

Mit der Anwendung seiner Theorien auf die sichtbaren Vermittlungsräume kann das Museum als Institution über die Betrachtung der Entwicklung und Stellung der Vermittlungsräume analysierbar gemacht werden.

## Trialektisches Raummodell

Lefebvre unterteilt die Produktion des Raumes in drei dialektisch miteinander verbundenen Dimensionen[179] und vollzieht hierdurch einen radikalen Bruch mit der bis dahin vorherrschenden Vorstellung von Raum (vgl. Schmid 2010: 204). Nicht nur, weil Raum ausschließlich in Abhängigkeit von der Praxis zu denken ist, sondern auch, weil er mit seiner dreiteiligen Raumdimension das binäre Schema vom physischen und sozialen Raum, das auf die Unterscheidung von Georg Simmel zurückgeht, aufbricht (Schroer/Kajetzke 2010: 193, 196).
Die Dimensionen, in denen Raum wirksam wird, benennt Lefebvre mit der *räumlichen Praxis (l'espace perçu)*, den *Repräsentationen des Raumes (l'espace conçu)* und den *Räumen der Repräsentation (l'espace vécu)*, auf welche er das Wahrnehmen, das Konzipieren und das Erleben bezieht.
Die räumliche Praxis (*l'espace perçu*) ist eine nichtreflexive Praxis, bei der die Umgebung ohne bewusste Auseinandersetzung im Alltag wahr- und hingenommen wird. Es kann folglich als das *nichtreflexiv Wahrgenommene* bezeichnet werden, welches die gegebenen Verhältnisse unhinterfragt hinnimmt.

> *„Sie umfasst die Produktion und Reproduktion, spezielle Orte und Gesamträume, die jeder sozialen Formation eigen sind, und sichert die Kontinuität in einem relativen Zusammenhalt. Dieser Zusammenhalt impliziert in Bezug auf den sozialen Raum und den Bezug jedes Mitglieds dieser Gesellschaft zu seinem Raum sowohl eine gewisse Kompetenz als auch eine bestimmte Performanz." (Lefebvre [1974] 2006: 333)*

Lefebvre geht bei dieser Dimension davon aus, dass jede_r eine Vorstellung davon hat, was beispielsweise mit Badezimmer, Café oder Parkplatz gemeint ist, wodurch der Raum vor der Wahrnehmung gedanklich konzipiert wird. Es sind Orte, die wir in unserem täglichen Leben gebrauchen, ohne sie zu hinterfragen. In dieser Dimension zeigt sich im Besondern Lefebvres Kapitalismuskritik, da die raumbezogenen Verhaltensweisen und die Wahrnehmung von Raum seines Erachtens durch Entfremdung und eintönige Wiederholung geprägt sind, welche

179 Lefebvre verwendet für sein dreiteiliges Modell gleichwertig die Begriffe Dimensionen, Prozesse und Momente. Im Folgenden werde ich die Bezeichnung Dimensionen verwenden.

er auf das Nichtvorhandensein von Differenz zurückführt. Innerhalb dieser Dimension wird der Raum von den Nutzer_innen in ihrem alltäglichen Leben (re)produziert.

> *„The spacial practice of a society secrets that society's space; it propounds and presupposes it, in a dialectical interaction; it produces it slowly and surely as it masters and appropriates it. From the analytical standpoint, the spacial practice of a society revealed through the deciphering of its space." (Lefebvre [1974] 1991: 38)*

Als konkrete räumliche Praxis im Kontext der sichtbaren Vermittlungsräume kann beispielsweise die tägliche Vorbereitung und Durchführung der Kunstvermittlungsangebote der Kunstvermittler_innen in Ausstellungen und Vermittlungsräumen gelesen werden, welche durch Alltagsroutinen reproduziert werden. Dazu gehört beispielsweise, Materialien auf Tischen zurechtzulegen, Gespräche mit den anderen Museumsmitarbeiter_innen zu führen, Gruppen an bestimmten Orten abzuholen sowie das Folgen bestimmter Wege durch die Ausstellungen.

Die zweite Dimension sind die sogenannten Repräsentationen von Raum („*représentation de l'espace*"). Sie ist die Raumebene des erdachten, des gedanklich erfassten Raumes.
Die *Représentations de l'espace* (Lefebvre 2000: 43) werden in der deutschsprachigen Auseinandersetzung mit Lefebvres Raumtheorien sowohl im Plural mit „Repräsentationen des Raumes"[180] (Schmid 2010: 305; Belina 2013: 46) als auch im Singular mit „Repräsentation des Raumes" übersetzt (vgl. Guelf 2010: 133; Fezer 2002: 17). Sie entstehen auf der Ebene der Sprache und des Diskurses[181], worunter Lefebvre Informationen, Bilder und Zeichen fasst (vgl. Lefebvre [1974] 1991: 233), die auf raumplanerischer Seite verortet sind:

> *„Within the spatial practice of modern society, the architect ensconces himself in his own space. He has a representation of this space, one which is bound to graphic elements – to sheets of paper, plans, elevations, sections, perspective views of facades, modules, and so on. This conceived space is thought by those who make use of it to be true, despite the fact – or perhaps because of the fact – that it is geometrical: because it is a medium for objects, an object itself, and a locus of the objectification of plans." (Lefebvre [1974] 1991: 361)*

180 Im Folgenden behalte ich den Plural des Originals bei, da es sich um mehrere Repräsentationsformen handelt.

181 Der Diskursbegriff von Lefebvre unterscheidet sich stark von dem Foucaults. Im weiteren Verlauf dieser Arbeit wird der Begriff des Diskurses im Zusammenhang von Lefebvres Ausführungen wie folgt verwendet: „maps and plans, transport and communications systems, information conveyed by images and signs" (Lefebvre [1974] 1991: 233). „This was the point at which the town was conceptualized, when representations of space derived from the experience of river and sea voyages were applied to urban reality. The town was given written forms – described graphically. Bird's-eye views and plans proliferated. And a language arose for speaking at once of the town and of the country (or of the town in its agrarian setting), at once of the house and of the city. This language was a *code of space*" (ebd.: 26).

Hier geht es um die Konstruktion oder Zerlegung von Räumen, die kognitiv beispielsweise als Modell, Plan oder Karte entwickelt und lesbar gemacht werden. Sie bestehen aus Sprachen, Zeichen und Kodes, die bei Lefebvre als „der Raum der Wissenschaftler, der Raumplaner, der Urbanisten, der Technokraten" beschrieben wird (Lefebvre [1974] 2006: 336). Die „Repräsentationen von Raum" enthalten eine Verbindung zum ‚Realen' durch eine Übertragung vom Abstrakten zum Konkreten und ermöglichen es, Räume entziffern zu können. Diese Dimension hat Einfluss auf die erste Dimension, da sie die Konzeption, Planung und Kontrolle von Abläufen bestimmt und somit Handlungen prägt.
Den Repräsentationen des Raumes sind gesellschaftliche Regeln und Normen immanent. Nach Lefebvre zielen sie auf eine Verhaltensregulierung ab. „In gewissem Umfang ‚norden' Repräsentationen von Raum die Nutzer auf ein System ein, insgesamt vor dem Hintergrund, möglichst durchgängig Verständlichkeit und Überblick garantieren zu können" (Sommer 2010: 38). Die Repräsentationen des Raumes stehen für eine gesellschaftliche Ordnung zu einer bestimmten Zeit (vgl. Schmid 2010: 233). In dieser Raumdimension zeigt sich im Besonderen das Bauwesen und die Architektur. Und zwar nicht „[d]urch das Bauen, d. h. durch die Architektur, sofern diese [...] als Errichtung einer bestimmten isolierten ‚Immobilie', eines Palastes oder Denkmals verstanden wird, sondern als Projekt, das sich in einem räumlichen Kontext und eine Textur einfügt, was ‚Repräsentationen' nötig macht, die sich nicht im Symbolischen oder im Imaginären verlieren" (Lefebvre [1974] 2006: 340). Die Repräsentationen von Raum führen nach Lefebvre zu einer gewissen Gleichschaltung der Individuen und tendieren zu Homogenität.

Der Raum der Repräsentation (*espaces de représentation*), die dritte Dimension in Lefebvres Triade, ist der Raum der Bedeutungen und Symbole sowie Projektionen und Utopien. Dieser ergänzt die räumliche Praxis um das Gedachte. Lefebvre beschreibt diese Dimension auch als gelebten Raum, der durch künstlerische Darstellungen, Kultur oder Lebensstile sichtbar gemacht wird.

> *„Representational spaces: space as directly lived through its associated images and symbols, and hence the space of ‚inhabitants' and ‚users', but also of some artists and perhaps of those, such as a few writers and philosophers, who describe and aspire to do no more than describe." (Lefebvre [1974] 1991: 39f.)*

Der Raum der Repräsentation verweist auf ein Anderes und beinhaltet gleichzeitig gesellschaftliche Werte, symbolische Zuschreibungen als auch Träume und Vorstellungen der Veränderung (vgl. Schmid 2011: 223). Im Raum der Repräsentation kommt somit der reale und der imaginierte Raum zusammen, mit der Folge, dass neue Bedeutungen in Bezug auf

den Raum sowie andere Möglichkeiten für räumliche Praktiken vorstellt werden können (vgl. Schmidt 2010: 305). Sie werden als subjektive Seite beschrieben, die im Alltagsleben der Menschen Gestalt annimmt (ebd.: 222).
Es ist die Raumdimension, die eine starke Motivation zu utopischen Veränderungen mit sich bringt (vgl. Fezer 2002: 17) und widerständiges Handeln provoziert. Mit ihr werden Raumvorstellungen und Visionen beschrieben, in denen auch alternative Raummodelle und widerständige Raumnutzungen ihren Platz haben (vgl. Schroer 2008: 138). Es ist der Raum, den die Einbildungskraft verändern möchte (vgl. Lefebvre [1974] 2006: 336).

> *„This is the dominated – and hence passively experienced – space which the imagination seeks to change and appropriate. It overlays physical space, making symbolic use of its objects." (Lefebvre [1974] 1991: 39)*

Lefebvre selbst nennt diese Dimension die freiste von allen drei Dimensionen der Raumproduktion, da auf diese nur bedingt direktiv eingewirkt werden kann (Lefebvre [1974] 1991: 137). Mit Bezug auf die Kunstvermittlung im Museum stellt diese Dimension neben der Symbolisierung gesellschaftlicher Werte die Möglichkeit dar, vorherrschende Ordnungen und Diskurse zu unterlaufen und andere Räume, Raumpraktiken sowie Veränderungen zu imaginieren.
Erst im Zusammenwirken dieser drei Raumdimensionen entsteht nach Lefebvre Raum. Keine der drei Raumdimensionen kann abgegrenzt und für sich alleine stehen. „Sie interagieren, überlagern und implizieren sich" (Guelf 2010: 132) und haben einzeln gesehen in jeder Gesellschaft und in jeder historischen Epoche einen anderen Einfluss auf die Produktion des Raumes. Wichtig ist demnach die Gleichzeitigkeit der drei Raumdimensionen, die zur Produktion des Raumes führen: Der Raum wird entsprechend der drei Raumdimensionen parallel wahrgenommen, konzipiert und gelebt.
Innerhalb der Produktion des Raumes besteht die Möglichkeit, neuen Raum entstehen zu lassen, den er *differenziellen Raum* nennt. Dieser Ansatz zeigt starke Parallelen zu dem Ansatz von Martina Löw und wird im Folgenden erläutert.

## Der differenzielle Raum

Stadtbewohner_innen haben nach Lefebvre die Möglichkeit, sich in den vorgeschriebenen Strukturen einzupassen und Raum, so wie dieser gedacht und vorgegeben ist, zu reproduzieren. Oder aber sich gegen die bestehenden Verhältnisse aufzulehnen und darüber neuen Raum entstehen zu lassen. Diesen durch den Widerstand entstandenen Raum[182] nennt Lefebvre differenziellen Raum (*l'espace différence*), da sich in ihm das Widerständige und Abweichende zum existierenden Raum manifestiert.

> *„I shall call that new space ‚differential space', because inasmuch as abstract space tends towards homogeneity, towards the elimination of existing differences or peculiarities a new space cannot be born (produced) unless it accentuates differences." (Lefebvre [1974] 1991: 52)*

Nur der differenzielle Raum eröffnet nach Lefebvre die „Möglichkeiten der Produktion alternativer Räume aus den Widersprüchen des gegenwärtigen Raumes heraus" (Fezer 2002: 19). Wird kein Widerstand erzeugt und werden die umgebenden und gebauten Umwelten als gegeben hingenommen, so werden die bestehenden Verhältnisse und mit ihnen die existierenden Räume reproduziert. Mit seinen konkreten Vorschlägen für die Produktion differenzieller Räume möchte Lefebvre nicht nur gesellschaftlich vorgeprägte und ungleiche Strukturen aufzeigen, sondern konkrete Vorschläge machen, gegen diese vorzugehen.
Lefebvre selbst schrieb, dass das „Differente" zunächst einmal das ist, was ausgeschlossen wird: die Peripherien, die Elendsviertel (Slums), die Räume verbotener Spiele, der Guerilla und des Krieges. So schreibt er: „What is different is, to begin with, what is *excluded:* the edges of the city, shanty towns, the spaces of forbidden games, of guerrilla war, of war" (Lefebvre [1974] 1991: 373). Und er schlägt vor, jenes, was zuvor getrennt war, zusammenzubringen.

> *„Es handelt sich also darum, jenes zusammenzufassen, was bislang getrennt war (z. B. das Öffentliche und das Private), Vermischungen zu antizipieren und die kontinuierliche Weiterentwicklung von Separierungen zu vermeiden wie jene zwischen Zentrum und Vorstädten oder Peripherie." (Lefebvre [1977] 2002: 56)*

Um zu einer veränderten Raumstruktur zu gelangen, die die Vermischung von bislang Getrenntem ermöglicht, müssen laut Lefebvre Konflikte geäußert werden können. Er legt

182 Genau wie Löw und Lefebvre interessiert sich auch Michel Foucault für widerständiges Verhalten im Zusammenhang von räumlichen Strukturen und für die Frage danach, wie dieser Widerstand mögliche andere Räume entstehen lassen kann. Foucault nennt diese Räume *Gegen-Orte* und bezeichnet sie als Heterotopien (Foucault [1966] 2005: 10). Auch Foucault spricht in diesem Zusammenhang von Gegenplatzierungen. „Es gibt gleichfalls – und das wohl in jeder Kultur, in jeder Zivilisation – wirkliche Orte, wirksame Orte, die in die Einrichtung der Gesellschaft hineingezeichnet sind, sozusagen Gegenplatzierungen oder Widerlager, tatsächlich realisierte Utopien, in denen die wirklichen Plätze innerhalb der Kultur gleichzeitig repräsentiert, bestritten und gewendet sind, gewissermaßen Orte außerhalb aller Orte, wiewohl sie tatsächlich geortet werden können. Weil diese Orte ganz andere sind als alle Plätze, die sie reflektieren oder von denen sie sprechen, nenne ich sie im Gegensatz zu den Utopien die Heterotopien" (Foucault [1967] 1992: 39).

dar, dass Raum, so wie wir ihn ‚erfahren', die Äußerung von Konflikten jedoch verhindert. Um Konflikte verbalisieren zu können, müssen die Konflikte erst einmal wahrnehmbar gemacht werden. Aus diesem Grund bedarf es einer Theorie, so Lefebvre, die über die zwei Dimensionen *Räume der Repräsentation* als auch *Repräsentationen des Raumes* hinausgeht, um Widersprüche zu erkennen und diese äußern zu können (vgl. Lefebvre [1974] 1991: 365). Erst mit der Möglichkeit, Konflikte äußern zu können, wird die Basis geschaffen, auf der sich die Entstehung des differenziellen Raumes ereignen kann. Sie findet folglich innerhalb und zwischen diesen zwei Dimensionen statt.

Bei der Betrachtung der sichtbaren Vermittlungsräume im Museum kann im Sinne Lefebvres analysiert werden, inwieweit die sichtbaren Vermittlungsräume als differenzielle Räume und somit neue Räume gelesen werden können, oder ob es sich dabei um die gleichen Räume handelt, die zuvor im Keller oder Dachgeschoss platziert waren und lediglich eine örtliche Verschiebung erfahren haben. Unter der Bezugnahme auf die Theorie des differenziellen Raumes kann gefragt werden, inwieweit die Wahrnehmung von Widersprüchen, die Benennung von Konflikten und die Äußerungen oder Provozierung von Widerstand im Kontext der Entstehung von sichtbaren Vermittlungsräumen geleistet wurden. Unter diesen Voraussetzungen könnten die sichtbaren Vermittlungsräume nach Lefebvre als *differenzielle Räume* gelesen werden.

## 6.5 Quintessenz für die Analyse sichtbarer Vermittlungsräume

Das Kapitel hat mit der Darstellung raumtheoretischer Ansätze gezeigt, dass Raum aus unterschiedlichen Perspektiven betrachtet werden und in Hinblick auf unterschiedliche Handlungsmöglichkeiten entworfen werden kann. In der Übertragung der Raumtheorien auf das Museum und die sichtbaren Vermittlungsräume wurde deutlich, dass eine Anwendung jedes hier vorgestellten raumtheoretischen Ansatzes auf den Forschungsgegenstand möglich ist:

Aus erziehungswissenschaftlicher Perspektive liegt dem expliziten Lernort ein pädagogisches Verständnis zugrunde. Raum wird bei den hier beschriebenen Ansätzen physisch-materiell konzipiert und weist eine Doppeleigenschaft auf: Er ist pädagogisches Gestaltungsmedium, welches auf das Handeln der Lernenden und Lehrenden Auswirkungen hat. Für den Kunstvermittlungsraum von Bedeutung ist an dieser Betrachtungsweise, dass ausgehend vom physisch-materiellen Raum Rückschlüsse auf das zugrunde liegende pädagogische Konzept gezogen werden können und die physisch-materielle Gestaltung des Raumes Auswirkungen auf das Handeln der Vermittler_innen hat.

Mit den Darstellungen zum Raum in der kunstpädagogischen Forschung Christine Heils wurde deutlich, dass Raum eine zentrale Kategorie in der Erforschung kunstpädagogischer

Vorgehensweisen und Zusammenhänge darstellen kann. Raum bedingt kunstpädagogisches Handeln, wirkt auf die Subjektkonstitution ein und kann als Forschungswerkzeug fungieren. Wie Heil in ihren kunstpädagogischen Texten darstellt, geht auch diese Forschung davon aus, dass die raumtheoretische Perspektivierung den Forschungsgegenstand verändert und Auswirkungen hat auf das Ergebnis.

Martina Löw stellt mit ihrer Theorie des relationalen Raumes die Herstellung von Räumen in den Mittelpunkt. In ihrem handlungstheoretischen Zugang wird die Dualität des Raumes als ein rekursiver Prozess beschrieben, der die gegenseitige Bedingtheit von Handlung und Struktur bei der Herstellung von Räumen aufzeigt. Raum wird durch die Anordnung von symbolischen und materiellen Gütern hergestellt und gibt darüber gleichzeitig eine räumliche Struktur vor, die wiederum Auswirkungen auf den Raumherstellungsprozess hat. Nach diesem Verständnis sind Kunstvermittler_innen und Teilnehmende der Kunstvermittlung immanenter Teil des Raumherstellungsprozesses, der durch alltägliche Routinen und institutionelle Strukturen geprägt ist. Löws Ausführungen sind zentraler Bestandteil für die Erforschung der pädagogischen Handlungen der Kunstvermittler_innen, da diese in Relation zu den institutionellen räumlichen Strukturen stehen. Deshalb ist eine Untersuchung des in alltäglichen Routinen organisierten Handelns der Vermittler_in vor allem dann erkenntnisversprechend, wenn es in Relationen zu den intentionellen Strukturen betrachtet wird.

Der raumtheoretische Ansatz von Lefebvre beschreibt, dass Raum eine in Zeit und Gesellschaft eingebundene Praxis darstellt. Die Produktion des Raumes besteht dabei aus drei Raumdimensionen, die sich gegenseitig beeinflussen, einschränken und überlappen. Übertragen auf den Vermittlungsraum bedeutet dies, dass von der Einrichtung sichtbarer Vermittlungsräume im Museum Aussagen über die Institution Museum und das ihr zugehörige Feld der Kunstvermittlung getroffen werden können. Zentral für die vorliegende Arbeit an Lefebvres Ansatz ist, dass Raum politisch ist und eingebunden in Macht- und Herrschaftsverhältnisse. Mit der Verwendung des Begriffs der Repräsentation in seinem dreigliedrigen Raummodell verweist Lefebvre darauf, dass Räume sowohl in visuellen Repräsentationen existieren, aber auch Bedeutungen herstellen. Diese Sicht auf Raum, die eine Verbindung zur Repräsentation aufweist, soll für die vorliegende Arbeit produktiv gemacht werden. Mit der Platzierung des sichtbaren Vermittlungsraumes im Ausstellungsraum, einem Ort des Zeigens und Betrachtens, wird die Frage nach den Repräsentationen des Raumes offenbar. Der Forschungsgegenstand macht es erforderlich, Fragen nach seiner Repräsentation zu stellen, die mit der Anwendung Lefebvres Raumansatzes eine raumtheoretische Verortung erfahren. Zentral für die räumliche Repräsentation des Raummodells sichtbarer Vermittlungsräume ist der Ansatz, dass Räume Bedeutungen produzieren, die geprägt sind von gesellschaftlichen Tendenzen wie von singulären Vorstellungen und Visionen von Lebensraum.

Sowohl Martina Löw als auch Henri Lefebvre machen mit ihren Konzepten des *gegenkulturellen Raumes* und des *differenziellen Raumes* die Entstehung *neuer Räume* beschreibbar. Diese basieren auf widerständigem Handeln, das sich gegen institutionalisierte Strukturen beziehungsweise gegen die bestehenden Verhältnisse richtet. Beide Konzepte bieten die Möglichkeit, den sichtbaren Vermittlungsraum entweder in die Kategorien *neuer Raum* beziehungsweise in Umkehrung hierzu *bestehender Raum* auf Grundlage der Handlungen der Akteur_innen einzuordnen.

An den dargestellten Raumtheorien, die alle in Bezug auf den Forschungsgegenstand gewählt wurden, zeigt sich, dass Raum mehrperspektivisch betrachtet werden kann. Es wurde evident, dass in den relationalen Raumtheorien davon ausgegangen wird, dass sich die unterschiedlichen Raumdimensionen aufeinander beziehen und beeinflussen. Mit der Darstellung der einzelnen Raumtheorien wurde das Forschungsverständnis der vorliegenden Untersuchung verdeutlicht: Jedes Raumverständnis bringt einen je anderen Raum hervor.

Die in diesem Kapitel angeführten Ansätze und Übertragungen zum Raum werden im anschließenden Kapitel in einem für den sichtbaren Vermittlungsraum spezifischen Raummodell zusammengefügt, welches der relationalen Zuordnung der Forschungsergebnisse dient. Für die Analyse des spezifischen Forschungsgegenstandes sichtbarer Vermittlungsraum im Museum bedarf es einer spezifischen Betrachtungsweise auf den Raum. Diese ist von einer multiperspektivischen Sicht von Raum geprägt, die im Zusammenbringen der unterschiedlichen Raumtheorien in Relation zum Forschungsgegenstand entwickelt wird.

Das Raummodell fungiert als Analyse-Werkzeug des Forschungsgegenstandes sichtbarer Vermittlungsräume und ermöglicht, differenzierende Fragen an diesen zu formulieren sowie die herausgearbeiteten Kategorien und Konzepte mit den Raumtheorien zu verbinden. Indem das Raummodell auf die Kategorien und Konzepte angewendet wird, ergibt sich eine relationale Zuordnung auf den Raumebenen.

# 7 Ein Raummodell für sichtbare Vermittlungsräume in Museen für Gegenwartskunst

Im vorherigen Kapitel wurden unterschiedliche Raumtheorien dargestellt. Mit der Anwendung dieser Theorien auf den Forschungsgegenstand sichtbare Vermittlungsräume im Museum wurde aufgezeigt, dass – ausgehend vom Kunstvermittlungsraum als expliziter Lernort – Rückschlüsse auf das ihm zugrunde liegende pädagogische Konzept gezogen werden können. Mit den beiden Ansätzen von Löw und Lefebvre wurde verdeutlicht, dass das Raumverständnis auf der Herstellung und der Produktion des Raumes basiert und folglich eine Praxis darstellt. Das bedeutet, dass Raum nicht einfach existiert, sondern in gesellschaftlichen und institutionellen Strukturen eingebunden ist und daraus hervorgebracht wird. Raum wirkt nicht nur, sondern wird gleichzeitig hergestellt. Insbesondere in der Auseinandersetzung mit der Raumtheorie von Martina Löw wurde deutlich, dass der Kunstvermittlungsraum in einem Raumherstellungsprozess entsteht, der bedingt ist von der Wechselwirkung zwischen kunstvermittlerischem Handeln und den räumlichen Strukturen der Institution Museum. Das Besondere an der Raumtheorie von Martina Löw ist, dass sie davon ausgeht, dass der Raumherstellungsprozess in die jeweiligen institutionellen Strukturen eingebettet ist. An Henri Lefebvres Raumtheorie ist für die vorliegende Arbeit relevant, dass er eine Verbindung zwischen Raum und Repräsentation aufzeigt und sie dabei in Verbindung bringt mit visuellen Darstellungen in seiner zweiten sowie mit individuellen Vorstellungen und Bedeutungsproduktionen in der dritten Raumdimension. Raum ist nach Lefebvre immer politisch.

Aufgrund der Tatsache, dass die verschiedenen Perspektiven unterschiedliche Räume hervorbringen, da sie differente Fragen an den Raum stellen, wird in dieser Arbeit mit dem Fokus auf den Forschungsgegenstand und die Forschungsfrage dafür plädiert, ein eigenes Raummodell zu entwickeln, welches die zentralen raumanalytischen Elemente in einem Modell vereinigt. Dieses Raummodell ermöglicht es, die Entstehung des sichtbaren Vermittlungsraumes und die Auswirkungen auf das Feld der Kunstvermittlung beschreibbar zu machen. Es wird grundsätzlich davon ausgegangen, dass jedes Raummodell je spezifische Aspekte und Zusammenhänge im realen Raum sichtbar macht.

Das vorliegende Kapitel verbindet die bis hierher erarbeiteten Raumtheorien zu einem eigenen Raummodell, das sich auf die Erforschung sichtbarer Kunstvermittlungsräume und die in dieser Forschung formulierten Fragestellungen spezifiziert. Die Besonderheit ist, dass es durch den Prozess eines permanenten iterativ zyklischen Vergleichs zwischen dem Forschungsgegenstand und den unterschiedlichen Raumverständnissen hervorgegangen ist. Dieser Prozess wird als eine an der Forschungsfrage ausgerichtete Form des theoretischen Sampling bezeichnet (siehe Kapitel 5.2).

Ein solches Modell ermöglicht, systematische Fragestellungen für den Forschungsgegenstand sichtbarer Vermittlungsraum zu entwickeln und darüber weitere Perspektiven zu eröffnen. Es ist ein Modell, das sowohl für die vorliegende Forschung mit ihrer Auswahl der spezifischen Vermittlungsräume als auch auf weitere sichtbare Vermittlungsräume in anderen Museen angewandt werden kann. Dieses Raummodell bindet die unterschiedlichen Untersuchungsperspektiven von Raum ein und ist somit multiperspektivisch konzipiert.

Das entwickelte Raummodell besteht aus drei Ebenen, die durch eine querliegende Ebene ergänzt wird:

| | |
|---|---|
| Raumebene 1: *räumliche Struktur*<br>Raumebene 2: *räumliche Praxis*<br>Raumebene 3: *räumliche Repräsentation* | Querebene: *widerständige Räume* |

Die dritte Raumebene erfährt dabei eine ausdrückliche Beachtung. Die besondere Platzierung im Ausstellungsraum bringt die Funktion des Angeschaut-Werdens mit sich. Deshalb werden die Raumtheorien durch Theorien aus den *Visual Cultural Studies*[183] (Hall 1997, 2010; Schade/Wenk 2011, 2005, 1995, 1993) und der *Neuen Museologie* (Muttenthaler/Wonisch 2003, 2006) erweitert. Entscheidend sind hierbei ein kritisches Verständnis von Repräsentation und der Begriff des Zu-sehen-Gebens. Dadurch erhält die Raumebene der räumlichen Repräsentation eine neue Ausrichtung und wird konkret am Forschungsgegenstand ausgerichtet.

Das vorliegende Kapitel hat zum Ziel, die drei Raumebenen sowie den Ansatz zur Entstehung neuer Räume im Modell für sichtbare Vermittlungsräume zu erläutern und die sich daraus verdichtenden Fragestellungen darzulegen. Hierzu werden die Genealogien der einzelnen Ebenen aus den Raumtheorien aufgezeigt und ihr Bezug zum Forschungsgegenstand hergestellt.

183 Die Bezeichnung der *Visual Cultural Studies*, *Studies in Visual Culture* sowie *Visuelle Kultur* werden in der vorliegenden Arbeit synonym verwendet. Diese Theorien haben zum Ziel, zu thematisieren, „was wie zu sehen gegeben wird – mit unterschiedlichen Medien und unterschiedlichen Kontexten. Damit rücken Praktiken des Sehens, des Interpretierens, des Deutens oder auch des Zu-verstehen-Gebens, der Gesten und Rahmungen des Zeigens und Sehens in den Mittelpunkt, und damit nicht zuletzt auch Fragen nach darin eingeschlossenen Effekten von Autorität, Macht und Begehren in der Konstitution von Relation zwischen Individuen und Gemeinschaften" (Schade/Wenk 2011: 9). Dabei umfasst nach den Autorinnen die visuelle Kultur nicht nur das, was sichtbar ist, sondern auch, was unsichtbar gemacht wird.

## 7.1 Erste Raumebene: *Räumliche Struktur*

Die erste Ebene des Raummodells für sichtbare Vermittlungsräume basiert auf den Ausführungen der zweiten Raumdimension von Henri Lefebvre der *représentations de l'espace* sowie den Ausführungen zur räumlichen Struktur von Martina Löw (siehe Kapitel 6.3 und 6.4).
Die Repräsentationen des Raumes von Lefebvre können als eine besondere Strukturiertheit des Raumes gefasst werden, die sich in Zeichensystemen wie Plänen und Karten, aber auch in Gesprächen oder Skizzen manifestiert. Es sind Raumkonzepte, an denen gesellschaftliche Regeln und Normen abzulesen sind, ebenso wie das vorgeprägte Handeln, welches zur Verhaltensregulierung führt.
Die Repräsentationen des Raumes werden in ihrer Modularität bei Lefebvre auch mit *l'espace conçu* bezeichnet. Diese Bezeichnung hat für das hier entwickelte Raummodell Relevanz, da sie sprachlich das Erdachte und Konzipierte von räumlichen Strukturen verdeutlicht und auf die räumlichen Konzepte, die der Raumgestaltung zugrunde liegen, verweist. Diese räumlichen Konzepte prägen den physisch-materiellen Raum, strukturieren ihn und wirken darin auf die Konzeption, Planung und Kontrolle von Abläufen ein.
Ähnlich geht Martina Löw in ihrer Raumsoziologie davon aus, dass räumliche Strukturen bestimmend für den Raumherstellungsprozess und somit für das raumkonstituierende Handeln sind. Von räumlichen Strukturen spricht die Raumsoziologin, wenn der Raumherstellungsprozess in Regeln formulierbar und/oder in Ressourcen abgesichert ist. Diese Regeln und Ressourcen sind unabhängig von Ort und Zeit und in Institutionen eingelagert.

Mit der *räumlichen Struktur* wird im Raummodell für sichtbare Vermittlungsräume der erdachte und konzipierte Raum, der einer Raumgestaltung zugrunde liegt und in Regeln und Ressourcen formulierbar ist, definiert. Es sind die Konzeption des Raumes und gedankliche Vorstrukturierung, die sich in Karten, Plänen und gebauter Architektur manifestieren. Die räumliche Struktur verdeutlicht, dass Raum mit einer bestimmten Absicht konzipiert wurde und sich prägend auf die *räumliche Praxis*, die zweite Raumebene, auswirken wird.
Diese Bedingtheit der beiden Raumebenen kann in Analogie zur *Doppeleigenschaft des Raumes* aus dem Feld der Erziehungswissenschaften gelesen werden. Denn räumliche Strukturen werden zum einen durch institutionalisierte Routinen geschaffen, wirken jedoch umgekehrt prägend auf das Handeln ein. Bereits daran wird deutlich, dass die verschiedenen Raumebenen nicht getrennt voneinander betrachtet werden können. Die *räumliche Praxis* entsteht ausgehend von den *räumlichen Strukturen* der Institution Museum und trägt wiederum zur Reproduktion der *räumlichen Praxis* bei.

Die Fragen, die der Raumebene der *räumlichen Struktur* zugrunde liegen, sind:

- Was sind die zentralen räumlichen Strukturen des sichtbaren Vermittlungsraumes im Museum für Gegenwartskunst?
- Auf welche Weise wirken sich die gedanklich vorstrukturierten Raumkonzepte auf die Kunstvermittler_innen aus?

## 7.2 Zweite Raumebene: *Räumliche Praxis*

Die zweite Ebene des Raummodells für sichtbare Vermittlungsräume wird in der vorliegenden Forschung mit *räumlicher Praxis*[184] benannt. Sie bildet sich sowohl aus der ersten Raumdimension von Henri Lefebvre, dem *l'espace perçu*, als auch aus Martina Löws alltäglichem Handeln, das die Raumkonstitution bedingt.
Lefebvres *l'espace perçu* stellt eine nichtreflexive Praxis dar, bei der die Umgebung wahr- und als gesellschaftlich gegeben hingenommen wird. Dabei sichert sie gesellschaftliche Kontinuität und trägt zur Reproduktion des bestehenden Raumes bei. Diese nichtreflexive Praxis, die das Handeln und Wahrnehmen meint, entsteht in Bezug auf den physisch-materiellen Raum und kann als alltägliches raumbezogenes Handeln beschrieben werden. Lefebvres erste Raumdimension ist demnach durch den physisch-materiellen Raum bestimmt und steht in enger Verbindung zu diesem. In der Beschreibung der *Doppeleigenschaft des Raumes* wurde ebenfalls dargelegt, dass die Gestaltung des expliziten Lernortes auf die Handlungen der Lehrenden und Lernenden und somit auf die Lehr- und Lernprozesse insgesamt Einfluss hat. Hier zeigt sich die gegenseitige Bedingtheit von physisch-materiellem Raum und raumbezogenem Handeln.
Lefebvre schreibt in seinen Texten zur Herstellung des Raumes überwiegend vom urbanen Raum, der eine urbane Gesellschaft hervorbringt. Der Fokus der vorliegenden Arbeit liegt darin, den sichtbaren Vermittlungsraum innerhalb der Institution Museum aus raumtheoretischer Perspektive beschreibbar zu machen. Mit dem Einbezug von Martina Löws relationaler Raumtheorie, die von institutionalisierten Räumen sowie den Routinen institutioneller Strukturen spricht (vgl. Kapitel 6.3), wird eine Sicht auf den sichtbaren Vermittlungsraum eröffnet, der die Eingebundenheit des Raumes innerhalb der Institution Museum ermöglicht. Ähnlich wie Lefebvre geht auch Löw davon aus, dass Raum durch Handlungen hergestellt

184 Der Begriff der *räumlichen Praxis* ist in der vorliegenden Studie dabei dem Raummodell von Henri Lefebvre entlehnt, jedoch in einem erweiterten Sinn zu verstehen, der sich unter anderem in der Verbindung zur relationalen Raumtheorie von Martina Löw ergibt.

wird. Auch spielen bei ihr die Wahrnehmung und die raumbezogenen Verhaltensweisen eine zentrale Rolle, die sie mit *Syntheseleistung* und *Spacing* genauer umschreibt. Löw definiert ihren Raumherstellungsprozess als eine in institutionelle Routinen eingelagerte Handlung. Wird dieser Prozess mit Lefebvres Raumansatz verknüpft, können die raumbezogenen Verhaltensweisen in Relation zu ihren Institutionen gedacht werden. Das erweitert und differenziert die Untersuchung des Forschungsgegenstandes.

Auf Grundlage der Verknüpfung des *l'espace perçu* mit dem Raumherstellungsprozess des Spacing und der Syntheseleistung von Löw entsteht nun die Raumebene der *räumlichen Praxis* des Raummodells für sichtbare Vermittlungsräume für die Analyse der alltäglichen raumbezogenen Verhaltensweisen der Kunstvermittler_innen und ihre Wahrnehmungen des sichtbaren Vermittlungsraumes. Die Ebene stellt eine Praxis dar, die Akteur_innen-zentriert ist und das habitualisierte Handeln der Vermittler_innen, welches eingelagert ist in institutionelle Routinen, in den Blick nimmt. Analysiert werden diese auf Grundlage der Interviews sowie der Beobachtungen vor Ort. Es wird herausgearbeitet, wie die Kunstvermittler_innen über den Raum sprechen und wie sie diesen konkret in ihrer alltäglichen Arbeit nutzen und darüber herstellen. Die Fragen, die aus dieser Raumebene hervorgehen, lauten:

- Wie nehmen die Kunstvermittler_innen den sichtbaren Vermittlungsraum in ihrer alltäglichen Praxis wahr?

- Welche zentralen raumbezogenen Verhaltensweisen der Kunstvermittler_innen zeigen sich im sichtbaren Vermittlungsraum?

## 7.3 Dritte Raumebene: *Räumliche Repräsentation*

Die *räumliche Repräsentation* stellt die dritte Raumebene des Raummodells sichtbarer Vermittlungsräume dar. Eine dritte Raumebene in das Modell einzubeziehen basiert auf Lefebvres Ansatz, Raum nicht in einer Dualität, sondern in einer Trialektik zu denken. Genau wie bei Lefebvre basiert auch das hier entwickelte Raummodell auf der gegenseitigen Bedingtheit aller drei Raumebenen. Alle drei Raumebenen durchdringen sich wechselseitig bei der Herstellung des sichtbaren Vermittlungsraumes und wirken aufeinander ein.

In der dritten Raumebene beziehe ich mich zum einen auf Lefebvres Ausführungen zur Relation der Begriffe *Raum* und *Repräsentation* in *The Production of Space* ([1974] 1991). Zum anderen werden aufgrund der spezifischen Platzierung des sichtbaren Vermittlungsraumes auf der Ausstellungsfläche Theorien der visuellen Kultur herangezogen. Im Zentrum stehen hier die Analysen zu den Verfahrensweisen der Inszenierungen von Ausstellungen bei

Roswitha Muttenthaler und Regina Wonisch (2003, 2006), die Ausführungen der Repräsentationskritik von Stuart Hall (1997, 2004, 2010) und die Strategien des Zu-sehen-Gebens von Silke Wenk und Sigrid Schade (1993, 2005, 2011). Alle Theorien, auf die Bezug genommen worden ist, verdeutlichen, dass die Sichtbarmachung von Kunstvermittlung über ihre Räume eine machtvolle Praxis ist, die Bedeutungen produziert und Einfluss auf das Verständnis von Kunstvermittlung und die Handlungen der Kunstvermittler_innen hat. Die *räumliche Repräsentation* eröffnet eine Lesart des Forschungsgegenstands, die die bisher dargestellten raumtheoretischen Ansätze erweitert und die Auswirkungen der Sichtbarmachung des Vermittlungsraumes auf die Kunstvermittlung und ihre Akteur_innen beschreibbar macht.

## Repräsentation(en) in Lefebvres Raumtheorie

Lefebvre verknüpft in seinen Darstellungen zur *Produktion des Raumes* die Begriffe *Repräsentation* und *Raum* in zweifacher Weise und schreibt ihnen dabei unterschiedliche Bedeutung zu. Zentral für die vorliegende Argumentation ist, dass Lefebvre die Begriffe Repräsentation und Raum in unterschiedlicher Relation zueinanderstehend verwendet (siehe Kapitel 6.5). Zum einen, um Repräsentation von Räumen als Karten, Diskurse und Architekturen in Konzepten zu fassen, die sich als gesellschaftliche Werte und Normen in räumliche Strukturen einschreiben und zu Verhaltensregulierungen führen. Zum anderen, indem er auf einen Raumherstellungsprozess verweist, der Bedeutungen und Utopien erzeugt, die von gesellschaftlichen Werten und Traditionen durchzogen sind, allerdings von subjektiven Träumen und Vorstellungen von Raum dominiert wird.

Zentral für die *räumliche Repräsentation* des Raummodells sichtbarer Vermittlungsräume ist der Ansatz, dass Räume Bedeutungen produzieren, die geprägt sind: sowohl von gesellschaftlichen Tendenzen als auch von singulären Vorstellungen und Visionen von Lebensraum.

Diese Raumdimension beschreibt, dass Räume anders gedacht und genutzt werden können als auf die ihr ursprünglich zugedachte Art. Räume der Repräsentation sind für die Entstehung neuer Räume, die Lefebvre mit *differenziellem Raum* bezeichnet, von zentraler Bedeutung – generiert durch individuelle Nutzung des Raumes in Form eines widerständigen Handelns sowie die Auflehnung gegen eine vorgeprägte Raumnutzung. Damit ist nicht nur eine Flächenerweiterung bestehender Räume gemeint, sondern die Entstehung neuer Räume, die sich in differenten Handlungsmöglichkeiten und Raumqualitäten zeigt. Dieser Raumdimension wohnt folglich die Möglichkeit inne, Veränderungen anzustoßen, und stellt darüber eine zentrale Dimension bei der Erforschung nach der Veränderbarkeit von Räumen dar.

Mit der dritten Raumdimension beschreibt Lefebvre, dass die individuelle Seite Bestandteil des Raumherstellungsprozesses ist, in der über Träume und Visionen individuelle Bedeutungen produziert werden.

Mit Bezug auf die Visual Cultural Studies und die Neue Museologie gehe ich davon aus, dass Räume, die sichtbar im Museum eingerichtet werden, Repräsentationen sind, die Bedeutungen produzieren. Die hergestellten Bedeutungen gehen über die von Lefebvre beschriebene individuelle Seite der Bedeutungsproduktion in seiner Raumebene Räume der Repräsentation hinaus und vollzieht sich kollektiv durch die Akteur_innen im Kontext des Museums. Aus diesem Grund wird im Folgenden die dritte Dimension um Ansätze aus der visuellen Kultur ausgeweitet.

## Sichtbare Räume der Vermittlung sind Repräsentationen der Kunstvermittlung

Dieses Teilkapitel stellt dar, dass der sichtbare Vermittlungsraum im Museum eine Form der Repräsentation von Kunstvermittlung ist, der Einfluss sowohl auf das Feld der Kunstvermittlung als auch auf die Akteur_innen der Kunstvermittlung hat.
Ausstellungen sind Räume des Zeigens, die das Ziel haben, etwas zur Schau zu stellen. Sie können als kommunikative Situationen verstanden werden, „die hergestellt werden, um Inhalte zu transportieren" (Richter 2007a: 196). Alles, was in Kunstausstellungen zur Schau gestellt wird, geschieht absichtsvoll. Sei es die Frage danach, welche Schriftart für die Wandtexte verwendet wird, wo welche Wand verläuft, wie die Hängung an der Wand gestaltet ist, welche künstlerische Arbeit gezeigt, welche Bedeutungen das Zusammenstellen mehrerer Arbeiten hervorbringt, welche Sitzmöglichkeiten vor den Videoarbeiten platziert werden, in welcher Reihenfolge die Räume und Wege angeordnet sind, wo die Hocker des Aufsichtspersonals stehen, wie die Titelschilder beschriftet sind und nicht zuletzt wo und auf welche Weise der Kunstvermittlungsraum verortet und gestaltet ist.
Dieses absichtsvolle Zur-Schau-Stellen ist eine museale Praxis, die bis zum Beginn des 21. Jahrhunderts kaum beforscht wurde. Die Museologin Regina Muttenthaler und die Historikerin Roswitha Wonisch haben diese hinter der Präsentation der Ausstellung verschwindende Praxis als eine der ersten im deutschsprachigen Raum beforscht und „hinsichtlich der Produktionsmacht von Bedeutungen und Zuschreibungen befragt" (Muttenthaler/Wonisch 2003: 59).

Mit ihrer Forschungsarbeit *Gesten des Zeigens. Zur Repräsentation von Gender und Race in Ausstellungen*[185] (Muttenthaler/Wonisch 2006) fordern die beiden Museumsarbeiter_innen, dass die musealen Verfahrensweisen des Ausstellungmachens kritisch befragt werden müssen, da diese wie oben beschrieben durch die Inszenierung der Präsentation Bedeutungen evozieren und Zuschreibungen vornehmen. Ziel ihrer Forschung ist es, zu analysieren, „mit welchen Ausstellungspraktiken, welche Bedeutungen im Hinblick auf das Geschlechterverhältnis sowie auf ethnische und soziale Gruppen konstruiert werden" (Muttenthaler/Wonisch 2006: 25). Das Zur-Schau-Stellen im Ausstellungsraum, welches sie mit der Geste des Zeigens beschreiben, basiert auf Praktiken der Bedeutungsproduktion, die Ein- und Ausschlüsse herstellen.
Ausstellungen sind nach Muttenthaler und Wonisch als Sprechakte[186] zu verstehen. Das Ausstellungmachen wird dabei als diskursive Praxis beschrieben, die die Handschrift der Kurator_innen trägt. Die Praxis bezieht sich sowohl auf das, was mit dem Ausstellungmachen gezeigt und gesagt, als auch auf das, was nicht gezeigt und nicht gesagt wird. Die Entscheidungen darüber liegen nach Muttenthaler und Wonisch bei den Kurator_innen.

> *„Für die Auseinandersetzung mit musealen Repräsentationen ist es vor allem notwendig, diese als diskursive Praxis zu begreifen, ausgehend von der Prämisse, dass Ausstellungen ein Statement der jeweiligen AusstellungsmacherInnen darstellen." (ebd.: 38)*

Daher lohnt es sich den Autor_innen zufolge, den Zeigegestus, der in Ausstellungen vorherrscht, ernst zu nehmen und bei der Analyse „bewusst an der Oberfläche der Präsentation zu bleiben" (Muttenthaler/Wonisch 2003: 59). Muttenthaler und Wonisch vertreten die Ansicht, dass das Ausstellungmachen eine Praxis darstellt und Ausstellungen Orte sind, die ‚etwas' repräsentieren. Nach diesem Verständnis sind auch die sichtbaren Kunstvermittlungsräume eine absichtsvolle Geste des Zeigens und stellen somit Repräsentationen dar. Alle beforschten Vermittlungsräume der vorliegenden Arbeit sind auf der Ausstellungsfläche platziert und werden damit zum Teil des Repräsentationsortes Ausstellung.
Auch die Kunstwissenschaftler_innen Silke Wenk und Siegrid Schade teilen die Meinung, dass Ausstellungen Systeme der Repräsentation sind. Für sie sind Museen „Institutionen, die

185 Bereits in dem Beitrag *Zur Schau gestellt. Be-Deutungen musealer Inszenierungen* (2003) verweisen beide Autor_innen auf ihre Perspektive der Ausstellungsanalyse, nicht nur das Gezeigte, sondern auch das, was nicht gezeigt wird, in die Analyse mit einzubeziehen, und dabei „bewusst an der Oberfläche der Präsentation zu bleiben. Diese gilt es genau ins Visier zu nehmen, weil sich so der *Subtext* eröffnen kann" (Muttenthaler/Wonisch 2003: 59).

186 Muttenthaler und Wonisch beziehen sich damit sowohl auf die Literaturwissenschaftlerin Mieke Bal, die die Sprechakttheorie auf die Analyse von Ausstellungen angewendet hat, als auch auf die Kulturwissenschaftlerin Irit Rogoff, die mit der Forderung nach einem „verantwortlichen Blick" die Ausstellungsmacher_innen hinter dem Ausgestellten erkennbar machen will (Muttenthaler/ Wonisch 2006: 39). Als Medium der Repräsentation benennt auch Stuart Hall die Sprache, womit der Soziologe Texte, Bilder als auch Gesten und ihre Kombination meint.

etwas zeigen und in besonderer Weise zum Sehen auffordern. Sie lassen sich als spezifische Systeme der Repräsentation analysieren, die den je gezeigten Dingen Bedeutungen und Wert verleihen" (Schade/Wenk 2011: 144).

Durch die Platzierungsverschiebung in den sichtbaren und frei zugänglichen Bereich des Museums werden die sichtbaren Vermittlungsräume, in denen auf bewusste Weise etwas zu sehen gegeben wird, Teil des besonderen Systems der Repräsentation.

## Repräsentation in den Visual Cultural Studies

Der Begriff *Repräsentation* bedeutet allgemein zum einen eine Vertretung einer Gruppe durch einzelne Personen und zum anderen die Darstellung[187] beziehungsweise Abbildung von etwas. Diese Abbildung von *etwas* birgt die Vorstellung mit sich, dass *etwas* existiert, bevor es durch eine Repräsentation abgebildet beziehungsweise dargestellt wird. Der afro-karibische, britische Soziologe Stuart Hall hat mit seinem Beitrag *The Work of Representation* (2010) sowie der Publikation *Ideologie, Identität, Repräsentation* (2004) den Begriff der Repräsentation kritisch reflektiert und herausgearbeitet, dass Repräsentationen nicht nur etwas darstellen, sondern gleichzeitig etwas herstellen. Repräsentationen sind nach Hall keine nachgeordnete Tätigkeit, sondern sie sind maßgeblich an der Herstellung von Kultur und den ihr zugesprochenen Bedeutungen beteiligt.

Als Mitbegründer der Visual Cultural Studies setzt sich Stuart Hall kritisch damit auseinander, wie Kultur über das Visuelle konstruiert wird und wie und warum wir auf bestimmte Art und Weise sehen.[188] Hall legt dar, dass Bedeutungen, die in Bezug auf Dinge existieren, nicht naturgeben sind, sondern erst durch einen vielschichtigen Prozess hergestellt werden.

> *„The main point is that meaning does not inhere in things, in the world. It is constructed, produced. It is the result of a signifying practice – a practice that produces meaning, that makes things mean." (Hall 2010: 24)*

Einen bedeutenden Teil dieses Herstellungsprozesses stellen Repräsentationen dar, weswegen sie von Stuart Hall auch als eine machtvolle Praxis beschrieben werden, die Realität auf

187 Silke Wenk und Siegrid Schade schreiben in ihren *Studien zur visuellen Kultur* über die Bedeutung des Begriffs *Darstellung* (2011): „Als ein Begriff mit der Bedeutung, etwas Abwesendes oder auch nicht Sichtbares darzustellen bzw. zu vertreten, kann er in der politischen Theorie bis in die Neuzeit zurückverfolgt werden" (Wenk/Schade 2011: 106).

188 Hall entwickelte seine Repräsentationskritik maßgeblich auf der Grundlage von Foucaults Schriften. Der Bezug zu Foucaults Diskursbegriff ist dabei klar zu erkennen. Sowohl Foucaults Diskursbegriff als auch die Definition von Repräsentationen nach Hall sind wirklichkeitsgenerierend. Sie bringen Wirklichkeit und darin auch die Subjekte hervor.

komplexe Weise gleichzeitig dar- und herstellen. Nach Hall sind Repräsentationen eine zentrale Praktik zur Produktion von Kultur, die die Art und Weise, wie wir Dinge sehen, maßgeblich beeinflussen.

> *„So the representation is the way in which meaning is somehow given to the things which are depicted through the images or whatever it is, on screens or the words on a page which stand for what we're talking about." (Hall 1997: 6)*

Da nach Hall jede Form der Repräsentation darauf beruht, dass sie hergestellt wird, sollte sie als eine Praxis verstanden werden, die bestimmten Zielen und Zwecken folgt. Das erläutert Hall an Foucaults Erörterungen zum Bild *Las Meninas* (1656) von Diego Velazques. Dabei geht Foucault in *Die Ordnung der Dinge* (1970) von dem Bild als Beispiel aus, um die darin enthaltene Auffassung von Repräsentation zu analysieren. Das Bild macht den Prozess des Repräsentierens zum Gegenstand. In *Las Meninas* ist das Porträtieren an sich Thema des Bildes. Zu sehen ist der Maler bei der Anfertigung des Porträts des spanischen Königspaares sowie weiterer Personen, wie die Prinzessin und ihre Bediensteten, die während des Anfertigungsprozesses anwesend sind (vgl. Hall 2010: 57). Das porträtierte Paar selbst kann von der Betrachter_in durch die Reflexion in einem kleinen dargestellten Spiegel betrachtet werden. Der Kulturwissenschaftler Stephan Fürstenberg, der sich im Rahmen des Forschungsprojektes *Kunstvermittlung zeigen – Über die Repräsentation pädagogischer Museumsarbeit* (2013) mit der Repräsentationskritik von Hall beschäftigt hat, schreibt zur Repräsentationskritik im Bild *Las Meninas*:

> *„Mit dieser Verschiebung weg vom direkten Porträtieren der Person hin zum Festhalten des ‚Drumherum' eröffnet sich zugleich die Möglichkeit, den Prozess des Repräsentierens aus einer anderen Perspektive zu sehen zu geben. Dabei werden bspw. die Gestaltungswerkzeuge – wie Pinsel, Leinwand, Blicke, Licht, die zur Herstellung eines Gemäldes unablässig sind – selbst zum Bildgegenstand." (Fürstenberg 2012: o. S.)*

Bedeutend an Halls Darlegungen zur Repräsentation als Praxis ist seine machtkritische Perspektive. Er stellt den Zusammenhang zwischen Repräsentationspraktiken und der Herstellung von Differenz heraus. Über die Analyse von kommerziellen Werbebildern, Pressefotos und Illustrationen aus Magazinen, auf denen *Schwarze* Athlet_innen dargestellt sind, zeigt Hall in *Ideologie, Identität und Repräsentation* (2004) wie Repräsentationen über „Stereotypisierungen“[189] das rassisierte ‚Andere‘ produzieren.

> *„Jedes Bild trägt zwar durchaus seine eigene spezifische Bedeutung. Analysiert man aber die Formen, in denen Differenz und ‚Andersheit‘ in einem historischen Moment in einer bestimmten Kultur repräsentiert werden, wird deutlich, dass sich ähnliche Repräsentationspraktiken und -figuren, wenn auch mit Variationen, von einem Text oder einem Element der Repräsentation zum anderen wiederholen.“ (Hall 2004: 115)*

Ohne die Herstellung von Differenz wäre keine Bedeutungsproduktion möglich. Differenz, so Hall weiter, ist ambivalent und kann sowohl positiv als auch negativ konnotiert sein. Zentral ist, dass sie notwendig ist für die Produktion von Bedeutung. Zu einer Gefahr wird sie dann, wenn die Produktion von Differenz zur Herstellung von „negativen Gefühlen, Spaltungen, Feindseligkeiten und Aggressionen gegenüber dem ‚Anderen‘“ (ebd.: 122) genutzt wird.
Repräsentationen sind folglich eine machtvolle Praxis, da sie kennzeichnen, zuweisen und klassifizieren (vgl. ebd.: 145). Mit der Produktion von Repräsentationen ist die Macht[190] verbunden, „jemanden oder etwas auf eine bestimmte Art und Weise zu repräsentieren“ (ebd.: 146) und darüber symbolische Gewalt auszuüben. Für die vorliegende Untersuchung im Feld kritischer Kunstvermittlung[191] verdeutlichen Halls Ausführungen, dass die Praxis der Repräsentation zur Bedeutungsproduktion auf der Basis der Herstellung von Differenz beiträgt. Im Feld kritischer Kunstvermittlung wird die Herstellung, Reproduktion und Manifestation von Macht- und Herrschaftsverhältnissen innerhalb von Kunstinstitutionen und im Kunstdiskurs analysiert. Dafür ist die machtkritische Untersuchung von Repräsentation, insbesondere die Dimension der *räumlichen Repräsentation* von sichtbaren Vermittlungsräumen, von zentraler Bedeutung.

189 Stereotype, so Hall, „erfassen die wenigen ‚einfachen, anschaulichen, leicht einprägsamen, leicht zu erfassenden und weithin anerkannten‘ Eigenschaften einer Person, reduzieren die gesamte Person auf diese Eigenschaften, *übertreiben* und *vereinfachen* sie, und *schreiben* sie ohne Wechsel und Entwicklung für die Ewigkeit fest“ (Hall 2004: 143 f.).

190 Im Zusammenhang von Macht und Repräsentation führt Hall den Begriff des Repräsentationsregimes an, mit dem er „das gesamte Repertoire an Bildern und visuellen Effekten, durch das ‚Differenz‘ in einem beliebigen historischen Moment repräsentiert wird“, meint (Hall 2004: 115).

191 Eine erste Forschung im Feld der deutschsprachigen Kunstvermittlung, die sich mit Fragen der Repräsentation von Kunstvermittlung auseinandergesetzt hat und sich dabei maßgeblich auf die Repräsentationskritik nach Stuart Hall stützt, wurde am Institute for Art Education (IAE) und Institute for Cultural Studies (ICS) unter dem Titel *Kunstvermittlung zeigen* in den Jahren 2011 bis 2013 durchgeführt. Dabei analysierte das Forschungsteam einen Materialkorpus, der aus Flyern, Broschüren, Webseiten und Büchern Schweizer Vermittlungsabteilungen bestand. Die ersten Ergebnisse des Projektes wurden 2013 im e-journal des IAE unter dem Titel *Kunstvermittlung zeigen – Über die Repräsentation von pädagogischer Museumsarbeit* (Fürstenberg/Lüth/microsillions (Hg.)) veröffentlicht und in der Publikation *Kunstvermittlung zeigen. Über Repräsentationen pädagogischer Arbeit im Kunstfeld* (Mörsch/Schade/Vögele: 2018) um weitere Autor_innen und Forschungsanliegen erweitert. In beiden Publikationen wird Repräsentation als eine machtvolle Praxis verstanden, die keine Wiedergabe von jemandem oder etwas, sondern als „[...] regulierte und bedingte Formen der Sichtbarmachung zu verstehen“ ist (Mörsch/Schade/Vögele 2017: 15), und in der sich Macht- und Herrschaftsverhältnisse zwischen „Sehenden und Gesehenen, Zeigenden und Zu-Sehen-Gegebenen“ (ebd.) manifestiert.

## Auswirkungen von Repräsentationen

Zur Folge haben Halls Darlegungen, dass Repräsentationen Einfluss auf die Ausgestaltung von Wahrnehmung und Wirklichkeit haben.

> *„In part, we give things meaning by how we represent them – the words we use about them, the stories we tell about them, the images of them we produce, the emotions we associate with them, the ways we classify and conceptualize them, the values we place on them." (Hall 2010: 3)*

Dies impliziert, dass durch die Vorgänge der Repräsentationen Bedeutungen und Aussagen produziert werden, die Einfluss auf die Gestaltung von Wirklichkeit nehmen.
In der Beschäftigung mit der Praxis der Repräsentation ist es daher unabdingbar, zu fragen, wer etwas auf welche Weise und mit welchen Zielen repräsentiert.
Silke Wenk und Sigrid Schade schärfen die Auseinandersetzung mit dem Begriff der Repräsentation in der deutschen Sprache mithilfe des Begriffs des *Zu-sehen-Gebens*. Auf ähnliche Weise wie Stuart Hall setzen sich die beiden Wissenschaftler_innen mit der visuellen Konstruktion von Bedeutung auseinander, und zwar im Feld feministischer Kunstwissenschaft.[192] Ihnen geht es um die Frage, auf welche Weise Geschlecht, sexuelle Orientierung, Hautfarbe, Alter und weitere Kategorien, nach denen Menschen minorisiert oder majorisiert werden, im kunsthistorischen Diskurs konstruiert werden. Sie untersuchen, was gezeigt und besprochen wird, was unsichtbar gemacht wird und was negativ konnotiert ist, und führen in dem Zusammenhang die Begrifflichkeit des *Zu-sehen-Gebens* ein (vgl. Schade/Wenk 1993; 2005). Diese verdeutlicht die Hall'sche Definition von Repräsentation, da durch die Wortbedeutung hervorgehoben wird, dass es sich beim Zu-sehen-Geben um eine Praxis handelt, die nicht naturgegeben ist und hinter der bewusste Entscheidungen stehen. Bei Schade und Wenk ist das Bezugssystems der Praxis des Zu-sehen-Gebens das Feld der Kunst und Kunstwissenschaft (vgl. Schade/Wenk 1993: 6), indem der Ort des Museums einen besonderen Stellenwert einnimmt.

> *„Der kunsthistorische Diskurs interpretiert, kommentiert und gibt zugleich zu sehen. Jede Art dieses ‚Zu-Sehen-Gebens' aber ist Deutung: Konstruktion von Bedeutung, zu welcher nicht zuletzt der Ort der Präsentation beiträgt: Die weiße Wand des*

192 „Repräsentation, Darstellung und Herstellung von Geschlecht (gender) sind zentrale Forschungsfelder feministischer Kunstwissenschaft. Seit ihren Anfängen [...] beschäftigt sie sich mit visuellen Konstruktionen von Bedeutung, Strukturierungen von Blickbeziehungen und historischen Bestimmungen des künstlerischen Subjekts, und sie befragt die Grundlage der Disziplin" (Schade/Wenk 2005: 145).

*Museums, der ‚White Cube' der Galerie […], tragen ebenso zur Bedeutung des ‚Zu-Sehen-Gebens' bei wie der Rahmen, der die einzelnen Werke von anderen Kontexten isoliert […].“ (Schade/Wenk 2005: 147)*

Der Ort, an dem Bedeutung produziert wird, ist in der vorliegenden Untersuchung der institutionelle Kontext des Ausstellungsraumes, in welchem die Vermittlungsräume platziert sind. Aufgrund ihrer architektonischen Gestaltung sind sie ausgestattet mit weißen Wänden, auf denen Produkte und Dokumentationen der Vermittlung gezeigt werden (siehe Kapitel 8). Und sie werden durch die architektonische Gestaltung – sei es eine durchbrochene Wand oder eine Verglasung – gerahmt. Mit Schade und Wenk wird es möglich, die Platzierung und Gestaltung des sichtbaren Vermittlungsraumes im Ausstellungsraum als eine Praxis des Zu-sehen-Gebens zu beschreiben.

## Anwendung der Theorien aus der visuellen Kultur auf den sichtbaren Vermittlungsraum

Der physisch-materielle sichtbare Kunstvermittlungsraum, inklusive seiner materiellen Güter wie Möbel, Materialien und Lichtführung, ist Teil der diskursiven Praxis des Ausstellungmachens. Diese Praxis stellt sowohl über das, was zu sehen gegeben wird, als auch über das, was nicht zu sehen gegeben wird, eine Repräsentation der Kunstvermittlung dar: erstens über den architektonisch gestalteten Raum und seine Platzierung innerhalb der Institution, zweitens über die aktive pädagogische Arbeit der Akteur_innen und drittens durch das Zeigen von pädagogischen Produkten sowie Dokumentationen aus der Vermittlungsarbeit. Der Raum ist das Ergebnis von agierenden Personen, die sich über seine Ausgestaltung, Platzierung und Größe verständigt haben. Diese Ausgestaltung des Vermittlungsraumes ist nicht nur den pädagogischen Anliegen geschuldet, sondern auch dem Wissen, dass über das Zu-sehen-Geben im Ausstellungsraum in Form eines architektonisch gestalteten Raumes Bedeutungen in Bezug auf die Vermittlungsarbeit der Institution an das Ausstellungspublikum kommuniziert werden. Der gebaute explizite Lernort *Kunstvermittlungsraum* ist demnach nicht nur auf die pädagogischen Ziele hin gestaltet (siehe Kapitel 6.1), sondern auch mit dem Anliegen, Kunstvermittlung zur Schau zu stellen.

Die sichtbaren Vermittlungsräume dieser Forschungsarbeit sind alle auf der Ausstellungsfläche platziert, was bedeutet, dass Entscheidungen über ihre Gestaltung nicht allein aus der Abteilung der Kunstvermittlung heraus getroffen werden. Auch Kurator_innen und andere an der Ausstellungsproduktion Beteiligte verhandeln die Frage nach der Gestaltung des Raumes mit.

Die physisch-materielle Gestaltung des Vermittlungsraumes ist das Ergebnis eines Aushandlungsprozesses zwischen verschiedenen Akteur_innen[193] innerhalb der Institution Museum, die wiederum innerhalb einer Ausstellung über das Zu-sehen-Geben in Form von Architekturen, Platzierungen und Beschriftungen von materiellen Gütern entscheiden. Der physisch-materielle Kunstvermittlungsraum wird durch die Praxis der Verschiebung auf die Ausstellungsfläche zu einem Teil dieser gezeigten materiellen Güter.

Im Unterschied zu Führungen, Gesprächen und Workshops, die auf der Ausstellungsfläche stattfinden, ist der physisch-materielle Vermittlungsraum dauerhaft sichtbarer Teil der Ausstellung und kann als solcher betrachtet werden, auch wenn sich darin keine Kunstvermittlung ereignet. Mit dem physisch-materiellen Raum wird festgelegt, wo sich die Vermittlungsarbeit innerhalb des institutionellen Settings verortet, wie viel Platz ihr zugesprochen wird, als auch wie die Kunstvermittlung ausgestattet ist (monetär, personell, materiell). Der architektonische Kunstvermittlungsraum stellt Bedeutungen über die Platzierung des Raumes im Museumsgebäude und die Art seiner Gestaltung her, die auf einem Aushandlungsprozess verschiedener Akteur_innen der Institution basieren.

Die Nutzung durch die Vermittler_innen und Teilnehmenden des Vermittlungsformats des sichtbaren Vermittlungsraumes stellt die zweite Form des Zu-sehen-Gebens der Kunstvermittlung dar. Diese findet statt über die aktive Vermittlungsarbeit vor Ort und die Arten und Weisen, was in den Vermittlungsräumen gezeigt und getan wird. Sie wird überwiegend von den Kunstvermittler_innen in der Zusammenarbeit mit den Teilnehmer_innen gestaltet. Auf dieser Ebene entscheiden überwiegend die Kunstvermittler_innen darüber, was auf welche Art und Weise im Vermittlungsraum getan wird. Anders als beim vorgegebenen physisch-materiellen Raum haben Kunstvermittler_innen hier die Gelegenheit, Entscheidungen über Formate und Ausgestaltungen ihrer Arbeit ohne die Absprache mit weiteren Akteur_innen des Museums zu treffen.[194] Das Zu-sehen-Geben der Vermittlungsarbeit über die praktische Arbeit der Vermittler_innen im Vermittlungsraum ist demnach eine machtvolle Praxis der Kunstvermittler_innen, die darüber entscheiden, welche Aktivitäten im Vermittlungsraum stattfinden, als auch welche Produkte und Dokumentationen präsentiert werden.

193 Da die physisch-materiellen Vermittlungsräume, die innerhalb eines Ausstellungszusammenhangs entstehen, in der Regel unter der Beteiligung der Kunstvermittler_innen, die sich für ihre Anliegen unter möglichen Widerständen und schwierigen Bedingungen einsetzen müssen, realisiert werden, können daran auch die Handlungsmöglichkeiten der Kunstvermittler_innen innerhalb einer Institution abgelesen und in den Zusammenhang des Stellenwerts der pädagogischen Arbeit des jeweiligen Museums gebracht werden. Eine Forschungsperspektive, die in der vorliegenden Arbeit nicht weiterverfolgt wird.

194 Dass Vermittler_innen ihre Praxis in den Vermittlungsräumen relativ autonom gestalten können, zumindest autonom in Bezug auf die anderen Abteilungen des Museums, hat sich sowohl in meiner eigenen Praxis als Kunstvermittler_in als auch in den Rückmeldungen der Expert_innen-Interviews gezeigt.

Mit der vorliegenden Arbeit wird herausgearbeitet, dass die Einrichtung eines sichtbaren Vermittlungsraumes im Ausstellungskontext eine machtvolle Praxis darstellt, die Bedeutungen produziert und Einfluss auf die Wahrnehmung und Herstellung von Kunstvermittlung nimmt. Diese Perspektive zeigt sich konkret in der Raumebene der *räumlichen Repräsentation*, auf die zwei Untersuchungsschwerpunkte hin ausgerichtet sind. Zum einen werden die Ausgestaltung wie die Präsentation des physisch-materiellen Raumes definiert, denen die innerinstitutionellen Aushandlungsprozesse zwischen Vermittler_innen und weiteren Akteur_innen immanent sind. Es wird dahingehend untersucht, welches innerinstitutionelle Verständnis von Kunstvermittlung über den physisch-materiellen Raum als expliziter Lernort vermittelt wird. Zum anderen wird mit der *räumlichen Praxis* das Zu-sehen-Geben der pädagogischen Arbeit innerhalb des sichtbaren Vermittlungsraums definiert. Dieses findet sowohl über die pädagogischen Aktivitäten als auch über die gezeigten Produkte und Dokumentationen im Raum statt. Der Praxis wohnt, wie in Lefebvres Raumdimension beschrieben, die Motivation zur Veränderung sowie möglicher Widerstand der Kunstvermittler_innen inne. Beide Ebenen – die *räumliche Repräsentation* und die *räumliche Praxis* – nehmen Einfluss auf die Ausgestaltung der Wahrnehmung von Kunstvermittlung.
Herausgearbeitet wird die Raumebene der *räumlichen Repräsentation* mit der Analyse der Expert_innen-Interviews sowie die Beobachtungen vor Ort und die Auswertung der fotografischen Abbildungen der Vermittlungsräume, die von den Institutionen selbst über Publikationen, Webseiten oder Social Media veröffentlicht worden sind.
Die Fragen, die aus dieser Raumebene hervorgehen, sind:

- Auf welche Weise wird ‚etwas' über die Ausgestaltung des physisch-materiellen sichtbaren Kunstvermittlungsraumes zu sehen gegeben?

- Was wird auf welche Weise von den Kunstvermittler_innen in den sichtbaren Vermittlungsräumen über das Verständnis von Kunstvermittlung zu sehen gegeben?

- Welche Bedeutungen werden über die Repräsentation der Kunstvermittlung durch den sichtbaren Kunstvermittlungsraum hergestellt?

## 7.4 Widerständige Räume der Kunstvermittlung

Die raumsoziologischen Ansätze von Martina Löw und Henri Lefebvre bieten eine Betrachtungsweise auf den sichtbaren Vermittlungsraum, die es ermöglichen, zu analysieren, ob es sich bei dem sichtbaren Vermittlungsraum um einen vor seiner Sichtbarkeit existierenden, institutionalisierten Raum handelt oder ob es sich beim untersuchten sichtbaren Vermittlungsraum um einen widerständigen Raum handelt, der entgegen den von der Institution vorgeprägten Handlungs- und Wahrnehmungspraxen entstanden ist. Diese Frage ist für die vorliegende Forschungsarbeit leitend, da zu Beginn der Forschung die Frage gestellt worden ist, inwieweit die Einrichtung sichtbarer Räume mit der Veränderung des Feldes durch die Theorie und Praxisbildung der kritischen Kunstvermittlung in Verbindung steht.

Beide Raumtheoretiker_innen stellen die Möglichkeit heraus, dass Räume auch gegen Regeln, Routinen und vorgeprägte Strukturen entstehen können und zur Produktion *widerständiger Räume* führen. Bezeichnet werden die Ansätze der widerständigen Räume mit *gegenkulturellem Raum* bei Löw und mit *differenziellem Raum* bei Lefebvre. Beide Konzepte stehen dabei in Verbindung zu einem widerständigen Raumhandeln. Im *gegenkulturellen Raum* realisiert sich dieses in individuellen Handlungsoptionen in Form von Handlungs- und Wahrnehmungspraxen, die den institutionalisierten Räumen entgegengesetzt sind. Bei Lefebvre zeigt sich *differenzieller Raum* in der Benennung von Konflikten sowie im bewussten kollektiven Widerstand.

Diese beiden Ansätze werden in der vorliegenden Arbeit herangezogen, um zu analysieren, inwieweit sich das Handeln der Vermittler_innen in die von der Institution vorgeprägten Handlungs- und Wahrnehmungspraxen einschreibt, oder aber sich in einem widerständigen Raumhandeln zeigt, welches Vermittlungsräume als gegenkulturelle Räume hervorbringt, die gegenläufig zur Dominanzkultur der Institution entstehen. Diese Frage findet ihre Entsprechung in der *querliegenden Raumebene* des entwickelten Raummodells sichtbarer Vermittlungsräume. Sie ist von allen hier dargestellten Raumebenen beeinflusst.

Unter Bezugnahme auf die Theorien des *differenziellen* und des *gegenkulturellen Raumes* stellt sich unter anderem für die sichtbaren Räume der Kunstvermittlung die Frage, inwieweit und auf welche Weise Konflikte benannt, Widerstand geleistet und abweichendes Raumhandeln aufseiten der Kunstvermittler_innen im Kontext der Entstehung von sichtbaren Vermittlungsräumen geleistet wird. Dabei kann auch untersucht werden, inwieweit sich im sichtbaren Vermittlungsraum Mischformen institutionalisierter und gegenkultureller Praktiken zeigen.

Mit dieser Betrachtung wird es möglich, zu beschreiben, inwieweit die sichtbaren Vermittlungsräume als widerständige Räume benannt werden können. Diese Analyse basiert auf der Betrachtung der (Re)Konstruktion der Handlungs- und Wahrnehmungspraxen der

Vermittler_innen als Abweichung zu den vorgeprägten institutionalisierten räumlichen Handlungen, welches als widerständiges Raumhandeln bezeichnet wird.
Die Frage, die sich in der Anwendung des differenziellen und gegenkulturellen Raumes auf die sichtbaren Räume der Kunstvermittlung ergibt, lautet:

- Stellen die Handlungen und Wahrnehmungspraxen der Kunstvermittler_innen Abweichungen zu den vorgeprägten institutionalisierten räumlichen Handlungen dar und lassen darüber widerständige Räume entstehen?

## Resümee: Raummodell für sichtbare Vermittlungsräume

Das hier erarbeitete Kapitel stellt ein Raummodell für sichtbare Vermittlungsräume vor. Es ist ein Teilergebnis der vorliegenden Forschung und dient im weiteren Verlauf der Verdichtung der gegenstandsbezogenen Theorie. Es kann darüber hinaus auf weitere sichtbare Vermittlungsräume in anderen Ausstellungszusammenhängen übertragen werden. Mit der Spezifizierung der Raumtheorien auf den Forschungsgegenstand und der Erweiterung um Ansätze aus den Visual Cultural Studies ermöglicht dieses Raummodell eine Konkretisierung des Forschungsgegenstandes sowie die Formulierung differenzierter Fragestellungen. Während die Sondierungsphase dieser Forschung von meinem Praxis- und Diskurswissen geleitet war, ermöglicht die Entwicklung eines theoriegeleiteten Raummodells eine Differenzierung und Verdichtung der Untersuchungs- der Betrachtungsweisen sowie die relationale Zuordnung der Forschungsergebnisse.
Im Zentrum der Entwicklung eines Raummodells steht das Ziel, den alltäglichen Raumherstellungsprozess der Kunstvermittler_innen im Kontext der Institution Museum beschreibbar zu machen und die machtvolle Bedeutungsproduktion aufgrund der Sichtbarmachung im Ausstellungsraum offenzulegen.
Mit der Entscheidung, die Perspektive der Kunstvermittler_innen zu rekonstruieren, werden ihre Wahrnehmungen und raumbezogenen Verhaltensweisen in der *räumlichen Praxis* analysierbar gemacht. Sie stehen in direkter Verbindung zur *räumlichen Struktur*, die in Regeln und Ressourcen formulierbar ist und aus dem erdachten und konzipierten Raum hervorgeht.
Mit der Koppelung von Raumtheorien und Ansätzen der Repräsentationskritik auf der dritten Raumebene wird der sichtbare Kunstvermittlungsraum auf der Ausstellungsfläche als *räumliche Repräsentation* der Kunstvermittlung entworfen, die in gleichem Maße wie Sprache, Bilder und Texte zur Herstellung von Kunstvermittlung beiträgt. Als Repräsentation ist der Vermittlungsraum architektonisches Objekt und gibt die sich darin befindliche pädagogische Arbeit zu sehen. Zentral an diesem Ansatz ist, dass die Sichtbarmachung der

Kunstvermittlung in und über ihre Räume eine machtvolle Praxis darstellt, die Aussagen und Bedeutungen über das Feld der Kunstvermittlung produziert. Das kann wiederum Einfluss darauf haben, wohin sich Kunstvermittlung entwickelt. In diesem vielschichtigen Prozess haben die Kunstvermittler_innen über ihre vermittlerische Praxis die Möglichkeit, zumindest in Teilen an der Bedeutungsproduktion mitzuwirken.

Die abschließende *querliegende Raumebene* des Raummodells macht über die Analyse des widerständigen und im Verhältnis zu den institutionalisierten Räumen abweichenden Raumhandelns eine Kategorisierung der sichtbaren Vermittlungsräume in institutionalisierte oder *widerständige Räume* möglich.

# 8 Zwischen Anerkennung und Kontrolle: Die Auswirkungen räumlicher Strukturen

Der Aufbau der folgenden drei Kapiteln basiert auf dem erstellten Raummodell für sichtbare Vermittlungsräume und gliedert sich analog dazu in die Raumebenen *räumliche Struktur* (Kapitel 8), *räumliche Praxis* (Kapitel 9) sowie *räumliche Repräsentation* (Kapitel 10). Den einzelnen Raumebenen werden die aus dem Datenmaterial gewonnenen Kategorien relational zugeordnet. Ihre Zuordnung basiert auf der Passung zwischen dem im Modell entwickelten differenzierten Fragestellungen und den erarbeiteten Kategorien.

Die Kapitel stellen das theoretische Sampling im Kodierverfahren dar und machen den Dialog zwischen den Kategorien und bestehender Literatur nachvollziehbar. Dabei werden neue Bezüge zwischen den Kategorien untereinander sowie den Kategorien zu bestehender Theorie deutlich. Auch können spezifische Bedingungen, unter denen sich bestimmte Prozesse ereignen, erklärt sowie ihre Folgen für das Feld der Kunstvermittlung und ihre Akteur_innen aufgezeigt werden. Mit der Darstellung dieses Vorgehens im Kodierprozess in den kommenden drei Kapiteln wird die Verdichtung der Kategorien zu Konzepten evident sowie das Anliegen, diese analytisch und theoretisch auch unabhängig vom konkreten Forschungsgegenstand fassen zu können.

Die Raumebene *räumliche Struktur* im Raummodell für sichtbare Vermittlungsräume ist die Ebene des erdachten und auf der Basis einer absichtsvollen Gestaltung konzipierten Raumes. Sie bildet die Bedingungen, unter denen sich Handeln ereignen kann. Der *räumlichen Struktur* liegt eine gedankliche Vorstrukturierung des Raumes in Form von Karten, Plänen oder Architekturen zugrunde und sie ist in Regeln und Ressourcen abgesichert. *Räumliche Strukturen* wirken prägend auf die raumkonstituierenden Handlungen und somit auf die Praxis der Kunstvermittler_innen ein.

Das Kapitel der Ebene der *räumlichen Strukturen* wird geleitet von folgenden Fragen:

- Was sind die zentralen *räumlichen Strukturen* des sichtbaren Vermittlungsraumes der vorliegenden Forschung?

- Auf welche Weise wirken sich die gedanklich vorstrukturierten Raumkonzepte auf die Kunstvermittler_innen aus?

Die Kategorie der *räumlichen Struktur* wurde ausgehend vom Datenmaterial der Expert_innen-Interviews entwickelt und im *focused coding* mit Datenmaterial aus Raumplänen, Leitsystemen der Institutionen sowie Webseitendarstellungen verdichtet. Dabei stellten sich die Kategorien ZENTRALE PLATZIERUNG und HERSTELLUNG VON SICHTBARKEIT als zwei zentrale Kategorien der Raumebene der *räumlichen Struktur* heraus. Mit dem theoretischen Sampling zeigt sich, dass diese beiden Kategorien in Verbindung stehen zu ANERKENNUNG GENERIEREN und POTENZIELLES KONTROLLIERT-WERDEN. Im Folgenden wird ihre Verbindung zueinander im theoretischen Sampling mit der Sozialraumtheorie des französischen Soziologen Pierre Bourdieu sowie der Disziplinarmacht des französischen Philosophen, Soziologen und Historikers Michel Foucault konzeptualisiert. Bourdieu bietet mit seiner Sozialraumtheorie die Möglichkeit, eine Betrachtung der Verortung des sichtbaren Vermittlungsraumes im physisch-materiellen Zentrum der Institution zu analysieren und sie in den Zusammenhang mit seinem Ansatz von ANERKENNUNG zu bringen und theoretisch zu fassen. Foucaults Erläuterungen zum Panoptismus und zu Disziplinarmacht schaffen eine konkrete Verbindung zwischen den Kategorien HERSTELLUNG VON SICHTBARKEIT und POTENZIELLES KONTROLLIERT-WERDEN.
Beide Verbindungen und theoretischen Konzeptionalisierungen der Kategorien werden im Anschluss mit ihren Folgen für das Feld der Kunstvermittlung und den Auswirkungen auf die Handlungen der Kunstvermittler_innen dargestellt.

## 8.1 *Räumliche Struktur*: ZENTRALE PLATZIERUNG und HERSTELLUNG VON SICHTBARKEIT

Im Kodierverfahren der vorliegenden Untersuchung wurden die Kategorien ZENTRALE PLATZIERUNG und HERSTELLUNG VON SICHTBARKEIT herausgearbeitet. Diese wurden im Raummodell auf der Ebene der *räumlichen Struktur* relational zugeordnet. Beide Kategorien stehen im Kontrast zu den nicht öffentlich zugänglichen Vermittlungsräumen der untersuchten Museen.
Die herausgearbeiteten Kategorien sind im Kodierprozess auf Grundlage der geführten Interviews mit den Vermittler_innen sowie den Beobachtungen vor Ort entstanden. Um diese Kategorien zu festigen, wurde im folgenden Vorgehen auf weitere Daten zurückgegriffen. Dabei handelt es sich um veröffentlichte Materialien der Institutionen wie Flyer, Broschüren, Webseiten und Publikationen der Museen sowie deren Grundrisse und Raumpläne. Bei der Analyse dieser Materialien wurde deutlich, dass der sichtbare Vermittlungsraum auch hier zentral platziert und

über seine Nennung[195] sichtbar gemacht wird. Der Einbezug dieser Materialien und der Abgleich mit den zuvor erarbeiteten Kategorien führen zu ihrer intendierten Verdichtung.

Die Grundrisse der Museen machen deutlich, dass die Räume der Untersuchung zentral gelegen sind und sich in der Mitte der Institutionen befinden. Aufgrund der Lage sind diese Vermittlungsräume frei zugänglich, da sie sich im öffentlichen Bereich der Museen befinden und innerhalb des Ausstellungsrundgangs für das Museumspublikum sichtbar sind. Alle Vermittlungsräume werden auf den Raumplänen der Museen verzeichnet und können während des Besuchs des Museums von den Besucher_innen betreten und angeschaut werden.

Bei dem erweiterten Datenmaterial der Distributionsmedien der Institutionen zeigt sich, dass der Untersuchungsgegenstand nicht nur räumlich sichtbar und zentral platziert ist, sondern auch über die veröffentlichten Materialien eine Narration von den Institutionen produziert wird, die den Vermittlungsraum sichtbar macht und zentral platziert.[196]

195 Bei der Analyse anderer Institutionen mit sichtbaren Vermittlungsräumen zeigt sich ebenfalls, dass der sichtbare Vermittlungsraum nicht nur räumlich, sondern auch in seiner Narration und Navigation sichtbar und zentral platziert wird. Bei den Institutionen wie der Tate Modern, der Berlinischen Galerie sowie dem *labBode*-Programm werden alle sichtbaren Vermittlungsräume auf den Webseiten der Institution mit eigenem Reiter prominent genannt.

196 Der Vermittlungsraum *BÄM* des ZKM Karlsruhe wurde seit seiner Existenz neben der räumlichen Herstellung im Museumsraum auf unterschiedliche Weise sichtbar gemacht und zentral platziert. Die Eröffnung des Raumes wurde mit einer offiziellen Feier angekündigt, die über Einladungen und eine Pressemitteilung verbreitet wurde. Eine Dokumentation auf der Webseite des ZKM zeigt Bilder und ein Video von der Eröffnung und stellt den neuen Raum mit seinen Programmen vor: Für die Darstellung der offiziellen Eröffnung des *BÄM*-Raumes siehe: [online] https://zkm.de/de/pressemappe/2015/erfoeffnung-baem; https://zkm.de/de/media/video/baem, [31.08.2020]. *BÄM* erscheint darüber hinaus als einer von fünf Reitern auf der ZKM-Webseite unter „Bildung & Vermittlung“. Neben „Einstieg“, „Angebote & Workshops“ „Führungen“ und „Formate“ wird „BÄM“ als eine der fünf Hauptkategorien der Museumskommunikation genannt. Auch im Mission Statement der Institution wird der sichtbare Vermittlungsraum als offene Werkstatt für digitales und analoges Machen beschrieben. Die beiden nicht zugänglichen Vermittlungsräume – das *Kleine Atelier* und der *Multifunktionsraum* – werden als konzeptioneller Teil der Abteilung nicht genannt. Auch wird mit der Verwendung der Schreibweise „@BÄM“ der Vermittlungsraum in den kostenfreien Broschüren der Museumskommunikation prominent benannt. Bei einzelnen Angeboten ist der Vermittlungsraum direkt in der Überschrift benannt, wie beispielsweise *Klang-ForscherInnen@BÄM!*, *Teslaspule@BÄM* oder *BÄM my Theremin – „Synthesizer“ selbst bauen!* Die Vermittlungsangebote, die außerhalb des *BÄM*-Vermittlungsraumes stattfinden, weisen keine Raumangaben auf. Die nicht zugänglichen Vermittlungsräume bleiben über die Programmbeschreibung unsichtbar. In der Galerie für Zeitgenössische Kunst in Leipzig zeigt sich die ZENTRALE PLATZIERUNG und die HERSTELLUNG VON SICHTBARKEIT auf der archivierten Webseite der Kunstvermittlung (die Archivseite der Kunstvermittlung der GfZK ist unter dieser Adresse zu finden: [online] https://foryou-archiv.gfzk.de [31.08.2020].) In dem von der Vermittlungsabteilung geführten Projektarchiv sind alle pädagogisch relevanten Projekte von 2002 bis 2018 aufgelistet zu finden. Auf der ersten Seite wird unter dem Reiter „Unsere Projekte!“ die „GALERIE FÜR DICH“ als sichtbarer Ausstellungsraum an zweiter Stelle sehr prominent genannt. Der Vermittlungsraum tritt somit in dem Archiv, in dem über 16 Jahre lang die Arbeit der Kunstvermittlung in Form von mehreren hundert Beiträgen dokumentiert wird, zentral und sichtbar in Erscheinung. In der Städtischen Galerie Nordhorn wird der von der pädagogischen Abteilung temporär genutzte Projektpavillon im Mission Statement der Institution genannt: „Soweit der kleinere Pavillon nicht direkt in die jeweilige Ausstellung eingebunden ist, steht er als Raum für Veranstaltungen, Arbeitsgruppen und Präsentationen der Städtischen Galerie zur Verfügung, wie beispielsweise Projekte der Kunstschule, Erwachsenenbildung, Filmvorführungen, Vorträge und vieles mehr.“ Auch dieser wurde über die Publikationen zur Vermittlungsarbeit sichtbar gemacht. Im Rahmen von ortsgespräch entstanden in der Zeit von 2010 bis 2015 Publikationen, in denen die Projektarbeit dokumentiert wurde. Innerhalb dieser Publikationen finden sich Dokumentarfotos zu den Texten, auf denen die Arbeit im Projektpavillon veröffentlicht wird. Die Arbeit im Projektpavillon tritt in der fotografischen Repräsentation der Projekte von ortsgespräch zentral in Erscheinung.

## Relationen zu ANERKENNUNG ERHALTEN und POTENZIELLES KONTROLLIERT-WERDEN

Im Kodierprozess hat sich gezeigt, dass die *räumlichen Strukturen* des SICHTBAR-SEIN und der ZENTRALEN PLATZIERUNG im Zusammenhang stehen mit den Kategorien POTENZIELLES KONTROLLIERT-WERDEN und ANERKENNUNG ERHALTEN. Diese beiden letztgenannten Kategorien zeigen sich als Folgen der *räumlichen Struktur*, die eine Auswirkung auf die Handlungen der Vermittler_innen haben. Beide Verbindungen der Kategorien werden im Folgenden detailliert dargestellt und in ihrem Kodierprozess des theoretischen Sampling mit Pierre Bourdieu und Micheal Foucault verdichtet.

Bei dem Erhalt von Anerkennung, als eine Form der Wertschätzung in Bezug auf die Arbeit der Vermittler_innen, kann auf den ersten Blick ein argumentativer Bezug zur Sichtbarkeit hergestellt werden. Wie die beiden Kunstwissenschaftlerinnen Sigrid Schade und Silke Wenk schreiben, ist Sichtbarkeit und Gesehen-Werden eng mit Anerkennung verknüpft[197] (vgl. Schade/Wenk 2011: 104). Auch wenn eines der Anliegen bei der Entstehung[198] der sichtbaren Vermittlungsräume das „Sichtbar-Werden" gewesen ist, um ‚sich' zeigen zu können, hat die Analyse der sichtbaren Vermittlungsräume gezeigt, dass der Erhalt von Anerkennung nicht allein im Zusammenhang mit deren Sichtbarkeit steht, sondern sich vielmehr über die Verbindung zu ihrer Platzierung im Zentrum der Institution und der Nähe zur gezeigten Kunst herstellt.

## 8.2 ANERKENNUNG ERHALTEN und ZENTRALE PLATZIERUNG

Im Kodierprozess des theoretischen Sampling wurde deutlich, dass die Kategorie ANERKENNUNG ERHALTEN in Verbindung zur ZENTRALEN PLATZIERUNG der Institution analysiert werden kann. Im Folgenden werde ich diese Verbindung mit dem symbolischen Kapital und der Sozialraumtheorie von Pierre Bourdieu erläutern. Ziel dieses Teilkapitels ist, das Verhältnis zwischen den beiden Kategorien ANERKENNUNG ERHALTEN und ZENTRALE PLATZIERUNG herauszuarbeiten, sie zu verdichten und ihre Folgen für die Kunstvermittlung darzulegen. Als theoretische Perspektivierung werden die Schriften

197 In ihren *Studien zur visuellen Kultur* (2011) stellen Schade und Wenk heraus, dass diese Perspektive auf Sichtbarkeit und Gesehen-Werden keineswegs eine eindeutige Erzählung zum Thema Sichtbarkeit darstellt. Vielmehr legen sie argumentativ dar, dass Sichtbarkeit höchst ambivalent ist, da sie „gleichermaßen mit normativer Zurichtung, negativer Determinierung, voyeuristischer Ausbeutung und sozialer Kontrolle verbunden sein kann" (ebd.: 104f.).

198 „wir hatten überlegt, wie kann die Vermittlung sichtbarer werden?" (B1: 90), „weil wir ja sichtbar sein wollten" (C5: 392). Siehe zur Verwendung der Nachweise der Transkription die folgende Fußnote.

Pierre Bourdieus herangezogen, der in seiner entwickelten Theorie des *sozialen Raumes* eine Verbindung zwischen der Position im Raum und dem Begriff der Anerkennung bildet. Mit der Darstellung einer Verbindung zwischen der räumlichen Verortung im physisch-materiellen Raum und der Position im sozialen Raum lässt sich mit Bourdieu eine Beziehung zwischen ANERKENNUNG ERHALTEN und der ZENTRALEN PLATZIERUNG im Ausstellungsraum herausarbeiten. Im Folgenden wird daher, nach der Darlegung der Korrelation der beiden Kategorien im Datenmaterial, Bourdieus Theorie des sozialen Raumes vorgestellt und in Bezug zum physisch-materiellen Raum gesetzt. Mit der Perspektive des *sozialen Raumes* können die sichtbaren Vermittlungsräume im Museum sowohl als Teil der Gesellschaft wie auch als Teil des Museums- und Ausstellungsfeldes analysiert werden. Darauffolgend wird Bourdieus Verständnis von Anerkennung aufgezeigt und seine Bedeutung für den sozialen Raum herausgestellt. Bourdieus Darlegungen ermöglichen es, ein Begründungsmuster herzuleiten, auf welche Weise und in welcher Form durch die Platzierungsverschiebung des Vermittlungsraumes in den Ausstellungsraum Anerkennung hergestellt wird. Zum Ende wird aufgezeigt, welche Erkenntnisse und Differenzierungen sich durch das Zusammenbringen der beiden Kategorien im theoretischen Sampling mit Bourdieu auf das Feld der Kunstvermittlung und die Kunstvermittler_innen ergeben.

## Relationen zwischen ANERKENNUNG ERHALTEN und ZENTRALER PLATZIERUNG im Datenmaterial

Alle Vermittlungsräume, die in der vorliegenden Arbeit analysiert werden, sind dadurch gekennzeichnet, dass sie als ehemalige Ausstellungsräume in ihrer Platzierung eine große Nähe zur Kunst aufweisen. Entweder sind sie mitten auf der Ausstellungsfläche platziert oder sichtbar direkt daneben. Das heißt, dort, wo jetzt die Vermittlungsarbeit durch einen neu gestalteten Vermittlungsraum zu sehen ist, wurde zuvor Kunst präsentiert. Die Kunstvermittlungsräume haben demnach ehemalige Ausstellungsflächen ersetzt. Die Platzierung an diesen Orten stellt einen großen Unterschied zu den separaten Vermittlungsräumen dar. Diese sind in der Regel im Keller, im Dachgeschoss oder in anderen Gebäuden oder abgelegenen Teilen des Museums untergebracht. Sie können nicht nur vom Publikum nicht gesehen werden, sondern weisen auch eine räumliche Entfernung zu den Ausstellungen und der darin gezeigten Kunst auf.

Die Verschiebung des Vermittlungsraumes auf die (ehemalige) Ausstellungsfläche wird von den Vermittler_innen als eine Platzierungspraxis beschrieben, durch welche die Vermittlungsarbeit „zentral gerückt“ (B4: 224)[199] wird. Der pädagogischen Arbeit wird „zentral im Museum“ (B3: 137) Platz eingeräumt, worüber eine Positionsänderung innerhalb der architektonischen Verortung im Museum erfolgt. Dementsprechend ist in den Beschreibungen der Vermittler_innen mit dieser Positionsveränderung ein Gefühl der Anerkennung und Wertschätzung verbunden. So berichtet eine Vermittler_in in Bezug auf die neu bezogenen Räume von den Äußerungen anderer Vermittler_innen: „Wow, ihr dürft das, wir sitzen in den Katakomben, wir haben keine Fenster und ihr habt hier die besten Räume im ganzen Haus“ (B4: 441ff.). Oder: „was ich jetzt auch von Freunden höre, die halt ihre Vermittlungsräume im Keller oder sonst wo extern haben, dass es halt schon einen wahnsinnigen Unterschied dann macht“ (A1: 411ff.). Den unterschiedlichen Platzierungen wird eine große Bedeutung zugesprochen. Diese Unterscheidung zwischen der Platzierung im Zentrum oder am Rand der Institution wird als eine Frage der Zugehörigkeit formuliert:

> *„Ich glaube, am Ende wäre das für die Vermittler tatsächlich der größere Unterschied, gehören wir jetzt dazu oder nicht“ (B4: 374f.)*

Dadurch, dass die Kunstvermittlung nicht in „irgendeinem Nebenraum“ (B2: 289) untergebracht ist, wird davon ausgegangen, dass der pädagogischen Arbeit innerhalb der Institution ein nennenswerter Stellenwert zugesprochen wird. „[S]o einen Raum da zu haben“ (A4: 132f.), bedeutet, berechtigt anwesend zu sein, im übergreifenden Sinne bedeutet dies, innerhalb der Institution existieren zu dürfen.

Die Verortung im ehemaligen Ausstellungsraum erzeugt ein Gefühl, als anerkannter Teil des Museums wahrgenommen zu werden (vgl. B3: 416f.). Über die veränderte Platzierung wird die Kunstvermittlung „ein Teil des Museums“ (A1: 402).

Auch wird über eine symbolische Ebene, sich im Zentrum der Institution zu befinden, Anerkennung hergestellt, die der Kunstvermittlung einen bedeutenden Stellenwert innerhalb der Institution zuschreibt. Dies wird durch die Beschreibung der sichtbaren Vermittlungsräume, sich „wie im Herzen“ (B4: 97) der Institution[200] verorten zu können, produziert. Diese metaphorische Ebene des Herzens, als eines der wichtigsten Organe eines Organismus,

199 Die ab diesem Kapitel eingefügten Verweise, wie hier B4: 224, beziehen sich auf mein Datenmaterial. Die Expert_innen-Interviews wurden in der Zuordnung ihrer Institutionen mit A, B, und C bezeichnet und darin nummeriert. Die Zahlen hinter den Interviewkennzeichnungen verweisen auf die nummerierte Reihe der Transkription. Die verwendeten Zitate sind wörtlich transkribiert.

200 Diese Symbolik, im Herzen der Institution verortet zu sein, wurde auch von der Tate Modern in London im Rahmen der Konzeption ihres neuen Gebäudes verwendet. Mit der Einrichtung einer gesamten Etage für die Vermittlungsarbeit in der Mitte des neuen Gebäudes wurde über die Form der Repräsentation der pädagogischen Arbeit dieser ein sehr hoher Stellenwert innerhalb der Institution zugesprochen (vgl. Plegge 2018). „A new range of facilities will place learning at the heart of the new Tate Modern, reflecting Tate's commitment to increasing public knowledge and understanding of art“ (Tate Modern 2018: o.S.).

verdeutlicht den Stellenwert, der der pädagogischen Arbeit über die symbolische Beschreibung der Verräumlichung der Kunstvermittlung zugesprochen wird.

Aus dem Datenmaterial haben sich zu Beginn des Kodierprozesses drei Bedeutungen durch die Verbindung zwischen der ZENTRALEN PLATZIERUNG und ANERKENNUNG gezeigt. Diese sind: ein Gefühl der Wertschätzung, das Wahrgenommen-Werden als zugehöriger Teil des Museums sowie einen höheren Stellenwert innerhalb der Institution zugesprochen zu bekommen. Mit dem Verfahren der konstruktivistischen Grounded Theory haben sich im Kodierprozess die ersten beiden Bedeutungen der Anerkennung als eine Form der Wertschätzung und des Zugehörigkeitsgefühls dargestellt, welche sich mit den Theorien von Pierre Bourdieu allerdings verschoben beziehungsweise umgekehrt haben. Die argumentative Erschließung dieser Umkehrung der Bedeutung in der Relation zwischen ANERKENNUNG und ZENTRALER PLATZIERUNG wird im Folgenden mit seiner Sozialraumtheorie dargestellt. Dabei werden die Bourdieu'schen Begriffe der Anerkennung und der Verkennung sowie des symbolischen Kapitals eine zentrale Rolle spielen.

## Bedeutungen des Begriffs der Anerkennung

Seit der letzten Dekade des 20. Jahrhunderts wird der Begriff der *Anerkennung* vermehrt interdisziplinär verwendet. Dabei wird laut der Erziehungswissenschaftlerin Nicole Balzer, die sich in ihrer Dissertation *Spuren der Anerkennung. Studien zu einer sozial- und erziehungswissenschaftlichen Kategorie* (2014) grundlegend mit der Bedeutung von Anerkennung auseinandergesetzt hat, festgestellt, dass ‚Anerkennung' disziplinübergreifend als ‚etwas' thematisiert wird, „das mit der Genese und/oder Aufrechterhaltung von Subjektivität und Identität eng verbunden ist und für diese unverzichtbar" (Balzer 2014: 576). Diese Begriffsverwendung steht im Unterschied zum Konzept der Anerkennung, das sich als eine Form von sozialer Wertschätzung, Akzeptanz und Prestige versteht, wie beispielsweise bei den Soziolog_innen Axel Honneth, Charles Taylor, Jessica Benjamin und Avishai Margalit (vgl. Schäffter 2009: 172) und somit als moralisch-normatives Prinzip entwickelt wird. Daran zeigt sich, dass unterschiedliche Konzepte vom Begriff der *Anerkennung* in der theoretischen Auseinandersetzung existieren. So steht auf der einen Seite ein Verständnis vom moralisch-normativen Prinzip der sozialen Wertschätzung und auf der anderen Seite eine analytische Kategorie, die im Zusammenhang von Subjektwerdung und Identität steht.

Pierre Bourdieu hat sich mit dem Begriff der Anerkennung während seiner Forschungen zur Reproduktion sozialer Ungleichheit (Bourdieu 1985, 1987, 1991) auseinandergesetzt. Sie steht in enger Verbindung zu seiner Theorie des sozialen Raumes und trägt zur Reproduktion von Macht- und Ungleichverhältnissen bei. Dabei wird Bourdieus Thematisierung von Anerkennung weit weniger rezipiert als beispielsweise seine Erörterungen zum Habitus oder zum Sozialraum. Bourdieus *Soziologie der Anerkennung* (Bourdieu 1987: 38) ist weniger mit dem Verständnis eines moralisch-normativen Prinzips verknüpft als vielmehr ‚etwas', was sich jeden Tag implizit vollzieht und zur Stärkung oder Veränderung der eigenen Position im sozialen Raum beiträgt.

## Theoretisches Sampling mit Theorien von Pierre Bourdieu

Der französische Bildungs- und Kultursoziologe Pierre Bourdieu[201] hat sich in seinen Schriften mehrfach mit Kunst und der Institution Museum beschäftigt. Dabei sind vor allem seine Publikationen *Die Liebe zur Kunst. Europäische Kunstmuseen und ihre Besucher* ([1966] 2006), die er gemeinsam mit dem Soziologen Alain Darbel verfasst hat, *Die feinen Unterschiede. Kritik der gesellschaftlichen Urteilskraft* (1987) sowie *Die Regel der Kunst. Genese und Struktur des literarischen Feldes* (1999) zu nennen. Bedeutend für die kritische Kunstvermittlung ist sein Verständnis vom Museum als Distinktionsmaschine, das er in *Die feinen Unterschiede* herausarbeitet und dort darstellt, wie das Museum Ein- und Ausschlüsse produziert. Das Museum ist nach Bourdieu ein Austragungsort gesellschaftlicher Kämpfe, welche zur Reproduktion sozialer Ungleichheit führen. Er zeigt auf, dass Ein- und Ausschlüsse durch den Besuch eines Museums bildungspolitisch relevant sind[202], da sie von der Verfügung des sozialen und ökonomischen Kapitals abhängen.
Die vorliegende Arbeit fokussiert in ihrer Analyse, im Unterschied zur Betrachtung der Besucher_innen und ihren Zugangsmöglichkeiten zum Museum, die Auswirkungen der sichtbaren Vermittlungsräume auf die Kunstvermittler_innen. Dazu werden weniger Bourdieus explizite Ansätze zum Museum[203] herangezogen als vielmehr seine Ausführungen zum Raum

201 Bourdieu gilt als einer der wichtigsten Soziologen des 20. Jahrhunderts. Er hat 40 Bücher und mehr als 400 Artikel verfasst, die in mehrere Sprachen übersetzt wurden. „Sie zählen heute zur Basisliteratur in so verschiedenen Bereichen wie der Ethnologie Algeriens und Frankreichs, der Soziologie der Ausbildung, der Kunst, des Geschmacks, der Klassen, des Geschlechts, der Intellektuellen, der Sprache, der Religion, Philosophie, der Wissenschaft und der Politik" (Wacquant 2003: 17).

202 Auch werden Bourdieus Theorien im Kontext von Museum und Kunstvermittlung in Bezug auf sein Habitus-Konzept verhandelt. So beschreibt die Kunsthistorikerin Dorothee Richter in ihrem Text *Ausstellungen als kulturelle Praktiken des Zeigens – die Pädagogiken* (2007a) den Habitus als „Art und Weise, wie man sich Ausstellungen aneignet, wie man die sozialen Codes benützt, um über Ausstellungen und andere kulturelle Ereignisse zu sprechen" (ebd.: 200). In Bezug auf *Die Liebe zur Kunst* von Bourdieu und Alain Darbel schreibt die Kulturwissenschaftlerin Kathrin Hohmaier in ihrem Beitrag *Kunstrezeption in einem Vermittlungsprogramm unter Bourdieuscher Perspektive* (2017): „Den weniger gebildeten Besuchern fehlt laut Bourdieu der adäquate Klassenhabitus, um sich in einem Kunstmuseum sicher und frei bewegen und verhalten zu können. Erklärungstafeln, Führungsangebote und Hilfsmaterialien werden nach Bourdieus Untersuchung mit zunehmendem Bildungsgrad kategorisch abgelehnt. Die weniger gebildeten Klassen hingegen zeigten eine große Affinität zu unterstützenden Angeboten, die sie aber gleichzeitig als Unwissende kennzeichne" (ebd.: 85).

203 Bourdieus Darstellungen zum Museum als „Distinktionsmaschinerie" ließen sich dahingehend auf die Vermittlungsräume anwenden, als dass sie daraufhin untersucht werden, ob die Vermittlungsräume zu einer Stabilisierung oder zu einer Veränderung in Bezug auf die Besucher_innen-Gruppen führt. Dieser Fokus wird in der vorliegenden Arbeit nicht verfolgt.

(1985, 1991). Seine Darlegungen ermöglichen, die Auswirkungen der Platzierungsverschiebung des Vermittlungsraumes ins Zentrum der Institution Museum auf die Kunstvermittler_innen darzustellen und in Zusammenhang des Begriffs der Anerkennung zu denken. Denn Bourdieu liefert mit seinem Ansatz des *sozialen Raumes* die Möglichkeit, gesellschaftliche Räume als Räume zu analysieren, die sich durch Verteilungskämpfe als Orte der Machtausübung und Kämpfe um Anerkennung manifestieren. Der Begriff der Anerkennung ist dabei an die Position im sozialen Raum geknüpft. Mit seiner machtkritischen Perspektive auf Raum stellt Bourdieu eine Theorie zur Verfügung, die nicht nur im Feld der kritischen Kunstvermittlung produktiv gemacht werden kann, sondern sie ermöglicht, die Zentrums- und Peripherie-Relationen von Platzierungen im Museumsraum in Verbindung zur Anerkennung zu denken.
Im Folgenden werden aus diesem Grund Bourdieus Konzept des sozialen Raumes, die Verbindung zwischen sozialem Raum und physisch-materiellem Raum und die darin enthaltene Bedeutung des Strebens nach Anerkennung dargestellt und in Verbindung zum Forschungsgegenstand hergeleitet.

## Der soziale Raum

Auf einer ersten Stufe, so schreibt Bourdieu, stellt sich die Soziologie als eine „Art Sozialtopologie" dar, eine Wissenschaft, die eine Korrelation zwischen Raum und Gesellschaft aufzeigt. In diesem Verständnis war Bourdieu einer der ersten, der davon ausging, dass in einer hierarchisierten Gesellschaft Räume hierarchisiert sind und soziale Nähe und Distanzen sowie hierarchische Strukturen ablesbar werden (vgl. Bourdieu 1991: 27). Von zentraler Bedeutung für die vorliegende Forschung ist die von ihm entwickelte Theorie des *sozialen Raumes*, welchen er in Bezug zum physisch-materiellen Raum setzt.
Bourdieu hat das Konzept des sozialen Raumes[204] im Rahmen seiner Auseinandersetzung um gesellschaftliche Macht- und Ungleichverhältnisse entwickelt. Anders als bei den bis dahin existenten Klassen- und Schichtmodellen geht es Bourdieu mit dem Konzept des sozialen Raumes um die Darstellung sozialer Ungleichheit, bei dem er die Wechselwirkung zwischen gesellschaftlichen Strukturen und der Verfasstheit der einzelnen Akteur_innen betrachtet. Mit sozialem Raum beschreibt Bourdieu (Bourdieu 1985, 1987, 1991) eine abstrakte Struktur, welche er „als eine Struktur des Nebeneinanders von sozialen Positionen" (Bourdieu

204 Pierre Bourdieu hat in seinen Texten zum Raum keine detaillierte Begriffsbestimmung des sozialen Raumes vorgenommen, was das Arbeiten mit seinen Begriffen erschwert. Er verwendete Begriffe im Sinne von offenen Begriffen, was bedeutet, dass er diese zwar beschreibt, aber nicht immer in gleicher Weise verwendet. Ich beziehe mich mit meinen hier verwendeten Beschreibungen auf die Definition, die von Martina Löw als die überwiegende Begriffsbestimmung des sozialen Raumes herausgearbeitet wurden (vgl. Löw 2001:181).

1991: 26) benennt. Dieses Nebeneinander ist gekennzeichnet durch bestimmte Unterscheidungs- beziehungsweise Verteilungsprinzipien, die sich in einer ungleichen Aufteilung von Kapital manifestiert. Im Allgemeinen bezeichnet Bourdieu „Kapital“ als „Verfügungsmacht im Rahmen eines Feldes“ (Bourdieu 1985: 10) und als „Machtmittel und Einsatz im Spiel“ (ebd.), die im Kampf um knappe Güter eingesetzt werden können. Dabei unterscheidet er zwischen *kulturellem, sozialem, ökonomischem* und *symbolischem Kapital. Kulturelles Kapital* kann dabei mit nützlichem Wissen, (Aus-)Bildung und ihrem Nachweis in Form von Zertifikaten oder Titeln übersetzt werden sowie einer Vertrautheit mit der herrschenden Kultur. *Soziales Kapital* wird im Zusammenhang mit nützlichen Beziehungen und Zugehörigkeiten zu Gruppen und sozialen Feldern bestimmt. *Ökonomisches Kapital* stellt die finanziellen Verfügungsmöglichkeiten sprich Vermögen und Einkommen dar.

Das *symbolische Kapital* nimmt in Bourdieus Theorie eine besondere Stellung ein. Diese Kapitalform ist nicht als eine weitere eigenständige Einheit zu verstehen, sondern als eine Art Wert, der sich aus einem komplexen Ineinander der vorherigen Kapitalsorten ergibt. Symbolisches Kapital kann mit Prestige und Privilegiertheit übersetzt werden. Es nimmt in Bourdieus Erläuterungen zur Anerkennung eine bedeutende Rolle ein.

Anhand dieser Verteilung und des Umfangs des Kapitals einer jeden Akteur_in in Relation zum Kapital anderer Akteur_innen bestimmt sich die Stellung und Position einer jeden Einzelnen im sozialen Raum.[205] Da sich jede Position von einer anderen unterscheidet, stellt der soziale Raum für Bourdieu ein Raum von Unterschieden dar und kann auch als ein System von Distinktionen beschrieben werden (vgl. Bourdieu 1998: 26). Die Stellungen im sozialen Raum[206] befinden sich in ständiger Transformation. Sie sind nicht dauerhaft festgeschrieben und durch die Verfügung unterschiedlicher Kapitalsorten und aufgrund anwachsenden oder abfallenden Kapitals veränderbar. Dies bedeutet, dass die Definition der Position im sozialen Raum immer in Abhängigkeit von Zeit betrachtet werden muss (vgl. Bourdieu/Waquant 208f.) und eine sich ändernde Position innerhalb des sozialen Raumes möglich ist.

205 In *Die feinen Unterschiede* (1987) verwendet er das ökonomische und das kulturelle Kapital für die Einordnung innerhalb des sozialen Raumes, bei dem er zusätzlich noch den „Raum der Lebensstile“ mit aufführt (vgl. ebd.: 212). In *Sozialer Raum und Klasse* (1985) setzt sich die Stellung im mehrdimensionalen Raum aus ökonomischem, kulturellem und sozialem Kapital zusammen (vgl. Bourdieu 1985: 10f.). Und in *Physischer, sozialer und angeeigneter physischer Raum* (1991) spricht Bourdieu ebenfalls von den drei Kapitalsorten ökonomisches, kulturelles und soziales Kapital.

206 Der soziale Raum kann bei Bourdieu in Form eines mehrdimensionalen Raumes schematisch dargestellt werden (vgl. Bourdieu 1985: 9), indem die soziale Position und Stellung einer einzelnen Person innerhalb eines visuellen Raumes anhand von Koordinaten festgelegt und dadurch lesbar gemacht wird (vgl. Bourdieu 1987: 195 sowie 212f.). Jede einzelne Stellung innerhalb dieses Systems setzt sich aus einem Verhältnis unterschiedlicher Kapitalsorten zusammen, die die Stellung einer jeden Akteur_in innerhalb eines bestimmten Feldes definiert. Der mehrdimensionale Raum stellt für ihn damit die grafische Übersetzung des sozialen Raumes dar, den er an dieser Stelle mit sozialem Feld gleichsetzt. „Läßt sich das soziale Feld als mehrdimensionaler Raum von Positionen beschreiben, dann ist jede aktuell eingenommene Position unter Zugrundelegung eines mehrdimensionalen Systems von Koordinaten bestimmbar, deren Werte denen der relevanten Variablen entsprechen“ (Bourdieu 1985: 11).

Um Bourdieus sozialen Raum umfassend zu verstehen, ist es notwendig, sein Verständnis von *Feld* einzuführen, welches er als Teilraum des sozialen Raumes benennt (vgl. Bourdieu 1991: 28). Mit Feld beschreibt Bourdieu ein „Netz von sozialen Positionen, Machtverhältnissen und Handlungsregeln" (nach Rehbein/Saalmann 2009: 135) und setzt es metaphorisch mit „Spielfeld" gleich. Dabei verfügt jedes Spielfeld über je eigene Spielregeln, die vom Feld festgelegt werden und von den spielenden Akteur_innen laufend ausgehandelt werden. Jede Spielregel hat Auswirkungen auf die Handlungsmöglichkeiten der Akteur_innen. Über das gemeinsame Agieren aller auf dem Spielfeld stehen sie in einer ständigen Beziehung zueinander. Gleichzeitig nehmen sie unterschiedliche Positionen ein und kämpfen um deren Erhalt, oder aber um einen Aufstieg. Aus diesem Grund wird das Feld von Bourdieu auch „als ein Netz oder eine Konfiguration von objektiven Relationen zwischen Positionen" (Bourdieu/Wacquant 1996: 127) beziehungsweise als „Räume von Beziehungen" sowie „Stätten von Auseinandersetzungen und Kämpfen" (Bourdieu 1993: 92) beschrieben. Da jedes einzelne Feld auf eine andere Weise strukturiert ist und funktioniert, gelten jeweils eigene Regeln, interne Logiken und Hierarchien (vgl. Bourdieu 1998: 11).

Ein wichtiges Unterscheidungskriterium zwischen Feld und sozialem Raum ist, dass sich Akteur_innen im Feld flexibler bewegen und ihre Positionen einfacher verändern können als im sozialen Raum. So können beispielsweise Kunstvermittler_innen innerhalb des Feldes Museum eine höhere Position einnehmen, weil sie beispielsweise nicht mehr ausschließlich für Workshops mit Kindern und Jugendlichen eingeteilt werden, sondern auch Führungen für repräsentative Gruppen wie Hochschulseminare durchführen dürfen. Einen „Aufstieg" innerhalb des sozialen Raumes hat dieser vermeintliche Aufstieg im Feld allerdings nicht automatisch zur Folge.

Bei der Betrachtung der sichtbaren Vermittlungsräume in der vorliegenden Arbeit handelt es sich um das Feld des Museums für Gegenwartskunst beziehungsweise um das Feld der Kunstvermittlung, welche jeweils eigene Regeln und Funktionsweisen aufweisen.

## Angeeigneter physischer Raum als Indikator der Stellung im sozialen Raum

In Verbindung zum sozialen Raum stellt Bourdieu in seinem Text *Physischer, sozialer und angeeigneter physischer Raum* (1991) den angeeigneten physischen Raum. In diesem Text beschreibt er drei unterschiedliche Raumarten – physischer Raum, angeeigneter physischer Raum und sozialer Raum – und ihr Verhältnis zueinander. Der physische Raum zeichnet sich allein durch seine physische Materialität und Sichtbarkeit aus und steht in klarer Trennung zum sozialen Raum. Er weist keine soziale oder symbolische Ebene auf und „läßt sich nur anhand einer Abstraktion (physischer Geographie) denken, das heißt unter willentlicher Absehung von allem, was darauf zurückzuführen ist" (Bourdieu 1991: 28). Dem physischen Raum wird in Bourdieus Darstellungen die Funktion zugeschrieben, die Differenz zum sozialen Raum darstellen zu können. Diese Trennung zwischen sozialem und physischem Raum ist für Bourdieu die Grundlage, auf der er sein Konzept des angeeigneten physischen Raumes entwickelt.

Grundlage für Bourdieus Aussagen zur Wechselbeziehung von sozialem Raum und angeeignetem physischen Raum sind Untersuchungen, die er zur Korrelation zwischen der Stellung im sozialen Raum und Wohnort durchführte. Dabei hat er herausgearbeitet, dass sich der angeeignete physische Raum, der Raum, der von den Akteur_innen durch die Verfügung von Kapital angeeignet werden kann, auf „tendentiell und mehr oder minder exakte und vollständige Weise" (Bourdieu 1991: 28) innerhalb des sozialen Raumes realisiert. Der von den Akteur_innen eingenommene Ort als angeeigneter physischer Raum gibt somit hervorragende Indikatoren für ihre Stellung im sozialen Raum wieder (vgl. ebd.: 25). So können über den Wohnort Indikatoren abgeleitet werden, die eine bestimmte Stellung innerhalb einer Gesellschaft und somit im sozialen Raum wahrscheinlicher machen.

Der angeeignete physische Raum ist für Bourdieu der Raum, in dem sich soziale Strukturen räumlich materialisieren, weswegen er ihn auch als „reifizierten sozialen Raum" (ebd.: 29), also als eine Art materialisierten oder verdinglichten sozialen Raum, bezeichnet.

Mit diesem Ansatz kann gefolgert werden, dass der sichtbare Vermittlungsraum als angeeigneter physischer Raum durch die Platzierungsverschiebung ins Zentrum der Institution sowohl eine veränderte räumliche Stellung als auch Indikator dafür ist, dass die Kunstvermittlung eine veränderte Stellung innerhalb des sozialen Raumes vollzogen hat.

## Raum als Ausdruck sozialer Machtverhältnisse

Der Wert des angeeigneten physischen Raumes setzt sich aus den Auseinandersetzungen und Machtkämpfen zusammen, die um diese Räume geführt werden. Ergebnis dieser Kämpfe ist in der Regel, dass Akteur_innen, die über hohes Kapitalvorkommen (ökonomisch, kulturell, sozial, symbolisch) verfügen, sich die gewünschten Räume aneignen und sie dominieren können.

> *„Die Fähigkeit, den angeeigneten Raum zu dominieren, und zwar durch (materielle oder symbolische) Aneignung der in ihm verteilten (öffentlichen oder privaten) seltenen Güter, hängt ab vom jeweiligen Kapital." (Bourdieu 1991: 30)*

Der Aneignung von Räumen, die durch die Kapitalsorten bedingt ist, stellt Bourdieu den Faktor der Mobilität und den Zugang zum Zentrum kultureller und ökonomischer Werte zur Seite. Für ihn ist die Positionierung im sozialen Raum und die Möglichkeit, sich Räume anzueignen, von den Verfügungsmöglichkeiten der einzelnen Akteur_innen und dem Wert der Position für den Zugang zu kulturellen und ökonomischen Gütern abhängig (vgl. Bourdieu 1987: 206). So, schreibt Bourdieu, sei die geografische Verteilung einer Klasse oder Klassenfraktion – und insbesondere ihre Nähe oder Ferne zu den wirtschaftlichen und kulturellen Zentren – Ausdruck interner Hierarchien (ebd.: 207).

Wie bereits in der Einleitung benannt, legt Bourdieu mit den Darstellungen zum sozialen Raum in seiner Verbindung zum physisch-materiellen Raum dar, dass es in einer hierarchisierten Gesellschaft keinen Raum gibt, der nicht hierarchisiert ist und „nicht die Hierarchien und sozialen Distanzen zum Ausdruck bringt" (Bourdieu 1991: 26). Demnach ist der soziale Raum bei Bourdieu Ausdruck sozialer Machtverhältnisse, die sich in Teilen im angeeigneten physischen Raum widerspiegeln. Gesellschaftliche Machtstrukturen manifestieren sich in räumlichen Strukturen, da die ungleiche Verteilung der verschiedenen Kapitalsorten Einfluss hat auf die Stellung im sozialen sowie angeeigneten physischen Raum. Raum ist für Bourdieu somit der Ort, an dem sich Macht[207] „bestätigt und vollzieht, und zwar in ihrer sicher subtilsten Form: der symbolischen Gewalt als nicht wahrgenommene Gewalt" (ebd.: 27).

Daraus kann gefolgert werden, dass die Platzierung von Vermittlungsräumen im Keller oder im Dachgeschoss gegenüber der Platzierungsverschiebung ins „Zentrum der Institution" ein Ausdruck sich verändernder Machtverhältnisse innerhalb des Museums[208] bedeuten kann. Wesentlich für diese Argumentation ist, dass mit dem Zentrum der Institution sowohl die rein physisch-materielle Mitte des Gebäudes als auch der Ausstellungsraum als Zentrum kultureller Werte anzusehen ist. Auch wird mit *Zentrum* die symbolische Bedeutung des Ausstellungsraumes im Museum manifestiert. Sie steht im Zusammenhang mit der Benennungsmacht und wird im Folgenden in Relation zur Anerkennung dargestellt.

207 Bourdieu gebraucht den Begriff *Macht* in seinen Schriften in vielfältigen Konstellationen und schreibt ihm dabei unterschiedliche Bedeutung zu. So verwendet er beispielsweise die Begriffe „materielle Macht", „institutionalisierte Macht", „kollektive Macht" oder „politische Macht".

208 Dass das Verhältnis zwischen Zentrum und Nicht-Zentrum ein Machtverhältnis darstellt, machen auch Silke Wenk und Sigrid Schade in ihrem Beitrag *Strategien des „Zu-Sehen-Gebens": Geschlechterpositionen in Kunst und Kunstgeschichte* (2005) deutlich. In Bezug auf die Dominanzen des Kunstmarktes durch westliche Kunst schreiben sie: „Das Verhältnis von Zentrum und Peripherie ist immer auch ein Macht-Verhältnis, in dem es um die Legitimität von Deutungen geht. Das ‚Außen' des Diskurses ist immer auch in dessen ‚Innerem' als Verworfenes bzw. zu Verwerfendes präsent […]." (Schade/Wenk 2005: 147). Die von ihnen beschriebene „Legitimität von Deutungen" kann mit der von Bourdieu beschriebenen Benennungsmacht bzw. symbolischer Macht verglichen werden, die für die vorliegende Forschung von Bedeutung ist.

## Anerkennung und Positionierung im sozialen Raum

Ein zentraler Faktor bei der Änderung der Position innerhalb des sozialen Raumes und der einzelnen Felder ist nach Bourdieu das Streben jeder Akteur_in nach einer höheren Stellung innerhalb des sozialen Raumes und der einzelnen Felder. Dieses Streben nach einer höheren Position begründet er mit einem Streben nach mehr Anerkennung. Um mehr Anerkennung zu erlagen, werden zwischen den Akteur_innen, wie Bourdieu es formuliert, Kämpfe ausgetragen. Diese Kämpfe um Anerkennung bilden für den Soziologen eine fundamentale Dimension des sozialen Lebens (vgl. Bourdieu 1992: 37). Um jedoch Anerkennung zu erlangen, muss im Feld über das jeweils anerkannte Kapital verfügt und dieses zum Einsatz gebracht werden. Somit ist die Verfügung über Kapital ausschlaggebend für das Erlangen von Anerkennung und die jeweilige Position im Feld, die auf einer spezifischen Logik der „Akkumulation von symbolischem, d. h. auf Bekanntheit und Anerkennung begründetem Kapital" (ebd.: 37) aufgebaut ist. Der Erhalt von Anerkennung ist aufs Engste mit der Verfügung über symbolisches Kapital verknüpft.

## Anerkennung als Benennungsmacht

Symbolisches Kapital entfaltet symbolische Wirkung wie eine „echte *magische Kraft*" (Bourdieu 1985: 173), dadurch, dass sie von den sozialen Akteur_innen, die über den notwendigen feldspezifischen Habitus verfügen, wahrgenommen wird. Das symbolische Kapital – welchem Bourdieu in seinen Schriften zunehmende Bedeutung zuschreibt – kann sich dann aus allen anderen Kapitalsorten entwickeln, wenn es als wirksam erkannt wird.

> *„Ich nenne symbolisches Kapital eine beliebige Sorte von Kapital (ökonomisch, kulturell, sozial, Bildung), wenn sie gemäß Wahrnehmungskategorien, Wahrnehmungs- und Gliederungsprinzipien, Klassifikationssystemen, kognitiven Systemen wahrgenommen wird, die zumindest zu einem Teil das Produkt der Inkorporierung der objektiven Strukturen des betreffenden Feldes sind, das heißt der Struktur der Kapital-distribution in dem betreffenden Feld." (Bourdieu 1998: 150)*

Symbolisches Kapital verleiht erst in dem Moment Macht und Anerkennung, wenn es als symbolisches Kapital auch anerkannt worden ist. Anerkennung basiert folglich auf den jeweiligen Regeln des Feldes und ist somit immer feldspezifisch. So schreibt er, dass das symbolische Kapital auch ein aus den anderen Kapitalformen gewonnenes „Kapital an Anerkennung" (ebd.: 173) darstellt.

Symbolisches Kapital verleiht Benennungsmacht. Diese Form der Macht vermag nach Bourdieu, „Dinge mit Wörtern zu schaffen" (Bourdieu 1992: 153). Das bedeutet, dass die Verfügung über symbolisches Kapital dazu führt, Benennungsmacht ausüben zu können, und zwar in der Form, weitere Strukturen über Benennungen durch Sprache herzustellen. Benennungsmacht ist symbolische Macht, die sich erst im Moment der Anerkennung realisiert. „Die eigentliche Wirksamkeit dieser Macht entfaltet sich nicht auf der Ebene der physischen Kraft, sondern auf der Ebene von Sinn und Erkennen" (Bourdieu 1992a, 82 zitiert nach Ricken 2006: 110f.).Symbolische Macht ausüben zu können, ist davon abhängig, ob die Akteur_innen über das im Feld wirksame symbolische Kapital verfügen, und in welchem Feld sie sich befinden (vgl. Balzer 2014: 554). Bourdieu spricht in diesem Zusammenhang auch von Anerkennungskapital (Bourdieu 1998: 185).

Gebunden ist die symbolische Macht an symbolische Strukturen, die sich darüber vermitteln, was wir als Selbstverständlichkeiten ansehen. Diese Selbstverständlichkeiten des Denkens bezeichnet Bourdieu mit symbolischer Gewalt. Sie trägt dazu bei, dass gesellschaftliche Kräfteverhältnisse anerkannt und dadurch als naturalisiert wahrgenommen werden. Als einfaches Beispiel benennt Bourdieu in diesem Zusammenhang die männliche Herrschaft. „Am Beispiel der männlichen Herrschaft läßt sich besser als an jedem anderen zeigen, daß sich die symbolische Gewalt über einen Akt des Er- und Verkennens vollzieht" (Bourdieu/Wacquant 1996: 209). Die Überlegenheit des Mannes über andere Geschlechter wurde dabei über viele Jahrhunderte hinweg als natur-gegeben anerkannt.

Das bedeutet, dass Benennungsmacht als symbolische Macht auf der Ebene der Bedeutungszuschreibung wirkt, also ihre Macht darin besteht, Bedeutungen herzustellen. Es ist die „Macht, der es gelingt, Bedeutungen [...] als legitim durchzusetzen" (Bourdieu/Passeron 1973: 190).

Das symbolische Kapital ist eine besondere Form von Kapital, da es nicht nur als legitim anerkannt wird, sondern gleichzeitig die „Fähigkeit zur Ausbeutung" verkennt (Bourdieu 2001: 311). Mit Verkennung beschreibt Bourdieu

> *„den Tatbestand, eine Gewalt anzuerkennen, die genau in dem Maße ausgeübt wird, in dem man sie als Gewalt verkennt; den Tatbestand also, jenes Ensemble der grundlegenden, vor-reflexiven Voraussetzungen zu akzeptieren, die die sozialen Akteure schon dadurch mitmachen, daß sie die Welt als etwas Selbstverständliches nehmen, das heißt so, wie sie ist, und sie natürlich finden." (Bourdieu/Wacquant 1996: 204)*

Daran zeigt sich, dass das symbolische Kapital folglich nicht nur auf dem Erkennen und Anerkennen basiert (vgl. Bourdieu 1998: 151), sondern ebenso Verkennung nach sich zieht. Es entsteht in der Abhängigkeit von der An- und Verkennung des Wertes des Kapitals.

Diese Selbstverständlichkeiten des Denkens und die Benennungsmacht können auf das Feld des Museums übertragen werden. Dort existieren unterschiedliche Kräfteverhältnisse, die auf der Anerkennung und Verkennung der symbolischen Ordnung des Museums basieren. Diese legitimieren das Ausstellen von Kunst als das zentrale Anliegen der Institution. Andere Bereiche wie die Restauration, Ausstellungsaufbau oder Pädagogik nehmen in dieser symbolischen Ordnung eine weniger bedeutende Stellung ein.

Die symbolische Gewalt basiert folglich auf dem Einverständnis von scheinbar naturgegebenen Selbstverständlichkeiten, bei denen die zur Geltung kommenden Bedeutungen in der Form der An- und Verkennung reproduziert werden.

Die Ausstellungsfläche ist im Museum für Gegenwartskunst Träger symbolischen Kapitals, denn sie ist die Verortung und Behausung der Kunst, die, wenn sie als solche anerkannt ist, das höchste symbolische Gut[209] überhaupt darstellt. Dabei wirkt die Ausstellungsfläche wie eine Transformation, die dazu verhilft, Kunst zu Kunst werden zu lassen. Der Ausstellungsraum ist folglich nicht nur Träger, sondern auch Beförderer symbolischen Kapitals. Wird dieses symbolische Gut auf die Vermittler_innen übertragen, da Vermittlungsräume auf der Ausstellungsfläche eingerichtet werden, wird so den Vermittler_innen symbolisches Kapital zugestanden. Dieses symbolische Kapital können die Vermittler_innen innerhalb des Vermittlungsraumes als Benennungsmacht nutzen.

Analog zu den Kurator_innen, die mit ihrer Benennungsmacht definieren, was Kunst ist, können die Vermittler_innen mit dem ihnen verliehenen symbolischen Kapital auf der Ausstellungsfläche benennen, was Kunstvermittlung ist. Die Vermittler_innen können über ihre Vermittlungspraxis im sichtbaren Vermittlungsraum und über das, was sie dort zeigen möchten, legitime Bedeutungen über Kunstvermittlung herstellen.

Die Übergabe ehemaliger Ausstellungsflächen an die Kunstvermittler_innen bedeutet, dass sie innerhalb der symbolischen Ordnung des Museums aufsteigen, da ihnen symbolisches Kapital übertragen wird.

Einen Teil des ehemaligen Ausstellungsraumes dominieren zu können, bedeutet darüber hinaus auch, Platzverweise aussprechen zu können. Die Vermittler_innen können als anerkannte ‚Bewohner_innen' des Raumes darüber entscheiden, ob und wer den Raum betritt. So wird teilweise eine temporäre Absperrung genutzt, um Besucher_innen am Betreten des Raumes zu hindern. „Und wenn die Besucher nicht reindürfen, dann dürfen sie halt nicht rein, weil da das Band ist" (A2: 388f.). Oder sie wird bewusst nicht genutzt, um den Zugang zum Raum allen Interessierten zu ermöglichen: „Also, ich mache das Band nicht zu. Ich lasse es auf" (A3: 109).

209 Dies schließt die Kunst innerhalb des nicht-präsentierten Sammlungsbestandes mit ein. Auch sollte an dieser Stelle angemerkt werden, dass die Sammlung und die Sammlungstätigkeiten in vielen Museen symbolisch dem Ausstellungmachen gleichwertig gegenüberstehen.

Nach Bourdieu kann darauf geschlossen werden, dass der physisch-materielle Raum sich mehr oder weniger auf exakte Weise im sozialen Raum widerspiegelt. Der physisch-materielle Raum des Museums ist aufgrund seiner räumlichen Zuweisung der einzelnen Bereiche, die mit unterschiedlichem symbolischem Kapital aufgeladen sind, in Zentrum und Peripherie aufgeteilt. Dabei kann der Ausstellungsraum als Zentrum benannt werden, da hier die Präsentation von Kunst platziert wird, das symbolisch wertvollste materielle Gut innerhalb des Museumsfeldes. Über die Platzierung auf die Ausstellungsfläche erfährt die Kunstvermittlung symbolischen Wert, der ihr vom Ausstellungsraum übertragen wird.
Durch die Verschiebung der Kunstvermittlungsräume ins Zentrum des physisch-materiellen Raumes des Museums verschiebt sich nach Bourdieus Sozialraumtheorie die Stellung der Kunstvermittler_innen im Museum. Die Vermittler_innen nehmen mit Bourdieus Ansatz nicht nur innerhalb des Feldes Museum, sondern auch im gesamten sozialen Raum eine höhere Position ein.
Die Platzierung innerhalb des Zentrums des physisch materiellen Raumes des Museums bringt eine Positionsveränderung der sozialen Stellung der Kunstvermittler_innen hervor. Sie verfügen über das im Feld wirksame symbolische Kapital, auf der Ausstellungsfläche (an) geordnet zu sein und dort anordnen zu können. Die Kunstvermittlung und ihre Akteur_innen generieren über die Platzverschiebung Anerkennung.

## Anerkennung und Reproduktion der Werteverhältnisse

Wie bis hier dargestellt wurde, steht Anerkennung bei Bourdieu im Zusammenhang von symbolischem Kapital und symbolischer Macht. Das Streben nach Anerkennung wird dabei in Verbindung gebracht mit dem Streben nach Macht, um darüber die Möglichkeit zu erlangen, symbolische Ordnungen[210] herzustellen. Symbolische Ordnungen produzieren Klassifizierungen und bestimmen, was dominant und was minorisiert beziehungsweise was wertvoll und was weniger wertvoll ist.
Die verschiedenen Positionen im Feld sind nur aus dem Grund von Bedeutung, da sie aufgrund der jeweiligen Stellung im hierarchisierten System an Macht gekoppelt sind. Daher werden nach Bourdieu überhaupt erst Kämpfe um die anerkannten Positionen im sozialen Raum ausgetragen. Ziel ist es, eine höhere Position im Feld und damit zu mehr Macht zu gelangen, die „zur Produktion und Durchsetzung der legitimen Weltsicht" führt (Bourdieu

210 Mit symbolischer Ordnung beziehe ich mich auf Bourdieu, der diese beschreibt als „die Übereinstimmung zwischen Wahrnehmungsstruktur und Sozialkultur, die der Erfahrung der sozialen Welt als etwas Selbstverständlichem zugrunde liegt" (Bourdieu 2015: 44). Symbolische Ordnungen basieren auf den Selbstverständlichkeiten des Denkens und Wahrnehmens.

1992: 147). Das Ringen um Anerkennung kann demnach als ein Motor gelesen werden, der das Streben nach einer höheren Position im Feld und somit die Beteiligung an der Benennungsmacht antreibt.
Zentral für die vorliegende Betrachtung ist, dass diejenigen, die sich am Kampf um Anerkennung respektive Kampf um die Beibehaltung oder den Aufstieg von bestimmten Positionen im Feld beteiligten, zur Reproduktion der Werteverhältnisse des Feldes beitragen, indem der Glaube „an den Wert dessen, was in diesem Feld auf dem Spiel steht, je nach Feld mehr oder weniger vollständig“ reproduziert wird (Bourdieu [1980] 1993: 109). In der vorliegenden Untersuchung ist es der Glaube daran, dass Ausstellungsräume das Zentrum (das „Herz“) der Institution und eines der zentralsten symbolischen Werte des Museums darstellen. Verfügte das Ausstellen von Kunst im Ausstellungsraum nicht über eine so hohe Position innerhalb des Gefüges, wäre ein Streben danach, auf der Ausstellungsfläche und somit im sichtbaren Bereich des Museums verortet zu sein, unwahrscheinlicher. Das Streben nach Anerkennung respektive das Streben danach, im Zentrum der Institution verortet zu sein, basiert auf der Anerkennung beziehungsweise der Verkennung der symbolischen Ordnungen des Museums. Auf der Ausstellungsfläche mit der Kunstvermittlung verortet zu sein und dies als erstrebenswert anzusehen, bedeutet unmittelbar, die Ordnung des Feldes anzuerkennen. Dies führt zur Reproduktion vorhandener Werte- und Machtverhältnisse innerhalb der Institution Museum.

## Anerkennung als Herstellung von Distinktion

Bourdieu stellt über seine Ausführungen des sozialen Raumes einen Zusammenhang zwischen Anerkennung und Macht her. Mit dem Erhalt von ANERKENNUNG im sozialen Raum geht die Reproduktion der symbolischen Ordnungen und Machtverhältnisse einher.

> *„Dabei verdeutlicht Bourdieu Anerkennung als ‚etwas‘, das sich in der sozialen Welt alltäglich implizit vollzieht, weil die Akteure in ihren sozialen Praktiken die diesen zugrunde liegenden – und die sozialen Felder strukturierenden – Klassifikationssysteme als ‚selbstverständlich‘ akzeptieren – und darüber dann auch die jeweiligen Akteure in ihren jeweiligen Positionen bestätigen.“ (Balzer 2014: 582)*

Damit steht Bourdieus Auseinandersetzung mit Anerkennung in erster Linie nicht in Verbindung zu sozialer Wertschätzung. Sein Verständnis von Anerkennung ist gekennzeichnet durch die Akzeptanz der symbolischen Ordnungen, die auf Anerkennung und Verkennung der vorherrschenden Strukturen basiert. Somit ist Anerkennung bei Bourdieu aufs Engste mit symbolischer Macht verknüpft.

Um jedoch überhaupt erst als ‚etwas' anerkannt zu werden, ist es nötig, sich zu unterscheiden. Anerkennung bedarf bei Bourdieu der Herstellung von Distinktion. Aus diesem Grund nennt Bourdieu den Kampf um Anerkennung auch den Kampf um Distinktionen, indem es zentral darum gehe, sich von den anderen zu unterscheiden. Diese Unterscheidung erläutert er über die Existenz und Positionierung im sozialen Raum. Um als Punkt beziehungsweise Individuum überhaupt im Raum existieren zu können, ist es notwendig, sich zu den anderen unterscheiden zu können, unterschiedlich zu sein (vgl. Bourdieu1998: 22). Das Sich-Unterscheiden-Können basiert auf dem wahrgenommenen Werden von jemandem, „der in der Lage ist, *einen Unterschied zu machen* – weil er selber in den betreffenden Raum gehört und daher nicht *indifferent* ist und weil er über die Wahrnehmungskategorien verfügt [...], die es ihm erlauben, Unterschiede zu machen" (Bourdieu 1998: 22). Dieses In-der-Lage-Sein, den Unterschied zu machen, ist gekoppelt an eine Verfügung über das im Feld wirksame symbolische Kapital. Symbolisches Kapital ist für Bourdieu daher auch eine andere Bezeichnung für Distinktion (Bourdieu 1985: 22).

Dieser Erklärungsansatz zur Anerkennung ähnelt dem von Judith Butler als Anerkennung beschriebenen Prozess, „der sich einstellt, wenn das Subjekt und der Andere sich als gegenseitig reflektiert begreifen, in dem aber diese Reflexion nicht damit endet, dass der eine mit dem Anderen zusammenfällt (beispielsweise durch eine einverleibende Identifizierung) oder mit einer Projektion, die die Andersheit des Anderen auslöscht. [...] Anerkennung impliziert, dass wir den Anderen als getrennt, aber psychisch in einer Weise strukturiert betrachten, die wir teilen" (Butler 2009: 216). In Anlehnung an Butler sprechen die Sportsoziologen Thomas Alkemeyer und Thomas Pille dabei auch von einer „Anerkennung als Differenzbildung" (Alkemeyer/Pille 2011: 10).

Als sichtbarer Vermittlungsraum im Zentrum der Institution platziert zu sein, bringt die Notwendigkeit mit sich, sich vom Ausstellungsgeschehen zu unterscheiden. Kunstvermittlung wird als Kunstvermittlung wahrgenommen. Nicht nur, weil sie nicht mehr ungesehen im Keller verortet ist, sondern weil sie *nicht* die Kunstausstellung ist.

> *„Das Streben nach Distinktion schafft Trennungen [...], die als legitime, das heißt zumeist als natürliche Unterschiede [...] wahrgenommen oder mehr noch: erkannt und anerkannt werden sollen." (Bourdieu 1985: 21)*

Mit der Herstellung von Anerkennung der Kunstvermittlung über die zentrale Platzierung im Museum wird eine scheinbar natürliche Unterscheidung zwischen Kunstvermittlung und Ausstellung hergestellt. Bestrebungen, die Kunstvermittlung als integralen Teil der Ausstellung und Ausstellungsproduktion zu begreifen, erweisen sich dazu als gegenläufig. Das von Kunstvermittler_innen geäußerte Gefühl des Teil-Seins wurde im theoretischen

Sampling mit Bourdieus Ansatz umgekehrt. Die zentrale Platzierung der Vermittlungsräume führt zur Stärkung der Unterscheidung zwischen dem, was als Kunstvermittlung, und dem, was als Ausstellung hergestellt wird. Die Kunstvermittlung wird als anerkannter Teil der Institution Museum entworfen, der sich zum Ausstellungsraum unterscheidet.

## Resümee: Folgen der räumlichen Struktur der ZENTRALEN PLATZIERUNG

Zusammengefasst zeigt sich in der Auseinandersetzung mit Bourdieus Sozialraumtheorien, dass innerhalb der Raumebene *räumliche Struktur* die ZENTRALE PLATZIERUNG im physisch-materiellen Museumsraum in der Verbindung steht zu ANERKENNUNG ERHALTEN. Über die hier beschriebene Verknüpfung wurde die Verdichtung und Theoretisierung der beiden Kategorien dargestellt. Mit der Platzierungsverschiebung der Vermittlungsräume ins Zentrum der Institution wird Kunstvermittlung anerkannt. Diese Herstellung von Anerkennung hat unterschiedliche Affekte auf das Feld der Kunstvermittlung und ihre Akteur_innen:

- Über die Platzierung des Vermittlungsraums im Ausstellungsraum generiert die Kunstvermittlung symbolisches Kapital, welches zu ihrer Anerkennung und einer höheren Stellung im sozialen Raum beiträgt. Die Platzierungsverschiebung im angeeigneten physischen Raum spiegelt sich im sozialen Raum und geht mit einer veränderten Stellung der Kunstvermittlung innerhalb des Feldes Museum und der Gesellschaft einher. Mit der Platzierungsverschiebung nimmt die Kunstvermittlung folglich eine höhere anerkannte Stellung im sozialen Raum und innerhalb des Museums ein. Diese höhere Position ist verknüpft mit der Verfügung über höheres symbolisches Kapital.

- Durch den Erhalt von ANERKENNUNG verfügen die Kunstvermittler_innen über symbolisches Kapital, welches sich unter anderem in Form der Benennungsmacht vollzieht. Die Kunstvermittler_innen können legitime Bedeutungen über die Kunstvermittlung herstellen. Kunstvermittler_innen können ausgestattet mit symbolischem Kapital eigene Entscheidungen darüber treffen, auf welche Weise Kunstvermittlung benannt wird.

- ANERKENNUNG über die symbolischen Ordnungen des Museums zu generieren, führt zur Reproduktion von Machtverhältnissen. Das, was zuvor als symbolisches

Zentrum der Institution – die Ausstellung und der Ausstellungsraum – anerkannt war, bleibt als solches bestehen.

- Der Erhalt von ANERKENNUNG geht mit der Produktion von Distinktion einher. Kunstvermittlung wird durch die zentrale Platzierung im Museum in Differenz zur Ausstellung entworfen. Die Differenz zwischen Ausstellung und Vermittlung werden gestärkt.

## 8.4 POTENZIELLES KONTROLLIERT-WERDEN und HERSTELLUNG VON SICHTBARKEIT

Die Auseinandersetzung mit Sichtbarkeit ist in den letzten Jahren zunehmend auf Tagungen und in Publikationen sowie in Ausstellungen verhandelt worden. Dabei werden Fragen diskutiert nach den gesellschaftlichen Auswirkungen und der Relevanz zunehmender Sichtbarkeit – beispielsweise im Zusammenhang der Überwachung von öffentlichen und digitalen Räumen oder im Zusammenhang von „Gerechtigkeit" und eine „Stimme geben".[211] Hierbei wird Sichtbarkeit in den gegenwärtigen Auseinandersetzungen sozialer Bewegungen an eine unhinterfragte positive Konnotiertheit geknüpft, die mit dem Verständnis, eine Stimme zu haben, einhergeht (vgl. Schade/Wenk 2011: 104). Dass mit Sichtbarkeit jedoch auch Formen von Kontrolle, Reproduktionen von Stereotypen und Hierarchisierungen einhergehen, ist eine Betrachtungsweise, die in eine kritische Aushandlung der Auswirkungen von Sichtbarkeit zwingend einbezogen werden muss.

In diesem Kapitel gilt es daher – ausgehend vom Datenmaterial – die Auswirkungen der *räumlichen Struktur* der HERSTELLUNG VON SICHTBARKEIT im Kodierprozess und unter der Perspektivierung theoretischer Texte herauszuarbeiten. Dazu werden zunächst Datensegmente aus dem Datenmaterial herausgestellt, die eine Verbindung zwischen der HERSTELLUNG VON SICHTBARKEIT und „Beobachtet-Werden" zeigen. Auch wenn im Datenmaterial nicht explizit der Begriff der Kontrolle von den Kunstvermittler_innen genannt wird, zeigt sich durch die Beschreibung des Beobachtet-Werden und der damit einhergehenden Verhaltensänderung im Sinne der Institution Museum und ihrer Besucher_innen ein disziplinierender Effekt.

211 So wird beispielsweise in der Ausstellung *Kampf um Sichtbarkeit. Künstlerinnen in der Nationalgalerie vor 1919*, die vom 11.10.2019 bis zum 08.03.2020 in der Alten Nationalgalerie in Berlin zu sehen war, den Künstler*innen der Sammlung eine Ausstellung gewidmet, um ihnen mehr Sichtbarkeit zu geben. Die Tate Britain verfolgte mit der Ausstellung *Sixty Years*, die ab dem 22.04. 2019 gezeigt wurde, ein ähnliches Ziel. Auch hier wurden nur künstlerische Arbeiten von Künstlerinnen gezeigt. In der Ausstellung *Transparenzen. Zur Ambivalenz einer neuen Sichtbarkeit* hingegen, die von November 2015 bis Januar 2016 im Bielefelder Kunstverein und Kunstverein Nürnberg gezeigt wurde, „widmet sich das Kooperationsprojekt den Entwicklungen einer Transparenzgesellschaft und fragt, wie diese in aktuellen Arbeiten zeitgenössischer KünstlerInnen reflektiert werden", [online] http://transparencies.de [10.07.2019].

Um das Konzept der HERSTELLUNG VON SICHTBARKEIT herauszuarbeiten, werden daran anschließend Erörterungen zur Sichtbarkeit im Feld der visuellen Kultur dargestellt. Dabei werden vor allem drei Aspekte virulent, die für die Analyse sichtbarer Vermittlungsräume im Museum von Bedeutung sind – erstens: Sichtbarkeit ist eine Praxis, zweitens: ihre positive Konnotiertheit sollte problematisiert werden und drittens: Sichtbarkeit steht im Zusammenhang von Kontrolle und Regulierung. Dabei beziehe ich mich in den beiden erstgenannten Kapiteln überwiegend auf aktuelle Schriften der Kulturwissenschaftlerin Johanna Schaffer, der Kunsthistorikerinnen Silke Wenk und Siegrid Schade sowie auf den Kunsthistoriker Tom Holert. Im Anschluss daran führe ich den Zusammenhang zwischen Kontrolle und Sichtbarkeit mit Michel Foucaults Darlegungen zum Zusammenhang von Raum und Sichtbarkeit aus. In allen drei Teilkapiteln wird ein Zusammenhang zur Kunstvermittlung hergestellt, der die Verknüpfung zwischen Sichtbar-Sein und der Möglichkeit, kontrolliert zu werden, verdeutlicht.

## Auswirkungen der Sichtbarkeit im Datenmaterial: „beobachtet werden", „nackig sein" und „etwas Cooles machen"

Im Datenmaterial selbst wird der Begriff der Kontrolle oder das Gefühl von Kontrolliert-Werden nicht explizit genannt. Bei einer direkten Nachfrage im Interviewverfahren und der Überprüfung der Kategorie POTENZIELLES KONTROLLIERT-WERDEN, wird die Möglichkeit des Kontrolliert-Werden im Zusammenhang mit der Herstellung von Sichtbarkeit sogar verneint:

> *„Nein. Überhaupt nicht." (C2: 395)*
> *„Nein, für mich nicht, nein. Ich finde auch kein Problem, wenn da Leute stehen und gucken. [...] Nein, im Gegenteil, ich finde es auch nochmal schön, wenn die gucken. Ja, finde ich prima." (C4: 99f.)*

Vielmehr wird von den Kunstvermittler_innen in den Expert_innen-Interviews von einem Gefühl des Beobachtet-Werden durch Mitarbeiter_innen der Institution und des Publikums gesprochen. Es wird beschrieben, dass dieses Beobachtet-Werden eine Auswirkung hat, die jedoch nicht benannt wird, sich aber im Unterschied zum Nicht-beobachtet-Werden zeigt:

> *„Also, ja, irgendwie vom Gefühl her ist es schon halt ein Unterschied, ob du in einem Raum bist, wo du – also, das hört sich jetzt vielleicht bisschen schräg an – unter Beobachtung bist" (A1: 65f.).*
> *„Weil, ich glaube schon, dass das was ausmacht, dass man sich beobachteter fühlt" (A4: 161f.).*

Eine Kunstvermittler_in bringt das Gefühl des Beobachtet-Werden dabei in den Zusammenhang des Nackig-Sein (vgl. B5: 153).
Beobachtet fühlen sich die Vermittler_innen zum einen durch die Mitarbeiter_innen der Institution, die möglicherweise unangekündigt an dem sichtbaren Vermittlungsraum vorbeigehen und hineinschauen. Aus diesem Grund sei es von Bedeutung, der Vermittlungstätigkeit mit voller Aufmerksamkeit und vollem Einsatz nachzukommen:

> *„man muss halt quasi immer hundert Prozent da sein, weil wenn dann halt die falsche Person hier reinguckt und dann hast du gerade mal einen Hänger oder so" (A2: 251f.),*

was möglicherweise Auswirkungen auf zukünftige Beschäftigungsverhältnisse hat. Auch wird eine Unterscheidung zwischen wohlwollender und nicht wohlwollender Beobachtung gemacht. Wobei nicht wohlwollendes Beobachten als Störmoment dargestellt wird.

> *„wenn derjenige, der beobachtet, weil er Teil der Galerie ist, wohlwollend beobachtet, dann ist es ja nichts Störendes oder nichts, was einen einschränkt. Im Gegenteil, das kann einen ja auch irgendwie weiterbringen. Aber wenn man das Gefühl hat, dass eben man tatsächlich beobachtet wird, weil bewertet wird oder so, oder vielleicht auch nicht unbedingt wohlwollend beobachtet wird, dann ist es natürlich auf jeden Fall ein störendes Eingreifen, das würde ich schon so sehen" (C2: 443ff.).*

In diesen Interviewauswertungen zeigen sich Auswirkungen, die das Gefühl des Beobachtet-Werden hervorrufen: neben der Kategorisierung ‚etwas Vorteilhaftes' gibt es die Eigen-Optimierung. Diese wird von anderen Vermittler_in zum einem als „angenehme Transparenz" (A1: 75) zum anderen als „positiver Druck" beschrieben:

> *„Also, dass es so ein bisschen so ein positiver Druck ist, dass man weiß, man kann jetzt da nicht irgendwie irgendwas machen, sondern man will irgendwie schon auch irgendwie was Tolles zeigen, weil man ja auch weiß, so, andere kriegen es mit, unter Umständen auch Leute, die dann auch das nächste Mal zu mir kommen, die jetzt noch nicht dabei sind so als Teilnehmer" (A1: 350ff.).*
> *„Was schon dann in der Erwartungshaltung so ein bisschen Druck ausgeübt hat, wo ich dachte, okay, also muss es was Cooles sein" (A1: 67f.).*

„Tolles zeigen" und „Cooles produzieren" hängen an der Möglichkeit, über das Beobachtet-Werden durch das Publikum diese als zukünftige Teilnehmende zu akquirieren und korreliert mit der Benennung des sichtbaren Vermittlungsraumes in Verbindung zum „Schaufenster“ und „Showroom“:

> *„man sieht von außen ja rein. Das heißt, man ist ja auch erst mal ein bisschen, na ja, es ist ja kein Schaufenster, aber es hat schon so ein bisschen dieses Gefühl“ (C5: 586f.).* *„Genau, also schon so ein bisschen, also so dieses Showroom-Ding ist schon auch irgendwie im Kopf. So, du präsentierst, also du machst einerseits den Workshop, präsentierst gleichzeitig was, wirst gesehen und wirst eigentlich dadurch halt auch gut rüberkommen“ (A1: 364ff.).*

Den Bezeichnungen „Schaufenster“ (mit seinem dahinterliegenden Raum) und „Showroom“ ist gemein, dass diese Räume auf eine absichtsvolle Weise etwas zur Schau stellen und mit einer perfekten Inszenierung von materiellen Gütern zur Teilnahme anregen wollen.

## Sichtbarkeit ist eine Praxis

Sichtbarkeit ist nicht einfach gegeben, sondern wird hergestellt, weswegen in der visuellen Kultur auch von den Praktiken des Zu-sehen-Gebens oder der Sichtbarmachung gesprochen wird (vgl. Schaffer 2008; Wenk/Schade 2011: 104; Holert 2000: 20). In diesem Herstellungsprozess ist Sichtbarkeit, wie Tom Holert darlegt, immer eingebunden in gesellschaftliche und epistemologische Möglichkeitsbedingungen, sprich in Verhältnisse von Macht und Wissen (ebd.). Das bedeutet zum einen, dass überhaupt nur das sichtbar gemacht werden kann, was im Diskurs vertreten ist, und zum anderen, dass die Möglichkeit, Sichtbarkeit herzustellen, immer an Machtkonstellationen gebunden ist. Daraus wird nicht nur deutlich, dass Sichtbarkeit ein Herstellungsprozess ist, sondern auch, dass dieser Prozess niemals neutral ist (vgl. Wenk/Schade 2011: 105). Aus diesem Grund ist es in der Auseinandersetzung um Sichtbarkeit erforderlich, zu fragen, was für wen wie und warum sichtbar gemacht wird und wer von dieser Sichtbarmachung profitiert.
In Bezug zu der hier herausgearbeiteten *räumlichen Struktur* des SICHTBAR-SEIN bedeutet es, zu fragen, was genau mit den Räumen der Kunstvermittlung sichtbar gemacht wird, auf welche Weise die Sichtbarkeit hergestellt wird, warum sie gerade jetzt erzeugt wird und wer von diesem Zu-sehen-Geben profitiert. Diese Fragen sind Teil der Auseinandersetzung der Fragen nach der Repräsentation, die durch die Herstellung sichtbarer Räume der Kunstvermittlung erzeugt werden. Diese werden in der *räumlichen Repräsentation* im Kapitel 10 detailliert dargestellt. Darüber hinaus stellt sich die Frage, was die sichtbaren Vermittlungsräume im Museum unsichtbar macht – und was mit der Herstellung ihrer Sichtbarkeit

verdrängt wird. Denn wenn etwas zu sehen gegeben wird, bedeutet dies gleichzeitig, dass etwas (anderes) nicht mehr zu sehen ist beziehungsweise etwas (vorher Bestehendes) unsichtbar gemacht wird. Eine neue Sichtbarkeit, die die neu eingerichteten sichtbaren Vermittlungsräume im Museum zweifellos bewirken, kann eine ältere Sichtbarkeit verdrängen (Holert 2000: 23; siehe dazu auch Schaffer 2008: 21). Schaffer spricht in diesem Zusammenhang von Sichtbarkeit und Unsichtbarkeit als diskursive Konstruktionen, die sich gegenseitig bedingen und modulieren (ebd.: 51).

Gleichzeitig wird deutlich, so schreiben Paula A. Treichler, Lisa Carwright und Constance Penley: Sichtbarkeit bedeutet nicht gleich Transparenz, sondern ist vielmehr selbst ein Anspruch, „der sorgfältig untersucht werden muss: Es gilt, das, was gesehen und neu gesehen wird, zu bestätigen und gleichermaßen wachsam zu sein dafür, was nicht oder nicht mehr gesehen wird" (Treichler/Cartwright/Penely 1998, zitiert nach Schaffer 2008: 13).

Am Beispiel der sichtbaren Vermittlungsräume im Museum wird diese Feststellung, dass Sichtbarkeit nicht gleich Transparenz bedeutet, sehr gut nachvollziehbar. Denn die Räume der Vermittlung, die sichtbar für das Museumspublikum eingerichtet werden, unterscheiden sich sowohl in ihrer Gestaltung (siehe *räumliche Repräsentation* Kapitel 10) als auch in ihrer Nutzung (siehe *räumliche Praxis* Kapitel 9) von den separaten Räumen der Vermittlung im Keller oder Dachgeschoss. Es wird demnach nicht einfach etwas sichtbar gemacht, was es bereits vorher, aber lediglich an einem für das Museumspublikum nicht sichtbaren Ort, gab. Mit der Herstellung von Sichtbarkeit durch architektonische Räume im Ausstellungsraum entwickeln sich neue Formen der Kunstvermittlung, die mögliche andere Formen verdrängen.

## Positive Konnotiertheit von Sichtbarkeit problematisieren

Der zweite Aspekt, der in der Auseinandersetzung um die Sichtbarmachung von Kunstvermittlung Bedeutung hat, ist eine genaue Betrachtung der positiven Konnotiertheit von Sichtbarkeit. Denn Sichtbarkeit ist in den „letzten drei Jahrzehnten zu einer zentralen Kategorie oppositioneller politischer Rhetoriken aufgestiegen" (Schaffer 2008: 12), bei der eine Verknüpfung sowohl zwischen Gesehen-Werden – und im politischen Sinne eine Stimme haben – als auch zwischen Sichtbar-Sein und Anerkennung hergestellt wurde.

Johanna Schaffer betrachtet in ihrer Schrift *Ambivalenzen der Sichtbarkeit. Über die visuellen Strukturen der Sichtbarkeit* (2008) die „Rückübersetzung der politischen Kategorie der Sichtbarkeit in den Bereich der Visualität" (Schaffer 2008: 12) und problematisiert die Vorstellung eines kausalen Zusammenhangs zwischen Sichtbarkeit und politischer Macht. Denn, so schreibt sie, es werde in oppositionell politischen Debatten oft davon ausgegangen, dass mehr Sichtbarkeit politische Präsenz und somit Zugang zu den Strukturen der Privilegienvergabe bedeutet. Sie kritisiert diese Annahme, da übersehen werde, welche komplexen Prozesse auf dem Feld der Visualität wirksam sind, und führt in diesem Zusammenhang das Zitat der feministischen Performance-Theoretikerin Peggy Phelan an:

> *„If representational visibility equals power, then almost-naked young white women should be running Western Culture. The ubiquity of their image, however, has hardly brought them political or economic power." (Peggy Phelan 1993: 10, zitiert nach Schaffer 2008: 15)*

Das Zitat Phelans verdeutlicht sehr anschaulich, dass vom Sichtbar-Sein allein kein kausaler Zusammenhang zwischen Sichtbarkeit und eine Stimme beziehungsweise politische Macht zu haben, hergeleitet werden kann. Vielmehr ist bei den Praktiken der Sichtbarmachung danach zu fragen, wer etwas zu sehen gibt, in welchem Kontext dies geschieht und, wie oben bereits dargestellt, auf welche Weise etwas Zu-sehen-Gegeben wird. Genau nach dem Wie des Sichtbar-Sein oder Sichtbar-Werden fragen auch Sigrid Schade und Silke Wenk und verweisen dabei auf den „Wunsch nach ‚angemessenen' und ‚richtigen' Bildern" (Schade/Wenk 2011: 105). Schade und Wenk beziehen sich in ihren Ausführungen vor allem auf Menschen, „die wegen ihrer Hautfarbe, wegen ihres Geschlechts, ihrer sexuellen Orientierung oder auch ihres Alters herabgesetzt und minorisiert wurden und werden, indem sie entweder unsichtbar gemacht wurden oder blieben", oder aber ihre Darstellungen negativ determiniert sind.

Das Paradoxe in Hinblick auf den Kampf um mehr Anerkennung, die über eine Sichtbarmachung hergestellt werden soll, ist, dass sich die marginalisierten Subjekte „um sichtbar werden zu können – in die Bilder einschreiben müssen, die für das Feld hegemonialer Repräsentation zur Verfügung stehen" (ebd.). Das bedeutet, es ist ihnen nur möglich, die schon bereits existierenden, meist stereotypen Vor-Bilder zu nutzen, um überhaupt gesehen werden zu können, was mit einer Reproduktion ihrer bisherigen Repräsentationen und damit verbundenen Minorisierung und Herabsetzung verknüpft ist.

Im Umkehrschluss, so schreibt Stephan Fürstenberg mit Bezug auf Kaja Silverman, bedeutet „das für jemanden, die*der erblickt werden will, sich diesem Diktat des Blickregimes zu unterwerfen, sich an die geforderten Darstellungsparameter zu halten oder zumindest sich dazu zu verhalten" (Fürstenberg 2012: o. S.).

Auch im Feld der Kunstvermittlung finden sich wiederkehrende Darstellungsmuster, die die Vermittlungsarbeit zu sehen geben. Eine für die vorliegende Untersuchung wichtige

Erkenntnis, die im Forschungsprojekt *Kunstvermittlung Zeigen* (2011–2013)[212] herausgearbeitet wurde, ist, dass die Figur der Kunstvermittler_in nur selten zu sehen gegeben wird und der Fokus stattdessen auf der Darstellung des Publikums liegt[213] (vgl. Fürstenberg 2013: 2; Lüth 2018a: 201). Eine Begründung für dieses Darstellungsmuster der Nicht-Darstellung der Kunstvermittler_innen liegt nach der Künstlerin, Kulturwissenschaftlerin und Kunstvermittlerin Nanna Lüth in der neoliberalen Vorstellung der Selbstbildung durch ihre Rezipient_innen und unterliegt „damit dem bildungspolitischen Paradigma von lebenslangen *Selbst*bildungsprozessen" (Lüth 2018a: 229). Die Abwesenheit der Kunstvermittler_in zeigt sich als wiederholtes Muster auch in den sichtbaren Vermittlungsräumen. Dort ist zu beobachten, dass die sichtbaren Räume der Vermittlung durch das Publikum verhältnismäßig häufiger ohne die Arbeit der Kunstvermittler_in betrachtet werden können als in den Momenten, in denen die Räume durch eine Vermittler_in während der pädagogischen Arbeit genutzt werden.[214] Denn die Auslastung der sichtbaren Vermittlungsräume durch Vermittlungsprogramme ist im Verhältnis zu der Zeit, in der dort keine Programme angeboten werden, sehr viel geringer. Auch spiegelt sich diese Tatsache in der Tendenz mancher Institutionen, sichtbare Vermittlungsräume in Form von Anwendungsräumen herzustellen, in denen Kunst oder künstlerische Techniken ohne die Anwesenheit einer Vermittler_in vermittelt wird.

## Sichtbarkeit im Zusammenhang von Kontrolle und Regulierung

> *„Sichtbarkeit bedeutet bekanntermaßen nicht nur verbesserte Handlungs- und Artikulationsmöglichkeiten, sondern auch eine Zunahme von Kontrolle und Regulierung." (Mörsch 2011b: 19)*

212 *Kunstvermittlung zeigen* ist ein Forschungsprojekt, das am Institute for Art Education und dem Institute for Cultural Studies an der Zürcher Hochschule der Künste von 2011 bis 2013 realisiert wurde. Die Ergebnisse des Projektes wurden um internationale Perspektiven erweitert und in dem Band *Kunstvermittlung Zeigen. Über die Repräsentation von Kunstvermittlung* (2018) erweitert.

213 Das Forschungsprojekt untersuchte die Repräsentation von Kunstvermittlung in Schweizer Museen und Ausstellungshäusern auf Flyern, Broschüren, Büchern und Webseiten. „Der Materialkorpus der Studie umfasst 712 Dokumente, mit circa zweitausend Bilden aus einem Zeitraum von sieben Jahren" (Lüth 2018a: 199).

214 So zeigt sich beispielsweise bei der Betrachtung der Programme des *BÄM*-Raumes im ZKM | Zentrum für Kunst und Medien Karlsruhe, dass in den Monaten Juni, Juli und August ein festes Vermittlungsangebot von 81 Zeitstunden vorgesehen ist. Die Gesamtdauer der Öffnungszeiten des Ausstellungsraumes, in dem *BÄM* platziert ist, beträgt 487 Stunden. Daraus ergibt sich ein Verhältnis zwischen der Nichtanwesenheit und Anwesenheit einer Vermittlungsperson von sechs zu eins (vgl. ZKM | Museumskommunikation 2019: o.S.) In der Auswertung der Vermittlungsmaterialien des Forschungsprojektes *Kunstvermittlung zeigen* ist es ein Verhältnis von fünf zu eins. In der Städtischen Galerie in Nordhorn oder in der Galerie für Zeitgenössische Kunst Leipzig zeigt sich darüber hinaus, dass die sichtbaren Räume der Vermittlung gerade dann von den Vermittler_innen genutzt werden, wenn die Ausstellungshäuser für das reguläre Museumspublikum noch nicht geöffnet haben. Die Räume werden somit auch hier während der Öffnungszeiten häufiger ohne anwesende Vermittler_in und Vermittlungsprogramme angeschaut.

Wie bisher dargelegt wurde, bedeutet der hier verwendete Begriff der Sichtbarkeit die Praxis des Zu-sehen-Geben von etwas, und sie wird als eine bewusste Herstellung von Sichtbarkeit beschrieben. Diese bewusste Herstellung von Sichtbarkeit wird im Kontext der vorliegenden Untersuchung in Form von Räumen herausgearbeitet und zeigt somit eine explizite Verbindung zwischen Raum und Sichtbarkeit. Der untersuchte Gegenstand sichtbarer Vermittlungsraum macht nicht nur den Raum an sich sichtbar, indem er in dem für das Publikum sichtbaren Bereich eingerichtet wird. Er gibt auch die Personen zu sehen, die sich in dem Raum befinden und möglicherweise kunstpädagogisch arbeiten, indem sie durch die Architektur gerahmt werden. Diese Verbindung von Raum und Sichtbarmachung von Menschen durch Architektur ist eine Thematik, die der französische Philosoph und Historiker Michel Foucault in seinen Schriften aus machtkritischer Perspektive herausgearbeitet hat. Mit dem Bezug auf Foucault möchte ich zeigen, dass die Herstellung von Sichtbarkeit durch den physisch-materiellen Raum sich disziplinierend auf die in ihm agierenden Personen auswirkt. Außerdem möchte ich mit Foucaults Denken die Herstellung von Evidenz und Klassifizierung, die über architektonische Räume entsteht, darlegen. Diese beiden ausgewählten Schwerpunkte aus Foucaults Theorien – die Ausübung der Disziplinarmacht und die Herstellung von Evidenz und Klassifizierung durch Raum – werden im Anschluss in der Verdichtung der Daten dargestellt.

## Disziplinarmacht durch räumliche Parzellierung und Herstellung von Sichtbarkeit

Auch wenn Foucault keine explizite Raumtheorie entwickelt hat, stellt die Auseinandersetzung mit Raum[215] in seinen Schriften ein durchgängiges Thema dar, dem er selbst eine zentrale Bedeutung zuschreibt. In einem Interview zu *Fragen der Geographie* (1980) erklärt er, „daß er nur durch die Betrachtung des Räumlichen die Beziehung zwischen Macht und Wissen analysieren könne“ (nach Löw 1999, 53). Im Zentrum seiner Forschungen zum Raum stehen Fragen danach, welche Wirkungen von Raum ausgehen, welche Auswirkung die Einteilung von Räumen hat, welche Verbindung zwischen Macht und Raum existiert und welche Funktion Heterotopien als „realisierte Utopien, in denen die wirklichen Plätze innerhalb der Kultur gleichzeitig repräsentiert, bestritten und gewendet“ werden (Foucault

215 In seinen Schriften können verschiedene Schwerpunkte in der Auseinandersetzung um Raum ausgemacht werden. In *Die Geburt der Klinik* (1963) beginnt er, das Verhältnis zwischen Raum und Sprache zu entfalten, indem er die Unterscheidung „zwischen dem Normalen und dem Pathologischen“ herausarbeitet (Foucault 1988: 53, zitiert nach Hartle 2006: 94) und diese in unmittelbare Nähe zur Verortung der Krankheit setzt. In *Archäologie des Wissens* (1969) entwickelt er die Auseinandersetzung mit dem Diskursbegriff als „Raum der Sprache“ und in *Überwachen und Strafen* (1975) wird Raum in Verbindung zu Macht und Sichtbarkeit gesetzt.

[1967] 1992: 39), einnehmen. Darüber hinaus sieht er im Raum ein wesentliches Kennzeichen der heutigen Zeit, die er auch als „Epoche des Raumes" beschreibt.

> *„Hingegen wäre die aktuelle Epoche eher die Epoche des Raumes. Wir sind in der Epoche des Simultanen, wir sind in der Epoche der Juxtaposition, in der Epoche des Nahen und des Fernen, des Nebeneinander, des Auseinander." (ebd.: 34)*

In seiner Auseinandersetzung mit Raum[216] zeigt sich, dass er diesen sowohl relational konzipiert, wenn er schreibt, „Wir sind in einer Epoche, in der sich uns der Raum in der Form von Lagebeziehungen darbietet" (ebd.: 37; auch Löw geht davon aus, dass Foucault einer der ersten war, der Raum relational entwickelt hat: vgl. Löw 1999: 53f.). Aber er entwirft Raum auch als Containerraum, wenn er beispielsweise vom „räumlichen Festsetzen" spricht und damit einen festgeschriebenen Platz innerhalb eines architektonischen Raumes meint (vgl. Foucault [1974] 2005: 114).

Zentral für die vorliegende Untersuchung ist seine Verwendung des physisch-materiellen Raumbegriffs als Architektur in der Auseinandersetzung von Macht und Sichtbarkeit, den er in *Überwachen und Strafen. Die Geburt des Gefängnisses* ([1977] 1994), herausgearbeitet hat. Darin zeigt er auf, wie Räume Dinge auf eine spezifische Art und Weise sichtbar machen. Dem bei Foucault beschriebenen Gefängnis liegt eine Sichtbarkeitsordnung in Form einer Dauerüberwachung zugrunde, die im Zusammenspiel mit der Aufteilung und Einteilung von Individuen in Einzelzellen zur Herstellung von Disziplinarmacht führt. Diese Herstellung der Disziplinarmacht über den physisch-materiellen Raum leitet Foucault in *Überwachen und Strafen* mit der Beschreibung der Entwicklung des Strafsystems im frühen 18. Jahrhundert in Frankreich und England ein. Im Zentrum steht dabei ein Wandel, der sich entwickelt hat von der Todesstrafe vor den Augen der Öffentlichkeit bis hin zur Haftstrafe im Gefängnis, bei der über Hausordnungen die Tagesabläufe der Insassen strikt geregelt sind. Diese scheinbar schonendere Bestrafung, die sich über die Zeit in diesem System herausgebildet hat, liegt für Foucault in der Veränderung des Ziels der Bestrafung begründet:

216 Beschreibbar wird dies auch an einem für die Raumsoziologie von Foucault entwickelten, prägenden Begriff, der „Heterotopie". Mit Heterotopie beschreibt Foucault „Orte, die sich allen anderen widersetzen und sie in gewisser Weise sogar auslöschen, ersetzen, neutralisieren oder reinigen sollen. Es sind gleichsam Gegenräume" (Foucault [1966] 2005: 10). Oder: „Es gibt gleichfalls – und das wohl in jeder Kultur, in jeder Zivilisation – wirkliche Orte, wirksame Orte, die in die Einrichtung der Gesellschaft hineingezeichnet sind, sozusagen Gegenplatzierungen oder Widerlager, tatsächlich realisierte Utopien, in denen die wirklichen Plätze innerhalb der Kultur gleichzeitig repräsentiert, bestritten und gewendet sind, gewissermaßen Orte außerhalb aller Orte, wiewohl sie tatsächlich geortet werden können" (Foucault [1967] 1992: 39). Heterotopien können nach Foucault sowohl Bordelle, Museen oder Bibliotheken sein, aber auch Friedhöfe, Spiegel oder (Garten-)Teppiche. Heterotopien erfassen demnach die Eigenschaft von speziellen Räumen, in denen utopische Elemente mit realen Orten und Zeiten verbunden werden.

*„Die Milderung der Strafstrenge im Laufe der letzten Jahrhunderte ist ein Phänomen, das den Rechtshistorikern wohlbekannt ist. Aber lange Zeit wurde es global als ein quantitatives Phänomen betrachtet: weniger Grausamkeit, weniger Leiden, mehr Milde, mehr Respekt, mehr ‚Menschlichkeit'. In Wirklichkeit hat sich hinter diesen Veränderungen eine Verschiebung im Ziel der Strafoperation vollzogen. Es handelt sich nicht so sehr um eine Intensitätsminderung als vielmehr um eine Zieländerung." (Foucault [1977] 1994: 25)*

Diese Zieländerung sieht er vor allem in der Wahrnehmung des Körpers als „Produktionskraft" (vgl. ebd.: 37) und somit innerhalb gesellschaftlicher Ökonomien begründet. Das Ziel der Bestrafung richtete sich demnach auf den Erhalt und die Steigerung der Produktivität der Körper mit dem Ziel, sie zu nützlichen Teilen der Gesellschaft werden zu lassen. Aus diesen Gründen entstand eine veränderte Strafform, die keine körperliche Gewalt ausübte, um beispielsweise über die Inszenierung der Qual Macht zu demonstrieren, sondern sich in Form von Freiheitsentzug in den Gefängnissen äußerte, die auf neue Verhaltensweisen und Gewohnheiten der Körper abzielte.[217] Foucault stellt damit dar, wie sich die Veränderung der Strafpraxis aus einer Transformation der Gesellschaft ableiten lässt. Diese zeigt sich seines Erachtens neben dem Gefängnis mit seinem Strafvollzug auch in Fabriken, Kasernen und Schulgebäuden (vgl. Foucault [1977] 1994: 264).

Das Ergebnis dieser Entwicklung beschreibt Foucault mit dem Begriff des *Panoptismus*[218] (Foucault [1977] 1994: 251f.), den er ausgehend von der Gefängnisarchitektur des *Panopitcon* des Philosophen Jeremy Bentham beschreibt. Dieses architektonische Modell besteht aus einem ringförmigen Gebäude, an dessen runder Außenwand sich einzelne Zellen befinden, die zum Innenraum hin durch Fenster einsehbar geöffnet sind. In der Mitte des Kreises befindet sich ein Aufsichtsturm für die Gefängniswärter_innen. Diesen beschreibt Foucault im November 1973 in seiner Vorlesung am Collège de France als einen Turm mit mehreren Etagen, an dessen Spitze sich ein Oberlicht befindet. Dieser große leere Raum sei so beschaffen, dass die Gefängniswärter_innen von dieser zentralen Stelle aus durch das bloße Sichumwenden alles sehen können, was in den Zellen geschieht (Foucault [1974] 2005: 115). Alle Insassen werden vom Turm aus betrachtet dauerhaft sichtbar gemacht, wohingegen die Gefängniswärter_innen aufgrund einer Verdunkelung des Turmes von den Insassen des

217 Einen weiteren Grund für die veränderte Strafform sieht Foucault auch in veränderten Straftaten begründet.

218 Mit Panoptismus beschriebt Foucault eine disziplinierende Form der Machtausübung, die sich zum Ende des 19. Jahrhunderts entwickelt hat. „Obschon sie sich in der Strafrechtsreform mustergültig ausprägt, weist diese Form der Disziplinierung über den Bannkreis des ‚modernen Gefängnisses' hinaus und wird im militärischen, pädagogischen und medizinischen Bereich ebenso wirksam wie etwas in den Fabriken zur Zeit der Industrialisierung." (Wolf 2008: 279f.).

Gefängnisses nicht gesehen werden können. Diese Sichtbarkeit übermittelt den Insassen das Gefühl einer dauerhaften Überwachung. Die Folge ist ihre Unterwerfung.

> *„Derjenige, welcher der Sichtbarkeit unterworfen ist und dies weiß, übernimmt die Zwangsmittel der Macht und spielt sie gegen sich selber aus; er internalisiert das Machtverhältnis, in welchem er gleichzeitig beider Rollen spielt; er wird zum Prinzip seiner eigenen Unterwerfung." (Foucault [1977] 1994: 260)*

Sichtbarkeit ist hier nicht positiv konnotiert und wird nicht in Verbindung zu Emanzipation oder politischer Artikulationsfähigkeit gesetzt. Vielmehr bedeutet Sichtbarkeit bei Foucault „ein Medium des In-die-Falle-Geratens: Genauso wie es jemanden befähigt, gesehen zu werden, ermöglicht es auch, gefangen genommen zu werden" (Chow 2013: 136; vgl. dazu Foucault [1977] 1994: 257), wie die Kulturtheoretikerin Rey Chow in *Postkoloninale Sichtbarkeiten* beschreibt. Sichtbarkeit stellt sich in einer konkreten Praxis dar, die Foucault als Metapher für den Überwachungsstaat dient.[219] Daraus ergibt sich folglich die Bedeutung der Unsichtbarkeit, die sich aus dieser Erkenntnis entwickelt: der „Schutz vor dem Zugriff der Disziplinierungs- und Normalisierungsmaschinerie" (Schroer 2016: 305). Angewendet auf die Räume der Vermittlung bedeutet dieses Verständnis, dass die nicht sichtbaren Räume der Kunstvermittlung – im Keller, im Dachgeschoss oder außerhalb des Museumsgebäudes –einen Schutz vor dem Zugriff der Disziplinierungs- und Normalisierungsmaschinerie darstellen. Foucault macht deutlich, dass mit der Herstellung der Sichtbarkeit über den architektonischen Raum Macht ausgeübt wird, und zwar in Form der eigenen Unterwerfung. Denn allein die Möglichkeit einer Überwachung genügt, sich den Regeln und Normen entsprechend zu verhalten. Diese Macht[220] benennt Foucault Disziplinarmacht oder Macht der Milden Mittel. Sie weist einen depersonalisierten Charakter auf, da sie nicht durch Individuen, sondern allein durch die besondere Art und Weise der Raumgestaltung vollzogen wird.

> *„Diese Anlage ist deswegen so bedeutend, weil sie die Macht automatisiert und entindividualisiert. Das Prinzip der Macht liegt weniger in einer Person als vielmehr in einer konzentrierten Anordnung von Körpern, Oberflächen, Lichtern und Blicken; in*

219 Siehe hierzu den Artikel von Patrick Kilian *Unsichtbare Sichtbarkeit. Michel Foucault und die Transparenz* (2013), [online] http://www.fsw.uzh.ch/foucaultblog/essays/19/unsichtbare-sichtbarkeit [31.08.2020].

220 Der Begriff der Macht kann als Kernbegriff der Foucault'schen Theorie beschrieben werden. Foucault versteht Macht nicht als etwas, was im Besitz von jemandem oder einer bestimmten gesellschaftlichen Gruppe und somit auch nicht ausschließlich an bestimmten Orten zu lokalisieren ist. Vielmehr stellt Macht für ihn eine dezentral wirkende Kraft dar, die alles durchzieht und somit nicht nur auf allen gesellschaftlichen Ebenen, in allen sozialen Beziehungen und in jeder sozialen Interaktion wirkt, sondern auch permanent erzeugt wird (vgl. Schroer 2016: 303). Innerhalb seiner Forschungen untersucht Foucault vor allem drei Formen von Macht: die Disziplinarmacht, die Biomacht und die Gouvernementalität.

*einer Apparatur, deren innere Mechanismen das Verhältnis herstellen, in welchem die Individuen gefangen sind.“ (Foucault [1977] 1994: 259)*

Er formuliert weiter, „weil es außer einer Architektur und einer Geometrie kein physisches Instrument braucht, um direkt auf die Individuen einzuwirken“ (ebd.: 265) und über diese Macht ihr Verhalten zu beeinflussen und sie zu verändern.

Mit Foucaults Ansatz kann übertragen auf die Kunstvermittlung gesagt werden, dass die Verräumlichung der Kunstvermittlung im sichtbaren Teil des Gebäudes zur Wirkung von Disziplinarmacht führt. Diese hat zur Folge, dass die Kunstvermittler_innen zum einen ihre Produktivität steigern, welche zur Erhöhung der Ökonomien des Museums führt. Und zum anderen internalisieren die Vermittler_innen die existierenden Machtverhältnisse der Institution. Dadurch, dass mit der Sichtbarmachung die Möglichkeit geschaffen wird, beobachtet zu werden, versetzen sie sich selbst in die Position der zu Überwachenden – durch Mitarbeiter_innen in vermeintlich höheren Positionen. Mit der HERSTELLUNG VON SICHTBARKEIT der Räume der Vermittlung und der damit verbundenen Produktionssteigerung der Kunstvermittler_innen profitiert die Institution Museum.

Diese Wirkung von Disziplinarmacht in Form der Produktionssteigerung der Kunstvermittler_innen zeigt sich im Kodierverfahren an folgenden Äußerungen:

*„Sagen wir es mal so: Wenn da jetzt 20 Leute stehen und mir zugucken, ist es natürlich ein andres Gefühl. Dann ist klar, du verhältst dich anders, du bist halt vielleicht/ja, du fühlst dich beobachtet. Aber das hat wahrscheinlich nur Vorteile, weil du halt einfach noch wacher bist.“ (A2: 348f.)*

Die Kunstvermittler_in beschreibt die Auswirkungen der Disziplinarmacht damit, „wacher“ zu sein. Dieser Zustand wird als Vorteil bewertet, da er zur Steigerung der eigenen Arbeitskraft beiträgt. Auch im Ausdruck, irgendwie „was Cooles“ (A1: 69) machen zu wollen, zeigt sich die Wirkung der Disziplinarmacht. Das Produzieren von etwas „Coolem“ und „Tollem“ in der Vermittlungsarbeit wird im Zusammenhang der Betrachtung der Vermittlungsarbeit durch das Ausstellungspublikum beschrieben und liegt im Anliegen begründet, mögliche neue Teilnehmende für die Vermittlungsangebote zu gewinnen. Sowohl die Kunstinstitution als Ganzes als auch die Kunstvermittlungsabteilung als Einzelnes profitieren von dem gespürten Druck der Kunstvermittler_in, da dieser auf eine wachsende Zahl von Teilnehmenden der Vermittlungsangebote zielt und somit zur Steigerung der Ökonomien und der Ziele des Museums beiträgt. Als öffentlich finanzierte Einrichtungen sind alle hier untersuchten Museen dazu verpflichtet, ihren Vorständen beziehungsweise der Stadt über den jährlich einzureichenden Jahresbericht Rechenschaft über die Tätigkeitsfelder abzulegen. Ein zentraler Punkt im Bereich der Bildungs-

arbeit ist dabei die Auflistung der Besucher_innen-Zahlen, die an den Vermittlungsprogrammen teilgenommen haben. Es ist nicht nur erwünscht, die Zahlen der Teilnehmenden beizubehalten, sondern eine Steigerung zu erzielen, womit gerechtfertigt wird, als öffentliche Einrichtung – die sich an dieser Stelle an der Quantität ausrichtet – öffentliche Gelder zu erhalten. Somit reproduzieren die Vermittler_innen mit ihrem Ziel, etwas „Cooles" und „Tolles" in der Vermittlungsarbeit zu produzieren, in gewünschter Weise dieses Anliegen und ein System, welches an dieser Stelle auf Quantität setzt. Die Auswirkung der *räumlichen Struktur* der HERSTELLUNG VON SICHTBARKEIT ist folglich, dass über den bewussten Sichtbarkeitszustand und die Möglichkeit, jederzeit beobachtet zu werden, disziplinierende Macht ausgeübt wird.
Ein weiteres Beispiel, wie die Disziplinarmacht in die sichtbaren Vermittlungsräume wirkt, ist die Aussage einer anderen Vermittler_in auf die Frage danach, ob sie davon ausgehe, dass der Kunstvermittlung über deren Sichtbarkeit eine größere Wertschätzung zukomme. Sie verneint die Frage, indem sie antwortet:

> *„Nein, also ehrlich gesagt, glaube ich, dass es ein falsches Bild von Kunstvermittlung vermittelt, wenn es so gemacht wird. Aber jetzt fühle ich mich gerade völlig ertappt, weil ich könnte es ja eigentlich ganz anders machen, da gar keiner vorschreibt, da sozusagen" (A4: 180ff.).*

Mit „ich könnte es ja eigentlich ganz anderes machen" bezieht sich die Vermittler_in auf die Formate, die sie im sichtbaren Vermittlungsraum anbietet. Diese realisiert sie nach einem unausgesprochenen Anspruch, sowohl in Bezug auf den Inhalt als auch in Bezug auf die Form. Die Formate, die die Vermittler_in anbietet, sind Formate, die sie in ihrer eigenen Vermittlungspraxis nicht verfolgt. Ohne dass ihr explizit gesagt wurde, was und auf welche Weise sie ‚etwas' in dem Raum anbieten soll, entwickelt sie Formate, die in ein vermeintliches Vermittlungskonzept des Raumes passen. Die Disziplinarmacht wirkt in diesem Beispiel in der Form, dass die Vermittler_in eine Form der Kunstvermittlung praktiziert, die ihr allein über den Raum vorgegeben wird, „da gar keiner [keine Person des Museumspersonals; H. P.] vorschreibt", was genau zu tun ist.

## Raum und Verräumlichung als Herstellung von Klassifizierung und Evidenz

Die Architektur des *Panopticon* bezieht Foucault jedoch nicht allein auf die Herstellung von Sichtbarkeit, sondern auch auf räumliche Vereinzelung. Über die architektonische Gestaltung von Zellen findet eine Unterteilung und Anordnung von Körpern statt, die als weitere zentrale Praxis des Panoptismus beschrieben werden kann. Die Parzellierung der einzelnen Zellen weist jedem Individuum seinen eigenen Platz zu, mit dem Ziel, die Insassen besser überwachen zu können.

> *„Dieser geschlossene, parzellierte, lückenlos überwachte Raum, innerhalb dessen die Individuen in feste Plätze eingespannt sind, die geringste Bewegung kontrolliert und sämtliche Ereignisse registriert werden, […] jedes Individuum ständig erfaßt, geprüft und unter die Lebenden, die Kranken und die Toten aufgeteilt wird – dies ist das kompakte Modell einer Disziplinierungsanlage." (Foucault [1977] 1994: 253)*

Folglich ist der Grund für die Einteilung in einzelne Zellen, die Anwesenheit und Abwesenheit festzuhalten und zu wissen, „wo und wie man die Individuen finden kann; […]; jeden Augenblick das Verhalten eines jeden überwachen, abschätzen und sanktionieren zu können; die Qualitäten und Verdienste zu messen" (Foucault [1977] 1994: 184). In seiner Vorlesung am Collège de France in Paris im Jahr 1973 erklärt Foucault die Übertragung der Parzellierung auf andere räumliche Strukturen wie die des Krankenhauses und zeigt die Folge, die solche Strukturveränderungen nach sich ziehen: die Aufhebung von Vielfältigkeitsphänomen.

> *„Erstens setzt man in diese Zellen ein Individuum und zwar ein einziges; das heißt man steckt in dieses System, das für ein Krankenhaus, ein Gefängnis, eine Werkstätte, eine Schule usw. gilt, man steckt in diese Unterkunft eine einzige Person; das heißt, jeder Körper wird seinen eigenen Ort haben. Also räumliches Festsetzen. […]. Alle kollektiven Phänomene, alle Vielfältigkeitsphänomene werden auf diese Weise restlos aufgehoben." (Foucault [1974] 2005: 115)*

Es zeigt sich demnach, dass durch die restlose Sichtbar-Machung und die parzellierte Architektur zum einen Disziplinarmacht wirkt und zum anderen Vielfalt aufgehoben wird, in der Form, dass in den zugewiesenen Räumen die jeweils zugewiesenen Personen ihren Platz haben und den ihnen zugewiesenen Tätigkeiten nachkommen. Dieses Aufheben von Vielfalt hat zur Folge, dass Klassifizierungen hergestellt werden (vgl. Rajchman 2000: 53). Eine Ein- und Aufteilung findet statt. Die Verräumlichung der Kunstvermittlung in einen eigenen, vom Ausstellungsraum abgetrennten sichtbaren Raum stellt Kunstvermittlung her und grenzt sie zur Ausstellung ab. Durch die Verräumlichung wird sichergestellt, dass eine Erkennbarkeit der unterschiedlichen Tätigkeitsfelder des Museums gegeben ist.

Analog dazu schreibt Foucault, dass architektonische Räume im Allgemeinen einen dispositiven[221] Charakter haben und zur Herausbildung von Evidenz beitragen. So werden durch die Verräumlichung die Gegenstandsbereiche innerhalb von Institutionen wahr. Erst durch die Verräumlichung als Krankenhaus, Schule und Gefängnis werden Krankheit, Erziehung und Kriminalität sichtbar und dadurch existent. Foucault zeigt auf, dass die Folge der Verräumlichung die Herstellung von Evidenz sowie die Herstellung von Klassifizierungen ist.
Tom Holert, der in dem Beitrag *Evidenz-Effekte. Überzeugungsarbeit in der visuellen Kultur der Gegenwart* (2002) Foucaults Ansatz von Sichtbarkeit thematisiert, schreibt, dass im Mythos der Moderne der Imperativ der Sichtbarkeit herrscht. Dies bedeutet, dass nur das geglaubt wird, was gesehen wird[222] (Holert 2002: 200). Sichtbarkeit ist somit eine zentrale Komponente bei der Herstellung von Evidenz.
Mit dem Einrichten sichtbarer Vermittlungsräume wird diesem Imperativ entsprochen: Bildungsarbeit ist vorhanden. Anders als die bloße Rechtfertigung vor dem Museumsvorstand im Vorlegen der Teilnehmer_innenzahlen wird mit der Evidenz-Produktion der Topos Bildungsarbeit im Museum bedient. Durch die sichtbare Verräumlichung der Kunstvermittlung in einem vereinzelten Raum an einem für sie speziell vorgesehenen Ort wird die Kunstvermittlung wahr.

## Resümee: Folgen der *räumlichen Struktur* über HERSTELLUNG VON SICHTBARKEIT

Sichtbarkeit ist eine Praxis, die hergestellt wird. Dieser Prozess der Herstellung von Sichtbarkeit ist niemals neutral und kann nicht mit Transparenz übersetzt werden. In der

221 Mit Dispositiv beschreibt Foucault im Allgemeinen eine strategische Verknüpfung von Diskursen, Praktiken, Wissen und Macht: „Was ich unter diesem Titel [Dispositiv; H. P.] festzumachen versuche ist erstens ein entschieden heterogenes Ensemble, das Diskurse, Institutionen, architekturale Einrichtungen, reglementierende Entscheidungen, Gesetze, administrative Maßnahmen, wissenschaftliche Aussagen, philosophische, moralische und philanthropische Leersätze, kurz: Gesagtes wie Ungesagtes umfaßt. Soweit die Elemente des Dispositivs. Das Dispositiv selbst ist das Netz, das zwischen diesen Elementen geknüpft werden kann (Foucault 1978: 119f.)". So schreibt die Philosophin Anja Trebbin in ihrer Promotion *Zur Komplementarität des Denkens. Politisches Engagement von Foucault und Bourdieu zum Gefängnis als Dispositiv*: „Im Gefängnis als Reaktion auf den Notstand des Strafwesens schließen sich Sichtbares und Sagbares zusammen: Architektur, Menschen, Regeln, Gesetze, Rituale, Wissen. Das Gefängnis, die Strafform der Internierung, ist das Netz, das diese Momente verbindet – ein Dispositiv" (Trebbin 2013: 217).

222 Das bedeutet, dass in unserer heutigen Zeit sichtbar gemacht wird, um Authentizität und Wert zu erzeugen. So werden beispielsweise in Restaurants Küchen und die in ihnen arbeitenden Köch_innen für die Restaurantbesucher_innen sichtbar eingerichtet, um Qualität und Sauberkeit zu zeigen, Bürogebäude werden mit verglasten Fassaden ausgestattet, um die Arbeitenden bei ihrer täglichen Tätigkeit zu zeigen, und Fitnessstudios werden einsehbar gebaut, um einem vorbeikommenden Publikum zu zeigen, dass hier Sport getrieben wird. Auch im Fernsehen und Internet und vor allem im Bereich der Social Media wird sichtbar gemacht, was vor dem digitalen Zeitalter überwiegend im Verborgenen stattgefunden hat. Die Einrichtung der eigenen Wohnung, die Entwicklungsschritte der eigenen Kinder, sexuelle Praktiken oder die Partner_innen-Suche werden in speziellen Fernsehformaten und in den sozialen Medien über verschiedene Verbreitungsplattformen einem Publikum zur Schau gestellt. Diesem Zu-sehen-Geben ist genau wie den Repräsentationsprozessen eine Auswahl vorgeschaltet, die festlegt, welche Bilder und Texte gezeigt werden und welche nicht.

detaillierten Auseinandersetzung mit der Herstellung von Sichtbarkeit gilt es, ihre positive Konnotiertheit zu problematisieren und danach zu fragen, wer was auf welche Weise und für wen sichtbar macht. Sichtbarkeit ist folglich in Machtkonstellationen verstrickt und erfordert eine Betrachtung aus machtkritischer Perspektive. Wird eine Relation zwischen Sichtbarkeit und Verräumlichung analysiert, bietet Michel Foucaults Ansatz des Panoptismus eine produktive Perspektivierung. Er hat herausarbeitet, dass die Herstellung von Sichtbarkeit durch Räume dazu führt, dass Disziplinarmacht wirkt und zur Evidenzproduktion und Klassifizierung führt.

Findet nun eine Anwendung von Foucaults Ausführungen zur Sichtbar-Machung und Parzellierung durch den architektonischen Raum auf die herausgearbeiteten Kategorien der HERSTELLUNG VON SICHTBARKEIT aus den Forschungsmaterialien statt, ergeben sich folgende Schlussfolgerungen.

- Die sichtbaren Vermittlungsräume wirken disziplinierend auf die Kunstvermittler_innen ein: Während ihrer Arbeit im sichtbaren Vermittlungsraum unterwerfen sie sich den Regeln und Normen des Museums, steigern ihre Produktivität und tragen zur Erhöhung der Ökonomien des Museums bei.

- Die sichtbaren Vermittlungsräume führen bei den Akteur_innen der Kunstvermittlung zur Internalisierung bestehender Machtverhältnisse im Museum.

- Mit der Parzellierung und Abtrennung vom Ausstellungsraum werden Vielfältigkeitsphänomene aufgehoben und der Gegenstand Kunstvermittlung wird klassifiziert und evident.

- Die sichtbare räumliche Aufteilung zwischen pädagogischer Arbeit und Ausstellungsraum schließt die pädagogischen Aktivitäten in ihrem Vermittlungsraum ein und hält sie vom Ausstellungsgeschehen außerhalb separiert. Dieser distinktive Prozess trägt zur Stabilisierung der Klassifizierung bei.

Genau wie bei der Relation zwischen ANERKENNUNG ERHALTEN und der ZENTRALEN PLATZIERUNG unter Bourdieu'scher Perspektive zeigt sich als Auswirkung der *räumlichen Struktur* in der Verbindung zwischen HERSTELLUNG VON SICHTBARKEIT und POTENZIELLES KONTROLLIERT-WERDEN, dass eine Klassifizierung und Evidenzbildung der Kunstvermittlung stattfindet. Auch hier wird eine Ordnung hergestellt, die die Kunstvermittlung vom Ausstellungsraum und somit die Praxis der pädagogischen Arbeit von der Praxis der Ausstellung trennt.

# 9 Die *räumliche Praxis* der sichtbaren Vermittlungsräume

Die *räumliche Praxis* basiert in der vorliegenden Untersuchung auf dem alltäglichen raumbezogenen Handeln der Kunstvermittler_innen sowie auf deren Wahrnehmungen des Raumes. Dabei handelt es sich um ein habitualisiertes Handeln, welches Akteur_innen-zentriert und eingelagert in institutionelle Routinen ist. Die *räumliche Praxis* stellt eine nicht-reflexive Praxis dar und steht in enger Verbindung zur Raumebene der *räumlichen Struktur* und ihren Konzepten der HERSTELLUNG VON SICHTBARKEIT und der ZENTRALEN PLATZIERUNG.
Für die Ausarbeitung der *räumlichen Praxis* der Kunstvermittler_innen stehen folgende Fragen im Zentrum dieses Kapitels:

- Wie nehmen die Kunstvermittler_innen den sichtbaren Vermittlungsraum in ihrem Alltag wahr?

- Welche zentralen raumbezogenen Verhaltensweisen zeigen sich in ihrem alltäglichen Handeln?

Mit dem Verfahren der konstruktivistischen Grounded Theory entfalteten sich daraus die beiden Kategorien MÖGLICHKEIT DES ZEIGENS und INTERAGIEREN MIT DEM AUSSTELLUNGSRAUM. Das Kapitel stellt diese Kategorien – wiederum ausgehend vom Datenmaterial – dar und setzt sie in Bezug zu bereits existierenden Theorien und Praxen in der Kunstvermittlung und Kunst-/Pädagogik. Gegliedert ist dieses Kapitel entlang der Kategorien, die in den Konzepten zusammenfließen, sowie entlang ihrer Auswirkungen auf das Agieren der Kunstvermittler_innen: Die MÖGLICHKEIT DES ZEIGENS setzt sich aus „Ausstellung machen", die „Vermittlung des Ausstellungmachens" sowie die „pädagogische Operation des Zeigens" zusammen. Das Konzept INTERAGIEREN MIT DEM AUSSTELLUNGSRAUM bildet sich aus den beiden Kategorien „Interagieren mit Kunst" und „Interagieren mit dem Publikum" mit deren Auswirkungen von „Störung und Unterbrechung" der pädagogischen Praxis.
Beide hier vorgestellten Konzepte werden im theoretischen Sampling zu einem übergeordneten weiteren Konzept der VERMITTLUNG VON KUNSTVERMITTLUNG zusammenkommen, dessen Beschreibung den Abschluss dieses Kapitels darstellt.

## 9.1 Räumliche Praxis: Die MÖGLICHKEIT DES ZEIGENS

Alle sichtbaren Vermittlungsräume der vorliegenden Untersuchung waren Kunstausstellungsräume[223], bevor sie in sichtbare Vermittlungsräume umgewandelt wurden. In ihrer physisch-materiellen Gestaltung zeichnen sich diese Räume in großen Teilen durch die Eigenschaften eines Ausstellungsraumes aus. Zum einen sind sie für das Museumspublikum sichtbar und zentral innerhalb des Gebäudes platziert, wie mit der *räumlichen Struktur* herausgearbeitet wurde, und zum anderen verfügen sie über Wand- und Bodenflächen, die die Möglichkeit bieten, ‚etwas' präsentieren zu können.
Diese physisch-materielle Gestaltung als ehemaliger Ausstellungsraum ist der Wahrnehmung der Kunstvermittler_innen und somit ihrer *räumlichen Praxis* implizit. Sie beschreiben ihn als Ausstellungsraum, den sie als solchen für ihre pädagogische Arbeit sowie für pädagogische Zeigeoperationen nutzen.
Die Kunstvermittler_innen umschreiben die sichtbaren Vermittlungsräume damit, dass sie „wunderbar weiße Wände" (C2: 304) haben, „große Präsentationsflächen" bieten (B3: 138) und über „Platz an der Wand" verfügen (B3: 386). Diese vom physisch-materiellen Raum vorgegebenen Gestaltungsmöglichkeiten an vorhandenen Wänden und Flächen werden von den Vermittler_innen aufgegriffen (B3: 336ff., C2: 304f., B5: 144), indem sie Ausstellungen mit Produkten und Dokumentationen aus der Kunstvermittlung realisieren. Diese werden zum einen von den Pädagog_innen hergestellt oder in der Form der Vermittlung des Ausstellungmachens gemeinsam mit den Teilnehmenden der Kunstvermittlungsangebote entwickelt. Der sichtbare Vermittlungsraum wird dabei in der Differenz zu anderen Vermittlungsräumen über seine Funktion, ‚etwas' auszustellen, hergestellt (C3: 537f.).
Neben der Wand und den Präsentationsflächen ist die Verwendung von materiellen wie personellen Ressourcen der *räumlichen Praxis* der MÖGLICHKEIT DES ZEIGENS immanent. Mit der Produktion von Ausstellungen im sichtbaren Teil des Museums können die Kunstvermittler_innen auf Ressourcen zurückgreifen, die aus dem Bereich der Produktion von Kunstausstellungen der Institutionen stammen und die ihnen vorher nicht zugänglich waren (B2: 315f.). Dieser Rückgriff wird in der Nutzung von musealen Präsentationsmedien wie professionellen Bilderrahmen, Beamern oder Vitrinen sowie der professionellen Installation im Raum, die mit der Unterstützung durch Personal aus dem Aufbauteam in Form von Lichtsetzung, Kabelverlegung und der Befestigung von Wandtexten realisiert wird, evident.

223 Teilweise wurden die Vermittlungsräume über einen Rückbau in ihre ursprüngliche Funktion geführt, Kunst zu präsentieren. In der Galerie für Zeitgenössische Kunst in Leipzig wurden die Vermittlungsräume, die im Altbau des Museums in der Zeit vom Juni 2013 bis Oktober 2016 eingerichtet waren, wieder für die Präsentation von Kunst umgestaltet. Die Städtische Galerie in Nordhorn hingegen nutzt den Projektpavillon weiterhin sowohl für die praktische Arbeit in der Kunstvermittlung, für Ausstellungen der Kunstvermittlung als auch für die Präsentation von Kunst im Rahmen ihres Ausstellungsprogramms.

*„Also, es gibt vernünftige Rahmen und es gibt Aufbauhelfer, die einem sagen können, wie man das gut hängen kann, und es gibt das ganze Werkzeug und alles, was man so braucht, Licht [...], dass das vielleicht auch wichtig ist, wie man das präsentiert am Ende" (B2: 315f.).*

Es wird deutlich, dass die Ausstellungen und das Ausstellungmachen der Kunstvermittlung geprägt sind durch die Gestaltung der Räume als ehemalige Kunstausstellungsräume und ihrer dazugehörigen Ressourcen.
Da das ‚Zeigen' in der dominierenden Betrachtung des Ausstellungmachens in den Tätigkeitsbereich der Kurator_innen fällt, erfolgt aus diesem Grund zunächst eine Beschreibung, die das Produzieren von Ausstellungen von Kurator_innen beschreibt. Im Anschluss daran erfolgt eine Übertragung auf den Forschungsgegenstand und das herausgearbeitete Konzept der MÖGLICHKEIT DES ZEIGENS.

## Die MÖGLICHKEIT DES ZEIGENS in Form von Ausstellungen

Eine Ausstellung zu machen beziehungsweise etwas auszustellen bedeutet, ‚etwas' zur Schau zu stellen und räumlich zueinander in Beziehung zu setzen. Ausgehend von den Anliegen der Kurator_innen steht im Mittelpunkt des Ausstellungmachens die Absicht, Kommunikation zu schaffen, die sich über das Räumliche herstellt. Dabei werden neue Bedeutungszusammenhänge relevant, die „neuartige Frage stellen, völlig neuen Sinn generieren, [sowie H. P.] neues Wissen produzieren" können (Aumann/Dürr 2013: 10).
Die Kurator_innen von Kunstausstellungen sind diejenigen, die teilweise in der Zusammenarbeit mit Künstler_innen über das Gezeigte und die Art und Weise der Präsentation entscheiden. Die kuratorische Tätigkeit an sich wird in Handbüchern zum Ausstellen und zum Museum dabei als „komplexe Planungsaufgabe" (Warnecke 2016: 243), „komplexe Tätigkeit" oder „kreativer Akt" (Aumann/Dürr 2013: 10) beschrieben und Kurator_innen als hybride Alleskönner_innen benannt, die „als Wissenschaftlerin, Philosoph, Künstlerin, Gestalter, Managerin, Organisator, Coach, Buchhalter, Rednerin und Kunstvermittler" (Bianchi 2016: 251) agieren.[224]

224 Ein prominent genannter Vertreter, der zur Entstehung der Profession „Kurator_in" beigetragen oder im Zusammenhang des Beginns der „kuratorischen Zeitenwende" genannt wird, ist Harald Szeemann, der im deutschsprachigen Raum einer der ersten war, der im Jahr 1969 mit der Ausstellung *Live in Your Head: When Attitudes Becomes Form* in der Kunsthalle Bern eine Präsentationsform wählte, die nicht auf einer Chronologie oder Thematik der gezeigten Exponate basierte. Vielmehr setzte Szeemann auf den Dialog, der durch die Zusammenstellung und Anordnung im Raum von künstlerischen Arbeiten, die teilweise extra für die Ausstellung angefertigt wurden, hergestellt wurde (vgl. Bianchi 2016: 250).

Im Zentrum der kuratorischen Tätigkeit, auch wenn dies eher selten öffentlich kommuniziert wird, stehen organisatorische Praktiken wie „Korrespondenz, Logistik und Budgetverwaltung" (Reitstätter 2015: 67), wie die Kulturwissenschaftlerin Luise Reitstätter in ihrer Publikation *Die Ausstellung verhandeln* beschreibt. Gemessen und wahrgenommen wird das tatsächliche Tun der Kurator_innen jedoch vielmehr an den Resultaten der Ausstellung oder den Ausstellungskatalogen, die jedoch immer in einem kollektiven Prozess aus mehreren Akteur_innen entstehen. Die Position der Kurator_in profitiert davon, dass ihr der Tätigkeitsbereich der Ausstellungsproduktion und das damit einhergehende symbolische Kapital zugeschrieben werden.

Mit der MÖGLICHKEIT DES ZEIGENS geht die Tätigkeit sowie das damit verbundene symbolische Kapital des Ausstellungmachens in Anteilen in den Arbeitsbereich der Kunstvermittler_innen über. Die Kunstvermittler_innen übernehmen Aktivitäten in ihrer pädagogischen Praxis, die dem Feld des Kuratorischen zugeschrieben sind. Dabei findet das Zeigen von fertigen Produkten aus der Kunstvermittlung in Form von Ausstellungen im Rahmen der vorliegenden Untersuchung überwiegend als Abschluss von Vermittlungsprojekten, die meist über mehrere Termine angelegt sind, statt.

Es ist eine Tätigkeit, die einer langfristigen und organisatorischen Planung bedarf, die auf andere pädagogische Handlungen und Entscheidungen der Kunstvermittler_innen Einfluss nimmt. Augenscheinlich wird dies an den Entscheidungen und Vorgehensweisen der Kunstvermittler_innen in ihrer pädagogischen Praxis:

> *„Also, klar denkt man ja, wenn man so einen Kurs gibt, denkt man schon mit, wie kann man das zeigen oder wie könnte man das machen." (B4: 255f.)*

So werden Fragen der Materialwahl – ob beispielsweise A5 oder A3 verwendet werden soll (B4: 259) – und die konkrete Form der Umsetzung in Relation zur MÖGLICHKEIT DES ZEIGENS in Form einer Ausstellung gedacht.

> *„Also, es macht halt dann was mit den Formaten, die man da anbieten möchte, finde ich." (A4: 144f.)*

Insgesamt wirkt sich die MÖGLICHKEIT DES ZEIGENS dahingehend auf die Handlungen der Vermittler_innen aus, dass sie in ihren Formaten etwas produzieren lassen, was im Anschluss in einer Ausstellung präsentiert wird. Das bedeutet: Die Entstehung von Produkten wird fokussiert. Die MÖGLICHKEIT DES ZEIGENS führt bei den Vermittler_innen zu einer weiteren Verhaltensänderung, da Handlungen sowie die Auswahl und Durchführung ihrer Angebote vor dem Hintergrund der HERSTELLUNG VON SICHTBARKEIT entschieden werden.

Dieses Bewusstsein darüber, dass der Raum und ihr pädagogisches Handeln angeschaut werden, wirkt sich auf ihre Praxis aus. Sie vollziehen bestimmte Tätigkeiten auf eine andere Art und Weise beziehungsweise führen bestimmte Handlungen vermehrt oder vermindert durch. Besonders wird dies an einem schonenden Umgang mit dem Raum, der nicht ‚dreckig' gemacht werden soll, deutlich.

> *„Und man kleckst da nicht mit Farbe herum, weil das ist nämlich ein Parkettboden und so etwas." (B4: 411f.)*

Dieser schonende, vorausschauende Umgang mit dem Raum zeigt sich umgekehrt in der Beschreibung der Vermittler_innen, was in einem nicht-einsehbaren Vermittlungsraum möglich wäre:

> *„Ich fände das, glaube ich, auch nicht schlecht, weil man dann so mehr vielleicht herumtüfteln kann, nicht Sachen unbedingt zu Ende bringen muss, vielleicht auch mal Schmutz hinterlassen kann oder so. Dass es wie so eine Werkstatt ist. Das würde ich als Vorteil daran sehen, dass man jetzt weiter weg von den Ausstellungen ist." (B4: 367 ff.)*

Das Mitdenken der Produktion einer Ausstellung sowie die veränderte pädagogische Praxis zeigen sich auch in der Organisation und Durchführung der Ausstellungseröffnung. Diese beinhaltet eine zeitliche Planung sowohl des Aktes der Eröffnung – Ankündigung, Distribution, Einladungen, Raumgestaltung – als auch eine terminliche Festlegung für die Fertigstellung der zu präsentierenden Produkte aus der pädagogischen Arbeit. Die Eröffnung selbst erfordert neben der Fertigstellung der Ausstellung weitere Aktivitäten, die ebenfalls in den Tätigkeitsbereich der Kunstvermittler_innen fallen. Es wird eine Ansprache vorbereitet, die sowohl von den Vermittler_innen als auch von den Teilnehmenden übernommen wird. Der Raum wird hergerichtet, indem beispielsweise Stühle zur Verfügung gestellt, teilweise ein Catering organisiert sowie eine Raumeinteilung für die unterschiedlichen Nutzungen während der Eröffnung – Ansprache, Verpflegung, Präsentation – vorgenommen werden. Diese Tätigkeiten können aufgrund der zeitlichen Budgetierung der Vermittler_innen als Stress empfunden werden.

> *„Also, durch diese Sichtbarkeit lag eben auch der Müll sichtbar herum, und das war vor einer Präsentation dann immer noch mal stressig auch." (B4: 160f.)*

Es zeigt sich, dass der Raum in seiner Sichtbarkeit direkten Einfluss auf die Auswahl der Formate, Wahl der Materialien und die Art des Umgangs damit hat.

## Die MÖGLICHKEIT DES ZEIGENS in den untersuchten Ausstellungsinstitutionen

In der Galerie für Zeitgenössische Kunst in Leipzig ist die *räumliche Praxis* der MÖGLICHKEIT DES ZEIGENS in Form von Ausstellungen eine Praxis, die seit der Gründung einer eigenständigen Kunstvermittlungsabteilung im Jahr 2005 existiert. Die Einrichtung als eine eigene Kunstvermittlungsabteilung, die sich auf die Arbeit mit Kindern und Jugendlichen spezialisiert, ging einher mit der Nutzung sichtbarer Räume, die von Beginn für die Präsentation von Produkten aus der pädagogischen Arbeit genutzt wurden. Seit der Gründung der Kunstvermittlungsabteilung mit dem Namen GfZK FÜR DICH etablierte sich damit eine Kunstvermittlungspraxis, die das Ausstellungmachen und die Vermittlung des Ausstellungmachens als Teil ihrer Praxis verstand und dies auch bis heute in ihrem Mission Statement formuliert:

> *„In dialogisch angelegten Prozessen arbeiten die Teilnehmer*innen gleichberechtigt mit dem GfZK FÜR DICH Team zusammen. Sie gestalten die Themen und Arbeitsmethoden mit und entwickeln spezifische Präsentationsweisen für die Vorstellung der Projektergebnisse." (Galerie für Zeitgenössische Kunst 2016: o.S.)*

So wurden beispielsweise unter dem Titel *Was wir gemacht haben* (2015) die Zeichnungen und Collagen von Kindergartenkindern gezeigt, die aufgrund einer Kooperation zwischen ihrer Kindertagesstätte und der GfZK regelmäßig die Ausstellungen besuchten. Oder es wurden unter dem Titel *Leipzig_London* vom 23.04.2005 bis zum 27.05.2005 fotografische Arbeiten von Schüler_innen einer 11. Klasse präsentiert.[225]

Die *räumliche Praxis* des SICH-PRÄSENTIEREN in Form von Ausstellungen wird in der GfZK als eine eigenständige Praxis der Kunstvermittlungsabteilung vollzogen. Sie findet neben den physischen Räumen der GfZK FÜR DICH auch an anderen Orten des Museums statt und wird über die Webseite als auch über Plakate und weitere Distributionsmedien angekündigt und vermittelt. Auch realisieren die Kunstvermittler_innen eigenständige Ausstellungen, die im regulären Ausstellungsprogramm angesiedelt sind. So wird dabei auch dezidiert über das Thema

225 Als Beispiel werden hier die Ausstellungen der Kunstvermittlungsabteilung GfZK FÜR DICH in der Zeit von 2006 bis 2008 aufgelistet, um die Vielzahl und die Dauer der Ausstellungen zu verdeutlichen: *Mein Block, mein Viertel, meine Stadt* (26.11.2005–29.01.2006); *Mein Block, mein Viertel, meine Stadt (II)* (24.02.2006–02.04.2006); *Familie-Familie* (05.05.2006–14.05.2006); *Von Autos in Küchen* (20.05.2006–13.08.2006); *Archit-Concepts* (15.07.2006–10.08.2006); *12. Kinder- und Jugendkunstausstellung* (02.12.2006–12.01.2007); *10 Fragen* (06.10.2007–09.12.2007); *13. Kinder und Jugendkunstausstellung* (13.01.2008–15.02.2008); *Figurenzone* (08.06.2007–08.07.2007); *Sammelgeschichten* (28.04.2007–28.05.2007); *14. Leipziger Kinder- und Jugendkunstausstellung* (11.01.2009-27.02.2009); *Die GfZK ab 3 – 2008* (18.10.2008–23.11.2008); *Unsere Stadt* (13.09.2008-12.10.2008); *Internationaler Jugendaustausch* (09.08.2008–07.09.2008); *Es tut sich was* (28.06.2008–27.07.2008); *Hier leben wir* (30.04.2008–25.05.2008); *My Space Cairo* (05.04.2008–26.04.2008); *Körperhüllen* (23.02.2008–30.03.2008).

Raum und Sichtbarkeit diskutiert. In der Ausstellung *Visibility Room*, die vom Kunstvermittlungsteam entwickelt wurde, gehen Künstler_innen und Designer_innen folgenden Fragen nach:

> *„Wer sieht und wer wird gesehen? Welche Strategien der Erweiterung lassen sich finden und welche Handlungsformen der Aneignung können erprobt werden? Wer darf seine/ihre Geschichte wie erzählen und wer bekommt dafür den Raum?" (Galerie für Zeitgenössische Kunst 2018: o.S.).*

Dabei fungieren die Vermittler_innen als Entscheider_innen, die nicht nur das Thema der Ausstellung, sondern auch die Auswahl über die beteiligten Künstler_innen treffen. Speziell mit dem Thema dieser Ausstellung zeigt sich, dass die Vermittler_innen die Möglichkeit haben, sich öffentlich in Form von Ausstellungen zu ihren Anliegen – wie hier die Verteilung von Raum und die Herstellung von Sichtbarkeit – zu äußern.

In der Städtischen Galerie in Nordhorn zeigt sich die *räumliche Praxis* der MÖGLICHKEIT DES ZEIGENS der Kunstvermittler_innen in Form von Ausstellungen anhand von eintägigen Ausstellungen, die im Zusammenhang der Finissage der Kunstausstellungen im Projektpavillon stattfinden. Dabei werden die Produkte ausgestellt, die während der regelmäßigen Kunstvermittlungsangebote[226] in den sogenannten *Laboren* produziert werden. Die Präsentation wird im Vorfeld im Rahmen des allgemeinen Ausstellungsprogramms angekündigt. Explizit geladen sind zu den Ausstellungseröffnungen vor allem Familien und Freund_innen der Kinder und Jugendlichen, die an den Vermittlungsangeboten teilnehmen. Eröffnet werden diese Ausstellungen gemeinsam von der Leiterin der Jugendkunstschule sowie dem Leiter der Städtischen Galerie, der im Anschluss an die Eröffnung einen Ausstellungsrundgang durch die Kunstausstellung anbietet. Das Format ortsgespräch, das Kunstvermittlungsangebot für Erwachsene in der Städtischen Galerie, nutzt die Räume in und außerhalb des Projektpavillons ebenfalls, um Ausstellungen sowie Zwischenstadien der Kunstvermittlungsprojekte zu präsentieren. Auch diese werden, abhängig von den Kunstvermittler_innen, die die Vermittlungsprojekte leiten, angekündigt und öffentlich eröffnet.

Im ZKM | Zentrum für Kunst und Medien Karlsruhe wird die MÖGLICHKEIT DES ZEIGENS im *BÄM*-Raum über die Präsentation von Produkten auf der Webseite der Institution sowie über die Anwendung von Social-Media-Kanälen eingelöst. Dort werden die künstlerisch-ästhetischen Produkte gezeigt, die im Rahmen der *BÄMlabs* angeboten werden und die sich an der Subkultur der Maker-Szene orientieren. Dabei treten die von den Teilnehmer_innen erstellten Produkte in den Mittelpunkt der Vermittlungsaktivität. Die Darstellung der Produkte

226 In der Städtischen Galerie in Nordhorn ist die Kunstvermittlung in Form einer Kunstschule organisiert. Alle Angebote arbeiten mit den Ausstellungen oder gehen von diesen aus.

von *BÄM* auf der Webseite ist im Rahmen der Vermittlungsformte während des beforschten Zeitraumes des ZKM einzigartig. In keinem anderen Format der ZKM-Bildungsabteilung werden die erzeugten Produkte der Teilnehmenden auf diese Weise präsentiert.

## Das Zeigen künstlerisch-ästhetischer Produkte ohne sichtbaren Vermittlungsraum

Das Präsentieren von künstlerisch-ästhetischen Produkten stellt im Kontext der gegenwärtigen Praxis der Kunstvermittlung einen Teilbereich dar, der auch außerhalb des physisch-materiellen sichtbaren Vermittlungsraumes in Erscheinung tritt. Kunstvermittlungsprodukte werden in Deutschland – vor allem seitdem Bedeutung und Handlungsmöglichkeiten der Kunstvermittlung innerhalb der Kunstmuseen zunehmend angestiegen sind[227] – vermehrt in Ausstellungsräumen oder aber angrenzenden architektonischen Räumen wie dem Foyer[228] gezeigt. Dabei werden sie sowohl dem Ausstellungspublikum, oder aber einer geladenen Öffentlichkeit präsentiert. Als Kern oder Hauptanliegen wird das Präsentieren von Kunstvermittlungsprodukten und das Produzieren eigener Ausstellungen in diesen Zusammenhängen weder in den Mission Statements der Kunstvermittlung noch in den Beschreibungen der Kunstvermittlungsangebote genannt.
Im Unterschied dazu sind das Ausstellungmachen und die Präsentation der eigenen Ergebnisse als Tätigkeitsbeschreibung in den Institutionen mit sichtbarem Vermittlungsraum Teil des Mission Statement der Vermittlungsabteilungen:

> *„Sie [die Teilnehmenden; H. P.] gestalten die Themen und Arbeitsmethoden mit und entwickeln spezifische Präsentationsweisen für die Vorstellung der Projektergebnisse.“ (Galerie für Zeitgenössische Kunst Leipzig 2016: o.S.)*

> *„Jedes Projekt endet mit einer Abschlusspräsentation im Rahmen der Finissage der jeweiligen Ausstellung in der Städtischen Galerie Nordhorn.“ (Eckert/Zosik 2012: 12)*

227 Mörsch, Schade und Vögele schreiben im ersten Satz ihrer Publikation *Kunstvermittlung zeigen. Über die Repräsentation pädagogischer Arbeit im Kunstfeld* (2017): „Vermittlung in Kunst- und anderen Museen und Ausstellungsinstitutionen ist in den letzten zwei Jahrzehnten von einer in der Hierarchie solcher Institutionen eher untergeordneten Tätigkeit zu einer wenn auch nicht strukturell gleichgestellten, so doch viel beachteten Arbeit geworden“ (Mörsch/Schade/Vögele 2017: 7).

228 So praktizierte beispielsweise die Kunsthalle Mainz unter der damaligen Direktorin Nathalie de Light in der Zeit von 2008 bis 2011 Ausstellungen der Kunstvermittlung in den Ausstellungsräumen der Kunsthalle, bei der Produkte aus der Kunstvermittlung präsentiert wurden: *Nachspiel: Zeit – Eine Ausstellung von Kindern und Jugendlichen* (27.07–24.08.2008); *Stadt im Fluss/Stadt am Fluss – Eine Ausstellung und ein Kunstprojekt von und für Kinder und Jugendliche* (18.06.–01.08.2010); *Sammelsurien. Eine Ausstellung von und für Kinder und Jugendliche* (19.08.–6.11.2011); My Way. *Kinder und Jugendliche stellen aus* (11.05.–05.08.2012).

Die *räumliche Praxis* der MÖGLICHKEIT DES ZEIGENS in Form von Ausstellungen in sichtbaren Vermittlungsräumen zeigt sich nicht nur in den pädagogischen Handlungen der Kunstvermittler_innen, sondern manifestiert sich auch in den Selbstdarstellungen der Kunstvermittlungsabteilungen. Das Ausstellungmachen wird mit der Nutzung sichtbarer Vermittlungsräume als Teil der kunstvermittlerischen Praxis proklamiert.

## Divergierende Inhalte: Kunstvermittlung zeigt sich selbst

Dass Kunstvermittler_innen in Kunstmuseen eigene Ausstellungen realisieren, auch wenn es aktuell in nur wenigen Institutionen stattfindet, ist kein ganz neues Phänomen. Verändert haben sich im Zuge der Einrichtung der sichtbaren physisch-materiellen Vermittlungsräume jedoch die Gegenstände der Präsentation sowie das Anliegen, das hinter dem Ausstellungmachen steht. Ist das Anliegen von sogenannten *Didaktischen Ausstellungen* (vgl. Kunstsammlung NRW 1997/1998: 57), die in der Vergangenheit von pädagogischen Abteilungen produziert wurden, überwiegend die Vermittlung der Kunstausstellungen mittels hierfür hergestellter und zusammengestellter Materialien und Informationen, so sind es in den sichtbaren physisch-materiellen Vermittlungsräumen überwiegend die Produkte, die aus den Vermittlungsprojekten heraus entstanden sind, sowie die Darstellung der Prozesse der pädagogischen Arbeit in Form von Dokumentationen. Damit zeigt sich eine Verschiebung, die in unterschiedlichen Anliegen und Verständnissen der pädagogischen Arbeit im Museum begründet liegt. Die Vermittlung von Inhalten der Kunstausstellungen hat sich zu einer Repräsentation der Arbeit der Kunstvermittlung und dem Zeigen der hergestellten Produkte der Teilnehmenden entwickelt. Die Kunstvermittler_innen kommunizieren mit der Herstellung von Ausstellungen räumlich über Kunstvermittlung. Sie entscheiden dabei selbst darüber, beziehungsweise in der Absprache mit den Teilnehmenden, was auf welche Weise in der Ausstellung gezeigt wird. Dies ist ein entscheidender Unterschied zu den Praktiken der Vermarktung der Kunstvermittlung in Form von Broschüren, Flyern oder Webseiten-Ankündigungen. Bei letzterer Form der Vermittlung haben die Kunstvermittler_innen in der Regel nicht allein die Entscheidungsmacht darüber, welche Bilder und welche beschreibenden Texte zu der Vermittlungsarbeit veröffentlicht werden, sondern sind an Absprachen und Kompromisse mit der Presse- und Marketingabteilungen gebunden.

Die selbstbestimmte Produktion der Ausstellung reiht sich ein in die Entwicklung und ist parallel zu lesen zur Entwicklung in der Kunstvermittlung, die zu einem eigenständigen Feld herangewachsen ist, das sich nicht mehr als Dienstleistung in der Vermittlung von Ausstellungsanliegen und Inhalten versteht, sondern eigene Ziele verfolgt. Um den Unterschied zwischen den Ausstellungen im sichtbaren Vermittlungsraum und dem Ausstellungmachen als Begleitausstellung oder didaktische Ausstellung konkret zu machen, werden im Folgenden zwei Beispiel aufgezeigt.

## *Didaktische Ausstellungen und Kindermuseen* als Medium der Kunstausstellungsvermittlung

In Deutschland wurden und werden seit den 1970er Jahren Ausstellungen von museumspädagogischen Abteilungen realisiert, die sichtbar für das Museumspublikum eingerichtet sind, und die sowohl den Zweck verfolgen, als didaktische Ausstellungen Inhalte und Anliegen der Kunstausstellungen sowie der Sammlungen zu vermitteln als auch in Form von Kindermuseen[229] Ausstellungen entsprechend der (vermeintlichen) Interessen und Bedürfnisse von Kindern und Jugendlichen umzusetzen. So auch im *Handbuch Museum* unter der Rubrik *Kindermuseen* nachzulesen (vgl. König 2016: 159). Ausgerichtet sind beide Ausstellungsarten speziell auf das Rezeptionsverhalten von Kindern und Jugendlichen sowie auf die vermeintlichen Bedürfnisse eines Nicht-Fachpublikums. Als Beispiele für diese Art und Weise der Herstellung von Ausstellungen der pädagogischen Abteilungen in Museen in der Vergangenheit und heute werden im Folgen zwei Institutionen vorgestellt – die Kunsthalle Karlsruhe und die Kunstsammlung Nordrhein-Westfalen. Dargestellt wird die Tätigkeit des Ausstellungmachens als *didaktische Ausstellung* sowie als *Kindermuseum*.

## *Ausstellungen für Kinder in der Kunsthalle Karlsruhe*

Die Kunsthalle in Karlsruhe gehört zu einem der ersten Museen in Deutschland, die Ausstellungen in eigenen Räumen mit der Bezeichnung *Kindermuseum* realisiert haben: Seit dem Jahr 1973 wenden sie sich mit thematischen Ausstellungen explizit an Kinder und Jugendliche.

> *„Zunächst wurden – damals ein revolutionärer Akt – Gemälde auf Augenhöhe der Kinder gehängt und Bilderklärungen speziell für Kinder und Jugendliche verfasst. Außerdem wurden für die jungen Besucher relevante thematische Ausstellungen*

229 Die sogenannten Kindermuseen entstanden in Deutschland in den 1970er Jahren räumlich innerhalb der traditionellen Museen und standen in „engem Zusammenhang mit der Diskussion um die Einführung der Museumspädagogik" (König 2016: 150). 1987 wurde das Kindermuseum im Sammelband *Lernort contra Museumstempel* als neuartige Museumsform mit spezieller Didaktik beschrieben (te Heesen 2012: 185). „Die Konzentration auf die Interessen und Bedürfnisse der Zielgruppe bedeutet, dass im Zweifel das didaktisch nützlichere, das mehr Neugier weckende, das mehr Lernen ermöglichende Material den Vorrang genießt" (König 2016: 50).

*konzipiert, die sich an Gemälden aus der Sammlung orientierten und sich Gattungen, Mal- und Grafiktechniken vornahmen." (Staatliche Kunsthalle Karlsruhe 2015: o.S.)*

Realisiert wurden und werden diese Ausstellungen in Karlsruhe von den museumspädagogischen Abteilungen, welche Hands-on-Objekte oder partizipative Kunst zum Agieren zur Verfügung stellen. Ziel ist es, über die Anwendung eine erweiterte Auseinandersetzung mit den Inhalten und Anliegen der Kunstausstellung, der Sammlung oder einer künstlerischen Arbeit im Museum zu ermöglichen. Auf diese Art konzipiert die Kunstvermittlungsabteilung der Kunsthalle in Karlsruhe bis heute zwei bis drei Ausstellungen pro Jahr unter dem Motto: „Mit allen Sinnen Kunst wahrnehmen, sich lustvoll mit Kunst auseinandersetzen, selbst zum Akteur werden und dabei Neues lernen und entdecken!" (ebd.). Bis 2009 nutzte die pädagogische Abteilung zu diesem Zweck einen frei einsehbaren Raum direkt neben dem Eingang des Hauptgebäudes im Foyer des Museums und zog anschließend unter dem Namen *Junge Kunsthalle* in ein eigenes angrenzendes Gebäude, welches über eigene Ausstellungs- und Aktionsräume verfügt.

## Kunstsammlung Nordrhein-Westfalen

Mit einem ähnlichen Anliegen hat die pädagogische Abteilung der Kunstsammlung Nordrhein-Westfalen in der Zeit von 1995 bis 2006 im K20 *didaktische Ausstellungen* verwirklicht. Im sogenannten *Schauraum*, ein vom Eingang des Museums frei einsehbarer Raum, konzipierte die pädagogische Abteilung Ausstellungen für die Vermittlung von Inhalten der parallel gezeigten Kunstausstellung oder für die allgemeine Ausbildung von Fertigkeiten, die aus Sicht der Abteilung für die Auseinandersetzung mit Kunst Relevanz haben. Dafür wurden unter anderem Reproduktionen von Originalen angefertigt, die die Auswahl der künstlerischen Arbeiten in der Kunstausstellung erweiterten, um einen Einblick in das Gesamtwerk einer Künstler_in zu geben. Es wurden Videofilme produziert und gezeigt, die dem Publikum „wesentliche Informationen über das Leben und das Werk der Künstler vermittelten" (Kunstsammlung NRW 1997: 66), Experimentierstationen realisiert, bei denen bestimmte Maltechniken nachempfunden werden konnten (Kunstsammlung NRW 2003: 83) oder Ateliersituationen in Anlehnung an die ausgestellten Künstler_in hergestellt – wie in der Ausstellung *Atelier Matisse*:

*„Im Schauraum der Abteilung Bildung und Kommunikation war mit Möbeln, Objekten und in den Raum gehängten Stoffen, die denen von Matisse ähnelten, eine wohnliche Ateliersituation eingerichtet. Sie bot vor allem Gelegenheit zum Zeichnen und Malen von Interieurs und Stillleben – und auch nach der menschlichen Figur. Vor allem für*

*Malkurse wurde ein Modell engagiert, das im Sessel oder auf der Récamière Platz nahm." (Kunstsammlung NRW 2007: 100)*

Mit einem Direktor_innen- und zeitgleichen Wechsel der Leitungen der Kunstvermittlung im Jahr 2006 bei der Kunstsammlung Nordrhein-Westfalen wurde das Konzept der *didaktischen Ausstellungen* im *Schauraum* aufgelöst. Die Räumlichkeiten wurden in *studio 1* umbenannt und werden seitdem als sichtbarer Vermittlungsraum für die Umsetzung von pädagogischen Vermittlungsprogrammen genutzt.
In den Jahren 2010 bis 2016 realisierte die Abteilung Bildung weitere Ausstellungen, die im Zusammenhang zu den gezeigten Kunstausstellungen standen, jedoch räumlich direkt neben den Ausstellungsräumen verortet waren. Dabei wurden in der Zusammenarbeit mit Künstler_innen Ausstellungen für das sogenannte *Labor* realisiert. Im *Labor* sollte die Möglichkeit geschaffen werden, „in unmittelbarer Nachbarschaft zu Bildern und Skulpturen der klassischen Moderne eine andere Haltung gegenüber den Werken einzunehmen. [...] Intendiert war ein Perspektivwechsel, der eine alternative Sicht auf die Kunst, das Museum und die eigene Position erlaubte" (Hagenberg 2016: 5). Auch mit dem *Labor* findet die Herstellung von Ausstellung von einer pädagogischen Abteilung des Museums statt, die im Zusammenhang steht zur gezeigten Kunst. Waren es in den *didaktischen Ausstellungen* das Verstehen und Vertiefen der Inhalte und Anliegen der Ausstellungen ist es im *Labor* die Herstellung einer anderen und eigenen Perspektive auf die gezeigte Kunst.

Beide hier aufgeführten Beispiele aus der Kunsthalle in Karlsruhe sowie der Kunstsammlung Nordrhein-Westfalen verdeutlichen, dass pädagogische Abteilungen von Museen in der Vergangenheit und Gegenwart in Deutschland Ausstellungen realisiert haben und dass ‚Ausstellung machen' in diesen Institutionen einen Teil der pädagogischen Praxis der Kunstvermittler_innen darstellt. Ziel dieser Ausstellungen, um es erneut zu unterstreichen, ist die Vermittlung von Inhalten und Aspekten, die in Beziehung stehen zu den Kunstausstellungen und ihren Sammlungsschwerpunkten, weswegen sie teilweise auch mit Begleitausstellung benannt werden. Sie sind den Kunstausstellungen als vermittelnde Instanz zugehörig.
Im Unterschied dazu werden in den Ausstellungen der sichtbaren Vermittlungsräume die von den Teilnehmenden hergestellten Produkte aus der pädagogischen Arbeit sowie ihre Dokumentationen und Prozesse gezeigt. Zwar stehen auch hier die gezeigten Produkte häufig in einer Verbindung zu der gezeigten Kunst, es geht dabei aber hauptsächlich darum, das zu zeigen, was die Kinder, Jugendlichen und Erwachsenen produziert haben, und nicht um die Vermittlung der Kunstausstellung. Das Zeigen in Form einer Ausstellung in den sichtbaren Vermittlungsräumen kann als eine Praxis verstanden werden, die eine räumliche Kommunikation über

die Praxis der Kunstvermittlung herstellt. Durch das Zeigen der Arbeitsweisen, der Produkte und der Dokumentationen wird die Praxis der Kunstvermittlung inklusive ihrer Akteur_innen hervorgebracht.[230]

## Die Vermittlung des Ausstellungmachens

Die *räumliche Praxis* des ZEIGENS in Form von Ausstellungen wirkt sich neben dem ‚Mitdenken' auf das Handeln der Kunstvermittler_innen in der Form aus, dass sie das Ausstellungmachen an die Teilnehmenden der Vermittlungsangebote vermitteln. Das bedeutet, dass Kunstvermittler_innen nicht nur planen, was auf welche Weise in der pädagogischen Praxis produziert und wie das Entstandene im Raum angeordnet und zueinander in Beziehung gesetzt wird, sondern sie haben zur Aufgabe, diese Tätigkeit zu vermitteln. Das ZEIGEN von ästhetischen Produkten zu lehren, hat zum einen zur Folge, dass die Teilnehmenden lernen, die eigenen Arbeiten in der Form einer Ausstellung zu präsentieren, wobei unterschiedliche Tätigkeiten – Hängung, Plakat- und Einladungsgestaltung, Organisation im Raum – an sie vermittelt werden (vgl. B5: 396f., B2: 227). Dabei setzt das Lehren des Ausstellungmachens voraus, dass die Vermittler_innen selbst über das Wissen – die vielfältigen Möglichkeiten der Präsentationsformen, die Generierung einer Öffentlichkeit, die Vermittlung der Ausstellungsinhalte sowie deren kritische Reflexion – verfügen. Die *räumliche Praxis* verdeutlicht etwas über die Professionalität der Kunstvermittler_innen und über ihre Kenntnisse des Ausstellungmachens.[231]

Zum anderen bietet das (Er-)Lernen des Ausstellungmachens den Teilnehmenden die Möglichkeit, durch die eigenen gemachten Erfahrungen Ausstellungen anders betrachten und beurteilen zu können:

> *„Die werden die nächste Ausstellung, die sie vielleicht machen in der Schule, tatsächlich bewusster umsetzen, weil sie einfach wissen, aha, da war doch was, das ist doch irgendwie/ Da kommt es ja auch auf ein bisschen was an, auf eine bestimmte Form, die ich wähle, eine bestimmte Ästhetik vielleicht auch oder eine bestimmte Art der Sprache, die ich dann deutlich suchen will. Finde ich schon auch wichtig, dass das die Kinder mitmachen." (B5: 375ff.)*

230 Was auf welche Weise in den Ausstellungen in den sichtbaren Vermittlungsräumen hervorgebracht wird und auf welche Weise sich Kunstvermittlung herstellt, wird in der Raumebene der *räumlichen Repräsentation* im anschließenden Kapitel 10 dargelegt.

231 Inwieweit sich die Kunstvermittler_innen diese Kenntnisse autodidaktisch angeeignen oder als Teil ihrer Ausbildung gelernt haben, wurde im Rahmen dieser Forschung nicht untersucht.

Auf der Seite der Vermittler_innen bedeutet dieses Zeigen des Ausstellungmachens, dass die Tätigkeiten, die zur Realisierung einer Ausstellung benötigt werden, an die Teilnehmenden der Vermittlungsprojekte pädagogisch weitergegeben werden.
Zur Folge hat dies für die Vermittler_innen, dass sie Zeit in ihrer pädagogischen Praxis einplanen (müssen), die zum Vermitteln des Ausstellungmachens als auch für die Realisierung der Ausstellung selbst benötigt wird. Bedeutend an dieser Praxis der Kunstvermittler_innen ist, dass dies sowohl in der Kunstvermittlung als auch in der Kunstpädagogik bis heute kaum theoretisiert wurde.[232] Die Kunstvermittler_innen sind dabei auf ihre eigenen Erfahrungen des Ausstellungmachens sowie ihre Erfahrungen in der Rezeption von Ausstellungen angewiesen.

## Resümee: Folgen der MÖGLICHKEIT DES ZEIGENS in Form von Ausstellungen

Mit der *räumlichen Praxis* der MÖGLICHKEIT DES ZEIGENS in Form von Ausstellungen gehen Praxen des Ausstellungmachens in die Arbeit der Kunstvermittlung über. Diese Praxen stammen aus dem Feld der Kurator_innen und Künstler_innen, die Kunst im Ausstellungsraum präsentieren. Ohne dass es bis heute explizite Theoretisierungen zu diesem Handlungsfeld gibt, vollziehen die Vermittler_innen die Tätigkeit und vermitteln sie an die Teilnehmenden. Dies kann aus zweierlei Perspektiven gedeutet werden. Zum einen eigenen sich die Kunstvermittler_innen die Praxis des Ausstellungmachens an und ermächtigen sich, ihre Erzählungen der Kunstvermittlung zum Teil der Erzählungen des Ausstellungshauses werden zu lassen. Sie mischen sich damit in die Darstellungshoheiten des Ausstellungsbetriebs ein, indem sie gemeinsam mit ihren Projekteilnehmer_innen zu sichtbaren Sprecher_innen werden und sowohl ihre Anliegen als auch ihre Arbeitspraxis repräsentieren. Die Akteur_innen stellen den Gegenstand Kunstvermittlung zur Schau und bringen durch den Akt des Zeigens Kunstvermittlung hervor. Dabei sind sie von den Regeln und Vorgehensweisen des Ausstellungmachens der Institution geprägt und schreiben sich gleichzeitig dadurch, dass sie eigene Ausstellungen realisieren, in die Themen und die Art der Präsentation der Institution mit ein.

232 In der Kunstpädagogik erfolgt eine Thematisierung des Ausstellungmachens im Kunstunterricht an einigen wenigen Stellen wie beispielsweise im Themenheft *Kunst+Unterricht* mit dem Titel Ausstellen, herausgegeben von Diethard Herles aus dem Jahr 2007, bei Franz Billmayer in seinen Artikeln: Ausstellungen machen. Sich und dem Bildunterricht ein effektives Schaufenster schaffen (2017) sowie Ausstellen als Unterrichtsgegenstand (2019). Die kritische Kunstvermittlung befasst sich vor allem mit dem Produkt Ausstellung und der Befragung ihrer Herstellung, was sich im Besonderen im Diskurs der Kunstvermittlung als Dekonstruktion zeigt. Dabei wird die Herstellung von Kunstausstellungen im Allgemeinen kritisch beleuchtet und gefragt, wer was auf welche Weise ausstellt. Als Fortsetzung poststrukturalistischer Theorieansätze werden die Auswirkung und Bedeutungsproduktion von Ausstellungen dabei als Sprechakte und ihre Wichtigkeit für die Herstellung von sozialer Wirklichkeit kritisch reflektiert (vgl. Sturm1996; Mörsch 2009a: 19).

Gleichzeitig bedeutet diese Praxis auch eine Stabilisierung der institutionellen Ordnung, da die Praxis des Ausstellungmachens eine in Routinen eingelagerte *räumliche Praxis* der Kurator_innen und Künstler_innen darstellt, die mit Ressourcen und symbolischem Kapital abgesichert und aufgewertet wird.

Die Aufwertung in diesem Teilaspekt der Praxis der Kunstvermittler_innen zeigt die symbolische Ordnung innerhalb der Institution Kunstmuseum, in der das Kuratieren einer Ausstellung symbolisch an oberster Stelle eingestuft wird. Kritisch kann gefragt werden, warum nicht das pädagogische Arbeiten mit den Gruppen in Ausstellungen oder in den nicht sichtbaren Workshop-Räumen in gleicher Weise unterstützt wird. Die Aufwertung der Kunstvermittlung durch umfassende und professionelle Ressourcen erfährt hier eine symbolische Aufwertung, die allein auf der Praxis des Ausstellungmachens und der Platzierung auf den ehemaligen Orten der Kunstpräsentation basiert. Aus dieser Perspektive trägt die *räumliche Praxis* des Ausstellungmachens der Kunstvermittler_innen zur Stabilisierung der institutionellen symbolischen Ordnung bei.

Andererseits stellt das Ausstellungmachen mit Teilnehmenden aus der Kunstvermittlung jedoch auch für diese eine Entmystifizierung der Tätigkeit des Kuratierens dar. Das, was bis jetzt in der Theorie als Ausstellungmachen kaum beschrieben wurde und sich überwiegend an dem Produkt Ausstellung manifestiert, wird hier gelehrt und mit vermeintlichen ‚Laien' umgesetzt. Das Ausstellungmachen wird greifbar und verständlich gemacht.

Im Vergleich zu vergangenen Praxen des Ausstellungmachens der pädagogischen Abteilungen der Museen zeigt sich darüber hinaus, dass mit der *räumlichen Praxis* der Kunstvermittler_innen eine weitere Verschiebung stattfindet. Die Inhalte der Ausstellungen haben sich von einer Vermittlung der Inhalte der Kunstausstellungen hin zu einer räumlichen Kommunikation über die pädagogische Arbeit entwickelt. Mit der MÖGLICHKEIT DES ZEIGENS in den sichtbaren Vermittlungsräumen wird die Praxis der Kunstvermittlung mit ihren dazugehörigen Akteur_innen repräsentiert und darüber hergestellt. Das bedeutet auch, dass die pädagogische Praxis davon geprägt ist, die Produktion ihrer Zeugnisse in der pädagogischen Arbeit mitzudenken. Kunstvermittlung zeigt sich hier als eine produktorientierte Praxis.

Die Praxis des Ausstellungmachens kann ergänzend hierzu als eine selbstermächtigende und selbstkontrollierende Praxis der Repräsentation der Kunstvermittlung beschrieben werden, da die Teilnehmenden und/oder die Kunstvermittler_innen darüber entscheiden, was auf welche Weise in den Ausstellungen gezeigt wird. Mit der Aneignung des Ausstellungmachens und der Übernahme ehemaliger Ausstellungsfläche können Vermittler_innen ohne Abstimmung mit der Marketingabteilung oder anderen Mitarbeiter_innen der Institution darüber entscheiden, welches Bild von Kunstvermittlung sie generieren wollen.

Die MÖGLICHKEIT DES ZEIGENS in Form einer Ausstellung kann zusammenfassend als eine selbstbestimmte und produktorientierte Praxis beschrieben werden, bei der sich das Handeln der Vermittler_innen in Form eines Mitdenken im Vermittlungsprozess manifestiert und auf die räumliche Kommunikation über Kunstvermittlung abzielt.

## 9.2 *Räumliche Praxis:* die MÖGLICHKEIT DES ZEIGENS als pädagogische Operation

Die MÖGLICHKEIT DES ZEIGENS entfaltet sich neben der Form der Ausstellung in der pädagogischen Operation des Zeigens während der direkten Arbeit mit den Teilnehmenden. Diese wird sichtbar durch die Präsentation von Zwischenergebnissen oder pädagogischen Arbeitsmaterialien, die an Präsentationsmedien angeordnet werden. Anders als das Machen von Ausstellungen, welches auf der räumlichen Gestaltung als ehemaliger Ausstellungsraum inklusive der Verwendung seiner Ressourcen basiert, vollzieht sich das pädagogische Zeigen im Zusammenhang mit der Verfügung über Präsentationsmedien, die speziell für diese Tätigkeit der Kunstvermittlung angefertigt werden. Es handelt sich um materielle Güter wie Möbel und Medien, die ein schnelles und einfaches Präsentieren ermöglichen.[233]
Die Art der Nutzung der Wand als Präsentationsmedium zeigt sich in zweifacher Weise. Zum einen ermöglicht sie, „dass man hängen lassen kann, was gerade entsteht" (B2: 126), das heißt, Prozesse und Zwischenergebnisse aus der Arbeit der Teilnehmenden werden sichtbar gemacht. Zum anderen wird die Wand als Medium in den Handlungen der Kunstvermittler_innen genutzt, indem über Anschriften oder Anheften den Teilnehmenden die pädagogischen Anliegen vermittelt werden beziehungsweise das gemeinsam Erarbeitete zeitgleich an der Wand protokolliert wird. Dies kann in Form von Bild oder unterschiedlicher Verwendung von Schrift erfolgen.

Die Nutzung der Wandfläche als pädagogisches Medium ist dem pädagogischen Gestus des Zeigens zugeordnet und steht in der Tradition der Nutzung einer Wandtafel[234] in pädagogischen Settings. Der Erziehungswissenschaftler Klaus Prange (2010) sieht in dem Zeigegestus die Grundoperation des Erziehens, bei der „es ein Subjekt des Zeigens (wer), ein Thema (was)

233 Das Architekturbüro raumlabor hat beispielsweise für den sichtbaren Vermittlungsraum *Plattform* der Initiative lab.Bode mobile Elemente wie Wände, Sockel und Vitrinen entwickelt, mit denen Präsentation innerhalb der Vermittlungsarbeit ermöglicht wird. Auch beim sichtbaren Vermittlungsraum *207 m² – Raum für Aktion und Kooperation* in der Berlinischen Galerie wurde in die räumliche Planung Präsentationsflächen für das temporäre Zeigen mit einbezogen.

234 Die Wandtafel nimmt wie kein anderes Medium einen hohen Stellenwert im Unterrichten ein und „gehört zum vertrauten Inventar des Klassenzimmers, besetzt dort einen zentralen Platz und ist unterhinterfragtes Werkzeug des Unterrichtens" (Röhl 2013: 95).

und einen Adressaten (wem)“ (Prange 2010: 65) gibt. Diese Grundoperation zeigt sich in der Schule an materiellen Ressourcen wie einer Tafel, einem Overheadprojektor oder einem Beamer. In der *räumlichen Struktur* spiegelt sich dies in der Anordnung der Tische und Sitzgelegenheiten, die auf das Sehen des Gezeigten hin ausgerichtet sind.
In den sichtbaren Vermittlungsräumen treten die Präsentationsmedien gestalterisch als Teil eines Gesamt-Raumkonzeptes in Erscheinung und dienen unter anderem dazu, Inspirationen zu schaffen.

> *„Also, wir haben schon meistens aufbereitet, also wie zum Beispiel noch mal Sachen an die Projektwand bringen zur Inspiration“ (B2: 325f.).*

Erkennbar wird dabei ein Zusammenhang zwischen den *räumlichen Strukturen* des SICHTBAR-SEIN und der Art und Weise der Ausgestaltung der Präsentation. So wird Schrift nicht nur als Repräsentant von Bedeutung, sondern als ästhetische Form eingesetzt. Oder Collagen werden mit vielfältigen Medien und Materialien wie Papier, Beamerprojektionen, Werkstoffen aus der Natur oder Tapes erstellt und auf Wandflächen präsentiert.

Die Nutzung der Präsentationsmedien unterscheidet sich zu einem Tafel-Anschrieb dahingehend, dass beispielsweise nicht nur ein einzelnes Zeigemedium wie Kreide an der Tafel oder eine Projektion genutzt wird, sondern mehrere und unterschiedliche Medien verwendet werden und die Art des Zeigens eine ästhetisierende Form erhält.
Die MÖGLICHKEIT DES ZEIGENS in Form der pädagogischen Operation, die sowohl während der Vermittlung als solcher wie auch als Zeugnis über eine vergangene pädagogische Praxis im sichtbaren Vermittlungsraum verbleibt, dient nicht nur dem direkten Zeigegestus während der pädagogischen Arbeit. Mit der Präsentation des pädagogischen Zeigens in Form von Materialien sowie Zwischenergebnissen wird Kunstvermittlung in ihrem Prozess sichtbar gemacht. Dieser steht in unmittelbarer Nähe der pädagogischen Operation des Zeigens und ermöglicht, das Gezeigte als Bildungsarbeit klassifizierbar zu machen, auch wenn es innerhalb des sichtbaren Vermittlungsraumes eine ästhetisierte Geste ist. Anders als bei dem Präsentieren von Produkten der Teilnehmenden in Form einer Ausstellung wird hier zu sehen gegeben, auf welche Weise in der Praxis der Kunstvermittlung gearbeitet wird. Die Praxis ist ein Beleg, wie in der Kunstvermittlung im sichtbaren Vermittlungsraum gearbeitet wird.
Ein besonderes Beispiel aus der Kunstvermittlung in Deutschland für die Erstellung von Präsentationsmedien und ihrer Verwendung sind die Vermittlungsräume im Bode-Museum. Diese wurden im Rahmen der Initiative lab.Bode von raumlabor Berlin entwickelt. Für die vorliegende Forschung werden die Vermittlungsräume des lab.Bode als ein weiteres Beispiel sichtbarer Vermittlungsräume angeführt.

## Raumbeispiel: Vermittlungsräume lab.Bode, Berlin (2017–2021)

Das Lab.Bode ist eine Initiative zur Stärkung der Vermittlungsarbeit in deutschen Museen. Es ist ein von der Kulturstiftung des Bundes finanziertes Projekt, welches von 2016 bis 2021 gefördert wurde und räumlich im Bode-Museum in Berlin verortet war. Neben der Stärkung der Vermittlungsarbeit im Bode-Museum durch den Ausbau von Kooperationen mit Partnerschulen war lab.Bode für die Aus- und Weiterbildung von 23 wissenschaftlichen Volontär_innen im Bereich Bildung und Vermittlung verantwortlich, die an bundesweiten Institutionen ihr Volontariat in der Kunstvermittlung absolvierten.

Für das Bode-Museum wurden im Zuge der Initiative drei Vermittlungsräume sichtbar und frei zugänglich eingerichtet. Die vom Architekturbüro raumlabor Berlin entwickelten Räume wurden in den ehemaligen Ausstellungsräumen des Bode-Museums installiert und werden sowohl von den Vermittler_innen und Teilnehmenden der Vermittlungsangebote als auch frei von den Museumbesucher_innen genutzt. Sie können während des Ausstellungsrundgangs jederzeit betreten werden.

Den drei Räumen – benannt in *Denkraum*, *Freiraum* und *Plattform* – liegt ein jeweils anderes Raumkonzept zugrunde. Der *Denkraum* ist in seiner konzeptuellen Gestaltung auf ein Recherchieren, Austauschen und Entspannen angelegt. „Flexibel arrangierbare Tische und Sitzmöbel laden ein zum Lesen, Recherchieren und den Austausch über Projektthemen, Ideen und Fragen. Mit einer öffentlichen Bibliothek zur Sammlung des Bode-Museums und Literatur zur Kunstvermittlung dient dieser Raum Schüler*innengruppen und Museumsbesucher*innen zum Forschen und Reflektieren.“ (lab.Bode – Initiative zur Stärkung der Vermittlungsarbeit in Museen 2019: o.S.). Der *Freiraum* ist konzeptionell auf das Bewegen, Spielen und Reflektieren angelegt. Raumelemente – wie Bühne, Tribüne, und Spiegel – ermöglichen „die performative Auseinandersetzung mit Themen rund um die Sammlungsobjekte und Architektur des Bode-Museums“ (ebd.). Im dritten Vermittlungsraum, der *Plattform*, stehen das Gestalten, Arrangieren und Präsentieren im Zentrum. Dabei können die flexiblen Ausstattungsmodule – Kuben, Tischplatten, Displays, Schaumstoffwürfel und Matten – den unterschiedlichen Arbeitssituationen entsprechend angepasst werden. „Neben dem Recherchieren, Präsentieren und Diskutieren an großen Sitzlandschaften lassen sich in der ‚Plattform‘ auch alternative Ausstellungspraktiken erproben, indem die Elemente mühelos zu Sockeln oder Vitrinen umgebaut werden“ (ebd.). Sie dienen ebenfalls als temporäre oder dauerhafte Präsentationsdisplays.

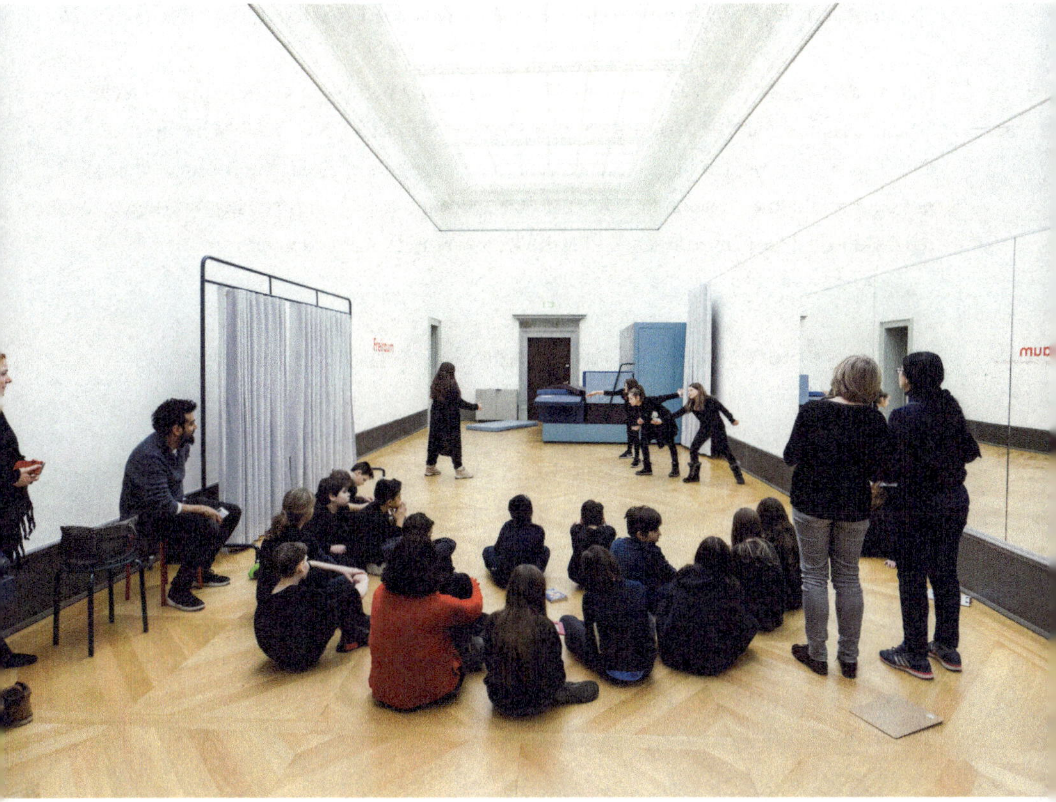

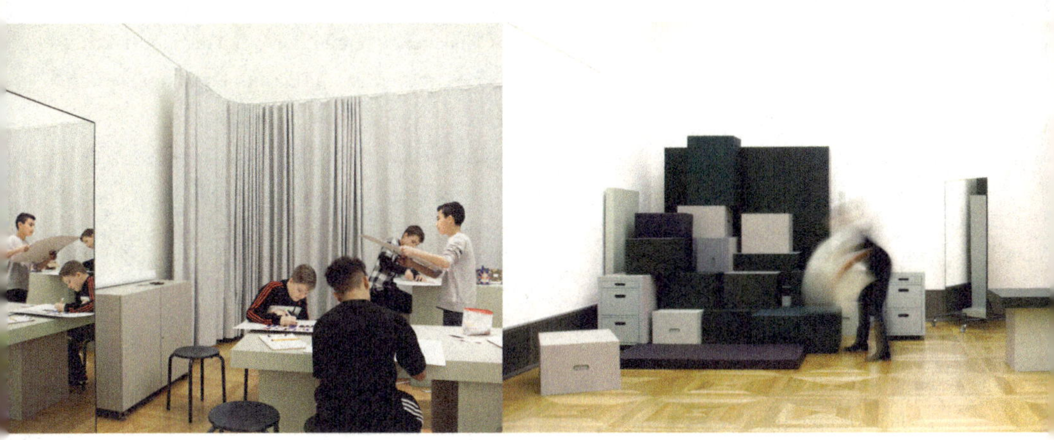

Abb. 46 - 48

## 9.3 *Räumliche Praxis*: INTERAGIEREN MIT DEM AUSSTELLUNGSRAUM

Neben der MÖGLICHKEIT DES ZEIGENS wurde im Prozess der vorliegenden Forschungsarbeit das Konzept INTERAGIEREN MIT DEM AUSSTELLUNGSRAUM herausgearbeitet. Diese setzt sich aus den beiden Kategorien „Interagieren mit Kunst" und dem „Interagieren mit dem Publikum" zusammen, die als Folge „Störungen und Unruhe" hervorbringen sowie die „Akquise neuer Teilnehmenden für die Kunstvermittlung" bedeuten.

### Interagieren mit Kunst: Spontanes Kunst-Anschauen

Aufgrund der zentralen Platzierung des sichtbaren Vermittlungsraumes innerhalb der Institution besteht eine örtliche Nähe zu den Ausstellungen und der dort gezeigten Kunst. Zur Folge hat diese Platzierung, dass innerhalb der Vermittlungssituation spontan Kunst, sowohl mit der gesamten Gruppe als auch von den Teilnehmenden individuell, angeschaut wird. Die Auseinandersetzung mit der Kunst ist dadurch zeitlich nicht mehr nur auf einen definierten Teil der Vermittlungsaktivität beschränkt, sondern kann nach Bedarf flexibel in die pädagogische Arbeit integriert werden. Die Vermittler_innen nehmen den sichtbaren Vermittlungsraum in der Nähe zum Ausstellungsraum wahr, der es ermöglicht, spontan, schnell und unmittelbar in die Kunstausstellung zu gelangen.

> *„Also, weil da kann man unmittelbarer in die Ausstellung gelangen, da arbeite ich dann doch manchmal mit der Ausstellung oder da finde ich es dann gut, dass man halt so kürzere Wege hat" (A4: 135ff.).*

Es wird beschrieben, dass aufgrund der Nähe zur Kunst der quantitative Anteil der Kunstvermittlungspraxis in den Ausstellungen durch das Arbeiten im sichtbaren Vermittlungsraum zunimmt.

> *„Also, es findet öfters statt, weil die Möglichkeit, dass die noch mal hingehen oder noch mal genau gucken oder noch mal was aufnehmen ist besser, wie wenn sie mit mir schon oben sind und abgeschlossen und nur durch so einen Chip Möglichkeiten haben, wieder runterzukommen." (A1: 219ff.)*

Das spontane Kunst-Anschauen wird dabei von den Vermittler_innen als ein Mehrwert für die Kunstvermittlung beschrieben, welcher sich sowohl auf das Einplanen von „mehr Aktionen" in der Ausstellung (A1: 388) sowie auf die Zeiteinsparung durch „kürzere Wege" bezieht (A4: 137; B3: 395).

Die zentrale Platzierung und ihre Auswirkung auf das Interagieren mit der Kunst bedeuten, dass ein einfaches, spontanes und häufiges Anschauen der Kunst ermöglicht wird. Ein solcher Zugang ist besonders dann von Vorteil, wenn kunstpädagogische und kunstvermittlerische Ansätze praktiziert werden, in denen die individuelle Auseinandersetzung mit der Kunst und ihre Fortsetzung in Form einer praktischen Arbeit im Mittelpunkt stehen, wie dies beispielsweise bei Eva Sturms Konzept *Von Kunst aus*[235] sowie der *Ästhetischen Forschung* von Helga Kämpf-Jansen der Fall ist. Der selbstbestimmte Umgang mit Kunst ist beiden Ansätzen immanent. Für eine Kunstvermittlung mit und von Kunst aus ist eine räumliche Nähe zur Kunst und ein wiederkehrendes Interagieren produktiv.

Bei Formaten, in denen die Teilnehmenden eigenständig praktisch arbeiten, wird die Möglichkeit geschaffen, je nach individuellem Bedarf zu entscheiden, wann und wie lange eine erneute Auseinandersetzung mit der Kunst stattfinden soll.

## Interagieren mit Kunst: Unruhe und Störungen

Die individuelle Entscheidung der Teilnehmer_innen, spontan Kunst anzuschauen, hat zur Folge, dass Unruhe im Vermittlungsraum entsteht. Die Teilnehmenden bewegen sich nicht nur durch den Raum, sondern verlassen diesen und kehren wieder zurück, was bei den Kunstvermittler_innen dazu führt, dass sie den Überblick über die Gruppe verlieren können.

> *„Dass man halt manchmal dann eben nicht so ganz die Augen überall haben konnte und dass natürlich, ja, also auch eine innere Unruhe so ein bisschen reinbringt, wo man sich denkt, wo sind sie jetzt schon wieder hingelaufen" (B3: 248f.).*

Ein konzentriertes vertiefendes Arbeiten sowohl auf der Seite der Kunstvermittler_in als auch auf der Seite der Teilnehmenden wird durch die Bewegungen – das Verlassen und Betreten des Raumes – erschwert.

Auch die direkte Nähe zur Kunst trägt zur Unruhe und Beeinträchtigung eines konzentrierten Arbeitens bei. Die Platzierung des Vermittlungsraums direkt neben der Kunst wird von den Kunstvermittler_innen als ‚störend' und ‚nervig' beschrieben, vor allem dann, wenn bewegte Bilder wie Filme (B3: 373) oder Videos (A2: 360) gezeigt sowie Soundinstallationen ohne Kopfhörer im Ausstellungsraum präsentiert werden (A3: 239).

235 Siehe dazu die Ausführungen zum kunstpädagogischen Konzept *Von Kunst aus* von Eva Sturm in Kapitel 3 unter „Lernen als Umlernen".

*„Aber es war trotzdem sehr schwierig, mich dann weiter zu vertiefen und das gut zu verstehen, mit diesen Umgeräuschen und so, und da hätte ich mir tatsächlich manchmal gewünscht, dass wir eine stillere Ecke oder sogar einen eigenen Raum haben." (A4: 58f.)*

Teilweise kann die Kunst sogar direkt aus dem Vermittlungsraum heraus angeschaut werden, oder es laufen mehrere Audiospuren von unterschiedlichen künstlerischen Arbeiten auf der Ausstellungsfläche, die im Vermittlungsraum deutlich hörbar sind (vgl. BP 25.08.2017[236]). Die visuellen und akustischen Einflüsse der Kunst sowie das Verlassen und Betreten des Raumes durch die Teilnehmer_innen ziehen unmittelbar nach sich, dass der wahrzunehmende Raum der Vermittler_innen auf die Fläche der Ausstellung ausgeweitet wird.
Der Erziehungswissenschaftler Georg Breidenstein geht in seinem Beitrag *KlassenRäume – eine Analyse räumlicher Bedingungen und Effekte des Schülerhandelns* (2004) davon aus, dass Lernräume nach visuellen und akustischen Räumen differenziert und analysiert werden können. Diese Raumdimensionen gehen zurück auf das individuelle Sichtfeld und den Hörsinn der am Raum beteiligten Personen (Breidenstein 2004: 99) und haben Einfluss auf die Aktionen der Lehrenden und Lernenden. Der visuelle Raum basiert dabei auf der Wahrnehmungsmöglichkeit der Position im physisch-materiellen Raum, der akustische Raum auf dem Zulassen oder Abschirmen von Akustik. Breidenstein zeigt auf, dass der Kontrollverlust vor allem über den akustischen Raum zu Unbehagen aufseiten der Lehrkraft führt.

*„Wenn die Hoheit der Lehrerin über den akustischen Raum nicht nur kurzfristig, sondern insgesamt gefährdet ist, so wird dies (zumindest vom externen Beobachter) als handfeste Krise erlebt." (ebd.: 98)*

In einem ähnlichen Zusammenhang schreibt die Erziehungswissenschaftlerin Sigrid Nolda, dass Lehr- und Lernräume zunächst durch ihre Abgeschlossenheit von ihrer Umgebung gekennzeichnet sind und damit auch Schutz bieten vor visuellen und akustischen Einflüssen.

*„Die Außenwelt mit ihren unkontrollierbaren Einflüssen muss ausgeschlossen werden, um eine Konzentration auf den zu vermittelnden Stoff oder aber auf die zu bildenden Teilnehmer zu ermöglichen […]. Die in Abgrenzung von der Außenwelt geschaffenen pädagogischen Innenräume sind traditionellerweise durch mehr oder weniger separat ausgewiesene Lehr- und Lern- bzw. Vermittlungs- und Aneignungszonen charakterisiert." (Nolda 2006: 317)*

236 „BP" ist die Bezeichnung für die Beobachtungsprotokolle. Die angehängte Nummerierung ist das erstellte Datum des Protokolls. Die Beobachtungsprotokolle befinden sich im Anhang.

Diese zentralen Merkmale eines traditionell verstandenen Lehr- und Lernraumes[237] korrespondieren nicht mit dem sichtbaren Vermittlungsraum im Museum. Dieser ist weder von seiner Umgebung, in der vorliegenden Forschung den Ausstellungsräumen, abgeschlossen, noch bleiben die Einflüsse dieser Umgebung außen vor.
Durch das INTERAGIEREN MIT DEM AUSSTELLUNGSRAUM zeigt sich, dass sich der Vermittlungsraum auf die sichtbare und hörbare Ausstellungsfläche ausweitet. Die Vermittler_innen nehmen nicht nur den akustischen und visuellen Raum des durch Architektur definierten Vermittlungsraumes wahr, sondern auch alles, was an visuellen und akustischen Reizen in den Vermittlungsraum einfließt. Zur Folge hat dies, dass die Vermittler_innen eine multiple Wahrnehmungsleistung erbringen und ein ‚Mehr' während der pädagogischen Arbeit zu bewältigen haben.

## Interagieren mit dem Ausstellungspublikum: Störungen und Unterbrechung

Die Platzierung des sichtbaren Vermittlungsraumes im und neben der Kunst-Ausstellungsfläche hat zur Folge, dass das Ausstellungspublikum den Vermittlungsraum und die von ihm gerahmte pädagogische Arbeit betrachtet. Das Publikum geht an dem Raum vorbei, verweilt davor und schaut in ähnlicher Weise wie bei der Betrachtung von Kunst in den Raum hinein und liest gegebenenfalls und soweit vorhanden die beschreibenden Texte zur Vermittlungsarbeit. Dieses Szenario konnte ich mehrfach während meiner Forschung so oder ähnlich vor Ort und analog der folgenden Beschreibung beobachten:

> *„Zwei Frauen nähern sich dem BÄM-Raum. Beim Näherkommen werden sie langsamer, dann bleiben sie vor dem Wandtext stehen und lesen ihn durch. Sie schauen in den Vermittlungsraum und scheinen nicht genau einordnen zu können, um was es sich bei dem Vermittlungsraum handelt." (BP 25.08.207)*

Das Schauen und Vor-dem-Raum-Verweilen des Ausstellungspublikums wird von den Vermittler_innen in ihrer alltäglichen Praxis wahrgenommen. Sie registrieren, dass die

237 Ein expliziter Lernraum, der daraufhin gestaltet ist, die Außenwelt einzubeziehen, ist in Schulräumen der neuen Reformpädagogik der 1960er Jahre oder in freien Alternativschulen zu finden. Hier wird durch die Anordnung von großen und ineinandergreifenden Flächen, dem Einsatz von Glas in der Architektur sowie der Verwendung von alltäglichen Gegenständen versucht, die Außenwelt in den Schulraum einzubeziehen (vgl. Göhlich 2009: 96). Ziel einer solchen Raumgestaltung ist, einen Lebensweltbezug herzustellen und den Schüler_innen Handlungsfreiheit und selbstgesteuertes Lernen zu ermöglichen. Die Handlungsfreiheit und das selbstgesteuerte Lernen lösen sich in der vorliegenden Untersuchung im Zulassen des spontanen Kunst-Anschauens der Teilnehmenden ein.

Besucher_innen vor dem Raum stehen bleiben und sie während der Arbeit anschauen. Dies wird als „Showroom“ (A1: 364) oder „Balkonsituation“ (A3: 203) beschrieben, die dazu führt, dass die Vermittler_innen das Publikum ansprechen und erklären, was es mit dem Gesehenen auf sich hat.

> *„Ja, es macht sich schon bemerkbar, weil, dass mehr schon Menschen auffallen, die dann da vorbeilaufen, ich lade die ja auch da manchmal ein. Die stehen ja dann davor, ist ja bisschen so wie eine Balkonsituation, steht da und guckt, „Ah, was passiert da?“, und man unterhält sich dann auch. Das wäre ja sonst nicht der Fall. Also, ich bin schon, würde jetzt nicht sagen unbedingt nach außen gewandter, aber ich würde das auch nicht als negativ bezeichnen, sondern ich bin schon, was passiert da um mich herum. [...] in den anderen Räumen, da ist man dann halt fokussierter auf was“ (A3: 201ff.).*

Dabei verteilen die Vermittler_innen Flyer zur Kunstvermittlung (A3: 362), erklären, was genau gerade in dem Raum stattfindet, und laden das Ausstellungspublikum ein, ebenfalls an einem Angebot der Kunstvermittlung teilzunehmen (vgl. BP 20.06.2017, BP 15.09.2017). Dieses Agieren wird von den Vermittler_innen als eine Störung und Unterbrechung der pädagogischen Tätigkeit wahrgenommen. Denn um mit dem Ausstellungspublikum sprechen zu können, muss ihre Vermittlungsarbeit mit den Teilnehmenden kurzzeitig pausieren. Das konzentrierte pädagogische Arbeiten wird gestört und ihre Aufmerksamkeit von den Teilnehmenden der Kunstvermittlung abgezogen.

> *„Wenn ich im Flow bin, kann es auch störend sein, also wenn ich so gerade mitten/ dann kann es auch für mich störend sein, ich würde das aber niemals so rüberbringen, sondern dann mache ich einen Cut und muss mich dann aber erst mal in meine Situation reinversetzen.“ (B5: 237ff.)*

> *„Also, dann ist man so, man erklärt den Leuten natürlich dann auch erst mal, was man macht und lässt sie nicht einfach so ziehen, was aber auch so ein bisschen störend sein kann“ (B5: 153f.).*

Um dieser Ansprache vonseiten der Museumsbesucher_innen und der Unterbrechung der pädagogischen Arbeit vorzubeugen, präsentieren einige Kunstvermittler_innen ihre Angebote in Form von Ankündigungen an den Wänden des Vermittlungsraumes.

> *„Ich hänge schon zwei, drei Sachen raus, damit die Leute ungefähr wissen, um was es geht. Also präsentiere ich es doch“ (A4: 115f.).*

Die Vermittler_innen übernehmen folglich hier, sowohl in der direkten Kommunikation als auch in visuellen Ankündigungsformen, Tätigkeiten aus dem Marketing, die auf die Bewerbung und Vermarktung der Angebote der Institution an das Publikum zielen.
Die Kunstvermittler_innen erklären in einem direkten Gespräch oder in Form einer selbst erstellten Ankündigung dem Ausstellungspublikum ihre pädagogische Arbeit. Dabei generieren sie zukünftige Teilnehmer_innen für die Kunstvermittlung.

> *„Während die anderen, die reinlaufen, eigentlich sprechen die alle nicht, so, die kommen nur und sind dann interessiert und gucken. Und dann nehme ich sie so und sage: Hier, können Sie mal gerne/ was wir hier machen. Und da gebe ich ihnen dann Flyer, das ist da und da" (A3: 359ff.).*

Diese Form der *räumlichen Praxis* des Interagierens mit dem Ausstellungsraum ist eine Vermittlung von Kunstvermittlung.

## 9.4 Folgen räumlicher Praxis

### Die VERMITTLUNG VON KUNSTVERMITTLUNG

Die *räumliche Praxis* der MÖGLICHKEIT DES ZEIGENS als auch das INTERAGIEREN MIT DEM AUSSTELLUNGSRAUM haben zum Ergebnis, dass Kunstvermittlung vermittelt wird. Zum einen an ein öffentliches Publikum und zum anderen an die Mitarbeiter_innen der Institution.
Mit der MÖGLICHKEIT DES ZEIGENS in Form von Ausstellungen vollzieht sich eine Vermittlung von Kunstvermittlung über die Präsentation von Produkten aus der Kunstvermittlung und ihrer Dokumentationen sowie über das direkte Gespräch zwischen dem Publikum und den Akteur_innen der Kunstvermittlung. Die Produkte und Dokumentationen der Kunstvermittlung dienen in der Ausstellung als Zeugnis für die Vermittlungsarbeit und nicht – im Unterschied zu den Begleitausstellungen oder didaktischen Ausstellungen – als Vermittlungsmedium für die Kunstausstellung. Die Produktion von Ausstellungen im sichtbaren Vermittlungsraum hat eine Verschiebung der Auswirkungen und Anliegen von Ausstellungen, die von den pädagogischen Abteilungen realisiert werden, hervorgerufen. Kunstvermittlung zeigt sich als eine pädagogische Praxis, die sich trotz ihrer räumlichen Nähe zu den Ausstellungen vermehrt an eigenen Interessen und Anliegen orientiert und sich selbstbestimmt zeigt. Dabei ist sie geprägt von den Ästhetiken der Institution und den ihr zugewiesenen Zeigemedien. Die Folge ist, dass Kunstvermittlung sich selbst zum räumlichen Kommunikationsgegen-

stand macht. Die VERMITTLUNG VON KUNSTVERMITTLUNG findet sowohl an ein öffentliches Publikum als auch an die Mitarbeiter_innen der Institution statt.

Das Publikum der Kunstvermittlungsausstellungen, das sich die Ausstellungen gezielt anschaut, stammt in der Regel aus dem direkten Umfeld der Teilnehmenden – Familien, Freund_innen, Schul- oder Kindergartengemeinschaft. Sie besuchen die Kunstinstitution mit der Intention, die Kunstvermittlungsausstellung anzuschauen. Über die Präsentation der Kunstvermittlungsprodukte sowie beschreibende Texte als auch die einführenden Worte während einer Ausstellungseröffnung werden sie darüber informiert, was in der Vermittlungsarbeit entstanden ist. Sie können sehen und nachvollziehen, mit welchen Materialien gearbeitet wurde, wer welche Produkte produziert hat (die Produzierenden werden namentlich genannt)[238] und auf welche Weise die Produkte und Dokumentationen präsentiert werden.

Auch vermitteln die Teilnehmenden ihre Arbeiten selbst an die Besucher_innen der Ausstellung, indem sie ihre Produkte zeigen und etwas zu diesen erläutern oder selbst die einführenden Worte der Ausstellungseröffnung übernehmen (vgl. B2: 426f.). In ähnlicher Weise geschieht dies mit den anwesenden Kunstvermittler_innen. Auch sie erläutern die Hintergründe zu der erfolgten Arbeit der Kunstvermittlung, sei es in einer öffentlichen Ansprache oder im Gespräch mit den Besucher_innen der Ausstellung.

Anwesende Eltern, Lehrer_innen oder Schulleiter_innen sowie Kinder und Jugendliche bekommen auf diese Weise ein Bild darüber vermittelt, auf welche Weise in der Kunstvermittlung gearbeitet wird. Dieses ‚Bild' geht über die beschreibenden Texte auf der Webseite oder den Flyern zu den Programmen der Kunstvermittlung hinaus, da vor Ort erfahren wird, was einen Teil der Kunstvermittlungspraxis ausmacht – die MÖGLICHKEIT DES ZEIGENS im Ausstellungsraum. Diese Erfahrung wirkt sich aus auf die mögliche Entscheidung, erneut oder erstmalig an einem Vermittlungsformat der Kunstvermittlung teilzunehmen. Somit

238 Die Teilnehmenden erfahren über das Gesehen-Werden ihrer Produkte eine Wertschätzung, die auch einen Grund für die Präsentation in Form von Ausstellungen darstellt. Da die vorliegende Forschung die Praxis und Auswirkungen des sichtbaren Vermittlungsraumes aus der Perspektive der Kunstvermittler_innen fokussiert, wurde in den Interviews nicht explizit nach den vermuteten Auswirkungen auf die Teilnehmer_innen gefragt. Einige Vermittler_innen benennen die Auswirkungen und Bedeutungen aus ihrer Sicht für die Teilnehmer_innen wie folgt:
„Wir machen ja mit den Schülern oder Kindern auch oftmals so kleine Ausstellungen am Ende des Projektes, also wo die ihre Arbeiten präsentieren und manchmal bleiben die auch da. Aber es ist eher für die Schüler dann, dass die das zeigen können noch mal offiziell für alle in ihrer Gruppe, in ihrer Klasse. Also, die finden das auch toll, wenn das nach außen noch mehr getragen wird, weil sie dann halt auch noch mehr Bestätigung bekommen, dass sie da etwas Gutes geleistet haben" (B5: 197ff.). „Und das machen wir nicht, weil wir damit angeben wollen, sondern weil wir der Auffassung sind, dass es eine Wertschätzung den Kindern gegenüber ist und dass die Kinder eben die Chance haben, die Eltern einzuladen oder die Freunde und Großeltern und Familien mitzunehmen in die Galerie und in die Kunstschule, um dann zu zeigen: Schau mal, das habe ich jetzt hier gemacht" (C2: 220ff.). „Es noch mal der Moment des Zeigens und wir können etwas ausstellen. Es auch eine Würdigung" (C5: 538f.). „Ja, im Prinzip schon, um den Kindern eine Wertschätzung zu geben dessen, was sie da geschafft haben und die Kinder, die schätzen dann auch ihre Sachen viel höher, wenn man dann sagt: Das ist eure Kunst und die darf auch niemand anderes anfassen, so wie ihr auch die Kunst von den Künstlern in der Ausstellung nicht anfassen dürft" (C3: 75ff.).

können über das Ausstellungmachen in der Kunstvermittlung neue Teilnehmende aktiviert und generiert werden.
Zur Eröffnung wird das persönliche Umfeld der Teilnehmer_innen aus der Kunstvermittlung direkt und persönlich angesprochen und somit motiviert, die Ausstellungen und das Museum zu besuchen und kennenzulernen. Da die Vermittlungsausstellungen in unmittelbarer räumlicher Nähe zu den Kunstausstellungen platziert sind, werden diese ebenfalls von den Besucher_innen der Kunstvermittlungsausstellungen besucht. Teilweise wird ergänzend für dieses Publikum eine Führung auch durch die Kunstausstellung angeboten.
Über die Arbeit der Kunstvermittlung werden die eingeladenen Gäste der Vermittlungs-Ausstellung an die Kunst-Ausstellungen und die Institution Museum herangeführt.

> *„Weil natürlich, dadurch, dass die Kinder ihre Eltern mitbringen und ihre Großeltern mitbringen, haben wir ja auch wieder Besucher und Besucherinnen für die Ausstellung“ (C2: 258ff.).*

Die MÖGLICHKEIT DES ZEIGENS in Form von Ausstellungen generiert folglich mit der VERMITTLUNG VON KUNSTVERMITTLUNG sowohl neue Teilnehmende für weitere Kunstvermittlungsangebote als auch ein Publikum für die Kunstausstellungen. Die MÖGLICHKEIT DES ZEIGENS übernimmt demnach auch die Funktion, ein neues Publikum für die Ausstellung und Teilnehmende für die Vermittlungsarbeit zu akquirieren.
Umgekehrt findet die VERMITTLUNG VON KUNSTVERMITTLUNG auch an das öffentliche Ausstellungspublikum statt. Dieses wird während des Besuchs der Kunstausstellungen mit der Arbeit der Kunstvermittlung konfrontiert – sei es in Form von einer Kunstvermittlungsausstellung, in Form des architektonischen Raumes, in Form einer sich ereignenden Vermittlungssituation oder in Form einer hinterlassenen Zeigeoperation. Ohne dass eine Auseinandersetzung mit der Arbeit der Kunstvermittlung geplant ist, findet diese aufgrund der ZENTRALEN PLATZIERUNG und der HERSTELLUNG VON SICHTBARKEIT während des Ausstellungsrundgangs (automatisch) statt. Indem einige Besucher_innen die Kunstvermittler_innen ansprechen, um zu verstehen, worum es sich bei dem Gesehenen handelt, passiert ein INTERAGIEREN zwischen den Kunstvermittler_innen und dem Ausstellungspublikum. Die Vermittler_innen erklären den Besucher_innen ihre Arbeit im Vermittlungsraum oder verteilen Flyer, um auf zukünftige Programme aufmerksam zu machen. Durch das INTERAGIEREN mit dem Ausstellungspublikum wird die Möglichkeit der Akquise neuer Teilnehmenden für die Kunstvermittlung geschaffen.
Mit der Unterstützung von Arbeitskraft vonseiten des Ausstellungsteams findet gleichermaßen eine VERMITTLUNG VON KUNSTVERMITTLUNG an die Mitarbeiter_innen der Institution statt. Durch die Zusammenarbeit in der Realisierung einer Ausstellung sind die

Mitarbeiter_innen des Aufbauteams darüber informiert, was in der Kunstvermittlung im jeweiligen Haus stattfindet, beziehungsweise was diese produziert hat und in einer Ausstellung präsentieren möchte. Ohne dieses Interagieren während des gemeinsamen Ausstellungsaufbaus gäbe es zwischen den Mitarbeiter_innen des Ausstellungsteams und der Kunstvermittlung wenig Berührungspunkte.
Auch beim offiziellen Akt der Ausstellungseröffnung ereignet sich die VERMITTLUNG VON KUNSTVERMITTLUNG an weitere Mitarbeiter_innen der Institution. Zur Ausstellungseröffnung der Kunstvermittlung werden als repräsentative Vertreter_innen der Institution Kurator_innen oder Direktor_innen geladen, die teilweise ebenfalls das Publikum begrüßen. Aufgrund ihrer Anwesenheit sowie ihrer Rolle als repräsentative Sprecher_innen der Institution findet eine innerinstitutionelle VERMITTLUNG VON KUNSTVERMITTLUNG statt, da Kurator_innen beziehungsweise Direktor_innen durch die Präsentation der Kunstvermittlung über diese informiert werden. Das Ausstellungmachen und die Ausstellungseröffnung ist eine Tätigkeit, die sie aus ihrem eigenen Arbeitsbereich kennen und wertschätzen. Zuweilen findet auch eine Vermittlung der Kunstvermittlung an Künstler_innen statt, da beispielsweise aufgrund einer terminlichen Zusammenlegung von zwei Veranstaltungen[239] die anwesenden Künstler_innen sich mit dem Besuch der Ausstellung der Kunstvermittlung ein Bild über diese machen können.

## Resümee: *Räumliche Praxis*

Die Kunstvermittler_innen nehmen den sichtbaren Vermittlungsraum als einen Präsentationsraum wahr, in dem Kunstvermittlungsausstellungen realisiert und der pädagogische Zeigegestus ästhetisiert wird.
Mit der *räumlichen Praxis* des Ausstellungmachens übernehmen die Kunstvermittler_innen Tätigkeiten, die aus dem Feld der kuratorischen und künstlerischen Praxis stammen. Die Ankündigung und Vermarktung der Ausstellung im sichtbaren Vermittlungsraum sowie die Planung und Organisation der Ausstellungseröffnung sind dem Feld der Öffentlichkeitsarbeit und dem Marketing zuzuordnen. Auch diese Arbeitsbereiche gehen mit der Herstellung einer Ausstellung im sichtbaren Vermittlungsraum in die Handlungen der Kunstvermittler_innen über. All diese Tätigkeiten bilden sich in der *räumlichen Praxis* der MÖGLICHKEIT DES ZEIGENS in Form der Herstellung von Kunstvermittlungsausstellungen ab. Sie werden zum Teil kunstpädagogischer Handlungen.

239 So wurde beispielsweise in der Städtischen Galerie in Nordhorn eine Buchpräsentation des Künstles YRD.Works auf denselben Tag wie die Ausstellungseröffnung der Kunstvermittlung gelegt.

Mit der MÖGLICHKEIT DES ZEIGENS in Form von Ausstellungen greift die Kunstvermittlung auf diesen Tätigkeitsbereich zu, der in der symbolischen Ordnung des Museums eine hohe Position einnimmt. Dadurch, dass die Kunstvermittlung sich dieser mit symbolischem Kapital aufgeladenen Praxis bedient, findet zum einen eine Übertragung des symbolischen Kapitals auf die Kunstvermittlung statt und zum anderen wird die Tätigkeit des Ausstellungmachens für die Teilnehmenden der Kunstvermittlung entmystifiziert. Die Kunstvermittler_innen mischen sich in die Darstellungshoheit der Kurator_innen ein und werden zu Protagonist_innen auf der Ausstellungsfläche.
Zudem erfährt die Vermittlungsarbeit über die Verfügung von personellen und materiellen Ressourcen aus der Herstellung von Kunstausstellungen eine Aufwertung. Die Aneignung des Ausstellungmachen sowie die Verfügung über Ressourcen stellen folglich eine symbolische Aufwertung der Arbeit der Kunstvermittlung dar.
Anders als bei Begleitausstellungen, die die Inhalte der Kunstausstellungen zum Thema haben, wird bei den Ausstellungen in den sichtbaren Vermittlungsräumen die Kunstvermittlung selbst zum Thema gemacht und an das Ausstellungspublikum kommuniziert. Über die Präsentation der Produkte der Kunstvermittlung von den Teilnehmenden wird aufgezeigt, auf welche Weise in der Kunstvermittlung zu welchen Inhalten gearbeitet wird. Präsentiert werden diese Produkte mit der Verfügung über personelle wie institutionelle Ressourcen aus dem Bereich der Kunstausstellungsproduktion. Zur Folge hat die Anwendung der Praxis des Ausstellungmachens, dass eine Interaktion unterschiedlicher Akteur_innen – Ausstellungstechniker_innen, Kurator_innen und Direktor_innen, Kunstvermittler_innen sowie Ausstellungsbesucher_innen – über das Präsentieren von Produkten aus der pädagogischen Arbeit in Form einer Ausstellung stattfindet. Auch interagiert das Ausstellungspublikum während der Kunstvermittlungsprogramme mit den Kunstvermittler_innen, um sich über die Arbeit der Vermittlung zu informieren. In beiden Fällen vollzieht sich eine VERMITTLUNG VON KUNSTVERMITTLUNG. Die *räumliche Praxis* der Kunstvermittler_innen differenziert sich in den Wahrnehmungen und raumbezogenen Handlungen der Kunstvermittler_innen:
Die MÖGLICHKEIT DES ZEIGENS und das INTERAGIEREN MIT DEM AUSSTELLUNGSRAUM zeigen sich in der Praxis der Kunstvermittler_innen:

- Die Wandfläche wird zum pädagogischen Medium.

- Das Ausstellungmachen wirkt sich als ein ‚Mitdenken' auf pädagogische Entscheidungen aus.

- Pädagogische Entscheidungen werden u.a. daran ausgerichtet, den Raum sauber und frei von Verschmutzungen zu halten.

- Kunst kann spontan und nach Bedarf angeschaut werden.

- Multiple Wahrnehmungsleistungen werden erbracht.

- Ein Umgang mit vermehrten Störungen und Unterbrechungen wird geleistet.

Die MÖGLICHKEIT DES ZEIGENS und das INTERAGIEREN MIT DEM AUSSTELLUNGSRAUM haben Auswirkungen auf das Feld der Kunstvermittlung:

- Das Ausstellungmachen in der Kunstvermittlung kann als eine selbstkontrollierende und selbstermächtigende Praxis beschrieben werden, die die Kunstvermittlung – ihre Praxen und Akteur_innen – hervorbringt. Es findet ein selbstbestimmtes Zeigen von Kunstvermittlung statt. Dabei wird das Ausstellungmachen als konstitutiver Teil der Selbstbeschreibung der Vermittlungsabteilungen genannt.

- Mit der MÖGLICHKEIT DES ZEIGENS in Form von Ausstellungen in ehemaligen Räumen der Kunstausstellungen und unter der Verwendung von materiellen und personellen Ressourcen der Produktion einer Ausstellung erfährt die Kunstvermittlung zum einen eine symbolische Aufwertung und trägt gleichzeitig zur Stabilisierung symbolischer Ordnungen bei.

- Die Kunstvermittler_innen mischen sich mit den Kunstvermittlungsausstellungen in die Darstellungshoheiten des Ausstellungsbetriebs ein und Erweitern das Feld der Protagonist_innen. Sie tragen zur Entmystifizierung des Kuratierens bei.

- Mit der MÖGLICHKEIT DES ZEIGENS in Form von Ausstellungen und der pädagogischen Operation als auch durch das Interagieren mit dem Ausstellungspublikum findet eine VERMITTLUNG VON KUNSTVERMITTLUNG sowohl an ein öffentliches Publikum als auch an die Mitarbeiter_innen der Institution statt. Sie führt zur Generierung zukünftiger Teilnehmer_innen der Vermittlungsarbeit und einem erweiterten Publikum für die Kunstausstellungen. Auch wird zu einer größeren Kenntnis über die Kunstvermittlung bei den Mitarbeiter_innen der Institution beigetragen.

# 10 Räumliche Repräsentation der sichtbaren Vermittlungsräume

Das folgende Kapitel untersucht die dritte Ebene des Raummodells für sichtbare Vermittlungsräume. Die Raumebene der *räumlichen Repräsentation* geht vom Ansatz der Produktion des Raumes nach Henri Lefebvre aus: Raum und Repräsentation werden hier in Relation zueinander gesetzt. Lefebvres Verständnis von Repräsentation wird in der vorliegenden Untersuchung um die Analyseperspektive des Zu-sehen-Gebens aus den Visual Cultural Studies erweitert. Die Herstellung von Sichtbarkeit kann im Sinne einer Repräsentationskritik als eine machtvolle Praxis beschrieben werden, die an der Herstellung von Bedeutung des Feldes der Kunstvermittlung über ihre Repräsentation beteiligt ist. In dieser Verschränkung wird in der vorliegenden Arbeit herausgestellt, dass die *räumliche Repräsentation* der sichtbaren Vermittlungsräume sowohl Bedeutungen für die Praxis der Kunstvermittler_innen als auch für die Betrachtenden der sichtbaren Vermittlungsräume produziert und Einfluss auf die Wahrnehmung sowie Herstellung von Kunstvermittlung hat.

Das Kapitel gliedert sich in zwei Abschnitte, die auf der Einteilung der Produzent_innen des Zu-sehen-Gebens basiert. Repräsentationen kritisch zu reflektieren bedeutet, nach den Produzent_innen der Herstellung von Sichtbarkeit zu fragen. Es wird in der Analyse danach unterschieden, wer über die *räumliche Repräsentation* ‚etwas' zu sehen gibt und darüber eine jeweilige Sichtbarkeit herstellt.

Der erste Abschnitt des Kapitels (10.1) basiert auf Entscheidungen, die auf Grundlage eines gemeinsamen Aushandlungsprozesses über die Art der Gestaltung des sichtbaren Vermittlungsraumes im Museum getroffen werden. Der Aushandlungsprozess wird zwischen unterschiedlichen Akteur_innen der Institutionen – freischaffenden Kunstvermittler_innen, Leiter_innen der Kunstvermittlungsabteilungen, Direktor_innen, Kurator_innen, Architekt_innen, Designer_innen – geführt und manifestiert sich im GESTALTET-SEIN des architektonischen Vermittlungsraumes. Im ersten Teilkapitel wird daher der physisch-materielle architektonische Raum mit seiner Gestaltung im Museum analysiert. Er gibt räumlich zu sehen, was das Ergebnis des Aushandlungsprozesses der unterschiedlichen Akteur_innen der Institution ist. Dabei wird das Konzept GESTALTET-SEIN in die Kategorien „Gestaltet sein als Rahmen", „Gestaltet sein als Teil des Ausstellungsdisplays" sowie in „Herstellung von Atmosphäre" untergliedert.

Auf der zweiten Ebene (10.2) wird das Zu-sehen-Geben der Akteur_innen der Kunstvermittlung analysiert. Dieses manifestiert sich im aktiven Tun im sichtbaren Vermittlungsraum sowie in der Zur-Schau-Stellung von künstlerisch-ästhetischen Produkten und Dokumentationen aus der Vermittlungsarbeit in Form von Ausstellungen sowie temporären Zeigegesten. Auf Grundlage der im Kapitel 7.3 herausgearbeiteten Raumebene *räumliche Repräsentation* des Raummodells der sichtbaren Vermittlungsräume wird im gesamten Verlauf dieses Kapitels folgender Frage nachgegangen:

- Welche Bedeutungen werden über die Repräsentation der Kunstvermittlung durch den sichtbaren Kunstvermittlungsraum hergestellt?

Diese gliedert sich in zwei weitere Fragen auf, die der Reihe nach in diesem Kapitel analysiert werden:

- Auf welche Weise wird über die Gestaltung des physisch-materiellen sichtbaren Kunstvermittlungsraumes ein innerinstitutionelles Verständnis von Kunstvermittlung zu sehen gegeben?

- Was wird auf welche Weise von den Kunstvermittler_innen in den sichtbaren Vermittlungsräumen über die pädagogische Praxis, inklusive der Präsentation von Produkten und Dokumentationen, zu sehen gegeben?

## 10.1 *Räumliche Repräsentation*: Räumliches Zur-Schau-Stellen

Die Entscheidung über die Ausgestaltung der Architektur der sichtbaren Vermittlungsräume basiert auf Aushandlungsprozessen unterschiedlicher Akteur_innen im Museum. Mit der Platzierung des Vermittlungsraumes im „Zentrum" der Institution, und somit im Blickfeld der Ausstellungsbesucher_innen, ist der Vermittlungsraum auf dem Territorium der Kurator_innen verortet. Fragen nach der Funktionalität des architektonischen Raumes in Bezug auf die pädagogische Praxis werden daher mit den Gestaltungsansprüchen und dem Geschmack[240] der Kurator_innen kombiniert. Das Ergebnis dieses Aushandlungsprozesses wird an die beauftragten Architekt_innen kommuniziert – sofern sie nicht von Beginn am Aushandlungsprozess beteiligt sind – und erfährt durch deren Expertise eine mögliche erneute

240 Mit Geschmack beziehe ich mich hier auf Bourdieu und sein Habitus-Konzept, das er in dem Buch *Die feinen Unterschiede* (1987) beschrieben hat. Geschmack in Relation zur Ausstellungsgestaltung meint die Art und Weise, wie Ausstellungen auf der Grundlage von feldspezifischer Bildung, Titel, Habitus und Erfahrungen inszeniert werden.

Anpassung.[241] Das Konzept, das aus diesem Aushandlungsprozess der unterschiedlichen Akteur_innen hervorgeht, so zeigt es das Datenmaterial der vorliegenden Forschung, ist das GESTALTET-SEIN des sichtbaren Vermittlungsraumes. Dieses wird im Folgenden in unterschiedliche Kategorien aufgegliedert und ihre Auswirkungen auf sowie die Produktionen von Bedeutung für die Kunstvermittlung dargestellt.

## GESTALTET SEIN: Der Rahmen als Teil des sichtbaren Vermittlungsraumes

In der physisch-materiellen Gestaltung des sichtbaren Vermittlungsraumes zeigt sich in allen drei Fallbeispielen der vorliegenden Forschung, dass in die Architektur des Raumes rechteckige Formen eingelassen sind, die als Rahmen gedeutet werden können. Sie ermöglichen, dass die pädagogische Arbeit vom Ausstellungspublikum angeschaut werden kann.
Die Gestaltung des Rahmens tritt in den beforschten Institutionen in unterschiedlicher Form in Erscheinung und meint in allen Fällen eine durch die Architektur hergestellte, begrenzende Rechteckform. Diese ist als Teil der Architektur auf eine solche Art gestaltet, dass Türen (GfZK), Fensterrahmen (Städtische Galerie Nordhorn) oder Öffnungen in Mauern (ZKM) als Rahmen fungieren, die den Blick in den sichtbaren Vermittlungsraum freigeben und zum Hinsehen auffordern.
Im Folgenden wird mit Theorien aus der Kunstgeschichte die Bedeutung und Funktion des Rahmens erläutert (Conrad/Wagner 2018; Wirth 2013) und mit feministischer Kunsttheorie (Schade/Wenk 1995; Hentschel 2001; Brandes 2010) die Auswirkungen auf die Kunstvermittlung erläutert.

## Rahmen als Grenze und Herstellung von Evidenz

Der Bilderrahmen wird in kunstgeschichtlichen und kunstwissenschaftlichen Zusammenhängen zum einen als Grenze beziehungsweise Grenzziehung beschrieben, die das Gerahmte von den anderen Kontexten trennt und darüber einen abgeschlossenen Werkraum bildet (vgl. Schade/Wenk 2005: 147). Dabei wird der Rahmen auch „als Zeichen für den Übergang in eine andere Ebene von Realität gesehen“ (Conrad/Wagner 2018: 1). Der Rahmen fungiert

241 Eine Vermittler_in berichtet von diesem Aushandlungsprozess zwischen ihr, dem Kurator und der Architektin: „Und dann habe ich ihnen verschiedene Vorschläge gemacht, die glaube ich auch ganz gut passen würden, aber das ist natürlich so, oh, ob da die Ausstellungsarchitektin mit zufrieden ist, ah, ob das auch mit dem Kurator auch so passt […]“ (A5: 610f.) „[…] wir haben aber einen total guten Kompromiss gefunden, wo beide glaube ich glücklich sind“ (A5: 616f.).

gleichzeitig in den seinen Funktionen als Grenze sowie als Übergang: zum einen als Isolierung zu etwas Äußerem und zum anderen als Einfassung von etwas Innerem. Beides führt zu einer „inselhaften Stellung" (Wirth 2013: 16) dessen, was sich innerhalb des Rahmens befindet, und bedingt, dass das, „was sich innerhalb dieser Rahmen abspielt, ‚nicht mit der Außenwelt verwechselt'" wird (ebd.: 32).

Zum anderen wird mit Rahmen eine Kommunikationsstrategie beschrieben, die zur Erzeugung von Evidenz beiträgt (Conrad/Wagner 2018: 4), da dem Rahmen eine definitorische Aufgabe zugesprochen wird, die als Ordnungsstruktur dient und die Wahrnehmungen lenkt. Die beiden Kunsthistoriker_innen Daniela Wagner und Fredericke Conrad legen in ihrem Beitrag *Visuelle Dispositionen. Zu Rahmen und* frames *in Kunst und Kunstgeschichte* (2018) mit Bezug auf Erving Goffman dar, dass erst die Rahmung zur Möglichkeit der Lesbarkeit verhilft: „Ereignisse werden wahrgenommen, aufgrund von Organisationsprinzipien wird ein Bezugsrahmen erstellt, der die ‚Lesbarkeit' der Situation ermöglicht, da er einen Schlüssel für die Decodierung des an sich Abstrakten darstellt" (Conrad/Wagner 2018: 1). Auch der Philosoph und Kunsthistoriker Louis Marin beschreibt den Rahmen als Mittel, welches das im Bild Gezeigte anwesend machen soll: „In its pure operation, the frame reveals; it is deictic, an iconic ‚demonstrative' – saying ‚this here'" (Louis Marin 1998: 76, zitiert nach Brandes 2010: 132).

In der Anwendung auf den sichtbaren Vermittlungsraum bedeutet dies, dass der Rahmen zum einen das Geschehen im Vermittlungsraum – die pädagogische Arbeit – von dem trennt, was außerhalb des Rahmens liegt – dem Ausstellungsraum. Es findet eine Abgrenzung[242] statt zu dem, was außerhalb des Vermittlungsraumes liegt, und eine Einfassung von dem, was innerhalb des Raumes verortet ist. Kunstvermittlung und Ausstellungsraum werden durch den Rahmen voneinander getrennt.

Zum anderen werden über die Einlassung von Rahmen in die Raumarchitektur des sichtbaren Vermittlungsraumes Ordnungsprinzipien erstellt, die zur Lesbarkeit und zur Evidenzproduktion der Kunstvermittlung beitragen. Die pädagogische Arbeit wird vom Ausstellungspublikum durch den Rahmen gesehen und innerhalb der Institution als existent wahrgenommen. Mit dem Rahmen und der Möglichkeit, durch diesen die eingefasste Kunstvermittlung wahrzunehmen, wird die Aufmerksamkeit evoziert und die Aussage „Hier findet Kunstvermittlung statt!" hervorgerufen.

242 Der Rahmen stellt für die Teilnehmenden der Vermittlung sowie die Kunstvermittler_innen eine fließende Grenze dar, da sie den Vermittlungsraum verlassen, in der Ausstellung tätig sind und wieder zurückkehren. Sie verlassen das Gerahmte und kehren wieder zurück. Der Vermittlungsraum wird durch das Handeln in der Ausstellung auf den Ausstellungsraum ausgeweitet. Somit ist der Rahmen für die Teilnehmenden als fließende Rahmung zu verstehen, der zwar eine Markierung darstellt, jedoch keine unüberwindbare Grenze.

## Der voyeuristische Blick durch den Rahmen und die Herstellung des weiblichen Objekts

In der feministischen Kunstwissenschaft (Schade/Wenk 1995; Hentschel 2001) wird die Darstellung des Rahmens als zentrales Element zur Hervorbringung des voyeuristischen Blicks thematisiert. Mit dem Blick durch den Rahmen wird eine Blickinszenierung produziert, die zu einer räumlichen Distanz führt und den Beobachter[243] von seinem beobachteten Objekt trennt (Schade/Wenk 1995: 383). Als Schlüsselbild der Herstellung des voyeuristischen Blicks wird dabei der Holzschnitt *Der Zeichner des liegenden Weibes* (1538) von Albrecht Dürer zitiert (Schade/Wenk 2005; Hentschel 2002). Auf dem Bild wird der Vorgang des Akt-Zeichnens dargestellt, bei dem ein Mann durch einen Rahmen eine nackte Frau betrachtet und diese gleichzeitig zeichnet. Der gerasterte Rahmen sowie der verwendete Zeichenstab ermöglichen dem Zeichner, die liegende Frau zentralperspektivisch[244] auf das vor ihm liegende Blatt Papier zu übertragen.

Mit dem Dargestellten wird zum einen die Frau zum betrachteten Objekt und der Mann zum handelnden Subjekt gemacht, und zum anderen wird mit dem Rahmen in der Mitte des Bildes eine räumliche Trennung zwischen gezeichnetem Objekt und zeichnendem Subjekt hergestellt. Der Rahmen führt dazu, dass der männliche Zeichner und das weibliche Objekt räumlich voneinander getrennt werden, um sich „von nun an gegenüber zu stehen" (Schade/Wenk 1995: 384). Diese räumliche Trennung durch den Rahmen und die daraus resultierende Gegenüberstellung von Mann und Frau hat nach Schade/Wenk zur Herstellung binärer Geschlechterordnungen in der Kunstgeschichte beigetragen.

Die Darstellung des Rahmens in der Kunstgeschichte ist ein zentrales Element, welches zum Blickregime[245] des männlichen Betrachters und des als ‚weiblich' betrachteten Objekts geführt hat. Dieses Blickregime steht in einer Linie mit dem Konzept „der Frau als *to-be-looked-at-ness*" (Brandes 2010: 127) und der „*Frau als Bild*" (ebd.) und suggeriert das „Angeschaut-

243 An dieser Stelle verwende ich bewusst die maskuline Schreibweise, da es sich um den männlichen Blick handelt.

244 Linda Henschel zeigt in *Pornotopische Techniken des Betrachtens. Raumwahrnehmung und Geschlechterordnung in visuellen Apparaten der Moderne* (2002) auf, dass gerade die Zentralperspektive als visueller Raumpenetrationsapparat ein Herrschaftsinstrument ist, das zeitlich einhergeht mit dem Auszug des Mannes aus dem Bildraum. Die These Henschels lautet, dass „mit der Feminisierung des Raumes der sexuelle Akt nicht metaphorisch, sondern das Sehen selbst sexualisiert wird. Nicht der sexuelle Akteur ist beim Sex unsichtbar, sondern der Akt des Sehens ist eine sexuelle Technik" (ebd.: 67). Für Hentschel ist der perspektivische Bildraum eine pornotopische Technik des Betrachtens.

245 Der Begriff des Blickregimes wurde maßgeblich von Kaja Silverman (1996) geprägt. Die Filmtheoretikerin „unterscheidet – im Anschluss an Lacan – hierfür Sehen als sinnlichen Akt (look) von Blicken/Erblicken (gaze). Dabei verweist sie auf die Wirkmächtigkeit kollektivierter Blickweisen und spricht aufgrund deren regulierender, normativer und kontrollierender Wirkung von einem Blickregime (gaze). Denn der Blick verlangt spezifische Darstellungsweisen, um erblicken zu können. Im Umkehrschluss heisst das für jemanden, die_der erblickt werden will, sich diesem Diktat des Blickregimes zu unterwerfen, sich an die geforderten Darstellungsparameter zu halten oder zumindest sich dazu zu verhalten." (Fürstenberg 2012: o. S.)

werden-Wollen". Auch Martina Löw hat sich im Kontext raumtheoretischer Stadtsoziologie mit der Bildwerdung der Frau als räumlich-geschlechtliche Inszenierung auseinandergesetzt. Mit einer ethnografischen Analyse der Räume und Orte der Prostitution und dem Verweis darauf, dass „Frauen(-Körper) traditionell als Räume imaginiert werden" (Löw 2018: 89), stellt sie dar, dass der Bildraum im Feld der Prostitution durch Schaufensteranordnungen inszeniert wird. Prostituierte sind in Fensterrahmen platziert und werden darüber zum Bild und Sexualobjekt, welches von außen – teilweise ungesehen – betrachtet werden kann.[246] Die Positionierung im Schaufenster symbolisiert dabei ebenfalls ein Angeschaut-werden-Wollen der Sexarbeiter_innen.

Aus feministischer Kunstwissenschaft und soziologischer Raumforschung kann der Rahmen als zentrales Medium genannt werden, der zur Produktion des weiblichen Objektes und der Frau als Bildwerdung beiträgt. Er führt zu einer räumlichen Distanz zwischen betrachtetem Objekt und schauendem Subjekt und stellt eine Trennung zwischen diesen beiden her.

Angewandt auf den sichtbaren Vermittlungsraum bedeutet dies, dass die in der Wand eingelassenen Rahmen dazu beitragen, dass die dahinter platzierte Kunstvermittlung zum Bild und zum betrachteten Objekt wird, die räumlich vom Ausstellungsraum und den darauf platzierten Ausstellungsbesucher_innen getrennt sind.

Dass die Kunstvermittlung ein feminisierter[247] Arbeitsbereich ist, in dem überwiegend Frauen tätig sind, reiht sich in die oben angeführten analytischen Beschreibungen der voyeuristischen Betrachtung der Frau durch den Rahmen ein. Die existierende Geschlechtlichkeit des Feldes der Kunstvermittlung wird durch die Einlassung des Rahmens und das darüber hervorgerufene Paradigma des Anschaut-Werdens bestätigt. Mit dem Rahmen in der räumlichen Architektur wird Kunstvermittlung zum Objekt gemacht.

Die angeführten Erkenntnisse aus der feministischen Kunstwissenschaft verdeutlichen des Weiteren, dass der Rahmen ein „Angeschaut-werden-Wollen" suggeriert. Zwar benennen die Kunstvermittler_innen den Wunsch nach mehr Sichtbarkeit, das direkte Angeschaut-Werden während der pädagogischen Praxis wird jedoch als ein „unter Beobachtung stehen" (siehe Kapitel 8.4) beschrieben. Der explizite Wunsch, während der pädagogischen Arbeit von den

246 Eine ähnliche Objektkonstruktion zeigt sich bei Sexarbeiter_innen, die online ihre Körper zur Schau stellen. Hier wird der Bildschirm zum Rahmen, der das im Bild gezeigte von der Außenwelt des Bildschirms trennt und dadurch den Betrachtenden unsichtbar macht.

247 Die Feminisierung eines Bereiches bedeutet, dass dieser von vermeintlich „typisch weiblichen" Fähigkeiten und Fertigkeiten bestimmt ist und die dort geleistete Arbeit von mehrheitlich weiblichen Akteurinnen erbracht wird. Siehe dazu den Beitrag von Lüth (2018) „Feminisierte Dienstleitung und sexuelle Arbeit in der Kunstvermittlung" innerhalb des Artikels: *Reparaturmaßnahmen, um nicht dermaßen regiert zu werden. Looks der Vermittlung, Gender Performance und sexuelle Arbeit in der Kunstvermittlung*. Sowie den Artikel *Am Kreuzpunkt von vier Diskursen* (2009a) von Carmen Mörsch, in dem sie darlegt, dass trotz des anwachsenden symbolischen Kapitals „die Prekarität der Arbeitsverhältnisse in der Kunstvermittlung und die ökonomische Marginalisierung von Vermittlungsarbeit innerhalb der Kunstinstitution weiterhin" besteht (Mörsch 2009a: 17).

Ausstellungsbesucher_innen angeschaut zu werden, wird von den Kunstvermittler_innen in den Expert_innen-Interviews nicht genannt.

## Die Vergabe von Titeln als zugehörige Instanz des Rahmens

Etwas zu rahmen ist bei der Produktion von Ausstellungen eine gängige Praxis in Museen und ausstellenden Institutionen. Den Instanzen des Rahmens im Museumsraum ist die Nennung des Titels sowie mögliche Werkbeschreibungen zugehörig.

Die Nennung von Titeln wird auch im Herstellungsprozess sichtbarer Vermittlungsräume vollzogen, da den Räumen Namen gegeben werden.[248] Im Unterschied zu den separaten Vermittlungsräumen bezeichnen diese Namen nicht nur ihre pädagogische Funktion wie *Medienwerkstatt* oder *Kleines Atelier*, sondern sie erhalten ebenso abstrakte Bezeichnungen wie *BÄM*, *204 m²* oder *Freiraum*. Diese Namensvergabe ist genau wie bei den Wandtexten in der Ausstellung durch Plotterschrift, Titelkärtchen oder Plakate neben den sichtbaren Vermittlungsräumen sichtbar angebracht und reiht sich in die Technik des Rahmens im Museum ein. Auch werden die Titel der Vermittlungsräume auf den Raumplänen der Museen genannt und darüber kenntlich gemacht.

## GESTALTET SEIN: Teil des Ausstellungsdisplays sein

Den analysierten Vermittlungsräumen der vorliegenden Forschung ist immanent, dass sie sich in ihrer architektonischen Gestaltung an die in ihren Häusern zugrunde liegende Formsprache der Kunstausstellungen anlehnen. Dies zeigt sich nicht nur durch die Verwendung gleicher Fußböden und Wände, sondern auch in der Lichtsetzung und dem gleichen Umgang mit Fenstern – geöffnet oder verschlossen.

Allen drei untersuchten Institutionen ist gemein[249], dass sie in ihrer Funktion nicht als Museum erbaut wurden. Sie wurden zum Museum umgestaltet und haben dabei eine Orientierung an

248 Im ZKM wurden die sichtbaren Vermittlungsräume benannt mit *studio*, *Zwischenraum*, *Max*, *BÄM* und *Ackerspace*, in der Städtischen Galerie Nordhorn *Projektraum* und in der GfZK *GALERIE FÜR DICH*. In anderen Institutionen und großen, internationalen Kunstausstellungen finden sich beispielsweise die Namen *Dein Raum* (Städtische Galerie Wolfsburg), *Peppermit* und *Narrowcast House* (documenta 14), *207 m²* (Berlinische Galerie), *Büro A–Z* (Hamburger Bahnhof), *Denkraum*, *Freiraum* und *Plattform* im Bode-Museum.

249 Die Galerie für zeitgenössische Kunst in Leipzig verfügt neben der Umnutzung der Herfurtschen Villa über einen Neubau, der extra für die Kunst gebaut wurde.

dem Konzept des *White Cube*[250] erfahren. Der Gestus, der sich in der Museumsgeschichte vor allem durch den *White Cube* entwickelt hat – des Zeigens, Hervorhebens und als wertvoll Herausstellens – ist allen untersuchten Ausstellungsräumen immanent. Die Folge einer solchen Geste ist, dass alles, angefangen von den Exponaten über die Sitzmöglichkeiten bis hin zur Wandbeschriftung, im Museumsraum angeschaut wird.
Mit der architektonischen Gestaltung der sichtbaren Vermittlungsräume in Anlehnung an die Grammatiken der umliegenden Ausstellungsräume nehmen die Kunstvermittlungsräume die Formsprache der Ausstellungen an und werde genau wie alles andere im Ausstellungsraum angeschaut. Vor diesem Hintergrund des Angeschaut-Werdens folgt die Gestaltung des Raumes nicht allein der Funktionalität, die eine pädagogische Praxis erfordert. Vielmehr realisiert sich die Gestaltung des Raumes in einem Zusammenspiel aus der Zur-Schau-Stellung und der Funktion als pädagogischer Arbeitsraum. Die Zur-Schau-Stellung ist dabei eine Inszenierung, die der Praxis der Einlassung von Rahmen in die Architektur gleichkommt. Mit der Übertragung der Konventionen musealer Raumgestaltung auf den Vermittlungsraum wird der Anspruch formuliert, Kunstvermittlung anzuschauen, hervorzuheben und sie als wertvoll herauszustellen (vgl. O'Doherty [1976] 1996: 27).

Mit der sich anschmiegenden Gestaltung des sichtbaren Vermittlungsraumes an die Ausstellungsräume wird der sichtbare Vermittlungsraum zum Teil des Ausstellungsdisplays, worüber seine Zugehörigkeit zu den ihn umgebenden physisch-materiellen Ausstellungsraum hergestellt wird. Mit Ausstellungsdisplay wird etwas benannt, das erst in den letzten 20 Jahren zunehmend im Zusammenhang des Zeigens, Präsentierens und Machens von Ausstellungen verhandelt wird. Nach der Kuratorin Christiane Haupt-Stummer (2013) ist der Begriff Display[251] gegenwärtig mit unterschiedlichen Verständnissen verbunden, die die Heterogenität aktueller Ausstel-

250 Der *White Cube* ist eine ästhetisierende Form der Ausstellungsgestaltung, die bereits Anfang des 20. Jahrhunderts Anwendung fand und sich bis heute als Topos für die Gestaltung von Kunstausstellungen etabliert hat. Der Grund für diese Gestaltung ist das Abschirmen der Außenwelt und steht nach dem irisch-amerikanischen Kunsthistoriker und Künstler Brian O'Doherty dafür, alles von der Kunst fernhalten zu wollen, was „die Tatsache, daß es ‚Kunst' ist, stören könnte" (O'Doherty [1976] 1996: 9). O'Doherty verdeutlicht, dass der *White Cube* alles andere als neutral ist, sondern absichtsvoll und künstlich konstruiert und nach Gesetzen errichtet wird, „die so streng sind wie diejenigen, die für eine mittelalterliche Kirche gelten" (O'Doherty [1976] 1996:10). Auch wenn in Ausstellungszusammenhängen immer mehr Ausstellungskonzepte entwickelt werden, die versuchen, den *White Cube* zu rekonzeptualisieren, indem Ausstellungen als eine Art „studio or experimental ‚laboratory' (Bishop 2004: 51) realisiert werden, ist in den zeitgenössischen Museen und Galerien [...] noch immer vorzugsweise eine Präsentation im White Cube anzufinden" (Richter 2007a: 15). Siehe Beispiele zu dem Umgang und der Abkehr vom White Cube in Museen auch Schade/Wenk 2011: 157.

251 Die ersten Definitionen von Display wurden im Jahr 1969 von dem Typografen Hans Neuburg unter anderem als Schaustellung und Schaufenster-Anlage eingeführt und durch die Kunsthistorikerin Mary Anne Staniszewski weiterentwickelt. Das Ausstellungsdisplay wird bei ihr in Korrespondenz zum Schaufenster entworfen, wodurch eine Verwandtschaft zwischen der Präsentation von Kunst und kommerziellen Verkaufsstrategien hergestellt wird. In dieses Verständnis reiht sich die bereits erarbeitete Erkenntnis der vorliegenden Untersuchung, dass sichtbare Vermittlungsräume dazu beitragen, Kunstvermittlung zu vermitteln mit dem Ziel, neue Teilnehmende zu akquirieren (siehe Kapitel 9.4).

lungsdiskurse widerspiegeln. Haupt-Stummer macht drei unterschiedliche Auslegungen von Display aus, die sie mit Display als „Oberfläche", „Präsentationsmittel" und „Handlung" beschreibt. Das Verständnis vom Display als Oberfläche stellt Haupt-Stummer in den Zusammenhang technologischer Entwicklungen wie Computer oder Mobiltelefon. Hierbei wird die Ausstellungsgestaltung auf rein formale Prinzipien reduziert, wodurch „Bildraum und Gestaltungsraum zu einer Einheit verschmelzen" (Haupt-Stummer 2013: 97). Die Oberflächen fungieren als ordnende Schnittstellen, als „Ordnungsprinzipien" (John/Richter/Schade 2008: 18) zwischen Publikum und Ausstellung.

Sigrid Schade stellt in ihrem Forschungsprojekt *Ausstellungsdisplays. Innovative Entwürfe für das Ausstellen von Kunst, Medien und Design in kulturellen und kommerziellen Anwendungen* (2005–2007) heraus, dass dieses Verständnis von Display als Oberfläche weit verbreitet sei und dazu führe, die Rolle des Displays zu unterschätzen. Dem Display würde dabei allenfalls „eine ‚formale' Qualität zugestanden" (Schade 2007: 6), die jedoch als solche nicht wirklich an Bedeutungsproduktion der Ausstellung beteiligt sei. Mit dem Verständnis von Display als Oberfläche würde der sichtbare Vermittlungsraum gemeinsam mit allen anderen ‚Dingen' im Ausstellungsraum als ein gemeinsamer Bildraum zusammengeschlossen werden, der keine gesonderte Bedeutung produziert.

Schade wendet sich von dieser Definition von Display ab und beschreibt gemeinsam mit ihren Kolleginnen Jennifer John und Dorothee Richter das Display als Präsentationskontext einer Ausstellung, der als maßgebliches Moment bei der Herstellung von Bedeutungen einer Ausstellung anerkannt ist. In *Re-Visionen des Displays. Ausstellungs-Szenarien, ihre Lektüre und ihr Publikum* (2008) beschreiben die drei Autorinnen das Display als *ein* sinnstiftendes Element einer Ausstellung von vielen, welches keine neutrale Präsentationsoberfläche darstellt.

> *„Sämtliche Elemente eines Displays bilden den Präsentationskontext einer Ausstellung: die Positionierung der Objekte, aber auch Sockel und Rahmen ebenso wie die Wegführung der Besucher/innen, die Raumgestaltung oder Architektur. Selbst Gerüche und Geräusche, aber auch die begleitenden Texttafeln und Kataloge sowie Flyer tragen zur Aussage von Ausstellungen bei. Alle Elemente des Displays stehen miteinander in Wechselwirkung und beeinflussen so die Rezeption durch das Publikum, das vom Prozess der Bedeutungsproduktion nicht zu trennen ist." (John/Richter/Schade 2008: 18)*

Das Display wird folglich hier als Kontext des Gezeigten als eine Art Rahmen entwickelt, der sich auf die Bedeutungsrezeption der gesamten Ausstellung durch die Ausstellungsbesucher_innen auswirkt.

Die Bezeichnung von Display als Handlung – die dritte Auslegung des Displays – wird von Haupt-Stummer mit den von Muttenthaler und Wonisch entwickelten *Gesten des Zeigens* in Verbindung gebracht. Dabei stehe die Ausstellungsgestaltung für eine Inszenierungsgeste, eine Strategie des Zeigens.

> *„Sie ist eine aktive Tätigkeit des Präsentierens und Überzeugens mit dem klaren Ziel des Sichtbarmachens und der Verführung. Diese Aktionen beschreiben eine kontextualisierende Vorgehensweise, die Wissen und Bedeutung vermittelt. Die Ausstellungsgestaltung wird zum Dispositiv, innerhalb dessen sich eine Narration entfaltet." (Haupt-Stummer 2013: 97)*

Hier wird alles, was in der Ausstellung zu sehen gegeben wird, in die Analyse einbezogen und die Herstellung des Displays als Tätigkeit verstanden, der eine bestimmte Absicht eingeschrieben ist. Das Verständnis von Ausstellungsdisplay dekonstruiert dabei die scheinbare Neutralität des Ausstellungmachens und macht deutlich, dass das Ausstellungsdisplay an Anliegen der Ausstellungsmacher_innen geknüpft ist und zu Ein- und Ausschlüssen führt. Display als Handlung stellt eine machtvolle Praxis dar.

Die vorliegende Untersuchung geht ebenfalls von einem Verständnis des Displays als Handlung aus. Die Auswertung der empirischen Daten hat gezeigt, dass die Einrichtung sichtbarer Vermittlungsräume dem Ziel folgt, die pädagogische Praxis im Museum sichtbar zu machen. Dem Vermittlungsraum als Teil des Displays ist dabei die Absicht eingeschrieben, als Geste des Zeigens Kunstvermittlung zu sehen zu geben. Die sichtbaren Vermittlungsräume schreiben sich dabei aufgrund ihrer gestalterischen Formsprache – Anlehnung an die Grammatiken der Ausstellungsgestaltung sowie der Anwendung der Technik des Rahmens – in das Ausstellungsdisplay ein und werden zu dessen Teil. Sie werden über das Display als Teil der Ausstellung und somit als Teil der Institution konzipiert.

## Die Legitimierung der Bildungsarbeit im Museum

Mit der Darstellung der Ausstellungsgestaltung als Dispositiv[252] verweist Haupt-Stummer in Anlehnung an Foucault auf die strategische Funktion, die diesem zugrunde liegt. Nach Foucault liegt die Funktion des Displays unter anderem in der Antwort auf einen Notstand begründet.

> *„Drittens verstehe ich unter Dispositiv eine Art von – sagen wir – Formation, deren Hauptfunktion zu einem gegebenen historischen Zeitpunkt darin bestanden hat, auf einen Notstand (urgence) zu antworten. Das Dispositiv hat also eine vorwiegend strategische Funktion." (Foucault 1978: 120)*

Mit „Notstand" kann in der vorliegenden Untersuchung die gesellschaftliche und politische Forderung der letzten Jahrzehnte nach mehr pädagogischer Arbeit und einer Ausweitung ihrer Adressat_innen ausgemacht werden.

Ein kulturpolitisches Aufgreifen und Umsetzen der Forderungen an die Bildungsarbeit im Museum[253] beginnt in Deutschland seit dem Ende der 1990er Jahre (siehe Mörsch 2009a: 16). Eine Vorreiterrolle für Deutschland nahm darin die New Labour Partei in England ein, die ein umfassendes staatliches Programm zur Bildungsarbeit in Kunst- und Kulturinstitutionen eingerichtet hat, welches auf ganz Europa ausstrahlte. Das Programm bildete ein Verständnis von Kunstvermittlung als relevanter arbeits- und bildungspolitischer Faktor aus (ebd.). An dieses Verständnis gebunden ist eine Forderung nach mehr und vielschichtigeren Bildungsprogrammen im Museum.

252 Mit Dispositiv beschreibt Foucault „ein entschieden heterogenes Ensemble, das Diskurse, Institutionen, architekturale Einrichtungen, reglementierende Entscheidungen, Gesetze, administrative Maßnahmen, wissenschaftliche Aussagen, philosophische, moralische oder philanthropische Lehrsätze, kurz: Gesagtes ebensowohl wie Ungesagtes umfasst. [...] Das Dispositiv selbst ist das Netz, das zwischen diesen Elementen geknüpft werden kann" (Foucault 1978: 119f.). Mit dem Konzept des Dispositivs wird es möglich, die wirkmächtigen Elemente zu einem bestimmten historischen Zeitpunkt in ihrer Verflechtung analytisch zu fassen. „Dispositivanalyse stellt die Frage, wie das Zusammenspiel eines Ensembles heterogener Praktiken und Materialien es Individuen und Gruppen in einem regional und historisch spezifischen Moment – häufig als Reaktion auf einen Notstand – ermöglicht, das Wissen zu produzieren, das sie brauchen, um sich auf eine Weise zu verhalten, die im hegemonialen Sinn als nützlich und angemessen für sie selbst und die Gesellschaft verstanden wird – oder eben, um Widerstand zu leisten" (Mörsch 2019: 584).

253 Schon 1979 fordert der Kulturpolitiker Hilmar Hoffmann in seiner Publikation *Kultur für alle*: „Jeder Bürger muß grundsätzlich in die Lage versetzt werden, Angebote in allen Sparten und mit allen Spezialisierungsgraden wahrzunehmen, und zwar mit zeitlichem Aufwand und einer finanziellen Beteiligung, die so bemessen sein muß, daß keine einkommensspezifische Schranken aufgerichtet werden. Weder Geld noch ungünstige Arbeitszeitverteilung, weder Familie oder Kinder noch Fehlen eines privaten Fortbewegungsmittels dürfen auf Dauer Hindernisse bilden, die es unmöglich machen, Angebote wahrzunehmen oder entsprechende Aktivitäten auszuüben. [...] Die Angebote dürfen weder bestehende Privilegien bestätigen, noch unüberwindbare neue aufrichten" (Hoffmann 1979: 11).

Das Problembewusstsein innerhalb der Museen und Kunstvereine in Bezug auf ihren institutionellen Bildungsauftrag war noch bis zum Ende der 1980er Jahre in Deutschland innerhalb der Museumsmitarbeiter_innen so gut wie nicht ausgeprägt, wie die Arbeitsgruppe für empirische Bildungsforschung (AfeB) 1986/1987 in ihrem Forschungsprojekt *Der Bildungsauftrag von Museen und Kunstvereinen* herausgearbeitet hat (Schulze 1988: 61). Die Aufgabe der Museen als Bildungsinstitution wurde von den Mitarbeiter_innen (exklusive der Museumspädagog_innen) „entweder gar nicht erkannt oder nicht reflektiert und bearbeitet oder gar verdrängt" (Schulze 1988: 61). Auch eine ausreichende Zahl Beschäftigter in der Museumspädagogik, eine gute Ausstattung sowie eine angemessene Ausbildung der Pädagog_innen stellen nach diesem Bericht zu der Zeit in Deutschland einen Mangel dar:

> *„Dafür gibt es aber nach wie vor zu wenig Museumspädagogen – auch wenn ihre Zahl gegenwärtig etwas höher liegt als vielfach genannten 150 (festangestellte) Museumspädagogen; für ihre Arbeit sind sie in der Regel darüber hinaus unzureichend vorgebildet, müssen alle Abteilungen des Museums inhaltlich vertreten, haben zu wenig Zeit und zu wenig Fortbildungsmöglichkeiten, die dies wett machen könnten und sind manchmal auf geradezu lächerliche Weise schlecht für ihre Arbeit ausgestattet." (Schulze 1988: 61f.)*[254]

Einen wichtigen Anstoß zur öffentlichen und politischen Bewusstwerdung eines demokratischen Anspruchs auf die Teilhabe an kulturellen Institutionen wie dem Museum gab insbesondere Bourdieus Analyse *Die feinen Unterschiede* (1987). Darin zeigt der Kultursoziologe auf, dass Kulturinstitutionen als „Distinktionsmaschinen" des Bürgertums dienen und über diese Ein- und Ausschlüsse produziert werden. Auch die Forscher_innen der Studie *Der Bildungsauftrag der Museen und Kunstvereine* (1986/1987) kommen zu dieser Erkenntnis:

> *„Anhand der Daten läßt sich festhalten, daß es sich bei den Museumsbesuchern – von gewissen Schwankungen zwischen den Museumsarten abgesehen – um überdurchschnittlich gebildete Angehörige der Mittel- und Oberschicht handelt, die insgesamt nicht mehr als ein Viertel der Gesamtbevölkerung ausmachen. Der Museumsbesuch korreliert mit dem Besuch anderer Kulturinstitutionen, so Theater, Oper usw. Die Besucher von Museen unterscheiden sich in ähnlich eklatanter Weise von der Gesamtbevölkerung, wie dies etwas in Angeboten der Erwachsenenbildung der Fall ist: Je*

254 Nach der statistischen Auswertung des Instituts für Museumsforschung gab es im Jahr 2017 1.437 hauptamtlich angestellte Museumspädagog_innen (davon 698 halbtags). Insgesamt waren 20.542 Personen in der Bildungsarbeit im Museum tätig. Ein Hauptteil dieser Gruppe macht freie Mitarbeiter_innen und ehrenamtlich tätige Personen aus (Institut für Museumsforschung 2018: 52).

*höher der Bildungsabschluß, desto eher besucht jemand ein Museum oder eine Volkshochschule." (Nuissl/Paatsch/Schulze 1987b: 7f.)*

Die Forscher_innengruppe arbeitete heraus, dass zwar viele Besuche in Museen und Kunstvereinen stattfinden, diese jedoch nur durch wenige Besucher_innen wahrgenommen werden. Der kulturpolitische Anspruch nach einem ‚Museum für alle'[255] sei nicht eingelöst und lasse sich nur durch das Ergreifen von Maßnahmen erfüllen, die das Museum und die Kunstvereine für mehr Bevölkerungsgruppen attraktiv mache (Nuissl/Paatsch/Schulze 1987a: 6).[256] Seit dieser Zeit sind die Kulturinstitutionen wie das Kunstmuseum dazu aufgefordert, durch die Einrichtung und Ausweitung ihrer museumspädagogischen Arbeit gegen die eigenen Ausschlussmechanismen anzuarbeiten, um den kulturpolitischen Anspruch einzulösen (vgl. dazu Mörsch 2009a: 18).

Der Störung beziehungsweise dem Notstand, kein Museum für alle zu sein und nur einen bestimmten Teil der Bevölkerung zu adressieren, wird in den letzten Jahren zunehmend durch unterschiedliche Maßnahmen entgegengewirkt: vielfältigere Angebote in pädagogischen Programmen, spezielle Aus- und Weiterbildungen für Kunstvermittler_innen, gemeinschaftliche Initiativen der Interessensvertreter_innen wie dem Bundesverband Museumspädagogik e. V. (seit 1991), die Einrichtung von Stellen in der Kunstvermittlung[257] sowie die Theoretisierung des Felds.

Eine weitere Bestrebung, das Feld umzustrukturieren und Akteur_innen zu adressieren, die nicht bereits Teil des Museums sind, ist dem Verständnis des transforamtiven Diskurses kritischer Kunstvermittlung immanent.

*„Sie strebt die Transformation der Institution in einen Ort für Artikulationen und Repräsentationen an, die gerade auch von denen hergestellt werden, die explizit nicht zum Machtzentrum des Kunstsystems gehören. Damit verbunden verknüpft sie die Institutionen mit deren Außen, ihren lokalen und geopolitischen Kontexten." (Mörsch 2009a: 22)*

255 Siehe zur kritischen Reflektion der Verwendung des Wortes „alle" in kulturpolitischen Forderungen den Beitrag von Alexander Henschels: „Wen meint ‚alle'? Zur Möglichkeit der Totalinklusion im Rahmen kultureller Prozesse" (2010).

256 In der Studie *Der Bildungsauftrag der Museen und Kunstvereine* (1986/1987) wird herausgearbeitet, dass zu wenig und unzureichende museumspädagogische Angebote angeboten werden. Des Weiteren wurde festgestellt, dass an „außerordentlich schwierig[e]" (ebd.: 19) Situationen der Museumspädagogik in den jeweiligen Häusern eine räumliche Trennung zwischen den museumspädagogischen und den anderen fachwissenschaftlichen Abteilungen des Museums geknüpft ist. Es wird dargestellt, dass die Museumspädagog_innen eine „Art Exotenrolle" innehaben, die sich in der räumlichen Ordnung der Institution widerspiegelt. So werden museumspädagogische Abteilungen in Museen und vor allem in neueren Häusern räumlich ausgelagert. „In den Städten, in denen zentrale museumspädagogische Dienste existieren, ist diese Auslagerung der Museumspädagogik teilweise konsequent fortgesetzt worden" (Nuissl/Paatsch/Schulze 1987b: 19). Die „Isolierung der Museumspädagogen im Museum" (ebd.: 24) und die mangelnde „Integration der Arbeit der Museumspädagogen in den Betrieb des Museums" (ebd.: 20) zeigen sich an dieser Stelle in einer räumlichen Abtrennung.

257 1986/1987 gab es in Deutschland circa 150 festangestellte Museumspädagog_innen in Deutschland.

Die Adressierung an Akteur_innen, die nicht dem Museum zugehörig sind, würde nach diesem Verständnis eine bedeutende institutionelle Umstrukturierung nach sich ziehen. Diese würde damit einhergehen, dass bestehende Arbeitsverhältnisse und die Aufteilung von Ressourcen zur Disposition und symbolische Ordnungen neu verhandelt werden müssten.

Für die von den gegenwärtigen Strukturen und Ordnungen profitierenden Akteur_innen des Museums ist es daher sinnvoll, ein Wissen zu produzieren, dass auf den in den kulturpolitischen Forderungen formulierten Notstand in einer Form antwortet, die keine bedeutenden institutionellen Veränderungen nach sich zieht. Eines für die bestehenden Strukturen nützliches und angemessenes Wissen ist die Sichtbarmachung der pädagogischen Arbeit über ihre Vermittlungsräume im Museum. Sie löst die Forderung nach ‚mehr' pädagogischer Arbeit im Museum ein, indem sie ihr zu einer größeren Sichtbarkeit verhilft und sie als Teil der Institution entfaltet. Die Bildungsarbeit im Museum wird über das räumliche Zu-sehen-Geben legitimiert. Kunstvermittlung ist nicht mehr ein separater Teil des Museums, der eine Sonderstellung innehat. Sondern Kunstvermittlung wird räumlich als ein zugehöriger Teil des Museums, der im Zentrum der Institution platziert ist, entworfen. Als Dispositiv ist ihnen die Funktion eingeschrieben, zur Evidenzbildung der pädagogischen Arbeit als Teil des Museums beizutragen. Die Repräsentation der Kunstvermittlung als Teil des Displays der Ausstellung bedeutet folglich, dass die pädagogische Arbeit im Museum stattfindet, und zwar als zugehöriger Teil der Kunstausstellungen. Die Einrichtung sichtbarer Vermittlungsräume reagiert auf den Notstand, nur bereits zugehörige Akteur_innen zu adressieren, indem die Existenz der Kunstvermittlung über ihre räumliche Anwesenheit hergestellt wird.

## GESTALTET SEIN: Herstellung von Atmosphären

Die Art der Gestaltung der sichtbaren Vermittlungsräume wird von einigen Vermittler_innen mit dem Begriff der Atmosphäre (A3: 68, 247; B5: 430) umschrieben. Die Gestaltung des Raumes wird dabei in Analogie zum Ausstellungsraum entworfen und von Kunstvermittler_innen in Differenz zu den separaten Vermittlungsräumen hergestellt:

> *„Also, auf jeden Fall, die Räume sehen auf jeden Fall ziemlich anders aus. [...] relativ modern und schlicht (B3: 81f.).*

> *„Ich finde ihn schöner wie den, in dem ich sonst arbeiten muss, weil der halt anders gestaltet ist durch das, dass er öffentlich zu sehen ist. Das ist auch schöner designt, finde ich. Das fände ich schön, wenn die anderen Workshop-Räume auch einen kleinen Design-Aufputscher kriegen würden" (A4: 73f.).*

Dabei beschreiben die Vermittler_innen im Besonderen eine Atmosphäre, die sich von der des nicht sichtbaren Vermittlungsraums unterscheidet:

> *„Wenn wir da unten arbeiten, ist eine andere Arbeitsatmosphäre als hier oben. Ja, das würde ich schon so sagen." (C2: 127)*

> *„Ganz klar, die räumliche Gestaltung, die da/ eine ganz andere Raumatmosphäre, finde ich." (A3: 247)*

Mit Atmosphäre ist in Bezug auf Raum eine Stimmung gemeint, die von Räumen ausgehend wahrgenommen und mit „gestimmtem" Raum beschrieben wird (vgl. Löw 2001: 204). Dabei stehen Atmosphären in Relation zu den Wahrnehmenden, wie der Philosoph Gernot Böhme in seinem Artikel *Atmosphären* (2001) differenziert darstellt. Böhmes Auseinandersetzung mit Atmosphäre erfolgte im Rahmen seiner phänomenologischen Überlegungen zur Ästhetik. Darin legt er dar, dass Atmosphäre nicht allein auf einem dinglichen, sprachlichen oder musischen Arrangement basiert, sondern in Relation zwischen Subjekt und Objekt hervorgebracht wird.

> *„Atmosphären sind ja offenbar weder Zustände des Subjekts noch Eigenschaften des Objektes. Gleichwohl werden sie nur in aktueller Wahrnehmung eines Subjektes erfahren und sind durch die Subjektivität des Wahrnehmenden in ihrem Was-Sein, ihrem Charakter, mitkonstituiert. Und obgleich sie nicht Eigenschaften der Objekte sind, so werden sie doch offenbar durch die Eigenschaften der Objekte im Zusammenspiel erzeugt. Das heißt also, Atmosphären sind etwas zwischen Subjekt und Objekt. Sie sind nicht etwas Relationales, sondern die Relation selbst." (Böhme 2011: 242)*

Böhme zeigt damit auf, dass Atmosphären zwischen einem Wahrnehmungsereignis, dem „Spüren von Anwesenheit" eines Subjekts und einer materiellen dinglichen Objekt-Ebene entstehen, zu welcher auch das Licht und die Akustik zählen (ebd.: 241). Er wendet sich damit gegen die Vorstellung, Atmosphären können entweder als eine Projektion der eigenen Befindlichkeit oder aus der Beschaffenheit des Raumes allein hervorgehen.

Martina Löw entwickelt in ihrer Raumsoziologie, basierend auf Böhmes Darstellungen, das Verständnis von Atmosphäre mit dem Habitus-Konzept von Bourdieu weiter: „In der Wechselwirkung zwischen konstruierend-wahrnehmenden Menschen und der symbolisch-materiellen Wirkung des Wahrgenommenen entsteht eine eigene Potenzialität, die *Atmosphäre* genannt werden soll" (Löw 2001: 229). Löw benennt Atmosphäre als eine eigene Stofflichkeit des Räumlichen. Mit ihren Darstellungen macht Löw deutlich, und darin

unterscheidet sie sich zu Böhme[258], dass die Wahrnehmenden immer aus einer bestimmten Position heraus wahrnehmen, die als „klassen- und geschlechtsspezifische Wahrnehmung [...] Produkt vergangener Auseinandersetzungen und Ausdruck der Kräfteverhältnisse einer Gesellschaft" sind (Löw 2001: 209). Somit zeigt Löw auf, dass Atmosphären nicht von allen gleich wahrgenommen werden, sondern im Verhältnis zu ihrer jeweiligen gesellschaftlichen Positioniertheit sowie ihren habituell geprägten Wahrnehmungsmustern stehen. Atmosphären werden folglich basierend auf der eigenen Positioniertheit in der Wechselwirkung zwischen Menschen und/oder „Außenwirkung sozialer Güter im Arrangement" (Löw 2001: 205) unterschiedlich wahrgenommen.
Löw bindet ihr Verständnis von Atmosphäre, welches für die vorliegende Arbeit übernommen wird, in ihre Raumsoziologie ein und zeigt auf, dass Atmosphären eine Inszenierung darstellen, welche gezielt eingesetzt wird.

> *„Es stellt sich heraus, daß die sozialen Güter und Menschen nicht nur plaziert sind bzw. sich plazieren, sondern diese Plazierungsprozesse durch Inszenierungsarbeit vorbereitet werden bzw. eine Selbstinszenierung sind. Indem das Aussehen der sozialen Güter oder Menschen gestaltet wird, wird ihre Außenwirkung vorbereitet und versucht, die in der Wahrnehmung zu realisierende Atmosphäre zu erzeugen." (Löw 2001: 215)*

Die Folge ist, dass Atmosphären ganz gezielt hergestellt werden und einen ein- oder ausschließenden Charakter haben, der auf der Passung zwischen den positionierten Wahrnehmungsschemata und der Inszenierungsarbeit basiert. Auf dieser Passung beziehungsweise Nicht-Passung wird Zugehörigkeit oder Fremdsein sowie Wohlbefinden oder Unbehagen in Räumen wahrgenommen. Der bewusste Herstellungsprozess, der die Wahrnehmung und die sich daraus entwickelnden Gefühle generiert, bleibt als solcher inklusive der dahinterliegenden Ein- und Ausschlussmechanismen in der Regel unsichtbar, da „die realen Zugriffsmöglichkeiten auf Reichtum, Wissen, Hierarchie und Assoziation als raumkonstituierende Aspekte" (Löw 2001: 229) verschleiert werden können.
Konfrontiert mit dem hier verfolgten Untersuchungsinteresse bedeutet dies, dass die wahrnehmbaren Atmosphären im sichtbaren Vermittlungsraum sowohl auf der Inszenierungsarbeit als auch auf den habituellen Wahrnehmungsschemata der Akteur_innen basieren. Die Inszenierungsarbeit der Architektur wird in der vorliegenden Untersuchung mehrheitlich

258 Für Böhme sind Atmosphären objektiv wahrnehmbar und weisen einen universellen Charakter auf. „Man sieht also, daß man von einer subjektiven Tatsache zu einer objektiven übergeht, wenn man über Atmosphären redet." (Böhme 2011: 240)

von externen Designer_innen, Künstler_innen oder Architekt_innen auf Grundlage der ausgehandelten innerinstitutionellen Vorgaben übernommen. Sie werden sowohl für die architektonische Gestaltung des Raumes als auch für die des Mobiliars beauftragt.[259] Dabei basieren ihre Gestaltungsideen auf Gesprächen mit den Akteur_innen, die an der Verhandlung über die Herstellung des sichtbaren Vermittlungsraumes beteiligt sind – die Leiter_in der Kunstvermittlungsabteilung, die Kurator_innen, die Direktor_innen, sowie freischaffende Kunstvermittler_innen. In der Betrachtung der professionellen Arbeitszusammenhänge der Architekt_innen und Designer_innen, die für die Gestaltung der sichtbaren Vermittlungsräume eingeladen werden, zeigt sich, dass diese eine Expertise[260] in der Gestaltung von Ausstellungsräumen aufweisen. Sie sind als Expert_innen im Feld der Kunst und des Museums tätig und diesem zugehörig.

Das habituelle Wahrnehmungsschema der Kunstvermittler_innen basiert auf ihrer professionellen universitären Ausbildung zur Künstler_in, Kunsthistoriker_in oder Vermittler_in und auf ihren Erfahrungen als Mitarbeiter_in in Kunstmuseen, die sie in der Regel überwiegend im Ausstellungsraum, über Führungen, Gespräche und praktische Angebote machen, ausgehend jeweils von der dort gezeigten Kunst. Diese Erfahrungen sind mehrheitlich geprägt von der normativen Ausstellungsform des *White Cube*. Das professionelle Umfeld der Kunstvermittler_innen ist demzufolge von der Atmosphäre des Ausstellungsraumes geprägt. Aus den empirischen Daten wurde herausgearbeitet, dass sich die Vermittler_innen in diesen Räumen wohlfühlen und den Ausstellungsraum als ihre „Home-Zone" (A3: 183) beschreiben.

Die Auswertung der Interviews hat darüber hinaus ergeben, dass die Vermittler_innen die architektonische Gestaltung des sichtbaren Vermittlungsraumes und seine Stofflichkeit positiv bewerten. Sie beschreiben ihn im Verhältnis zum separaten Vermittlungsraum als schöner designt und tollen Raum. Diese Bewertung kann mit ihrem sozialisierten Geschmack und dem impliziten Wissen über hierarchische Strukturen im Museum in Verbindung gebracht werden, in denen die kuratorische Arbeit und deren Gestaltung einen höheren Stellenwert einnimmt als das Pädagogische.

Eine Wahrnehmung des Raumes, die „über das Alltägliche erhaben" (Steyerl 2005: 135) ist, wird von den Vermittler_innen als solche nicht beschrieben. Sie fühlen sich aufgrund

259 Bei der *GALERIE FÜR DICH* (2016) hat der Künstler Michael Hahn die Tisch-Elemente gestaltet, das Architekturkollektiv raumlabor Berlin hat die Multifunktionsmöbel für die sichtbaren Vermittlungsräume im Bode-Museum (2017) sowie im *Open Space* des K20 realisiert. Auch für den einsehbaren Vermittlungsraum des *studio 1* im K20 wurden Möbelelemente von dem Architekturbüro Kühn-Malvezzi entwickelt, und der Architekt David Saik gestaltete den sichtbaren Vermittlungsraum in der Berlinischen Galerie *207 m²*. Alle hier genannten Gestalter_innen arbeiten im Bereich des Städte- und Wohnungsbaus, der Ausstellungsarchitektur oder der Kunst.

260 Mit der Beteiligung der Ausstellungsarchitekt_innen an der Herstellung von Kunstvermittlungsräumen kann nach dem relationalen Verständnis geschlussfolgert werden, dass das Ausstellungmachen in der pädagogischen Praxis auch durch die vorgegebenen materiellen Güter hervorgebracht und zum Teil kunstvermittlerischen Handelns wird (siehe Kapitel 9.1).

ihres habituellen Wahrnehmungsmusters dem sichtbaren Vermittlungsraum zugehörig. Die Inszenierungsarbeit der Atmosphäre im Kunstvermittlungsraum, die mehrheitlich mit der Atmosphäre im Ausstellungsraum übereinstimmt, hat zur Folge, dass die Kunstvermittler_innen sich über die Einrichtung der sichtbaren Vermittlungsräume als zugehöriger Teil der Ausstellung verstehen. Dieses Zugehörigkeitsgefühl beschreiben die Vermittler_innen damit, dass „die Vermittlung irgendwie ein wichtiger und auch ein essenzieller Teil der Arbeit" (B3: 4213f.) des Museums sei. Über die Einrichtung im sichtbaren Bereich des Museums wird das Wesensmerkmal verhandelt, ob die Vermittlung zum Museum dazu gehöre oder eher nicht (B4: 402f.).

## Adressierung über die ästhetische Form des Raumes

In der vorliegenden Forschungsarbeit wurde herausgestellt, dass Räume im Handeln durch die am Raumherstellungsprozess beteiligten Akteur_innen und ihre (An)Ordnung materieller Güter produziert werden. Aus diesem Grund ist es von Bedeutung, zu betrachten, um welche Akteur_innen es sich bei diesem Herstellungsprozess des sichtbaren Vermittlungsraumes handelt. Bisher wurde in diesem Kapitel die Bedeutung der Kunstvermittler_innen, Kurator_innen sowie Architekt_innen bei der Raumkonzeption in Bezug auf die Raumarchitektur – die als materielles Gut ein Teil der Raumkonstitution ist – herausgestellt. Zentraler Teil des Raumherstellungsprozesses der sichtbaren Vermittlungsräume ist das pädagogische Handeln, welches sich durch die Kunstvermittler_innen und Teilnehmenden im Rahmen der Kunstvermittlungsangebote ereignet. Mit Löw wurde überdies herausgearbeitet, dass Atmosphären auf einer Inszenierungsarbeit basieren, die abhängig von der gesellschaftlichen Positioniertheit unterschiedlich wahrgenommen werden. Darin verbindet sich Böhmes Verständnis von Atmosphäre mit Bourdieus Habitus-Konzept. Bourdieu selbst hat den Habitus[261] im Zusammenhang mit den physisch-materiellen Räumen herausgearbeitet, wobei er nicht explizit von Atmosphären spricht. Er schreibt, dass der Habitus das Habitat hervorbringt (vgl. Bourdieu 1991: 32),

261 Mit Habitus beschreibt Bourdieu ein unbewusstes Denk-, Wahrnehmungs- und Handlungsschemata (vgl. Bourdieu/ Wacquant 1996: 160), welches überhaupt erst „die Bedingung der Erzeugung von Gedanken, Wahrnehmungen und Handlungen" (Bourdieu 1974: 40) bildet. Der Habitus ist demnach verantwortlich dafür, dass ich sowohl als Mitspielerin die Regeln des Spiels erkennen kann und auch als Mitspielerin anerkannt werde. Somit zeigt sich, dass zum einen das Feld den Habitus strukturiert, und zum anderen die Art und Weise, wie jede einzelne Akteur_in auf ihre Position kommt, im Habitus angelegt ist.

womit er meint, dass die Lebensstile[262] und die dazugehörigen Kapitalvorkommnisse die räumliche Umgebung bestimmen.

Bourdieu beschreibt das Habitat als die ästhetische Form des Raumes. Diese ästhetische Form wird aus dem habituellen Geschmack heraus entwickelt und stellt sich je nach Habitus in einer differenten Weise her. Dabei zeigt sich wie bei der Atmosphäre, dass Räumen und ihren Inszenierungen eine distinktive Bedeutung immanent ist, denn sie richten sich in ihrer ästhetischen Form an Akteur_innen mit einem bestimmten Habitus. Dieser Zusammenhang zwischen Habitus und Habitat wird vor allem daran deutlich, dass aufgrund milieuspezifisch vorhandener Praktiken Räume als anziehend oder abstoßend wahrgenommen werden. Stimmen Habitus und Habitat nicht überein, wie die beiden Erziehungswissenschaftler Norbert Ricken und Markus Rieger-Ladich in *Macht und Raum: Eine programmatische Skizze zur Erforschung von Schularchitekturen* darstellen, kommt es zu einem „Gefühl des Ungenügens oder der Scham" (vgl. Rieger-Ladich/Ricken 2009: 197).

Das Habitat des sichtbaren Vermittlungsraumes, sprich seine ästhetische und kontextspezifische Form des Raumes, hat sich durch seine Platzierungsverschiebung in die Sichtbarkeit verändert. Zu erkennen ist dies an der oben beschriebenen veränderten gestalterischen Formsprache, die in Analogie zu den Grammatiken des Ausstellungsraumes steht und auch als solche von den Vermittler_innen wahrgenommen wird. Für die Adressierung bedeutet dies, dass mit der ästhetischen Form des Raumes Akteur_innen angesprochen werden, die sich vom Raum angesprochen und diesem zugehörig fühlen. Der sichtbare Vermittlungsraum, mit seiner gestalterischen Formsprache der Ausstellungen, adressiert explizit Akteur_innen, die sich dem Museum und dem Ausstellungsraum zugehörig fühlen.

Über die Gestaltung des Raumes, die offenen Zugänge und das Sichtbar-Sein, suggeriert der Vermittlungsraum eine Zugänglichkeit. Nach dem Habitus-Konzept von Bourdieu bezieht sich diese Zugänglichkeit jedoch mehrheitlich auf habituell geprägte Akteur_innen, die dem Museum bereits zugehörig sind. Das bedeutet, dass über die gestalterische Formsprache und die dazugehörige Atmosphäre der sichtbaren Kunstvermittlungsräume Akteur_innen adressiert werden, die sich im Museum und in Kunstausstellungen wohlfühlen und über den

262 Hauptbestandteil von Bourdieus Habitus-Konzept sind die Lebensstile, die er in Verbindung zu Handlungs-, Denk- und Wahrnehmungsmustern stellt. Bourdieu geht davon aus, dass der Lebensstil an ähnliche Erfahrungen und Sichtweisen gekoppelt ist, die sich aus der Wiederholung der milieuspezifischen Praktiken herausgebildet haben. Bourdieu stellt zwischen der Stellung im sozialen Raum und Feld eine Korrelation her, die er in Form von Lebensstilen beschreibt. Diese visualisiert er in *Die feinen Unterschiede* in einem farblichen Schema, bei dem in Schwarz die soziale Stellung im sozialen Raum den Lebensstilen der Akteur_innen in Rot zur Seite gestellt wird (vgl. Bourdieu 1987: 212). So steht die Position des „Vorarbeiters" beispielsweise in unmittelbarer Nähe zu Angeln, Jahrmarkt und Fernsehen, wohingegen die Position des „Hochschullehrers" in räumlicher Nähe zu Schach, Kunstbüchern und Kreuzfahrten platziert wird. Somit macht diese soziale Stellung Aussagen darüber, von welchen Handlungs-, Denk- und Wahrnehmungsmustern bei den Akteur_innen ausgegangen werden kann. Die Position im sozialen Raum ist demnach gebunden an Bourdieus Habitus-Konzept.

passenden Habitus verfügen. Ist dieser Habitus, der sich auf kulturell erworbenes Kapital sowie soziale Herkunft begründet, nicht vorhanden, stellt sich das Gefühl der Zugehörigkeit weniger ein.

## Adressierung über Formsprachen aus Kinder- und Jugendzimmern und Kinder- und Jugendkulturen

Entgegengewirkt wird der Formsprache des Ausstellungsraumes über Raumelemente, die auf Jugend- und Kinderzimmer verweisen sowie über pädagogische Angebote, die der Kinder- und Jugendkultur entnommen sind. Darüber wird der Versuch unternommen, die Publikumsadressierung des sichtbaren Vermittlungsraumes auszuweiten.

Im Unterschied zu den Ausstellungsräumen sind in den sichtbaren Vermittlungsräumen bunte Sitzsäcke[263] oder Sitzgelegenheiten auf dem Boden platziert, die zum gemütlichen Platznehmen und Verweilen in Bodennähe einladen. Sitzsäcke sind Möbelstücke, die vornehmlich in Kinder- und Jugendzimmern, Kindergärten und Kinderhorten Verwendung finden. Das Sich-Positionieren in Bodennähe auf einer weichen Unterlage ist eine körperliche Haltung, die vor allem von jungen und gesunden Körpern[264] eingenommen wird und adressiert folglich mehrheitlich diese.

Auch werden Zimmerpflanzen in Blumentöpfen, die eine Verbindung zum Wohnraum aufzeigen[265], im sichtbaren Vermittlungsraum platziert. Mit der Referenz zum Wohnraum[266] wird neben der Herstellung von Differenz zum Ausstellungsraum der Versuch unternommen, eine andere Atmosphäre herzustellen und darüber ein Zugehörigkeitsgefühl zu generieren. Teilweise wird während der praktischen Arbeit der Kunstvermittlung auch Musik über die Smartphones der Teilnehmenden abgespielt, die aufgrund der räumlichen Offenheit bis in die Ausstellungsräume zu hören ist.

263 Die Möblierung mit Sitzsäcken in den sichtbaren Vermittlungsräumen ist bereits während der Sondierungsphase (2014) zu dieser Studie als Merkmal in Erscheinung getreten..

264 Für in der Bewegung eingeschränkte Körper ist diese Form des Sitzens aufgrund der Nähe zum Boden und des weichen Materials weniger gut geeignet.

265 Besonders deutlich wird diese Form der Einrichtung im *Space* der Tate Britain in London. Hier wurde ein sichtbarer Vermittlungsraum eingerichtet, der ausschließlich zum Verweilen, Lesen und Tee- oder Kaffeetrinken (der vor Ort gekocht werden kann) eingerichtet wurde. *Space* wird mit einem Ankündigungsschild vor dem Eingang des Raumes wie folgt beschrieben: „Space is an open invitation to young people to come and use Tate Britain in a different way. [...] Space offers young visitors the opportunity to hang out, talk, think, learn or just be." (Tate Britain 2014: o.S.).

266 In der Publikation *Die pädagogische Umgebung. Eine Geschichte des Schulraums seit dem Mittelalter* (1993) von Michael Göhlich wird mit dem Kapitel „Simulation einer Heimat" dargestellt, dass das Klassenzimmer von den Reformer_innen (hier Bezug nehmend auf die Reformbewegung seit den 60er Jahren) in Anlehnung an die Gestaltung eines Wohnhauses eingerichtet wurde. „Sie versuchen, es so zu gestalten und auszustatten, daß es Bedingungen eines Zuhause erfüllt. Wendet man diese Deutung auf das Bild der Reformer vom Kind an, so heißt das, sie sehen das Kind als ein Wesen, welches die Schule als Zuhause braucht und will" (Göhlich 1993: 45).

Die zweite Ebene der Adressierung – als ein Hinausgehen über das bereits zugehörige Publikum – erfolgt über Angebote, die speziell an kinder- und jugendkulturellen Angeboten ausgerichtet ist. So bietet beispielsweise die Galerie für Zeitgenössische Kunst in den Ferien regelmäßig *LEGOTOPIA*-Workshops an, bei denen Kinder und Jugendliche mit selbst gebauten Legowelten Rollenspiele entwickeln können.

> *„LEGO – jeder kennt es, fast jeder hat es. Aber was, wenn das Piratenschiff oder die Bionicles längst gebaut sind und anfangen in der Ecke zu verstauben? Im Ferienworkshop wurden die Legosteine zum Baumaterial für ein aufregendes Rollen- und Strategiespiel." (GfZK für Dich 2013: o. S.)*

Im ZKM werden im *BÄM*-Raum in Anlehnung an die Maker-Szene Workshops wie *Upcycling Bags*, *DIY Rucksackbeutel* oder *Upcycle it: Kreative Accessoires aus Schrott @BÄM* angeboten, bei denen individuelle Taschen oder Accessoires angefertigt werden können. Dabei werden mittels Upcycling Dinge produziert, die einen nahen Lebensweltbezug vieler Kinder und Jugendlicher aufweisen: Handytaschen, Geldbörsen, Sportbeutel, Armbänder oder Ohrringe. Über diese Angebote der Vermittlungsabteilungen sowie die kleinen Verschiebungen in der räumlichen Gestaltung in Anlehnung an Jugend- und Kinderzimmer sowie Wohnraum wird der Versuch unternommen, den Besucher_innen-Kreis der bereits Zugehörigen auszuweiten.

## Herstellung des Vermittlungsraumes durch mehrheitlich *weiße* Akteur_innen

Über die Atmosphären und die Verbindung zwischen Habitat und Habitus wurde herausgearbeitet, dass die sichtbaren Vermittlungsräume mehrheitlich Akteur_innen adressieren, die sich dem Museumsraum bereits zugehörig fühlen. Auf der Ebene der *räumlichen Repräsentation* zeigt sich in der vorliegenden Analyse, dass diese Akteur_innen, die den sichtbaren Vermittlungsraum mit herstellen, mehrheitlich *weiß* sind. Sowohl während der teilnehmenden Beobachtung als auch in den von den Institutionen veröffentlichten visuellen Repräsentationen des sichtbaren Vermittlungsraumes werden Akteur_innen repräsentiert – sowohl die Teilnehmenden als auch die Vermittler_innen –, die sich in dem vorliegenden Datenmaterial als *weiß* lesen lassen.

Der sichtbare Vermittlungsraum ist demnach in doppelter Hinsicht ein ‚weißer' Raum. Zum einen, da der physisch-materielle Raum zumindest in weiten Teilen mit weißen Wänden und

in Analogie zum *White Cube* gestaltet ist, und zum andern von überwiegend *weißen* Akteur_innen dominiert, repräsentiert (Wagner 2017: 50) und darüber hergestellt wird.
Über die *räumliche Repräsentation weißer* Akteur_innen wird Kunstvermittlung als ein *weißes* Feld (mit) hergestellt. Die Repräsentation *weißer* Körper geht einher mit deren körperlichen Nicht-Beeinträchtigung. Die anwesenden Körper im sichtbaren Vermittlungsraum können mehrheitlich – zumindest aufgrund ihrer äußeren Erscheinung – als gesund gelesen werden. Die aus meinen Daten hervorgehende Beobachtung stimmt nicht mit der Repräsentation sichtbarer Vermittlungsräume in England überein. Hier werden über die Repräsentation auf bildnerischer Ebene und von den Institutionen veröffentlicht *schwarze* Menschen als dem sichtbaren Vermittlungsraum zugehörig entworfen. Im Besonderen ist hier die Tate-Exchange-Ebene zu nennen, die *Schwarze* sowohl auf der Seite der Vermittler_innen als auch auf der Seite der Teilnehmenden repräsentiert und zum Teil der Vermittlungsarbeit der Tate Modern macht.

## GESTALTET SEIN: symbolische Aufwertung

Die Sichtbarmachung der Vermittlungsräume geht einher mit einer einmaligen monetären Aufwertung der Kunstvermittlung. Um einen Vermittlungsraum sichtbar im Museum einzurichten, werden Personal und Material benötigt. Dafür wird der Kunstvermittlung ein Budget zugesprochen, das über die reguläre Budgetierung der Vermittlungsabteilung hinausgeht. Zusätzliche regelmäßige Ausgaben für Vermittlungspersonal, das in dem Raum pädagogisch handelnd tätig ist, wird mehrheitlich nicht vorgesehen. Die einmalige monetäre Aufwertung der Kunstvermittlung über die Einrichtung des sichtbaren Vermittlungsraumes geht einher mit einer veränderten äußeren Erscheinung des Raumes (wie oben beschrieben), welche sich an die Grammatiken von Kunstausstellungen anlehnt. Beides, sowohl die monetäre Aufwertung als auch die gestalterische Formsprache des Ausstellungsraumes, führen wie die Platzierung im Zentrum der Institution (siehe Kapitel 8.2) zu einer Aufwertung des Feldes der Kunstvermittlung.

## Resümee: Die Evidenzproduktion der Kunstvermittlung und der Entwurf der Zugehörigkeit

Die *räumliche Repräsentation* sichtbarer Kunstvermittlungsräume, wie sie sich im ausgewählten Datenmaterial zeigt, basiert auf der Ebene der Architektur auf einer gestalteten Formsprache. Sie gründet auf Aushandlungsprozessen unterschiedlicher Akteur_innen – den Leiter_innen der Kunstvermittlungsabteilung, den Kurator_innen, den Direktor_innen,

Architekt_innen, Designer_innen sowie den freischaffenden Kunstvermittler_innen des Museums. Die entwickelte Formsprache lehnt sich an die Grammatiken gegenwärtiger Kunstausstellungen im Gestus des *White Cube* an und verwendet ausstellungsimmanente Techniken der Rahmung und Vergabe von Titeln. Der sichtbare Vermittlungsraum wird zum Teil des Ausstellungsdisplays. Wie bei Kunstausstellungen ist der Vermittlungsraum in Hinblick darauf gestaltet, angeschaut zu werden.

- Die Einlassung von Rahmen in die Raumarchitektur führt zu einer räumlichen Trennung zwischen dem, was ‚im' und dem, was ‚außerhalb' des Vermittlungsraumes angeordnet ist. Der Rahmen erzeugt eine Ordnungsstruktur, die die Wahrnehmung lenkt. Über den Rahmen wird eine Lesbarkeit hergestellt, die die Aussage zulässt, dass Kunstvermittlung als wichtiger Teil der Institution existent ist. Die Rahmung sowie die Teilwerdung am Ausstellungsdisplay führen zur Evidenzproduktion der Kunstvermittlung in der Folge von kulturpolitischen und gesellschaftlichen Forderungen nach mehr Bildungsarbeit im Museum.

- Die Interpretation des Rahmens lässt Kunstvermittlung zum Bild und Objekt werden, das den Impetus des Angeschaut-werden-Wollen und die Anrufung des Hinsehens vermittelt.

- Mit der Einlassung von Rahmen in die Raumarchitektur wird die vergeschlechtlichte Feminisierung des Feldes verfestigt.

- Über die Inszenierungsarbeit der Atmosphären des sichtbaren Vermittlungsraumes in Anlehnung an die Gestaltung der Kunstausstellungen werden Akteur_innen über den sichtbaren Vermittlungsraum adressiert, die dem Museum bereits zugehörig sind. Diese Akteur_innen sind mehrheitlich *weiß*.

- Über die Gestaltung des sichtbaren Vermittlungsraumes in Anlehnung an die Formsprachen, über die Inszenierungsarbeit der Atmosphäre sowie die Verwendung von ausstellungsimmanenten Techniken und die daraus resultierende Teilwerdung am Display wird der sichtbare Vermittlungsraum als zugehöriger Teil der Ausstellung entworfen. Diesem Bild der Zugehörigkeit ist durch die Rahmung gleichzeitig eine räumliche Distanz eingeschrieben, die Kunstvermittlung von der Kunstausstellung trennt und verdeutlicht, dass sich die pädagogische Arbeit von Kunst beziehungsweise Kunstausstellungen unterscheidet.

## 10.2 *Räumliche Repräsentation*: Das gezeigte Verständnis von Kunstvermittlung

Auch wenn die sichtbaren Vermittlungsräume in ihrer räumlichen Formsprache als Teil des Displays in Erscheinung treten und sich an die Grammatiken der Kunstausstellungen anlehnen, so zeigt sich in der Analyse ebenso eine Differenz zu diesen. Diese Differenz zu erzeugen ist notwendig, um den Vermittlungsraum überhaupt erst als solchen wahrnehmbar zu machen. Differenz wird zum einen über materielle Güter wie Mobiliar und Materialien und zum anderen über die Aktivitäten, die den Raum mit herstellen, hervorgebracht. Die Herstellung als Vermittlungsraum – der sich in Differenz zur Herstellung des Kunst-Ausstellungsraumes entwirft – erfolgt mehrheitlich über das Handeln der Kunstvermittler_innen und ihre Entscheidungen über die Materialien und die mobiliare Einrichtung des Raumes. Vermittler_innen können über ihre Handlungen und Entscheidungen im Vermittlungsraum Einfluss darauf nehmen, auf welche Weise die Kunstvermittlung repräsentiert beziehungsweise ob sie überhaupt als Kunstvermittlung wahrgenommen wird.

Die Kunstvermittler_innen stellen über ihre Handlungen Repräsentationen der Kunstvermittlung her. Damit sind sie nach Stuart Hall an der Bedeutungsproduktion und Herstellung des Feldes der Kunstvermittlung beteiligt und verfügen demnach über Handlungsmacht. Sie können sich über die Repräsentation an der Weiterentwicklung des Feldes beteiligen. Dies ist für die vorliegende Forschung ein zentraler Aspekt, da die Entscheidungsmacht über die Repräsentation der Kunstvermittlung in Form von Broschüren, Webseiten oder Katalogen auf einem Aushandlungsprozess zwischen der Marketingabteilung, den Leiter_innen der Kunstvermittlungsabteilung und teilweise auch den Direktor_innen basiert. Im Unterschied dazu können die Kunstvermittler_innen im sichtbaren Vermittlungsraum – teilweise mit den Teilnehmenden gemeinsam – mehrheitlich selbst über das Gezeigte und die Art und Weise der (Re-)Präsentation entscheiden. Dabei müssen sich die Vermittler_innen zwar in die vorhandenen Stereotypen über das, was Kunstvermittlung ist, einschreiben, um überhaupt als solche wahrgenommen werden zu können (vgl. Fürstenberg 2012). Sie sind aber aufgrund der Beteiligung an der Herstellung der *räumlichen Repräsentation* an der Weiterentwicklung und möglichen Umschreibung dieser stereotypen Bilder beteiligt.

Kunstvermittler_innen können nach der Repräsentationskritik von Hall, wenn sie diese als Chance einer Mitgestaltung erkennen, Einfluss nehmen darauf, wie Kunstvermittlung wahrgenommen wird und wohin Kunstvermittlung sich zukünftig entwickelt.

## GESTALTET SEIN: Die Differenz zum Ausstellungsraum

In den sichtbaren Vermittlungsräumen sind räumliche Elemente auszumachen, die zum einen mit Kinder- und Jugendzimmern (siehe oben) sowie Wohnraum und zum anderen mit einer Werkstatt oder Atelier assoziiert werden können.
Zentral in der Assoziation zu Werkstatt oder Atelier sind die Arbeitstische und die dazugehörigen Sitzmöglichkeiten – mehrheitlich stapelbare Hocker. Sie verweisen darauf, dass hier mit einer Gruppe an einem Gruppentisch zusammengesessen wird. Das sichtbar in Regalen oder Kisten eingerichtete Material für künstlerisch-pädagogisches Arbeiten macht deutlich, dass an den Tischen mit diversen Materialien und Werkzeugen gearbeitet wird. Auch die teilweise vorhandene Abdeckung des Tisches – zum Schutz vor Farbe – sowie die offen zur Schau gestellten Werkzeuge zeigen, dass an diesem Ort mit unterschiedlichen Werkstoffen gearbeitet wird. Die Stellwände zum temporären und schnellen Befestigen geben darüber hinaus zu sehen, dass der Raum für einen Zeigegestus genutzt wird, der sich vom Präsentieren der Kunst unterscheidet (siehe Kapitel 9). Hier werden vielmehr Zwischenergebnisse und Anschriebe aus der pädagogischen Arbeit festgehalten. All diese materiellen Güter verweisen darauf, dass es sich bei diesem Raum um einen expliziten Lernort handelt (siehe Kapitel 6.1).
Eine weitere Differenz stellt sich im sichtbaren Vermittlungsraum über den flexiblen und den mobilen Nutzen der materiellen Güter im Raum her. Tische, Regale und Sitzmöglichkeiten sind im Raum so gestaltet, dass diese verschoben oder gar komplett weggeräumt werden können. Darüber ergibt sich eine räumliche Ausgestaltung, die sich je nach Vermittler_in und Gruppe sowie je nach Form und Ziel der pädagogischen Ausrichtung variieren lässt. Die mobile Nutzung der materiellen Güter ermöglicht eine Raumherstellung, die sich immer wieder verändern lässt.
Des Weiteren wird in sichtbaren Vermittlungsräumen eine Form der Besucher_innen-Beteiligung angeboten. Diese ereignet sich zum einen durch das Zur-Verfügung-Stellen von Materialien auf Tischen, mit denen das Ausstellungspublikum selbstständig gestalterisch tätig werden kann. Oder es wird nach Meinungen und Kommentaren des Publikums in Bezug auf einen ausgewählten Aspekt der Kunstausstellung oder der Kunstvermittlungsausstellung gefragt.
Über diese Formen der Besucher_innen-Beteiligung zeigt sich das Anliegen der Kunstvermittler_innen, dem Publikum der Kunstvermittlungs-Ausstellung nicht nur das Betrachten der gezeigten Produkte aus der Vermittlungsarbeit und des architektonischen Raumes zu ermöglichen, sondern sie in ein aktives Tun vor Ort und andere Formen der Auseinandersetzung mit dem Gezeigten zu bringen.

## Räumlich Rollenzuschreibungen durch die Einrichtung von Gruppentischen

Das zentrale Möbelstück in den sichtbaren Vermittlungsräumen ist der Gruppentisch. Dieser ist oft mehrteilig und meist in der Mitte des Raumes platziert sowie mit Sitzmöglichkeiten ergänzt. Die Gruppentische können entsprechend der Gruppengröße und den pädagogischen Anliegen vergrößert oder verkleinert sowie an verschiedenen Stellen innerhalb des Vermittlungsraumes angeordnet werden. Übereinstimmend stellen alle Vermittlungsräume aufgrund der singulären Anwesenheit des Gruppentisches eine Situation zur Verfügung, bei der alle an der Vermittlung beteiligten Personen gemeinsam an einem Gruppentisch sitzen und arbeiten. Nach der Erziehungswissenschaftlerin Alexandra Flügel ermöglicht die Arbeit an Gruppentischen eine „Face-to-Face"-Situation innerhalb einer Gruppe, in der die Bezugnahme aufeinander und die Kommunikation ein „konstitutives Moment" (Flügel 2017: 93) darstellen. Mit der Einrichtung von Gruppentischen wird eine räumliche Ordnung im sichtbaren Vermittlungsraum geschaffen, die eine Bezugnahme zwischen den Teilnehmenden untereinander sowie zwischen den Teilnehmenden und den Vermittler_innen herstellt. Eine räumliche Separierung durch eine Frontalsituation, wie sie in Lehr-Lernräumen in der Schule, in der Universität oder anderen Bildungseinrichtungen in der Regel geschaffen wird, ist nicht vorhanden. Das Bild einer an Schule erinnernden und disziplinierenden (Klassen-)Raumarchitektur[267], mit Lehrer_innen-Pult und den gegenüber platzierten Schüler_innen-Reihen, wird in den sichtbaren Vermittlungsräumen nicht erzeugt.

Die Erziehungswissenschaftlerin Ulla Klingovsky analysiert in ihrer Dissertation *Schöne neue Lernkultur. Transformation der Macht in der Weiterbildung. Eine gouvermentalitätstheoretische Analyse* (2009) die räumliche Struktur des Klassenraumes in seiner Aufteilung des „klassischen Frontalschemas" (Klingovsky 2009: 157) und stellt dar, dass dieser die Ungleichheit der Verhältnisse zwischen Lehrenden und Lernenden symbolisiere.

> *„Dem Dozierenden ist die Rolle des Souveräns zugeschrieben, desjenigen, der im Besitz der zu vermittelnden Inhalte ist. Er ist auch derjenige, der gegenüber der Gemeinschaft der lernenden Individuen über Sanktionsmöglichkeiten verfügt. Der Dozierende ist verantwortlich für ein bestimmtes ‚lernförderliches' Klima innerhalb der Gemeinschaft und verfügt zugleich über das zu vermittelnde Bildungswissen." (ebd.: 157ff.)*

267 Im Unterschied zum Gruppentisch steht in der Schule der in Tischreihen organisierte Klassenraum. Sonja Hnilica schreibt in ihrem Beitrag *Schulbank und Klassenzimmer – Disziplinierung durch Architektur* (2010): Die „Schulbank als in Reihen aufgestellte und fix mit dem Pult verbundene Sitzgelegenheit wurde als technischer Apparat gesehen, um den Körper zu formen, und über den Körper auch den Geist. Die Schulbank ist damit der Kern, der Kristallisationspunkt einer disziplinierenden Schularchitektur" (Hnilica 2010: 141).

Analog dazu ist die singuläre Platzierung eines Gruppentisches (beziehungsweise die gleichwertige Verteilung mehrerer Tische über den gesamten Raum) als eine bewusste Abwesenheit eines Lehrenden-Tisches zu verstehen. Über die räumliche Ordnung des Gruppentisches wird Kunstvermittlung als ein Organisieren und Arbeiten in der Gemeinschaft repräsentiert.

ROLLENVERSTÄNDNIS: Eine Zuweisung in unterschiedliche Positionen wie Lehrende und Lernende, Wissende und Unwissende wird mit dem Gruppentisch nicht erzeugt und verweist auf das Anliegen einer gemeinschaftlichen Wissensproduktion.[268] Der „Besitz der zu vermittelnden Inhalte" sowie das „zu vermittelnde Bildungswissen" wird räumlich nicht zugeschrieben. Der Gruppentisch symbolisiert ohne das Vorhandensein eines separaten Lehrenden-Tisches, dass ein gemeinschaftliches Lehr-Lernsetting hergestellt wird, bei dem alle Beteiligten sich und ihr Wissen einbringen und gemeinschaftlich in der Gruppe arbeiten. Auch wenn in den durchgeführten Vermittlungsformaten im Vermittlungsraum die Rolle der Vermittler_in als diejenige, die den Rahmen der pädagogischen Arbeit vorgibt und die Angebote plant und strukturiert[269], vorhanden ist und sich daraus ein unterschiedliches Handeln für die Kunstvermittler_in und die Teilnehmenden ableitet, ist für die Kunstvermittler_in räumlich kein gesonderter Platz vorgesehen.

Die räumliche Gestaltung des sichtbaren Vermittlungsraumes nimmt aufgrund der alleinigen Platzierung des Gruppentisches somit keine festgelegten Rollenzuweisungen vor. Sie verweist auf die Beziehungsebene in der pädagogischen Arbeit. Kunstvermittler_innen arbeiten gemeinsam mit den Teilnehmenden beziehungsweise die Teilnehmenden an einem Tisch, was eine nicht-hierarchische Vermittlungssituation symbolisiert.

## Der Gruppentisch als Symbol zur Herstellung von Gemeinschaft

Die Herstellung einer Gemeinschaft und der Abbau hierarchischer Strukturen auf der Beziehungsebene kann in einer Verbindung zur Herstellung einer Lerngemeinschaft und der Produktion eines „Wir" (siehe bell hooks 1994: 129f.) gebracht werden, in welcher sich Lehrende und Lernende als Partner_innen mit ihrem jeweiligen Wissen und ihren Erfahrungen wertschätzen (vgl. Kapitel 3.1).

Daneben kann einer Verbindung zum „Gruppenunterricht" gezogen werden, der seit Mitte der 1950er Jahre in Deutschland im Kontext von Schule verhandelt wird. Ernst Meyer, der 1954

268 Zur Auseinandersetzung mit kollaborativer Wissensproduktion in der Kunstvermittlung siehe: Nora Landkammer (2012): *Vermittlung als kollaborative Wissensproduktion und Modelle der Aktionsforschung.*

269 Bei den Formaten, die in den sichtbaren Vermittlungsräumen realisiert werden, handelt es sich um Angebote, die von zweistündigen Workshops bis hin zu einjährigen Projekten reichen.

mit dem Band *Gruppenunterricht. Grundlegung und Beispiel* zur Diskussion um eine sich wandelnde Unterrichtsstruktur beigetragen hat, rät in diesem Kontext dazu, das „Podium" sowie die „Tafelgestelle" aus den Klassenräumen verschwinden zu lassen (Meyer [1954] 1996: 16). Stattdessen sollten Gruppentische, mobiles Mobiliar und mehrere „Tafelflächen" im Raum platziert werden, die leicht von den Schüler_innen erreicht werden können. Sein Ansatz des Gruppenunterrichts zielt zum einen ebenfalls darauf ab, eine Gemeinschaft herzustellen (ebd.: 218), die bis über die Schullaufzeit hinaus anhält, und zum anderen, die vorherrschende Disziplinierung durch den Lehrkörper abzuschaffen.

> *„Mit der Gruppenbildung allein wird es aber nie getan sein. [...] Aufgabe des Erziehens kann es nicht sein, zu blindem widerspruchslosem Gehorsam zu erziehen. Der Erzieher als Autoritätsperson im alten Sinne hat sein Recht in einer Schule verloren, die selbstständige Menschen erzieht." (ebd.: 249)*

Der Gruppenunterricht wird räumlich über die Einrichtung von Gruppentischen und dezentralen Orten der Wissensproduktion – mehrere nicht-zentrale Tafelflächen und mobiles Mobiliar – realisiert und folgt nach Meyer dem Ziel der Herstellung von Gemeinschaft[270] und der Abschaffung der Disziplinierung durch die Lehrenden.
Durch die Platzierung von Gruppentischen im sichtbaren Vermittlungsraum wird ein solches Verständnis von Lehr-Lernprozessen im Museum repräsentiert. Darüber wird räumlich ein Bild von pädagogischer Arbeit im Museum hergestellt, das monologisierenden Führungen durch autorisierte Sprecher_innen entgegensteht.
Symbolisch tritt die Vermittler_in in den sichtbaren Vermittlungsräumen über die materiellen Güter der Gruppentische nicht in Erscheinung und reiht sich damit in das gegenwärtige bildungspolitische Paradigma des selbstgesteuerten und selbstorganisierten lebenslangen Lernens ein.
Dieses Zurücktreten der Kunstvermittler_innen aus der pädagogischen Arbeit wird darüber, dass der Vermittler_in kein gesonderter Platz im sichtbaren Vermittlungsraum zugesprochen wird, ebenfalls hergestellt. Geknüpft ist diese Beobachtung eines Verschwindens der Kunstvermittler_in jedoch an die normative Vorstellung von Lehr-Lernsituationen, in denen die Lehrende den Lernenden räumlich gegenüber platziert ist. Solche Entwürfe des Lehrens

270 Die Herstellung einer Gemeinschaft über die räumliche Platzierung von Gruppentischen steht auch der räumlichen Ordnung von Kunstausstellungen entgegen. Viele Kunstausstellungen ordnen ihre Sitzmöglichkeiten so an, dass die anwesenden Ausstellungsbesucher_innen mit ihrem Körper und Blick auf die Kunst ausgerichtet werden. Räumlich wird darüber Kommunikation zwischen jeder einzelnen Besucher_in und der Kunst evoziert, jedoch nicht untereinander. Die Herstellung einer Gemeinschaft wird über die platzierten Sitzmöglichkeiten mit der Ausrichtung auf die künstlerischen Arbeiten nicht evoziert.

und Lernens hingegen, in denen immer schon die jeweils Lehrenden gemeinsam mit den Lernenden an einem Tisch angeordnet sind, würde die Vermittler_in nicht als abwesend herausstellen.

Das Bild eines gemeinschaftlichen Lehrens und Lernens im sichtbaren Vermittlungsraum realisiert sich im praktischen Tun der Akteur_innen nur in Teilen. Sichtbar wurde in der Analyse der Nutzung der Gruppentische, dass diese sowohl für ein gemeinschaftliches Arbeiten, aber auch für das individuelle Arbeiten jeder einzelnen Teilnehmenden verwendet wurden. Dabei zeigt sich, dass das gemeinschaftliche Arbeiten an Gruppentischen überwiegend einem gemeinschaftlich kommunikativen Austausch oder der gemeinschaftlichen Betrachtung zuzuordnen ist.

Das künstlerisch-praktische Produzieren findet am Gruppentisch mehrheitlich in der Einzelarbeit statt. Dabei arbeiten die Teilnehmenden jede für sich mit ihren Materialien und stellen dabei etwas her. Somit wird der Gruppentisch für einen gemeinsamen kommunikativen Austausch als auch für das individuelle künstlerisch-praktische Arbeiten genutzt.

## KUNSTNAHE KUNSTVERMITTLUNG: Über das Präsentieren ästhetischer Produkte und das praktische Arbeiten im sichtbaren Vermittlungsraum

Wie im Kapitel 9.1 in der *räumlichen Praxis* dargestellt, werden in sichtbaren Vermittlungsräumen ästhetische Produkte aus der pädagogischen Arbeit in Form von Ausstellungen präsentiert. Diese Tätigkeit der Herstellung einer Ausstellung – sowohl durch die Kunstvermittler_innen als auch im gemeinschaftlichen Prozess mit den Teilnehmenden – ist eine kunstnahe Tätigkeit. Künstler_innen produzieren künstlerische Arbeiten, die sie anschließend einem Publikum in Form einer Ausstellung präsentieren. Die Art und Weise der Präsentation sowie die Notwendigkeit des Ausstellungmachens werden angehenden Künstler_innen bereits während des Studiums vermittelt. Das Ausstellungmachen in der pädagogischen Praxis im Museum kann demnach als ein kunstnaher Bereich beschrieben werden.

Auch die in der Ausstellung gezeigten Produkte weisen einen kunstnahen Charakter auf. Die von den Kindern, Jugendlichen und Erwachsenen im Rahmen der Kunstvermittlungsformate hergestellten Produkte reichen von Collagen über Fotografien, Drucken, Zeichnungen, Performance-Dokumentationen, Objekten, Videoarbeiten bis hin zu raumgreifenden Installationen und partizipativen Arbeiten, die auf die Beteiligung des Publikums ausgerichtet sind. Die Verwendung dieser Medien und Materialien in der kunstvermittlerischen Praxis zeigt eine Orientierung an der Praxis gegenwärtig arbeitender Künstler_innen.

Dabei wird deutlich, dass im sichtbaren Vermittlungsraum auf zwei verschiedene Arten[271] kunstvermittlerisch gearbeitet wird und künstlerisch-ästhetische Produkte produziert werden. Zum einen sind Produkte zu finden, die sich in ihrer ästhetischen Form ähneln und auf eine gemeinsame Aufgabenstellung und die Vorgabe des Materials schließen lassen. Dies ist sowohl in den Ausstellungen der Kunstvermittlung als auch in der Repräsentation des Arbeitsprozesses im sichtbaren Vermittlungsraum zu finden. Dabei arbeiten die Teilnehmenden mit gleichen Materialien und kommen zu einer ähnlichen ästhetischen Formsprache.
Zum anderen werden über die gezeigten Produkte in den Ausstellungen sowie die Repräsentation ihres Anfertigungsprozesses singuläre Produkte erstellt. Diese verweisen auf einen Arbeitsprozess, bei dem der individuellen Entscheidung über die Gestaltung der Produkte – Auswahl und Formgebung des Materials – Vorrang gegeben wird, und nicht im Vorfeld feststehende Ergebnisse aufgrund vorgegebener Materialauswahl und Art der Umsetzung bevorzugt werden. Es handelt sich dabei um offene Formen kunstvermittlerischer Ansätze, wie sie vom Kunstpädagogen und Philosophen Pierangelo Maset als eine Möglichkeit des Unvorhersehbaren beschrieben werden (Maset 1998: 204). Sie zielen auf einen individuellen Formfindungsprozess und bringen darüber singuläre Produkte hervor.
Durch die Singularität der Produkte, die Verwendung unterschiedlicher Materialien und verschiedener Techniken sowie die darauf zurückzuführende offene Arbeitsweise und die Anlehnung an Konzepte der *Ästhetischen Forschung* (nach Helga Kämpf-Jansen) und *Von Kunst aus* (nach Eva Sturm) – wie sie vor allem in der Städtischen Galerie in Nordhorn und der Galerie für Zeitgenössische Kunst Leipzig praktiziert werden – wird ein Bild der Kunstvermittlung hergestellt, das kunstnah und vielfältig ist.
Die Nähe zur Kunst wird darüber hinaus über die Platzierung auf der ehemaligen Ausstellungsfläche und der damit verbundenen räumlichen Nähe zur Kunst hergestellt. Auch findet eine Anordnung von Kunst in beziehungsweise an dem Übergang zwischen Kunstvermittlungsraum und Ausstellungsraum statt. Dabei wird beispielsweise in der GfZK auf einer extra dafür ausgewiesenen Fläche innerhalb des Vermittlungsraumes eine künstlerische Arbeit aus der Sammlung der GfZK präsentiert. Das von Kunstvermittler_innen entwickelte Konzept bietet die Möglichkeit, im Wechsel und passend zu den jeweiligen Vermittlungsthemen und -formaten eine von ihnen selbst gewählte Arbeit aus der Sammlung im Vermittlungsraum zu zeigen. Über die direkte Anordnung von Kunst im Vermittlungsraum wird die pädagogische Arbeit räumlich ebenfalls als kunstnahe Kunstvermittlung repräsentiert.

271 Alles, was im sichtbaren Vermittlungsraum in der Anwesenheit einer Kunstvermittler_in stattfindet, wurde im Vorfeld als Angebot formuliert und über die Distributionswege des Museums kommuniziert. Das bedeutet, dass die Initiierung der Tätigkeiten sowie die Ansprache ausschließlich vonseiten der Institution erfolgt. Aus diesem Grund wird in der vorliegen Untersuchung bei den Personen, die die Angebote der Kunstvermittlung wahrnehmen, von Teilnehmenden gesprochen. Sie nehmen aufgrund eines zuvor festgelegten Vermittlungssetting teil.

Besonders hervorzuheben als Beispiel für einen Vermittlungsraum, bei dem die Grammatiken, Ästhetiken und Praktiken des Ausstellungmachens sowie eine kunstnahe Kunstvermittlung mit der Gestaltung und Nutzung eines Vermittlungsraums ineinandergreifen, ist das *Little Palais* im Palais de Tokyo in Paris.

## Raumbeispiel: *Little Palais* im Palais de Tokyo in Paris (2013–2016)

Das Palais de Tokyo in Paris, das größte Museum für Wechselausstellungen der Gegenwarts-kunst in Frankreich, verfügt über ein Vermittlungsprogramm, welches sich *Tok-Tok* nennt. *Tok-Tok* bietet neben täglichen Führungen für ein interessiertes Publikum Angebote für Vorschulklassen, Schulklassen und Familien in Form von Workshops und Projekten.[272] Eigens für die Workshop-Angebote von *Tok-Tok* werden seit dem Jahr 2013 Ausstellungsflächen in Vermittlungsflächen umgewandelt. Das Besondere an diesen Flächen ist ihre Beschreibung und Nutzung als Vermittlungsraum sowie die gleichzeitige Beschreibung und Benennung als künstlerische Arbeit.

So war von November 2013 bis Dezember 2016 auf einer Gesamtfläche von 252 m² direkt vor den Ausstellungsflächen des Museums der Vermittlungsraum *Little Palais* eingerichtet, der mit einer Installation des Künstlers Henrique Olivera gestaltet wurde. In der raumfüllenden Installation, bei der baumstammartige Gebilde wie Wurzeln aus den Säulen des Raumes herauszuwachsen schienen, standen Tische, Bänke und Schränke in unterschiedlichen Grüntönen sowie rote Sitzkissen, die für die Arbeit der Kunstvermittlung genutzt wurden. Im *Little Palais* verschmelzen Kunstinstallation und Vermittlungsraum ineinander, die in der ästhetischen Form des *White Cube* (re)präsentiert werden. Vor Ort wird der Raum einerseits als künstlerische Arbeit mit dem Titel Baitogogo und gleichzeitig mit *Little Palais* betitelt und als Workshop-Raum beschrieben, der für die Vermittlungsarbeit des Museums genutzt und reserviert ist.[273] Die Kuratorin Sandra Adam-Couralet beschreibt die Kombination aus künstlerischer Arbeit und Arbeitsraum für die Vermittlungspraxis an einem anderen Beispiel wie folgt: „Le Little Palais, a space measuring almost 120 m² which hosts the famous Tok-Tok workshops, is being metamorphosed thanks to an artwork by Wilfrid Almendra. The piece ‚Entitled Light Boiled Like Liquid Soap' is an immersive installation made up of sculptural elements based on recuperated, exchanged or transformed materials." (Adam-Couralet 2017: o.S.). Der Vermittlungsraum entsteht hier aus einem Ausstellungsraum, in welchem die künstlerische Arbeit des Künstlers Wilfried Almendra präsentiert wird. Es wird so gleichzeitig im Raum wie (mitten) in der künstlerischen Arbeit pädagogisch gearbeitet. Die Grenzen zwischen Kunst und Vermittlungsraum werden hier fließend.

272 Siehe zum Vermittlungsprogramm des Palais de Tokyo: [online] https://www.palaisdetokyo.com/fr/liste/ateliers-jeunes-publics-familles [16.08.2020].

273 Bei der Rezeption und Repräsentation der künstlerischen Arbeit *Baitagogo* im Internet werden ausschließlich Bilder verwendet, die die Arbeit ohne Zeugnisse der Kunstvermittlungsarbeit wie Tische oder Beschriftungen zeigt: vgl. [online] http://artobserved.com/2013/09/paris-henrique-oliveira-baitogogo"-at-palais-de-tokyo-through-september-9-2013/, https://trendland.com/henrique-oliveira-baitogogo/ [03.03.2019].

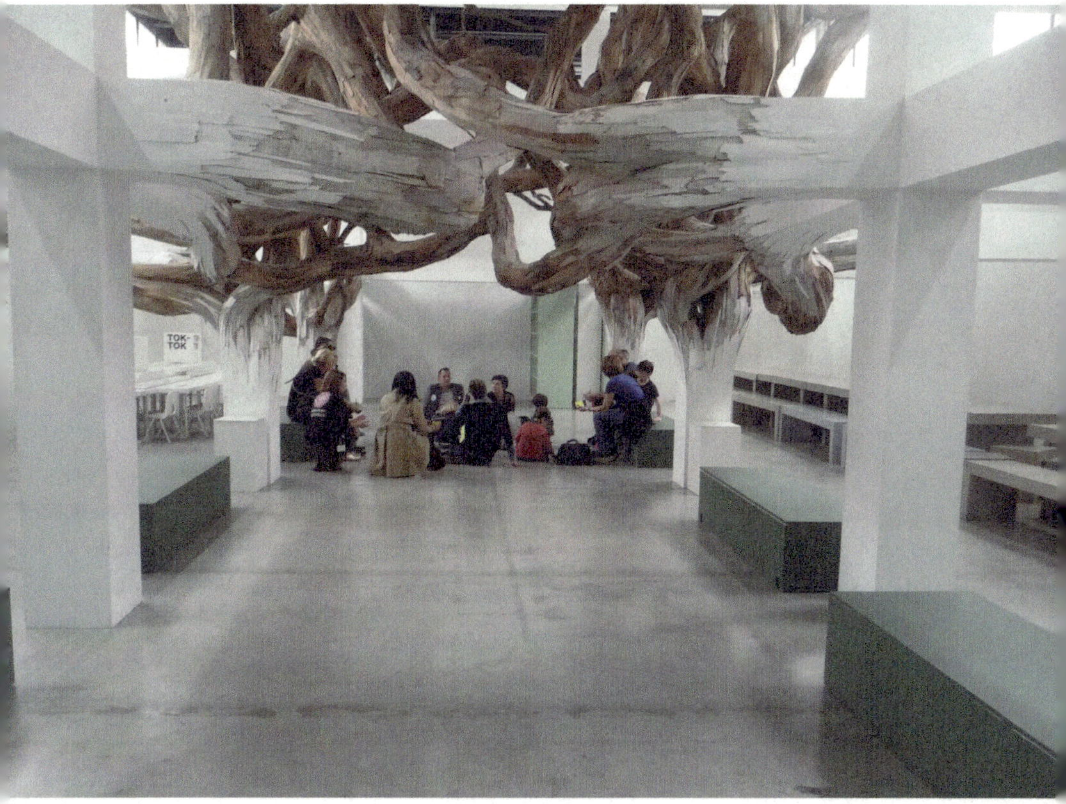

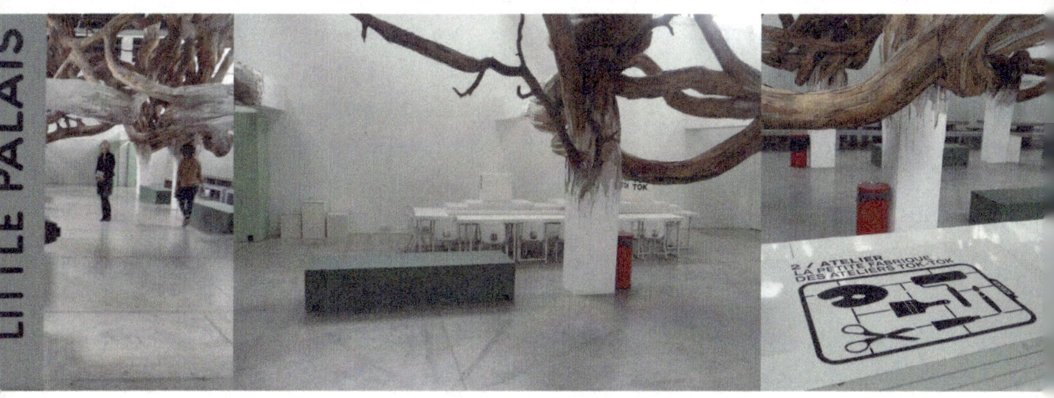
LITTLE PALAIS
2 / ATELIER
LA PETITE FABRIQUE
DES ATELIERS TOK-TOK

Abb. 49 - 52

## PROSZESSORIENTIERTE KUNSTVERMITTLUNG

Das Zeigen kunstvermittlerischer Prozesse ist eine weitere Kategorie der *räumlichen Repräsentation* sichtbarer Vermittlungsräume. Mit der Entscheidung, die kunstvermittlerische Arbeit im Museum zu rahmen, um ein Angeschaut-Werden zu evozieren, ist im Kern das Zeigen der vor Ort sich ereignenden Praxis der Kunstvermittlung intendiert. Darüber, dass die pädagogische Praxis direkt vor Ort betrachtet werden kann, wird sie im Prozess gezeigt. Den kunstvermittlerischen Prozess auszustellen, heißt: diesem einen Wert zuzusprechen. Die Herstellungsverfahren sowie das Unfertige werden in den Mittelpunkt gerückt, um sich gleichzeitig zur fertigen Kunst im Ausstellungsraum abzugrenzen.

Der sichtbar gemachte Prozess zeigt sich im aktiven Tun aller an der Vermittlung beteiligten Personen – das Experimentieren mit Materialien (ortsgespräch 2015: 4), das gemeinschaftliche Sitzen an einem Tisch, das konzentrierte künstlerisch-praktische Arbeiten, das gemeinsame Erörtern, die Produktion einer Ausstellung, das Hinaustreten aus dem Vermittlungsraum wie das Zurückkommen, aber auch das Informieren und Erklären der kunstvermittlerischen Praxis an Besucher_innen der Ausstellung. All dies sind Elemente, die das Bild einer prozessorientierten Kunstvermittlung herstellen.

Dieses Bild einer prozessorientierten Kunstvermittlung zeigt sich ebenso in den Zeugnissen der temporären Zeigegesten aus der Vermittlungsarbeit, die dem Publikum zu sehen gegeben werden. Sie dienen als Beleg einer vergangenen kunstvermittlerischen Handlung und verweisen darauf, wie in der Kunstvermittlung gearbeitet wird (siehe Kapitel 9.2).

Zuletzt wird das Bild einer prozessorientierten Kunstvermittlung in den Kunstvermittlungsausstellungen hergestellt, in denen neben den künstlerisch-ästhetischen Produkten fotografische Dokumentationen der Vermittlungsarbeit präsentiert werden, auf denen die Entstehungsprozesse der gezeigten ästhetischen Produkte festgehalten sowie die pädagogische Praxis selbst dargestellt werden. Diese sind begleitet von Beschreibungen zur Vermittlungsarbeit in Form von Wandtexten oder Broschüren, in denen dargelegt wird, in welchem Kontext und mit welchem Anliegen die Produkte entstanden sind. Hierbei kommen die Produzent_innen selbst über ihre entstandenen Produkte zu Wort. Auf den Dokumentationsfotos werden die Akteur_innen der beteiligten Projekte sichtbar gemacht und treten als Produzent_innen der ausgestellten Produkte in Erscheinung.

Mit der Sichtbarmachung der Prozesse innerhalb der Kunstvermittlungsausstellungen und den Beschreibungen zu den Entstehungsprozessen beziehungsweise zu den künstlerisch-ästhetischen Produkten aus Sicht der Produzent_innen wird eine Form des Ausstellungmachen gewählt, die sich von gegenwärtigen Techniken der Ausstellungen von Kunst abgrenzt. In Kunstausstellungen werden mehrheitlich finale Produkte gezeigt und der Weg dorthin beziehungsweise der Entstehungsprozess – wenn dieser nicht Teil der künstlerischen Arbeit ist

– bleibt meist unsichtbar. Auch treten die Künstler_innen in der Regel nicht selber über die Beschreibung ihrer Arbeiten oder die Repräsentation ihres Arbeitsprozesses in Erscheinung. Im Unterschied dazu wird in den Ausstellungen der Kunstvermittlung über das Zeigen der Prozesse der Vermittlungspraxis verkündet: Es geht nicht allein um das Produkt, es geht um den Prozess. Und dieser wird nachvollziehbar dargestellt.
Die Generierung des Bildes einer prozessorientierten Kunstvermittlung korrespondiert mit dem Anliegen der Kunstvermittler_innen. Ihnen ist es wichtig, dass der Prozess sichtbar gemacht wird. Eine Kunstvermittler_in spricht davon, dass dieser Teil „eigentlich am spannendsten" sei (B1: 178f.).

> *„Auch das Arbeiten an sich, also nicht nur die entstandenen Werke oder Arbeiten, sondern auch der Prozess des Arbeitens an sich, konnte und sollte ruhig eben auch sichtbar sein" (C2: 44ff.).*

> *„weil ja so der Vermittlungsansatz bei uns so total prozessorientiert ist, ist es eben, eigentlich finde ich auch total schön, Leuten eben was über diesen Prozess erzählen zu können." (B3: 287ff.)*

Das, was Ausstellungen sind, wird über die Art und Weise des Ausstellungmachens in der Kunstvermittlung mit verhandelt. Ausstellungmachen in der Kunstvermittlung bedeutet, unterschiedliche Stimmen zu repräsentieren, den Prozess und das Geworden-Sein sichtbar zu machen und die Besucher_innen durch praktische Angebote einzubinden. Durch dieses Vorgehen wird das Medium Ausstellung mit hergestellt. Es wird eine veränderte Praxis des Ausstellungmachens hervorgebracht, die zwar auf gegenwärtigen Techniken des Kunstausstellung-Machens basiert, diese jedoch verändert und für sich und ihre Zwecke nutzt. Eine kunstvermittlerische Praxis, die sich auf diese Weise in Form von Ausstellungen repräsentiert, ist an der Herstellung davon, was Ausstellungen sind, beteiligt.

## Resümee: Das repräsentierte Selbstverständnis der Verfahren der Kunstvermittlung

Das Verständnis der Verfahren der Kunstvermittlung wird entlang der *räumlichen Repräsentation* der sichtbaren Vermittlungsräume über die Akteur_innen der Kunstvermittlung mit hergestellt. Auf der Ebene der Einrichtung des Raumes mit Mobiliar und Material sind die Kunstvermittler_innen mehrheitlich die Entscheider_innen, die die Repräsentation von Kunstvermittlung über die Inhalte und deren Form bestimmen. Dabei werden über die *räumliche*

*Repräsentation* drei Kategorien herausgearbeitet, die sich in Bezug auf die Verfahrensweisen der Kunstvermittlung über die räumliche Einrichtung und die Handlungen herstellen.

- Über die singuläre Einrichtung von Gruppentischen in den sichtbaren Vermittlungsräumen wird Kunstvermittlung als ein Arbeiten in der Gemeinschaft hergestellt. Es existieren keine räumlichen Rollenzuschreibungen, die auf eine hierarchische Beziehungsebene zwischen Vermittler_in und Teilnehmenden verweisen. Vielmehr wird das Arbeiten von allen an dem pädagogischen Setting Beteiligten an einem gemeinsamen Ort – dem Gruppentisch – vollzogen, der auf ein gemeinschaftliches Lehr-Lerngefüge und die Bildung einer Gemeinschaft schließen lässt.

- Mit dem praktischen Arbeiten und der Präsentation künstlerisch-ästhetischer Produkte im physisch-materiellen Vermittlungsraum zeigt sich Kunstvermittlung als eine kunstnahe Praxis. Mit der Übernahme der Verfahren gegenwärtig arbeitender Künstler_innen und aktueller Konzepte, die ein pädagogisches Arbeiten mit Unvorhersehbarem ermöglichen, werden Formen künstlerischer Kunstvermittlung repräsentiert.

- Die Herstellung von Sichtbarkeit durch die Verschiebung von Kunstvermittlungsräumen in den öffentlich zugänglichen Bereich des Museums hat zur Folge, dass die sich darin vollziehende pädagogische Praxis im Prozess repräsentiert wird. Dadurch, dass kunstvermittlerische Handlungen – unter anderem das Arbeiten und Experimentieren mit Materialien, das Anschauen von Kunst, das gemeinsame Besprechen sowie das Präsentieren von Produkten – sichtbar stattfindet, wird ihre Prozesshaftigkeit ausgestellt. Das Bild einer prozessorientierten Kunstvermittlung wird erzeugt. Die Repräsentation des Prozesses über die fotografische Dokumentation und Beschreibungen des Herstellungsprozesses in den Ausstellungen der Kunstvermittlung bestätigen dieses Bild. Mit der Darstellung des Prozesses und der Offenlegung ihrer Entstehung greifen Kunstvermittler_innen in die Verhandlung darüber mit ein, was Ausstellungen sind.

# 11 Widerständige Räume der Kunstvermittlung?

Die Frage nach der Entstehung sichtbarer Kunstvermittlungsräume war leitend für die vorliegende Untersuchung. Sie hat sich im Verlauf der Forschung und über die Verhandlung mit verschiedenen Raumtheorien entwickelt und wurde mit der Herstellung von Räumen auf drei unterschiedlichen Ebenen mit je unterschiedlichen Perspektivierungen erklärbar gemacht. Als querliegendes Moment wurde im Raummodell für sichtbare Vermittlungsräume auf Grundlage des *differenziellen Raumes* von Henri Lefebvre (1991) sowie des *gegenkulturellen Raumes* von Martina Löw (2001) eine Raumebene eingeführt, die in dieser Arbeit mit *widerständigem Raum* bezeichnet wird. Diese Raumebene begünstigt eine besondere Betrachtung des Verhältnisses zwischen institutionell vorgeprägten Strukturen und den sich darin realisierenden Raumhandlungen. Die Handlungen im widerständigen Raum basieren auf einem zu den vorgeprägten Strukturen abweichenden Raumhandeln.

Auch nach Martina Löw bedarf es eines widerständigen Raumhandelns für die Herstellung *gegenkultureller Räume*. Dieses basiert auf gegenkulturellen Platzierungspraxen, die das Potenzial enthalten, eine Veränderung in der institutionalisierten Raumkonstitution hervorzurufen. Der *differenzielle Raum* als ein alternativer Raum bei Lefebvre wird aus den Widersprüchen des gegenwärtigen Raumes heraus produziert. Er entsteht über die Wahrnehmung und Äußerung von Konflikten. Beide Raumkonstrukte theoretisieren die Möglichkeit, dass Räume gegen Regeln, Routinen und vorgeprägte Strukturen entstehen können und zur Produktion *widerständiger Räume* führen. Der *gegenkulturelle Raum* sowie der *differenzielle Raum* stehen in Verbindung zu einem Raumhandeln, welches sich widerständig zu alltäglichen Routinen und genormten Raumherstellungsprozessen verhält. Im *gegenkulturellen Raum* realisiert sich dieses in individuellen Handlungsoptionen in Form von Handlungs- und Wahrnehmungspraxen, die den institutionalisierten Räumen entgegengesetzt sind. Das bedeutet: Um widerständige Räume entstehen lassen zu können, die sich nicht aufgrund von alltäglichen Routinen reproduzieren, muss sich eine Platzierungspraxis vollziehen, die sich gegen die im institutionellen Raum angelegte Platzierungsnorm richtet. Diese *gegenkulturelle Platzierungspraxis* enthält das Potenzial, eine Veränderung in der institutionalisierten Raumkonstitution hervorzurufen. Bei Lefebvre wird das differenzielle Moment in der Benennung von Konflikten sowie im bewussten kollektiven Widerstand

virulent. Um einen neuen Raum mit veränderten Raumstrukturen produzieren zu können, ist es nach Lefebvre nötig, über die Benennung von Konflikten die Vermischung von bislang Getrenntem zu ermöglichen. Erst die Wahrnehmung und Äußerung von Konflikten schafft die Basis, auf der sich die Entstehung des differenziellen Raumes ereignen kann.
Die Raumebene des widerständigen Raumes, welche sich in einem widerständigen Raumhandeln gegenüber den institutionell vorgeprägten Handlungs- und Wahrnehmungspraxen entfaltet, wurde in der vorliegenden Untersuchung in Beziehung gesetzt zum Forschungsgegenstand. Dieses In-Beziehung-Setzen ermöglicht, danach zu fragen, inwieweit sich das Handeln der Kunstvermittler_innen in die von der Institution vorgeprägten Handlungs- und Wahrnehmungspraxen einschreibt, oder aber sich in einem widerständigen Raumhandeln zeigt, welches Vermittlungsräume als *widerständige Räume* hervorbringt, die gegenläufig zur Dominanzkultur entstehen. Daraus ergibt sich die Frage:

- Stellen die Handlungen und Wahrnehmungspraxen der Kunstvermittler_innen Abweichungen zu den vorgeprägten institutionalisierten räumlichen Handlungen und Wahrnehmungsweisen dar und lassen darüber einen *widerständigen Raum* entstehen?

Die Handlungs- und Wahrnehmungspraxen der Kunstvermittler_innen gehen aus den vorgeprägten institutionalisierten räumlichen Handlungen des Museums hervor. Die sich vollziehenden räumlichen Praxen der Vermittler_innen im sichtbaren Vermittlungsraum sind entweder Handlungen, die die Vermittler_innen auf ähnliche Weise im separaten Vermittlungsraum ausführen, oder aber es sind Handlungen, die originär aus einem anderen Tätigkeitsbereich des Museums stammen und in den Handlungsbereich der Kunstvermittler_innen übergegangen sind.
Die vorliegende Untersuchung stellt heraus, dass sich bestimmte Wahrnehmungs- und Handlungspraxen der Kunstvermittler_innen bezogen auf die sichtbaren Vermittlungsräume von den Wahrnehmungs- und Handlungspraxen der separaten Vermittlungsräume unterscheiden. Durch die MÖGLICHKEIT DES ZEIGENS werden Ausstellungen der Kunstvermittlung im sichtbaren und frei zugänglichen Bereich des Museums realisiert und KUNSTVERMITTLUNG an das Ausstellungspublikum VERMITTELT. Diese beiden Handlungs-Konzepte des ZEIGENS und des VERMITTELNS können als vorgeprägte institutionalisierte räumliche Handlungen beschrieben werden, da sie im Museum bereits existent sind und regelmäßig vollzogen werden. Personell verortet sind diese Handlungen dort allerdings bei den Kurator_innen und Mitarbeiter_innen der Presse- und Marketingabteilung. Die institutionalisierten Handlungen des Ausstellungmachens und der Bewerbung von Vermittlungsprogrammen haben durch die Herstellung sichtbarer Vermittlungsräume eine sich verändernde Akteur_innen-Konstellation hervorgerufen. Die Handlungs- und Wahrneh-

mungspraxen gehen als institutionalisierte Handlungen – ursprünglich verortet bei anderen Akteur_innen – in die Praxis der Kunstvermittler_innen über. Diese sind als bestehende institutionalisierte Handlungen erkennbar, vollziehen sich jedoch in einer anderen Form und stellen für die Kunstvermittler_innen *neue* Handlungen dar.

Im Unterschied zu den Kunstausstellungen stellen die Ausstellungen der Kunstvermittlung den Gegenstand Kunstvermittlung zur Schau. Sie präsentieren Produkte, die überwiegend von Kindern und Jugendlichen produziert worden sind, legen den Entstehungsprozess offen und bieten dem Publikum die Möglichkeit, sich in Form von Beteiligungsangeboten in praktisch-ästhetischer Weise zu erproben. Dabei sind sie zum einen von den Regeln und Vorgehensweisen des Ausstellungmachens der Institution wie materielle und personelle Ressourcen und Inszenierungsgesten geprägt. Zum anderen verschieben sie die Praxis des Ausstellungmachens: durch eine Ausweitung ihrer herkömmlichen Protagonist_innen, durch den Verweis auf den Herstellungsprozess sowie durch die Bereitstellung von Beteiligungsangeboten für das Publikum. Mit der Präsentation von Kunstvermittlungsausstellungen wird die Kunstvermittlung an das Publikum des Museums vermittelt. Diese VERMITTLUNG DER KUNSTVERMITTLUNG übernehmen die Kunstvermittler_innen auch in der direkten Kommunikation mit den Ausstellungsbesucher_innen. Über das direkte Gespräch der Kunstvermittler_innen findet hier eine veränderte Form der Besucher_innen-Ansprache und Besucher_innen-Akquise statt. Diese ereignet sich nicht in herkömmlichen institutionalisierten Handlungen über Distributionsmedien, wie Zeitungen, Internet oder Broschüren, sondern in einem kommunikativen Austausch zwischen Kunstvermittler_innen und Ausstellungsbesucher_innen.

Die hier beschriebenen räumlichen Handlungen der Kunstvermittler_innen haben aufgrund der veränderten Platzierung zu einer Verschiebung von institutionalisierten Handlungs- und Wahrnehmungspraxen geführt. Sie stellen im engeren Sinne keine gegenkulturellen Praktiken beziehungsweise die Produktion eines differenziellen Raumes dar, da es sich nicht um institutionell widerständige Raumpraxen handelt. Es sind jedoch Handlungen, die sich in Bezug auf ihre ausführenden Akteur_innen verschoben haben und daraus in einer veränderten Form hervorgehen.

Kunstvermittlung greift mit der räumlichen Verschiebung auf die Ausstellungsfläche in die vorarrangierten institutionellen Handlungen ein und trägt zu ihrer Veränderung bei. Es werden jedoch keine *widerständigen Räume* im Sinne von gegenkulturellen oder differenziellen Räumen hervorgerufen, jedoch führt die Platzierungsverschiebung und die damit einhergehende Herstellung von Sichtbarkeit zur Verschiebung institutionalisierter Praxen, die wiederum zur Herstellung veränderter institutioneller Räume beiträgt.

# 12 Resümee: Räume der Kunstvermittlung

Die vorliegende Untersuchung ist eine differenzierte und kritische Orientierung in der Auseinandersetzung mit dem Thema Raum in der Kunstvermittlung. Hierzu hat sie eine Forschungsperspektive bereitgestellt, die pädagogische Arbeit im Museum innerhalb ihrer institutionellen Strukturen über Raum analysierbar macht. Kunstvermittlung vom Raum aus zu denken realisiert ein Forschungsvorgehen, das ebenso auf andere Kontexte und Untersuchungen übertragen werden kann. Es ermöglicht, Aussagen über die gegenwärtige Verfasstheit von Kunstvermittlung zu formulieren: Denn die Analyse von Raumherstellungsprozessen in der Kunstvermittlung durch die Rekonstruktion der Handlungen und Wahrnehmungen der Kunstvermittler_innen in einem Raummodell nach der konstruktivistischen Grounded Theory lässt generelle Rückschlüsse auf die aktuelle Praxis, die gegenwärtigen Strukturen wie Repräsentationen der Kunstvermittlung zu.

Im Verlauf der Forschungsarbeit wurde es mir möglich, Darstellungsweisen zu erarbeiten, mit denen ich die Komplexität der Auswirkungen eines aktuellen Phänomens – des räumlichen Zu-sehen-Gebens – in der Kunstvermittlung beschreibbar machen und analysieren konnte. Vom Gegenstand sichtbarer Vermittlungsraum ausgehend, konnten machtvolle Strukturen und gegenwärtige Entwicklungen im Museum verhandelbar gemacht und für das Feld der Kunstvermittlung kritisch beleuchtet werden.

Mit der auf das Forschungsvorhaben angepassten Methodologie habe ich ein Vorgehen erarbeitet, welches mir ermöglicht hat, eigenes Wissen in der Konfrontation mit empirischen Daten und daran anknüpfender Theorie auszuweiten und darüber zu diffenzierten Betrachtungszusammenhängen – in der Darstellung eines Drei-Ebenen Raummodells mit einer querliegenden Ebene – und der Formulierung neuer Thesen zu gelangen. Als eine anwendungsorientierte Forschung konnten dabei sowohl handlungsrelevante als auch theoretische Erkenntnisse generiert werden, die ich hier abschließend in ihren ambivalenten Effekten zusammengefasst darstellen werde.

## 12.1 Die ambivalenten Effekte sichtbarer Vermittlungsräume

*Raum* sowie *Sichtbarkeit* wurden in der vorliegenden Arbeit jeweils als eine Praxis beschrieben, die in ihrer Verbindung als räumliches Zu-sehen-Geben bezeichnet wird. Räumliches Zu-sehen-Geben prägt nicht nur die pädagogischen Handlungen und Wahrnehmungen der Kunstvermittler_innen und führt zu einer veränderten pädagogischen Praxis, sie bringt spezifische Repräsentationen hervor, die an der Dar- und Herstellung des Feldes der Kunstvermittlung beteiligt sind.

Im räumlichen Zu-sehen-Geben werden ambivalente Affekte wirksam. Sie zeigen sich sowohl in konkreten pädagogischen Handlungen, die in den sichtbaren Vermittlungsräumen durchgeführt werden, als auch auf symbolischer und struktureller Ebene der Institution Museum.

Mit der vorliegenden Forschung wurde explizit, dass das räumliche Zu-sehen-Geben eine machtvolle Praxis darstellt, die sowohl einen Mehrwert als auch Zuschreibungen und Nachteile für das Feld der Kunstvermittlung bedeutet. Die ambivalenten Effekte herauszustellen, reiht sich dabei in die Tradition kritischer Theoriebildung ein (vgl. Schaffer 2008: 15). Sie unterstreicht, dass es keinen zwangsläufigen Zusammenhang zwischen Sichtbarkeit und dem Generieren von Anerkennung sowie politischer Macht gibt. Mit einer differenzierten, multiperspektivischen Sicht auf die Forschungsergebnisse zu schließen, unterstreicht die Anliegen einer kritisch reflektierten Kunstvermittlung. Losgelöst von abstrakt-räumlichen Konstrukten sind sie ein Vorschlag, die Forschungsergebnisse in einer neuen Betrachtungsweise zusammenzuführen und darüber eine Rückübersetzung ins Feld zu leisten. Die neuen Verknüpfungen lassen sich als eine nächste Stufe der Theoriebildung im Sinne der konstruktivistischen Grounded Theory verstehen und sind im Besonderen für die Anbindung an die Praxis und die darin angestrebte Sensibilisierung für das Phänomen der Einrichtung sichtbarer Vermittlungsräume von Bedeutung.

Die Ambivalenzen des räumlichen Zu-sehen-Gebens spannen sich zwischen fünf feldspezifischen Momenten auf, die ich im Weiteren jeweils noch einmal verdichtend ausführen werde:

(1) zwischen selbstbestimmtem Zeigen und ausgestelltem Objekt,

(2) zwischen Anerkennung und Steigerung der Arbeitseffektivität,

(3) zwischen Zugehörigkeit und Differenz zur Ausstellung,

(4) zwischen sichtbarer Einlösung kulturpolitischer Forderungen und Adressierung gleichbleibender Teilnehmer_innen,

(5) zwischen Produkt- und prozessorientierter Kunstvermittlung.

## Selbstbestimmtes Zeigen und ausgestelltes Objekt

Mit der MÖGLICHKEIT DES ZEIGENS im sichtbaren Vermittlungsraum wird die Tätigkeit des Ausstellungmachens zum Teil kunstvermittlerischer Praxis. Die Kunstvermittler_innen können gemeinsam mit den Teilnehmenden der Vermittlungsprogramme im sichtbaren Vermittlungsraum darüber entscheiden, auf welche Weise sie die Kunstvermittlung in Form von Ausstellungen präsentieren möchten. Die Wandfläche wird dabei zum pädagogischen Medium, das die Produktion von Ausstellungen begünstigt. Mit der Herstellung von Ausstellungen, die die Kunstvermittlung selbst zum Gegenstand haben, bekommen die Kunstvermittler_innen die Möglichkeit, sich in die Darstellungshoheit des Ausstellungmachens auf der Ausstellungsfläche einzumischen und das Feld ihrer Protagonist_innen auszuweiten. Des Weiteren verfügen die Kunstvermittler_innen über Benennungsmacht und können legitime Bedeutungen über das Feld der Kunstvermittlung formulieren.

Die MÖGLICHKEIT DES ZEIGENS der Kunstvermittler_innen in Form von Ausstellungen ist eine weitestgehend selbstbestimmte Praxis, die eine räumliche Kommunikation über den Gegenstand Kunstvermittlung hervorbringt. Mit der Produktion von Ausstellungen tragen die Akteur_innen der Kunstvermittlung aktiv dazu bei, zu definieren, was innerhalb der Institution Museum auf welche Weise als Kunstvermittlung wahrgenommen wird.

Gleichzeitig werden die Akteur_innen der Kunstvermittlung sowie ihre Handlungen und materiellen Güter durch die architektonische Rahmung der Räume sowie die Teilwerdung am Ausstellungsdisplay im institutionellen Setting Museum selbst zum angeschauten Objekt. Die architektonische Rahmung fasst die pädagogische Arbeit inklusive ihrer Akteur_innen ein und fordert die Besucher_innen zum Hinsehen auf. Kunstvermittlung und ihre Akteur_innen werden zur Schau gestellt. Der sichtbare Vermittlungsraum suggeriert dabei als Teil des Ausstellungsdisplays ein Angeschaut-werden-Wollen, das die Anrufung des Hinsehens vermittelt und darüber die existierende Geschlechtlichkeit des feminisierten Feldes der Kunstvermittlung verfestigt.

## Anerkennung der eigenen Position und Steigerung der Arbeitseffektivität

Durch die ZENTRALE PLATZIERUNG innerhalb der Institution und die Nähe zur gezeigten Kunst wird den Kunstvermittler_innen symbolisches Kapital verliehen, welches dazu führt, dass sie über die im Feld anerkannten symbolischen Ordnungen Anerkennung erhalten. Mit dem Erhalt von Anerkennung steigert sich ihre Position im Museumsfeld und in der Gesellschaft.

Gleichzeitig weitet sich mit der Platzierungsverschiebung der Vermittlungsraum auf die sicht- und hörbare Ausstellungsfläche aus. Die Vermittler_innen nehmen nicht nur den akustischen und visuellen Raum des durch Architektur definierten Vermittlungsraumes wahr, sondern alles, was an visuellen und akustischen Reizen von der Ausstellungsfläche in den Vermittlungsraum einfließt. Zur Folge hat dies, dass die Vermittler_innen eine multiple Wahrnehmungsleistung erbringen und ein Mehr im Umgang mit Reizen im Rahmen ihrer alltäglichen pädagogischen Anforderungen zu bewältigen haben. Diese zusätzliche Wahrnehmungsleistung ist auch in Bezug auf die anwesenden Ausstellungsbesucher_innen zu erbringen und weitet sich um kommunikative Tätigkeiten und die Akquise von Teilnehmenden für die pädagogischen Programme im sichtbaren Vermittlungsraum aus. Die Kunstvermittler_innen übernehmen in der direkten Kommunikation als auch in der visuellen Ankündigungsform Tätigkeiten, die zu einer VERMITTLUNG VON KUNSTVERMITTLUNG führen. Dabei generieren sie zukünftige Teilnehmer_innen für die Kunstvermittlung und müssen gleichzeitig lernen, mit vermehrten Störungen und Unterbrechungen – sowohl vonseiten der Ausstellungsbesucher_innen als auch durch die Ausstellung selbst – umzugehen. Bei gleichbleibender Bezahlung für die freischaffenden Kunstvermittler_innen wird hier eine umfassendere und effizientere Arbeit als die im nicht sichtbaren Vermittlungsraum geleistet und es werden neue Teilnehmende für die Vermittlungsangebote und die Ausstellungen akquiriert.

## Zugehörigkeit und Differenz zur Ausstellung

Neben der direkten Platzierung des sichtbaren Vermittlungsraumes auf der Ausstellungsfläche trägt die Raumgestaltung – die Inszenierungsarbeit der Atmosphäre sowie die Teilwerdung am Ausstellungdisplay – dazu bei, dass der sichtbare Vermittlungsraum als zugehöriger Teil der Ausstellung entworfen wird. Das GESTALTET-SEIN sichtbarer Vermittlungsräume erfolgt in Anlehnung an die Formsprache des Ausstellungsraumes im Gestus des *White Cube*. Die Inszenierung der Atmosphäre ist Teil dieser Gesamtgestaltung, die sich ebenfalls in ihrer Form an die des Ausstellungsraumes anlehnt. Der sichtbare Vermittlungsraum wird über seine Ausgestaltung als Teil der Ausstellung und damit als sichtbarer und zugehöriger Teil der Institution konzipiert.

Diesem Bild der Zugehörigkeit ist durch die in die Architektur eingelassene Rahmung gleichzeitig eine räumliche Distanz eingeschrieben, welche Kunstvermittlung von der Ausstellung trennt und verdeutlicht, dass die pädagogische Arbeit sich zur Kunst beziehungsweise Kunstausstellung unterscheidet und abgrenzt. Es wird eine Blickrichtung in den Vermittlungsraum und die sich darin befindlichen Akteur_innen inszeniert. Auch wird mit der Verräumlichung von Kunstvermittlung in eigenen sichtbaren Vermittlungsräumen eine Differenz zwischen Kunstvermittlung und Ausstellungsraum hergestellt. Die sichtbare räumliche Aufteilung zwischen pädagogischer Arbeit und Ausstellungsraum schließt die pädagogischen Aktivitäten architektonisch ein und hält sie vom Ausstellungsgeschehen separiert.

Auf ähnliche Weise verhält es sich mit dem Erhalt von Anerkennung, den die Kunstvermittlung über die sichtbaren Vermittlungsräume generiert. Über die Platzierungsverschiebung des Vermittlungsraums ins Zentrum der Institution generiert die Kunstvermittlung Anerkennung und eine erhöhte Stellung der Kunstvermittlung innerhalb des Feldes Museum sowie der Gesellschaft. Gleichzeitig geht der Erhalt von Anerkennung mit der Produktion von Distinktion einher. Kunstvermittlung wird dabei in Abgrenzung zur Ausstellung entworfen und trägt zur Stabilisierung bestehender Klassifizierung der beiden Arbeitsbereiche bei. Die Herausbildung dieser Differenz arbeitet pädagogischen Auffassungen entgegen, die beispielsweise Kunstvermittlung und die Ausstellungsproduktion als ineinander verschränkte Praxen verstehen.

## Sichtbare Einlösung kulturpolitischer Forderungen und Adressierung gleichbleibender Teilnehmer_innenschaft

Über die Verräumlichung in eigenen Räumen als auch über die damit einhergehende Trennung zum Ausstellungsraum wird die pädagogische Arbeit im Museum existent. Die Einlassung von Rahmen in die Raumarchitektur produziert visuelle Ordnungsprinzipien, die zur Evidenzproduktion der Kunstvermittlung im Museum beiträgt. Mit dem räumlichen Zu-sehen-Geben der Kunstvermittlung kommt die Institution Museum den an sie herangetragenen kulturpolitischen und gesellschaftlichen Forderungen nach mehr Bildungsarbeit im Museum nach. Mit den sichtbaren Vermittlungsräumen wird offenkundig an alle Museumsbesucher_innen kommuniziert: „Hier findet Kunstvermittlung statt!“

Die kulturpolitische Forderung nach einem „Museum für alle“ und einer darin erforderlichen Adressierung und Involvierung eines Publikums, das dem Museum nicht bereits zugehörig ist, wird allerdings mit der Herstellung sichtbarer Vermittlungsraum *nicht* eingelöst. Auf der Ebene der räumlichen Repräsentation wurde deutlich, dass in dem sichtbaren Vermittlungsraum überwiegend *weiße* und der Körpernorm entsprechende Akteur_innen tätig sind. Diese Akteur_innen entsprechen den Besucher_innen, die dem Museum bereits zugehörig sind. Eine Ausweitung, Adressierung und aktive Mitgestaltung durch Akteur_innen, die nicht in diese Kategorien eingeordnet werden können, wird über die Einrichtung sichtbarer Vermittlungsräume, wie in der Analyse ihrer räumlichen Repräsentation herausgestellt wurde, nicht realisiert. Der sichtbare Vermittlungsraum und die ihm zugehörige Praxis führen zur Reproduktion bestehender Adressierungen und Teilnehmer_innen in der pädagogischen Vermittlungsarbeit.

## Produkt- und prozessorientierte Kunstvermittlung

Die Produktion von Ausstellungen wird mit dem sichtbaren Vermittlungsraum zum genuinen Teil kunstvermittlerischer Praxis. Kunstvermittler_innen denken in ihren pädagogischen Entscheidungen die Präsentation der Kunstvermittlung im sichtbaren Vermittlungsraum mit. Sie überlegen, was auf welche Weise in der Ausstellung der Kunstvermittlung präsentiert werden soll und was sie darüber vermitteln möchten. Dies bedeutet, dass sich ihre pädagogische Praxis an der Herstellung von Produkten für zukünftige Ausstellungen der Kunstvermittlung orientiert.
Parallel dazu wird Kunstvermittlung im Prozess dar- und hergestellt, indem die pädagogische Praxis direkt vor Ort angeschaut werden kann. Besucher_innen können das Tun der Akteur_innen der Kunstvermittlung betrachten, wie beispielsweise das Experimentieren mit Materialien, das konzentrierte künstlerisch-praktische Arbeiten, das gemeinsame Erörtern in der Gruppe sowie das Hin- und Hergehen zwischen praktisch-ästhetischen Arbeiten und gezeigter Kunst. Kunstvermittlung wird als eine Praxis im Prozess dargestellt. Diese Repräsentation einer PROZESSORIENTIERTEN KUNSTVERMITTLUNG zeigt sich ebenso in den Zeugnissen der temporären Zeigegesten aus der Vermittlungsarbeit, die dem Publikum an (Stell-)Wänden zu sehen gegeben werden. Sie dienen als Beleg einer vergangenen kunstvermittlerischen Handlung und verweisen darauf, wie in der Kunstvermittlung gearbeitet wird. Auch die Kunstvermittlungsausstellungen machen den Prozess und das Geworden-Sein sichtbar: Mit den Dokumentationen der Entstehungsprozesse sowie ihrer Beschreibungen wird auf den Verlauf der pädagogischen Praxis aufmerksam gemacht.
Die Darstellung von Kunstvermittlung, die sich sowohl im Prozess als auch produktorientiert zeigt, verdeutlicht ihren eigenen Tätigkeitsbereich. Sie zeigt auf, dass Kunstvermittlung im sichtbaren Vermittlungsraum sowohl auf offene prozess- und handlungsorientierte Verfahren sowie die Produktion und Präsentation künstlerisch-gestalterischer Produkte abzielt. Beide Formen der pädagogischen Praxis tragen zu einem breiteren Verständnis der pädagogischen Arbeit im Museum bei, sowohl bei den Besucher_innen als auch bei den Mitarbeiter_innen der Institution.

Insgesamt wird an den hier aufgezeigten ambivalenten Effekten deutlich, dass die Einrichtung und Nutzung sichtbarer Vermittlungsräume sowohl eine symbolische Aufwertung der Kunstvermittlung als auch eine Stabilisierung symbolischer Ordnungen nach sich ziehen. Die Kunstvermittler_innen werden anerkannt, dürfen sich selbstbestimmt zeigen, erfahren (zumindest im Bereich der Produktion von Kunstvermittlungsausstellungen) eine Aufwertung ihrer personellen und materiellen Ressourcen und nehmen eine höhere Position im Museumsfeld ein.

Gleichzeitig stabilisieren die distinktiven Prozesse die existierenden symbolischen Ordnungen des Museums und festigen diese: die Bestätigung des räumlichen Zentrums der Institution, die Reproduktion vergeschlechtlichter Blickregime sowie die Herstellung der Differenz zwischen Kunstvermittlung und Ausstellung.

Die symbolische Ordnung des Museums, welche auf einer Ungleichverteilung symbolischen Kapitals basiert und eine ungerechte Verteilung von Ressourcen nach sich zieht, wird mit der Herstellung sichtbarer Vermittlungsräume zu großen Teilen beibehalten.

# 13 Ausblick und Empfehlungen für das Feld der Kunstvermittlung

Auf Grundlage der herausgearbeiteten Erkenntnisse werden abschließend Empfehlungen für das Feld der Kunstvermittlung formuliert, die dem Ziel dieser Arbeit nachkommen, einen sensiblen und kritischen Umgang mit sichtbaren Vermittlungsräumen zu initiieren. Es soll ein Ausblick an Möglichkeiten von Verschiebung und Veränderung sowie deren Potenzialen in Bezug der Auswirkungen auf die sichtbaren Vermittlungsräume gezeigt werden. Die Möglichkeiten werden entwickelt entlang des Verständnisses einer kritischen Kunstvermittlung, die durch eine machtkritische Perspektive auf Verhältnisse, Strukturen und Praktiken der pädagogischen Arbeit im Museum gekennzeichnet ist.
Die Handlungsmöglichkeiten werde ich in Form von Strategien für die Praxis vorstellen. Diese sind zusammengestellt aus Beispielen aus Theorie und Praxis der Felder Kunst, Museum und Bildung. Es sind Strategien des Handelns, die als widerständige Raumpraxen beschrieben werden können, da sie sich entgegen den institutionell vorgeprägten Handlungs- und Wahrnehmungspraxen entfalten. Es handelt sich um Praxen der permanenten Neuordnung, der anhaltenden Initiierung von Aushandlungsprozessen sowie des Anarbeitens gegen bestehende Blick- und Kategorisierungssysteme.
Ausgehend von dem entwickelten Verständnis der quer liegenden Ebene des widerständigen Raumes stellt sich für den Ausblick folgende Frage:

- Welche Strategien im Sinne einer kritischen Kunstvermittlung können auf der Grundlage der Forschungsergebnisse für die Praxis formuliert werden?

Folgende Vorschläge werde ich für das pädagogische Handeln mit den sichtbaren Vermittlungsräumen konkretisieren:

(1) Blickregime aufdecken und Repräsentationen aufbrechen
(2) Räume der Halbsichtbarkeit und Unsichtbarkeit aufsuchen beziehungsweise schaffen
(3) Räume zur Verfügung stellen und Gegen-Öffentlichkeit organisieren
(4) Räume für die Weiterentwicklung des Feldes nutzen

## 13.1 Blickregime aufdecken und Repräsentationen aufbrechen

In Anlehnung an die Ausstellungstheorie „Kuratieren als antirassistische Praxis" des gleichnamigen Sammelbands von 2017, herausgegeben von Natalie Bayer, Belinda Kazeem-Kamiński und Nora Sternfeld, können Verbindungen zwischen den Blick- und Zeigeregimen im sichtbaren Vermittlungsraum und dem Ausstellungsraum hergestellt werden. Die Künstlerin und Kunstwissenschaftlerin Belinda Kazeem-Kamiński erörtert in der Auseinandersetzung um Blickregime im Museum und die Erwartungen der Besucher_innen in ethnologischen Museen in der Publikation Folgendes:

> *„Ich frage mich,* [...] *ob es in Anbetracht dieser Sehnsüchte nicht genau darum ginge, diese nicht zu bedienen. Sie kuratorisch/künstlerisch zu verunmöglichen und zu verweigern. Ja mehr noch, sich mit den Blicken und dem damit verbundenen Begehren auseinanderzusetzen und diese den Besucher*innen in ihrem Gewordensein zurückzuwerfen." (Bayer/Kazeem-Kamiński/Sternfeld 2017: 25)*

Übertragen auf die vorliegende Untersuchung kann für die kunstvermittlerische Praxis gefolgert werden, sich mit den Blicken und Begehren der Besucher_innen sowie der Legitimation und Evidenzproduktion der pädagogischen Arbeit im Museum, die durch den sichtbaren Vermittlungsraum hervorgebracht werden, auseinanderzusetzen. Geht man des Weiteren von meinen erarbeiteten Thesen dem Begehren nach der Herstellung von Evidenz der Bildungsarbeit über die räumliche Repräsentation aus, würde es in der Vermittlungsarbeit im sichtbaren Vermittlungsraum darum gehen, Methoden und Strategien zu entwickeln, diese Blickregime aufzudecken und wiederkehrende Formen der Repräsentation aufzubrechen.
Ein Beispiel aus der Praxis, welches sich dem Begehren nach einer möglichst diversen und jungen Teilnehmer_innenschaft im Kontext der Legitimation von Bildungsarbeit kritisch positioniert, ist das belgische Kollektiv w wh at* [274], welches an der Schnittstelle von Kunst und Bildung arbeitet. w wh at* verzichtet, wie auf ihrem Instagram-Kanal w_wh_at deutlich wird, überwiegend auf Abbildungen von jungen Teilnehmenden und Ko-Produzierenden und verwendet stattdessen für die visuelle Repräsentation Fotografien von Vermittlungssituationen, auf denen Kinder-Schaufensterpuppen abgebildet sind. Diese sind meist einheitlich gekleidet, entsprechen, wie gängige Schaufensterpuppen, der gewohnten Körpernorm, haben blonde Haare, helle Haut und werden von w wh at* „Plus" genannt.

274 *w wh at** versteht seine Arbeit als „shared artistic practice", bei der die Mitglieder mit verschiedenen Teilen der niederländischen Bevölkerung als auch mit weiteren zeitgenössischen Künstler_innen Kollaborationen eingehen. Ihr Ziel ist es, über ko-kreative Aktionen und Produktionen die Beziehung zwischen zeitgenössischer bildender Kunst und der Gesellschaft zu stärken. Siehe hierzu die Selbstbeschreibung des Kollektivs, [online] https://www.wwhat.org/info/ [28.02.2023].

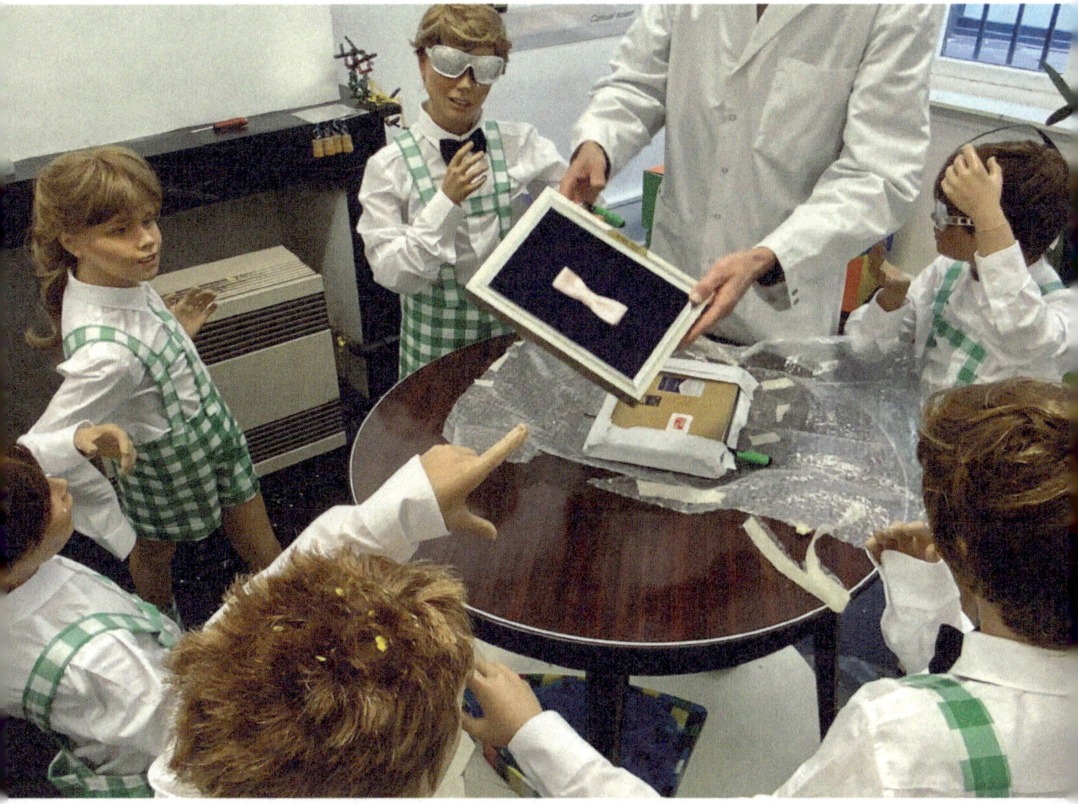

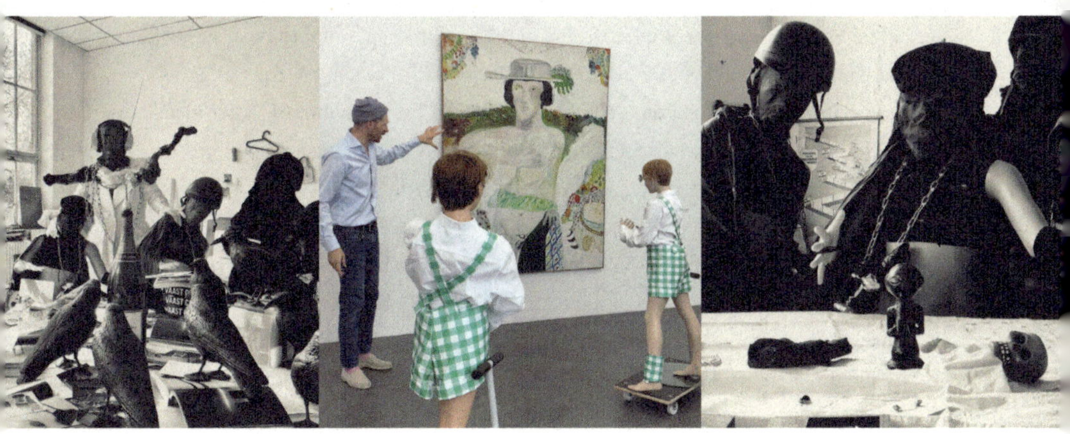

Abb. 53 - 56

Die Puppen sind im Museum oder Atelier platziert, als würden sie Kunst betrachten, Bilder aufhängen oder mit künstlerischen Materialien agieren. w wh at* entzieht sich mit dieser Form der Repräsentation den gängigen Darstellungsweisen von Kindern in kulturellen Bildungskontexten. Das Kollektiv bricht mit den vorherrschenden Repräsentationslogiken und verweigert sich dem visuellen ‚Beweis' ihrer diversen Teilnehmer_innen. Gleichzeitig decken sie das Betrachten von und das Begehren nach solchen Bildern auf. Neben den farbigen Abbildungen der „Plus" -Teilnehmer*innen wird von w wh at* eine andere Form der Repräsentation ihrer Praxis produziert. Dabei handelt es sich um Schwarz-Weiß-Fotografien, auf denen Schaufensterpuppen mit verhüllten und maskierten Köpfen und uneindeutigen Handlungen in unübersichtlichen Settings dargestellt sind. Diese Puppen werden von w wh at* „Minus" genannt und verweisen in ihren dystopischen Inszenierungen auf die Ängste, die in künstlerisch-edukativen Settings in Bezug auf die Zusammenarbeit mit unbekannten Teilnehmenden existieren.

Ein weiteres Beispiel für diese Strategie des Aufdeckens und Aufbrechens von normierten Repräsentationen sind die künstlerischen Arbeiten von Julischka Stengele. Die Künstlerin setzt sich in Installationen, Performances, Videos, Fotografien und Soundarbeiten mit Blickregimen und den Dynamiken des Anschauens und Angeschaut-Werdens auseinander. Gegenstand dieser Auseinandersetzung ist dabei der menschliche Körper, den die Künstlerin versteht „als Ort diskursiver Einschreibungen, an dem sich normative Vorstellungen von Begehren, Schönheit, Gesundheit und Geschlecht manifestieren und zu gesellschaftlichen Ein- und Ausschlüssen führen" (Sadzinski 2019: o. S.). Ein zentraler Aspekt ihrer künstlerischen Praxis ist daher das Aufbrechen von normativen Repräsentationen und Blickregimen in Bezug auf den Körper.

Die Künstlerin setzt sich für eine intersektionale, queer-feministische und body-positive Praxis ein, indem sie zum einen Analogien zwischen Körper und Machtstrukturen des Blicks aufzeigt: Denn es ist der „machtvolle Blick der Anderen, der uns zu definieren oder zu klassifizieren versucht, Identitäten formt und Handlungsspielräume bestimmt" (ebd.). Und zum anderen widersetzt sie sich diesen Machtstrukturen, indem sie die Selbstliebe zu ihrem nicht der Norm entsprechenden Körper darstellt, und hierüber ihren Körper als Medium des Widerstands ernennt. Julischka Stengele verfolgt mit ihrer künstlerischen Praxis das Anliegen, andere und ermächtigte Repräsentationen von Körpern zu produzieren.

Als Forschungserkenntnis hat die vorliegende Arbeit festgehalten, dass Akteur_innen der Kunstvermittlung im sichtbaren Vermittlungsraum zur Schau gestellt werden, vergeschlechtlichte Blickregime vorherrschen und eine Legitimierung der Existenz von Vermittlungsarbeit im Museum noch immer überwiegt. Ausgehend von den künstlerischen Beispielen, die als Anregung zu verstehen sind, könnten Formen gefunden werden, welche die Blickregime des weiblichen Objektes im Museum aufzeigen und die Evidenzproduktion der Bildungsarbeit im Museum unterbrechen sowie das Begehren nach solchen Repräsentationen aufdecken.

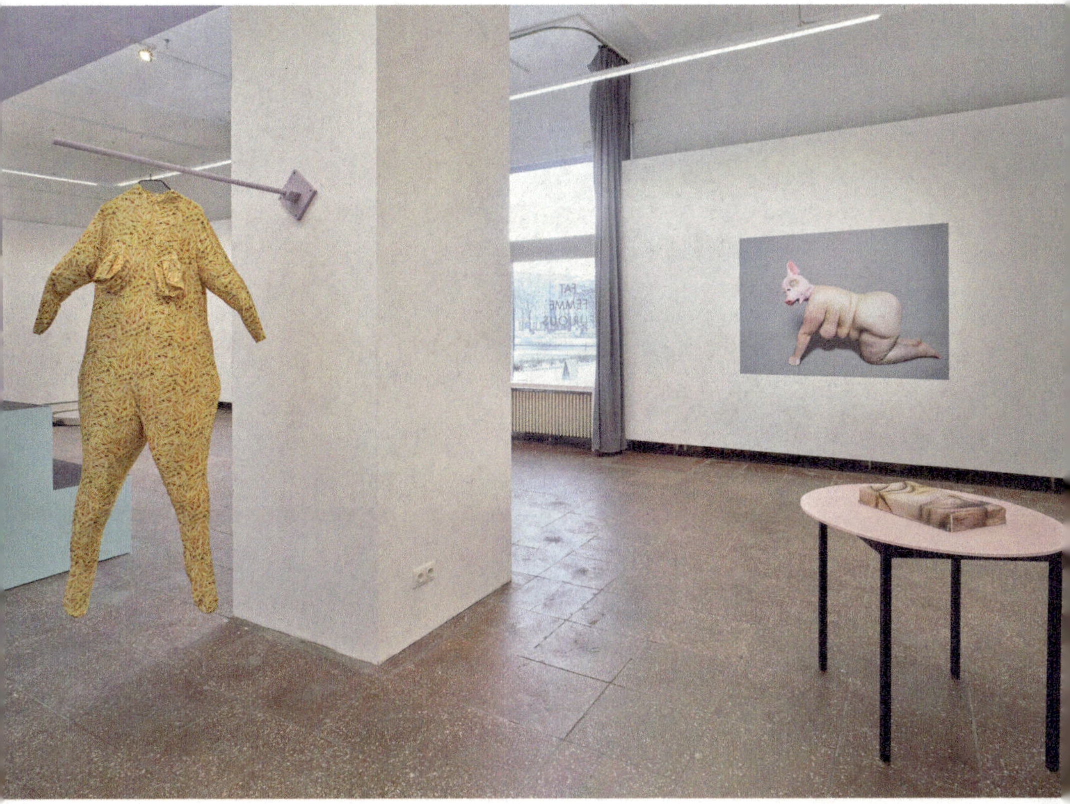

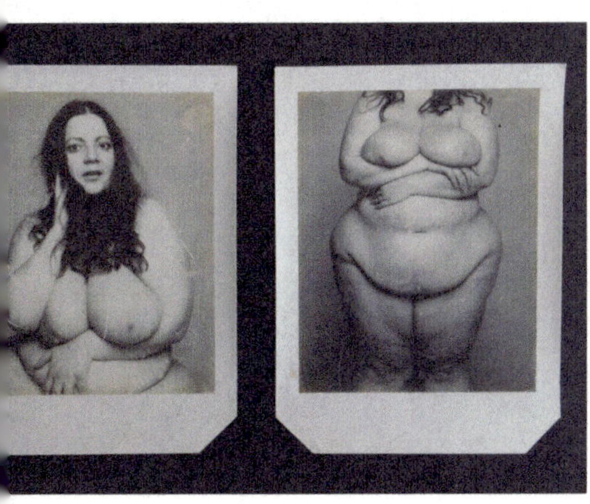

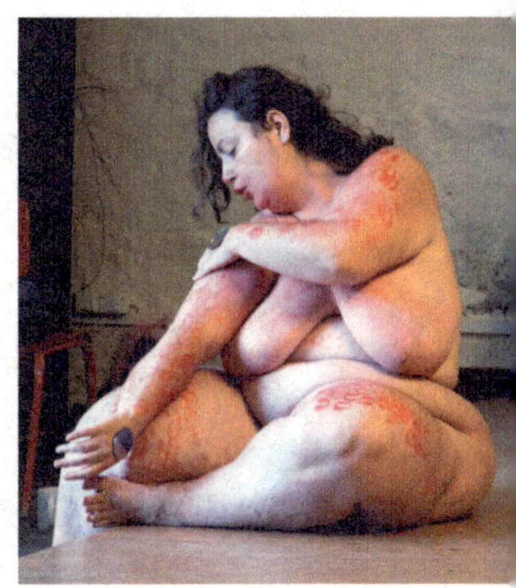

Abb. 57 - 59

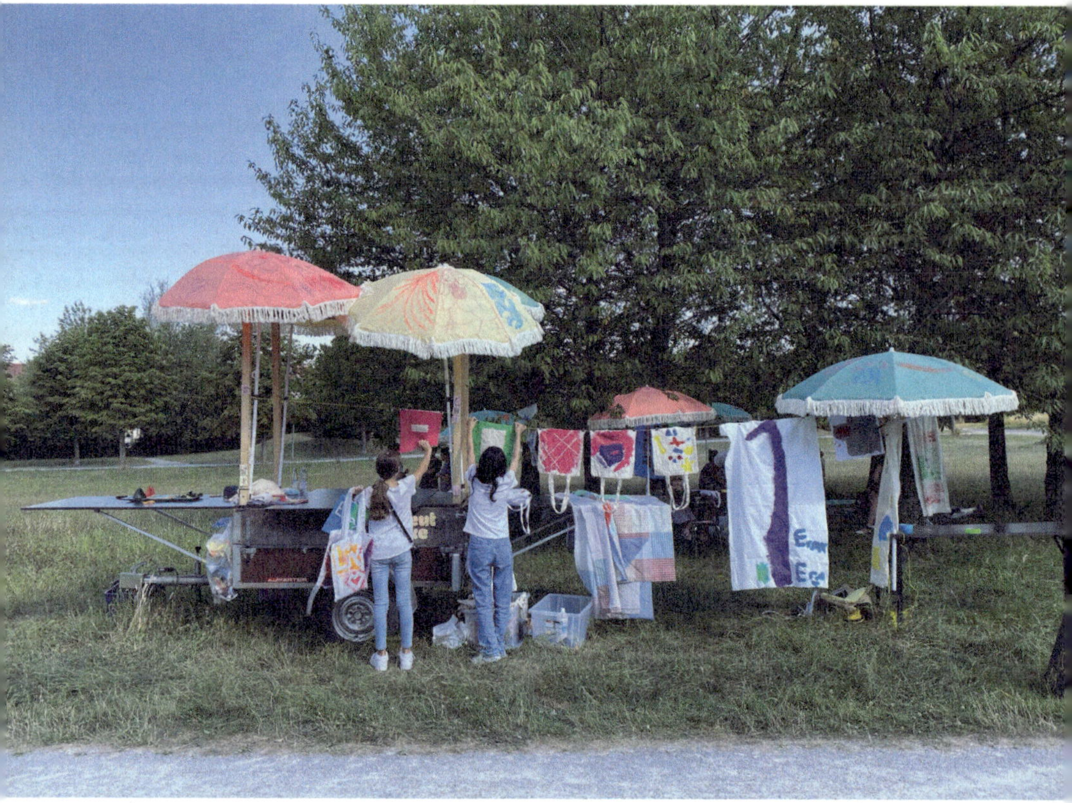

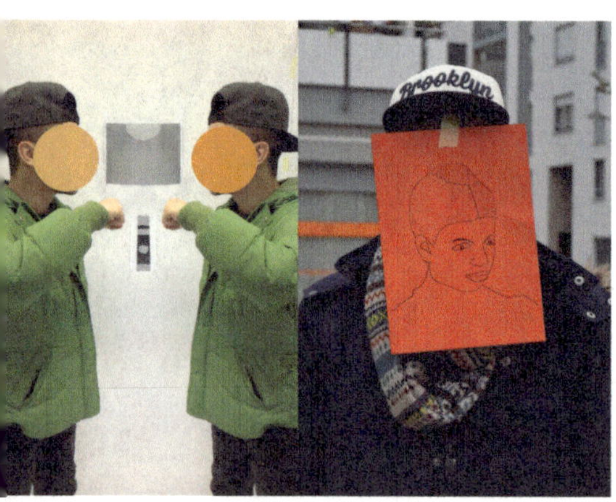


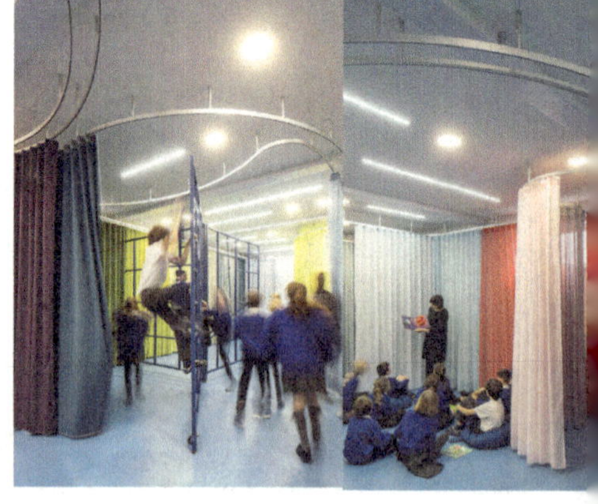

Abb. 60 - 64

## 13.2 Räume der Halbsichtbarkeit und Unsichtbarkeit aufsuchen beziehungsweise schaffen

Räume der Halbsichtbarkeit oder Unsichtbarkeit aufzusuchen oder zu schaffen, basiert darauf, diskriminierungskritisch informierte Allianzen einzugehen mit den Menschen, die ihr Recht in Anspruch nehmen möchten, unsichtbar zu bleiben und sich der existierenden Sichtbarmachung im Museum zu entziehen. Ausgehend von der postkolonialen Theorie des karibischen Philosophen Édouard Glissand (Glissant 1999) wird auf die Erkenntnisse meiner Forschung reagiert, dass überwiegend *weiße* sowie den akzeptierten Körpernormen entsprechende Akteur_innen in den sichtbaren Räumen agieren. Diese Tatsache eröffnet Rückschlüsse, warum BPoC-Personen (Black and People of Colour) oder Menschen mit sichtbarer körperlicher Beeinträchtigung die Teilnahme an Vermittlungsaktivitäten im sichtbaren Vermittlungsraum ablehnen: um nicht zur Schau gestellt zur werden. Damit entziehen sie sich dem Wunsch der Institution nach der Repräsentation einer diversen Teilnehmer_innenschaft.
Mit seinem „Recht auf Opazität“ (ebd.: 24) formuliert Glissant nicht nur ein theoretisches Konzept, sondern vielmehr eine Praxis, die er als Strategie des Widerstands und des Selbstschutzes versteht. Glissant geht es darum, sich gegen den gewaltvollen Akt der Kategorisierung zu stellen, die mit Sichtbarkeit einhergeht. Mit Opazität zielt er darauf, Komplexität und vielfältige Erzählungen aufrechtzuerhalten und das ausdrückliche Recht zu haben, unverstanden zu bleiben. „Ich fordere für alle das Recht auf Opazität, was nicht Abschottung bedeutet. Damit wende ich mich gegen die vielen Reduktionen, die den Blick auf die falsche Klarheit der universalen Modelle einschränken“ (ebd.).
Die kunstvermittlerische Praxis nach diesem Gedanken auszurichten, würde bedeuten, mit den Teilnehmenden gemeinsam Zonen der Halbsichtbarkeit und Unsichtbarkeit zu finden, zu erzeugen und zu erhalten. Gleichzeitig würde diese Praxis dafür eintreten, dass die Teilnehmenden, wenn sichtbar, vor Diskriminierung geschützt werden. Ein solches Aufsuchen von Räumen der Halb- und Unsichtbarkeit würde in Anlehnung an die Praxen des Vermittlungskollektivs ~~fort~~da[275] bedeuten, Kunstvermittlung bewusst außerhalb des Repräsentationsraums Museum zu betreiben. Hierdurch würde es gelingen, sich dessen Kategorisierungsmechanismen zu entziehen.

275 ~~fort~~da ist ein Kollektiv aus Kunst- und Bildungsarbeiter_innen, die sich im Jahr 2012 dazu entschlossen haben, ihre kunstvermittlerischen Tätigkeiten außerhalb des Museums durchzuführen. Anlass war, sich kritisch zu der Repräsentation ihrer eigenen Arbeit durch das Museum zu positionierten und einen Ausweg aus den Verwertungslogiken der Repräsentation des Museums zu suchen. Dazu schlossen sich die freiberuflich tätigen Vermittler_innen zu einem Kollektiv zusammen und agieren seitdem in öffentlichen und soziokulturellen Räumen, um gemeinsam – teilweise auch mit den Akteur_innen ihrer Projekte – über die Repräsentation, innerhalb und außerhalb der Räume, in denen sie agieren, zu entscheiden. Zu den Mitgliedern von ~~fort~~da gehören seit ihrer Gründung: Fanny Kranz, Max Kosoric, Antonia Marten, Sanne Pawelzyk, Henrike Plegge, Carolin Rothmund, Philipp Sack und Christina Zingraff. [online] http://www.fort-da.eu/ [04.05.2023].

In ihren künstlerisch-edukativen Projekten lässt das Kollektiv unter anderem die Dokumentationsfotos von den Teilnehmenden selbst anfertigen, entscheiden mit den Beteiligten gemeinsam, in welchen Räumen sie arbeiten möchten, oder versuchen, adäquate Formen der Repräsentation zu entwickeln für genau jene Menschen, die nicht erkannt werden dürfen oder wollen.
Eine weitere Strategie, das Recht auf Unsichtbarkeit in Anspruch zu nehmen, wäre, Räume der Vermittlung bereits bei der Planung so zu gestalten, dass sie eine Entscheidung für Sichtbarkeit oder Unsichtbarkeit ermöglichen. Ein solches Vorgehen würde die Generierung von Anerkennung der Kunstvermittlung, die sich in meiner Forschung aus der Platzierung im Zentrum der Institution ergeben hat, beibehalten. Gleichzeitig würde die Möglichkeit geschaffen, sich temporär der Sichtbarkeit zu entziehen und diese nur nach Bedarf zu nutzen.
Anregungen für eine Gestaltung der Halbsichtbarkeit könnte erfolgen in Anlehnung an die Interventionen des Architekturbüros Afarai, geleitet von Afaina de Jong aus Amsterdam. Das Büro arbeitet nach einem intersektionalen und interdisziplinären Ansatz und beschreibt die eigene Arbeit als eine feministische Praxis. Mit ihrem *Space of Other* von 2021 beispielsweise schafft Afarai nicht nur einen Raum der Halbsichtbarkeit, sondern hinterfragt durch eine andere Form der Gestaltung die Sehgewohnheiten wie die im White Cube eines Museumsraums. Die Rauminstallation: "Space of Other explores the potential of a design language that questions the patterns and models we have inherited; see, for instance, the highly aesthetic 'rational' white space […]. Inside, visitors experience each other and themselves in relation to this very specific spatial environment.“ (Afaina de Jong 2021: o.S.)

Auch die Raumgestaltung der Rosemary Works School, einer Grundschule im Osten Londons, kann als Anregung für diese Strategie fungieren. Das englische Architekturbüro Aberrant hat ein Schienensystem innerhalb der Schularchitektur integriert, das auf einfache Weise die temporäre Realisierung unterschiedlicher Raumnutzungen zulässt. Je nach Bedarf werden die Raumgrößen angepasst und es kann entschieden werden, ob die Räume geöffnet und einsehbar oder geschlossen sein sollen.

## 13.3 Räume zur Verfügung stellen und Gegen-Öffentlichkeiten organisieren

Die Strategie, Räume zur Verfügung zu stellen und Gegen-Öffentlichkeiten zu organisieren, beruht gleichfalls darauf, sich mit Menschen zu solidarisieren – hier allerdings mit Initiativen oder einzelnen Akteur_innen, für die umgekehrt eine Anwesenheit im sichtbaren Teil des Museums von Nutzen sein kann. Mit der Zurverfügungstellung von Raum und Sichtbarkeit soll es darum gehen, Gegen-Erzählungen und alternative Handlungsformen im Museum zu ermöglichen und die von der Institution generierte Anerkennung auf sie zu übertragen. Eine solche Strategie reiht sich in Nora Sternfelds Vorschlag *Im post-repräsentativen Museum* (Sternfeld 2016) ein, bei dem außer-institutionelle, aktivistische Logiken bedient werden. Mit ihrem Plädoyer für ein Para-Museum schlägt sie dem Museum eine „para-institutionelle Dekonstruktion seiner klassischen Aufgaben" (ebd.: 196) vor, die unter anderem beinhalten, sich den Raum anzueignen und Gegen-Öffentlichkeiten zu organisieren. Damit meint sie „Situationen, die sich den Ausstellungsraum zunutze machen, um Öffentlichkeit herzustellen" (ebd.: 198).

Den Raum innerhalb des Museums zur Verfügung zu stellen, ist ein konzeptuelles Vorgehen, welches die Tate Modern mit ihrem Tate Exchange Programm (vgl. Tate Modern o. J.) verfolgt hat. In der Zeit von 2016 bis 2021 lud das Education Department sogenannte Associates ein – gemeinnützige Initiativen, Vereine, Künstler_innen, Universitäten und Museen –, um die frei zugängliche und sichtbare fünfte Etage des Museums nach einem festgelegten Jahresthema zu gestalten. 198 Contemporay Arts and Learning[276] war im Jahr 2017 eine der eingeladenen Associates. Die kleine Kunstinstitution versteht sich als eine Plattform, die über Ausstellungs- und Bildungsprogramme BPoC-Personen einen Zugang zum Feld der Kunst und Kreativwirtschaft ermöglicht. 198 Contemporary Arts and Learning nutzte die renommierte Kunstinstitution Tate Modern programmatisch auf die gleiche Weise, wie sie es in ihrer eigenen Kunstinstitution im Süden Londons praktizieren: Unter dem Titel OFF WHITE luden sie unterrepräsentierte Künstler_innen und Communities of Colour ein, um sich zu zeigen und ihnen eine Stimme zu geben.[277] Durch ihre Einladung an BPoC-Künstler_innen konnten diese durch die Sichtbarwerdung innerhalb einer weltweit beachteten und anerkannten Kunstinstitution Öffentlichkeit für ihre Anliegen im Ausstellungsraum herstellen.

Für die kunstvermittlerische Arbeit im sichtbaren Vermittlungsraum würde ein solcher Ansatz bedeuten, sich der Herstellung von Anerkennung über die sichtbare Platzierung im Zentrum der Institution bewusst zu sein und mit Akteur_innen zusammenzuarbeiten, um Öffentlichkeit für ihre Programme und Anliegen herzustellen.

276 Gegründet wurde *198 Contemporary Arts and Learning* im Zusammenhang der sozialen Unruhen Englands in den 1980er Jahren, bei denen vermehrt rassistische Angriffe von Polizist_innen verübt wurden, und es kaum Möglichkeiten für BPoC-Personen gab, innerhalb der Kunst- und Kulturszene beteiligt zu sein.

277 Die Selbstbeschreibung der Institution lautet: „**OUR VISION** is to be an influential national model of artistic excellence, pushing creative boundaries while giving voice and space to under-represented artists, communities and cultures. **OUR MISSION** is to deliver exemplary arts, education and enterprise programmes, and to support emerging creatives of colour into the creative and cultural industries. We aim to make visible hidden issues regarding social change and emerging cultural identities through programming and partnerships." [online] https://www.198.org.uk/about-us/ [03.03.2023] (Herv. i. O.).

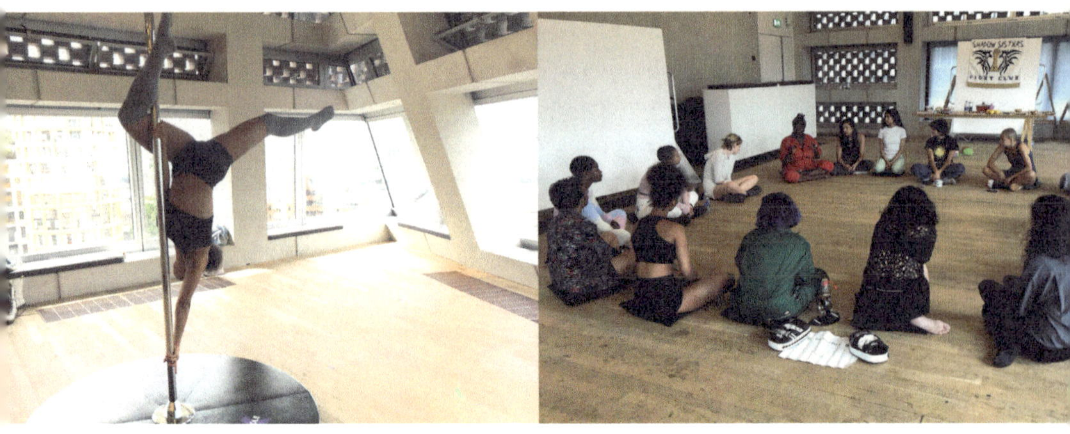

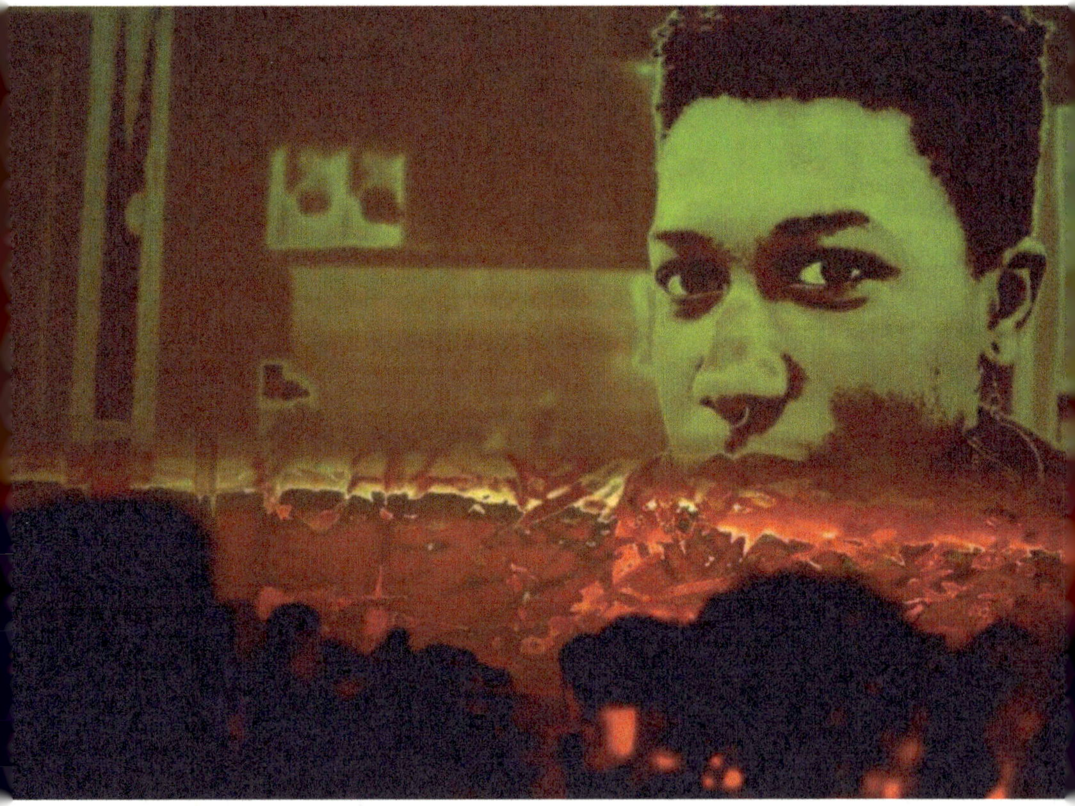

Abb. 65 - 67

## 13.4 Räume für die Weiterentwicklung des Feldes nutzen

Wie in der vorliegenden Forschung herausgearbeitet wurde, ist Vermittlungsraum[278] politisch. Die Platzierung, Ausgestaltung sowie Nutzung von Vermittlungsräumen, sei es im Verborgenen oder in der Sichtbarkeit, ist niemals neutral, sondern eine machtvolle Praxis, die an bestimmte Ziele und Anliegen geknüpft ist. Die Bewusstwerdung über die eigene Beteiligung an Raumherstellungsprozessen gewährt den Akteur_innen der Kunstvermittlung, eigene Entscheidungen darüber zu treffen, wie mit bestehenden Räumen umgegangen, wie möglicherweise in sie eingegriffen oder wie widerständige Räume hergestellt werden können. Durch die zentrale Platzierung innerhalb der Ausstellungen und der damit einhergehenden Generierung von Anerkennung verfügen die Akteur_innen der Kunstvermittlung über Benennungsmacht, die ihnen ermöglicht, selbstbestimmte Bedeutungen über das Feld herzustellen. Denn sichtbare Vermittlungsräume sind Teil des Repräsentationssystems Museum und nehmen Einfluss auf die Wahrnehmung und Herstellung von Kunstvermittlung. Die machtvollen Logiken des räumlichen Zu-sehen-Gebens zu verstehen, bedeutet: nicht nur kritisch die dahinterstehenden Anliegen aufzudecken, sondern vor allem diese für sich nutzen zu können und sich über die Herstellung von Räumen an der Ausgestaltung und Weiterentwicklung des Feldes zu beteiligen.

278 Wie in Anlehnung an die Produktion des städtischen Raums von Henri Lefebvre geäußert (2016, 1991) und in Kapitel 6 herausgearbeitet wurde.

# Danksagung

Ein Buch wie dieses zu schreiben, ist nur mit der fachlichen und persönlichen Unterstützung anderer möglich. Daher ist es mir zum Ende dieses langen Weges ein großes Anliegen, einigen Menschen zu danken.
Dabei gilt mein erster und größter Dank meiner Betreuerin Prof. Dr. Christine Heil, die mir mit ihrer engagierten und wertschätzenden Förderung sowie ihrer menschlichen und fachlichen Begleitung die beste Unterstützung gegeben hat. Den Schritt, eine Promotion zu beginnen, wäre ich ohne sie nicht gegangen. Ich danke ihr sehr für ihr Vertrauen in mich und meine Arbeit sowie die zahlreichen Gespräche, die gemeinsamen Denkprozesse und das kritische Lesen aller Zwischenschritte.
Ebenfalls danken möchte ich meiner Zweitgutachterin Prof. Dr. Carmen Mörsch, die mit ihrem konstruktiven und kritischen Feedback sowie ihren Veränderungsvorschlägen für die Veröffentlichung eine wertvolle Unterstützung war. Auch möchte ich ihr dafür danken, mich seit meinem Studium durch ihre fachliche Expertise zu inspirieren und mich zu lehren, sich immer wieder kritisch selbst zu befragen.

Ein ganz besonderer Dank gilt meinem Partner Stephan Fürstenberg. Er hat mich von Anfang an darin bestärkt zu promovieren. Ich danke ihm sehr für sein unbeirrtes Vertrauen in mich, seine wertschätzende Haltung meiner Arbeit gegenüber sowie seine Ermutigung und Unterstützung gerade in Phasen der Verunsicherung.
Ein sehr großer und besonderer Dank gebührt meinen Eltern Gabriele und Albrecht Plegge sowie meinen Schwiegereltern Margret und Dietmar Fürstenberg. Sie haben mich und meine Familie während des gesamten Prozesses durch die Betreuung unserer Kinder intensiv unterstützt. Ohne ihre Mitwirkung wäre die Umsetzung des Promotionsprojektes in dieser Form nicht möglich gewesen!

Des Weiteren möchte ich mich bei den Teilnehmer_innen des kunstpädagogischen Forschungskolloquiums der Universität Duisburg/Essen unter der Leitung von Prof. Dr. Christine Heil bedanken, die den Prozess meiner Arbeit begleitet und mir gerade zu Beginn der Forschung zentrale fachliche Anregungen zu meinem Forschungsvorgehen gegeben haben. Mein besonderer Dank gilt dabei Silke Ballath für den regelmäßigen Austausch, den wir entlang unseres zeitgleichen Weges der Erstellung einer Doktorarbeit erleben konnten.

Besonders danken möchte ich ebenfalls meinen Mitstreiter_innen aus der Kunsthochschule Mainz, Frederike Nastold und Stefan Bast, mit denen ich Fragen und Unsicherheiten teilen konnte und von denen ich große mentale Unterstützung erhalten habe. Vielen Dank dafür!

Für ihr präzises und aufmerksames Lektorat danke ich sehr Petra Renkel sowie Carmela Fernández de Castro y Sánchez für ihre unermüdliche Ausdauer bei der Gestaltung dieser Publikation!

Außerdem möchte ich allen Gesprächspartner_innen danken, die mir mit ihrer Zeit und dem Teilen ihrer Erfahrungen Einblicke in ihr Arbeitsfeld gegeben haben. Mein besonderer Dank geht dabei an die Kunstvermittler_innen aus den beforschten Institutionen: Franziska Adler, Josephin Behrens, Sabine Faller, Karin Heidinger-Pena, Tanja Kolbe, Max Kosoric, Johanna Krümpelbeck, Kirstin Meyer, Sanne Pawelzyk, Andrea Selzer, Michael Vierling und Rene Völker.

Last but not least I would like to thank Janice Mc Laren. Due to my conversations with her and her perspective on Gallery Education spaces, my interest in this topic was aroused in the first place.

Widmen möchte ich diese Arbeit meinen beiden Kindern Piet und Pollie Josephine, die in der Zeit während meiner Arbeit an der Dissertation geboren wurden.

# Literaturverzeichnis


Ackermann, Marion (2016): „Vorwort". In: Kunstsammlung Nordrhein-Westfalen (Hg.): *LABOR*. Düsseldorf: Eigenverlag, S. 2.

Adam-Couralet, Sandra (2017): „Le Little Palais by Wilfried Almendra". In: Palais de Tokyo (Hg.) [Museumswebseite], [online] https://www.palaisdetokyo.com/en/event/le-little-palais [03.03.2019].

Aghamiri, Kathrin/Streck, Rebekka (2016): „Von der Arbeit am Begriff. Die Bedeutung des Suchens, Findens und Bearbeitens von kategorialen Begriffen in der Grounded Theory". In: Equit, Claudia/Hohage, Christoph (Hg.): *Handbuch Grounded Theory. Von der Methodologie zur Forschungspraxis*. Weinheim/Basel: Beltz Juventa, S. 201–216.

Ahrens, Daniela (2009): „Der schulische Lernort: Zwischen institutioneller Entgrenzung und sozialer Verräumlichung?". In: Böhme, Jeanette (Hg.): *Schularchitektur im interdisziplinären Diskurs. Territorialisierungskrise und Gestaltungsperspektiven des schulischen Bildungsraums*. Wiesbaden: VS Verlag für Sozialwissenschaften, S. 73–86.

Alheit, Peter (1999): „Grounded Theory. Ein alternativer methodologischer Rahmen für qualitative Forschungsprozesse": In: *The Global Systems Science Blog*, S. 1–19, [online] http://www.global-systems-science.org/wp-content/uploads/2013/11/On_grounded_theory.pdf [24.03.2020].

Alkemeyer, Thomas/Pille, Thomas (2011): „Die Körperlichkeit der Anerkennung – Subjektkonstitution im Sport- und Mathematikunterricht", [online] https://uol.de/fileadmin/user_upload/sport/soziologie/anerkennung/Alkemeyer_Pille_Die_Koerperlichkeit_der_Anerkennung_01.pdf [17.07.2019].

Allen, Felicity (2008): „Situating Gallery Education". In: Dibosa, David (Hg.): *Tate Encounters* [E]dition 2: *Spectatorship, Subjectivity and the National Collection of British Art,* [online] http://www2.tate.org.uk/tate–encounters/edition-2/tateencounters2_felicity_allen.pdf [12.02.2019], S. 1–12.

Arndt, Susan (2005): „Weißsein. Die verkannte Strukturkategorie Europas und Deutschlands". In: Eggers, Maureen Maisha/Kilomba, Grada/Piesche, Peggy/Arndt, Susan (Hg.): *Mythen, Masken und Subjekte*. Münster: Unrast, S. 24–29.

Aßmann, Sandra (2013): *Medienhandeln zwischen formalen und informellen Kontexten: Doing Connectivity.* Wiesbaden: Springer.

Aumann, Philipp/Duerr, Frank (2013): *Ausstellung machen*. München: Wilhem Fink.

Balzer, Nicole (2014): *Spuren der Anerkennung. Studien zu einer sozial- und erziehungswissenschaftlichen Kategorie*. Wiesbaden: Springer.

*Bayer, Natalie/Kazeem-Kamiński, Belinda/Sternfeld, Nora*: „Wo ist hier die Contact-Zone?! Eine Konversation". In: *Bayer, Natalie/Kazeem-Kamiński, Belinda/Sternfeld, Nora* (Hg.): *Kuratieren* als *antirassistische Praxis*. Kritiken, Praxen, Aneignungen, Berlin: de Gruyter 2017, [online] https://doi.org/10.1515/9783110543650 [01.05.2023], S. 23–47.

Belina, Bernd (2013): *Raum. Zu den Grundlagen eines historisch-geographischen Materialismus.* Münster: Westfälisches Dampfboot.

Belting, Hans/Buddensieg, Andrea (2011) „Einleitung". In: ZKM | Zentrum für Kunst und Medientechnologie (Hg.): *The Global Contemporary. Kunstwelten nach 1989* [Ausstellungsbroschüre]. Karlsruhe: ZKM | Zentrum für Kunst und Medientechnologie, S. 6–8.

Bianchi, Paolo (2016): „Zeigen von Dingen als Dialog – der kuratorische Ansatz". In: Walz, Markus (Hg.): *Handbuch Museum. Geschichte – Aufgaben – Perspektiven.* Stuttgart: J. B. Metzler, S. 248–253.

Billmayer, Franz (2017): „Ausstellungen machen. Sich und dem Bildunterricht ein effektives Schaufenster schaffen", [online] http://www.bilderlernen.at/2017/09/17/ausstellungen-machen/ [14.08.2020].

Billmayer, Franz (2019): „Ausstellen als Unterrichtsgegenstand", [online] http://www.bilderlernen.at/2019/04/24/ausstellen-als-unterrichtsgegenstand/ [06.04.2020].

Binder, Corina (2015): „Clusterschulen in Österreich". In: Hammerer, Franz/Rosenberger, Katharina (Hg.): *RaumBildung3*. Wien/Krems: Bundesministerium für Bildung und Frauen, S. 7–13, [online] https://raumbildung.at/pdfs/RaumBildung_3.pdf [02.03.2020].

Bishop, Claire (2004): „Antagonism and Relational Aesthetics", [online] https://academicworks.cuny.edu/cgi/viewcontent.cgi?article=1095&context=gc_pubs [09.06.2020].

Böhme, Gernot (2011): „Atmosphären (2001)". In: Hauser, Susanne/Kamleithner, Christa/Meyer, Roland (Hg.): *Architekturwissen. Grundlagentexte aus den Kulturwissenschaften.* Band 1: *Zur Ästhetik des sozialen Raumes*. Bielefeld: transcript, S. 236–246.

Böhme, Hartmut (2007): „Raum – Bewegung – Grenzzustände der Sinne". In: Lechtermann, Christina/Wagner, Kirsten/Wenzel, Horst (Hg.): *Möglichkeitsräume. Zur Performativität von sensorischer Wahrnehmung*. Berlin: Erich Schmidt, S. 53–72.

Böhme, Jeanette/Herrmann, Ina (2011): *Schule als pädagogischer Machtraum: Typologie schulischer Raumentwürfe*. Wiesbaden: VS Verlag für Sozialwissenschaften.

Bourdieu, Pierre ([1966] 2006): *Die Liebe zur Kunst. Europäische Kunstmuseen und ihre Besucher*. Köln: Herbert von Halem.

Bourdieu, Pierre (1974): *Zur Soziologie der symbolischen Formen*. Frankfurt/M.: Suhrkamp.

Bourdieu, Pierre ([1980] 1993): *Soziologische Fragen*. Frankfurt/M.: Suhrkamp.

Bourdieu, Pierre (1985): *Sozialer Raum und „Klassen". Leçon sur la leçon.* Frankfurt/M.: Suhrkamp.

Bourdieu, Pierre (1987): *Die feinen Unterschiede. Kritik der gesellschaftlichen Urteilskraft.* 4. Auflage, Frankfurt/M.: Suhrkamp.

Bourdieu, Pierre (1991): „Physischer, sozialer und angeeigneter physischer Raum". In: Wenz, Martin (Hg.): *Stadträume.* Frankfurt/M./New York: Campus, S. 25–34.

Bourdieu, Pierre (1992): *Rede und Antwort.* Frankfurt/M.: Suhrkamp.

Bourdieu, Pierre (1993): *Satz und Gegensatz. Über die Verantwortung des Intellektuellen.* Frankfurt/M.: Fischer Taschenbuch.

Bourdieu, Pierre (1998): *Praktische Vernunft. Zur Theorie des Handelns.* Frankfurt/M.: Suhrkamp.

Bourdieu, Pierre (1999): *Die Regeln der Kunst. Genese und Struktur eines literarischen Feldes.* Frankfurt/M.: Suhrkamp.

Bourdieu, Pierre (2001): *Mediationen. Zur Kritik der scholastischen Vernunft.* Frankfurt/M.: Suhrkamp.

Bourdieu, Pierre (2015): *Manet. Eine symbolische Revolution. Vorlesungen am Collège de France 1998–2000.* Berlin: Suhrkamp.

Bourdieu, Pierre/Passeron, Jean-Claude (1973): Grundlagen einer Theorie der symbolischen Gewalt. Frankfurt/M.: Suhrkamp.

Bourdieu, Pierre/Wacquant, Loic J. D. (1996): *Reflexive Anthropologie.* Frankfurt/M.: Suhrkamp.

Brandes, Kerstin (2010): *Fotografie und „Identität". Visuelle Repräsentationspolitiken in künstlerischen Arbeiten der 1980er und 1990er Jahre.* Bielefeld: transcript.

Breidenstein, Georg (2004): „KlassenRäume – eine Analyse räumlicher Bedingungen und Effekte des Schülerhandelns. In: *Zeitschrift für qualitative Bildungs-, Beratungs- und Sozialforschung* (5), S. 87–107.

Breuer, Franz (2010): *Reflexive Grounded Theory. Eine Einführung für die Forschungspraxis.* 2. Auflage, Wiesbaden: VS Verlag für Sozialwissenschaften.

Breuer, Franz/Muckel, Petra (2016): „Reflexive Grounded Theory. Die Fokussierung von Subjektivität, Selbstreflexivität und Kreativität des/der Forschenden". In: Equit, Claudia/Hohage, Christoph (Hg.): *Handbuch Grounded Theory. Von der Methodologie zur Forschungspraxis.* Weinheim/Basel: Beltz Juventa, S. 67–85.

Brosch, Astrid (2014): „Praxis erwünscht: Raumprogramm, Ausstattung und Pflege einer Museumswerkstatt". In: Czech, Alfred/Kirmeier, Josef/Sgoff, Brigitte (Hg.): *Museumspädagogik. Ein Handbuch. Grundlagen und Hilfen für die Praxis.* Schwalbach: Wochenschau. S. 322–331.

Brüsemeister, Thomas (2008): *Qualitative Forschung. Ein Überblick.* 2., überarbeitete Auflage, Wiesbaden: VS Verlag für Sozialwissenschaften.

Buddensieg, Andrea (o. J.): „GAM – Global Art and the Museum. 2006–2016", [online] https://zkm.de/de/projekt/gam-global-art-and-the-museum [18.02.2018].

Butler, Judith (2009): „Sehnsucht nach Anerkennung". In: Butler, Judith: *Die Macht der Geschlechternormen und die Grenzen der Menschlichkeit.* Frankfurt/M.: Suhrkamp, S. 215–246.

Bystron, Daniela (2016): „Vermittlungs-Räume: Raum-Experimente als Vermittlungsformen in Ausstellungen". In: Commandeur, Beatrix/Kunz-Ott, Hannelore/Schad, Karin (Hg.): *Handbuch Museumspädagogik. Kulturelle Bildung im Museum.* München: kopaed, S. 206–211.

Castro Varela, María do Mar/Dhawan, Nikita (2009): „Breaking the Rules. Bildung und Postkolonialismus". In: Mörsch, Carmen/Forschungsteam der documenta 12 Vermittlung (Hg.): *Kunstvermittlung 2. Zwischen kritischer Praxis und Dienstleistung auf der documenta 12. Ergebnisse eines Forschungsprojektes.* Zürich/Berlin: diaphanes, S. 339–353.

Charmaz, Kathy C. (2000): „Grounded theory: Objectivist and contructivist methods". In: Denzin, Norman K./Lincoln, Yvonna S. (Hg.): *The Handbook of Qualitative Research.* Thousand Oaks, CA: SAGE, S. 509–535.

Charmaz, Kathy C. (2006): *Constructing Grounded Theory. A Pracital Guide Through Qualitative Analysis.* London/Thousand Oaks/New Delhi: SAGE.

Charmaz, Kathy C. (2011): „Den Standpunkt verändern: Methoden der konstruktivistischen Grounded Theory". In: Mey, Günter/Mruck, Katja (Hg.): *Grounded Theory Reader.* 2., aktualisierte und erweiterte Auflage, Wiesbaden: VS Verlag für Sozialwissenschaften, S. 181–205.

Charmaz, Kathy C. (2012): „The Power and Potential of Grounded Theory". In: *Medical Sociology online* 6 (3), S. 2–15, [online] http://www.medicalsociologyonline.org/resources/Vol6Iss3/MSo-600x_The-Power-and-Potential-Grounded-Theory_Charmaz.pdf [03.12.2017].

Charmaz, Kathy C./Puddephatt, Antony J. (2011): „Grounded Theory konstruieren. Kathy C. Charmaz im Gespräch mit Antony J. Puddephatt". In: Mey, Günter/Mruck, Katja (Hg.): *Grounded Theory Reader.* 2., aktualisierte und erweiterte Auflage, Wiesbaden: VS Verlag für Sozialwissenschaften, S. 89–107.

Chow, Rey (2013): „Postkoloniale Sichtbarkeiten. Durch Deleuzes Methode inspirierte Fragen*". In: *zfm. Zeitschrift für Medienwissenschaft* 9 (2), S. 132–145, [online] e-text.-diaphanes.net/doi/10.4472/9783037344644.0012 [01.07.2019].

Clarke, Adele (2005): *Situational analysis. Grounded Theory after the Postmodern Turn.* Thousand Oaks, CA: SAGE.

Clore Duffield Foundation (Hg.) (2004): *Spaces for Learning: A Handbook for Education Spaces in Museums, Heritage Sites and Discovery Centres*. London: Clore Duffield Foundation.

Clore Duffield Foundation (Hg.) (2015): *Space for Learning. A new Handbook for creating inspirational learning spaces*. London: Clore Duffield Foundation, [online] https://www.spaceforlearning.org.uk [12.03.2020].

Conrad, Fridericke/Wagner, Daniela (2018): „Visuelle Dispositionen. Zu Rahmen und *frames* in Kunst und Kunstgeschichte“. In: Conrad, Fridericke/Wagner, Daniela (Hg.): *Rahmen und Frames. Dispositioen des Visuellen in der Kunst der Vormoderne*. Berlin/Boston: de Gruyter.

Dal Molin, Gioia (2012): „Projektraum und Ausstellungsraum als Dialogräume: Verbindungen und Austausch“. In: Settele, Bernadett/Mörsch, Carmen (Hg.): *Kunstvermittlung in Transformation. Perspektiven und Ergebnisse einer Forschungsprojektes*. Zürich: Scheidegger & Spiess, S. 79–68.

Deinet, Ulrich (2012): „Raumaneignung von Jugendlichen. Öffentliche Räume und die sozialräumliche Orientierung von Kindern und Jugendlichen“. In: Schröteler-von Brandt, Hildegard/Coelen, Thomas/Zeising, Andreas/Ziesche, Angela (Hg.): *Raum für Bildung. Ästhetik und Architektur von Lern- und Lebensorten*. Bielefeld: transcript, S. 43–51.

de Jong, Afaina (2021): o.T. [online] http://www.afarai.com/the-multiplicity-of-other-dutch-pavilion-venice-architecture-biennale [09.08.2023]

Dernie, David (2006): *Ausstellungsgestaltung. Konzepte und Techniken*. Ludwigsburg: av edition.

Deutscher Museumsbund e. V./Bundesverband Museumspädagogik e. V. (Hg.) (2008): „Qualitätskriterien für Museen: Bildung und Vermittlungsarbeit“, [online] https://www.museumsbund.de/wp-content/uploads/2017/03/qualitaetskriterien-museen-2008.pdf [12.08.2020].

documenta/Museum Fridericianum Veranstaltungs-GmbH (Hg.) (2006): documenta 12 Leporello. Kassel: Druck und Verlag Baden.

Döring, Jörg (2010): „Spacial Turn“. In: Günzel, Stephan (Hg.): *Raum. Ein interdisziplinäres Handbuch*. Stuttgart: J. B. Metzler, S. 90–99.

Döring, Jörg/Thielmann, Tristan (2008): „Einleitung: Was lesen wir im Raume? Der Spacial Turn und das geheime Wissen der Geographen. In: Döring, Jörg/Thielmann, Tristan (Hg.): Spacial Turn. Das Raumparadigma in den Kultur- und Sozialwissenschaften. Bielefeld: transcript, S. 7–45.

Dresing, Thorsten/Pehl, Thorsten (2011): „Vereinfachtes Transkriptionssystem“, [online] https://www.audiotranskription.de/audiotranskription/upload/VereinfachteTranskription30-09–11.pdf [03.04.2020].

Dresing, Thorsten/Pehl, Thorsten (2015): *Praxisbuch Interview, Transkription & Analyse. Anleitungen und Regelsysteme für qualitativ Forschende*, [online] https://www.audiotranskription.de/Praxisbuch-Transkription.pdf [03.04.2020].

Eckert, Constanze/Zosik, Anna (2012): „‚ortsgespräch' - ein Kunstvermittlungsformat der Städtischen Galerie Nordhorn". In: Olbrich, Veronika (Hg.): *ortsgespräch – ein Kunstvermittlungsformt der Städtischen Galerie Nordhorn 2010–2011*. Nordhorn: Städtische Galerie, S. 10–13.

Elden, Stuart (2002): „‚Es gibt eine Politik des Raumes, weil Raum politisch ist.' Henri Lefèbvre und die Produktion des Raumes". In: *An Architektur. Produktion und Gebrauch gebauter Umwelt* (01): *Material zu: Lefèbvre, Die Produktion des Raumes*. S. 27–35, [online] http://anarchitektur.org/aa01_lefebvre/aa01_lefebvre.pdf [16.04.2018].

Equit, Claudia/Hohage, Christoph (2016): „Ausgewählte Entwicklungen und Konfliktlinien der Grounded Theory Methodology". In: Equit, Claudia/Hohage, Christoph (Hg.): *Handbuch Grounded Theory. Von der Methodologie zur Forschungspraxis*. Weinheim/Basel: Beltz Juventa, S. 9–47.

Ewald, Wendy (2016): „Towards a promised land". In: Wendy Ewald [Webseite der Künstlerin], [online] http://wendyewald.com/portfolio/margate-towards-a-promised-land/ [03.11.2017].

Fast, Kirstin (1995) (Hg.): *Handbuch der museumspädagogischen Ansätze*. Opladen: Leske + Budrich.

Fezer, Jesko (2002): „Material zu Henri Lefèbvre, die Produktion des Raumes", [online] http://anarchitektur.org/aa01_lefebvre/aa01_lefebvre.pdf [30.10.2019].

Flick, Uwe/Kardorff, Ernst von /Keupp, Heiner/Rosenstiel, Lutz von/Wolff, Stephan (Hg.) (1995): *Handbuch Qualitative Sozialforschung. Grundlagen, Konzepte, Methoden und Anwendungen*. 3., neu ausgestattete Auflage, Hildesheim: Beltz Psychologie Verlags Union.

Flügel, Alexandra (2017): „Die Organisation der Arbeit am Gruppentisch. Subjektpositionen im Spannungsfeld zwischen Aufgabenstellung und Peers". In: *Zeitschrift für interpretative Schul- und Unterrichtsforschung* 6 (1), S. 83–96, [online] https://www.pedocs.de/frontdoor.php?source_opus=17955 [13.08.2020].

Foucault, Michel ([1966] 2005): *Die Heterotopien. Les hétérotopies. Der utopische Körper. Le corps utopique. Zwei Radiovorträge*. Frankfurt/M.: Suhrkamp.

Foucault, Michel ([1967] 1992): „Andere Räume". In: Barck, Karlheinz/Gente, Peter/Paris, Heidi/Richter, Stefan (Hg.): *Aisthesis: Wahrnehmung heute oder Perspektiven einer anderen Ästhetik*. Leipzig: Reclam, S. 34–46.

Foucault, Michel ([1974] 2005): *Die Macht der Psychiatrie. Vorlesungen am Collège de France 1973–1974*. Frankfurt/M.: Suhrkamp.

Foucault, Michel ([1977] 1994): *Überwachen und Strafen. Die Geburt des Gefängnisses.* Frankfurt/M.: Suhrkamp.

Foucault, Michel (1978): *Dispositive der Macht. Über Sexualität, Wissen und Wahrheit.* Berlin: Merve.

Freire, Paulo (1998): *Pädagogik der Unterdrückten.* Reinbek: Rowohlt.

Friese, Susanne (2016): „Grounded Theory – Computergestützt und umgesetzt mit ATLAS. ti. Der Computer gehört für mich dazu". In: Equit, Claudia/Hohage, Christoph (Hg.): *Handbuch Grounded Theory. Von der Methodologie zur Forschungspraxis.* Weinheim/ Basel: Beltz Juventa, S. 483–507.

Fürstenberg, Stephan (2012): „ansatzpunkte von repräsentationskritik", [online] https://wiki.zhdk.ch/repraesentation/ [14.01.2020].

Fürstenberg, Stephan/Lüth, Nanna/microsillions (Hg.) (2013): „Kunstvermittlung zeigen – Über die Repräsentation pädagogischer Museumsarbeit". In: *Art Education Research* (7), Zürich: Institute for Art Education, [online] https://blog.zhdk.ch/iaejournal/no-7/ [28.10.2019].

Gajewski, Camille (2017): „Film: The Art Museum as Civic Space". In: MuseumNext (Hg.): Articles. Engagement, [online] https://www.museumnext.com/article/art-museum-civic-space [05.09.2020].

Garoian, Charles R. (2001): „Performing the Museum". In: *Studies in Art Education. A Journal of Issues and Research* 42 (3), S. 234–248.

Georgianna, Sarah (2009): „Das Zwischenmenschliche und die Kleingruppe Unendlich". In: Wieczorek, Wanda/Hummel, Claudia/Schötker, Ulrich/Güleç, Ayşe/Parzefall, Sonja (Hg.): *Kunstvermittlung 1. Arbeit mit dem Publikum, Öffnung der Institution. Formate und Methoden der Kunstvermittlung auf der documenta 12.* Zürich/Berlin: diaphanes, S. 75–76.

Galerie für Zeitgenössische Kunst Leipzig (Hg.) (2016): „Kunstvermittlung. Zeitgenössische Kunst. Was hat das mit mir zu tun?", [online] https://gfzk.de/aktivitaeten/vermittlung/wir/ [13.04.2020].

Galerie für Zeitgenössische Kunst (Hg.) (2018): „Vermittlung – Angebote", [online] https://gfzk.de/aktivitaeten/vermittlung/aktuell/ [22.08.2019].

GfZK FÜR DICH (Hg.) (2005): „Aktuelle Projekte", [online] https://foryou-archiv.gfzk.de [31.08.2020].

GfZK FÜR DICH (Hg.) (2013): „Sommerferien: LEGOTOPIA", [online] https://foryou-archiv.gfzk.de/?p=4963 [08.10.2020].

Giddens, Anthony (1988): *Die Konstitution der Gesellschaft. Grundzüge einer Theorie der Strukturierung.* Frankfurt/M.: Campus.

Glaser, Barney. G. (1992): *Emergence vs Forcing: Basics of Grounded Theory*. Mill Valley, CA: Sociology Press.

Glaser, Barney. G. (1998): *Doing Grounded Theory. Issues and Discussions*. Mill Valley, CA: Sociology Press.

Glaser, Barney G. (2007): „All is data". In: *Grounded Theory Review. An international journal* 2 (6), [online] http://groundedtheoryreview.com/2007/03/30/1194/ [02.12.2017].

Glaser, Barney G./Strauss, Anselm L. ([1967] 2006): *The discovery of Grounded Theory: strategies for qualitative research.* New Brundwick, USA/London: Aldine Transcation.

Glaser, Barney G./Strauss, Anselm L. (1993): „Die Entdeckung gegenstandsbezogener Theorie: Eine Grundstrategie qualitativer Forschung". In: Hopf, Christel/Weingarten, Elmer (Hg.): *Qualitative Sozialforschung.* Stuttgart: Klett-Cotta, S. 91–111.

Glissant, Édouard (1999): Traktat über die Welt. Heidelberg: Das Wunderhorn.

Göhlich, Michael (1993): *Die pädagogische Umgebung. Eine Geschichte des Schulraums seit dem Mittelalter*. Weinheim: Deutscher Studien Verlag.

Göhlich, Michael (2009): „Schulraum und Schulentwicklung: Ein historischer Abriss". In: Böhme, Jeanette (Hg.): *Schularchitektur im interdisziplinären Diskurs. Territorialisierungskrise und Gestaltungsperspektiven des schulischen Bildungsraumes*. Wiesbaden: VS Verlag für Sozialwissenschaften, S. 89–102.

Güleç, Ayşe/Wieczorek, Wanda (2009): „documenta 12 Beirat. Zur lokalen Vermittlung einer Kunstausstellung". In: Wieczorek, Wanda/Hummel, Claudia/Schötker, Ulrich/Güleç, Ayşe/Parzefall, Sonja (Hg.): *Kunstvermittlung 1. Arbeit mit dem Publikum, Öffnung der Institution. Formate und Methoden der Kunstvermittlung auf der documenta 12*. Zürich/Berlin: diaphanes, S. 17–26.

Guelf, Fernand Mathias (2010): *„La révolution urbaine". Henri Lefèbvres Philosophie der globalen Verstädterung* [Dissertation der Geisteswissenschaften der Technischen Universität Berlin]. Berlin, [online] https://depositonce.tu-berlin.de/handle/11303/2680 [13.08.2020].

Hagenberg, Julia (2016): „Im Labor. Zu den Projekten 2010–2016". In: Kunstsammlung Nordrhein-Westfalen (Hg.): *LABOR. Dokumentation der Projekte im Ausstellungsraum der Abteilung Bildung*. Düsseldorf: Eigenverlag, S. 5–6.

Hall, Stuart (1997): *Representation & the Media. Transcript.* Hg. von Talreja, Sanjay/Jhally, Sut/Patierno Mary. Northampton, MA: Media Education Foundation, [online] https://www.mediaed.org/transcripts/Stuart-Hall-Representation-and-the-Media-Transcript.pdf [25.05.2020].

Hall, Stuart (2004): *Ideologie, Identität, Repräsentation: Ausgewählte Schriften 4*. Hamburg: Argument.

Hall, Stuart (2010): „The Work of Representation". In: Hall, Stuart (Hg.): *Representation Cultural Representations and Signifying Practices*. London: SAGE, S. 1–74.

Hamedinger, Alexander (1998): *Raum, Struktur und Handlung als Kategorie der Entwicklungstheorie. Eine Auseinandersetzung mit Giddens, Foucault und Lefebvre*. Frankfurt/M./New York: Campus.

Hartle, Johan Frederik (2006): *Der geöffnete Raum. Zur Politik der ästhetischen Form*. München: Wilhelm Fink.

Hartmann, Frank/Mietzner, Dana unter Mitarbeit von Zerbe, Dorina (2016): *Die Maker Bewegung als neues soziales Phänomen – Ergebnisse einer qualitativen Inhaltsanalyse ausgewählter Massenmedien* [Working Paper]. Technische Hochschule Wildau: Forschungsgruppe Innovations- und Regionalforschung, [online] https://www.researchgate.net/publication/309463061_Die_Maker_Bewegung_als_neues_soziales_Phanomen_-_Ergebnisse_einer_qualitativen_Inhaltsanalyse_ausgewahlter_ Massenmedien [22.07.2020].

Haupt-Stummer, Christine (2013): „Display – ein umstrittenes Feld". In: ARGE schnittpunkt (Hg.): *Handbuch Ausstellungstheorie und -praxis*. Wien/Köln/Weimar: Böhlau, S. 93–100.

Heil, Christine (2007): *Kartierende Auseinandersetzung mit aktueller Kunst. Reflexionsräume und Handlungsfelder zur Erfindung und Erforschung von Vermittlungssituationen*. München: kopaed.

Heil, Christine (2008): „Kunstunterricht kartieren. Handlungsräume im Unterricht herstellen und erforschen". In: *Kunstportal* [Didaktik-Archiv Schroedel, seit 2015 bei Schroedel nicht mehr online], [online] https://www.kunstlinks.de/material/peez/2008-04-heil.pdf [29.11.2019].

Heil, Christine (2009): „Bezugsräume, Kontexte, Kollisionen. Kartierende Erkenntnispraxen in Kunst und Wissenschaft." In: Meyer, Thorsten/Sabisch, Andrea (Hg.): *Kunst Pädagogik Forschung. Aktuelle Zugänge und Perspektiven*. Bielefeld: transcript, S. 113–122.

Heil, Christine (2012a): „Die Gleichzeitigkeit von Räumen vermessen". In: Blohm, Manfred (Hg.): *Als sie den Raum betraten ... Gedankenimpulse für Lernsituationen zum Themenfeld Räume und Orte. Ein (kunst)pädagogisches Lesebuch, Band 1*. kunst&pädagogik eBook edition. Hamburg: tredition, o. S.

Heil, Christine (2012b): *Beobachten, verschieben, provozieren. Feldzugänge in Ethnografie, Kunst und Schule*. In: Sabisch, Andrea/Meyer, Torsten/Sturm, Eva (Hg.): *Kunstpädagogische Positionen 25*. Hamburg: Repro Lüdke.

Heil, Christine (2014): „Kollektive Räume in Veränderung". In: Meyer, Torsten/Kolb, Gila (Hg.): *What's Next? Art Education*, [online] http://whtsnxt.net/212 [25.11.2019], o. S.

Heil, Christine (2015): „Kollaboratives Prosuming in der Auseinandersetzung mit Arbeiten von Attila Csörgő. Kunstdidaktische Entwürfe ausgehend von Gegenwartskunst."

In: Schütze, Irene/Krause-Wahl, Antje (Hg): *Aspekte künstlerischen Schaffens der Gegenwart.* Weimar: VDG, S. 156–177.

Heil, Christine (2017): „Display(s) der Selbstkonstruktionen. Vermittlungsräume zwischen Jugendästhetiken und Kunstinstitutionen aus Perspektive der Kunstpädagogik". In: Schinkel, Sebastian/Herrmann, Ina (Hg.): *Ästhetiken in Kindheit und Jugend. Sozialisation im Spannungsfeld von Kreativität, Konsum und Distinktion.* Bielefeld: transcript, S. 303–318.

Heil, Chrstine (2018): „Bildungsräume öffnen. Momente des Umräumens in der Kunstpädagogik." In: Plegge, Henrike/Scheffler, Ina (Hg.): *UMRÄUMEN. Das Moment der Veränderung bildungsinstitutioneller Räume.* Oberhausen: ATHENA.

Heiligenmann, Ursula (1986): *Das Verhältnis der Pädagogik zu ihren Bereichen. Eine systematische Untersuchung am Beispiel der Museumspädagogik* [Dissertation der Friedrich-Alexander-Universität Erlangen-Nürnberg]. Erlangen/Nürnberg.

Heiligenmann, Ursula (1990): „Museumspädagogik – ein spezieller Bereich pädagogischer Praxis". In: Schmeer-Sturm, Marie-Louise (Hg.): *Freizeitpädagogik. Zeitschrift für Kritische Kulturarbeit, Freizeitpolitik und Tourismusforschung* 12 (1/2): *Freizeitpädagogik im Museum,* S. 10–20, [online] https://duepublico.uni-duisburg-essen.de/servlets/DerivateServlet/Derivate-27159/1990_1_2_Heiligenmann_Museumspaedagogik.pdf [01.07.2019].

Henschel, Alexander (2009): „Palmenhaine. Vermittlung als Konstruktion von Öffentlichkeit". In: Mörsch, Carmen/Forschungsteam der documenta 12 Vermittlung (Hg.): *Kunstvermittlung 2. Zwischen kritischer Praxis und Dienstleistung auf der documenta 12. Ergebnisse eines Forschungsprojektes.* Zürich/Berlin: diaphanes, S. 47–58.

Henschel, Alexander (2010): „Wen meint ‚alle'? Zur Möglichkeit der Totalinklusion im Rahmen kultureller Bildungsprozesse". In: Schneider, Wolfgang (Hg.): *Kulturelle Bildung braucht Kulturpolitik. Hilmar Hoffmanns „Kultur für alle" reloaded.* Hildesheim: Universitätsverlag.

Henschel, Alexander (2015): „Vermittlung – Reflexion – Veränderung. Als ob – zur wechselseitigen Verkleidung dreier Begriffe". In: *Mission Kulturagenten – Onlinepublikation des Modellprogramms „Kulturagenten für kreative Schulen 2011–2015"*, [online] http://publikation.kulturagenten-programm.de/detailansicht.html?document=149 [16.04.2019].

Hentschel, Linda (2002): „Pornotopische Techniken des Betrachtens. Raumwahrnehmung und Geschlechterordnung in visuellen Apparaten der Moderne". In: Härtel, Insa/Schade, Sigrid (Hg.): *Körper und Repräsentation.* Opladen: Leske + Budrich, S. 63–72.

Herles, Diethard (2007): „Medium Ausstellung als Aufgabe im Kunstunterricht". In: *KUNST+UNTERRICHT* (312/313): *Ausstellen,* S. 4–9.

Hnilica, Sonja (2010): „Schulbank und Klassenzimmer – Disziplinierung durch Architektur". In: Egger, Rudolf (Hg.): *Sinnliche Bildung? Pädagogische Prozesse zwischen vorprä-*

*dikativer Situierung und reflexivem Anspruch*. Wiesbaden: VS Verlag für Sozialwissenschaften, S. 141–162.

Hofmann, Fabian/Rauber, Irmi/Schöwel, Katja (Hg.) (2014): *Führungen, Workshops, Bildgespräche. Ein Hand- und Lesebuch für Bildung und Vermittlung im Kunstmuseum*. München: kopaed.

Hoffmann, Hilmar (1979): *Kultur für alle*. Frankfurt/M.: S. Fischer.

Hohage, Christoph (2016): „Kathy Charmaz' konstruktivistische Erneuerung der Grounded Theory". In: Equit, Claudia/Hohage, Christoph (Hg.): *Handbuch Grounded Theory. Von der Methodologie zur Forschungspraxis*. Weinheim/Basel: Beltz Juventa, S. 108–125.

Hohmaier, Kathrin (2017): „Kunstrezeption in einem Vermittlungsprogramm unter Bourdieuscher Perspektive". In: Rieger-Ladich, Markus/Grabau, Christian (Hg.): *Pierre Bourdieu: Pädagogische Lektüren*. Wiesbaden: Springer, S. 83–102.

Holert, Tom (2000): „Bildfähigkeiten. Visuelle Kultur, Repräsentationskritik und Politik der Sichtbarkeit. In: Holert, Tom (Hg.): *Imagineering. Visuelle Kultur und Politik der Sichtbarkeit.* Köln: Oktagon, S. 14–33.

Holert, Tom (2002): „Evidenz-Effekte. Überzeugungsarbeit in der visuellen Kultur der Gegenwart". In: Bickenbach, Matthias/Fliethmann, Axel (Hg.): *Korrespondenzen. Visuelle Kulturen zwischen früherer Neuzeit und Gegenwart*. Köln: DuMont, S. 198–225.

Holm, Andrej (2013): „Recht auf die Stadt – Soziale Bewegungen in umkämpften Räumen". In: *p/art/icipate – Kultur aktiv gestalten* (02*): ENGAGE!*, S. 47–55, [online] https://www.p-art-icipate.net/wp-content/uploads/2016/09/ENGAGE_03-2013.pdf [18.04.2019].

hooks, bell (1991): „Theory and Liberatory Practice". In: *Yale Journal of Law & Feminism* (4), S. 1–12, [online] http://digitalcommons.law.yale.edu/yjlf/vol4/iss1/2 [07.11.2016].

hooks, bell (1994): *Teaching to Transgress. Education as the Practice of Freedom*. New York/London: Routledge.

hooks, bell (2010): *Teaching Critical Thinking. Practical Wisdom*. New York/London: Routlege.

Hummel, Claudia (2009): „Was heißt aushecken?" In: Wieczorek, Wanda/Hummel, Claudia/Schötker, Ulrich/Güleç, Ayşe/Parzefall, Sonja (Hg.): *Kunstvermittlung 1. Arbeit mit dem Publikum, Öffnung der Institution. Formate und Methoden der Kunstvermittlung auf der documenta 12*. Zürich/Berlin: diaphanes, S. 149–161.

Hummel, Claudia (2012): „‚Es ist ein schönes Haus. Man sollte es besetzen.' Aktualisierungen des Museums". In: schnittpunkt/Jaschke, Beatrice/Sternfeld, Nora (Hg.): *educational turn. Handlungsräume der Kunst- und Kulturvermittlung*. Wien/Berlin: Turia + Kant, S. 79–116.

Institut für Museumsforschung (Hg.) (2018): *Statistische Gesamterhebung an den Museen der Bundesrepublik Deutschland für das Jahr 2017*. In: Institut für Museumsforschung (Hg.):

*Materialien aus dem Institut für Museumskunde. Staatliche Museen zu Berlin – Preußischer Kulturbesitz*, Heft 72. Berlin: Institut für Museumsforschung. Staatliche Museen zu Berlin, [online] https://www.smb.museum/fileadmin/website/Institute/Institut_fuer_Museumsforschung/Publikationen/Materialien/mat72.pdf [01.08.2020].

Jürgens, Christiane (2002): „Kinder in Kunstmuseen. Ein Projekt im Museum für Neue Kunst". In: *Standbein Spielbein. Museumspädagogik aktuell* (64), S. 19–24.

John, Jennifer/Richter, Dorothee/Schade, Sigrid (2008): „Das Ausstellungsdisplay als bedeutungsstiftendes Element. Eine Einleitung". In: John, Jennifer/Richter, Dorothee/Schade, Sigrid (Hg.): *Re-Visionen des Displays. Ausstellungs-Szenarien, ihre Lektüren und ihr Publikum*. Zürich: jrp | ringier, S. 17–24.

Kazeem-Kamiński, Belinda (2016): *Engagned Pedagogy. Antidiskriminatorisches Lehren und Lernen bei bell hooks*. Wien: zaglossus.

Kämpf-Jansen, Helga (2000): „Ästhetische Forschung. Aspekte eines innovativen Konzeptes ästhetischer Bildung". In: Blohm, Manfred (Hg.): *Leerstellen. Perspektiven für ästhetisches Lernen in Schule und Hochschule*. Köln: Salon, S. 83–114.

Kardorff, Ernst von (1995): „Qualitative Sozialforschung – Versuch einer Standortbestimmung". In: Flick, Uwe/Kardoff, Ernst von/Keupp, Heiner/Rosenstiel, Lutz von/Wolff, Stephan (Hg.): *Handbuch Qualitative Sozialforschung. Grundlagen, Konzepte, Methoden und Anwendungen*. 3., neu ausgestattete Auflage, Hildesheim: Beltz Psychologie Verlags Union, S. 3–10.

Karow, Susanne (2019): *Kunst unter Aufsicht. Transformative Perspektiven der partizipativen Museumsarbeit*. Bielefeld: transcript.

Kajetzke, Laura/Schroer, Markus (2010): „Sozialer Raum: Verräumlichung". In: Günzel, Stephan (Hg.): *Raum. Ein interdisziplinäres Handbuch*. Stuttgart/Weimar: J. B. Metzler, S. 192–203.

Kessl, Fabian (2016): „Erziehungswissenschaftliche Forschung zu Raum und Räumlichkeit. Eine Verortung des Thementeils ‚Raum und Räumlichkeit in der erziehungswissenschaftlichen Forschung'". In: *Zeitschrift für Pädagogik* (62), [online] https://www.pedocs.de/volltexte/2019/16702/pdf/ZfPaed_2016_1_Kessl_Erziehungswissenschaftliche_Forschung.pdf [02.03.2020].

Kilian, Ted (1998): „Public and Private, Power and Space". In: Light, Andrew/Smith, Jonathan M. (Hg.): *Philosophy and Geography II: The Production of Public Space*. Lanham/Boulder/New York/Toronto/Oxford: Rowman & Littlefield Publishers, Inc., S. 115–134.

Kilian, Patrick (2013): „Unsichtbare Sichtbarkeit. Michel Foucault und die Transparenz". In: University of Zurich (Hg.): foucaulblog. Blogging platform of the peer-reviewed open-access journal *Le foucaldien*, [online] http://www.fsw.uzh.ch/foucaultblog/essays/19/unsichtbare-sichtbarkeit [31.08.2020].

Klingovsky, Ulla (2009): *Schöne Neue Lernkultur. Transformationen der Macht in der Weiterbildung. Eine gouvernementalitätstheoretische Analyse*. Bielefeld: transcript.

König, Gabriele (2016): „Kindermuseen". In: Walz, Markus (Hg.): *Handbuch Museum. Geschichte – Aufgaben – Perspektiven.* Stuttgart: J. B. Metzler, S. 148–151.

Köster, Elisabeth (1983): *Museumspädagogik. Versuch einer Standortbestimmung*. Frankfurt/M.: Haag + Herchen.

Köstering, Susanne (2016): „Die Museumsreformbewegung im frühen 20. Jahrhundert". In: Walz, Markus (Hg.): *Handbuch Museum. Geschichte – Aufgaben – Perspektiven.* Stuttgart: J. B. Metzler, S. 52–57.

Konopásek, Zdeněk (2008): „Making Thinking Visible with Atlas.ti: Computer Assisted Qualitative Analysis as Textual Practices. In: *Forum Qualitative Sozialforschung / Forum: Qualitative Social Research* 9 (2), Art. 12, [online] http://nbn-resolving.de/urn:nbn:-de:0114-fqs0802124 [29.07.2020].

Konopásek, Zdeněk (2011): „Das Denken mit ATLAS.ti sichtbar machen: qualitative Analyse als textuelle Praxis". In: Mey, Günter/Mruck, Katja (Hg.): *Grounded Theory Reader*. 2., aktualisierte und erweiterte Auflage von 2007, Wiesbaden: VS Verlag für Sozialwissenschaften, S. 381–403.

Kruse, Jan (2016): „Grounded Theory und Kybernetik 2. Ordnung (II) am Beispiel der Interviewforschung: Reflexiv-prozessuale Erkenntnisgewinnung in der qualitativen Interviewforschung". In: Equit, Claudia/Hohage, Christoph (Hg.): *Handbuch Grounded Theory. Von der Methodologie zur Forschungspraxis.* Weinheim: Beltz Juventa, S. 180–200.

Kudorfer, Susanne (2012): „Die Räume der Kunstvermittlung": In: Settele, Bernadett/Mörsch, Carmen (Hg.): *Kunstvermittlung in Transformation. Perspektiven und Ergebnisse eines Forschungsprojektes*. Zürich: Scheidegger & Spiess, S. 52–78.

Kunstsammlung Nordrhein-Westfalen (Hg.) (1997): *Anno 95|96. Jahresbericht der Kunstsammlung Nordrhein-Westfalen*, Düsseldorf.

Kunstsammlung Nordrhein-Westfalen (Hg.) (2003): *Anno 2001/2002. Jahresbericht der Kunstsammlung Nordrhein-Westfalen*, Düsseldorf.

Kunstsammlung Nordrhein-Westfalen (Hg.) (2007): *Anno 2005/2006. Jahresbericht der Kunstsammlung Nordrhein-Westfalen*, Düsseldorf.

Kunstsammlung Nordrhein-Westfalen (Hg.) (2020): „Das kleine studio", [online] https://www.kunstsammlung.de/de/education/workshop#studio [18.10.2020].

Lab.Bode – Initiative zur Stärkung der Vermittlungsarbeit in Museen (2019): „Vermittlungsräume". [online] https://www.lab-bode.de/lab-bode/vermittlungsraeume/ [18.09.2019].

Landkammer, Nora (2012): „Vermittlung als kollaborative Wissensproduktion und Modelle der Aktionsforschung". In: Settele, Bernadett/Mörsch, Carmen u. a. (Hg.): *Kunst-*

*vermittlung in Transformation. Perspektiven und Ergebnisse eines Forschungsprojektes*. Zürich: Scheidegger & Spiess, S. 199–211.

Landkammer, Nora (2017): „Einleitung. Ausstellen und Vermitteln als Dekolonisierung des Museums". In: Mörsch, Carmen/Sachs, Angeli/Sieber, Thomas (Hg.): *Ausstellen und Vermitteln im Museum der Gegenwart*. Bielefeld: transcript, S. 237–240.

Lange, Marie-Luise (2013): *I'm here – ästhetische Bildung als Präsenz, Ereignis, Kommunikation, Aufmerksamkeit und Teilhabe*. In: Sabisch, Andrea/Meyer, Torsten/Sturm, Eva (Hg.): *Kunstpädagogische Positionen 28*. Hamburg: Repro Lüdke.

Lefebvre, Henri (1991): *The Production of Space*. Oxford/Cambridge: Blackwell.

Lefebvre, Henri (2000): *La production de l'espace*. Paris: Anthropos.

Lefebvre, Henri (2002): „Die Produktion des städtischen Raums". In: Clemens, Oliver/Fezer, Jesko/Förster, Kim/Hagemann, Anke/Horlitz, Sabine/Kapar, Anita/Müller, Andreas (Hg.): *An Architektur 01: Material zu: Henri Lefebvre, Die Produktion des Raumes*, S. 27–35, [online] http://anarchitektur.org/aa01_lefebvre/aa01_lefebvre.pdf [26.10.2020].

Lefebvre, Henri [1974] (2006): „Die Produktion des Raumes". In: Dünne, Jörg/Günzel, Stephan in Zusammenarbeit mit Doetsch, Hermann/ Lüdeke, Roger (Hg.): *Raumtheorie. Grundlagentexte aus Philosophie und Kulturwissenschaft*. Frankfurt/M.: Suhrkamp, S. 330–343.

Lefebvre, Henri (2016): *Das Recht auf Stadt*. Hamburg: Edition Nautilus.

Lehn, Antje/Stuefer, Renate (Hg.) (2011): *räume bilden. Wie Schule und Architektur kommunizieren*. Wien: Löcker.

Limberg, Florian (2008): *‚Was tun?' Neue Impulse für die Kunstvermittlung durch die documenta 12. Eine diskursanalytische Untersuchung der Medienberichterstattung*. [Diplomarbeit, Universität Hildesheim], [online]: http://www.kulturvermittlung-online.de/archive/479 [11.03.2020].

Löw, Martina (1999): „Vom Raum zum Spacing – Räumliche Neuformationen und deren Konsequenzen für Bildungsprozesse". In: Liebau, Eckart/Gisela Miller-Kipp/Wulf, Christoph (Hg.): *Metamorphosen des Raumes. Erziehungswissenschaftliche Forschungen zur Chronotopologie*. Weinheim: Beltz Deutscher Studien Verlag, S. 48–59.

Löw, Martina (2001): *Raumsoziologie*. Frankfurt/M.: Suhrkamp.

Löw, Martina (2018): *Vom Raum die Stadt denken. Grundlagen einer raumtheoretischen Stadtsoziologie*. Bielefeld: transcript.

Löw, Martina/Steets, Silke/Stoetzer, Sergej (2008): *Einführung in die Stadt- und Raumsoziologie*. 2., aktualisierte Auflage, Opladen/Farmington Hills: Barbara Budrich.

Ludwig, Joachim (2012): „Anforderungen an Bildungsräume. Architektur aus Sicht der Bildungstheorie". In: *DIE Zeitschrift für Erwachsenenbildung: Architektur für Erwachsenenbildung* (3), S. 26–29, [online] http://www.die-bonn.de/id/10668 [26.06.2019].

Lüth, Nanna (2018a): „Reparaturmaßnahmen, um nicht dermaßen regiert zu werden. Looks der Vermittlung, Gender Performance und sexuelle Arbeit in der Kunstvermittlung". In: Mörsch, Carmen/Schade, Sigrid/Vögele, Sophie (Hg.): *Kunstvermittlung zeigen. Über die Repräsentation pädagogischer Arbeit im Kunstfeld.* Wien: zaglossus, S. 197–252.

Lüth, Nanna (2018b): „Demokratiebildung. Kunst/Vermittlung gegen Rassismus". In: *Art Education Research* 8 (14): *Kunst | Rassismuskritik | Vermittlung. Über Fragilität und Widerständigkeit,* [online] https://blog.zhdk.ch/iaejournal/files/2018/03/AER14_Demokratiebildung_Kunst_Vermittlung_gegen_Rassismus_Editorial.pdf [28.10.2019].

Lüth, Nanna (Hg.) (2018c): *Art Education Research* 8 (14): *Kunst | Rassismuskritik | Vermittlung. Über Fragilität und Widerständigkeit,* [online] https://blog.zhdk.ch/iaejournal/files/2018/03/AER14_Demokratiebildung_Kunst_Vermittlung_gegen_Rassismus_Editorial.pdf [28.10.2019].

Mandel, Birgit (2014): „Status quo zur Kunst- und Kulturvermittlung in und außerhalb des Web 2.0". In: Hausmann, Andrea/Frenzel, Linda (Hg.): *Kunstvermittlung 2.0: Neue Medien und ihre Potenziale.* Wiesbaden: Springer, S. 17–26.

Marchart, Oliver (2005): „Die Institution spricht. Kunstvermittlung als Herrschafts- und Emanzipationstechnologie". In: schnittpunkt/Jaschke, Beatrice/Martinez-Turek, Charlotte/Sternfeld, Nora (Hg.): *Wer spricht? Autorität und Autorschaft in Ausstellungen. Ausstellungstheorie & Praxis 1,* Wien: Turia + Kant, S. 34–58.

Maset, Pierangelo (1998): „Zwischen Vermittlungskunst und Maschinengefüge: Ästhetische Bildung der Differenz". In: Kettel, Joachim/Internationale Gesellschaft der Bildenden Kunst in Kooperation mit Landesakademie Schloss Rotenfels (Hg.): *Kunst lehren? Künstlerische Kompetenz und kunstpädagogische Prozesse – Neue subjektorientierte Ansätze in der Kunst und Kunstpädagogik in Deutschland und Europa.* Stuttgart: Radius. S.196–205.

Maset, Pierangelo (2001): „Auf dem Weg zur Bildpragmatik. Kunstvermittlung durch Ästhetische Operationen". In: Weibel, Peter (Hg.): *Vom Tafelbild zum globalen Datenraum. Neue Möglichkeiten der Bildproduktion und bildgebenden Verfahren.* Stuttgart: Cantz, S. 76–84.

Maset, Pierangelo (2005): *Ästhetische Operationen und kunstpädagogische Mentalitäten.* In: Pazzini, Karl-Josef/Sturm, Eva/Legler, Wolfgang/Meyer, Torsten (Hg.): *Kunstpädagogische Positionen 10.* Hamburg: University Press.

Maset, Pierangelo (2006): „Zur Notwendigkeit Ästhetischer Operationen". In: Baumann, Sabine/Baumann, Leonie (Hg.): *Wo laufen S(s)ie denn hin?! Neue Formen der Kunstvermittlung fördern.* Wolfenbüttel: Bundesakademie für kulturelle Bildung, S. 54–62.

McLaren, Janice (2006): „Some Models for Gallery Education in the UK". In: Kittlausz, Viktor/Pauleit, Winfried (Hg.): *Kunst – Museum – Kontexte. Perspektiven der Kunst- und Kulturvermittlung.* Bielefeld: transcript, S. 195–200.

Mecheril, Paul (2013): „Ästhetische Bildung und Kunstpädagogik. Migrationspädagogische Anmerkungen". In: *Art Education Research* 3 (6): *Kunstunterricht und -vermittlung in der Migrationsgesellschaft, Teil 1: Sich irritieren lassen*, [online] http://iae-journal.zhdk.ch/files/2012/12/AER6_Mecheril.pdf [26.06.2019].

Mecheril, Paul/Thomas-Olalde, Oscar (2016): "Kritik". In: Mecheril, Paul (Hg.): *Handbuch Migrationspädagogik*. Weinheim und Basel: Beltz, S. 493–597.

Meyer, Ernst (1996): *Gruppenunterricht. Grundlegung und Beispiel*. 9. Auflage, Hohengehren: Schneider-Verlag.

Meyer-Drawe Käte (1984): „Lernen als Umlernen – Zur Negativität des Lernprozesses". In: Lippitz, Wilfried/ Meyer-Drawe, Käte (Hg.): *Lernen und seine Horizonte. Phänomenologische Konzeptionen menschlichen Lernens – didaktische Konsequenzen*. Königstein/Taunus: Scriptor, S. 19–45.

Meyer-Drawe, Käte (2010): „Zur Erfahrung des Lernens. Eine phänomenologische Skizze". In: *Santalka Filosofija* 18 (3), S. 6–16.

Meyer-Drawe, Käte (2015): „Lernen und Bildung als Erfahrung. Zur Rolle der Herkunft in Subjektivationsvollzügen". In: Christof, Eveline/Riboltis, Erich (Hg.): *Bildung und Macht. Eine kritische Bestandsaufnahme*. Wien: Löcker, S. 115–132.

Middleton, Sue (2012): „Putting Sylvia in her place: history, geographical theory and the ‚New' Education". In: *Paedagogica Historica. Journal of the History of Education* 48 (2), S. 263–282, [online] https://www.tandfonline.com/doi/full/10.1080/00309230.2010.534102 [27.06.2019].

Middleton, Sue (2014): *Henri Lefebvre and Education: Space, History, Theory*. Abington/New York: Routledge.

Milevska, Suzana (2006): „Partizipatorische Kunst. Überlegungen zum Paradigmenwechsel vom Objekt zum Subjekt". In: *springerin* (2): *Theory Now*, [online] https://www.springerin.at/2006/2/partizipatorische-kunst/ [26.06.2019].

Modelmog, Ilse (1994): „Gegenkultur und Selbstbeschreibung". In: Modelmog, Ilse (Hg.): *Versuchungen: Geschlechtszirkel und Gegenkultur*. Darmstadt: Westdeutscher Verlag. S. 33–37.

Mörsch, Carmen (2002): „Gallery Education in Großbritannien: Beispiele guter Praxis für die Kunstvermittlung in Deutschland". In: Arbeitsgemeinschaft deutscher Kunstvereine (ADKV) in Zusammenarbeit mit der Neuen Gesellschaft für Bildende Kunst Berlin (NGBK) (Hg.): *Kunstvermittlung – zwischen partizipatorischen Kunstprojekten und interaktiven Kunstaktionon* [Dokumentation der gleichnamigen Tagung in Kassel]. Berlin: Vice Versa, S. 19–26.

Mörsch, Carmen (2006): „Künstlerische Kunstvermittlung: Die Gruppe Kunstcoop im Zwischenraum von Pragmatismus und Dekonstruktion". In: Kittlausz, Viktor/Pauleit,

Winfried (Hg.): *Kunst – Museum – Kontexte. Perspektiven der Kunst- und Kulturvermittlung.* Bielefeld: transcript, S. 177–194.

Mörsch, Carmen (2009a): „Am Kreuzpunkt von vier Diskursen: Die documenta 12 Vermittlung zwischen Affirmation, Reproduktion, Dekonstruktion und Transformation". In: Mörsch, Carmen/Forschungsteam der documenta 12 Vermittlung (Hg.): *Kunstvermittlung 2. Zwischen kritischer Praxis und Dienstleistung auf der documenta 12. Ergebnisse eines Forschungsprojektes.* Zürich/Berlin: diaphanes, S. 9–33.

Mörsch, Carmen (2009b): „take the terror out of error". In: Wieczorek, Wanda/Hummel, Claudia/Schötker, Ulrich/ Güleç, Ayşe/Parzefall, Sonja (Hg.): *Kunstvermittlung 1. Arbeit mit dem Publikum, Öffnung der Institution. Formate und Methoden der Kunstvermittlung auf der documenta 12.* Zürich/Berlin: diaphanes. S. 104–110.

Mörsch, Carmen (2011a): „Kunstvermittlung in der kulturellen Bildung: Akteure, Geschichte, Potentiale und Konfliktlinien". In: Bundeszentrale für politische Bildung (Hg.). *[Online]Dossier Kulturelle Bildung,* [online] www.bpb.de/gesellschaft/kultur/kulturelle-bildung/60325/kunstvermittlung [15.09.2017].

Mörsch, Carmen (2011b): „Allianzen zum Verlernen von Privilegien: Plädoyer für eine Zusammenarbeit zwischen kritischer Kunstvermittlung und Kunstinstitutionen der Kritik". In: Lüth, Nanna/Himmelsbach, Sabine/Edith-Ruß-Haus für Medienkunst (Hg.): *medien kunst vermitteln.* Berlin: Revolver, S. 19–31.

Mörsch, Carmen (2012): „Sich selbst widersprechen. Kunstvermittlung als kritische Praxis innerhalb des educational turn in curating". In: schnittpunkt/Jaschke, Beatrice/Sternfeld, Nora: *educational turn. Handlungsräume der Kunst- und Kulturvermittlung.* Wien/Berlin: Turia + Kant, S. 55–77.

Mörsch, Carmen (2013a): „Kulturvermittlung als Forschungsfeld". In: Institute for Art Education der Zürcher Hochschule der Künste/Stiftung von Pro Helvetia (Hg.): *Zeit für Vermittlung – Le temps de la médiation – Tempo di mediazione,* S. 174–175,[online] https://www.kultur-vermittlung.ch/zeit-fuer-vermittlung/download/pdf-d/ZfV_0_gesamte_Publikation.pdf [22.03.2013].

Mörsch, Carmen (2013b): „Wie wird vermittelt?". In: Institute for Art Education der Zürcher Hochschule der Künste/Stiftung von Pro Helvetia (Hg.): *Zeit für Vermittlung – Le temps de la médiation – Tempo di mediazione,* S. 84–94, [online] https://www.kultur-vermittlung.ch/zeit-fuer-vermittlung/download/pdf-d/ZfV_0_gesamte_Publikation.pdf [22.03.2013].

Mörsch, Carmen (2013c): „Arbeiten im Spannungsverhältnis 1: Geschichte der Kulturvermittlung zwischen Emanzipation und Disziplinierung". In: Institute for Art Education der Zürcher Hochschule der Künste/Stiftung von Pro Helvetia (Hg.): *Zeit für Vermittlung – Le temps de la médiation – Tempo di mediazione,* S. 33–41, [online] https://www.kultur-vermittlung.ch/zeit-fuer-vermittlung/download/pdf-d/ZfV_0_gesamte_Publikation.pdf [22.03.2013].

Mörsch, Carmen (2013d): „Arbeiten im Spannungsverhältnis 4: Ausschlüsse durch offene Lernformen“. In: Institute for Art Education der Zürcher Hochschule der Künste/Stiftung von Pro Helvetia (Hg.): *Zeit für Vermittlung – Le temps de la médiation – Tempo di mediazione*, S. 102–110, [online] https://www.kultur-vermittlung.ch/zeit-fuer-vermittlung/download/pdf-d/ZfV_0_gesamte_Publikation.pdf [22.03.2013].

Mörsch, Carmen (2017): „Die Bildung der Anderen mit Kunst: Ein Beitrag zu einer postkolonialen Geschichte der Kulturellen Bildung“. In: Sabisch, Andrea/Meyer, Torsten/Lüber, Heinrich/Sturm, Eva (Hg.): *Kunstpädagogische Positionen 35*. Hamburg: Repro Lüdke.

Mörsch, Carmen (2018): „Critical Diversity Literacy an der Schnittstelle Bildung/Kunst: Einblicke in die immerwährende Werkstatt eines diskriminierungskrischen Curriculums“. In: *KULTURELLE BILDUNG ONLINE*, [online]: https://www.kubi-online.de/artikel/critical-diversity-literacy-schnittstelle-bildung-kunst-einblicke-immerwaehrende-werkstatt [25.02.2020].

Mörsch, Carmen (2019): *Die Bildung der A_N_D_E_R_E_N durch Kunst. Eine postkoloniale und feministische historische Kartierung der Kunstvermittlung*. Wien: zaglossus.

Mörsch, Carmen/Pinkert, Ute (2009): „Künstlerisch-edukative Projekte“. In: Online-Glossar des Institutes for Art Education der Zürcher Hochschule der Künste, [online] https://www.zhdk.ch/forschung/iae/glossar-972/kuenstlerisch-edukative-projekte-3832 [25.06.2019].

Mörsch, Carmen/Sachs, Angli/Sieber, Thomas (Hg.) (2017): *Ausstellen und Vermitteln im Museum der Gegenwart*. Bielefeld: transcript.

Mörsch, Carmen/Schade, Sigrid/Vögele, Sophie (2018): *Kunst Vermittlung Zeigen. Über die Repräsentation pädagogischer Arbeit im Kunstfeld*. Wien: zaglossus.

Montag Stiftung Jugend und Gesellschaft (Hg.) (2015): „Schulen planen und bauen“, [online] https://schulen-planen-und-bauen.de [10.08.2020].

Muckel, Petra (2007): „Die Entwicklung von Kategorien mit der Methode der Grounded Theory“. In: *Historical Social Research, Supplement* (19), S. 211–231, [online] http://nbn-resolving.de/urn:nbn:de:0168-ssoar-288620 [24.06.2019].

Muckel, Petra/Breuer, Franz (2016): „Die Praxis der Reflexiven Grounded Theory. Beispielhaft erläutert an der Entwicklung erster Theoriefragmente aus den Codes unterschiedlicher Daten und bereits bestehender Theorien“. In: Equit, Claudia/Hohage, Christoph (Hg.): *Handbuch Grounded Theory. Von der Methodologie zur Forschungspraxis*. Weinheim: Beltz Juventa, S. 158–179.

Mühlbacher, Franziska/Sachs, Angeli (2017): „Ausstellen & Vermitteln als integriertes Konzept. Die Ausstellung *Endstation Meer? Das Plastikmüll-Projekt* im Museum für Gestaltung Zürich“. In: Mörsch, Carmen/Sachs, Angeli/Sieber, Thomas (Hg.): *Ausstellen und Vermitteln im Museum der Gegenwart*. Bielefeld: transcript, S. 33–46.

Muttenthaler, Roswitha/Wonisch, Regina (2003): „Zur Schau gestellt. Be-Deutungen musealer Inszenierungen“. In: Barchet, Michael/Koch-Haag, Donata/Sierek, Karl (Hg.): *Ausstellen. Der Raum der Oberfläche*. Weimar: Verlag und Datenbank für Geisteswissenschaften, S. 59–77.

Muttenthaler, Roswitha/Wonisch, Regina (2006): *Gesten des Zeigens. Zur Repräsentation von Gender und Race in Ausstellungen*. Bielefeld: transcript.

Neumann, Antje (2009): „Raumübernahme“. In: Wieczorek, Wanda/Hummel, Claudia/Schötker, Ulrich/Güleç, Ayşe/Parzefall, Sonja (Hg.): *Kunstvermittlung 1. Arbeit mit dem Publikum, Öffnung der Institution. Formate und Methoden der Kunstvermittlung auf der documenta 12*. Zürich/Berlin: diaphanes, S. 163–170.

Nierhaus, Irene (2006): „Rahmenhandlungen. Zuhause gelernt. Anordnungen von Bild, Raum und Betrachter“. In: Kittlaus, Viktor/Pauleit, Winfried (Hg.): *Kunst – Museum – Kontexte: Perspektiven der Kunst- und Kulturvermittlung*. Bielefeld: transcript. S. 55–71.

Nierhaus, Irene (1999): *Arch6: Raum, Geschlecht, Architektur*. Wien: Sonderzahl.

Nierhaus, Irene /Konecny, Felicitas (Hg): *RÄUMEN. Raum, Geschlecht, Visualität und Architektur.* Wien: Selene.

Nolda, Sigrid (2006): „Pädagogische Raumaneignung: zur Pädagogik von Räumen und ihrer Aneignung; Beispiele aus der Erwachsenenbildung“. In: *Zeitschrift für qualitative Bildungs, Beratungs- und Sozialforschung* (7), S. 313–344, [online] http://nbn-resolving.de/urn:nbn:de:0168-ssoar-277994 [24.06.2019].

Nugel, Martin (2014): *Erziehungswissenschaftliche Diskurse über Räume der Pädagogik. Eine kritische Analyse*. Wiesbaden: VS Verlag für Sozialwissenschaften.

Nuissl, Ekkehard/Nuissl, Henning (2015): „Einleitung: Bildung im Raum“. In: Nuissl, Ekkehard/Nuissl, Henning (Hg.): *Bildung im Raum*. Baltmannsweiler: Schneider Hohengehren, S. 7-14.

Nuissl, Ekkehard/Paatsch, Ulrich/Schulze, Christa (1987a): „‚Besucher im Museum – ratlos?‘ Einleitende Bemerkungen zur Tagung“. In: Nuissl, Ekkehard/Paatsch, Ulrich/Schulze, Christa (Hg.): *Wege zum lebendigen Museum. Museen und Kunstvereine als Orte kultureller Bildung.* Heidelberg: AfeB, S. 3–11.

Nuissl, Ekkehard/Paatsch, Ulrich/Schulze, Christa (1987b) (Hg.): *Besucher im Museum – ratlos? Problemstudie zur pädagogischen Arbeit in Museen und Kunstvereinen*. Heidelberg: AfeB.

O‘Doherty, Brian ([1976] 1996): *In der weißen Zelle. Inside the White Cube*. Hg. von Kemp, Wolfgang. Berlin: Merve.

Olbrich, Veronika (2012): „Zeitgenössische Kunst und ihre Vermittlung in der Städtischen Galerie Nordhorn“. In: Olbrich, Veronika (Hg.): *ortsgespräch – ein Kunstvermittlungsformat der Städtischen Galerie Nordhorn 2010–2011*. Nordhorn: Städtische Galerie, S. 4–5.

o. A. (1968): „Die Besucherschule des Bazon Brock". In: Dierichs, Paul (Hg.): *documenta 4 Katalog*, Band 1, Kassel 1968, S. XX.

Ortmann, Sandra (2009): „‚Das hätten Sie uns doch gleich sagen können, dass der Künstler schwul ist.' Queere Aspekte der Kunstvermittlung auf der documenta 12." In: Mörsch, Carmen/Forschungsteam der documenta 12 Vermittlung (Hg.): *Kunstvermittlung 2. Zwischen kritischer Praxis und Dienstleistung auf der documenta 12. Ergebnisse eines Forschungsprojektes.* Zürich/Berlin: diaphanes, S. 257–277.

Ortmann, Sandra (2012): „Kunstvermittlung als Haltung". In: schnittpunkt/Jaschke, Beatrice/ Sternfeld, Nora: *educational turn. Handlungsräume der Kunst- und Kulturvermittlung.* Wien/Berlin: Turia + Kant, S. 139–145.

Otto, Gunter (1969): Kunst als Prozeß im Unterricht. Braunschweig: Westermann.

Palais de Tokyo (Hg.) (o. J.): „Ateliers jeunes publics & familles, [online] https://www.palais-detokyo.com/fr/liste/ateliers-jeunes-publics-familles [16.08.2020].

Parzefall, Sonja (2009): „Die Welt bewohnen. Schülerinnen und Schüler führen Erwachsene durch die documenta 12". In: Wieczorek, Wanda/Hummel, Claudia/Schötker, Ulrich/ Güleç, Ayşe/Parzefall, Sonja (Hg.): *Kunstvermittlung 1. Arbeit mit dem Publikum, Öffnung der Institution. Formate und Methoden der Kunstvermittlung auf der documenta 12.* Zürich/Berlin: diaphanes, S. 57–70.

Pazzini, Karl-Josef (2015): „Kunst existiert nicht, es sei denn als angewandte". In: Karl-Josef Pazzini: *Bildung von Bildern. Kunst – Pädagogik – Psychoanalyse*. Bielefeld: transcript, S. 51–67.

Peine, Sibylle (1998): *ZKM | Zentrum für Kunst und Medientechnologie Karlsruhe*. 2. Auflage, München/New York: Prestel.

Peirce, Charles S. (1970): *Schriften II.* Frankfurt/M.: Suhrkamp.

Petrson, Astrid (2011): *Wissensvermittlung in Museen. Eine Analyse von Museums- und Ausstellungskonzepten unter Berücksichtigung pädagogischer Lerntheorien am Beispiel des Universalmuseums Jaonneum* [Dissertation am Institut für Völkerkunde und Kulturanthropologie der Karl-Franzens-Universität Graz]. Graz.

Plegge, Henrike (2011): „GAM | Kunstvermittlung". In: ZKM | Zentrum für Kunst und Medien (Hg.): „The Global Contemporary. Kunstwelten nach 1989" [Ausstellungsbroschüre zur Ausstellung], [online] http://www.global-contemporary.de/images/stories/ TGC_Zeitung_de.pdf [27.02.2019].

Plegge, Henrike (2013): „GAM | Education". In: Belting, Hans/Buddensieg, Andrea/Weibel, Peter (Hg.): *The Global Contemporary and the Rise of the New Art Words.* Cambridge, MA: MIT books, S. 466–469.

Plegge, Henrike (2014): „Studio – Raum für Kunst, Vermittlung, Bildung". In: Westphal, Kristin/Stadler-Altmann, Ulrike/Schittler, Susanne/Lohfeld, Wiebke (Hg.): *Räume Kul-*

*tureller Bildung. Nationale und transnationale Perspektiven.* Weinheim/Basel: Beltz Juventa, S. 242–250.

Plegge, Henrike (2018): „Unlearning Education? Neue Bildungsräume der Tate Modern". In: Plegge, Henrike/Scheffler, Ina (Hg.): *UMRÄUMEN. Das Moment der Veränderung bildungsinstitutioneller Räume.* Oberhausen: ATHENA, S. 33–52.

Plegge, Henrike/Scheffler, Ina (2018): *UMRÄUMEN. Das Moment der Veränderung bildungsinstitutioneller Räume.* Oberhausen: ATHENA.

Prange, Klaus (2010): „Machtverhältnisse in pädagogischen Inszenierungen". In: van den Berg, Karen/Gumbrecht, Hans Ulrich (Hg.): *Politik des Zeigens.* München: Wilhelm Fink, S. 61–71.

Preuß, Kristine/Hofmann, Fabian (Hg.) (2016): *Kunstvermittlung im Museum. Ein Erfahrungsraum.* Münster/New York: Waxman.

Przyborski, Aglaja/Wohlrab-Sahr, Monika (2014): *Qualitative Sozialforschung. Ein Arbeitsbuch.* 4., erweiterte Auflage, München: Oldenbourg.

Puffert, Rahel (2013): *Die Kunst und ihre Folgen. Zur Genealogie der Kunstvermittlung.* Bielefeld: transcript.

Rajchman, John (2000): „Foucaults Kunst des Sehens*" In: Holert, Tom (Hg.): *Imagineering. Visuelle Kultur und Politik der Sichtbarkeit.* In: Holert, Tom/Oetker, Brigitte (Hg*.): Jahresring 47. Jahrbuch für moderne Kunst.* Köln: Oktagon, S. 40–63.

Rehbein, Boike/Saalmann, Gernot (2009): „Art. Kapital". In: Fröhlich, Gerhard/Rehbein, Boike (Hg.): *Bourdieu-Handbuch. Leben – Werk – Wirkung*, Stuttgart, S. 134–140.

Reichertz, Jo (1993): „Abduktives Schlußfolgern und Typen(re)konstruktion: Abgesang an eine liebgewonnene Hoffnung". In: Jung, Thomas/Müller-Doohm, Stefan (Hg.): *„Wirklichkeit" im Deutungsprozeß. Verstehen und Methoden in den Kultur- und Sozialwissenschaften.* Frankfurt/M.: Suhrkamp, S. 258–282, [online] https://nbn-resolving.org/urn:nbn:de:0168-ssoar-19254 [12.03.2020].

Reichertz, Jo (2011): Abduktion: „Die Logik der Entdeckung der Grounded Theory". In: Mey, Günter/Mruck, Katja (Hg.): *Grounded Theory Reader.* 2., aktualisierte und erweiterte Auflage, Wiesbaden: VS Verlag für Sozialwissenschaften.

Reitstätter, Luise (2015): *Die Ausstellung verhandeln. Von Interaktionen im musealen Raum.* Bielefeld: transcript.

Richter, Dorothee (2007a): „Ausstellungen als kulturelle Praktiken des Zeigens – die Pädagogiken". In: Eigenheer, Marianne (Hg.): *Curating Critique.* Frankfurt/M.: Revolver, S. 192–201.

Richter, Dorothee (2007b): „Zur Geschichte des Ausstellungsdisplays". In: Schade, Sigrid/ Institute Cultural Studies in Art, Media and Design (Hg.): *Ausstellungs-Displays. Dokumentation zum Forschungsprojekt 2005–2007.* Zürich: Hochschule für Gestaltung und Kunst Zürich, S. 8–15.

Ricken, Norbert (2006): *Die Ordnung der Bildung. Beiträge zu einer Genealogie der Bildung.* Wiesbaden: VS Verlag für Sozialwissenschaften.

Rieger-Ladich, Markus/Ricken, Norbert (2009): „Macht und Raum: Eine programmatische Skizze zur Erforschung von Schularchitekturen". In: Böhme, Jeanette (Hg.): *Schularchitektur im interdisziplinären Diskurs. Territorialisierungskrise und Gestaltungsperspektiven des schulischen Bildungsraums.* Wiesbaden: VS Verlag für Sozialwissenschaften, S. 186–203.

Röhl, Tobias (2013): *Dinge des Wissens. Schulunterricht als sozio-materielle Praxis.* Stuttgart: Lucius & Lucius.

Röhling, Lisa-Maria (2009): „Ein neues Kunstverständnis". In: Wieczorek, Wanda/Hummel, Claudia/Schötker, Ulrich/Güleç, Ayşe/Parzefall, Sonja (Hg.): *Kunstvermittlung 1. Arbeit mit dem Publikum, Öffnung der Institution. Formate und Methoden der Kunstvermittlung auf der documenta 12.* Zürich/Berlin: diaphanes, S. 71–74.

Rogoff, Irit (2012): „Wenden". In: Jaschke, Beatrice/Sternfeld, Nora: *educational turn. Handlungsräume der Kunst- und Kulturvermittlung. Ausstellungstheorie & Praxis, Band 5.* Wien: Turia + Kant, S. 27–53.

Ruhne, Renate (2011): *Raum Macht Geschlecht. Zur Soziologie eines Wirkungsgefüges am Beispiel von (Un)Sicherheiten im öffentlichen Raum.* Wiesbaden: Springer.

Sack, Philipp (2013): „Bitte genießen. Eine Untersuchung der Paradoxien des Museums, durch jene, die sie zu verkörpern haben". In: Zaremba, Jutta (Hg.): *hedo/art/scenes. Hedonismus in Kunst und Jugendszenen.* München, kopaed, S. 141–153.

Sadzinski, Sylvia (2019): Julischka Stengele. FAT FEMME FURIOS. [Text zur gleichnamigen Einzelausstellung von Julischka Stengele in der Galerie im Turm, Berlin, 18.01.2019–03.03.2019] [online] http://galerie-im-turm.net/julischka-stengele-fat-femme-furious/ [06.03.2023].

Schade, Sigrid/Wenk, Silke (1993): „Orte und Weisen des Zu-Sehen-Gebens im kunsthistorischen Diskurs*". In: *kritische berichte – Zeitschrift für Kunst- und Kulturwissenschaften* (4), S. 5–9, [online] https://journals.ub.uni-heidelberg.de/index.php/kb/article/download/15687/9553/ [07.06.2020].

Schade, Sigrid/Wenk, Silke (1995): „Inszenierungen des Sehens: Kunst, Geschichte und Geschlechterdifferenz". In: Bußmann, Hadumod/Hof, Renate (Hg.): *Genus, Geschlechterforschung/*Gender Studies *in den Kultur- und Sozialwissenschaften.* Stuttgart: Kröner, S. 340–407.

Schade, Sigrid/Wenk, Silke (2005): „Strategien des ‚Zu-Sehen-Gebens'. Geschlechterpositionen in Kunst und Kunstgeschichte". In: Bußmann, Hadumod/Hof, Renate (Hg.): *Genus, Geschlechterforschung/*Gender Studies *in den Kultur- und Sozialwissenschaften.* Überarbeitete und erweiterte Ausgabe von 1995, Stuttgart: Kröner, S. 144–184.

Schade, Sigrid/Wenk, Silke (2011): *Studien zur visuellen Kultur. Einführung in ein transdisziplinäres Forschungsfeld*. Bielefeld: transcript.

Schade, Sigrid (2007): „Ausstellungs-Displays. Fragen – Ziele – Vorgehen – Ergebnisse eines Forschungsprojekts 2005–2007". In: Schade, Sigrid/Institute Cultural Studies in Art, Media and Design (Hg.): *Ausstellungs-Displays. Dokumentation zum Forschungsprojekt 2005–2007*. Zürich: Hochschule für Gestaltung und Kunst Zürich, S. 8–15.

Schäfer, Gerd E./Schäfer Lena (2009): „Der Raum als dritter Erzieher". In: Böhme, Jeanette (Hg): *Schularchitektur im interdisziplinären Diskurs. Territorialisierungskrise und Gestaltungsperspektiven des schulischen Bildungsraums*. Wiesbaden: VS Verlag für Sozialwissenschaften, S. 235–248.

Schäfer, Julia (2006): „Vermittlung als kuratorische Praxis". In: Baumann, Sabine/Baumann, Leonie (Hg.): *Wo laufen S(s)ie denn hin?! Neue Formen der Kunstvermittlung fördern*. Wolfenbüttel: Bundesakademie für kulturelle Bildung, S. 141–147.

Schäfer, Julia (2017): „PUZZLE. Vermittlung als kuratorische Praxis". In: Mörsch, Carmen/ Sachs, Angeli/Sieber, Thomas (Hg.): *Ausstellen und Vermitteln im Museum*. Bielefeld: transcript. S. 57–68.

Schäfer, Julia/Galerie für Zeitgenössische Kunst Leipzig (Hg.) (2013): *Wie eine Sammlung zur Aufführung kommt oder Wie ein Gebäude eine Sammlung kuratiert*. Leipzig: jovis.

Schäffter, Ortfried (2009): „Die Theorie der Anerkennung – ihre Bedeutung für pädagogische Professionalität". In: Mörchen, Annette/Tolksdorf, Markus (Hg.): *Lernort Gemeinde. Ein neues Format der Erwachsenenbildung*. Bielefeld: Bertelsmann, S. 171–182.

Schaffer, Johanna (2008a): *Ambivalenzen der Sichtbarkeit. Über die visuellen Strukturen der Anerkennung*. Bielefeld: transcript.

Schaffer, Johanna (2008b): „(Un-)Formen der Sichtbarkeit". In: Adorf, Sigird/Brandes, Kerstin (Hg.): *FKW // Zeitschrift für Geschlechterforschung und visuelle Kultur* (45): *„Indem es sich weigert, eine feste Form anzunehmen". Kunst, Sichtbarkeit, Queer Theory*, S. 60–71, [online] https://www.fkw-journal.de/index.php/fkw/article/view/1114/1111 [21.01.2020].

Scheuerl, Hans (1997): „Reformpädagogik". In: Fatke, Reinhard (Hg.): *Forschungs- und Handlungsfelder der Pädagogik* (*Zeitschrift für Pädagogik* (36), Beiheft). Weinheim/ Basel: Beltz, S. 185–235.

Schirn Kunsthalle (Hg.) (2017): „MINISCHIRN – Viel zu entdecken", [online] http://www.schirn.de/kalender/angebote/minischirn/ [02.09.2018].

Schmid, Christian (2010): *Stadt, Raum und Gesellschaft. Henri Lefebvre und die Produktion des Raumes*. Stuttgart: Franz Steiner.

Schmid, Christian (2011): „Henri Lefebvre und das Recht auf Stadt". In: Holm, Andrej/ Gebhardt, Dirk (Hg.): *Initiativen für ein Recht auf Stadt. Theorie und Praxis städtischer Aneignung*. Hamburg: VSA, S. 25–52.

schnittpunkt/Jaschke, Beatrice/Sternfeld, Nora (Hg.) (2012): *educational turn. Handlungsräume der Kunst- und Kulturvermittlung*. Wien/Berlin: Turia + Kant.

Schötker, Ulrich (2009): „Am Rande des Erlaubten". In: Wieczorek, Wanda/Hummel, Claudia/Schötker, Ulrich/Güleç, Ayşe/Parzefall, Sonja (Hg.): *Kunstvermittlung 1. Arbeit mit dem Publikum, Öffnung der Institution. Formate und Methoden der Kunstvermittlung auf der documenta 12*. Zürich/Berlin: diaphanes. S. 176–181.

Schroer, Markus (2008): „‚Bringing space back in' – Zur Relevanz des Raumes als soziologische Kategorie". In: Döring, Jörg/Thielmann, Tristan (Hg.): *Spatial Turn: Das Raumparadigma in den Kultur- und Sozialwissenschaften*. Bielefeld: transcript, S. 125–148.

Schroer, Markus (2016): „Michel Foucault: Surveiller et punir. La naissance de la prison". In: Salzborn, Samuel (Hg.): *Klassiker der Sozialwissenschaft. 100 Schlüsselwerke im Portrait*. Wiesbaden: Springer, S. 302–305.

Schröteler-von Brandt, Hildegard/Coelen, Thomas/Zeising, Andreas/Ziesche, Angela (Hg.) (2012): *Raum für Bildung. Ästhetik und Architektur von Lern- und Lebensorten*. Bielefeld: transcript.

Schulze, Christa (1988): „Mehr Bildungsarbeit im Museum! Ein Plädoyer auf der Grundlage eines Forschungsprojektes". In: *kritische berichte – Zeitschrift für Kunst- und Kulturwissenschaften* 16 (2), S. 61–62, [online] https://journals.ub.uni-heidelberg.de/index.php/kb/article/view/11193/5044 [10.07.2020].

Schuster, Nina (2010): *Andere Räume. Soziale Praktiken der Raumproduktion von Drag Kings und Transgender*. Bielefeld: transcript.

Simon, Nina (2010): *The Participatory Museum*. Santa Cruz: MUSEUM.

Seiler, Gerhard (1988): „Vorwort zum Konzept '88". In: ZKM | Zentrum für Kunst und Medien Karlsruhe: *Konzept '88*, [online] https://zkm.de/media/file/de/konzept_88.pdf [01.08.2020].

Sommer, Katrin (2010): *Raumpraktiken im frühen 20. Jahrhundert. Zwei architekturtheoretische Diskurs-Positionen im Lichte der Raumtheorie Henri Lefebvres* [Dissertation der Philosophischen Fakultät der Universität zu Köln], [online] https://kups.ub.uni-koeln.de/3258/ [13.08.2020].

Spengler, Stefan (2000): *Ausstellungsarbeit im Kunstunterricht. Zur Entwicklung der GALERIE TREPPENWERK am Institut für Kunstpädagogik der Universität Leipzig als spezifisches Forum kunstpädagogischer Vermittlung*. Leipzig: Grin.

Staatliche Kunsthalle Karlsruhe (Hg.) (2015): „40 Jahre Kinder- und Jugendmuseum", [online] www.kunsthalle-karlsruhe.de/de/vermittlung/40-jahre-Kinder-und-jugendmuseum.-html [27.11.2015].

Staatliche Museen zu Berlin – Preußischer Kulturbesitz (Hg.) (2018): lab.Bode – Initiative zur Stärkung der Vermittlungsarbeit in Museen, [online] https://www.lab-bode.de [05.09.2020].

Stadt Nordhorn (Hg.) (1994): *Bestandsaufnahme kulturelle Entwicklungen*. Nordhorn: Eigenverlag.

Städtische Galerie Nordhorn (Hg.) (2013): „Städtische Galerie Nordhorn", [online] https://staedtische-galerie.nordhorn.de/galerie.html [05.09.2020].

Staupe, Gisela (2012): *Das Museum als Lern- und Erfahrungsraum. Grundlagen und Praxisbeispiele*. Köln: Böhlau.

Steets, Silke (2007): *Der sinnhafte Aufbau der gebauten Welt*. Frankfurt/M.: Suhrkamp.

Sternfeld, Nora (2009): *Das pädagogische Unverhältnis. Lehren und Lernen bei Rancière, Gramsci und Foucault*. Wien: Turia + Kant.

Sternfeld, Nora (2010): „Das gewisse Savoir/Pouvoir. Möglichkeitsfeld Kunstvermittlung". In: Arbeitsgemeinschaft Deutscher Kunstvereine (ADKV) (Hg.): *COLLABORATION. Vermittlung.Kunst.Verein*. Köln: Salon.

Sternfeld, Nora (2014): *Verlernen Vermitteln*. In: Sabisch, Andrea/Meyer, Thorsten/Sturm, Eva (Hg.): *Kunstpädagogische Positionen 30*. Hamburg: Repro Lüdke.

Sternfeld, Nora (2016): „Im post-repräsentativen Museum". In: Mörsch, Carmen/Sachs, Angeli/Sieber, Thomas (Hg.): *Ausstellen und Vermitteln im Museum*. Bielefeld: transcript. S. 189–202.

Steyerl, Hito (2005): „White Cube und Black Box. Die Farbmetaphysik des Kunstbegriffs." In: Eggers, Maureen Maisha/Kilomba, Grada/Piesche, Peggy/Arndt, Susan (Hg.): *Mythen, Masken und Subjekte*. Münster: Unrast, S. 135–143.

Stoetzer, Sergej (2014): *Aneignung von Orten. Raumbezogene Identifikationsstrategien* [Dissertation der TU Darmstadt], [online] http://tuprints.ulb.tu-darmstadt.de/id/eprint/3833 [12.08.2020].

Strauss, Anselm (1994): *Grundlagen qualitativer Sozialforschung. Datenanalyse und Theoriebildung in der empirischen soziologischen Forschung*. München: Wilhelm Fink.

Strauss, Anselm/Corbin, Juliet (1996): *Grounded Theory: Grundlagen Qualitativer Sozialforschung*. Weinheim: Beltz Psychologie Verlags Union.

Strübing, Jörg (2013): *Qualitative Sozialforschung. Eine komprimierte Einführung für Studierende*. München: Oldenbourg.

Strübing, Jörg (2014): *Grounded Theory. Zur sozialtheoretischen und epistemologischen Fundierung eines pragmatischen Forschungsstils*. 3. Auflage, Wiesbaden: Springer.

Strüver, Anke (2005): *Macht Körper Wissen Raum? Ansätze für eine Geographie der Differenzen*. In: Husa, Karl/Wohlschlägl, Helmut/Institut für Geographie und Regionalforschung (Hg.): *Beiträge zur Bevölkerungs- und Sozialgeografie*, Band 9. Wien: Institut für Geographie und Regionalforschung der Universität Wien.

Sturm, Eva (1996): *Im Engpass der Worte. Sprechen über moderne und zeitgenössische Kunst*. Berlin: Reimer.

Sturm, Eva (2001): In Zusammenarbeit mit gangart. Zur Frage der Repräsentation in Partizipations-Projekten. In: *transversal texts* (04) [aus: kulturrisse 2001 (01/02)], [online] http://eipcp.net/transversal/0102/sturm/de [21.01.2020].

Sturm, Eva (2002a): „Zum Beispiel: StörDienst und trafo.K. Praxen der Kunstvermittlung aus Wien". In: Arbeitsgemeinschaft deutscher Kunstvereine (ADKV) in Zusammenarbeit mit der Neuen Gesellschaft für Bildende Kunst Berlin (NGBK) (Hg.): *Kunstvermittlung – zwischen partizipatorischen Kunstprojekten und interaktiven Kunstaktionen* [Dokumentation der gleichnamigen Tagung in Kassel]. Berlin: Vice Versa, S. 26–37.

Sturm, Eva (2002b): „Sagte sie. Weg zur Kunstpädagogik", [online] http://kunst.erzwiss.uni-hamburg.de/pdfs/Sagte_sie.pdf [01.07.2019], S. 1–5, In: Blohm, Manfreg (Hg.): Berührungen & Verflechtungen. Biografische Spuren in ästhetischen Prozessen. Köln: Salon.

Sturm, Eva (2003a): „Kunstvermittlung als Dekonstruktion". In: Neue Gesellschaft für Bildende Kunst (Hg.): *Kunstcoop©*. Eine Publikation zu 2 Jahren Kunstvermittlung der Gruppe Kunstcoop© in der NGBK Berlin. Berlin: Vice Versa. S. 27–36.

Sturm, Eva (2003b): „Kunstvermittlung und Widerstand". In: Seiter, Josef: *Auf dem Weg. Von der Museumspädagogik zur Kunst- und Kulturvermittlung*. Wien: Schulheft, S. 44–63.

Sturm, Eva (2005): „Vom Schießen und Getroffen-Werden. Kunstpädagogik und Kunstvermittlung ‚Von Kunst aus'". In: Pazzini, Karl-Josef/Sturm, Eva/Legler, Wolfgang/Meyer, Thorsten (Hg.): *Kunstpädagogische Positionen 7*, Hamburg: Hamburg University Press.

Sturm, Eva (2011): *Von Kunst aus. Kunstvermittlung mit Gilles Deleuze*. Wien/Berlin: Turia + Kant.

Tate Britain (Hg.) (2014): „Tate Britain. Pop Up. Space", [online] https://www.tate.org.uk/whats-on/tate-britain/pop/space [17.10.2020].

Tate Modern (2010): „Learning Spaces", [online] https://www.tate.org.uk/about-us/projects/tate-modern-project/learning-spaces [28.04.2020].

Tate Modern (Hg.) (2018): „Learninge spaces", [online] https://www.tate.org.uk/about-us/projects/tate-modern-project/learning-spaces [14.08.2020].

Tate Modern (Hg.) (o.J.): Experiments in Practice. Learning from the evaluation of Tate Exchange Year One. [online] https://www.tate.org.uk/documents/1311/tate_exchange_publication_web.pdf [01.05.2023].

te Heesen, Anke (2012): *Theorien des Museums zur Einführung*. Hamburg: Junius.

The Photographers' Gallery (Hg.) (2005a): *GREAT 59* [Exhibition brochure of The Photographers' Gallery]. London: The Photographers' Gallery.

The Photographers' Gallery (Hg.) (2005b): *GREAT 60* [Exhibition brochure of The Photographers' Gallery]. London: The Photographers' Gallery.

The Photographers‘ Gallery (Hg.) (2012): WHAT DO YOU SEE?, [online] https://whatdoyousee-tpg.tumblr.com [05.09.2020].

Thornberg, Robert/Charmaz, Kathy (2014): „Grounded Theory and Theoretical Coding“. In: Flick, Uwe (Hg.): The Sage Handbook of Qualitative Data Analysis. Los Angeles: SAGE. S. 153–169.

Trebbin, Anja (2012): *Zur Komplementarität des Denkens. Politisches Engagement von Foucault und Bourdieu.* Wiesbaden: Springer.

Trunk, Wiebke (2011): *Voneinander lernen – Kunstvermittlung im Kontext kultureller Diversität.* In: Institut für Auslandsbeziehungen e. V. (Hg.): *ifa-edition Kultur und Außenpolitik*, Stuttgart, [online] http://www.kultur-bildet.de/sites/default/files/mediapool/publication/pdf/ifa_voneinander_lernen.pdf [01.08.2020].

Trunk, Wiebke (2012): „Räume für transkulturelle Diversität und Dissens in der Kunstvermittlung“. In: Brenne, Andreas/Sabisch, Andrea/Schnurr, Ansgar (Hg.): *revisit. Kunstpädagogische Handlungsfelder: teilhaben, kooperieren, transformieren.* München: kopaed, S. 213–224.

Unger, Alexander (2013): „Raum und Raumerschließung aus pädagogischer Perspektive“. In: Jörissen, Benjamin/Westphal, Kristin (Hg.): *Vom Straßenkind zum Medienkind. Raum- und Medienforschung im 21. Jahrhundert.* Weinheim/Basel: Beltz Juventa. S. 197–21.

Verwoert, Jan (2005): „Mehr als nur MÖGLICH. Über die Umwidmung von Ausstellungsräumen in unbestimmte Möglichkeitsräume mittels bestimmter reduzierter Gesten“. In: Akademie der Künste Berlin/Lammert, Angela (Hg.): *Topos Raum. Die Aktualität des Raumes in den Künsten der Gegenwart.* Berlin: Akademie der Künste. S. 90–98.

von Glasersfeld, Ernst (1999): „Konstruktivismus und Unterricht“. In: *Zeitschrift für Erziehungswissenschaft* 2 (4), S. 499–506, [online] http://cepa.info/1515 [07.12.2018].

von Glasersfeld, Ernst (2005): „Was heißt ‚Lernen‘ aus konstruktivistischer Sicht?“. In: Voß, Reinhard (Hg.): *Unterricht aus konstruktivistischer Sicht. Die Welten in den Köpfen der Kinder.* Weinheim: Beltz Pädagogik, S. 214–223.

von Glasersfeld, Ernst/Pörksen, Gerhard (1998): „Was im Kopf eines anderen vorgeht, können wir nie wissen.“ In: *Communicatio Socialis. Zeitschrift für Medienethik und Kommunikation in Kirche und Gesellschaft* 31 (4), S. 386–404.

Wacquant, Loïc (2003): „Der ‚totale Anthropologe‘. Über die Werke und das Vermächtnis Pierre Bourdieus“. In: Rehbein, Boike/Saalmann, Gernot/Schwengel, Hermann (Hg.): *Pierre Bourdieus Theorie des Sozialen. Probleme und Perspektiven.* Konstanz: UVK, S. 17–24.

Warnecke, Jan-Christian (2016): „Ausstellen und Ausstellungsplanung“. In: Walz, Markus (Hg.): *Handbuch Museum. Geschichte – Aufgaben – Perspektiven.* Stuttgart: J. B. Metzler, S. 242–245.

Weschenfelder, Klaus/Zacharias, Wolfgang (1981): *Handbuch Museumspädagogik. Orientierungen und Methoden für die Praxis*. Düsseldorf: Pädagogischer Verlag Schwamm.

Westphal, Kristin (2007a): „Macht im Raum erfahren. Der Körper als Ursprung und Ort des Denkens von Raum“. In: Westphal, Kristin (Hg.): *Orte des Lernens. Beiträge zu einer Pädagogik des Raumes*. Weinheim/München: Juventa.

Westphal, Kristin (Hg.) (2007b): *Orte des Lernens. Beiträge zu einer Pädagogik des Raumes*. Weinheim/München: Juventa.

Wieczorek, Wanda/Hummel, Claudia/Schötker, Ulrich/Güleç, Ayşe/Parzefall, Sonja (2009) (Hg.): *Kunstvermittlung 1. Arbeit mit dem Publikum, Öffnung der Institution. Formate und Methoden der Kunstvermittlung auf der documenta 12*. Zürich/Berlin: diaphanes.

Wirth, Uwe (2013): „Rahmenbrüche, Rahmenwechsel. Nachwort des Herausgebers, welches aus Versehen des Druckers zu einem Vorwort gemacht wurde“. In: Wirth, Uwe (Hg.): *Rahmenbrüche, Rahmenwechsel*. Berlin: Kulturverlag Kadmos.

Wolf, Burkhardt (2008): „Panoptismus“. In: Kammler, Clemens/Parr, Rolf/Schneider, Ulrich Johannes (Hg.): *Foucault-Handbuch. Leben – Werk – Wirkung*. Stuttgart/Weimar: J. B. Metzler. S. 279–284.

Wollrad, Eske (2005): *Weißsein im Widerspruch. Feministische Perspektiven auf Rassismus, Kultur und Religion*. Königstein/Taunus: Ulrike Helmer.

Zacharias, Wolfgang (2003): „Schule ist nicht alles. Das Museum als offener Lern- und Erlebnisraum und Teil eines kulturpädagogischen Netzwerks“. In: Jung, Sabine/Arbeitskreis selbständiger Kultur-Institute e. V. (AsKI) (Hg.): *Neue Wege der Museumspädagogik. Publikation zu einer internationalen Fachtagung des Arbeitskreises selbständiger Kultur-Institute e. V. – AsKI im Museumszentrum Lorsch*. Bonn: Werbedruck Schreckhase, Spangenberg, S. 29–49, [online] https://www.aski.org/dokumente/upload/0722d_neue_wege_der_museumspaedagogik.pdf [19.11.2019], S. 29–50.

ZKM |Zentrum für Kunst und Medientechnologie (Hg.) (1988): Konzept ’88, [online] https://zkm.de/media/file/de/konzept_88.pdf [01.08.2020].

ZKM | Zentrum für Kunst und Medientechnologie (Hg.) (2011): „The Global Contemporary. Kunstwelten nach 1989“ [Ausstellungswebseite], [online] http://www.global-contemporary.de/de/ausstellung [05.09.2020].

ZKM | Museumskommunikation (Hg.) (2019): BÄM 06–08 2019 [Programmankündigung], [online] https://zkm.de/media/r17files/baem_programm_q3.pdf [10.08.2020].

ZKM | Zentrum für Kunst und Medientechnologie (Hg.) (2015a): „Ein neuer Raum für die Vermittlung am ZKM“, [online] https://zkm.de/de/pressemappe/2015/erfoeffnung-baem [17.10.2020].

ZKM | Zentrum für Kunst und Medientechnologie (Hg.) (2015b): „BÄM. Wir laden ein zum digitalen und analogen ‚Machen'!", [online] https://zkm.de/de/media/video/baem [31.08.2020].

# Abbildungsverzeichnis

Abb. 13: *Tate Exchange* in der Tate Modern, London, Ecke der Vermittlungsebene mit *Tabel for Exchange* des Künstlers Tim Etchells, London, 2016, © Tate *Photography*, Fotograf: Tim Etchells

Abb. 14: *aushecken* auf der documenta 12, Kassel, 2007, Ansicht des Geländes *aushecken* mit Containern in der Karlsaue, © documenta Archiv, Fotograf: Ryszard Kasiewicz

Abb. 15: *aushecken* auf der documenta 12, Kassel, 2007, Vermittlungsprojekt *Fotocomics*, von Henrike Plegge, 2007, ©/Fotografin: Henrike Plegge, documenta 12

Abb. 16: *aushecken* auf der documenta 12, Kassel, Innenansicht des Workshopraumes im Container, 2007, © documenta Archiv, Fotograf: Ryszard Kasiewicz

Abb. 17: Grafik der spiral- und kreisförmigen Vorgehensweise des Forschungsprozesses, © Henrike Plegge

Abb. 18–23: Vermittlungsprojekte und Ausstellungen der Vermittlungsarbeit im *Projektpavillon* der Städtischen Galerie Nordhorn zwischen 2013 und 2019, ©/ Fotograf_in: Städtische Galerie Nordhorn

Abb. 24–29: Vermittlungsprojekte und Ausstellungen der Vermittlungsarbeit zwischen 2013 und 2019 in der *GALERIE FÜR DICH* der Galerie für Zeitgenössische Kunst Leipzig, © Galerie für Zeitgenössische Kunst Leipzig, Fotograf_in: *GALERIE FÜR DICH*

Abb. 31, 33: Eröffnung des Vermittlungsraumes *BÄM* der Museumskommunikation im ZKM | Zentrum für Kunst und Medien, Karlsruhe, 2015, © Museumskommunikation ZKM | Zentrum für Kunst und Medien, Fotograf_in: Museumskommunikation ZKM | Zentrum für Kunst und Medien

Abb. 30, 32, 34, 45: Raumansichten und Vermittlungsangebote im *BÄM*-Raum der Museumskommunikation im ZKM | Zentrum für Kunst und Medien, Karlsruhe, zwischen 2015 und 2019, © Museumskommunikation ZKM | Zentrum für Kunst und Medien, Fotografin: Henrike Plegge

Abb. 36–38: Raumansichten des *Kleinen Studios* im K21, Düsseldorf, o. J., ©/Fotograf_in: Kunstsammlung Nordrhein-Westfalen

Abb. 39–41: Präsentation des Vermittlungsprojektes *Towards a promised Land* von Wendy Ewald in Margate, England, 2006, ©/Fotografin: Wendy Ewald. Mit freundlicher Genehmigung der Künstlerin Wendy Ewald

Abb. 42–45: MINISCHIRN mit agierenden Kindern, © Schirn Kunsthalle Frankfurt, Frankfurt am Main, o. J., Foto: Norbert Miguletz

Abb. 46: Vermittlungsprogramm im Vermittlungsraum *Freiraum* von *labBode – Initiative zur Stärkung der Vermittlungsarbeit in Museen*, Berlin, 2018, © Staatliche Museen zu Berlin, Fotografin: Valerie Schmidt